教育部高校思想政治工作创新发展中心（武汉大学）研究报告

武汉大学社会科学数智创新研究项目团队资助成果

中国大学生思想政治教育发展报告2023

主编 刘晓亮 司文超

WUHAN UNIVERSITY PRESS
武汉大学出版社

图书在版编目(CIP)数据

中国大学生思想政治教育发展报告.2023 / 刘晓亮,司文超主编.
武汉 : 武汉大学出版社,2024.11. -- ISBN 978-7-307-24520-4
Ⅰ. G641
中国国家版本馆 CIP 数据核字第 2024VN8195 号

责任编辑:韩秋婷　胡国民　　　责任校对:汪欣怡　　　版式设计:马　佳

出版发行:**武汉大学出版社**　(430072　武昌　珞珈山)
(电子邮箱:cbs22@ whu.edu.cn 网址:www.wdp.com.cn)
印刷:武汉邮科印务有限公司
开本:787×1092　1/16　印张:29　字数:670 千字　插页:2
版次:2024 年 11 月第 1 版　　2024 年 11 月第 1 次印刷
ISBN 978-7-307-24520-4　　定价:198.00 元

前　言

《中国大学生思想政治教育发展报告2023》是教育部高校思想政治工作创新发展中心(武汉大学)和武汉大学中国大学生思想政治教育发展研究中心联合推出的年度研究报告，受武汉大学社会科学数智创新研究项目团队资助。本辑发展报告是课题组推出的第十部研究成果，内容结构依循前例，分为研究报告、研究述评、事记与文献等部分。

第一部分为基于大学生思想政治教育状况问卷调查形成的年度综合研究报告。2022年12月，课题组在吉林大学、上海交通大学、浙江大学、武汉大学、重庆大学等53所大学生调查协作体高校开展了网络问卷调查，收集了39730份有效学生样本数据。这部分通过对此次调查数据的深度挖掘，结合往年调查数据的纵向分析，努力呈现2022年度大学生思想状况的整体貌态与高校思想政治教育的发展态势，并着力探究大学生人生观、价值观、道德观、文化观等思想观念的内在关联及其变化规律，同时客观反映大学生对高校思想政治理论课教学和日常思想政治教育成效的认知与评价。此外，课题组坚持以调查中发现的问题为导向，提出有针对性的对策建议，努力为高校思想政治工作高质量发展提供数据支撑与有益参考。

第二部分为呈现大学生思想政治教育研究进展的综合述评报告。这部分从日常思想政治教育、思想政治理论课两个维度展开，着重对2022年国内大学生思想政治教育研究成果进行了梳理，以系统反映高校思想政治工作主渠道和主阵地的研究进展，并予以简要评论。

第三部分为大学生思想政治教育的年度大事记及重要文献的选编。这部分以大事记的形式呈现了2022年大学生思想政治教育的主要进展，并精选了有关大学生思想政治教育的重要指导性文献。

目　录

研究报告

研究述评

事记与文献

研究报告

绪　论

本书是2022年度《中国大学生思想政治教育发展报告》的研究成果之一，是对全国53所高校大学生思想政治教育状况进行调查分析后形成的研究报告。我们着重对2022年度大学生的人生观、价值观、道德观、文化观、网络运用、学习就业等状况开展调查研究，同时调研了高校思想政治理论课教学、日常思想政治教育等教育教学工作进展及成效，并将调研结果同以往报告进行比较分析，总结规律性的问题，力求用全面深入的数据分析来呈现当前大学生思想政治及其教育状况的基本状态以及演化趋势。

一、问卷设计与施测

此次调研使用的调查问卷由课题组自行研制，沿袭了往年的问卷设计思路，在保持问卷设计框架指标稳定性的同时，根据2022年度的新情况、新热点与新变化，我们适时补充了新题目，并征求多方专家及在校大学生的宝贵意见，完成了调查问卷的修订。

此次调查的主题是大学生思想政治教育状况，包括两部分的内容，即大学生思想状况和高校思想政治教育开展状况，因此，调查问卷的主要维度包括大学生的"观念与行为"和高校的"教育与成效"。按此思路延展，我们基本确立了调查问卷的各级指标。在大学生"观念与行为"的维度下，我们设计了人生观与人生追求、价值观与价值选择、道德观与道德行为、文化观与文化素养、网络运用、学习与就业等一级指标。人生观、价值观、道德观、文化观等是大学生思想观念的重要组成部分，其相应的行为选择是大学生思想观念的外在表现。网络观与网络运用、学习观与学习状态、就业观与就业心态等是大学生成长与发展的重要内容，也是反映大学生思想政治观念的指标选项。

在高校"教育与成效"的维度下，我们设计了思想政治理论课教学、日常思想政治教育、对思想政治教育的评价等一级指标。思想政治理论课教学和日常思想政治教育是高校思想政治工作的主渠道和主阵地。思想政治理论课是高校落实立德树人的关键课程，主要考察思想政治理论课建设状况、大学生对不同思想政治理论课的评价、大学生在思想政治理论课上的学习状态及学习收获、思想政治理论课建设现存问题等。日常思想政治教育则侧重考察校风和学风建设、党团活动、校园文化、网络思想政治教育、心理健康教育、社会实践、学生资助、就业指导等工作开展状况及其成效。对思想政治教育的评价主要是对教育教学成效的考察，包括对"三全育人"工作的评价、对课程思政的评价等。主要维度及具体指标设置参见表0-1。

表 0-1　问卷设计结构表

调研主题	主要维度	一级指标	二级指标
大学生思想政治及其教育状况	观念与行为	人生观与人生追求	人生目标；人生态度；人生价值；对消极人生观的看法
		价值观与价值选择	对社会主义核心价值观内容的理解；对社会主义核心价值观的认同状况；对社会主义核心价值观的践行意愿；在现实生活中的价值选择
		道德观与道德行为	对志愿服务精神的看法；参与志愿服务情况；对社会公德、职业道德、家庭美德、个人品德的践行状况
		文化观与文化素养	文化自信心；对中外经典著作的阅读情况；中华优秀传统文化传承活动；对域外文化的态度
		网络运用	上网目的；网络行为；网络积极作用；网络消极影响；新媒体运用；新媒体的影响
		学习与就业	学习状态；择业影响因素；就业心态
	教育与成效	思想政治理论课教学	对思想政治理论课的总体认知；对思想政治理论课建设状况的评价；对不同思想政治理论课的评价；在思想政治理论课上的学习状态；思想政治理论课建设现存问题；学习思想政治理论课的收获
		日常思想政治教育	校风和学风建设、党团活动、校园文化、网络思想政治教育、心理健康教育、社会实践、学生资助、日常事务管理、就业指导的开展状况及其成效
		对思想政治教育的评价	对专业课教学、思想政治理论课教学、日常思想政治教育的评价；对“三全育人”工作的评价；对课程思政的评价

问卷修订完成后，我们于 2022 年 12 月启动了该年度的调查工作。与往年调查相似，此次调查依托教育部高校思想政治工作创新发展中心（武汉大学）与武汉大学大数据研究院联合研发的网络调研平台，在大学生调查研究协作体高校范围内完成。在协作体高校大力支持下，最终共有 53 所高校参与了调查。参与调查的高校名单如下：北京交通大学、北京航空航天大学、北京化工大学、中国传媒大学、对外经济贸易大学、山西大学、内蒙古大学、大连理工大学、吉林大学、东北师范大学、哈尔滨师范大学、同济大学、上海交通大学、华东理工大学、东华大学、河海大学、南京农业大学、江苏师范大学、浙江大学、浙江传媒学院、合肥工业大学、安徽农业大学、安徽师范大学、江西师范大学、山东大学、中国石油大学（华东）、华北水利水电大学、郑州大学、武汉大学、华中科技大学、华中农业大学、华中师范大学、中南民族大学、湖北大学、湘潭

大学、湖南大学、湖南中医药大学、暨南大学、华南师范大学、桂林电子科技大学、桂林理工大学、广西师范大学、海南大学、海南师范大学、重庆大学、西南交通大学、四川师范大学、西南财经大学、贵州大学、贵州师范大学、云南师范大学、陕西师范大学、西北师范大学。

此次调查的抽样方案依循前例，根据每所高校设置学院(系、所)数量的20%比例随机选取学院样本。在学院层面，分别以10%的比例从本科生、硕士生、博士生的每一年级随机选取受访学生，从而形成最终的学生样本量。此次调查共收集52394份有效问卷。为了保证调查数据的科学性，我们根据调查方案从52394份数据中抽取39730份有效数据，以此作为调查分析的最终样本数据。样本数据信息参见表0-2。

表0-2　调查样本基本情况分布表

项目	类别	人数	百分比(%)
性别	男生	17002	42.8
	女生	22728	57.2
民族	汉族	35503	89.4
	少数民族	4227	10.6
年龄	20岁及以下	17216	43.3
	21~24岁	19007	47.8
	25岁及以上	3507	8.8
学历层次	本科生	28979	72.9
	硕士生	8957	22.5
	博士生	1794	4.5
学科门类	哲学	384	1.0
	经济学	3079	7.7
	法学	1498	3.8
	工学	13337	33.6
	文学	4697	11.8
	历史学	646	1.6
	理学	4849	12.2
	教育学	2379	6.0
	农学	821	2.1
	医学	1123	2.8
	管理学	3338	8.4
	艺术学	2759	6.9
	交叉学科	820	2.1

续表

项目	类别	人数	百分比(%)
政治面貌	中共党员(含预备党员)	10204	25.7
	共青团员	25193	63.4
	民主党派成员	28	0.1
	群众	4305	10.8
生源地性质	农村	18945	47.7
	城镇	20785	52.3
家庭类型	双亲	35808	90.1
	单亲(父亲)	998	2.5
	单亲(母亲)	2054	5.2
	重组家庭	778	2.0
	孤儿	92	0.2
是否有学生干部经历	是	32645	82.2
	否	7085	17.8
是否有国(境)外学习经历	是	1300	3.3
	否	38430	96.7
是否为独生子女	是	16176	40.7
	否	23554	59.3
小时候父母是否常年在外务工	是	9738	24.5
	否	29992	75.5
生源地所属区域	华东	10711	27.0
	华南	3946	9.9
	华中	8034	20.2
	华北	4873	12.3
	西北	2404	6.1
	西南	6633	16.7
	东北	3129	7.9

注：数据统计中，存在个别问卷有关题目未作答现象。

二、问卷质量分析

调查施测之后，我们对调查问卷进行了信度和效度分析。结果显示，调查问卷的信度与效度水平较高，问卷的整体质量较高，可靠性较强。具体情况如下：

“大学生对社会主义核心价值观的认知与践行状况”量表共设计了 3 个项目，采用李克特 5 点评分量表进行分析。评分选项为“非常符合”“比较符合”“一般”“不太符合”“很不符合”，得分依次为 5 分、4 分、3 分、2 分、1 分。经可靠性分析，该量表信度系数 Cronbach's α=0.936，表明该量表3 个项目之间的一致性较高。经检验，KMO 样本核实性测定值为 0.755，Bartlett 球形度检验近似卡方值为 106172.994，显著性水平 $P<0.001$，表明数据适合做探索性因子分析。本书采用主成分分析法和最大方差旋转法，从 3 项中抽取“大学生对社会主义核心价值观的认知与践行状况”1 个因子（见表 0-3）。结果显示，该因子的累计方差贡献率为 88.736%，表明该因子能较好地解释大学生对社会主义核心价值观的认知与践行状况的调查内容。

表 0-3　大学生对社会主义核心价值观的认知与践行状况的探索性因子分析

	Y
a1 我将社会主义核心价值观作为自己的基本遵循	0.953
a2 我认同社会主义核心价值观对于国家、社会和个人的意义	0.950
a3 我理解社会主义核心价值观的具体内涵	0.922

“大学生对社会主义核心价值观认同状况”量表共设计了 12 个项目，采用李克特 5 点评分量表进行分析。评分选项为“非常认同”“比较认同”“一般”“不太认同”“很不认同”，得分依次为 5 分、4 分、3 分、2 分、1 分。经可靠性分析，该量表信度系数 Cronbach's α=0.974，表明该量表 12 个项目之间的一致性较高。经检验，KMO 样本核实性测定值为 0.973，Bartlett 球形度检验近似卡方值为 611345.555，显著性水平 $P<0.001$，表明数据适合做探索性因子分析。本书采用主成分分析法和最大方差旋转法，从 12 项中抽取“大学生对社会主义核心价值观认同状况”1 个因子（见表 0-4）。结果显示，该因子的累计方差贡献率为 78.993%，表明该因子能较好地解释关于大学生对社会主义核心价值观认同状况的调查内容。

表 0-4　大学生对社会主义核心价值观认同状况的探索性因子分析

	Y
a1 构建和谐社会是人们的共同理想和愿望	0.926
a2 一个民族的进步，有赖于文明的成长	0.922
a3 公平正义应是社会与每个人的追求	0.921
a4 每位公民都应依法行事	0.919
a5 每一个人都应享有人生出彩的机会	0.910
a6 人人都应为祖国建设添砖加瓦	0.904

续表

	Y
a7 在市场经济条件下，“无信不立”并没有过时	0. 902
a8 帮助别人是一种快乐	0. 893
a9 中华民族正迎来从“站起来”“富起来”到“强起来”的伟大飞跃	0. 879
a10 在法律允许的范围内，自己的事情应自己做主	0. 856
a11 职业无贵贱之分，要干一行爱一行	0. 823
a12 我们是国家和社会的主人	0. 799

“大学生对社会主义核心价值观践行状况”量表共选取了 4 个项目，采用李克特 5 点评分量表进行分析。评分选项为“非常符合”“比较符合”“一般”“不太符合”“很不符合”，得分依次为 5 分、4 分、3 分、2 分、1 分。经可靠性分析，该量表信度系数 Cronbach's $\alpha=0.919$，表明该量表 4 个项目之间的一致性较高。经检验，KMO 样本核实性测定值为 0. 853，Bartlett 球形度检验近似卡方值为 120391. 943，显著性水平 $P<0.001$，表明数据适合做探索性因子分析。本书采用主成分分析法和最大方差旋转法，从 4 项中抽取“大学生对社会主义核心价值观践行状况”1 个因子(见表 0-5)。结果显示，该因子的累计方差贡献率为 80. 705%，表明该因子能较好地解释关于大学生对社会主义核心价值观践行状况的调查内容。

表 0-5　大学生对社会主义核心价值观践行状况的探索性因子分析

	Y
a1 我努力做好学习生活中的每一件小事	0. 920
a2 我积极参加道德实践活动	0. 915
a3 我能够保持积极勤勉的学习状态	0. 912
a4 我能够准确辨别“高级黑”“低级红”	0. 845

“大学生道德行为”量表共选取了 4 个项目，采用李克特 5 点评分量表进行分析。评分选项为“非常符合”“比较符合”“一般”“不太符合”“很不符合”，得分依次为 5 分、4 分、3 分、2 分、1 分。经可靠性分析，该量表信度系数 Cronbach's $\alpha=0.812$，表明该量表 4 个项目之间的一致性较高。经检验，KMO 样本核实性测定值为 0. 800，Bartlett 球形度检验近似卡方值为 55319. 306，显著性水平 $P<0.001$，表明数据适合做探索性因子分析。本书采用主成分分析法和最大方差旋转法，从 4 项中抽取“大学生道德行为”1 个因子(见表 0-6)。结果显示，该因子的累计方差贡献率为 65. 253%，表明该因子能较好地解释关于大学生道德行为的调查内容。

表 0-6　大学生道德行为的探索性因子分析

	Y
a1 我能处理好与父母的关系	0.840
a2 我能做到遵守学术规范，不抄袭剽窃、数据造假	0.839
a3 即使无人监督，我也能做到“光盘”	0.780
a4 遇到跌倒的老人，我会主动伸出援手	0.769

“大学生的文化观与文化素养状况”量表共选取了 5 个项目，采用李克特 5 点评分量表进行分析。评分选项为“非常认同”“比较认同”“一般”“不太认同”“很不认同”，得分依次为 5 分、4 分、3 分、2 分、1 分。经可靠性分析，该量表信度系数 Cronbach's $\alpha=0.939$，表明该量表 5 个项目之间的一致性较高。经检验，KMO 样本核实性测定值为 0.895，Bartlett 球形度检验近似卡方值为 223397.947，显著性水平 $P<0.001$，表明数据适合做探索性因子分析。本书采用主成分分析法和最大方差旋转法，从 5 项中抽取“大学生的文化观与文化素养状况”1 个因子(见表 0-7)。结果显示，该因子的累计方差贡献率为 82.969%，表明该因子能较好地解释关于大学生的文化观与文化素养状况的调查内容。

表 0-7　大学生的文化观与文化素养状况的探索性因子分析

	Y
a1 文化自信是一个国家、一个民族发展中更基本、更深沉、更持久的力量	0.951
a2 我为中华文化感到自豪	0.950
a3 中华民族一定能创造文化新辉煌	0.941
a4 我们应以开放包容的态度吸收其他文化的优长	0.919
a5 我们应当警惕西方文化的价值渗透	0.781

“大学生对名著阅读情况”量表共设计了 9 个项目，采用李克特 5 点评分量表进行分析。评分选项为“精读过全书”“通读过全书”“读过部分章节”“浏览翻阅过”“完全没读过”，得分依次为 5 分、4 分、3 分、2 分、1 分。经可靠性分析，该量表信度系数 Cronbach's $\alpha=0.921$，表明该量表 9 个项目之间的一致性较高。经检验，KMO 样本核实性测定值为 0.899，Bartlett 球形度检验近似卡方值为 277534.665，显著性水平 $P<0.001$，表明数据适合做探索性因子分析。本书采用主成分分析法和最大方差旋转法，从 9 项中抽取“中外名著阅读情况”“马克思主义经典著作和中国共产党经典著作阅读情况”2 个因子，分别用 Y1、Y2 表示(见表 0-8)。结果显示，2 个因子的累计方差贡献率为 74.863%，表明这 2 个因子能较好地解释关于大学生名著阅读情况的调查内容。

表 0-8 大学生名著阅读情况的探索性因子分析

	Y1	Y2
a1 中庸	0. 889	0. 276
a2 大学	0. 885	0. 269
a3 孟子	0. 849	0. 308
a4 论语	0. 671	0. 278
a5 理想国	0. 547	0. 478
b1 毛泽东选集	0. 306	0. 857
b2 习近平谈治国理政	0. 272	0. 840
b3 邓小平文选	0. 348	0. 836
b4 共产党宣言	0. 263	0. 806

“大学生网络素养”量表共设计了 4 个项目，采用李克特 5 点评分量表进行分析。评分选项为“非常符合”“比较符合”“一般”“不太符合”“很不符合”，得分依次为 5 分、4 分、3 分、2 分、1 分。经可靠性分析，该量表信度系数 Cronbach's $\alpha = 0.855$，表明该量表 4 个项目之间的一致性较高。经检验，KMO 样本核实性测定值为 0. 812，Bartlett 球形度检验近似卡方值为 102428. 242，显著性水平 $P<0.001$，表明数据适合做探索性因子分析。本书采用主成分分析法和最大方差旋转法，从 4 项中抽取“大学生的网络素养”1 个因子(见表 0-9)。结果显示，该因子的累计方差贡献率为 73. 883%，表明该因子能较好地解释大学生网络素养的调查内容。

表 0-9 大学生网络素养的探索性因子分析

	Y
a1 我会对网上的热点事件冷静分析，不被“带节奏”	0. 919
a2 我在网上发表的言论都会经过深思熟虑	0. 912
a3 我在上网时严格要求自己，绝不成为“键盘侠”	0. 906
a4 在网上看到有抹黑党和政府的言论时，我会予以反驳	0. 677

“大学生对思想政治理论课建设的评价”量表共设计了 4 个项目，采用李克特 5 点评分量表进行分析。评分选项为“非常满意”“比较满意”“一般”“不太满意”“很不满意”，得分依次为 5 分、4 分、3 分、2 分、1 分。经可靠性分析，该量表信度系数 Cronbach's $\alpha = 0.973$，表明该量表 4 个项目之间的一致性较高。经检验，KMO 样本核实性测定值为 0. 873，Bartlett 球形度检验近似卡方值为 226926. 451，显著性水平 $P<0.001$，表明数据适合做探索性因子分析。本书采用主成分分析法和最大方差旋转法，从 4 项中抽取“大学生对思想政治理论课建设的评价”1 个因子(见表 0-10)。结果显示，该因子的累计方差贡献率为 92. 456%，表明该因子能较好地解释关于当前大学生对思

想政治理论课建设评价的调查内容。

表 0-10　大学生对思想政治理论课建设的评价的探索性因子分析

	Y
a1 教学方法	0.970
a2 教学设计	0.967
a3 教学内容	0.961
a4 师资水平	0.948

“大学生对日常思想政治教育的评价”量表共设计了 14 个项目，采用李克特 5 点评分量表进行分析。评分选项为“非常满意”“比较满意”“一般”“不太满意”“很不满意”，得分依次为 5 分、4 分、3 分、2 分、1 分。经可靠性分析，该量表信度系数 Cronbach's α = 0.985，表明该量表 14 个项目之间的一致性较高。经检验，KMO 样本核实性测定值为 0.979，Bartlett 球形度检验近似卡方值为 862311.285，显著性水平 $P<0.001$，表明数据适合做探索性因子分析。本书采用主成分分析和最大方差旋转，从 14 项中抽取“大学生对日常思想政治教育的评价”1 个因子(见表 0-11)。结果显示，该因子的累计方差贡献率为 83.938%，表明该因子能较好地解释关于大学生对日常思想政治教育评价的调查内容。

表 0-11　大学生对日常思想政治教育的评价的探索性因子分析

	Y
a1 网络思想政治教育	0.938
a2 社会实践活动	0.932
a3 基层党组织建设	0.932
a4 团组织建设	0.926
a5 创新创业教育	0.926
a6 职业规划与就业指导教育	0.924
a7 心理健康教育与咨询工作	0.923
a8 校风和学风建设	0.921
a9 班级建设	0.919
a10 校园文化活动	0.917
a11 日常事务管理	0.912
a12 社团活动	0.904
a13 学生资助工作	0.900
a14 学校后勤服务	0.848

“大学生对教育教学成效的评价”量表共设计了3个项目，采用李克特5点评分量表进行分析。评分选项为“非常好”“比较好”“一般”“比较差”“非常差”，得分依次为5分、4分、3分、2分、1分。经可靠性分析，该量表信度系数Cronbach's α=0.955，表明该量表3个项目之间的一致性较高。经检验，KMO样本核实性测定值为0.742，Bartlett球形度检验近似卡方值为141975.178，显著性水平$P<0.001$，表明数据适合做探索性因子分析。本书采用主成分分析法和最大方差旋转法，从3项中抽取“大学生对教育教学成效的评价”1个因子(见表0-12)。结果显示，该因子的累计方差贡献率为91.806%，表明该因子能很好地解释大学生对教育教学成效评价的调查内容。

表0-12　大学生对教育教学成效评价的探索性因子分析

	Y
a1 大学生日常思想政治教育	0.972
a2 思想政治理论课教学	0.970
a3 专业课程教学	0.932

“大学生对‘三全育人’工作的评价”量表共设计了3个项目，采用李克特5点评分量表进行分析。评分选项为“非常满意”“比较满意”“一般”“不太满意”“很不满意”，得分依次为5分、4分、3分、2分、1分。经可靠性分析，该量表信度系数Cronbach's α=0.982，表明该量表3个项目之间的一致性较高。经检验，KMO样本核实性测定值为0.788，Bartlett球形度检验近似卡方值为193486.425，显著性水平$P<0.001$，表明数据适合做探索性因子分析。本书采用主成分分析法和最大方差旋转法，从3项中抽取“大学生对‘三全育人’工作的评价”1个因子(见表0-13)。结果显示，该因子的累计方差贡献率为96.526%，表明该因子能很好地解释有关大学生对“三全育人”工作评价的调查内容。

表0-13　大学生对“三全育人”工作评价的探索性因子分析

	Y
a1 全过程育人	0.985
a2 全方位育人	0.983
a3 全员育人	0.980

“大学生对课程德育作用的评价”量表共设计了4个项目，采用李克特5点评分量表进行分析。评分选项为“作用很大”“作用较大”“一般”“作用很小”“没有作用”，得分依次为5分、4分、3分、2分、1分。经可靠性分析，该量表信度系数Cronbach's α=0.979，表明该量表4个项目之间的一致性较高。经检验，KMO样本核

实性测定值为 0.852，Bartlett 球形度检验近似卡方值为 261223.101，显著性水平 $P<0.001$，表明数据适合做探索性因子分析。本书采用主成分分析法和最大方差旋转法，从 4 项中抽取“大学生对课程德育作用的评价”1 个因子(见表 0-14)。结果显示，该因子的累计方差贡献率为 94.148%，表明该因子能很好地解释有关大学生对课程德育作用评价的调查内容。

表 0-14　大学生对课程德育作用评价的探索性因子分析

	Y
a1 公共基础课程	0.977
a2 专业教育课程	0.973
a3 实践类课程	0.972
a4 思想政治理论课	0.960

我们对问卷量表的信度进行总体分析，结果显示，标准化 Cronbach's $\alpha=0.795$，表明问卷整体质量较高、问卷可靠性较强。

我们通过结构方程模型对问卷量表的效度进行分析，并探讨“高校教育引导”和“大学生思想与行为”之间的关系。为便于分析，我们结合问卷实际，将“高校教育引导”设置为“思想政治理论课教学”和“日常思想政治教育”两个潜变量，将“大学生思想与行为”设置为“人生观”“价值观”“道德观”“文化观”“学习与就业状况”五个潜变量。结果显示，所有观测变量与潜变量之间的载荷系数在 0.01 的水平上显著，数据-模型配合优度指标分别为：TLI=0.929，CFI=0.938，NFI=0.938，IFI=0.938。整体模型适配度指标基本达到了适配标准，说明研究提出的假设模型与实际观察数据的拟合情况良好。具体情况如图 0-1 所示：

就“高校教育教学”而言，思想政治理论课教学和日常思想政治教育对大学生的思想与行为产生显著的积极影响，即思想政治理论课教学和日常思想政治教育开展的效果越好，大学生群体的道德观、价值观、文化观等思想观念就越积极，学习与就业方面的状况就越好。思想政治理论课教学对大学生道德观(0.44^{**})的影响最大，对大学生价值观(0.36^{**})、文化观(0.34^{**})、学习与就业状况(0.33^{**})、人生观(0.20^{**})也存在显著影响。日常思想政治教育对大学生学习与就业状况(0.44^{**})的影响最大，对大学生道德观(0.40^{**})、价值观(0.31^{**})、文化观(0.31^{**})、人生观(0.20^{**})也存在显著影响。① 综上而言，我们的研究假设通过结构方程模型得到证实，说明“高校教育引导”影响“大学生思想与行为”的研究假设是正确的和有意义的。

---

① 本书中，* 表示 $P<0.05$，** 表示 $P<0.01$，*** 表示 $P<0.001$。P 值是一个用于衡量观察到的结果在统计上的显著性的指标，当 $P<0.05$，表示观察到的差异在统计学上具有显著性。

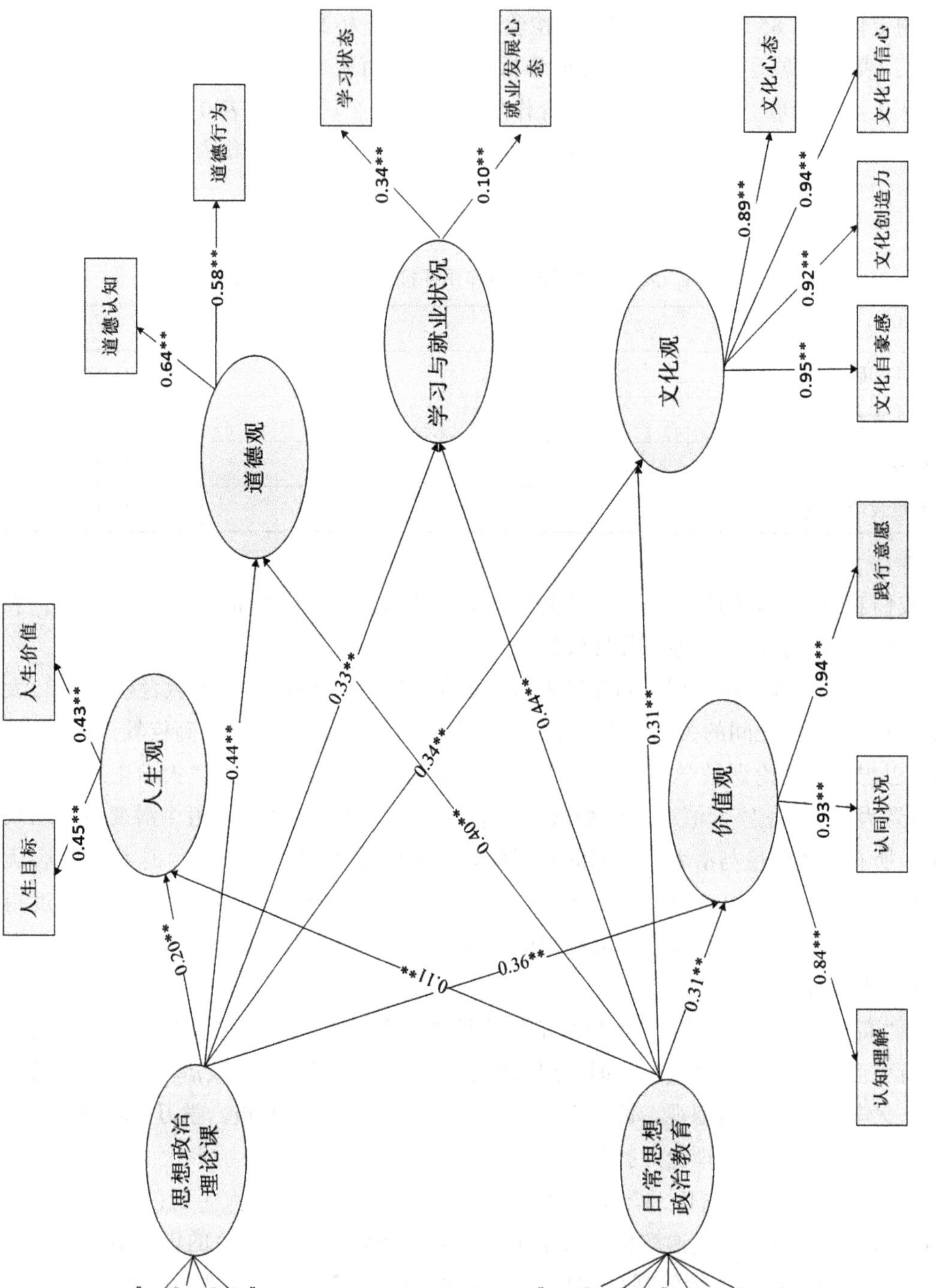

图0-1 “教育引导—思想行为”结构方程模型

三、研究报告的框架

据前所述，本研究报告在设计中以“观念与行为”“教育与成效”为两大主体维度，并以此展开成9项一级指标，这也构成了本研究报告的基本框架。概述部分主要介绍问卷设计、调查实施、样本信息、问卷质量，并概括地呈现调查研究的基本结论。

“观念与行为”维度涵盖第一章至第五章，依次为“人生观与人生追求”“价值观与价值选择”“道德观与道德行为”“文化观与文化素养”“网络运用”“学习与就业”。这一部分主要是通过对调查数据的多维分析，力求全面呈现当前大学生的思想观念与行为特征。

“教育与成效”维度涵盖第六章至第九章，分别为“思想政治理论课教学”“日常思想政治教育”“对思想政治教育成效的评价”。该部分主要是用调查数据来呈现当前高校思想政治工作建设进展及成效，并剖析现存问题，进而提出有效的对策与建议。

四、主要结论

整体而言，当前大学生信念坚定、奋发进取、勇于担当、乐于奉献，呈现出昂扬向上的发展态势，同时，高校思想政治工作的“主渠道”和“主阵地”建设成效显著，受到了大学生群体的高度评价。

（一）人生观与人生追求

在人生目标方面，大学生普遍拥有较为明确的人生目标，且人生目标选择呈现多元化的特点。调查显示，绝大多数大学生树立了明确的人生目标，仅有2.4%的大学生表示目前“尚无明确目标”。而在具体人生目标选择上，当前大学生更倾向于选择“实现财务自由”(80.2%)、“组建幸福家庭”(60.5%)、“进体制安稳工作”(50.8%)、“奉献社会”(49.4%)，同时少数大学生选择“创业成功”(18.1%)、“具有较高社会知名度”(14.8%)、“其他方面的目标”(11.1%)。

在人生追求方面，调查发现，大学生具有积极的人生追求。我们通过调查西部就业意愿来分析大学生群体的人生追求状况，发现超过七成的大学生表示毕业后愿意到西部地区就业。其中，9.1%的大学生表示“非常愿意”，22.4%的大学生表示“比较愿意”，43.6%的大学生到西部地区就业的意愿“一般”，而“不太愿意”和“很不愿意”到西部地区就业的大学生比例分别为18.6%和6.3%。这在一定程度上体现出当代大学生积极将小我融入大我，立志为党、为祖国、为人民作贡献的崇高人生追求。进一步调研发现，大学生愿意到西部地区就业的原因主要是：为社会作贡献(72.9%)、锻炼个人能力(65.3%)、家乡在西部(34.3%)、西部竞争相对较小(27.5%)、获得更好的晋升机会(15.4%)、其他(5.7%)、因为爱情(3.5%)。而不愿意到西部地区就业的原因依次为：位置偏远(66.3%)、生活条件比较艰苦(47.4%)、气候环境比较恶劣(39.9%)、发展前景不佳(39%)、有更好选择(33.1%)、难以融入当地文化(32.7%)、待遇较差(30.5%)、其他(11.7%)等。

在人生态度方面，我们通过调查2022年度流行的“摆烂”文化对大学生的影响，进而剖析当前大学生群体的人生态度。调查显示，“摆烂”现象在大学生群体中确实存在，但尚属于“非主流”现象。14.8%的大学生认为身边“摆烂”的同学“很多”，25.6%的大学生认为身边“少数”同学存在“摆烂”现象，42.8%的大学生认为身边“有一些”同学“摆烂”，11.2%的大学生认为身边“极少数”同学存在“摆烂”现象，5.7%的大学生认为身边“没有”同学“摆烂”。进一步调查发现，当前大学生群体中的“摆烂”现象表现在“习惯性划水”(59.3%)、“拖延症晚期”(53.4%)、“经常熬夜开黑①、网购或刷剧等”(48.0%)、“不谈奋斗，得过且过”(44.8%)、“对升学或就业不感兴趣”(38.3%)、“时常感到焦虑、痛苦、失眠、孤独或迷茫(34.1%)”“逃避集体活动”(29.8%)、“经常逃课”(22.1%)等。哪些原因导致大学生出现“摆烂”现象？77.9%的大学生认为是“‘内卷’严重，竞争压力过大”，61.0%的大学生认为是“理想信念缺失，迷失人生方向”，57.9%的大学生认为是“找不到奋斗的意义”，43.8%的大学生认为是“沉迷娱乐活动，不思进取”，还有22.6%的大学生认为是“家庭条件优越，不想拼搏”。

(二)价值观与价值选择

在对社会主义核心价值观的认知方面，绝大多数大学生表示能够理解社会主义核心价值观的基本内涵。调查显示，对于“我理解社会主义核心价值观的具体内涵”这一说法，分别有57.2%和31.6%的大学生表示“非常符合”和“比较符合”自己的实际，9.9%的大学生表示“一般”，只有1.3%的大学生表示不符合自身实际。总体而言，大学生对社会主义核心价值观认知状况较好，这是对社会主义核心价值观认同和践行的基础和前提。

在对社会主义核心价值观的认同方面，绝大多数大学生表示高度认同社会主义核心价值观的意义。调查显示，对于“我认同社会主义核心价值观对于国家、社会和个人的意义”这一说法，共有92.3%的受访者表示符合自己的实际，其中表示“非常符合”的占比67.2%，表示“比较符合”的占比25.2%，只有1.2%的受访者表示这一说法不符合自己的实际。就具体的价值观而言，大学生对12项价值观表现出较高的认同度。我们通过均值分析(满分5分)，按照认同度均值排列依次为：法治(4.75分)、公正(4.73分)、平等(4.72分)、和谐(4.71分)、文明(4.70分)、诚信(4.69分)、友善(4.68分)、爱国(4.67分)、富强(4.67分)、自由(4.67分)、敬业(4.62分)、民主(4.55分)。

在对社会主义核心价值观的践行方面，绝大多数大学生表示能够将社会主义核心价值观作为自己的行为准则。调查显示，对于“我将社会主义核心价值观作为自己的基本遵循”这一说法，有90.7%的大学生表示符合自己的实际，其中63.6%的大学生表示

① 网络游戏用语，指在网络游戏中，通过语言或面对面交流对战的游戏行为。

“非常符合”，27.1%的大学生表示“比较符合”，只有1.4%的大学生表示这一说法不符合自己的实际。总体来讲，大学生能够通过勤学、修德、明辨、笃实，来自觉积极践行社会主义核心价值观。其一，勤于学习求知。82.5%的大学生表示“我能够保持积极勤勉的学习状态”这一说法符合自己的实际，选择“非常符合”和“比较符合”的比例分别为45.9%和36.6%。其二，注重道德实践。86.2%的大学生表示“我积极参加道德实践活动”这一说法符合自己的实际，认为“非常符合”和“比较符合”的比例分别为52.6%和33.6%。其三，善于明辨是非。83.8%的大学生表示“我能够准确辨别‘高级黑’‘低级红’”这一说法符合自己的实际，选择“非常符合”和“比较符合”的比例分别为50.7%和33.1%。其四，切实践履笃行。86.6%的大学生表示“我努力做好学习生活中每一件小事”这一说法符合自己的实际，选择“非常符合”和“比较符合”的比例分别为52.2%和34.4%。

（三）道德观与道德行为

在道德认知方面，大学生能够正确认知并积极认同“奉献、友爱、互助、进步”的志愿服务精神。调查显示，95.8%的大学生对志愿服务精神表示认同，其中“非常认同”的大学生比例为75.2%，“比较认同”的大学生比例为20.6%，另有3.9%的大学生表示“一般”，仅有0.3%的大学生表示“不认同”。

在道德意愿方面，大学生在社会公德、职业道德、家庭美德、个人品德等领域表现出较为强烈的道德意愿。在社会公德方面，82.8%的大学生表示会向跌倒老人伸出援手，88.3%的大学生表示在疫情期间，愿意担任宿舍楼栋志愿者。在职业道德方面，绝大多数大学生能够自觉抵制学术不端行为，展现出较强的学术道德意识。94.0%的大学生表示能做到遵守学术规范，不抄袭剽窃、数据造假。在家庭美德方面，多数大学生善于与父母沟通、交流，与父母之间的关系融洽。88.8%的大学生表示能处理好与父母的关系。在个人品德方面，大多数大学生积极践行“光盘行动”，拒绝奢侈浪费，倡行节俭之风。数据显示，83.7%的大学生表示即使无人监督，也能做到“光盘”。

在道德行为方面，绝大多数大学生积极投身道德实践活动，参加形式多样的志愿服务活动。调查显示，91.1%的大学生表示参加过志愿服务活动。进一步调查发现，大学生参加过线上志愿服务（41.5%）、社区建设（34.0%）、环境保护（30.3%）、大型赛会（14.7%）、扶贫开发（10.7%）、应急救援（9.4%）等不同形式的志愿活动，另外，还有20.9%的大学生表示参加过其他志愿服务活动。

（四）文化观与文化素养

大学生具有高度的文化自信心，对中华文化具有强烈的自豪感。调查显示，96.2%的大学生表示认同“文化自信是一个国家、一个民族发展中更基本、更深沉、更持久的力量”，仅有3.2%和0.6%的大学生对此表示“一般”和“不认同”。95.9%的大学生表示自己“为中华文化感到自豪”，3.5%的大学生对此观点持中立态度，仅有0.6%的大学生持否定态度。95.0%的大学生对“中华民族一定能创造文化新辉煌”表示认同，其中

78.4%的大学生对此表示“非常认同”，16.5%的大学生对此表示“比较认同”，此外，4.3%的大学生认为“一般”，分别有0.4%和0.3%的大学生对此表示“不太认同”和“很不认同”。综上，绝大多数大学生为中华文化感到自豪，并对其发展前景怀有高度的自信。

大学生对域外文化具有开放包容的态度，同时对西方文化的价值渗透能保持一定的警惕性。96.1%的大学生表示认同“我们应以开放包容的态度吸收其他文化的优长”，3.3%的大学生对此观点持中立态度，仅0.6%的大学生表示不认同。调查中以中外影视节目对比为例，30.3%的大学生表示更喜欢看国产影视节目，9.7%的大学生表示更喜欢看国外影视节目，46.7%的大学生表示对国内外影视节目都喜欢，另有5.4%的大学生表示都不喜欢，7.9%的大学生表示说不清楚。关于喜欢国外节目的主要原因，46.3%的大学生认为其“节目创意性强，有吸引力”，25.5%的大学生表示“学习外语需要”，18.7%的大学生表示“喜欢异域文化风俗”，13.0%的大学生表示“喜爱国外的演员明星”，需要注意的是，8.5%的大学生表示“认同节目的价值取向”。与此同时，90.6%的大学生表示认同“我们应当警惕西方文化的价值渗透”，且这一比例近年来呈现上升态势，这也反映出越来越多的大学生注重警惕西方文化的价值渗透。

大学生积极参加中华优秀传统文化传承活动。调查显示，近九成(89.3%)大学生表示参加过传统文化传承活动，具体而言，他们参加传统文化传承活动的形式包括传统文化课程(66.8%)、经典诵读(38.7%)、书法(36.1%)、绘画(26.2%)、民族乐器(24.9%)、棋艺(15.2%)、武术(13.7%)、茶艺(11.1%)等。在经典阅读方面，大多数大学生广泛涉猎中外经典名著。调查显示，90.0%、73.8%、69.7%、74.4%的大学生表示阅读过《论语》《大学》《中庸》《孟子》等中华文化元典，其中，对于上述四部著作，表示通读过全书的人数占比分别为12.6%、5.7%、4.9%、5.4%，表示精读过全书的人数占比分别为5.6%、2.9%、2.5%、2.6%。此外，61.7%的大学生表示阅读过《理想国》，82.0%的大学生表示阅读过《共产党宣言》，80.3%的大学生表示阅读过《毛泽东选集》，70.9%的大学生表示阅读过《邓小平文选》。

(五)网络运用

网络是大学生学习生活中不可或缺的内容，也是影响大学生思想价值观念的重要变量。调查发现，当前大学生上网目的呈现多元化的态势，表示上网的主要目的为“获取资讯”的受访者占比为83.4%，目的为“娱乐消遣”的受访者占比为85.1%，目的为“社交”的受访者占比为78.3%，目的为“网络购物”的受访者占比为69.3%，为了“在线学习”的受访者占比为75.8%，目的为“其他”的受访者占比为10.0%。此外，大多数大学生能够做到规范上网行为。对于“在网上看到有抹黑党和政府的言论时，我会予以反驳”这一说法，表示“非常符合”自身实际的受访者占比为45.9%，表示“比较符合”自身实际的受访者占比为29.3%；对于“我在网上发表的言论都会经过深思熟虑”这一说法，表示为“非常符合”自身实际的受访者占比为63.4%，表示“比较符合”自身实际的受访者占比为27.5%；对于“我会对网上的热点事件冷静分析，不被‘带节奏’”这一说法，表示“非常符合”自身实际的受访者占比为61.1%，表示“比较符合”自身实际的受访者占比为29.1%。对于“我在上网时严格要求自己，绝不成为‘键盘侠’”这一说法，表示“非常符合”自身实际的受访者占比为68.7%，表示“比较符合”自身实际的受访者占比为23.7%。

网络对大学生的成长发展具有较大的影响。调查显示，12.0%的大学生认为学校的微信、微博等新媒体对自身成长影响非常大，26.6%的大学生认为影响比较大，41.4%的大学生认为影响一般，另有10.8%的大学生认为影响不太大。调查发现，网络对大学生在便捷专业学习(88.0%)、把握时政资讯(75.9%)、了解学术动态(75.2%)、便利日常生活(72.7%)、方便情感交流(72.0%)、缓解心理压力(63.9%)等方面具有积极作用。与此同时，受访学生反映高校新媒体平台现存一些问题：缺乏互动(45.9%)、呈现方式单一(45.2%)、理论性太强(32.3%)、说教味过浓(31.1%)、信息更新慢(27.2%)、原创不足(20.6%)、案例陈旧(16.5%)等。

(六)学习与就业

总体而言，大多数大学生表现出较为积极的学习状态。调查显示，18.7%的大学生表示自己的学习状态为“刻苦勤奋，坚持不懈”，65.3%的大学生表示自己的学习状态为“适度努力，偶尔放松”。此外，少部分大学生的学习状态令人担忧，13.6%的受访大学生表示自己处于“平时松懈，考前突击”的学习状态，2.4%的受访大学生表示自己“‘佛系’学习，不惧挂科”。当前，大学生择业观念呈现多元化的特点。调查发现，“薪资福利”“发展空间”“兴趣爱好”“自我价值”“工作稳定”“工作环境”“工作强度”等因素在大学生择业时受到较高关注。具体而言，影响大学生择业的因素占比由高到低排序依次为：“薪资福利”(79.7%)、“发展空间”(68.9%)、“兴趣爱好”(61.5%)、“自我价值”(60.4%)、“工作稳定”(58.9%)、“工作环境”(56.9%)、“工作强度”(42.1%)、“专业对口”(34.4%)、“社会地位”(28.9%)、“其他”(4.7%)。调查同时发现，多数大学生在面临就业问题时存在焦虑或担忧的心态。25.6%的大学生表示“就业形势严峻，非常焦虑”，56.6%的大学生表示“有一定的就业压力，较为担忧”，10.9%的大学生表示“按部就班，就能顺利就业”，6.9%的大学生表示“对自己就业发展充满信心”。

(七)思想政治理论课教学

大学生对思想政治理论课普遍具有积极正确的认知，能够认同其立德树人的根本性质。调查显示，87.1%的大学生对“思政课是立德树人的关键课程”表示认同，其中，56.5%的大学生表示“非常认同”，30.6%的大学生表示“比较认同”。另外，10.2%的大学生表示“一般”，1.8%的大学生表示“不太认同”，0.9%的大学生表示“很不认同”。在思想政治理论课上，大学生纷纷表示具有获得感。调查显示，关于思想政治理论课的学习收获，80.4%的大学生认为能“提高思想认识”，69.2%的大学生认为能“夯实理论基础”，68.2%的大学生认为能“坚定理想信念”，67.4%的大学生认为能“树立正确价值”，66.3%的大学生认为能“提高道德修养”，60.6%的大学生认为能“塑造健康心态”。

大学生对思想政治理论课建设状况给予了较高的评价。调查显示，大学生对思想政治理论课师资水平、教学内容、教学方法和教学设计的满意度分别为83.8%、81.9%、79.4%、79.5%，较之2021年(75.4%、72.6%、70.0%、72.1%)分别有所提升。具体而言，关于师资水平，83.8%的大学生对其表示“满意”，其中“非常满意”的占52.4%，“比较满意”的占31.4%；另有13.9%的大学生认为“一般”，2.3%的大学生表示“不满意”。关于教学内容，50.2%的大学生表示“非常满意”，31.7%的大学生表示“比较满意”，15.4%的大学生表示“一般”，仅有2.7%的大学生表示“不满意”。关于教学设计，48.9%的大学生表示“非常满意”，30.6%的大学生表示“比较满意”，17.2%的大学生表示“一般”，3.3%的大学生表示“不满意”。关于教学方法，48.8%的大学生表示“非常满意”，30.6%的大学生表示“比较满意”，17.4%的大学生表示“一般”，仅有3.2%的大学生表示“不满意”。

就具体的思想政治理论课课程而言，大学生分别给予较高的评分。调查显示，大学生对6门思想政治理论课评分的均值为4.19分(满分为5分)。大学生对“中国近现代史纲要”课评分为4.21分；对“毛泽东思想和中国特色社会主义理论体系概论”课评分为4.19分；对“马克思主义基本原理”课评分为4.19分；对“习近平新时代中国特色社会主义思想概论”课评分为4.19分；对“思想道德与法治”课评分为4.18分；对“形势与政策”课评分为4.16分。

调查同时发现，思想政治理论课建设还存在不容忽视的问题。大学生对思想政治理论课问题的反映，集中体现了其对办好思想政治理论课的诉求和期盼。在教学内容方面，认为“授课内容枯燥乏味”的大学生占48.2%，认为“教学案例过于陈旧”的大学生占33.9%，认为“与高中政治内容重复，缺乏新意”的大学生占32.2%，认为“没有联系实际，很空洞”的大学生占31.5%，认为“语言不够通俗，很难懂”的大学生占28.2%，认为“理论深度不足，不解渴”的大学生占26.8%。在教学方法方面，51.2%的大学生认为“理论说教过多”，42.4%的大学生认为“教学形式单一”，41.3%的大学生认为“缺乏实践教学”，32.4%的大学生认为“不注重课堂互动”，20.3%的大学生认为“不善于运用新媒体”。在教师水平方面，62.3%的大学生认为思政课教师“缺乏创新能力”，这一数据占比最高，且远远高于其他选项。认为教师“缺乏国际视野”的大学生占25.3%，认为教师“对学生关爱不够”的大学生占25.2%，认为教师“知识储备不足”的大学生占14.2%，认为“个别教师师德失范”的大学生占7.2%，认为“个别教师立场不坚定”的大学生占6.9%。

(八)日常思想政治教育

总体而言，高校日常思想政治教育取得了明显的成效，受到了大学生较高的评价。84.3%的大学生对日常思想政治教育工作效果给予好评，这一数据较上年度提升了3.4个百分点，其中，54.1%的大学生评价“非常好”，30.2%的大学生评价“比较好”，另外，14.4%的大学生认为“一般”，0.9%的大学生评价“比较差”，0.5%的大学生评价

“非常差”。

关于党团组织建设。首先，85.0%的大学生对高校基层党组织建设表示满意，这一数据较2021年(79.3%)提升了5.7个百分点，其中表示“非常满意”的人数比例为54.4%，表示“比较满意”的为30.6%。值得注意的是，表示“非常满意”的比例较之2018年(45.2%)、2019年(46.5%)、2020年(49.4%)、2021年(45.7%)等前几年比例有了较大的提升，相比2018年提升了9.2个百分点。其次，84.4%的大学生对高校团组织建设给予了满意的评价，满意度较之上一年度(78.9%)提升了5.5个百分点，其中分别有54.2%和30.2%的大学生表示“非常满意”和“比较满意”。此外，对其评价“一般”“不太满意”“很不满意”的大学生比例分别为13.1%、1.5%、1.0%。再次，83.7%的大学生对班级建设表示满意，其中给予“非常满意”的人数占比为53.3%，“比较满意”评价的人数占比为30.4%，另外，评价“一般”的人数占比为13.7%，评价“不太满意”和“很不满意”的人数占比仅为1.7%和1.0%。

关于校园文化建设，八成以上(83.1%)的大学生对本校校园文化活动表示满意，其中52.8%的大学生对校园文化活动表示非常满意，30.3%的大学生对校园文化活动表示比较满意，而持不满意态度的学生仅占3.2%，另有13.7%的大学生表示“一般”。将五个评价等级“非常满意”“比较满意”“一般”“不太满意”“很不满意”分别赋值5分、4分、3分、2分、1分，通过均值比较分析观察受访者的整体满意度，所得统计结果为4.32分(满分5分)。

关于社会实践，83.3%的大学生对本校社会实践活动给予满意评价，其中，52.5%的大学生表示“非常满意”，30.8%的大学生表示“比较满意”，这也反映出当前高校实践育人工作总体上受到了大学生的肯定，但也存在进一步提升的空间。调查中对其评价“不太满意”和“很不满意”的人数占此为1.6%和0.9%，评价“一般”的学生比例为14.2%。

关于网络思想政治教育，84.7%的受访者表示所在学校开展过网络安全意识教育，79.6%的受访者表示所在学校开展过网络意识形态教育，79.5%的受访者表示所在学校开展过网络行为规范教育引导，79.3%的受访者表示所在学校开展过网络文明素养教育。对于所在学校网络思想政治教育的评价，82.5%的大学生表示满意，其中52.0%的学生表示“非常满意”，30.5%的大学生表示“比较满意”，总体满意度较上一年度(76.2%)提升6.3个百分点。

关于社团活动，83.0%的大学生对学校各类社团活动表示满意，其中表示“非常满意”和“比较满意”的人数占比分别为52.9%和30.1%，表示“不太满意”和“很不满意”的大学生仅占2.0%和1.2%。进一步分析发现，大学生对社团活动的评价均值为4.32分(满分5分)，比2021年(4.15分)有了较大的提升。

关于心理健康教育，调查显示，11.7%的受访大学生表示日常生活中“经常有”焦虑、烦躁、压抑等负面情绪，69.3%的大学生表示自己“时常有”或者“偶尔有”上述情绪，而在遇到负面情绪时，选择“积极面对，寻求帮助进行调节”的人数比例为63.9%，可见大部分大学生能够正确看待并积极应对负面情绪。调查发现，大学生对高校心理健康教育总体上给予了较高的评价。84.1%的大学生对其评价为满意，13.5 的大学生对其评价为一般，即对其评价为不满意的人数占比仅为2.4%。

关于资助育人，85.0%的大学生对所在学校的资助工作给予了满意评价，其中54.7%的大学生表示“非常满意”，30.3%的学生表示“比较满意”。在负向评价方面，认为目前学生资助工作令人“不太满意”的比例为1.4%，“很不满意”的比例为1.0%。总体而言，当前大学生对高校学生资助工作给予了较为积极的评价。

关于就业指导，总体而言，大学生对其作出了较高的评价。在职业规划与就业指导教育方面，分别有51.7%和30.4%的大学生给予“非常满意”和“比较满意”的评价，总体满意度达到82.1%。在创新创业教育方面，82.7%的大学生作出满意的评价，其中表示“非常满意”的人数比例为52.0%，表示“比较满意”的人数比例为30.7%，另外有14.8%的大学生对其评价为“一般”。

综上而言，大学生思想政治状况积极向上，高校思想政治工作有效推进，呈现出良好的发展态势。但调研中也发现了一些值得关注的问题和现象，例如“摆烂”等青年亚文化在大学生群体中稍有蔓延，西方价值思想对大学生侵蚀不容小觑，网络对大学生成长发展的消极影响更加凸显等。这些是高校思想政治工作中的薄弱环节，或是大学生反映较为集中的问题，同时也为我们加强和改进高校思想政治工作提供了参考项和着力点，便于我们更好地强弱项、补短板，切实推进高校思想政治工作高质量发展。

第一章　人生观与人生追求

生活在我们伟大祖国和伟大时代的中国大学生，每个人都有人生出彩和梦想成真的机会，每个人都有同祖国和时代一起成长与进步的机会。如何把握人生出彩、梦想成真的机会，立足新时代大舞台努力实现不负祖国和人民的人生价值？这是每一位新时代中国大学生应该用心思考、用行答好的青春之问、人生之问、时代之问。“人生观决定着人生道路的方向，也决定着人们行为选择的价值取向和用什么样的方式对待实际生活。”①为全面了解新时代大学生思考和回答青春之问、人生之问、时代之问的整体状况，本书着重从“人生目标”“人生追求”“人生态度”三个维度展开相关调查，以期客观呈现、精准描述、深入分析新时代大学生群体的人生观及其行为选择的价值取向。

一、人生目标

人生目标，简言之，就是“人活着应该追求什么”。人生目标的确立，为大学生指明了未来人生发展的方向和道路，也决定着大学生的人生态度及其行为选择的价值取向。

调研显示，当前大学生普遍拥有明确的人生目标，其人生目标的选择呈现出多元化趋势，更注重个人价值与社会价值的统一。进一步分析发现，不同群体大学生的人生目标选择具有显著差异；价值观念及价值选择对大学生的人生目标选择有着显著影响；思想政治教育正向也显著影响大学生的人生目标选择，即日常思想政治教育、思想政治理论课教学，以及“三全育人”工作效果越好，大学生的人生目标选择则越倾向于关注社会价值和安全、幸福、稳定等实实在在的个人价值。

（一）大学生人生目标选择的总体状况

本书针对财务自由、幸福家庭、安稳工作、奉献社会、创业成功、社会知名度等条目来测量大学生的人生目标选择，结果显示，财务自由、幸福家庭、安稳工作、奉献社会是大学生人生目标选择的四个核心内容。

一方面，大学生普遍拥有明确的人生目标，人生目标选择呈多元化趋势。调研数据显示，大学生普遍拥有明确的人生目标，仅有 2.4%的大学生目前“尚无明确目标”。如

① 编写组. 思想道德与法治[M]. 北京：高等教育出版社，2023：17.

图 1-1 所示，在具体人生目标选择上，当代大学生更倾向于选择“实现财务自由”(80.2%)、“组建幸福家庭”(60.5%)、“进体制安稳工作”(50.8%)、“奉献社会”(49.4%)，少数大学生也选择“创业成功”(18.1%)、“具有较高社会知名度”(14.8%)、“出国移民”(4.8%)，或者是“其他方面的目标”(11.1%)。

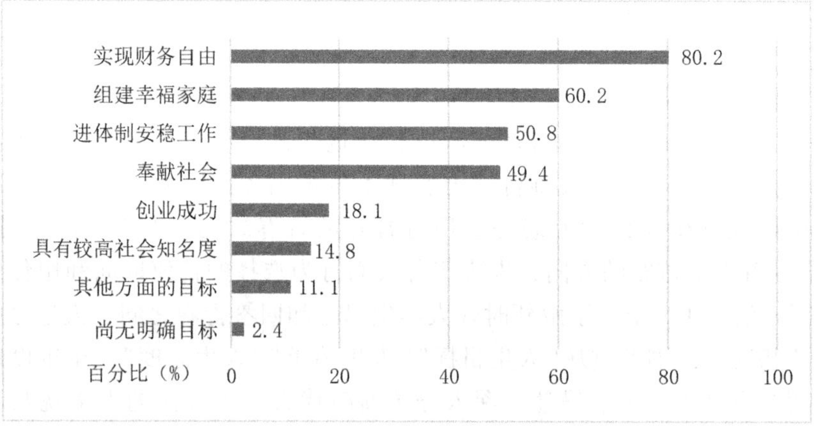

图 1-1　大学生人生目标选择的总体状况

另一方面，大学生在人生目标选择上坚持个人价值与社会价值相统一，个人价值实现上更偏重“安全型”“幸福型”“稳定型”人生目标。调研数据显示，有 49.4%的大学生选择“奉献社会”，将实现社会价值作为自己的人生目标选择，即半数大学生在人生目标选择上做到了个人价值与社会价值的统一。此外，大学生中选择“实现财务自由”“组建幸福家庭”和“进体制安稳工作”的人数比例明显高于选择“创业成功”“具有较高社会知名度”的人数比例。可见，当代大学生更看重安全、幸福、稳定等实实在在的个人价值。

（二）大学生人生目标选择的群体差异

为了探寻大学生人生目标选择的群体差异，需要通过交互分析进一步考察自然因素、教育因素、成长背景等人口学变量对大学生人生目标选择的影响。交互分析结果显示，大学生人生目标选择在自然因素、教育因素、成长背景方面均存在一定差异。具体来看，性别、年龄、学段、学生干部经历、生源地性质、家庭类型等变量均对大学生人生目标选择具有显著影响，分析结果具有统计学意义。

1. 大学生人生目标选择在自然因素方面的差异表现

第一，男生与女生在人生目标选择上存在显著差异。性别变量对大学生人生目标选择的影响体现为：男生对“组建幸福家庭”的意愿高于女生，女生对“进体制安稳工作”和“实现财务自由”的意愿比男生更强烈，而男生对“创业成功”和“具有较高社会知名度”的意愿略高于女生。具体来看，男生中选择“组建幸福家庭”的比例(67.3%)明显高于女生（55.3%）（$\chi^2=589.481$，$P<0.001$），而女生中选择“实现财务自由”的比例（84.9%）明显高于男生（73.9%）（$\chi^2=739.453$，$P<0.001$），女生中选择“进体制安稳工作”的比例（54.5%）同样明显高于男生（45.9%）（$\chi^2=284.913$，$P<0.001$）。此外，男生中选择“创业成功”的比例为20.6%，选择“具有较高社会知名度”的比例为17.1%，而女生中选择“创业成功”的比例为16.1%，选择“具有较高社会知名度”的比例为13.1%，男生对“创业成功”（$\chi^2=133.228$，$P<0.001$）和“具有较高社会知名度”（$\chi^2=124.598$，$P<0.001$）的渴望较之女生更强烈。

第二，不同年龄段大学生在人生目标选择上存在差异。年龄变量对大学生人生目标选择的影响体现为：随着年龄增长，大学生对“实现财务自由”“创业成功”的关注度逐渐降低，而对“进体制安稳工作”的关注度则逐渐升高。如图1-2所示，低年龄段、中间年龄段、高年龄段大学生选择“进体制安稳工作”（$\chi^2=93.260$，$P<0.001$）的比例依次是48.1%、52.6%、54.4%，即大学生选择“进体制安稳工作”的意愿随着年龄增长而愈加强烈。相反，大学生选择“实现财务自由”的意愿随着年龄增长而逐渐减弱。具体来看，低年龄段、中间年龄段、高年龄段大学生选择“实现财务自由”（$\chi^2=302.143$，$P<0.001$）的比例依次是83.0%、79.4%、70.4%。同样，大学生选择“创业成功”（$\chi^2=382.324$，$P<0.001$）的意愿也随着年龄增长而逐渐减弱。分析结果显示，低年龄段、中间年龄段、高年龄段大学生分别有22.3%、15.3%、12.2%的比例选择“创业成功”。

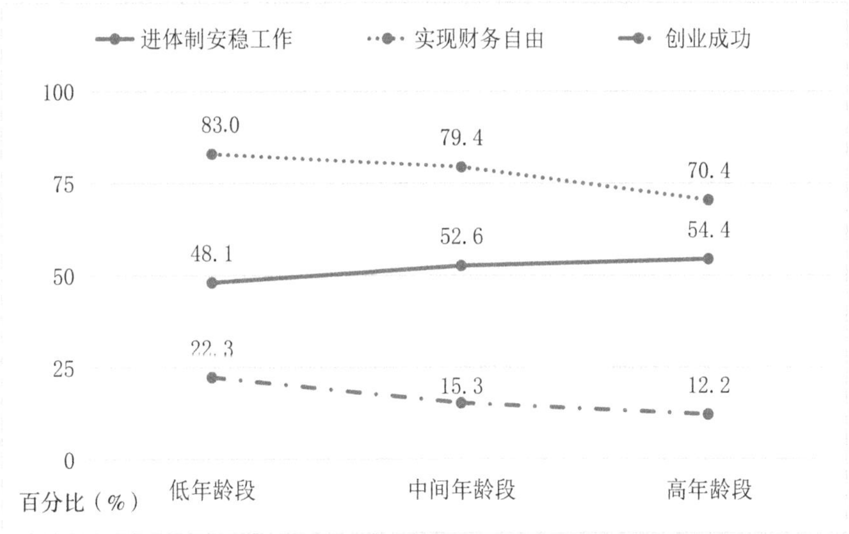

图1-2　不同年龄段大学生在人生目标选择上的差异状况

2. 大学生人生目标选择在教育因素方面的差异表现

第一，学历层次不同的大学生在人生目标选择上存在一定差异。总体来看，本科生“实现财务自由”和“创业成功”的意愿最高，而“组建幸福家庭”的意愿最低；较之本科生和博士生，硕士生更在意“进体制安稳工作”，而选择“具有较高社会知名度”和“奉献社会”的比例最低；博士生“组建幸福家庭”“具有较高社会知名度”“奉献社会”的意愿最高，而“实现财务自由”“创业成功”“进体制安稳工作”的意愿最低。如图 1-3 所示，本科生、硕士生和博士生中选择“实现财务自由”（$\chi^2=183.078$，$P<0.001$）的比例依次是 81.5%、77.7%、70.1%，选择“组建幸福家庭”（$\chi^2=44.655$，$P<0.001$）的比例依次是 59.5%、63.0%、63.9%，选择“进体制安稳工作”（$\chi^2=382.324$，$P<0.001$）的比例依次是 49.0%、57.5%、46.3%。分析结果显示，分别有 50.5%、45.3%、50.9%的本科生、硕士生和博士生选择“奉献社会”（$\chi^2=75.116$，$P<0.001$）。此外，本科生、硕士生和博士生中选择“具有较高社会知名度”（$\chi^2=63.961$，$P<0.001$）的比例依次是 15.0%、13.0%、20.1%，选择“创业成功”（$\chi^2=402.718$，$P<0.001$）的比例依次是 20.4%、11.9%、10.9%。

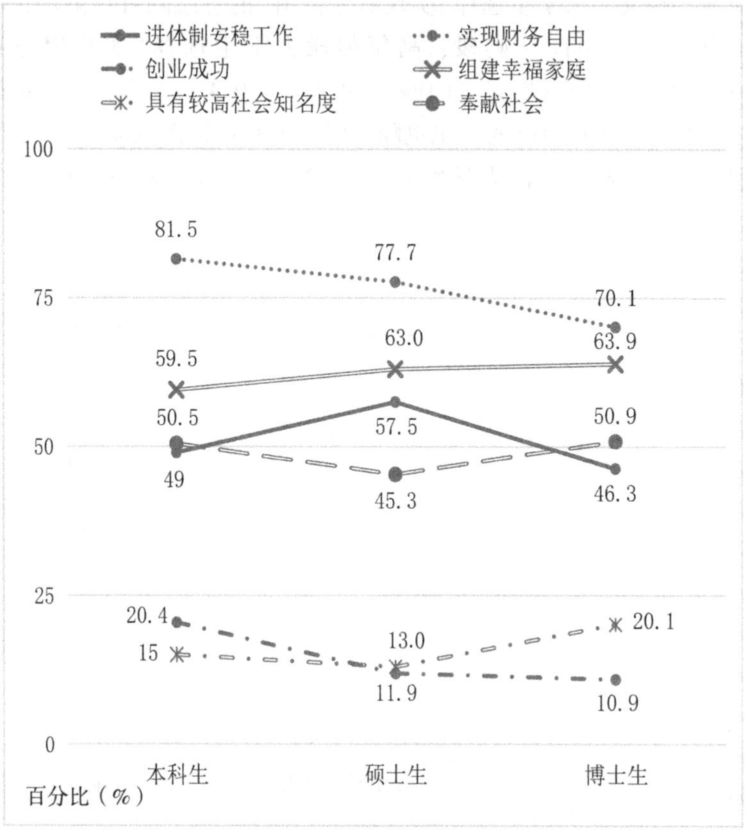

图 1-3　不同学历层次大学生在人生目标选择上的差异状况

第二，学科门类不同的大学生在人生目标选择上存在一定差异。学科门类变量对大学生人生目标选择的影响突出表现在理工农医类大学生与人文科学、社会科学类大学生的群体差异上。例如，理工农医类大学生中选择“进体制安稳工作”“实现财务自由”“具有较高社会知名度”的意愿明显低于人文科学类和社会科学类大学生，而理工农医类大学生中选择“组建幸福家庭”的意愿则明显高于人文科学类和社会科学类大学生。具体来看，人文科学类、社会科学类、理工农医类大学生中选择“进体制安稳工作”（$\chi^2=142.279$，$P<0.001$）的比例依次为51.8%、55.3%、48.2%；选择“实现财务自由”（$\chi^2=33.146$，$P<0.001$）的比例依次为80.2%、82.0%、79.2%；选择“具有较高社会知名度”（$\chi^2=72.820$，$P<0.001$）的比例依次为17.3%、15.3%、13.5%；而选择“组建幸福家庭”（$\chi^2=262.445$，$P<0.001$）的比例依次为53.8%、59.1%、63.8%。

第三，学生干部经历不同的大学生在人生目标选择上存在一定差异。分析结果显示，与没有学生干部经历的大学生相比，有学生干部经历的大学生对“组建幸福家庭”“实现财务自由”“创业成功”“具有较高社会知名度”的意愿更为强烈，尤其是对“奉献社会”的意愿明显高于没有学生干部经历的大学生。如图1-4所示，有学生干部经历的大学生和没有学生干部经历的大学生中选择“组建幸福家庭”（$\chi^2=156.765$，$P<0.001$）的比例分别为61.9%和53.9%，选择“实现财务自由”（$\chi^2=248.465$，$P<0.001$）的比例分别为81.6%和73.4%，选择“创业成功”（$\chi^2=51.195$，$P<0.001$）的比例分别为18.7%和15.1%，选择“具有较高社会知名度”（$\chi^2=185.997$，$P<0.001$）的比例分别为15.9%和9.6%，选择“奉献社会”（$\chi^2=463.844$，$P<0.001$）的比例分别为51.9%和37.8%。

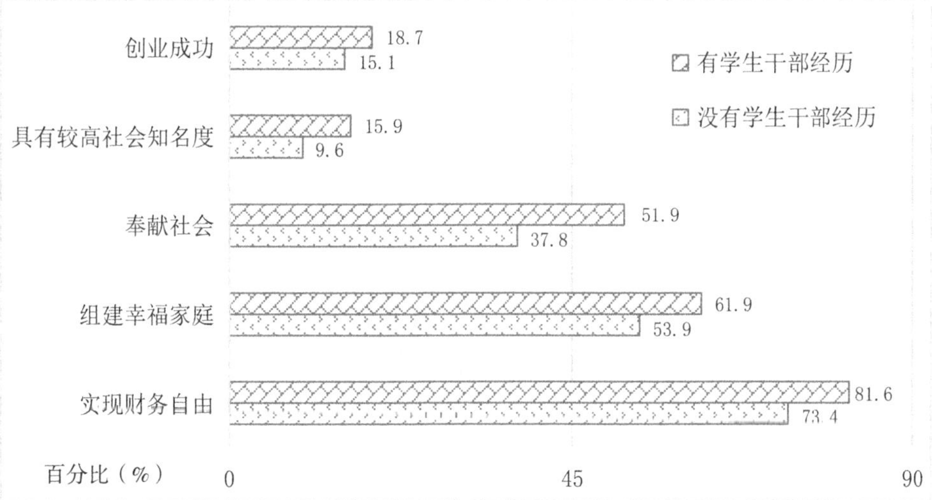

图1-4　不同学生干部经历大学生在人生目标选择上的差异状况

第四，国（境）外学习经历不同的大学生在人生目标选择上存在一定差异。与有国（境）外学习经历的大学生相比，没有国（境）外学习经历的大学生对“进体制安稳工作”“组建幸福家庭”“实现财务自由”的意愿更强烈；没有国（境）外学习经历的大学生对“具有较高社会知名度”的意愿则明显低于有国（境）外学习经历的大学生。具体来看，有国（境）外学习经历的大学生和没有国（境）外学习经历的大学生中，选择“进体制安稳工作”（$\chi^2=61.096$，$P<0.001$）的比例分别为40.2%和51.2%，选择“组建幸福家庭”（$\chi^2=11.931$，$P<0.001$）的比例分别为55.8%和60.6%，选择“实现财务自由”（$\chi^2=30.526$，$P<0.001$）的比例分别为74.2%和80.4%，选择“具有较高社会知名度”（$\chi^2=84.699$，$P<0.001$）的比例分别为14.5%和23.7%。

3. 大学生人生目标选择在成长背景方面的差异表现

第一，生源性质不同的大学生在人生目标选择上存在一定差异。生源性质变量对大学生人生目标选择的影响主要体现为，来自农村的大学生对“进体制安稳工作”的意愿比来自城镇的大学生更为强烈，而来自城镇的大学生对“具有较高社会知名度”的意愿略高于来自农村的大学生。具体来看，生源性质为农村和城镇的大学生群体中分别有54.8%和47.2%的人选择“进体制安稳工作”（$\chi^2=226.761$，$P<0.001$），分别有13.3%和16.2%的人选择“具有较高社会知名度”（$\chi^2=67.129$，$P<0.001$）。

第二，家庭类型不同的大学生在人生目标选择上存在一定差异。家庭类型变量对大学生人生目标选择的影响主要体现为，来自双亲家庭的大学生比来自非双亲家庭的大学生更渴望“进体制安稳工作”和“组建幸福家庭”。分析结果显示，来自双亲家庭和非双亲家庭的大学生群体中分别有51.3%和46.5%的比例选择“进体制安稳工作”（$\chi^2=33.053$，$P<0.001$），分别有61.1%和54.9%的比例选择“组建幸福家庭”（$\chi^2=55.705$，$P<0.001$）。

第三，独生子女情况不同的大学生在人生目标选择上存在一定差异。独生子女情况变量对大学生人生目标选择的影响主要体现为，非独生子女大学生在人生目标选择上对“进体制安稳工作”“实现财务自由”“创业成功”和“奉献社会”的意愿比独生子女大学生更强烈。从具体数据来看，在大学生群体中，选择“进体制安稳工作”（$\chi^2=84.301$，$P<0.001$）的独生子女大学生和非独生子女大学生的比例分别为48.0%和52.7%，选择“实现财务自由”（$\chi^2=50.412$，$P<0.001$）的独生子女大学生和非独生子女大学生的比例分别为78.4%和81.3%，选择“创业成功”（$\chi^2=85.398$，$P<0.001$）的独生子女大学生和非独生子女大学生的比例分别为15.9%和19.5%，选择“奉献社会”（$\chi^2=77.998$，$P<0.001$）的独生子女大学生和非独生子女大学生的比例分别为46.7%和51.2%。

第四，外出务工子女情况不同的大学生在人生目标选择上存在一定差异。分析结果显示，小时候父母常年在外务工的大学生比小时候父母未常年在外务工的大学生“进体制安稳工作”的意愿稍高。具体来看，小时候父母常年在外务工的大学生中选择“进体制安稳工作”的比例为53.5%，而小时候父母未常年在外务工的大学生中选择“进体制安稳工作”的比例为49.9%（$\chi^2=37.313$，$P<0.001$）。

（三）价值观对大学生人生目标选择的影响

“坚持正确的价值观念是一个人能够克服困难、顺利实现人生目标的重要保障。”①价值观教育成效会对大学生的人生目标选择产生重要影响。本书从价值观和价值选择两

① 陈晖阳. 论高校思想政治教育“正能量”传播的实现途径[J]. 黑龙江高教研究，2014(12).

个方面分别考察其对大学生人生目标的具体影响，结果显示，价值观对大学生选择“奉献社会”“稳定型”“幸福型”“安全型”人生目标均存在显著正向影响。

1. 价值观对大学生选择“奉献社会”人生目标的影响

为进一步分析价值观对大学生选择“奉献社会”人生目标的影响，我们对人生目标是否选择“奉献社会”分别赋值 1 分(未选中)和 2 分(选中)，并进行标准化处理，再将标准化得分与大学生的价值观、价值选择等变量进行相关分析，结果发现，大学生是否选择“奉献社会”人生目标，与其价值观念和价值选择状况有着密切关系。

一方面，价值观念对大学生选择“奉献社会”人生目标有着显著影响，即对社会主义核心价值观的理解、认同、遵循状况越好，大学生选择“奉献社会”人生目标的意愿就越强烈。首先，大学生对社会主义核心价值观的理解状况与其选择“奉献社会”人生目标的意愿存在显著正相关关系。我们将“我理解社会主义核心价值观的具体内涵”这一题目的选项从“很不符合”到“非常符合”分别赋值 1~5 分，并将其与大学生选择“奉献社会”人生目标的得分情况进行相关分析。结果显示，大学生理解社会主义核心价值观的程度与其选择“奉献社会”人生目标的意愿呈正相关关系(Spearman 相关系数为 0.124，$P<0.001$)，即：对社会主义核心价值观的理解状况越好，大学生选择“奉献社会”人生目标的意愿越强烈。其次，大学生对社会主义核心价值观的认同状况与其选择“奉献社会”人生目标的意愿存在显著正相关关系。我们将“我认同社会主义核心价值观对于国家、社会和个人的意义”这一题目的选项从“很不符合”到“非常符合”分别赋值 1~5 分，并将其与大学生选择“奉献社会”人生目标的得分情况进行相关分析。结果显示，大学生认同社会主义核心价值观的程度与其选择“奉献社会”人生目标的意愿呈正相关关系(Spearman 相关系数为 0.170，$P<0.001$)，即：对社会主义核心价值观的认同状况越好，大学生选择“奉献社会”人生目标的意愿越强烈。最后，大学生对社会主义核心价值观的遵循状况与其选择“奉献社会”人生目标的意愿存在显著正相关关系。我们将“我将社会主义核心价值观作为自己的基本遵循”这一题目的选项从“很不符合”到“非常符合”分别赋值 1~5 分，并将其与大学生选择“奉献社会”人生目标的得分情况进行相关分析。结果显示，大学生遵循社会主义核心价值观的程度与其选择“奉献社会”人生目标的意愿呈正相关关系(Spearman 相关系数为 0.164，$P<0.001$)，即：对社会主义核心价值观的遵循状况越好，大学生选择“奉献社会”人生目标的意愿越强烈。

另一方面，价值选择对大学生选择“奉献社会”人生目标有着显著影响，即在学习状态、道德实践、政治意识、日常生活方面的价值选择越积极，大学生选择“奉献社会”人生目标的意愿越强烈。首先，大学生在学习状态方面的价值选择状况与其选择“奉献社会”人生目标的意愿存在显著正相关关系。我们将“我能够保持积极勤勉的学习状态”这一题目的选项从“很不符合”到“非常符合”分别赋值 1~5 分，并将其与大学生选择“奉献社会”人生目标的得分情况进行相关分析。结果显示，大学生在学习状态方面做出积极价值选择的程度与其选择“奉献社会”人生目标的意愿呈正相关关系

（Spearman 相关系数为 0.109，$P<0.001$），即：大学生在学习状态方面的价值选择越积极，其选择“奉献社会”人生目标的意愿越强烈。其次，大学生在道德实践方面的价值选择状况与其选择“奉献社会”人生目标的意愿存在显著正相关关系。我们将“我积极参加道德实践活动”这一题目的选项从“很不符合”到“非常符合”分别赋值 1~5 分，并将其与大学生选择“奉献社会”人生目标的得分情况进行相关分析。结果显示，大学生在道德实践方面做出积极价值选择的程度与其选择“奉献社会”人生目标的意愿呈正相关关系（Spearman 相关系数为 0.152，$P<0.001$），即：大学生在道德实践方面的价值选择越积极，其选择“奉献社会”人生目标的意愿越强烈。再次，大学生在政治意识方面的价值选择状况与其选择“奉献社会”人生目标的意愿也存在显著正相关关系。我们将“我能够准确辨别‘高级黑’‘低级红’”这一题目的选项从“很不符合”到“非常符合”分别赋值 1~5 分，并将其与大学生选择“奉献社会”人生目标的得分情况进行相关分析。结果显示，大学生在政治意识方面做出积极价值选择的程度与其选择“奉献社会”人生目标的意愿呈正相关关系（Spearman 相关系数为 0.082，$P<0.001$），即：大学生在政治意识方面的价值选择越积极，其选择“奉献社会”人生目标的意愿越强烈。最后，大学生在日常生活方面的价值选择状况与其选择“奉献社会”人生目标的意愿同样存在显著正相关关系。我们将“我努力做好学习生活中每一件小事”这一题目的选项从“很不符合”到“非常符合”分别赋值 1~5 分，并将其与大学生选择“奉献社会”人生目标的得分情况进行相关分析。结果显示，大学生在日常生活方面做出积极价值选择的程度与其选择“奉献社会”人生目标的意愿呈正相关关系（Spearman 相关系数为 0.128，$P<0.001$），即：大学生在日常生活方面的价值选择越积极，其选择“奉献社会”人生目标的意愿越强烈。

2. 价值观对大学生选择“稳定型”“幸福型”“安全型”人生目标的影响

一方面，价值观对大学生选择“稳定型”“幸福型”“安全型”人生目标有着显著影响，即对社会主义核心价值观的理解、认同、遵循状况越好，大学生选择“稳定型”“幸福型”“安全型”人生目标的意愿越强烈。首先，大学生对社会主义核心价值观的理解状况越好，大学生选择“稳定型”“幸福型”“安全型”人生目标的意愿越强烈。对社会主义核心价值观的理解状况为“符合”“一般”“不符合”的大学生，人生目标上选择“进体制安稳工作”（$\chi^2=70.865$，$P<0.001$）的比例依次是 51.5%、45.7%、40.5%，选择“组建幸福家庭”（$\chi^2=204.105$，$P<0.001$）的比例依次是 61.6%、52.1%、42.4%，选择“实现财务自由”（$\chi^2=162.228$，$P<0.001$）的比例依次是 80.9%、76.0%、61.9%。其次，大学生对社会主义核心价值观的认同状况越好，选择“稳定型”“幸福型”“安全型”人生目标的意愿越强烈。对社会主义核心价值观的认同状况为“符合”“一般”“不符合”的大学生，人生目标上选择“进体制安稳工作”（$\chi^2=117.580$，$P<0.001$）的比例依次是 51.6%、42.4%、36.9%，选择“组建幸福家庭”（$\chi^2=265.613$，$P<0.001$）的比例依次是 61.6%、47.4%、42.5%，选择“实现财务自由”（$\chi^2=255.915$，$P<0.001$）的比例依次是 81.1%、70.8%、62.0%。最后，大学生对社会主

义核心价值观的遵循状况越好，选择“稳定型”“幸福型”“安全型”人生目标的意愿越强烈。对社会主义核心价值观的遵循状况为“符合”“一般”“不符合”的大学生，其人生目标上选择“进体制安稳工作”（$\chi^2=139.078$，$P<0.001$）的比例依次是 51.7%、42.8%、36.3%，选择“组建幸福家庭”（$\chi^2=286.509$，$P<0.001$）的比例依次是 61.7%、49.4%、39.6%，选择“实现财务自由”（$\chi^2=219.926$，$P<0.001$）的比例依次是 81.1%、72.9%、63.3%。

另一方面，价值选择对大学生选择“稳定型”“幸福型”“安全型”人生目标有着显著影响，即在学习状态、道德实践、政治意识、日常生活方面的价值选择越积极，大学生选择“稳定型”“幸福型”“安全型”人生目标的意愿越强烈。首先，在学习状态方面的价值选择越积极，大学生选择“稳定型”“幸福型”“安全型”人生目标的意愿越强烈。在学习状态方面的价值选择状况为“符合”“一般”“不符合”的大学生，人生目标上选择“进体制安稳工作”（$\chi^2=58.139$，$P<0.001$）的比例依次是 51.7%、47.3%、43.5%，选择“组建幸福家庭”（$\chi^2=284.074$，$P<0.001$）的比例依次是 62.3%、52.7%、45.2%，选择“实现财务自由”（$\chi^2=68.656$，$P<0.001$）的比例依次是 80.6%、79.2%、69.4%。其次，在道德实践方面的价值选择越积极，大学生选择“稳定型”“幸福型”“安全型”人生目标的意愿越强烈。在道德实践方面的价值选择状况为“符合”“一般”“不符合”的大学生，人生目标上选择“进体制安稳工作”（$\chi^2=117.037$，$P<0.001$）的比例依次是 51.9%、45.0%、39.0%，选择“组建幸福家庭”（$\chi^2=302.592$，$P<0.001$）的比例依次是 62.1%、50.7%、44.7%，选择“实现财务自由”（$\chi^2=116.306$，$P<0.001$）的比例依次是 80.9%、76.7%、67.6%。再次，在政治意识方面的价值选择越积极，大学生选择“稳定型”“幸福型”“安全型”人生目标的意愿越强烈。在政治意识方面的价值选择状况为“符合”“一般”“不符合”的大学生，人生目标上选择“进体制安稳工作”（$\chi^2=20.601$，$P<0.001$）的比例依次是 51.3%、48.9%、45.7%，选择“组建幸福家庭”（$\chi^2=119.369$，$P<0.001$）的比例依次是 61.6%、55.0%、51.4%，选择“实现财务自由”（$\chi^2=40.015$，$P<0.001$）的比例依次是 80.7%、78.2%、74.2%。最后，在日常生活方面的价值选择越积极，大学生选择“稳定型”“幸福型”“安全型”人生目标的意愿越强烈。在日常生活方面的价值选择状况为“符合”“一般”“不符合”的大学生，其人生目标上选择“进体制安稳工作”（$\chi^2=116.456$，$P<0.001$）的比例依次是 51.9%、44.4%、40.7%，选择“组建幸福家庭”（$\chi^2=325.326$，$P<0.001$）的比例依次是 62.2%、50.3%、42.4%，选择“实现财务自由”（$\chi^2=113.175$，$P<0.001$）的比例依次是 80.8%、77.1%、66.1%。

（四）思想政治教育对大学生人生目标选择的影响

为全面分析思想政治教育工作对大学生人生目标选择的影响，本书依次分析了日常思想政治教育、思想政治理论课教学、“三全育人”工作对大学生人生目标选择的影响。

1. 日常思想政治教育对大学生人生目标选择的影响

交互分析结果表明，日常思想政治教育工作开展效果对大学生人生目标选择具有显著影响。整体来看，日常思想政治教育工作开展效果越好，大学生选择“奉献社会”和“稳定型”“幸福型”“安全型”人生目标的意愿越强烈。数据分析结果显示(详见图1-5)，认为日常思想政治教育工作开展效果“好”“一般”“差”的大学生中，分别有51.6%、37.3%、35.2%的比例选择“奉献社会”人生目标($\chi^2=481.515$，$P<0.001$)，分别有52.0%、44.6%、42.2%的比例选择“进体制安稳工作”人生目标($\chi^2=122.385$，$P<0.001$)，分别有61.9%、53.1%、47.0%的比例选择“组建幸福家庭”人生目标($\chi^2=201.162$，$P<0.001$)，分别有81.0%、76.7%、67.0%的比例选择“实现财务自由”人生目标($\chi^2=114.605$，$P<0.001$)。

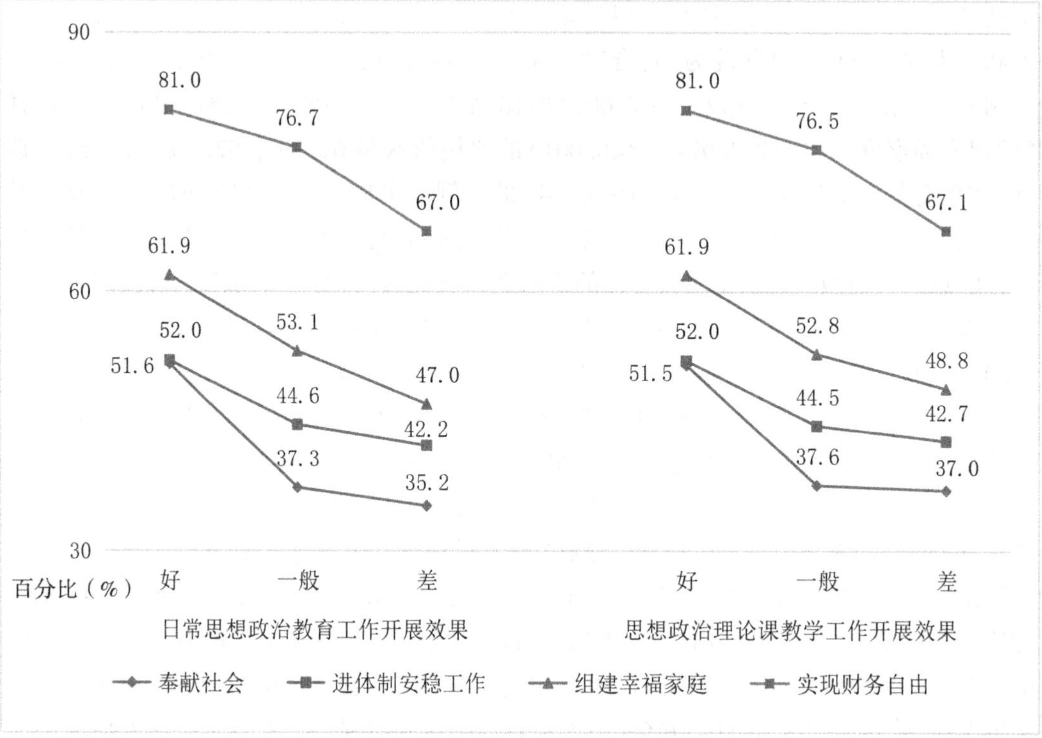

图1-5 日常思想政治教育和思想政治理论课教学效果对大学生人生目标选择的影响

2. 思想政治理论课教学对大学生人生目标选择的影响

通过交互分析发现，思想政治理论课教学工作开展效果对大学生人生目标选择具有显著影响。整体来看，思想政治理论课教学工作开展效果越好，大学生选择“奉献社会”和“稳定型”“幸福型”“安全型”人生目标的意愿越强烈。具体来看(详见图1-5)，认为思想政治理论课教学工作开展效果“好”、效果“一般”、效果“差”的大学生中，选择“奉献社会”人生目标($\chi^2=411.728$，$P<0.001$)的比例分别是51.5%、37.6%、37.0%，选择“进体制安稳工作”人生目标($\chi^2=122.921$，$P<0.001$)的比例分别是52.0%、44.5%、42.7%，选择“组建幸福家庭”人生目标($\chi^2=201.277$，$P<0.001$)的比例分别

是 61.9%、52.8%、48.8%，选择“实现财务自由”人生目标（$\chi^2=124.285$，$P<0.001$）的比例分别是 81.0%、76.5%、67.1%。

3.“三全育人”工作对大学生人生目标选择的影响

交互分析结果显示，“三全育人”工作开展效果对大学生人生目标选择具有显著影响。具体来看，对“全员育人”“全过程育人”“全方位育人”工作评价越满意，大学生选择“奉献社会”和“稳定型”“幸福型”“安全型”人生目标的意愿越强烈。第一，对“全员育人”工作评价为“满意”“一般”“不满意”的大学生中，分别有 51.6%、35.2%、34.1%的比例选择“奉献社会”人生目标（$\chi^2=504.504$，$P<0.001$），分别有 51.7%、45.2%、42.1%的比例选择“进体制安稳工作”（$\chi^2=87.151$，$P<0.001$），分别有 61.8%、52.2%、47.4%的比例选择“组建幸福家庭”（$\chi^2=197.270$，$P<0.001$），分别有 81.0%、75.3%、67.6%的比例选择“实现财务自由”（$\chi^2=135.127$，$P<0.001$）。第二，对“全过程育人”工作评价为“满意”“一般”“不满意”的大学生中，分别有 51.6%、36.1%、34.9%的比例选择“奉献社会”人生目标（$\chi^2=463.844$，$P<0.001$），分别有 51.7%、46.1%、41.3%的比例选择“进体制安稳工作”（$\chi^2=72.721$，$P<0.001$），分别有 61.8%、52.4%、47.8%的比例选择“组建幸福家庭”（$\chi^2=197.783$，$P<0.001$），分别有 81.0%、76.0%、65.8%的比例选择“实现财务自由”（$\chi^2=133.854$，$P<0.001$）。第三，对“全方位育人”工作评价为“满意”“一般”“不满意”的大学生中，分别有 51.5%、37.0%、36.8%的比例选择“奉献社会”人生目标（$\chi^2=418.839$，$P<0.001$），分别有 51.7%、45.8%、41.1%的比例选择“进体制安稳工作”（$\chi^2=84.992$，$P<0.001$），分别有 61.8%、53.1%、47.9%的比例选择“组建幸福家庭”（$\chi^2=180.637$，$P<0.001$），分别有 81.0%、76.3%、67.5%的比例选择“实现财务自由”（$\chi^2=117.948$，$P<0.001$）。

二、人生追求

崇高的人生追求是大学生实现人生目标的精神引领，也是大学生人生价值在精神层面的展现。但崇高的人生追求注定要超越现实生活中的物质追求，戒掉安逸享乐的生活状态，需要大学生以极大的决心克服现实生活中的问题。调查发现，大学生是否选择崇高的人生追求，背后所思考的因素涉及社会、家庭、个人等多个方面。

（一）大学生人生追求的总体状况

一直以来，党中央、国务院高度重视高校毕业生就业创业工作，努力确保高校毕业生高质量充分就业，同时出台了一系列优惠、保障政策鼓励和引导高校毕业生到西部等贫困、艰苦、边远地区就业创业。调查结果显示，七成大学生愿意毕业后到西部地区就业。其中，9.1%的大学生表示“非常愿意”，22.4%的大学生表示“比较愿意”，43.6%的大学生表示“一般”，而“不太愿意”和“很不愿意”到西部地区就业的大学生比例分别为 18.6%和 6.3%。

到西部地区就业意味着扎根西部、服务祖国、奉献青春，体现了当代大学生把个人的理想追求融入党和国家事业，立志为党为国家为人民作贡献的崇高人生追求。进一步调查后发现，大学生愿意到西部地区就业的原因主要有：为社会作贡献(72.9%)、锻炼个人能力(65.3%)、家乡在西部(34.3%)、西部竞争相对较小(27.5%)、获得更好的晋升机会(15.4%)、其他(5.7%)、因为爱情(3.5%)；导致少数大学生不愿意到西部地区就业的因素则有：位置偏远(66.3%)、生活条件比较艰苦(47.4%)、气候环境比较恶劣(39.9%)、发展前景不佳(39%)、有更好选择(33.1%)、难以融入当地文化(32.7%)、待遇较差(30.5%)、其他(11.7%)等。

(二)大学生在人生追求上的群体差异

调查分析显示，大学生在人生追求上存在显著的群体差异，即不同群体大学生到西部地区就业的意愿、愿意到西部地区就业的原因，以及不愿意到西部地区就业的原因均存在显著差异。

1. 就业意愿方面的群体差异

为进一步探索不同群体大学生在人生追求上的群体差异，将题目“毕业后，您愿意到西部地区就业吗”的选项从“很不愿意”到“非常愿意”分别赋值1~5分(得分越高，代表大学生的人生追求越崇高)，再将各种人口学变量分布进行哑变量转化，纳入回归模型，将$P<0.05$作为统计具有意义的标准，发现回归分析中具有统计学意义的自变量有性别、年龄、学历层次、学科门类、学生干部经历、国(境)外学习经历、生源地性质、独生子女情况、务工人员子女情况等(详见表1-1)。

表1-1 不同群体大学生到西部地区就业的意愿的一般线性回归分析

自变量		非标准化系数		标准系数	统计量	显著性水平
		B	S.E	β	t	P
常数项		2.536	0.046		54.928	<0.05
性别-男生(参照项：女生)		0.027	0.010	0.013	2.626	<0.05
年龄		0.065	0.013	0.041	4.969	<0.05
学历层次(参照项：博士生)	本科生	0.173	0.030	0.076	5.739	<0.05
	硕士生	0.040	0.026	0.017	1.583	0.113
年级		−0.004	0.006	−0.004	−0.672	0.502
学科门类(参照项：理工农医类)	人文科学类	0.053	0.013	0.022	4.128	<0.05
	社会科学类	0.023	0.012	0.010	1.949	0.051
有学生干部经历(参照项：没有学生干部经历)		0.105	0.013	0.040	8.388	<0.05
有国(境)外学习经历[参照项：没有国(境)外学习经历]		−0.063	0.027	−0.011	−2.320	<0.05

续表

自变量		非标准化系数		标准系数	统计量	显著性水平
		B	S. E	*β*	*t*	*P*
生源地-农村(参照项：城镇)		0.164	0.011	0.081	14.794	<0.05
生源地所属区域（参照项：东北）	华东	−0.151	0.020	−0.066	−7.714	<0.05
	华南	0.028	0.023	0.008	1.206	0.228
	华中	−0.015	0.021	−0.006	−.724	0.469
	华北	0.044	0.022	0.014	1.983	<0.05
	西北	0.786	0.026	0.186	30.334	<0.05
	西南	0.642	0.021	0.237	30.478	<0.05
双亲家庭(参照项：非双亲家庭)		0.030	0.016	0.009	1.868	0.062
独生子女(参照项：非独生子女)		−0.080	0.011	−0.039	−7.194	<0.05
务工人员子女(参照项：非务工人员子女)		0.079	0.012	0.034	6.620	<0.05

(1)自然因素不同的大学生在人生追求上存在差异

从性别来看，男生到西部地区就业的意愿比女生更强烈。回归分析结果显示，男生毕业后到西部地区就业的意愿得分比女生高 0.027 个单位。

从年龄来看，随着年龄的增长，大学生到西部地区就业的意愿逐渐增强。回归分析结果显示，大学生年龄每增加一岁，毕业后到西部地区就业的意愿得分就升高 0.065 个单位。

(2)教育因素不同的大学生在人生追求上存在差异

从学历层次来看，本科生毕业后到西部地区就业的意愿比博士生更强烈。回归分析结果显示，本科生毕业后到西部地区就业的意愿得分比博士生高 0.173 个单位。

就学科门类而言，人文科学类大学生到西部地区就业的意愿比理工农医类大学生更强烈。回归分析结果显示，人文科学类大学生毕业后到西部地区就业的意愿得分比理工农医类大学生高 0.053 个单位。

从学生干部经历来看，担任过学生干部的大学生到西部地区就业的意愿比没有担任过学生干部的大学生更强烈。回归分析结果显示，担任过学生干部的大学生毕业后到西部地区就业的意愿得分比没有担任过学生干部的大学生高 0.105 个单位。

从国(境)外学习经历来看，没有国(境)外学习经历的大学生到西部地区就业的意愿比有国(境)外学习经历的大学生更强烈。回归分析结果显示，有国(境)外学习经历的大学生毕业后到西部地区就业的意愿得分比没有国(境)外学习经历的大学生低 0.063 个单位。

(3)成长背景不同的大学生在人生追求上存在差异

就生源地性质而言，来自农村的大学生到西部地区就业的意愿比来自城镇的大学生更强烈。回归分析结果显示，来自农村的大学生毕业后到西部地区就业的意愿得分比来自城镇的大学生高 0.164 个单位。

就生源地所属区域而言，生源地所属区域不同的大学生到西部地区就业的意愿存在差异，来自西部地区的大学生更愿意毕业后到西部地区就业。回归分析结果显示，来自华东地区的大学生毕业后到西部地区就业的意愿得分比来自东北地区的大学生低 0.151 个单位，来自华北地区的大学生毕业后到西部地区就业的意愿得分比来自东北地区的大学生高 0.044 个单位，来自西北地区的大学生毕业后到西部地区就业的意愿得分比来自东北地区的大学生高 0.786 个单位，来自西南地区的大学生毕业后到西部地区就业的意愿得分比来自东北地区的大学生高 0.642 个单位。可见，来自不同地区的大学生到西部地区就业的意愿从高到低排序，依次为西北地区大学生、西南地区大学生、华北地区大学生、东北地区大学生、华东地区大学生。总体来看，生源地为西部地区的大学生到西部地区就业的意愿最强烈。

从独生子女情况来看，非独生子女大学生到西部地区就业的意愿比独生子女大学生更强烈。回归分析结果显示，独生子女大学生毕业后到西部地区就业的意愿得分比非独生子女大学生低 0.08 个单位。

从务工人员子女情况来看，小时候父母常年在外务工的大学生到西部地区就业的意愿比父母没有常年在外务工的大学生更强烈。回归分析结果显示，小时候父母常年在外务工的大学生毕业后到西部地区就业的意愿得分比父母没有常年在外务工的大学生高 0.079 个单位。

2. 愿意到西部地区就业原因选择方面的群体差异

考虑到大学生愿意到西部地区就业的原因主要集中在“为社会作贡献”“锻炼个人能力”“家乡在西部”“西部竞争相对较小”四个方面，所以重点考察不同群体大学生选择这四个原因的具体情况。

(1)选择“为社会作贡献”原因的群体差异

采用交互分析，进一步考察愿意到西部地区就业的大学生中选择“为社会作贡献”原因的群体差异，结果显示，年级、学生干部经历、学校所属区域、生源地性质等变量对愿意到西部地区就业的大学生选择“为社会作贡献”原因具有显著影响。

在年级方面，随着年级升高，愿意到西部地区就业的大学生中选择“为社会作贡献”原因的比例逐渐下降。从具体数据来看，愿意到西部地区就业的一年级、二年级、三年级、四年级(含五年级)①大学生中选择“为社会作贡献”原因的比例依次是 75.0%、73.1%、71.8%、69.0%($\chi^2=206.475$, $P<0.001$)。

在学生干部经历方面，担任过学生干部的大学生出于“为社会作贡献”原因而到西部地区就业的意愿比没有担任过学生干部的大学生更强烈。从具体数据来看，出于“为社会作贡献”原因而到西部地区就业的大学生中，担任过学生干部和没有担任过学生干部的比例分别是 74.8%和 63.4%($\chi^2=114.175$, $P<0.001$)。

在学校所属区域和生源地所属区域方面，学校所属区域不同($\chi^2=278.818$, $P<0.001$)或者生源地所属区域不同($\chi^2=992.304$, $P<0.001$)的大学生出于“为社会作贡

① 部分专业学制五年，第五学制年的学生数据在本书中归入四年级。

献”原因到西部地区就业的情况存在显著差异。如图 1-6 所示，出于“为社会作贡献”原因而到西部地区就业的大学生中，来自华南地区高校的比例明显高于其他地区；华东、华南、华中、东北地区的大学生中选择“为社会作贡献”原因的比例相对较高。

此外，有统计学意义的人口学变量还有年龄、家庭类型、独生子女情况；但考虑到影响较小，故不做进一步分析。

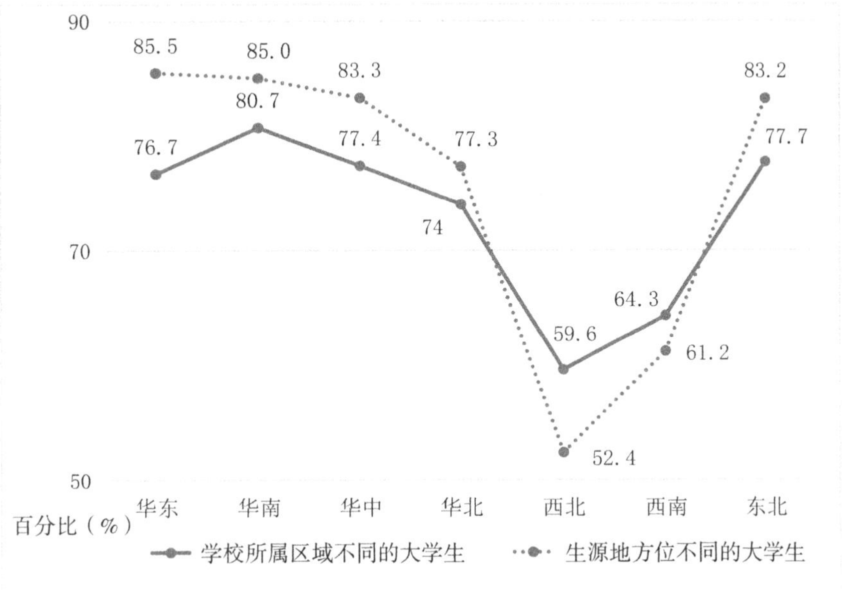

图 1-6 不同地区大学生选择“为社会作贡献”原因的差异状况

(2)选择“锻炼个人能力”原因的群体差异

采用交互分析，进一步考察愿意到西部地区就业的大学生中选择“锻炼个人能力”原因的群体差异，结果显示，年龄、学历层次、年级、学生干部经历、国(境)外学习经历、学校所属区域、生源地性质、生源地所属区域、独生子女情况等变量对愿意到西部地区就业的大学生选择“锻炼个人能力”原因具有显著影响。

在年龄方面，随着年龄段的升高，愿意到西部地区就业的大学生中选择“锻炼个人能力”原因的比例逐渐下降。从具体数据来看，愿意到西部地区就业的低年龄段、中间年龄段、高年龄段大学生中选择“锻炼个人能力”原因的比例依次是 68.5%、64.2%、56.7%($\chi^2=62.398$, $P<0.001$)。

在学历层次和年级方面，随着学历层次或年级的升高，大学生出于“锻炼个人能力”原因而到西部地区就业的意愿逐渐降低。从具体数据来看，愿意到西部地区就业的本科生、硕士生、博士生中选择“锻炼个人能力”原因的比例依次是 67.3%、60.1%、53.8%($\chi^2=76.580$, $P<0.001$)；愿意到西部地区就业的一年级、二年级、三年级、四年级(含五年级)大学生选择“锻炼个人能力”原因的比例依次是 67.0%、66.0%、63.3%、62.9%($\chi^2=16.483$, $P<0.001$)。

在学生干部经历和国(境)外学习经历方面，担任过学生干部的大学生出于“锻炼个人能力”原因而到西部地区就业的意愿比没有担任过学生干部的大学生更强烈，没有国(境)外学习经历的大学生出于“锻炼个人能力”原因而到西部地区就业的意愿比有国(境)外学习经历的大学生更强烈。从具体数据来看，出于“锻炼个人能力”原因而愿意到西部地区就业的大学生中，担任过学生干部的大学生和没有担任过学生干部的比例分别是67.0%和56.7%($\chi^2=82.228$，$P<0.001$)；没有国(境)外学习经历的大学生(65.6%)中选择“锻炼个人能力”原因($\chi^2=21.095$，$P<0.001$)的比例明显高于有国(境)外学习经历的大学生(53.6%)。

在学校所属区域和生源地所属区域方面，来自不同地区高校($\chi^2=178.815$，$P<0.001$)或者不同地区($\chi^2=794.787$，$P<0.001$)的大学生出于“锻炼个人能力”原因而到西部地区就业的情况存在显著差异，如图1-7所示。具体来看，愿意到西部地区就业的大学生中，选择“锻炼个人能力”原因的比例，按其所属区域排列由高到低依次是：华南、华中、东北、华东、华北、西南、西北地区高校；来自华东、华中、东北、华南地区的大学生中选择“锻炼个人能力”原因的比例相对较高。

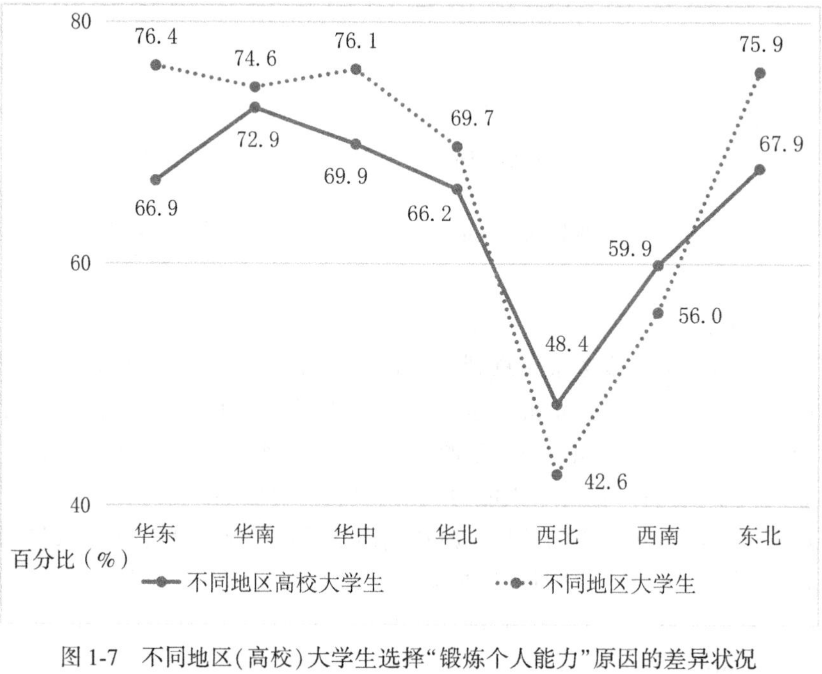

图1-7 不同地区(高校)大学生选择“锻炼个人能力”原因的差异状况

在生源地性质方面，来自农村的大学生出于“锻炼个人能力”原因而到西部地区就业的意愿明显高于来自城镇的大学生。具体来看，来自农村和城镇的大学生中选择“锻炼个人能力”原因($\chi^2=86.706$，$P<0.001$)的比例分别是68.9%和60.9%。

在独生子女情况方面，独生子女大学生出于“锻炼个人能力”原因而到西部地区就业的意愿明显低于非独生子女大学生。具体来看，非独生子女大学生中选择“锻炼个人能力”原因的比例(68.4%)比独生子女选择“锻炼个人能力”的比例(59.6%)高出8.8个百分点($\chi^2=86.706$, $P<0.001$)。

此外，有统计学意义的人口学变量还有性别、家庭类型、外出务工人员子女情况。但考虑到影响较小，故不做进一步分析。

(3)选择“家乡在西部”原因的群体差异

采用交互分析，进一步考察愿意到西部地区就业的大学生中选择“家乡在西部”原因的群体差异。结果显示，学历层次、学生干部经历、国(境)外学习经历等变量对愿意到西部地区就业的大学生选择“家乡在西部”原因具有显著影响。

在学历层次方面，随着学历层次的升高，大学生出于“家乡在西部”原因而到西部地区就业的意愿逐渐降低。从具体数据来看，愿意到西部地区就业的本科生、硕士生、博士生选择“锻炼个人能力”原因的比例依次是28.3%、25.9%、21.9%($\chi^2=13.476$, $P<0.01$)。

在学生干部经历和国(境)外学习经历方面，没有担任过学生干部的大学生中出于“家乡在西部”原因而到西部地区就业的比例高于担任过学生干部的大学生，没有国(境)外学习经历的大学生中出于“家乡在西部”原因而到西部地区就业的比例高于有国(境)外学习经历的大学生。从具体数据来看，出于“家乡在西部”原因而愿意到西部地区就业的大学生中，担任过学生干部的大学生和没有担任过学生干部的大学生的比例分别是26.6%和31.9%($\chi^2=24.175$, $P<0.001$)；有国(境)外学习经历和没有国(境)外学习经历的大学生中选择“家乡在西部”原因的比例分别是16.6%和27.8%($\chi^2=21.000$, $P<0.001$)。

此外，有统计学意义的人口学变量还有性别、年龄、学科门类、生源地性质、独生子女情况、外出务工子女情况。但考虑到影响较小，故不做进一步分析。

(4)选择“西部竞争相对较小”原因的群体差异

采用交互分析，进一步考察愿意到西部地区就业的大学生中选择“西部竞争相对较小”原因的群体差异。结果显示，学生干部经历、国(境)外学习经历、学校所属区域、生源地所属区域等变量对愿意到西部地区就业的大学生选择“西部竞争相对较小”原因具有显著影响。

在学生干部经历和国(境)外学习经历方面，没有担任过学生干部的大学生出于“西部竞争相对较小”原因而到西部地区就业的意愿比担任过学生干部的大学生更强烈，没有国(境)外学习经历的大学生出于“西部竞争相对较小”原因而到西部地区就业的意愿比有国(境)外学习经历的大学生更强烈。从具体数据来看，出于“西部竞争相对较小”原因而愿意到西部地区就业的大学生中，担任过学生干部的大学生和没有担任过学生干部的大学生的比例分别是33.5%和38.1%($\chi^2=16.384$, $P<0.001$)；没有国(境)外学习经历的大学生(34.5%)中选择“西部竞争相对较小”原因($\chi^2=8.042$, $P<0.001$)的比例明显高于有国(境)外学习经历的大学生(27.1%)。

在学校所属区域和生源地所属区域方面，来自不同地区高校($\chi^2=1397.341$, $P<0.001$)或者不同地区($\chi^2=5965.189$, $P<0.001$)的大学生出于“西部竞争相对较小”原因而到西部地区就业的情况存在显著差异，如图1-8所示。具体来看，愿意到西部地区

就业的大学生中，选择“西部竞争相对较小”原因的比例，按其所属区域排列由高到低依次是：西北、西南、华东/华北、东北、华南地区高校。其中，来自西部地区高校的大学生中选择“西部竞争相对较小”原因的比例非常高，尤其以来自西北地区的大学生为最。

此外，有统计学意义的人口学变量还有性别、年龄、学历层次、年级、家庭类型、外出务工人员子女情况。但考虑到影响较小，故不做进一步分析。

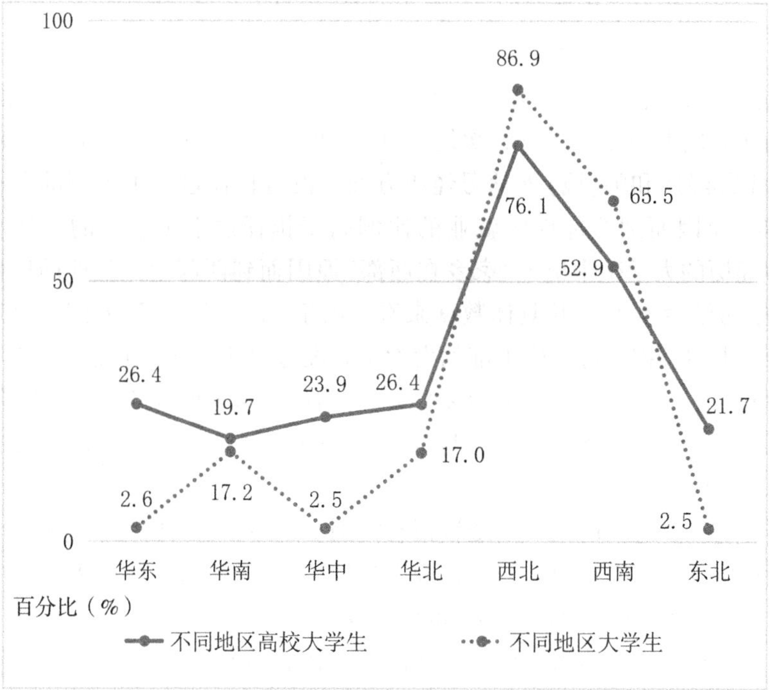

图 1-8　不同地区(高校)大学生选择“西部竞争相对较小”原因的差异状况

3. 不愿意到西部地区就业原因方面的群体差异

为进一步分析大学生不愿意到西部地区就业原因的群体差异，先对大学生不愿意到西部地区就业的原因选项进行多重响应分析，然后再与自然因素、教育因素、成长背景等人口学变量进行交互分析。结果显示，自然因素、教育因素、成长背景不同的大学生，在毕业后不愿意到西部地区就业的原因方面存在显著差异。比如，性别、年龄、学历层次、学校所属区域、生源地性质、生源地所属区域变量均对大学生不愿意到西部地区就业的原因选择有着显著影响。

(1)大学生不愿意到西部地区就业的自然因素差异

从性别来看，男生比女生更在意发展前景和待遇问题。男生和女生中，选择“发展前景不佳”原因的比例分别是 45.7%和 33.7%，选择“待遇较差”原因的比例分别是 34.9%和 27.0%，选择“发展前景不佳”“待遇较差”原因的男生比例比女生分别多出 12

个百分点和 7. 9 个百分点。

从年龄来看，随着年龄升高，不愿意到西部地区就业的大学生考虑各种原因的比例逐渐降低。分析结果如图 1-9 所示，随着年龄升高，大学生出于“发展前景不佳”“生活条件比较艰苦”“位置偏远”“气候环境比较恶劣”“待遇较差”“难以融入当地文化”“有更好选择”原因而不愿意去西部地区就业的比例均呈下降趋势。其中，在选择“生活条件比较艰苦”和“气候环境比较恶劣”原因方面，不同年龄段大学生之间的差异尤为显著。比如，低年龄段大学生中选择“生活条件比较艰苦”原因的比例比高年龄段大学生高出 24. 1 个百分点，选择“气候环境比较恶劣”原因的比例比高年龄段大学生高出 22 个百分点。

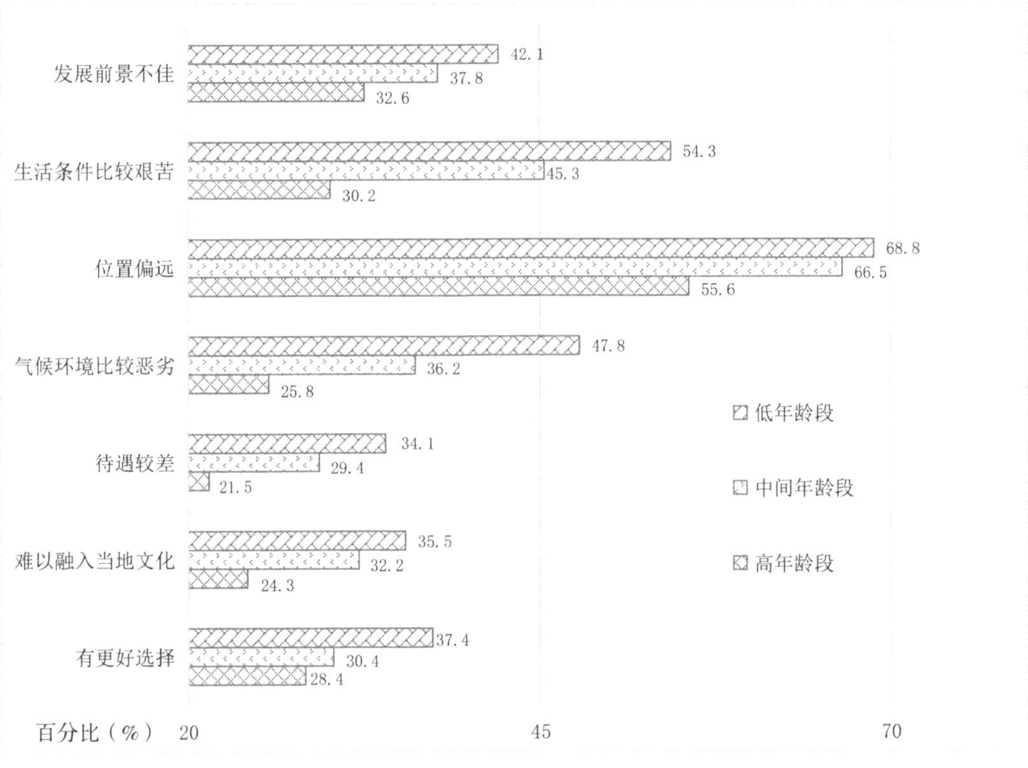

图 1-9　大学生不愿意到西部地区就业原因方面的年龄差异

（2）大学生不愿意到西部地区就业的教育因素差异

从学历层次来看，随着学历层次升高，不愿意到西部地区就业的大学生考虑各种原因的比例逐渐降低。分析结果如图 1-10 所示，随着学历层次升高，大学生出于“生活条件比较艰苦”“位置偏远”“气候环境比较恶劣”“待遇较差”“难以融入当地文化”等原因而不愿意去西部地区就业的比例均呈下降趋势。其中，在选择“生活条件比较艰苦”和“气候环境比较恶劣”原因方面，不同学历层次大学生之间的差异尤为显著。比如，本科生中选择“生活条件比较艰苦”原因的比例比博士生高出 21. 3 个百分点，选择“气候环境比较恶劣”原因的比例比博士生高出 15. 9 个百分点。

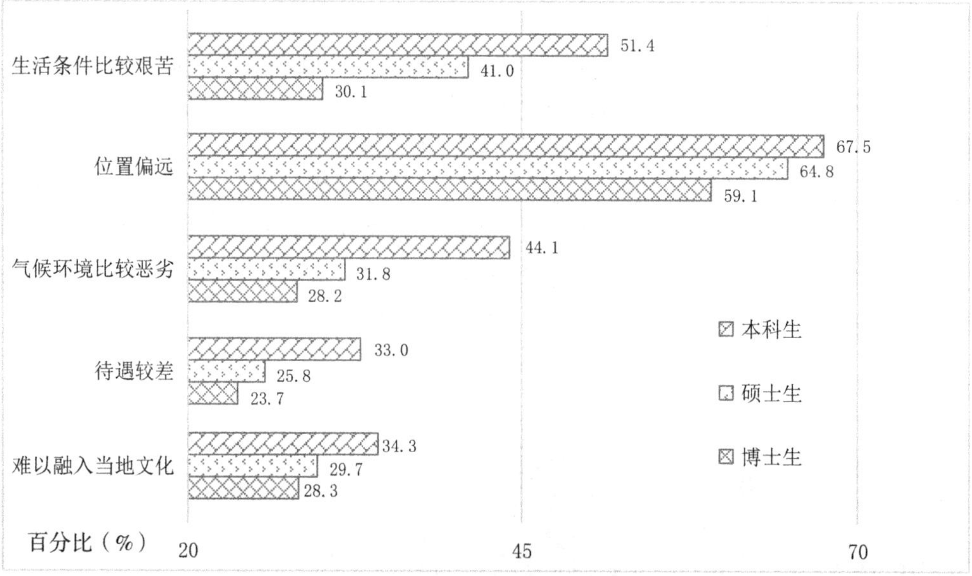

图 1-10　不愿意到西部地区就业的大学生学历层次差异

从学校所属区域来看，来自不同地区高校的大学生不去西部地区就业的原因存在显著差异。分析结果如图 1-11 所示，与来自其他地区高校的大学生相比，来自华南地区高校的大学生更在意文化融入、气候环境问题；来自华中地区高校的大学生更在意待遇

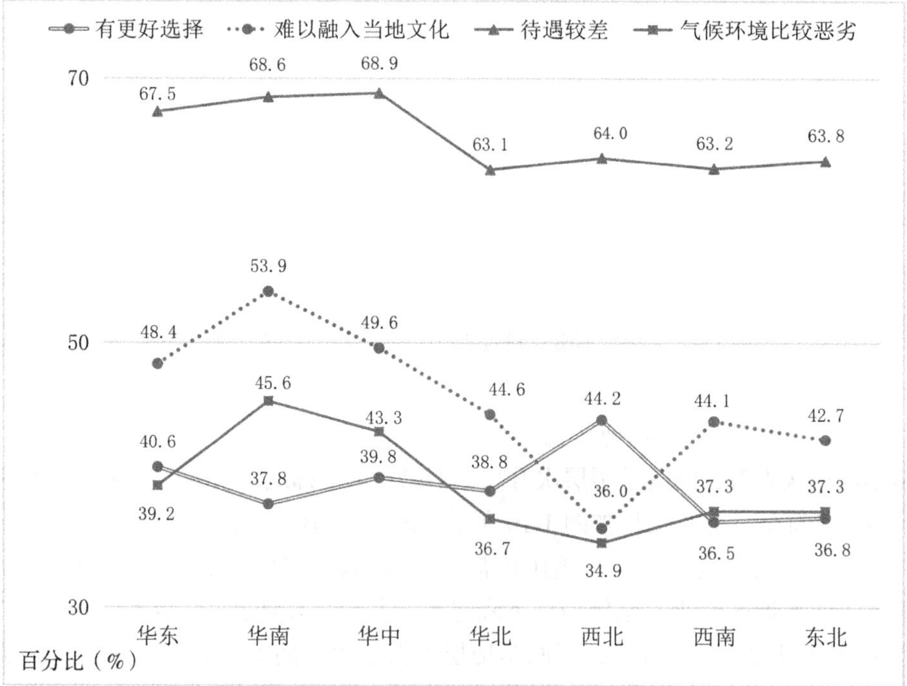

图 1-11　不同地区高校大学生不愿意到西部地区就业的差异状况

问题；来自西北地区高校的大学生中选择“气候环境比较恶劣”和“难以融入当地文化”的比例最低，认为“有更好选择”而不愿意去西部地区就业的比例最高。

(3)不愿意到西部地区就业的大学生成长背景差异

从生源地性质来看，来自农村和来自城镇的大学生不愿意去西部地区就业的原因存在显著差异。具体来看，来自城镇的大学生比来自农村的大学生更在意发展前景、生活条件、待遇、文化融入等问题，有更好选择的几率也更大些。比如，来自城镇的大学生和来自农村的大学生中，分别有41.0%和35.9%的比例选择“发展前景不佳”，分别有49.4%和44.4%的比例选择“生活条件比较艰苦”，分别有31.9%和28.5%的比例选择“待遇较差”，分别有34.1%和30.6%的比例选择“难以融入当地文化”；此外，来自城镇的大学生中因为“有更好选择”而不愿意去西部地区就业的比例(36.8%)比来自农村的大学生(27.2%)高出9.6个百分点。

从生源地所属区域来看，来自不同地区的大学生不愿意去西部地区就业的原因存在显著差异。其中，来自西北地区的大学生与来自其他地区的大学生对各种原因的考虑尤为不同。具体来看，与来自其他地区的大学生相比，来自西北地区的大学生较在意发展前景和待遇问题，而对生活条件、位置、气候环境、文化融入等问题的在意程度较低。如图1-12所示，来自西北地区的大学生中选择“发展前景不佳”的比例比来自东北地区的大学生高出29个百分点，选择“待遇较差”的比例比来自东北地区的大学生高出18.8个百分点；然而，来自西北地区的大学生中选择“生活条件比较艰苦”的比例比来自华

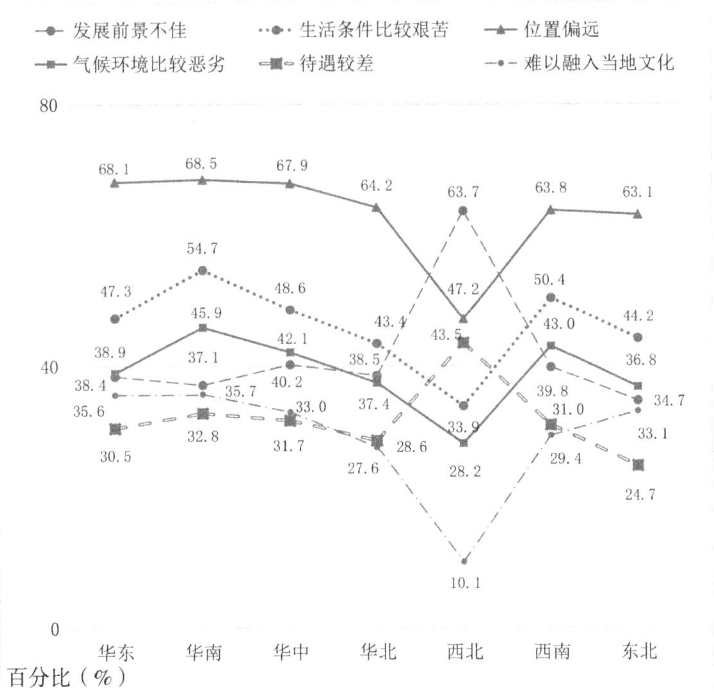

图1-12　不同地区大学生不愿意到西部地区就业的差异状况

南地区的大学生低了 20.8 个百分点，来自西北地区的大学生中选择“位置偏远”的比例比来自华南地区的大学生低了 21.3 个百分点，来自西北地区的大学生中选择“气候环境比较恶劣”的比例比来自华南地区的大学生低了 17.7 个百分点，来自西北地区的大学生中选择“难以融入当地文化”的比例比来自华南地区的大学生低了 25.6 个百分点。

（三）价值观对大学生人生追求的影响

为进一步分析价值观对大学生人生追求的影响，采用交互分析方法，对大学生的价值观念、价值选择分别与大学生到西部地区就业的意愿(“愿意”=“非常愿意”+“比较愿意”+“一般”；“不愿意”=“不太愿意”+“很不愿意”)进行交互分析。结果显示，大学生的价值观念与价值选择对其人生追求有着显著影响。

1. 价值观念对大学生人生追求的影响

第一，对社会主义核心价值观的理解状况越好，大学生到西部地区就业的意愿越强烈。如图 1-13 所示，对于“我理解社会主义核心价值观的具体内涵”是否符合自身实际，选择“符合”“一般”“不符合”的大学生中，愿意到西部地区就业的比例依次是 76.0%、68.9%、59.3%($\chi^2=164.402$，$P<0.001$)。

第二，对社会主义核心价值观的认同状况越好，大学生到西部地区就业的意愿越强烈。如图 1-13 所示，对于“我认同社会主义核心价值观对于国家、社会和个人的意义”是否符合自身实际，选择“符合”“一般”“不符合”的大学生中，愿意到西部地区就业的比例依次是 76.0%、65.6%、60.9%($\chi^2=189.682$，$P<0.001$)。

第三，对社会主义核心价值观的遵循状况越好，大学生到西部地区就业的意愿越强烈。如图 1-13 所示，对于“我将社会主义核心价值观作为自己的基本遵循”是否符合自身实际，选择“符合”“一般”“不符合”的大学生中，愿意到西部地区就业的比例依次是 76.1%、66.1%、60.9%($\chi^2=216.204$，$P<0.001$)。

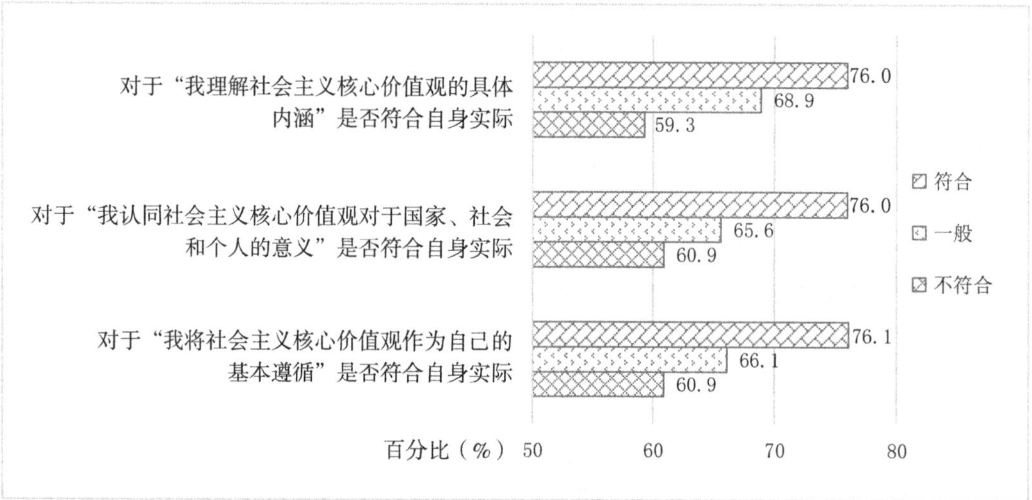

图 1-13　价值观念对大学生人生追求的影响

2. 价值选择对大学生人生追求的影响

第一，在学习状态方面的价值选择越积极，大学生到西部地区就业的意愿越强烈。如图 1-14 所示，对于“我能够保持积极勤勉的学习状态”，选择“符合”“一般”“不符合”的大学生中，愿意到西部地区就业的比例依次是 75.9%、72.1%、65.0%（$\chi^2=87.847$，$P<0.001$）。

第二，在道德实践方面的价值选择越积极，大学生到西部地区就业的意愿越强烈。如图 1-14 所示，对于“我积极参加道德实践活动”，选择“符合”“一般”“不符合”的大学生中，愿意到西部地区就业的比例依次是 76.4%、68.0%、57.8%（$\chi^2=274.940$，$P<0.001$）。

第三，在政治意识方面的价值选择越积极，大学生到西部地区就业的意愿越强烈。如图 1-14 所示，对于“我能够准确辨别‘高级黑’‘低级红’”，选择“符合”“一般”“不符合”的大学生中，愿意到西部地区就业的比例依次是 75.5%、73.8%、68.1%（$\chi^2=32.811$，$P<0.001$）。

第四，在日常生活方面的价值选择越积极，大学生到西部地区就业的意愿越强烈。如图 1-14 所示，对于“我努力做好学习生活中每一件小事”，选择“符合”“一般”“不符合”的大学生中，愿意到西部地区就业的比例依次是 76.1%、69.3%、64.3%（$\chi^2=138.889$，$P<0.001$）。

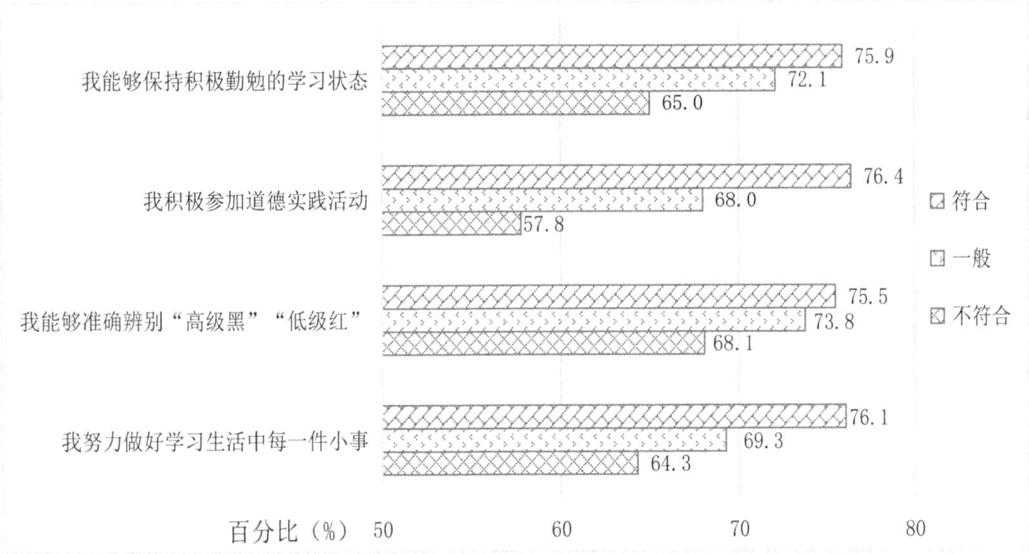

图 1-14 价值选择对大学生人生追求的影响

（四）思想政治教育对大学生人生追求的影响

分析结果表明，思想政治教育对大学生人生追求有着显著影响。日常思想政治教育开展效果、思想政治理论课教学工作开展效果，以及“三全育人”工作开展效果，均会对大学生人生追求产生显著影响。

1. 日常思想政治教育对大学生人生追求的影响

通过交互分析发现，日常思想政治教育工作开展效果对大学生人生追求具有显著影响。日常思想政治教育工作开展效果越好，大学生毕业后到西部地区就业的意愿越强烈。数据分析结果显示，在认为日常思想政治教育工作开展效果“好”“一般”“差”的大学生中，毕业后愿意到西部地区就业的比例依次是76.6%、68.0%、54.7%（$\chi^2=317.537$，$P<0.001$）。

2. 思想政治理论课教学对大学生人生追求的影响

交互分析结果表明，思想政治理论课教学工作开展效果对大学生人生追求具有显著影响。思想政治理论课教学工作开展效果越好，大学生毕业后到西部地区就业的意愿越强烈。具体来看，在认为思想政治理论课教学工作开展效果“好”、效果“一般”、效果“差”的大学生中，毕业后愿意到西部地区就业的比例依次是76.6%、67.9%、55.8%（$\chi^2=311.495$，$P<0.001$）。

3. “三全育人”对大学生人生追求的影响

交互分析结果显示，“三全育人”工作开展效果对大学生人生追求具有显著影响。具体来看，对“全员育人”“全过程育人”“全方位育人”工作评价越满意的大学生，毕业后到西部地区就业的意愿越强烈。首先，在对“全员育人”工作表示“满意”“一般”“不满意”的大学生中，愿意到西部地区就业的比例分别是76.3%、68.0%、59.7%（$\chi^2=218.979$，$P<0.001$）。其次，在对“全过程育人”工作表示“满意”“一般”“不满意”的大学生中，愿意到西部地区就业的比例分别是76.3%、68.3%、61.4%（$\chi^2=201.133$，$P<0.001$）。最后，在对“全方位育人”工作表示“满意”“一般”“不满意”的大学生中，愿意到西部地区就业的比例分别是76.3%、68.6%、61.0%（$\chi^2=206.475$，$P<0.001$）。

三、人生态度

积极的人生态度能够给予大学生直面人生困难的底气和勇气，也是大学生实现人生目标和人生追求的精神支柱。本书聚焦当下流行的“摆烂”亚文化，剖析大学生“摆烂”现象的总体状况、主要表现以及生成原因等，以期全面了解大学生群体的人生态度。

（一）大学生人生态度的总体状况

目前，大学生群体的人生态度整体上呈现出积极向上的良好态势，“摆烂”现象虽有一定流行性，但仍属于“非主流”现象。大学生最常见的“摆烂”现象有“划水”①、拖延症、经常熬夜等，“摆烂”的原因主要集中在内卷严重、理想信念缺失和找不到奋斗的意义感等方面。

① 网络用语，泛指在工作和学习期间偷懒的行为。

1. 大学生人生态度积极向上，“摆烂”现象较少

关于“摆烂”现象，14.8%的大学生认为身边“摆烂”的同学“很多”，25.6%的大学生认为身边“少数”同学存在“摆烂”现象，42.8%的大学生认为身边“有一些”同学“摆烂”，11.2%的大学生认为身边“极少数”同学存在“摆烂”现象，5.7%的大学生认为身边“没有”同学“摆烂”。也就是说，认为“摆烂”现象较为普遍的大学生占比仅为七分之一，而认为身边“摆烂”现象较少的大学生却有七成。可见，“摆烂”现象在大学生群体中有一定程度的流行，但尚属于“非主流”现象。

此外，均值比较分析结果显示，“身边的同学是否存在‘摆烂’现象”这一问题的均值得分为2.6，即介于“少数”和“有一些”选项之间，也就意味着较少数大学生存在“摆烂”现象，大学生群体的人生态度整体上呈现出积极向上的良好态势。

2. 大学生“摆烂”现象的主要表现

通过调查发现，如图1-15所示，当前大学生群体中常见的“摆烂”现象有“习惯性划水”(59.3%)、“拖延症晚期”(53.4%)和“经常熬夜开黑、网购或刷剧等”(48.0%)，还有“不谈奋斗，得过且过”(44.8%)、“对升学或就业不感兴趣”(38.3%)、“时常感到焦虑、痛苦、失眠、孤独或迷茫”(34.1%)、“逃避集体活动”(29.8%)，以及“经常逃课”(22.1%)。其中，“划水”、拖延症、经常熬夜三种现象最严重，值得关注。

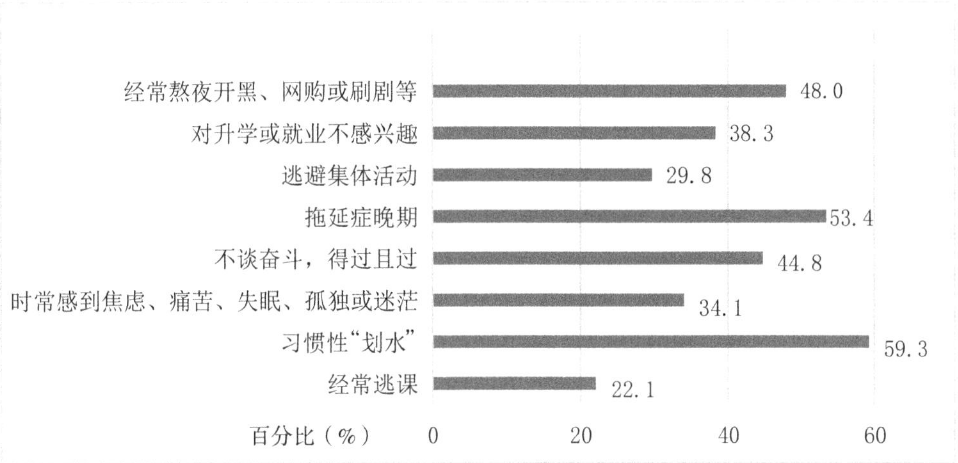

图1-15 大学生“摆烂”现象的主要表现

3. 大学生出现“摆烂”现象的主要原因

大学生出现“摆烂”现象的原因是多方面的，其中，有77.9%的大学生是由于“‘内卷’严重，竞争压力过大”，61.0%的大学生是由于“理想信念缺失，迷失人生方向”，57.9%的大学生认为是“找不到奋斗的意义”，43.8%的大学生是由于“沉迷娱乐活动，不思进取”，还有22.6%的大学生是由于“家庭条件优越，不想拼搏”。由此可见，大学

生出现“摆烂”现象最主要的原因在于“内卷”和竞争，而理想信念和奋斗的意义感是值得关注的主观原因。

（二）大学生人生态度的群体差异

进一步分析发现，不同群体大学生的人生态度存在显著差异。从教育因素来看，不同学历层次、年级、学校所属区域大学生的人生态度存在显著差异。此外，在大学生“摆烂”现象的表现以及大学生“摆烂”现象的原因方面都存在明显的群体差异。

1. 大学生“摆烂”现象的群体差异

鉴于问题“您认为身边的同学是否存在‘摆烂’现象?”主要反映的是大学生对身边群体的评价，而非自我评价，所以群体差异分析主要聚焦教育因素方面，如学历层次、年级、学科门类、学校所属区域等变量。采用均值比较分析，对该问题的选项“很多”“少数”“有一些”“极少数”“没有”分别赋值1~5分，分值越高，说明“摆烂”现象越不普遍，大学生人生态度越积极向上。分析结果显示，大学生“摆烂”现象在学历层次、年级、学校所属区域变量上存在显著差异。

从学历层次来看，大学生的学历层次越高，人生态度越积极。具体来看，本科生、硕士生、博士生的人生态度均值得分依次为2.61、2.82、3.07（$F = 285.784$，$P < 0.001$），即是说，大学生“摆烂”现象按其普遍程度从高到低排序，依次是本科生、硕士生、博士生，人生态度积极向上的状态从高到低排序，依次为博士生、硕士生、本科生。

从年级来看，低年级学生人生态度最积极。具体来看，一年级、二年级、三年级、四年级（含五年级）大学生的人生态度均值得分依次为2.74、2.64、2.65、2.60（$F=39.164$，$P<0.001$），即是说，大学生“摆烂”现象按其普遍程度从高到低排序，依次是四年级（含五年级）学生、二年级学生、三年级学生、一年级学生，人生态度从积极到消极排序，依次是一年级学生、三年级学生、二年级学生、四年级（含五年级）学生。

从学校所属区域来看，西北地区高校大学生的人生态度最积极。具体来看，各区域高校大学生的人生态度均值得分（$F=12.457$，$P<0.001$）从高到低依次是：西北地区高校（2.73）、华北地区高校（2.72）、华东地区高校（2.70）和华南地区高校（2.70）、东北地区高校（2.68）、华中地区高校（2.68）、西南地区高校（2.58）。

2. 大学生“摆烂”表现的群体差异

关于“摆烂”的各种表现，在不同群体的大学生中存在显著差异。其中，在“经常熬夜开黑、网购或刷剧等”“对升学或就业不感兴趣”“拖延症晚期”“经常逃课”方面的群体差异主要体现在学历层次、年级、学科门类、学校所属区域等变量上；学历层次、年级、学校所属区域不同的大学生在“逃避集体活动”和“习惯性划水”表现上存在显著差异，在“不谈奋斗，得过且过”表现上的群体差异主要体现在学历层次、学校所属区域变量上，学历层次、年级、学科门类不同的大学生在“时常感到焦虑、痛苦、失眠、孤独或迷茫”表现上均存在显著差异。

(1)在"经常熬夜开黑、网购或刷剧等"表现上的群体差异

按照0.05的检验标准，二元Logistic回归系数中具有统计学意义的自变量有学历层次、年级、学科门类、学校所属区域。如表1-2所示，从学历层次来看，"摆烂"的本科生"经常熬夜开黑、网购或刷剧等"的可能性是"摆烂"的博士生的2.29倍，"摆烂"的硕士生"经常熬夜开黑、网购或刷剧等"的可能性是"摆烂"的博士生的1.26倍；从年级来看，每高一个年级，"摆烂"的大学生"经常熬夜开黑、网购或刷剧等"的可能性降低6.5个百分点；从学科门类来看，"摆烂"的人文科学类大学生"经常熬夜开黑、网购或刷剧等"的可能性比理工农医类大学生低9.4个百分点；从学校所属区域看，"摆烂"的华东地区高校大学生"经常熬夜开黑、网购或刷剧等"的可能性是东北地区高校大学生的1.1倍，"摆烂"的华南地区高校大学生"经常熬夜开黑、网购或刷剧等"的可能性是东北地区高校大学生的1.14倍，"摆烂"的华中地区高校大学生"经常熬夜开黑、网购或刷剧等"的可能性是东北地区高校大学生的1.16倍，"摆烂"的西南地区高校大学生"经常熬夜开黑、网购或刷剧等"的可能性是东北地区高校大学生的1.19倍。

表1-2　在"经常熬夜开黑、网购或刷剧等"表现上的群体差异情况的二元Logistic回归

自变量		*B*	S. E	*P*	Exp(B)
常数项		−0.576	0.067	0.000	0.562
学历层次（参照项：博士生）	本科生	0.828	0.055	0.000	2.288
	硕士生	0.230	0.059	0.000	1.258
年级		−0.067	0.010	0.000	0.935
学科门类（参照项：理工农医类）	人文科学类	−0.099	0.027	0.000	0.906
	社会科学类	0.033	0.026	0.204	1.033
学校所属区域（参照项：东北）	华东	0.094	0.040	0.020	1.099
	华南	0.133	0.045	0.003	1.142
	华中	0.150	0.042	0.000	1.162
	华北	0.037	0.043	0.388	1.038
	西北	0.030	0.071	0.666	1.031
	西南	0.176	0.042	0.000	1.193
N=39730　−2Log likelihood=51209.861　Cox&Snell R Square=1.9%					

(2)在"对升学或就业不感兴趣"表现上的群体差异

按照0.05的检验标准，二元Logistic回归系数中具有统计学意义的自变量有学历层次、年级、学科门类、学校所属区域。如表1-3所示，从学历层次来看，"摆烂"的本科生"对升学或就业不感兴趣"的可能性是"摆烂"的博士生的1.74倍，"摆烂"的硕士生

“对升学或就业不感兴趣”的可能性是“摆烂”的博士生的1.4倍；从年级来看，每高一个年级，“摆烂”的大学生“对升学或就业不感兴趣”的可能性升高15.4个百分点；从学科门类来看，“摆烂”的人文科学类大学生“对升学或就业不感兴趣”的可能性是理工农医类大学生的1.07倍，“摆烂”的社会科学类大学生“对升学或就业不感兴趣”的可能性是理工农医类大学生的1.08倍；从学校所属区域看，“摆烂”的华东地区高校大学生“对升学或就业不感兴趣”的可能性是东北地区高校大学生的1.25倍，“摆烂”的华南地区高校大学生“对升学或就业不感兴趣”的可能性是东北地区高校大学生的1.3倍，“摆烂”的华中地区高校大学生“对升学或就业不感兴趣”的可能性是东北地区高校大学生的1.11倍，“摆烂”的华北地区高校大学生“对升学或就业不感兴趣”的可能性是东北地区高校大学生的1.09倍，“摆烂”的西南地区高校大学生“对升学或就业不感兴趣”的可能性是东北地区高校大学生的1.3倍。

表1-3　在“对升学或就业不感兴趣”表现上的群体差异情况的二元Logistic回归

自变量		*B*	S.E	*P*	Exp(B)
常数项		-1.370	0.070	0.000	0.254
学历层次（参照项：博士生）	本科生	0.553	0.058	0.000	1.738
	硕士生	0.333	0.062	0.000	1.395
年级		0.143	0.010	0.000	1.154
学科门类（参照项：理工农医类）	人文科学类	0.067	0.028	0.015	1.070
	社会科学类	0.075	0.026	0.004	1.077
学校所属区域（参照项：东北）	华东	0.225	0.041	0.000	1.253
	华南	0.262	0.046	0.000	1.299
	华中	0.103	0.043	0.016	1.108
	华北	0.090	0.045	0.044	1.094
	西北	0.011	0.073	0.881	1.011
	西南	0.258	0.043	0.000	1.295
N=39730　-2Log likelihood=50084.201　Cox&Snell R Square=1.4%					

（3）在“逃避集体活动”表现上的群体差异

按照0.05的检验标准，二元Logistic回归系数具有统计学意义的自变量有学历层次、年级、学校所属区域。如表1-4所示，从学历层次来看，“摆烂”的本科生“逃避集体活动”的可能性是“摆烂”的博士生的1.82倍，“摆烂”的硕士生“逃避集体活动”的可能性是“摆烂”的博士生的1.22倍；从年级来看，每高一个年级，“摆烂”的大学生“逃避集体活动”的可能性升高3.6个百分点。从学校所属区域看，“摆烂”的华东地区高校大学生“逃避集体活动”的可能性是东北地区高校大学生的1.26倍，“摆烂”的华南地区高校大学生"逃避集体活动"的可能性是东北地区高校大学生的 1. 2 倍，"摆烂"的华中地区高校大学生"逃避集体活动"的可能性是东北地区高校大学生的 1. 13 倍，"摆烂"的西南地区高校大学生"逃避集体活动"的可能性是东北地区高校大学生的 1. 25 倍。

表 1-4　在"逃避集体活动"表现上的群体差异情况的二元 Logistic 回归

自变量		*B*	S. E	*P*	Exp(B)
常数项		-1. 491	0. 075	0. 000	0. 225
学历层次（参照项：博士生）	本科生	0. 596	0. 063	0. 000	1. 816
	硕士生	0. 195	0. 067	0. 004	1. 216
年级		0. 035	0. 011	0. 001	1. 036
学科门类（参照项：理工农医类）	人文科学类	0. 008	0. 029	0. 795	1. 008
	社会科学类	0. 039	0. 028	0. 154	1. 040
学校所属区域（参照项：东北）	华东	0. 231	0. 044	0. 000	1. 260
	华南	0. 182	0. 049	0. 000	1. 200
	华中	0. 126	0. 045	0. 005	1. 134
	华北	-0. 026	0. 048	0. 586	0. 974
	西北	0. 096	0. 077	0. 210	1. 101
	西南	0. 222	0. 045	0. 000	1. 249
N = 39730　　-2Log likelihood = 46357. 291　　Cox&Snell R Square = 1. 0%					

(4)在"拖延症晚期"表现上的群体差异

按照 0. 05 的检验标准，二元 Logistic 回归系数中具有统计学意义的自变量有学历层次、年级、学科门类、学校所属区域。如表 1-5 所示，从学历层次来看，"摆烂"的本科生处于"拖延症晚期"的可能性是"摆烂"的博士生的 1. 42 倍；从年级来看，每高一个年级，"摆烂"的大学生处于"拖延症晚期"的可能性降低 5 个百分点；从学科门类来看，"摆烂"的人文科学类大学生处于"拖延症晚期"的可能性是理工农医类大学生的 1. 1 倍。从学校所属区域看，"摆烂"的华东地区高校大学生处于"拖延症晚期"的可能性是东北地区高校大学生的 1. 14 倍，"摆烂"的华南地区高校大学生处于"拖延症晚期"的可能性是东北地区高校大学生的 1. 19 倍，"摆烂"的华中地区高校大学生处于"拖延症晚期"的可能性是东北地区高校大学生的 1. 22 倍，"摆烂"的华北地区高校大学生处于"拖延症晚期"的可能性是东北地区高校大学生的 1. 11 倍，"摆烂"的西北地区高校大学生处于"拖延症晚期"的可能性是东北地区高校大学生的 1. 39 倍，"摆烂"的西南地区高校大学生处于"拖延症晚期"的可能性是东北地区高校大学生的 1. 15 倍。

表 1-5　在“拖延症晚期”表现上的群体差异情况的二元 Logistic 回归

自变量		*B*	S. E	*P*	Exp(B)
常数项		−0. 057	0. 065	0. 378	0. 945
学历层次（参照项：博士生）	本科生	0. 350	0. 053	0. 000	1. 419
	硕士生	0. 022	0. 056	0. 694	1. 022
年级		−0. 051	0. 010	0. 000	0. 950
学科门类（参照项：理工农医类）	人文科学类	0. 098	0. 028	0. 000	1. 102
	社会科学类	0. 037	0. 026	0. 158	1. 037
学校所属区域（参照项：东北）	华东	0. 128	0. 040	0. 002	1. 136
	华南	0. 175	0. 045	0. 000	1. 192
	华中	0. 196	0. 042	0. 000	1. 217
	华北	0. 108	0. 043	0. 013	1. 114
	西北	0. 326	0. 072	0. 000	1. 385
	西南	0. 135	0. 042	0. 001	1. 145
N = 39730　−2Log likelihood = 51042. 020　Cox&Snell R Square = 0. 6%					

（5）在“不谈奋斗，得过且过”表现上的群体差异

按照 0. 05 的检验标准，二元 Logistic 回归系数中具有统计学意义的自变量有学历层次、学校所属区域。如表 1-6 所示，从学历层次来看，“摆烂”的本科生“不谈奋斗，得过且过”的可能性是“摆烂”的博士生的 1. 32 倍。从学校所属区域看，“摆烂”的华东地区高校大学生“不谈奋斗，得过且过”的可能性是东北地区高校大学生的 1. 19 倍，“摆烂”的华南地区高校大学生“不谈奋斗，得过且过”的可能性是东北地区高校大学生的 1. 26 倍，“摆烂”的华中地区高校大学生“不谈奋斗，得过且过”的可能性是东北地区高校大学生的 1. 14 倍，“摆烂”的华北地区高校大学生“不谈奋斗，得过且过”的可能性是东北地区高校大学生的 1. 11 倍，“摆烂”的西南地区高校大学生“不谈奋斗，得过且过”的可能性是东北地区高校大学生的 1. 24 倍。

表 1-6　在“不谈奋斗，得过且过”表现上的群体差异情况的二元 Logistic 回归

自变量		*B*	S. E	*P*	Exp(B)
常数项		−0. 435	0. 065	0. 000	0. 647
学历层次（参照项：博士生）	本科生	0. 279	0. 054	0. 000	1. 322
	硕士生	−0. 038	0. 057	0. 507	0. 963
年级		−0. 012	0. 010	0. 256	0. 989
学科门类（参照项：理工农医类）	人文科学类	0. 012	0. 027	0. 670	1. 012
	社会科学类	0. 043	0. 026	0. 097	1. 044

续表

自变量		B	S. E	P	Exp(B)
学校所属区域（参照项：东北）	华东	0. 172	0. 040	0. 000	1. 187
	华南	0. 230	0. 045	0. 000	1. 259
	华中	0. 131	0. 042	0. 002	1. 140
	华北	0. 105	0. 043	0. 015	1. 111
	西北	0. 090	0. 071	0. 204	1. 094
	西南	0. 213	0. 042	0. 000	1. 237
N=39730 −2Log likelihood=51639. 413 Cox&Snell R Square=0. 5%					

(6)在“时常感到焦虑、痛苦、失眠、孤独或迷茫”表现上的群体差异

按照0. 05的检验标准，二元 Logistic 回归系数中具有统计学意义的自变量有学历层次、年级、学科门类。如表1-7所示，从学历层次来看，“摆烂”的本科生“时常感到焦虑、痛苦、失眠、孤独或迷茫”的可能性比“摆烂”博士生低10. 5个百分点；从年级来看，每高一个年级，“摆烂”的大学生“时常感到焦虑、痛苦、失眠、孤独或迷茫”的可能性升高4个百分点；从学科门类来看，“摆烂”的人文科学类大学生“时常感到焦虑、痛苦、失眠、孤独或迷茫”的可能性是理工农医类大学生的1. 43倍，“摆烂”的社会科学类大学生“时常感到焦虑、痛苦、失眠、孤独或迷茫”的可能性是理工农医类大学生的1. 15倍。

表1-7 在“时常感到焦虑、痛苦、失眠、孤独或迷茫”表现上的群体差异情况的二元 Logistic 回归

自变量		B	S. E	P	Exp(B)
常数项		−0. 676	0. 067	0. 000	0. 509
学历层次（参照项：博士生）	本科生	−0. 111	0. 055	0. 044	0. 895
	硕士生	−0. 082	0. 059	0. 161	0. 921
年级		0. 039	0. 011	0. 000	1. 040
学科门类（参照项：理工农医类）	人文科学类	0. 354	0. 028	0. 000	1. 425
	社会科学类	0. 139	0. 027	0. 000	1. 149
学校所属区域（参照项：东北）	华东	−0. 037	0. 042	0. 378	0. 964
	华南	−0. 040	0. 047	0. 387	0. 960
	华中	0. 055	0. 043	0. 199	1. 057
	华北	0. 046	0. 045	0. 302	1. 047
	西北	0. 053	0. 072	0. 465	1. 054
	西南	0. 015	0. 043	0. 732	1. 015
N=39730 −2Log likelihood=48807. 951 Cox&Snell R Square=0. 5%					

(7)在“习惯性‘划水’”表现上的群体差异

按照0.05的检验标准，二元Logistic回归系数中具有统计学意义的自变量有学历层次、年级、学校所属区域。如表1-8所示，从学历层次来看，“摆烂”的本科生“习惯性‘划水’”的可能性是“摆烂”的博士生的1.73倍；从年级来看，每高一个年级，“摆烂”的大学生“习惯性‘划水’”的可能性降低14.4个百分点；从学校所属区域看，“摆烂”的华东地区高校大学生“习惯性‘划水’”的可能性是东北地区高校大学生的1.24倍，“摆烂”的华南地区高校大学生“习惯性‘划水’”的可能性是东北地区高校大学生的1.28倍，“摆烂”的华中地区高校大学生“习惯性‘划水’”的可能性是东北地区高校大学生的1.3倍，“摆烂”的西北地区高校大学生“习惯性‘划水’”的可能性是东北地区高校大学生的1.17倍，“摆烂”的西南地区高校大学生“习惯性‘划水’”的可能性是东北地区高校大学生的1.16倍。

表1-8　在“习惯性‘划水’”表现上的群体差异情况的二元Logistic回归

自变量		*B*	S.E	*P*	Exp(B)
常数项		0.313	0.065	0.000	1.368
学历层次（参照项：博士生）	本科生	0.547	0.054	0.000	1.729
	硕士生	-0.095	0.057	0.096	0.910
年级		-0.155	0.011	0.000	0.856
学科门类（参照项：理工农医类）	人文科学类	-0.006	0.029	0.833	0.994
	社会科学类	0.006	0.027	0.822	1.006
学校所属区域（参照项：东北）	华东	0.215	0.041	0.000	1.240
	华南	0.243	0.046	0.000	1.276
	华中	0.259	0.043	0.000	1.296
	华北	0.066	0.044	0.136	1.068
	西北	0.154	0.072	0.033	1.167
	西南	0.149	0.043	0.001	1.160
N=39730　-2Log likelihood=48662.080　Cox&Snell R Square=2.0%					

(8)在“经常逃课”表现上的群体差异

按照0.05的检验标准，二元Logistic回归系数中具有统计学意义的自变量有学历层次、年级、学科门类、学校所属区域。如表1-9所示，从学历层次来看，“摆烂”的本科生“经常逃课”的可能性是“摆烂”的博士生的2.5倍，“摆烂”的硕士生“经常逃课”的可能性是“摆烂”的博士生的1.38倍；从年级来看，每高一个年级，“摆烂”的大学生“经常逃课”的可能性升高8.9个百分点；从学科门类来看，“摆烂”的人文科学类大学生“经常逃课”的可能性比理工农医类大学生低8.2个百分点；从学校所属区域看，“摆烂”的华东地区高校大学生“经常逃课”的可能性是东北地区高校大学生的1.40倍，“摆烂”的华南地区高校大学生“经常逃课”的可能性是东北地区高校大学生的 1.25 倍，“摆烂”的华中地区高校大学生“经常逃课”的可能性是东北地区高校大学生的 1.34 倍，“摆烂”的西南地区高校大学生“经常逃课”的可能性是东北地区高校大学生的 1.29 倍。

表 1-9　在“经常逃课”表现上的群体差异情况的二元 Logistic 回归

自变量		*B*	S. E	*P*	Exp(B)
常数项		-2.334	0.091	0.000	0.097
学历层次（参照项：博士生）	本科生	0.917	0.078	0.000	2.501
	硕士生	0.325	0.083	0.000	1.384
年级		0.086	0.012	0.000	1.089
学科门类（参照项：理工农医类）	人文科学类	-0.085	0.032	0.008	0.918
	社会科学类	-0.004	0.031	0.890	0.996
学校所属区域（参照项：东北）	华东	0.336	0.049	0.000	1.399
	华南	0.221	0.055	0.000	1.247
	华中	0.290	0.051	0.000	1.337
	华北	0.054	0.054	0.316	1.055
	西北	-0.128	0.092	0.165	0.880
	西南	0.251	0.051	0.000	1.286
N=39730　-2Log likelihood=40144.551　Cox&Snell R Square=1.8%					

3. 大学生“摆烂”原因的群体差异

为进一步深入剖析大学生“摆烂”的原因，结合自然因素、教育因素、成长背景对大学生“摆烂”的原因进行交互分析。结果显示，“摆烂”的原因在不同群体的大学生中存在显著差异。

(1)在“‘内卷’严重，竞争压力过大”原因上的群体差异

按照 0.05 的检验标准，二元 Logistic 回归系数中具有统计学意义的自变量有性别、年龄、学历层次、年级、学科门类、生源地性质、生源地所属区域、家庭类型、独生子女情况，如表 1-10 所示。

在自然因素方面，男生认为“‘内卷’严重，竞争压力过大”导致大学生“摆烂”的可能性低于女生 10.9 个百分点；每高一个年级，大学生选择“‘内卷’严重，竞争压力过大”原因的可能性降低 7.2 个百分点。

在教育因素方面，硕士生认为“‘内卷’严重，竞争压力过大”导致大学生“摆烂”的可能性是博士生的 1.21 倍；每高一个年级，大学生选择“‘内卷’严重，竞争压力过大”原因的可能性升高 4.2 个百分点；人文科学类大学生选择“‘内卷’严重，竞争压力过大”原因的可能性是理工农医类大学生的 1.23 倍，社会科学类大学生选择“‘内卷’严重，竞争压力过大”原因的可能性是理工农医类大学生的 1.16 倍。

在成长背景方面，来自农村的大学生认为"'内卷'严重，竞争压力过大"导致大学生"摆烂"的可能性比来自城镇的大学生低 12.6 个百分点；来自华东地区的大学生选择"'内卷'严重，竞争压力过大"原因的可能性是来自东北地区的大学生的 1.12 倍，来自华中地区的大学生选择"'内卷'严重，竞争压力过大"原因的可能性是来自东北地区的大学生的 1.24 倍，来自西北地区的大学生选择"'内卷'严重，竞争压力过大"原因的可能性是来自东北地区的大学生的 1.14 倍；双亲家庭大学生认为"'内卷'严重，竞争压力过大"导致大学生"摆烂"的可能性是非双亲家庭大学生的 1.11 倍；独生子女大学生认为"'内卷'严重，竞争压力过大"导致大学生"摆烂"的可能性是非独生子女大学生的 1.19 倍。

表 1-10　在"'内卷'严重，竞争压力过大"原因上的群体差异情况的二元 Logistic 回归

自变量		*B*	S. E	*P*	Exp(B)
常数项		0.981	0.116	0.000	2.667
性别-男生(参照项：女生)		−0.115	0.026	0.000	0.891
年龄		−0.075	0.033	0.024	0.928
学历层次（参照项：博士生）	本科生	0.011	0.075	0.887	1.011
	硕士生	0.194	0.063	0.002	1.214
年级		0.041	0.015	0.007	1.042
学科门类（参照项：理工农医类）	人文科学类	0.208	0.034	0.000	1.232
	社会科学类	0.144	0.031	0.000	1.155
有学生干部经历(参照项：没有学生干部经历)		0.045	0.032	0.158	1.046
有国(境)外学习经历[参照项：没有国(境)外学习经历]		−0.073	0.070	0.293	0.929
生源地-农村(参照项：城镇)		−0.135	0.028	0.000	0.874
生源地所属区域（参照项：东北）	华东	0.115	0.050	0.021	1.122
	华南	0.101	0.059	0.087	1.106
	华中	0.214	0.053	0.000	1.238
	华北	0.088	0.056	0.115	1.092
	西北	0.133	0.067	0.046	1.142
	西南	0.083	0.054	0.121	1.087
双亲家庭(参照项：非双亲家庭)		0.100	0.040	0.013	1.106
独生子女(参照项：非独生子女)		0.169	0.029	0.000	1.185
务工人员子女(参照项：非务工人员子女)		−0.020	0.030	0.499	0.980
N=39730　−2Log likelihood=41723.914　Cox&Snell R Square=0.6%					

(2)在“家庭条件优越，不想拼搏”原因上的群体差异

按照0.05的检验标准，二元Logistic回归系数中具有统计学意义的自变量有性别、年龄、年级、学科门类、学生干部经历、国(境)外学习经历、生源地所属区域、家庭类型、务工人员子女情况如表1-11所示。

在自然因素方面，男生认为“家庭条件优越，不想拼搏”导致大学生“摆烂”的可能性是女生的1.25倍；每高一个年级，大学生选择“家庭条件优越，不想拼搏”原因的可能性升高18.9个百分点。

在教育因素方面，每高一个年级，大学生选择“家庭条件优越，不想拼搏”原因的可能性升高4.2个百分点；人文科学类大学生选择“家庭条件优越，不想拼搏”原因的可能性是理工农医类大学生的1.27倍，社会科学类大学生选择“家庭条件优越，不想拼搏”原因的可能性是理工农医类大学生的1.31倍；有学生干部经历的大学生选择“家庭条件优越，不想拼搏”原因的可能性是没有学生干部经历的大学生的1.22倍；有国(境)外经历的大学生选择“家庭条件优越，不想拼搏”原因的可能性是没有国(境)外经历的大学生的1.16倍。

在自然因素方面，来自华东地区的大学生选择“家庭条件优越，不想拼搏”原因的可能性是来自东北地区的大学生的1.33倍，来自华南地区的大学生选择“家庭条件优越，不想拼搏”原因的可能性是来自东北地区的大学生的1.61倍，来自华中地区的大学生选择“家庭条件优越，不想拼搏”原因的可能性是来自东北地区的大学生的1.14倍，来自华北地区的大学生选择“家庭条件优越，不想拼搏”原因的可能性是来自东北地区的大学生的1.31倍，来自西北地区的大学生选择“家庭条件优越，不想拼搏”原因的可能性是来自东北地区的大学生的1.17倍，来自华东地区的大学生选择“家庭条件优越，不想拼搏”原因的可能性是来自东北地区的大学生的1.3倍；双亲家庭大学生认为“家庭条件优越，不想拼搏”导致大学生“摆烂”的可能性比非双亲家庭大学生低8.5个百分点；小时候父母经常外出务工的大学生认为“家庭条件优越，不想拼搏”导致大学生“摆烂”的可能性是小时候父母未经常外出务工的大学生的1.09倍。

表1-11　在“家庭条件优越，不想拼搏”原因上的群体差异情况的二元Logistic回归

自变量		*B*	S. E	*P*	Exp(B)
常数项		-2.333	0.118	0.000	0.097
性别-男生(参照项：女生)		0.224	0.026	0.000	1.251
年龄		0.173	0.033	0.000	1.189
学历层次(参照项：博士生)	本科生	0.135	0.076	0.076	1.144
	硕士生	0.112	0.064	0.082	1.119
年级		0.041	0.015	0.007	1.042
学科门类(参照项：理工农医类)	人文科学类	0.242	0.033	0.000	1.273
	社会科学类	0.268	0.030	0.000	1.307

续表

自变量		B	S. E	P	Exp(B)
有学生干部经历(参照项：没有学生干部经历)		0. 198	0. 033	0. 000	1. 219
有国(境)外学习经历[参照项：没有国(境)外学习经历]		0. 146	0. 066	0. 027	1. 157
生源地-农村(参照项：城镇)		0. 024	0. 028	0. 393	1. 024
生源地所属区域（参照项：东北）	华东	0. 282	0. 052	0. 000	1. 326
	华南	0. 473	0. 060	0. 000	1. 605
	华中	0. 128	0. 055	0. 021	1. 136
	华北	0. 272	0. 058	0. 000	1. 313
	西北	0. 155	0. 069	0. 024	1. 168
	西南	0. 266	0. 056	0. 000	1. 304
双亲家庭(参照项：非双亲家庭)		-0. 088	0. 040	0. 028	0. 915
独生子女(参照项：非独生子女)		0. 032	0. 028	0. 260	1. 032
务工人员子女(参照项：非务工人员子女)		0. 089	0. 030	0. 003	1. 093
N=39730　　-2Log likelihood=42022. 549　　Cox&Snell R Square=1. 0%					

(3)在“理想信念缺失，迷失人生方向”原因上的群体差异

按照0. 05的检验标准，二元Logistic回归系数中具有统计学意义的自变量有性别、学历层次、年级、学科门类、学生干部经历、国(境)外学习经历、生源地性质、生源地所属区域、独生子女情况、务工人员子女情况，如表1-12所示。

在自然因素方面，男生认为“理想信念缺失，迷失人生方向”导致大学生“摆烂”的可能性比女生低14个百分点。

在教育因素方面，本科生认为“理想信念缺失，迷失人生方向”导致大学生“摆烂”的可能性是博士生的1. 64倍；每高一个年级，大学生选择“理想信念缺失，迷失人生方向”原因的可能性降低6. 5个百分点；人文科学类大学生选择“理想信念缺失，迷失人生方向”原因的可能性比理工农医类大学生低8. 8个百分点；有学生干部经历的大学生选择“理想信念缺失，迷失人生方向”原因的可能性是没有学生干部经历的大学生的1. 19倍；有国(境)外经历的大学生选择“理想信念缺失，迷失人生方向”原因的可能性比没有国(境)外经历的大学生低12. 4个百分点。

在成长背景方面，来自农村的大学生认为“理想信念缺失，迷失人生方向”导致大学生“摆烂”的可能性是来自城镇的大学生的1. 08倍；来自华东地区的大学生选择“理想信念缺失，迷失人生方向”原因的可能性是来自东北地区的大学生的1. 17倍，来自华南地区的大学生选择“理想信念缺失，迷失人生方向”原因的可能性是来自东北地区的

大学生的 1. 41 倍，来自华中地区的大学生选择“理想信念缺失，迷失人生方向”原因的可能性是来自东北地区的大学生的 1. 7 倍，来自西北地区的大学生选择“理想信念缺失，迷失人生方向”原因的可能性是来自东北地区的大学生的 1. 14 倍，来自西南地区的大学生选择“理想信念缺失，迷失人生方向”原因的可能性是来自东北地区的大学生的 1. 32 倍；独生子女大学生认为“理想信念缺失，迷失人生方向”导致大学生“摆烂”的可能性比非独生子女大学生低 8. 6 个百分点；小时候父母经常外出务工的大学生认为“理想信念缺失，迷失人生方向”导致大学生“摆烂”的可能性是小时候父母未经常外出务工的大学生的 1. 11 倍。

表 1-12　在“理想信念缺失，迷失人生方向”原因上的群体差异情况的二元 Logistic 回归

自变量		*B*	S. E	*P*	Exp(B)
常数项		0. 035	0. 100	0. 729	1. 035
性别-男生(参照项：女生)		−0. 151	0. 023	0. 000	0. 860
年龄		−0. 032	0. 028	0. 254	0. 968
学历层次（参照项：博士生）	本科生	0. 496	0. 065	0. 000	1. 642
	硕士生	0. 023	0. 054	0. 674	1. 023
年级		−0. 067	0. 013	0. 000	0. 935
学科门类（参照项：理工农医类）	人文科学类	−0. 092	0. 028	0. 001	0. 912
	社会科学类	−0. 012	0. 026	0. 662	0. 989
有学生干部经历(参照项：没有学生干部经历)		0. 174	0. 027	0. 000	1. 190
有国(境)外学习经历[参照项：没有国(境)外学习经历]		−0. 132	0. 058	0. 024	0. 876
生源地-农村(参照项：城镇)		0. 072	0. 024	0. 003	1. 075
生源地所属区域（参照项：东北）	华东	0. 159	0. 042	0. 000	1. 172
	华南	0. 346	0. 051	0. 000	1. 413
	华中	0. 160	0. 045	0. 000	1. 174
	华北	0. 084	0. 047	0. 078	1. 087
	西北	0. 135	0. 056	0. 017	1. 144
	西南	0. 274	0. 046	0. 000	1. 315
双亲家庭(参照项：非双亲家庭)		0. 004	0. 035	0. 918	1. 004
独生子女(参照项：非独生子女)		−0. 089	0. 024	0. 000	0. 914
务工人员子女(参照项：非务工人员子女)		0. 105	0. 026	0. 000	1. 111
N=39730　　−2Log likelihood=52333. 775　　Cox&Snell R Square=2. 0%					

（4）“沉迷娱乐活动，不思进取”原因的群体差异

按照 0.05 的检验标准，二元 Logistic 回归系数中具有统计学意义的自变量有性别、学历层次、年级、学科类别、学生干部经历、生源地性质、生源地所属区域、独生子女情况，如表 1-13 所示。

在自然因素方面，男生认为“沉迷娱乐活动，不思进取”导致大学生“摆烂”的可能性是女生的 1.19 倍。

在教育因素方面，本科生认为“沉迷娱乐活动，不思进取”导致大学生“摆烂”的可能性是博士生的 2.3 倍；每高一个年级，大学生选择“沉迷娱乐活动，不思进取”原因的可能性降低 14.3 个百分点；人文科学类大学生选择“沉迷娱乐活动，不思进取”原因的可能性比理工农医类大学生低 20.3 个百分点；有学生干部经历的大学生选择“沉迷娱乐活动，不思进取”原因的可能性是没有学生干部经历的大学生的 1.25 倍。

在成长背景方面，来自农村的大学生认为“沉迷娱乐活动，不思进取”导致大学生“摆烂”的可能性是来自城镇的大学生的 1.17 倍；来自华东地区的大学生选择“沉迷娱乐活动，不思进取”原因的可能性是来自东北地区的大学生的 1.28 倍，来自华南地区的大学生选择“沉迷娱乐活动，不思进取”原因的可能性是来自东北地区的大学生的 1.57 倍，来自华中地区的大学生选择“沉迷娱乐活动，不思进取”原因的可能性是来自东北地区的大学生的 1.22 倍，来自华北地区的大学生选择“沉迷娱乐活动，不思进取”原因的可能性是来自东北地区的大学生的 1.18 倍，来自西南地区的大学生选择“沉迷娱乐活动，不思进取”原因的可能性是来自东北地区的大学生的 1.43 倍；独生子女大学生认为“沉迷娱乐活动，不思进取”导致大学生“摆烂”的可能性比非独生子女大学生低 5.1 个百分点。

表 1-13　在“沉迷娱乐活动，不思进取”原因上的群体差异情况的二元 Logistic 回归

自变量		*B*	S. E	*P*	Exp(B)
常数项		-1.108	0.103	0.000	0.330
性别-男生(参照项：女生)		0.177	0.022	0.000	1.194
年龄		0.026	0.028	0.354	1.027
学历层次（参照项：博士生）	本科生	0.833	0.068	0.000	2.299
	硕士生	0.077	0.059	0.189	1.080
年级		-0.154	0.013	0.000	0.857
学科门类（参照项：理工农医类）	人文科学类	-0.227	0.028	0.000	0.797
	社会科学类	-0.026	0.026	0.309	0.974
有学生干部经历(参照项：没有学生干部经历)		0.223	0.028	0.000	1.250
有国(境)外学习经历[参照项：没有国(境)外学习经历]		-0.110	0.060	0.069	0.896

续表

自变量		B	S. E	P	Exp(B)
生源地-农村(参照项：城镇)		0. 160	0. 024	0. 000	1. 173
生源地所属区域（参照项：东北）	华东	0. 243	0. 043	0. 000	1. 276
	华南	0. 449	0. 051	0. 000	1. 567
	华中	0. 198	0. 045	0. 000	1. 219
	华北	0. 166	0. 049	0. 001	1. 181
	西北	0. 055	0. 057	0. 339	1. 056
	西南	0. 360	0. 046	0. 000	1. 434
双亲家庭(参照项：非双亲家庭)		0. 004	0. 035	0. 914	1. 004
独生子女(参照项：非独生子女)		-0. 052	0. 024	0. 031	0. 949
务工人员子女(参照项：非务工人员子女)		0. 047	0. 026	0. 070	1. 048
N=39730　−2Log likelihood=52964. 330　Cox&Snell R Square=3. 7%					

(5)在“找不到奋斗的意义”原因上的群体差异

按照0. 05的检验标准，二元Logistic回归系数中具有统计学意义的自变量有年龄、学历层次、年级、学科门类、学生干部经历、生源地性质、生源地所属区域、务工人员子女情况，如表1-14所示。

在自然因素方面，每高一个年级，大学生中选择“找不到奋斗的意义”原因的比例降低7. 2个百分点。

在教育因素方面，硕士生认为“找不到奋斗的意义”导致大学生“摆烂”的可能性比博士生低19. 2个百分点；每高一个年级，大学生选择“找不到奋斗的意义”原因的可能性降低5. 8个百分点；人文科学类大学生选择“找不到奋斗的意义”原因的可能性是理工农医类大学生的1. 1倍；有学生干部经历的大学生选择“找不到奋斗的意义”原因的可能性是没有学生干部经历的大学生的1. 1倍。

在成长背景方面，来自农村的大学生认为“找不到奋斗的意义”导致大学生“摆烂”的可能性比来自城镇的大学生低14. 7个百分点；来自华东地区的大学生选择“找不到奋斗的意义”原因的可能性是来自东北地区的大学生的1. 29倍，来自华南地区的大学生选择“找不到奋斗的意义”原因的可能性是来自东北地区的大学生的1. 51倍，来自华中地区的大学生选择“找不到奋斗的意义”原因的可能性是来自东北地区的大学生的1. 25倍，来自华北地区的大学生选择“找不到奋斗的意义”原因的可能性是来自东北地区的大学生的1. 17倍，来自西北地区的大学生选择“找不到奋斗的意义”原因的可能性是来自东北地区的大学生的1. 18倍，来自西南地区的大学生选择“找不到奋斗的意义”原因的可能性是来自东北地区的大学生的1. 31倍；小时候父母经常外出务工的大学生认为“找不到奋斗的意义”导致大学生“摆烂”的可能性是小时候父母未经常外出务工的大学生的 1.11 倍。

表 1-14　在"找不到奋斗的意义"原因上的群体差异情况的二元 Logistic 回归

自变量		B	S.E	P	Exp(B)
常数项		0.297	0.099	0.003	1.346
性别-男生(参照项：女生)		-0.004	0.022	0.858	0.996
年龄		-0.075	0.028	0.007	0.928
学历层次（参照项：博士生）	本科生	0.062	0.064	0.333	1.064
	硕士生	-0.213	0.054	0.000	0.808
年级		-0.060	0.013	0.000	0.942
学科门类（参照项：理工农医类）	人文科学类	0.096	0.028	0.001	1.101
	社会科学类	-0.019	0.026	0.461	0.981
有学生干部经历(参照项：没有学生干部经历)		0.100	0.027	0.000	1.106
有国(境)外学习经历[参照项：没有国(境)外学习经历]		-0.111	0.058	0.056	0.895
生源地-农村(参照项：城镇)		-0.159	0.024	0.000	0.853
生源地所属区域（参照项：东北）	华东	0.256	0.042	0.000	1.292
	华南	0.412	0.050	0.000	1.510
	华中	0.224	0.044	0.000	1.251
	华北	0.156	0.047	0.001	1.169
	西北	0.167	0.055	0.003	1.182
	西南	0.273	0.045	0.000	1.314
双亲家庭(参照项：非双亲家庭)		0.005	0.035	0.877	1.005
独生子女(参照项：非独生子女)		0.000	0.024	0.986	1.000
务工人员子女(参照项：非务工人员子女)		0.106	0.026	0.000	1.111
N=39730　-2Log likelihood=53649.136　Cox&Snell R Square=1.1%					

(三)思想政治教育对大学生人生态度的影响

思想政治教育对大学生人生态度具有正向影响，思想政治教育效果正向影响大学生"摆烂"现象及其表现形式的存在程度。大学生对思想政治教育工作评价越好，身边同学"摆烂"现象越少，大学生中选择各类"摆烂"表现的比例也越低。

1. 思想政治教育对大学生"摆烂"现象的影响

本书通过 Spearman 相关分析和均值比较分析，考察思想政治教育对大学生"摆烂"

现象的影响。Spearman 相关分析结果显示，日常思想政治教育工作、思想政治理论课教学均与大学生“摆烂”现象存在显著相关关系。也就是说，大学生对学校日常思想政治教育工作评价越好，则“摆烂”的同学越少；大学生对学校思想政治理论课教学评分越高，则“摆烂”的同学越少。均值比较分析结果显示，大学生对“三全育人”工作越满意，则“摆烂”的同学越少。

（1）日常思想政治教育工作与大学生“摆烂”现象存在显著相关关系

对大学生“摆烂”现象（1＝“很多”，2＝“少数”，3＝“有一些”，4＝“极少数”，5＝“没有”）与学校日常思想政治教育工作评价（1＝“非常满意”，2＝“比较满意”，3＝“一般”，4＝“不太满意”，5＝“很不满意”）进行 Spearman 相关分析，结果显示，日常思想政治教育工作与大学生“摆烂”现象存在显著相关关系。

具体来看，大学生对学校“校风和学风建设”工作越满意，则“摆烂”的同学越少（$r=-0.078$，$P<0.001$）；大学生对学校“创新创业教育”工作越满意，则“摆烂”的同学越少（$r=-0.073$，$P<0.001$）；大学生对学校“社会实践活动”工作越满意，则“摆烂”的同学越少（$r=-0.075$，$P<0.001$）；大学生对学校“校园文化活动”工作越满意，则“摆烂”的同学越少（$r=-0.076$，$P<0.001$）；大学生对学校“网络思想政治教育”工作越满意，则“摆烂”的同学越少（$r=-0.079$，$P<0.001$）；大学生对学校“心理健康教育与咨询工作”工作越满意，则“摆烂”的同学越少（$r=-0.074$，$P<0.001$）；大学生对学校“职业规划与就业指导教育”工作越满意，则“摆烂”的同学越少（$r=-0.074$，$P<0.001$）；大学生对学校“日常事务管理”工作越满意，则“摆烂”的同学越少（$r=-0.076$，$P<0.001$）；大学生对学校“学校后勤服务”工作越满意，则“摆烂”的同学越少（$r=-0.076$，$P<0.001$）；大学生对学校“学生资助工作”工作越满意，则“摆烂”的同学越少（$r=-0.070$，$P<0.001$）；大学生对学校“基层党组织建设”工作越满意，则“摆烂”的同学越少（$r=-0.076$，$P<0.001$）；大学生对学校“社团活动”工作越满意，则“摆烂”的同学越少（$r=-0.075$，$P<0.001$）；大学生对学校“班级建设”工作越满意，则“摆烂”的同学越少（$r=-0.079$，$P<0.001$）；大学生对学校“团组织建设”工作越满意，则“摆烂”的同学越少（$r=-0.078$，$P<0.001$）。

（2）思想政治理论课教学与大学生“摆烂”现象存在显著相关关系

对大学生“摆烂”现象（1＝“很多”，2＝“少数”，3＝“有一些”，4＝“极少数”，5＝“没有”）与学校思想政治理论课教学评分（1＝“1 分”，2＝“2 分”，3＝“3 分”，4＝“4 分”，5＝“5 分”）进行 Spearman 相关分析，结果显示，思想政治理论课教学与大学生“摆烂”现象存在显著相关关系。

具体来看，大学生对学校“思想道德与法治”课程的评分越高，则“摆烂”的同学越少（$r=0.091$，$P<0.001$）；大学生对学校“中国近现代史纲要”课程的评分越高，则“摆烂”的同学越少（$r=0.080$，$P<0.001$）；大学生对学校“毛泽东思想和中国特色社会主义理论体系概论”课程的评分越高，则“摆烂”的同学越少（$r=0.074$，$P<0.001$）；大学生对学校“马克思主义基本原理概论”课程的评分越高，则“摆烂”的同学越少（$r=0.076$，$P<0.001$）；大学生对学校“习近平新时代中国特色社会主义思想概论”课程的评分越

高，则“摆烂”的同学越少($r=0.069$，$P<0.001$)；大学生对学校“形势与政策”课程的评分越高，则“摆烂”的同学越少($r=0.081$，$P<0.001$)。

(2)“三全育人”工作对大学生“摆烂”现象影响显著

对大学生“摆烂”现象(“很多”=1分，“少数”=2分，“有一些”=3分，“极少数”=4分，“没有”=5分)与“三全育人”工作满意度(1=“满意”，2=“一般”，3=“不满意”)进行均值比较分析，结果显示，大学生对“三全育人”工作越满意，大学生“摆烂”现象的均值得分越高，也就是说，则“摆烂”的同学越少。

具体来看，对“全员育人”工作满意度为“满意”“一般”“不满意”的大学生，判断身边存在“摆烂”的均值得分依次是2.71、2.49、2.37($F=110.429$，$P<0.001$)，即对“全员育人”工作满意度越高，则“摆烂”的同学越少；对“全过程育人”工作满意度为“满意”“一般”“不满意”的大学生，判断身边存在“摆烂”的均值得分依次是2.71、2.50、2.34($F=117.825$，$P<0.001$)，即对“全过程育人”工作满意度越高，则“摆烂”的同学越少；对“全方位育人”工作满意度为“满意”“一般”“不满意”的大学生，判断身边存在“摆烂”的均值得分依次是2.71、2.50、2.35($F=120.670$，$P<0.001$)，即对“全方位育人”工作满意度越高，则“摆烂”的同学越少。

2. 思想政治教育对大学生“摆烂”表现的影响

(1)日常思想政治教育工作对大学生“摆烂”表现的影响

交互分析结果显示，日常思想政治教育工作对大学生“摆烂”表现影响显著。学校日常思想政治教育工作开展效果越好，大学生选择“摆烂”表现(“拖延症晚期”和“习惯性划水”除外)的比例越低。

具体来看，随着学校日常思想政治教育工作开展效果的逐渐降低(“好”“一般”“差”)，大学生中选择“经常熬夜开黑、网购或刷剧等”($\chi^2=19.739$，$P<0.01$)表现的比例依次升高，选择“对升学或就业不感兴趣”($\chi^2=57.508$，$P<0.001$)表现的比例依次升高，选择“逃避集体活动”($\chi^2=56.221$，$P<0.001$)表现的比例依次升高，选择“不谈奋斗，得过且过”($\chi^2=58.360$，$P<0.001$)表现的比例依次升高，选择“时常感到焦虑、痛苦、失眠、孤独或迷茫”($\chi^2=47.756$，$P<0.001$)表现的比例依次升高，选择“经常逃课”($\chi^2=94.251$，$P<0.001$)表现的比例依次升高，如表1-15所示。

表1-15　日常思想政治教育工作对大学生“摆烂”表现的影响(%)

	日常思想政治教育工作开展效果“好”	日常思想政治教育工作开展效果“一般”	日常思想政治教育工作开展效果“差”
经常熬夜开黑、网购或刷剧等	47.9	48.4	50.3
对升学或就业不感兴趣	37.6	41.8	44.0
逃避集体活动	29.2	32.5	37.4
不谈奋斗，得过且过	44.1	48.5	50.6

续表

	日常思想政治教育工作开展效果“好”	日常思想政治教育工作开展效果“一般”	日常思想政治教育工作开展效果“差”
时常感到焦虑、痛苦、失眠、孤独或迷茫	33.5	36.8	40.1
经常逃课	21.3	26.2	28.5

(2)思想政治理论课教学对大学生“摆烂”表现的影响

交互分析结果显示，思想政治理论课教学对大学生“摆烂”表现影响显著。学校思想政治理论课教学开展效果越好，大学生选择“摆烂”表现(“拖延症晚期”和“习惯性划水”除外)的比例越低。

具体来看，随着学校思想政治理论课教学开展效果逐渐降低(“好”“一般”“差”)，大学生中选择“经常熬夜开黑、网购或刷剧等”($\chi^2=27.773$，$P<0.001$)表现的比例依次升高，选择“对升学或就业不感兴趣”($\chi^2=67.347$，$P<0.001$)表现的比例依次升高，选择“逃避集体活动”($\chi^2=58.685$，$P<0.001$)表现的比例依次升高，选择“不谈奋斗，得过且过”($\chi^2=67.004$，$P<0.001$)表现的比例依次升高，选择“时常感到焦虑、痛苦、失眠、孤独或迷茫”($\chi^2=60.751$，$P<0.001$)表现的比例依次升高，选择“经常逃课”($\chi^2=105.831$，$P<0.001$)表现的比例依次升高，如表 1-16 所示。

表 1-16　思想政治理论课教学对大学生“摆烂”表现的影响(%)

	思政课教学开展效果“好”	思政课教学开展效果“一般”	思政课教学开展效果“差”
经常熬夜开黑、网购或刷剧等	47.8	48.7	50.3
对升学或就业不感兴趣	37.6	41.7	44.8
逃避集体活动	29.2	32.6	35.8
不谈奋斗，得过且过	44.1	48.5	50.6
时常感到焦虑、痛苦、失眠、孤独或迷茫	33.5	36.9	41.1
经常逃课	21.4	26	30.4

(3)“三全育人”工作对大学生“摆烂”表现的影响

交互分析结果显示，“三全育人”工作对大学生“摆烂”表现影响显著。对学校“三全育人”工作越满意，大学生选择“摆烂”表现(“拖延症晚期”和“习惯性划水”除外)的比例越低。

就“全员育人”工作而言，如表 1-17 所示，随着“全员育人”工作评价满意度逐渐降低(“满意”“一般”“不满意”)，大学生中选择“经常熬夜开黑、网购或刷剧等”($\chi^2=$

16.019，$P<0.01$)表现的比例依次升高，选择“对升学或就业不感兴趣”($\chi^2=66.192$，$P<0.001$)表现的比例依次升高，选择“逃避集体活动”($\chi^2=49.572$，$P<0.001$)表现的比例依次升高，选择“不谈奋斗，得过且过”($\chi^2=42.393$，$P<0.001$)表现的比例依次升高，选择“时常感到焦虑、痛苦、失眠、孤独或迷茫”($\chi^2=40.716$，$P<0.001$)表现的比例依次升高，选择“经常逃课”($\chi^2=68.946$，$P<0.001$)表现的比例依次升高。

就“全过程育人”工作而言，如表 1-17 所示，随着“全过程育人”工作评价满意度逐渐降低(“满意”“一般”“不满意”)，大学生中选择“经常熬夜开黑、网购或刷剧等”($\chi^2=20.124$，$P<0.001$)表现的比例依次升高，选择“对升学或就业不感兴趣”($\chi^2=68.842$，$P<0.001$)表现的比例依次升高，选择“逃避集体活动”($\chi^2=56.641$，$P<0.001$)表现的比例依次升高，选择“不谈奋斗，得过且过”($\chi^2=55.138$，$P<0.001$)表现的比例依次升高，选择“时常感到焦虑、痛苦、失眠、孤独或迷茫”($\chi^2=55.663$，$P<0.001$)表现的比例依次升高，选择“经常逃课”($\chi^2=79.340$，$P<0.001$)表现的比例依次升高。

就“全方位育人”工作而言，如表 1-17 所示，随着“全方位育人”工作评价满意度逐渐降低(“满意”“一般”“不满意”)，大学生中选择“经常熬夜开黑、网购或刷剧等”($\chi^2=18.829$，$P<0.01$)表现的比例依次升高，选择“对升学或就业不感兴趣”($\chi^2=70.301$，$P<0.001$)表现的比例依次升高，选择“逃避集体活动”($\chi^2=66.251$，$P<0.001$)表现的比例依次升高，选择“不谈奋斗，得过且过”($\chi^2=52.295$，$P<0.001$)表现的比例依次升高，选择“时常感到焦虑、痛苦、失眠、孤独或迷茫”($\chi^2=63.122$，$P<0.001$)表现的比例依次升高，选择“经常逃课”($\chi^2=77.387$，$P<0.001$)表现的比例依次升高。

表 1-17 “三全育人”工作对大学生“摆烂”表现的影响(%)

		经常熬夜开黑、网购或刷剧等	对升学或就业不感兴趣	逃避集体活动	不谈奋斗，得过且过	时常感到焦虑、痛苦、失眠、孤独或迷茫	经常逃课
全员育人工作评价	满意	47.9	37.6	29.3	44.3	33.6	21.6
	一般	48.3	42.5	32.7	48.2	37.1	25.5
	不满意	49.8	45.1	36.7	49.1	38.2	30.0
全方位育人工作评价	满意	47.9	37.6	29.3	44.2	33.5	21.5
	一般	48.4	42.2	32.5	48.3	37.6	25.6
	不满意	49.5	45.7	38.0	51.6	39.2	30.3
全过程育人工作评价	满意	47.9	37.6	29.2	44.2	33.4	21.5
	一般	48.5	42.0	32.5	48.1	37.4	25.5
	不满意	48.8	46.3	39.1	50.8	41.5	29.6

四、本章小结

本书从人生目标、人生追求、人生态度三个方面对大学生的人生观状况进行了考察，总体来看，当前大学生的人生目标明确，人生追求和人生态度呈积极态势。当然，目前大学生的人生目标呈现出多元化和现实化倾向，人生追求上会受到现实问题影响，人生态度背后的行为表现及其内心想法值得进一步关注。为深入剖析大学生人生观状况，本书详细探究了大学生在人生目标、人生追求、人生态度上的群体差异，也从价值观念和价值选择，以及思想政治教育视角出发探究了价值观教育和思想政治教育对大学生人生观及其行为选择的影响。基于问题剖析和原因探寻，尝试提出改善大学生人生观教育的建议对策。

(一)大学生人生观与人生追求的现实状况研判

本书基于问卷调查数据，客观呈现了当前大学生人生观与人生追求的现实状况。其中，大学生人生目标选择的多元化和现实化倾向、人生追求背后的多方面因素，以及人生态度的形成原因，需要密切关注。

1. 拥有明确的人生目标，人生目标选择呈现出多元化、现实化趋势

清晰、明确的人生目标对于大学生的成长与发展至关重要，他们在人生目标的指引下步入理想的高校和专业学习，开启精彩的大学时光，又通过短期和长期的职业规划来一步步达成自己的人生目标。调研显示，当代大学生普遍拥有明确的人生目标，仅有2.4%的大学生目前“尚无明确目标”。进一步分析发现，大学生的人生目标选择呈现出多元化、现实化趋势。就多元化的人生目标选择而言，大学生的人生目标既关注个人价值的实现，也注重社会价值的实现；个人价值实现体现在财富、幸福、安稳、成功、名望等多个方面。就现实化的人生目标选择而言，排在前三位的依次是“实现财务自由”(80.2%)、“组建幸福家庭”(60.5%)、“进体制安稳工作”(50.8%)，安全型、幸福型、稳定型人生目标都指向实实在在的现实生活。多元化、现实化的人生目标选择使得大学生人生价值实现的可能性大大提升，有利于激发当代大学生在奋斗中丰盈美好生活。但是，多元化、现实化的人生目标选择也使得大学生对个人价值的关切多于社会价值、对现实生活的关切多于精神生活，不利于大学生在价值实现中进一步丰富自我精神世界。

2. 拥有崇高的人生追求，人生追求要综合考虑多方面因素

崇高的人生追求应是当代大学生在中国式现代化中贡献青春力量的真实精神写照，新时代中国大学生把人生价值追求融入党和国家事业，在践行“服务人民、奉献社会”的人生信条中实现人生价值追求。调研显示，七成大学生愿意毕业后到西部地区就业，体现了当代大学生立志为党为国家为人民作贡献的崇高人生追求。进一步的原因调查表明，大学生愿意到西部地区就业的原因主要是“为社会作贡献”和“锻炼个人能力”，选择这两个原因的大学生比例分别是72.9%和65.3%，接下来是“家乡在西部”(34.3%)和“西部竞争相对较小”(27.5%)；而不愿意去西部地区就业的大学生主要担心“位置偏

远”(66.3%)、“生活条件比较艰苦”(47.4%)、“气候环境比较恶劣”(39.9%)、“发展前景不佳”(39%)以及文化融入问题和待遇问题等。可以看出，大学生在毕业后是否去西部地区就业的问题上，会综合考虑多方面因素。愿意到西部地区就业的大学生有七成比例是出于“为社会作贡献”的目的，也进一步印证了大学生选择崇高人生追求的价值判断；六成大学生出于“锻炼个人能力”的目的愿意到西部地区就业，这也进一步表明大学生将个人奋斗自觉汇入国家发展洪流。不愿意到西部地区就业的大学生所考虑的诸多因素，如地理位置、生活条件、气候环境、发展前景、文化融入、经济待遇等，均是西部地区的客观条件所带来的，需要综合考虑。

3. 拥有积极的人生态度，“摆烂”现象及其成因具有多样性

积极、正向、健康、向上的人生态度是大学生的宝贵财富，是确保大学生实现人生目标、坚守人生追求的生活态度和精神状态。拥有积极的人生态度可以帮助大学生理性对待生活中的挫折磨难，激发大学生走出生活困境的勇气与动力。调研显示，约七成大学生认为身边较少存在“摆烂”现象，仅七分之一的大学生认为“摆烂”现象较为普遍，表明当前大学生群体普遍拥有积极的人生态度，“摆烂”现象虽有一定流行但尚属“非主流”。当然，值得进一步关注的是“摆烂”现象的具体表现及其生成原因。调查结果显示，目前大学生群体中常见的“摆烂”现象具有多样性，比如“习惯性划水”“拖延症晚期”“经常熬夜开黑、网购或刷剧等”“不谈奋斗，得过且过”“对升学或就业不感兴趣”“时常感到焦虑、痛苦、失眠、孤独或迷茫”“逃避集体活动”，以及“经常逃课”等。其中“划水”、拖延症、熬夜现象最为普遍，分别占到59.3%、53.4%和48.0%的比例。关于“摆烂”现象形成原因的调查发现，“摆烂”现象的形成原因同样具有多样性，其中，七成大学生认为是“‘内卷’严重，竞争压力过大”(77.9%)，六成大学生认为是“理想信念缺失，迷失人生方向”(61.0%)，而“找不到奋斗的意义”或“沉迷娱乐活动，不思进取”的比例分别为57.9%、43.8%，还有22.6%的大学生认为是“家庭条件优越，不想拼搏”。可见，大学生“摆烂”现象的原因比较复杂，是多重影响因素共同作用的结果，而对深层次的影响及作用机制则需要进一步探究。

(二)大学生人生观与人生追求的影响因素分析

本书对大学生人生观与人生追求的影响因素分析主要从三方面着手，一是群体差异分析，二是价值观影响分析，三是思想政治教育影响分析。在具体内容上，既对大学生人生观现状进行了影响因素分析，也对大学生人生观背后所折射的行为表现及其生成原因进行了深入分析。

1. 大学生人生观与人生追求的群体差异分析

调查分析显示，大学生在人生观与人生追求上的群体差异显著。自然因素、教育因素、成长背景不同的大学生，在人生目标、人生追求、人生态度上均存在显著差异。人生观教育要立足群体差异的实际情况，有针对性地结合不同群体的人生观与人生追求实际状况，选择合适的教育方式方法去引导大学生树立正确的人生目标、崇高的人生追求、积极的人生态度。

在自然因素方面，性别、年龄变量对大学生人生观与人生态度的影响显著。就性别而言，男生和女生的人生目标选择不同，女生更倾向于安全型、稳定型人生目标，男生更渴望实现幸福型人生目标；男生对崇高人生追求的向往程度略高于女生。就年龄而言，随年龄增长，大学生对稳定型人生目标的关注度逐渐增高，对崇高人生追求的向往程度逐渐增强。

在教育因素方面，学历层次、学生干部经历、国(境)外学习经历等变量对大学生人生观与人生态度的影响显著。就学历层次而言，学历层次越高，大学生对实现幸福型人生目标以及社会价值的关注度越高；学历层次越高，大学生的人生态度越积极。就学生干部经历而言，担任过学生干部的大学生选择"奉献社会"人生目标的意愿、对崇高人生追求的向往程度、出于"为社会作贡献"而愿意到西部地区就业的可能性均高于没有担任过学生干部的大学生。就国(境)外学习经历而言，没有国(境)外学习经历的大学生对稳定型、幸福型、安全型人生目标的意愿，以及对崇高人生追求的向往程度均高于有国(境)外学习经历的大学生。此外，年级、学科门类、学校所属区域不同的大学生，在人生目标选择、人生追求、人生态度方面均存在一定差异，值得进一步关注。

在成长背景方面，生源所在地性质、家庭类型、独生子女情况、外出务工子女情况等变量对大学生人生观与人生态度的影响显著。就生源所在地性质而言，较之来自城镇的大学生，来自农村的大学生对崇高人生追求的向往程度更强烈、出于"锻炼个人能力"原因而到西部地区就业的可能性更高；来自农村的大学生中认为"'内卷'严重，竞争压力过大"导致大学生"摆烂"的人数比例更低。就家庭类型而言，与非双亲家庭大学生相比，双亲家庭大学生更渴望实现稳定型和幸福型人生目标，双亲家庭大学生中认为"'内卷'严重，竞争压力过大"导致大学生"摆烂"的人数比例更高。就独生子女情况而言，非独生子女大学生选择"奉献社会"人生目标的意愿、对崇高人生追求的向往程度、出于"锻炼个人能力"原因而到西部地区就业的可能性均高于独生子女。就外出务工子女情况而言，小时候父母常年在外务工的大学生比小时候父母未常年在外务工的大学生更渴望实现稳定型人生目标，有更崇高的人生追求。

综上，大学生在人生观与人生追求上的群体差异显著，这些差异既是当下教育的结果也是未来教育的起点，而群体差异的原因分析恰恰是更好开展大学生人生观教育的前提条件。所以，自然因素、教育因素、成长背景对大学生人生观与人生教育的影响究竟是什么？这些影响是如何产生的？这些影响是否存在共同作用机制？对于这些问题，均有待展开更深入、更详细的研究。

2. 价值观对大学生人生观与人生追求的影响分析

人生观与价值观对于大学生的成长成才影响重大，人生观决定大学生的价值取向，价值观引导大学生的人生走向，二者相互影响又共同作用于大学生的成长与发展。调研显示，价值观念和价值选择都在一定程度上影响大学生的人生目标选择和人生追求。

一方面，价值观念和价值选择对大学生的人生目标选择影响显著。大学生对社会主义核心价值观的理解、认同、遵循状况越好，选择"奉献社会"人生目标的意愿越强烈，选择"稳定型""幸福型""安全型"人生目标的意愿越强烈；大学生在学习状态、道德实践、政治意识、日常生活方面的价值选择越积极，选择“奉献社会”人生目标的意愿越强烈，选择“稳定型”“幸福型”“安全型”人生目标的意愿越强烈。

另一方面，价值观念和价值选择对大学生的人生追求影响显著。大学生对社会主义核心价值观的理解、认同、遵循状况越好，对崇高人生追求的向往程度越高；大学生在学习状态、道德实践、政治意识、日常生活方面的价值选择越积极，对崇高人生追求的向往程度越高。

综上，价值观念和价值选择对大学生人生目标和人生追求的影响显而易见。但是，在价值观念方面，社会主义核心价值观的理解、认同、遵循状况对大学生人生观所产生的影响程度是不一样的；在价值选择方面，学习状态、道德实践、政治意识、日常生活方面的价值选择对大学生人生观所产生的影响程度也是不一样的。进一步分析这些差异，有助于深入理解人生观与价值观的内在关系。

3. 思想政治教育对大学生人生观与人生追求的影响分析

人生观教育是思想政治教育的重要内容之一，高校思想政治教育工作成效会对大学生人生观教育产生一定影响。调研显示，日常思想政治教育、思想政治理论课教学、“三全育人”工作对大学生人生观与人生追求影响显著。

第一，日常思想政治教育正向影响大学生人生观教育。一是，日常思想政治教育工作开展效果越好，大学生选择“奉献社会”和“稳定型”“幸福型”“安全型”人生目标的意愿越强烈。二是，日常思想政治教育工作开展效果越好，大学生对崇高人生追求的向往程度越高。三是，大学生对学校日常思想政治教育工作评价越好，身边存在“摆烂”现象的同学越少。

第二，思想政治理论课教学正向影响大学生人生观教育。一是，思想政治理论课教学工作开展效果越好，大学生选择“奉献社会”和“稳定型”“幸福型”“安全型”人生目标的意愿越强烈。二是，思想政治理论课教学工作开展效果越好，大学生对崇高人生追求的向往程度越高。三是，大学生对学校思想政治理论课教学评分越高，身边存在“摆烂”现象的同学越少。

第三，“三全育人”工作正向影响大学生人生观教育。一是，大学生对“全员育人”“全过程育人”“全方位育人”工作越满意，选择“奉献社会”和“稳定型”“幸福型”“安全型”人生目标的意愿越强烈。二是，大学生对“全员育人”“全过程育人”“全方位育人”工作越满意，对崇高人生追求的向往意愿越强烈。三是，大学生对“三全育人”工作评价越满意，身边存在“摆烂”现象的同学越少。

日常思想政治教育、思想政治理论课教学、“三全育人”工作是高校思想政治教育的重要组成部分，世界观教育、人生观教育、价值观教育、政治观教育、道德观教育、法制观教育、心理健康教育等共同构成了思想政治教育的主要内容，思想政治教育工作成效则是多方面综合作用的结果。为充分发挥思想政治教育工作成效的正向影响作用，可以深入探讨和分析世界观、价值观、政治观、道德观等不同变量组合的中介影响作用。

（三）大学生人生观与人生追求教育展望

基于大学生人生观与人生追求的真实状况，以及全方位的影响因素剖析，课题组尝试从教育理念、教育内容、教育方式、教育研究四个方面提出提升大学生人生观教育成效的对策建议，以期帮助大学生树立正确的人生观和远大的人生理想。

1. 贯彻更精心的人生观教育理念，以更好应对人生观教育挑战

教育理念决定教育实践，教育实践创新离不开教育理念的更新。当今世界正处于百年未有之大变局，尤其是数智化时代的到来，使得纷繁复杂的社会思潮文化对大学生的人生观产生激烈冲击，给人生观教育带来了风险挑战。为应对这一挑战，大学生人生观教育必须更新教育理念，以更精心的教育理念引导教育实践中遇到的深层次问题。

包括人生观教育在内的思想政治教育，要精心关注其教育对象，尤其是教育对象的精神世界，这也正是落实立德树人根本任务的关键所在。“一切教学设计，都要自觉考虑青年大学生的成长需要，关注其心理特点、思想脉动、精神需求，在回应需求、解疑释惑、砥砺心志中引导成长”。① 人生观是大学生的精神内核之一，大学生的人生目标、人生追求、人生态度是其精神世界的重要支撑，人生观教育必须精心关注大学生的精神世界。

一是人生观教育要精心关注大学生内心世界的真实感受。受多元价值观的影响，大学生群体的人生目标呈现多元化样态。人生观教育要包容大学生的多元化人生目标选择，理解不同人生目标背后所折射的价值判断，理解不同人生追求背后所彰显的理想信念，理解不同人生态度背后所隐藏的真实感受。

二是人生观教育要精心关注大学生内心世界的多重矛盾。大学生的内心世界充满理想与现实的矛盾，“理想我”与“现实我”的矛盾、理想社会期待与现实社会境况的矛盾等，这些矛盾都会在一定程度上左右大学生的人生目标、人生追求和人生状态。调研显示，大学生在人生目标选择上具有现实化的倾向，大学生的人生追求要考虑多方面因素，这也正是大学生调和理想与现实之间的矛盾的结果。人生观教育既要关注到矛盾的存在，又要引导大学生处理好矛盾，树立正确的人生观。

三是人生观教育要精心关注大学生内心世界的阶段变化。“精神世界中诸多因素、诸多表现相互影响、相互作用使其体现为作用机理和呈现方式的复杂性和多变性。”②精神世界与物质世界相互影响，且二者的变化发展可能是不同步、不平衡的。大学生的精神世界也会随着年龄、年级、学历层次的提升发生阶段性变化，或者受其他因素的影响而发生变化，其人生目标、人生追求、人生态度自然会呈现相应的改变。大学生人生观教育要时刻关注大学生内心世界的阶段变化，对大学生人生目标、人生追求、人生态度

① 本教材编写组.《思想道德与法治(2021 版)》修订说明与教学建议[J]. 思想理论教育导刊, 2021.

② 史巍. 中国式现代化物质文明与精神文明相协调的思想逻辑及时代要求[J]. 社会科学家, 2023.

的改变做出及时的回应。

2. 提供更精细的人生观教育内容，以更好提升人生观教育成效

正所谓“内容为王”，强调的是教育内容的重要性。提升人生观教育成效，首要的是提供优质的人生观教育内容。目前人生观教育内容供给仍存在问题，比如教育内容质量有待提升、教育内容分类有待细化、教育内容衔接有待优化、教育内容合力有待强化等。

一方面，在日常思想政治教育中要提供更精细的人生观教育内容。日常思想政治教育工作可借助新生入学教育、职业规划教育、升学就业教育，以及入党谈话等工作开展人生观教育。值得注意的是，借助日常思想政治教育工作开展人生观教育，要结合特定工作的实际情况准备相应的人生观教育内容。

另一方面，在思想政治理论课教学中要提供更精细的人生观教育内容。除“道德与法治”课程设置专门章节讨论人生观问题之外，其他几门思想政治理论课同样可以提供更精细的人生观教育内容。比如，“马克思主义基本原理”课程关于“社会存在与社会意识”“人民群众在历史发展中的作用”“共产主义崇高理想及其最终实现”的教学内容可以帮助大学生调节理想与现实之间的矛盾、认识个人在社会历史中的作用、树立远大人生理想等；“中国近现代史纲要”课程关于历史人物和人民群众创造历史的教学内容可以帮助大学生确立远大人生目标。

此外，“大思政课”与“课程思政”要提供更精细的人生观教育内容。大量的资源是“大思政课”的优势之一，“大思政课”的红色资源等可以转化为丰富的人生观教育资源库。“课程思政”是指在专业类课程中融入思想政治教育元素，可以结合专业课教学内容以及学生的职业发展等问题，为学生提供具有专业特色、贴合个人职业规划的人生观教育内容。

提供更精细的教育内容，既指日常思想政治教育、思想政治理论课教学、“大思政课”和“课程思政”要结合自身工作实际提供相应的人生观教育内容，也指在人生观教育内容上要进行通盘考虑，从而在这四个方面实现人生观教育内容的相得益彰。

3. 打造更精准的人生观教育方式，以更好开展人生观教育活动

面对当下纷繁复杂的时代背景，创新人生观教育方式是应对大学生人生观教育复杂问题与风险挑战的必要之举。打造更精准的人生观教育方式，需要迎合时代特色、贴合人生观教育特点、符合大学生成长与发展特殊规律等。

第一，利用大数据平台开展人生观教育。随着大数据时代的到来，思想政治教育的精准识别和精准供给成为可能。人生观教育要充分利用大数据平台，在把握大学生思想动态“精准画像”的基础上进行人生观教育的精准投送。

第二，通过社会实践开展人生观教育。实践是认识的来源，也是认识的动力。人生观是人们在人生实践和生活环境中逐步形成的，社会实践活动是孕育大学生人生观的土壤。大学生的社会实践活动很多，包括实践教学、认知实习、三下乡社会实践、社团实践活动等，大学生人生观教育可以根据教育需要在相应的实践活动中采用合适的教育方式进行。

第三，借助重大仪式开展人生观教育。“仪式教育是复合型的仪式样态，主要是指仪式主体通过综合运用诸种仪式要素，以仪式性活动为载体开展特定仪式程序展演，向仪式对象进行价值传递、情感熏陶、思想教化的教育过程。”①仪式教育具有价值传递、情感熏陶、思想教化等教育功能，借助重大仪式开展人生观教育是增强教育成效的创新之举。升旗仪式、开学典礼、毕业典礼、学位授予仪式、校庆仪式，以及重大活动的启动仪式等，是开展大学生人生观教育的重要载体，除了发挥仪式本身所具有的教育意义外，还可以在仪式的讲话和发言环节着重设计人生观教育。

4. 推动更精确的人生观教育研究，以更好指导人生观教育实践

推动更精确的人生观教育研究，是为了更好地指导人生观教育实践，切实解决人生观教育的实际问题。大学生人生观教育研究要从完善理论体系、丰富研究方法、聚焦突出难题三个方面发力，同时促进研究成果向教育实践的转化。

首先，完善人生观教育的理论体系。现有研究主要集中人生观教育史、特定群体人生观教育状况及问题分析等，纵向看缺少对人生观元问题的深入研究，横向看缺少对人生观教育与世界观、价值观、道德观教育等的比较研究。

其次，丰富人生观教育的研究方法。当前人生观教育所涉及的研究方法主要是理论研究类，实证研究偶有涉及，个别研究运用了问卷调查法，访谈法则鲜有学者使用。事实上，教育叙事研究、个人生活史研究、个案研究等研究方法非常适合人生观教育研究，有助于深入挖掘大学生多元化、现实化人生目标选择的缘由，深入剖析大学生人生追求背后的各种因素，深入理解大学生各种“摆烂”现象的象征意义及其形成原因等。

最后，聚焦人生观教育的突出难题。大学生人生观的形成条件、发展规律、影响因素，以及人生观教育的关键问题，还有大学生人生目标选择、人生追求、人生态度的多重影响因素及其作用机制等，这些都是当前人生观教育要持续关注并努力解决的突出问题。随着数智化时代的到来，人生观教育研究还将遭遇其他新的问题挑战，需要凝心聚力，不断破解新难题。

---

① 高晓林，骆良虎. 仪式教育融入“大思政课”建设的内在逻辑、价值意蕴与实践理路[J]. 思想教育研究，2023(1).

第二章　价值观与价值选择

“社会主义核心价值观是凝聚人心、汇聚民力的强大力量。”①大学生的成长成才，离不开正确价值观的引领，而青年大学生的价值取向，也决定着未来整个社会发展的价值取向。大学阶段是个体成长的关键时期，也是价值观逐步塑造养成的重要阶段，因此，抓好大学生的价值观教育，既关系个体成长，又事关国家未来。本章立足于社会主义核心价值观的培育和践行，考察大学生在价值认知、价值认同、价值践行等方面的思想和行为，以期为大学生价值观教育提供数据支持和理论支撑。

一、对社会主义核心价值观的认知状况

对社会主义核心价值观的了解和认知是对其认同和践行的基础和前提，也是培育和践行社会主义核心价值观的起始环节。调研显示，当下大学生普遍价值认知明确，能够理解社会主义核心价值观的具体内涵，不同群体大学生的价值认知存在较为显著的差异。

（一）总体情况

调研显示，绝大多数大学生表示理解社会主义核心价值观的基本内容。对于“我理解社会主义核心价值观的具体内涵”这一说法，共有 88.8%的大学生表示符合自己的实际，其中表示“非常符合”和“比较符合”自己实际的大学生比例分别为 57.2%和 31.6%，9.9%的大学生表示“一般”，只有 1.3%的受访者对这一说法持明确的否定态度。与上一年度相比，大学生对社会主义核心价值观具体内涵的理解程度增加了 5.1 个百分点。这表明，社会主义核心价值观教育取得了显著成效。

（二）不同群体大学生对社会主义核心价值观的认知状况

为了考察不同人口学变量对社会主义核心价值观认知状况的影响，将自然因素、成长背景、教育因素等多项人口学变量与大学生对社会主义核心价值观的认知状况进行交互分析。分析结果显示，性别、学科门类、所属区域、学生干部经历等多项变量均对大学生的认知具有显著影响，结果具有统计学意义（见表 2-1）。

---

① 习近平. 高举中国特色社会主义伟大旗帜 为全面建设社会主义现代化国家而团结奋斗——在中国共产党第二十次全国代表大会上的报告[M]. 北京：人民出版社，2022：44.

表 2-1　不同群体大学生对社会主义核心价值观的认知状况

		我理解社会主义核心价值观的具体内涵(%)			卡方检验		
		符合	一般	不符合	χ^2	df	P
性别	男	88.0	10.5	1.5	105.329	4	<0.001
	女	89.4	9.5	1.1			
学科门类	人文科学类	89.8	9.0	1.3	50.810	8	<0.001
	社会科学类	89.7	8.8	1.4			
	理工农医类	88.0	10.8	1.2			
生源地所属区域	华东	90.1	8.7	1.2	307.413	24	<0.001
	华南	87.0	11.5	1.5			
	华中	89.2	9.7	1.1			
	华北	90.4	9.0	0.6			
	西北	89.6	9.1	1.3			
	西南	85.5	13.0	1.4			
	东北	89.6	8.9	1.4			
学校所属区域	华东	89.0	9.6	1.4	284.650	24	<0.001
	华南	88.7	10.0	1.3			
	华中	88.3	10.3	1.4			
	华北	89.9	9.1	1.2			
	西北	91.0	7.6	1.3			
	西南	86.8	11.8	1.4			
	东北	90.7	8.2	1.2			
学生干部经历	是	90.0	8.9	1.0	310.428	4	<0.001
	否	83.2	14.4	2.5			

第一，不同性别的大学生对社会主义核心价值观的认知状况存在较大差异。分析发现，男生对社会主义核心价值观内涵的理解程度更高，有59.0%的男生认为“我理解社会主义核心价值观的具体内涵”这一说法“非常符合”自己的实际，略高于女生55.8%的选择比例($\chi^2=105.329$，$P<0.001$)。

第二，不同学科门类的大学生对社会主义核心价值观具体内涵的理解程度不同。从学科大类来看，人文科学类和社会科学类大学生对社会主义价值观的理解大致持平。在人文科学类大学生中，认为“我理解社会主义核心价值观的具体内涵”这一说法符合自己的实际的比例为89.8%；在社会科学类大学生中，这一比例为89.7%；相对而言，理工农医类大学生对社会主义核心价值观具体内涵的理解程度稍低，认为上述说法符合自己实际的比例为 88.0%（$\chi^2=50.810$，$P<0.001$）。细分到具体的学科门类，这种差异如图 2-1 所示，法学、历史学、文学、哲学四个学科门类的大学生中认为“我理解社会主义核心价值观的具体内涵”这一说法符合自己实际的比例均超过 90%，分别为 93.1%、92.1%、91.0%和 90.1%，农学、医学、艺术学三个学科门类的大学生中认为上述说法符合自己实际的比例相对较低，分别为 83.9%、86.9%和 87.1%（$\chi^2=280.600$，$P<0.001$）。

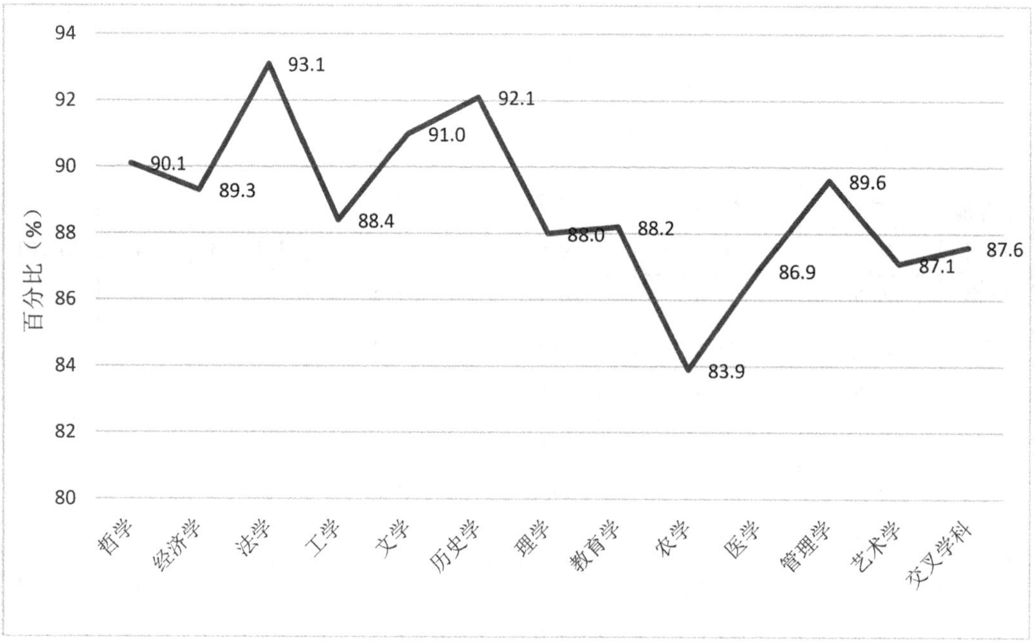

图 2-1　不同学科门类的大学生认为“我理解社会主义核心价值观的具体内涵”这一说法符合自己实际的比例

第三，不同区域的大学生对社会主义核心价值观具体内涵的理解不同。为了更好研判区域对大学生认知社会主义核心价值观情况的影响，课题组从生源地所属区域和学校所属区域两个维度展开了调研。从生源地所属区域看，将认为“我理解社会主义核心价值观的具体内涵”这一说法符合自己实际的大学生比例由高到低排序，分别为华北地区、华东地区、西北地区、东北地区、华南地区、西南地区，其所对应的比例分别为 90.4%、90.1%、89.6%、89.6%、89.2%、87.0%、85.5%，认可度最高的华北地区和认可度最低的西南地区之间相差 4.9 个百分点（$\chi^2=307.413$，$P<0.001$）；从学校所属区域看，将上述选择的比例由高到低排序，分别为西北地区、东北地区、华北地区、华东地区、华南地区、华中地区、西南地区，其所对应的比例分别为 91.0%、90.7%、89.9%、89.0%、88.7%、86.8%，认可度最高的西北地区与认可度最低的西南地区之间相差 4.2 个百分点（$\chi^2=284.650$，$P<0.001$）。由数据可见，无论是从生源所属区域来看，还是从学校所属区域来看，大学生对社会主义核心价值观的理解程度存在一定

差异。

第四，有学生干部经历的大学生对社会主义核心价值观的认识状况更好。分析发现，在担任过学生干部的大学生中，有90.0%的人表示理解社会主义核心价值观的具体内涵，而没有担任过学生干部的大学生中这一比例为83.2%，二者相差6.8个百分点（$\chi^2=310.428$，$P<0.001$）。

（三）思想政治教育对大学生社会主义核心价值观认知状况的影响

培育和践行社会主义核心价值观是贯穿高校思想政治教育的重要内容，调研显示，无论是思想政治理论课教学还是日常思想政治教育，都不同程度地影响着大学生对社会主义核心价值观的认知程度。

一方面，思想政治理论课教学是大学生对社会主义核心价值观认知状况的重要影响因素。总体来看，大学生对思想政治理论课教学开展效果的评价与其对社会主义核心价值观的认知状况呈正相关关系，即大学生对思政课教学开展效果的评价越高，其对社会主义核心价值观的认知状况越好（Pearson相关系数为0.435，$P<0.001$）。具体来说，大学生对思政课教学内容、教学方法、师资水平和教学设计的评价均与其对社会主义核心价值观的认知状况呈显著正相关关系，即大学生对思政课建设诸要素的评价越高，其对社会主义价值观的认知状况越好，如表2-2所示。由分析可见，思想政治理论课对于社会主义核心价值观的培育和践行意义重大，极大程度地影响着大学生对社会主义核心价值观的认知状况。

表2-2　大学生对思政课建设的评价与其对社会主义核心价值观认知状况的相关关系

相关因素	相关分析	
	r	P
教学内容满意程度	0.449	<0.001
教学方法满意程度	0.427	<0.001
师资水平满意程度	0.430	<0.001
教学设计满意程度	0.424	<0.001

另一方面，日常思想政治教育也较大程度地影响大学生对社会主义核心价值观的认知。总体来看，大学生对日常思想政治教育开展效果的评价与其对社会主义核心价值观的状况呈正相关关系，即大学生对日常思想政治教育的评价越高，其对社会主义核心价值观的认知状况越好（Pearson相关系数为0.437，$P<0.001$）。具体来看，大学生对不同形式的日常思想政治教育的评价均与其对社会主义核心价值观的认知状况呈显著正相关关系，如表2-3所示。可见，日常思想政治教育作为大学生思想政治教育的重要构成部分，其诸多形式与大学生的价值观养成具有直接相关性，潜移默化、润物无声地影响着

大学生的思想和认知。

表 2-3　大学生对日常思想政治教育的评价与其社会主义核心价值观认知状况的相关关系

相关因素	相关分析	
	r	*P*
校风和学风建设	0.433	<0.001
创新创业教育	0.415	<0.001
社会实践活动	0.417	<0.001
校园文化活动	0.399	<0.001
网络思想政治教育	0.425	<0.001
心里健康教育与咨询工作	0.416	<0.001
职业规划与就业指导教育	0.407	<0.001
日常事务管理	0.390	<0.001
学校后勤服务	0.354	<0.001
学生资助工作	0.408	<0.001
基层党组织建设	0.434	<0.001
社团活动	0.397	<0.001
班级建设	0.415	<0.001
团组织建设	0.428	<0.001

二、对社会主义核心价值观的认同状况

认同是承接知与行的关键环节，大学生只有真正将社会主义核心价值观入脑入心，内化为自身的精神追求，才有可能外化于实践，使社会主义核心价值观成为全社会的基本价值遵循。为了更充分地把握大学生对社会主义核心价值观的认同状况，课题组坚持宏微并重，一方面总体调研大学生对社会主义核心价值观意义的认同状况，另一方面细化到具体内容上，考察大学生对社会主义核心价值观每一具体价值观念的认同状况。

（一）总体情况

总体来看，绝大多数大学生充分认同社会主义核心价值观的意义。调研显示，对于“我认同社会主义核心价值观对于国家、社会和个人的意义”这一说法，共计有 92.3%的受访者表示符合自己的实际，其中表示非常符合的占比 67.2%，表示比较符合的占

比25.2%，只有1.2%的受访者明确表示这一说法不符合自己的实际。从近2020—2022年的数据来看，大学生对社会主义核心价值观意义的认同始终维持在高位水平，表明社会主义核心价值观已经在大学生群体中得到普遍认可，如图2-2所示。

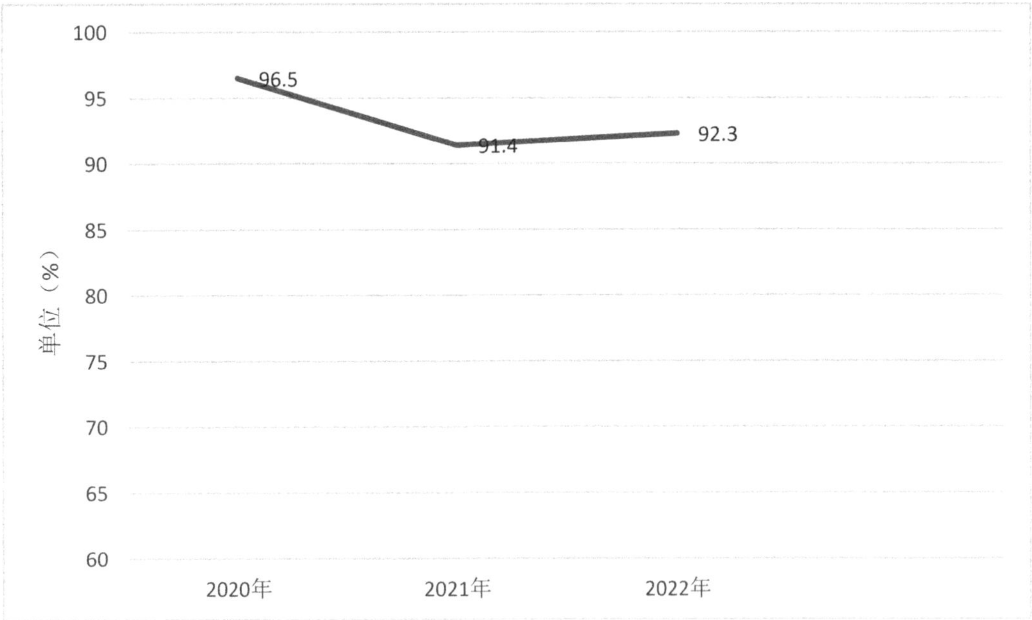

图2-2　近三年大学生对社会主义核心价值观意义的认同度

对于社会主义核心价值观的具体内容，大学生也表现出较高的认同度。为了更好地了解大学生对社会主义核心价值观每一具体内容的认同状况，课题组设计了一组李克特五分量表。我们将大学生对社会主义核心价值观每一项具体内容的认同程度从“很不认同”到“非常认同”分别赋值1~5分，分数越高，表明大学生对某一具体价值观的认同程度越高。分析结果显示，大学生对社会主义核心价值观12项具体内容的认同程度的平均分为4.68分。从不同层面的社会价值观的认同状况来看，大学生对国家层面、社会层面和公民层面的社会价值观的认同程度平均分别为4.66分、4.72分和4.67分。可见，大学生对社会层面的价值观的认同度最高，国家层面其次，公民层面再次。具体到每一价值观来看，大学生对社会主义核心价值观的12项具体内容总体上都表现出较高的认同度，并未体现出非常明显的差异，将社会主义核心价值观具体内容的平均分按照从高到低的顺序依次排列为：法治(4.75分)、公正(4.73分)、平等(4.72分)、和谐(4.71分)、文明(4.70分)、诚信(4.69分)、友善(4.68分)、爱国(4.67分)、富强(4.67分)、自由(4.67分)、敬业(4.62分)、民主(4.55分)，如图2-3所示。上述数据在一定程度上表明，经过长时间的培育，社会主义核心价值观已经真正做到了入耳、入脑、入心。

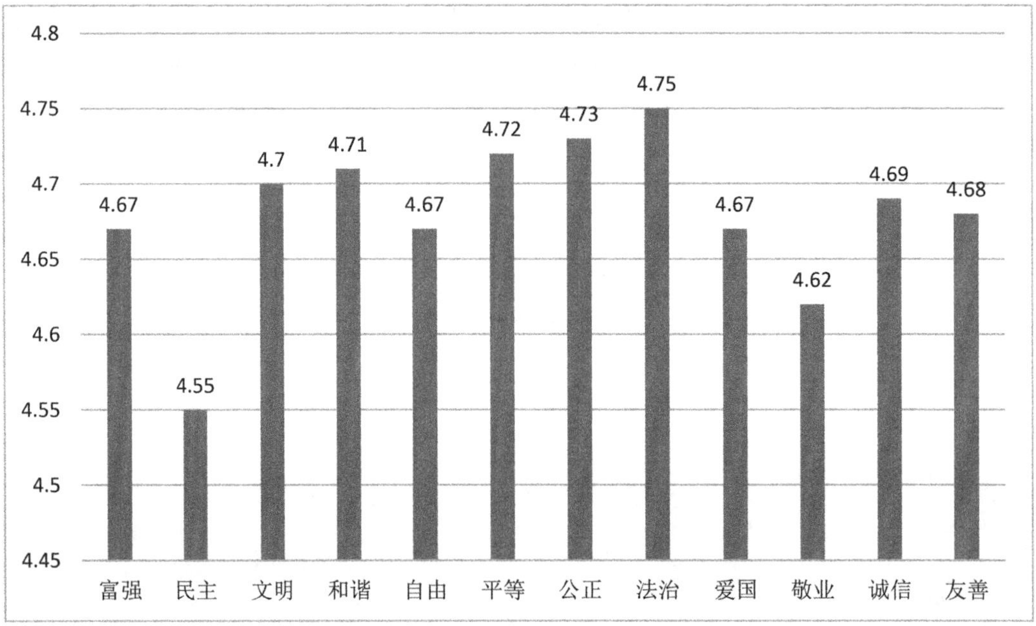

图 2-3　大学生对社会主义核心价值观认同程度的评价得分

(二)大学生对社会主义核心价值观意义认同的群体差异

为了解不同群体大学生对社会主义核心价值观意义认同程度的差异，我们将大学生对于“我认同社会主义核心价值观对于国家、社会和个人的意义”的回答从“很不符合”到“非常符合”分别赋值 1~5 分，得分越高，表示大学生对社会主义核心价值观意义的认同程度越高。将这一认同程度与人口学变量进行回归分析发现，多个变量均对结果具有显著影响，如表 2-4 所示。

表 2-4　大学生对社会主义核心价值观意义认同程度的群体差异

自变量		非标准化系数		标准系数	统计量	显著性水平
		B	S. E	*β*	*t*	*P*
常数项		5. 249	0. 090		58. 486	0. 000
性别-男生(参照项：女生)		−0. 029	0. 008	−0. 019	−3. 632	0. 000
年级		−0. 042	0. 004	−0. 160	−10. 703	0. 000
学历层次(参照项：博士)	本科	−0. 089	0. 019	−0. 053	−4. 719	0. 000
	硕士	−0. 043	0. 019	−0. 024	−2. 217	0. 027
学科门类(参照项：理工农医类)	人文社科类	−0. 047	0. 010	−0. 026	−4. 689	0. 000
	社会科学类	−0. 018	0. 009	−0. 011	−1. 939	0. 052

续表

自变量	非标准化系数		标准系数	统计量	显著性水平
	B	S. E	β	t	P
双亲家庭(参照项：非双亲家庭)	−0. 045	0. 013	−0. 018	−3. 569	0. 000
独生子女(参照项：非独生子女)	−0. 080	0. 008	−0. 053	−9. 425	0. 000
小时候父母常年在外务工(参照项：小时候父母未常年在外务工)	0. 056	0. 009	0. 032	6. 103	0. 000
政治面貌-党员(参照项：非党员)	−0. 141	0. 010	−0. 082	−14. 199	0. 000
有学生干部经历(参照项：没有学生干部经历)	−0. 112	0. 010	−0. 058	−11. 250	0. 000

从自然因素来看，性别对大学生认同社会主义核心价值观意义的程度具有显著影响，分析结果具有统计学意义。总体来看，男生对社会主义核心价值观意义认同程度更高，比女生高 0. 029 个单位。从成长因素来看，是否为双亲家庭、是否为独生子女、小时候父母是否常年在外务工等因素对大学生认同社会主义核心价值观意义的程度具有显著影响，结果具有统计学意义。其一，来自双亲家庭的大学生对社会主义核心价值观意义的认同程度更高，比非双亲家庭的大学生高 0. 045 个单位；其二，独生子女大学生对社会主义核心价值观意义的认同程度更高，比非独生子女大学生高 0. 080 个单位；其三，小时候父母常年在外务工的大学生对社会主义核心价值观意义的认同程度相对较低，比其他大学生低 0. 056 个单位。从教育因素来看，年级、学历、学生干部经历等因素对大学生认同社会主义核心价值观意义的程度具有显著影响，结果具有统计学意义。其一，年级越高，大学生对社会主义核心价值观意义的认同程度越高。分析结果显示，每高一个年级，大学生对社会主义核心价值观意义的认同程度提升 0. 042 个单位。其二，学历对大学生认同社会主义核心价值观意义的影响程度与年级类似。分析结果显示，博士生对社会主义核心价值观意义的认同程度最高，比本科生高 0. 089 个单位，比硕士生高 0. 043 个单位。其三，有学生干部经历的大学生对社会主义核心价值观意义的认同程度更高，比没有担任过学生干部的大学生高 0. 112 个单位。

(三) 大学生对社会主义核心价值观内容认同的群体差异

为更好地了解不同群体大学生对社会主义核心价值观认同程度的差异，我们考察了大学生对社会主义核心价值观内容的认同状况，并将其对于 12 道题目的回答从“很不认同”到“非常认同”分别赋值 1～5 分(得分越高，表示大学生对相应价值观的认同程度越高)，并对其提取公因子。经检验，数据量表适合进行探索性因子分析，组合量表 KMO＝0. 973，Bartlett 球形度检验近似卡方值为 611345. 555，显著性水平 $P<0.001$。采用主成分分析和最大方差法旋转，从上述 5 个项目中抽取出 1 个主成分，累计方差贡献

率为78.993%。将提取出的一个公因子命名为"大学生对社会主义核心价值观的认同程度"，并将其与人口学变量进行一般线性回归分析。按照0.05的检验标准，回归系数中具有统计学意义的变量有性别、家庭类型、是否为独生子女、父母是否常年在外务工、是否有学生干部经历等，如表2-5所示。

表2-5 大学生对社会主义核心价值观内容认同程度的群体差异

自变量		非标准化系数		标准系数	统计量	显著性水平
		B	S. E	*β*	*t*	*P*
常数项		0.996	0.101		9.886	0.000
性别-男生(参照项：女生)		0.086	0.011	0.043	7.985	0.000
年级		−0.104	0.005	−0.111	−19.910	0.000
学历层次(参照项：博士生)	本科生	−0.209	0.025	−0.093	−8.270	0.000
	硕士生	−0.054	0.026	−0.023	−2.097	0.036
学科门类(参照项：理工农医类)	人文社科类	0.019	0.013	0.008	1.387	0.165
	社会科学类	0.025	0.012	0.011	2.026	0.043
双亲家庭(参照项：非双亲家庭)		−0.079	0.017	−0.024	−4.706	0.000
独生子女(参照项：非独生子女)		−0.047	0.010	−0.023	−4.511	0.000
小时候父母常年在外务工(参照项：小时候父母未常年在外务工)		0.038	0.012	0.016	3.206	0.001
有学生干部经历(参照项：没有学生干部经历)		−0.162	0.013	−0.062	−12.125	0.000

从自然因素来看，性别对大学生认同社会主义核心价值观的程度具有显著影响，男生对社会主义核心价值观的认同程度比女生高0.086个单位。从成长背景来看，家庭构成和家庭状况对大学生认同社会主义核心价值观的程度具有显著影响。其一，来自双亲家庭的大学生对社会主义核心价值观的认同程度相对更高，比来自非双亲家庭的大学生高0.079个单位。其二，独生子女大学生对社会主义核心价值观的认同程度相对更高，比非独生子女大学生高0.047个百分点。其三，家庭的稳定性也影响大学生对社会主义核心价值观的认同状况。分析结果显示，小时候父母常年在外务工的大学生对社会主义核心价值观的认同程度比其他大学生低0.038个单位。从教育因素来看，年级、学历和学生干部经历对大学生认同社会主义核心价值观的程度具有显著影响。其一，随着年级的升高，大学生对社会主义核心价值观的认同程度呈上升趋势。分析结果显示，每高一个年级，大学生对社会主义核心价值观的认同程度提升0.104个单位。其二，随着学历

的提升，大学生对社会主义核心价值观的认同程度呈上升趋势。分析结果显示，博士生对社会主义核心价值观的认同程度相对更高，比本科生高 0.209 个单位，比硕士生高 0.054 个单位，这与年级这一变量的影响结果相互印证。其三，担任过学生干部的大学生对社会主义核心价值观的认同程度更高，比没有学生干部经历的大学生高 0.162 个单位。

（四）大学生对社会主义核心价值观认同程度的影响因素

分析发现，教育因素对大学生认同社会主义核心价值观的程度具有较为明显的影响。思想政治理论课、日常思想政治教育、“三全育人”实践的开展状况均不同程度地影响着大学生对社会主义核心价值观的认同。

第一，思政课对社会主义核心价值观认同状况的影响。一方面，大学生对思政课意义的认同与其对社会主义核心价值观意义的认同呈显著正相关关系。分析发现，大学生对“思政课是立德树人的关键课程”这一说法的认同程度与其对“我认同社会主义核心价值观对于国家、社会和个人的意义”的认同程度呈正相关关系（Pearson 相关系数为 0.429，$P<0.001$），也就是说，大学生对思政课的地位和作用认识越清晰，其对社会主义核心价值观意义的认识也就越科学。另一方面，思政课的建设状况影响大学生对社会主义核心价值观具体内容的认同。课题组将大学生对社会主义核心价值观具体内容的认同的总体状况与其对思政课建设状况的评价进行相关分析后发现，思政课建设的各个方面均与大学生对社会主义核心价值观的认同状况具有不同程度的相关性。具体来看，按照 0.01 的检验标准，思政课的教学内容、教学方法、师资水平和教学水平与大学生对社会主义核心价值观内容的认同状况均呈显著正相关关系，相关系数分别为 0.501、0.473、0.498、0.474。

第二，日常思想政治教育对社会主义核心价值观认同状况的影响。总体来看，日常思想政治教育开展对大学生认同社会主义核心价值观具有积极影响，大学生对日常思想政治教育的评价与其对社会主义核心价值观的认同程度呈显著正相关关系（Pearson 相关系数为 0.479，$P<0.001$）。为进一步深入探索日常思想政治教育诸多具体工作对社会主义核心价值观认同状况的影响，课题组将大学生对日常思想政治教育 14 项具体工作的评价从“很不满意”到“非常满意”分别赋值 1～5 分（得分越高，代表大学生对相关工作的评价越高），并将其与大学生对社会主义核心价值观具体内容认同的总体状况进行一般线性回归分析。分析结果发现，日常思想政治教育开展效果对社会主义核心价值观认同状况具有一定影响，尤其以校风和学风建设、心理健康教育和咨询工作、学生资助工作、基层党组织建设、团组织建设等方面的影响更为显著，如表 2-6 所示。具体表现为：大学生对校风和学风建设的评价每提升一个等级，其对社会主义核心价值观具体内容的认同程度提升 0.263 个单位；大学生对心理健康教育咨询工作的评价每提升一个等级，其对社会主义核心价值观具体内容的认同程度提升

0.080 个单位；大学生对学生资助工作的评价每提升一个等级，其对社会主义核心价值观具体内容的认同程度提升 0.097 个单位；大学生对基层党组织建设工作的评价每提升一个等级，其对社会主义核心价值观具体内容的认同程度提升 0.163 个单位；大学生对团组织建设工作的评价每提升一个等级，其对社会主义核心价值观具体内容的认同程度提升 0.133 个单位。

表 2-6　大学生对日常思想政治教育的评价与其社会主义核心价值观认同状况的一般线性回归分析

自变量	非标准化系数		标准系数	统计量	显著性水平
	B	S. E	*β*	*t*	*P*
常数项	-2.924	0.025		-116.911	0.000
校风和学风建设	0.263	0.013	0.211	19.520	0.000
创新创业教育	-0.011	0.014	-0.009	-0.081	0.423
社会实践活动	0.031	0.014	0.026	2.120	0.034
校园文化活动	-0.012	0.013	-0.011	-0.970	0.332
网络思想政治教育	0.021	0.014	0.018	1.476	0.140
心理健康教育咨询工作	0.080	0.013	0.067	6.261	0.000
职业规划与就业指导教育	-0.020	0.013	-0.018	-1.619	0.106
日常事务管理	-0.043	0.012	-0.038	-3.663	0.000
学校后勤服务	-0.047	0.009	-0.044	-5.331	0.000
学生资助工作	0.097	0.012	0.080	8.378	0.000
基层党组织建设	0.163	0.014	0.133	11.446	0.000
社团活动	0.005	0.012	0.004	0.391	0.696
班级建设	0.008	0.014	0.007	0.608	0.543
团组织建设	0.133	0.015	0.111	8.894	0.000

第三，“三全育人”实践对社会主义核心价值观认同状况的影响。中共中央、国务院《关于加强和改进新形势下高校思想政治工作的意见》提出要坚持全员全过程全方位育人，把思想价值引领贯穿教育教学全过程和各环节。为了探究“三全育人”对社会主义核心价值观认同状况的影响，课题组将大学生对全员、全过程、全方位育人工作的评价从“很不满意”到“非常满意”分别赋值 1~5 分，得分越高，代表大学生对相关工作的评价越高。将上述变量与大学生对社会主义核心价值观的认同状况进行一般线性回归分析后发现，“三全育人”工作对于大学生社会主义核心价值观的认同状况具有显著影响，如表 2-7 所示。具体体现为：大学生对全员育人、全过程育人和全方位育人工作的评价

每分别提升一个等级，其对社会主义核心价值观的认同程度分别提升 0. 358、0. 207 和 0. 093 个单位。上述分析一定程度上体现出，高校“三全育人”工作开展得越好，大学生对社会主义核心价值观的认同状况也相对越好。

表 2-7　大学生对“三全育人”工作的评价与其社会主义核心价值观认同状况的一般线性回归分析

自变量	非标准化系数		标准系数	统计量	显著性水平
	B	S. E	*β*	*t*	*P*
常数项	−2. 898	0. 026		−112. 787	0. 000
全员育人	0. 358	0. 019	0. 274	18. 664	0. 000
全过程育人	0. 207	0. 022	0. 160	9. 551	0. 000
全方位育人	0. 093	0. 020	0. 073	4. 533	0. 000

三、对社会主义核心价值观的践行状况

社会主义核心价值观不仅是一种思想观念和道德规范，更是人人都必须遵守的行为准则。因此，大学生对社会主义核心价值观的认知和认同必须要落脚于践行，落脚于日常学习和生活的方方面面。课题组围绕勤学、修德、明辨、笃行等方面对大学生践行社会主义核心价值观的状况进行了考察。

（一）总体情况

习近平总书记曾提出青年践行社会主义核心价值观的基本要求：“青年要从现在做起、从自己做起，使社会主义核心价值观成为自己的根本遵循，并身体力行大力将其推广到全社会中去。”①调研显示，绝大多数大学生能够将社会主义核心价值观作为自己的根本遵循。对于“我将社会主义核心价值观作为自己的基本遵循”这一说法，共计有 90. 7%的大学生表示符合自己的实际，其中 63. 6%的受访者表示“非常符合”，27. 1%的受访者表示“比较符合”，只有 1. 4%的受访者明确表示这一说法不符合自己的实际。

对于大学生而言，践行社会主义核心价值观就是要做到勤学、修德、明辨、笃行，让社会主义核心价值观成为学习和生活中一言一行的基本遵循。调研显示，绝大多数大学生能从以上方面自觉积极践行社会主义核心价值观。其一，勤于学习求知。绝大多数大学生能做到努力学习、勤奋向上，其中 82. 5%的受访大学生表示“我能够保持积极勤勉的学习状态”这一说法符合自己的实际，选择“非常符合”和“比较符合”的比例分别为

① 习近平. 青年要自觉践行社会主义核心价值观——在北京大学师生座谈会上的讲话[M]. 北京：人民出版社，2014：9.

45.9%和36.6%，只有2.1%的大学生给出了否定答案。其二，注重道德实践。绝大多数大学生能恪守爱国、敬业、诚信、友善的道德规范，其中86.2%的受访大学生表示“我积极参加道德实践活动”这一说法符合自己的实际，认为“非常符合”和“比较符合”的比例分别为52.6%和33.6%，只有1.8%的受访者给出了否定答案。其三，善于明辨是非。绝大多数大学生能在纷繁复杂、泥沙俱下的信息轰炸中保持清醒头脑，其中83.8%的受访大学生表示“我能够准确辨别‘高级黑’‘低级红’”这一说法符合自己的实际，选择“非常符合”和“比较符合”的比例分别为50.7%和33.1%，只有2.3%的受访者给出了否定的答案。其四，切实践履笃行。绝大多数的大学生能将社会主义核心价值观作为行为准则，融入自己的日常生活和学习，其中86.6%的受访大学生表示“我努力做好学习生活中每一件小事”这一说法符合自己的实际，选择“非常符合”和“比较符合”的比例分别为52.2%和34.4%，只有1.6%的受访者给出了否定答案。

（二）不同群体大学生践行社会主义核心价值观的情况

为了从整体上更好地了解不同群体践行社会主义核心价值观的状况，我们将与大学生社会主义核心价值观践行状况相关的五道题目“我将社会主义核心价值观作为自己的基本遵循”“我能够保持积极勤勉的学习状态”“我积极参加道德实践活动”“我能够准确辨别‘高级黑’‘低级红’”“我努力做好学习生活中每一件小事”从“很不符合”到“非常符合”分别赋值1~5分，并对其提取公因子。经检验，数据量表适合进行探索性因子分析，组合量表KMO=0.886，Bartlett球形度检验近似卡方值为140809.062，显著性水平$P<0.001$。本书采用主成分分析和最大方差法旋转，从上述5个项目中抽取出1个主成分，累计方差贡献率为73.929%。将提取出的一个公因子命名为“大学生对社会主义核心价值观的践行程度”，并将其与人口学变量进行一般线性回归分析。按照0.05的检验标准，回归系数具有统计学意义的变量有性别、生源地性质、家庭类型、是否为独生子女、父母是否常年在外务工、学生干部经历、高校所属区域等，如表2-8所示。

表2-8 不同群体大学生对社会主义核心价值观践行状况的一般线性回归分析

自变量	非标准化系数		标准系数	统计量	显著性水平
	B	S. E	β	t	P
常数项	-0.488	0.199		-2.448	0.014
性别-男生（参照项：女生）	-0.069	0.010	-0.034	-6.784	0.000
年级	-0.047	0.005	-0.050	-9.703	0.000
政治面貌-党员（参照项：非党员）	-0.216	0.012	-0.095	-18.332	0.000
生源地-农村（参照项：城镇）	0.061	0.011	0.030	5.329	0.000
双亲家庭（参照项：非双亲家庭）	-0.084	0.017	-0.025	-5.064	0.000

续表

自变量		非标准化系数		标准系数	统计量	显著性水平
		B	S. E	β	t	P
独生子女(参照项：非独生子女)		-0.076	0.011	-0.037	-6.645	0.000
小时候父母常年在外务工(参照项：小时候父母未常年在外务工)		0.084	0.012	0.036	6.838	0.000
学校所属区域（参照项：东北）	华东	0.133	0.019	0.057	7.040	0.000
	华南	0.200	0.021	0.065	9.370	0.000
	华中	0.140	0.020	0.055	7.148	0.000
	华北	0.011	0.020	0.004	0.549	0.583
	西北	0.105	0.033	0.017	3.141	0.002
	西南	0.138	0.020	0.053	6.935	0.000
有学生干部经历(参照项：没有学生干部经历)		-0.252	0.013	-0.097	-19.128	0.000

1. 基于自然因素的分析

从自然因素来看，性别对大学生践行社会主义核心价值观的状况具有显著影响。分析结果表明，男生对社会主义核心价值观的践行程度比女生高 0.069 个单位。

2. 基于成长背景的分析

第一，生源地性质不同，大学生对社会主义核心价值观的践行状况有所不同，来自城镇的大学生对社会主义核心价值观的践行程度略高。分析结果显示，生源地性质为农村的大学生对社会主义核心价值观的践行程度比生源地性质为城镇的大学生低 0.061 个单位。

第二，家庭类型对大学生践行社会主义核心价值观的程度并没有显著影响，来自双亲家庭的大学生对社会主义核心价值观的践行程度略高。分析结果显示，家庭类型为双亲家庭的大学生对社会主义核心价值观的践行程度比来自非双亲家庭的大学生高 0.084 个单位。

第三，是否为独生子女对大学生践行社会主义核心价值观的程度并没有显著影响，独生子女大学生对社会主义核心价值观的践行程度略高。分析结果显示，独生子女大学生对社会主义核心价值观的践行程度比非独生子女大学生高 0.076 个单位。

第四，家庭生活经历对大学生践行社会主义核心价值观的程度并没有显著影响，不同家庭生活经历的大学生对社会主义核心价值观的践行程度存在差异。分析结果显示，小时候父母常年在外务工的大学生对社会主义价值观的践行程度相对较低，比其他大学生低 0.084 个单位。

3. 基于教育因素的分析

第一，从年级来看，年级越高，大学生对社会主义核心价值观的践行程度越高。分析结果显示，每高一个年级，大学生对社会主义核心价值观的践行程度提升 0. 047 个单位。

第二，学生干部经历对大学生践行社会主义核心价值观的程度存在影响，担任过学生干部的大学生对社会主义核心价值观的践行程度略高。分析结果显示，有学生干部经历的大学生对社会主义核心价值观的践行程度比其他大学生高 0. 252 个单位。

第三，从学校所属区域来看，不同地区的高校大学生对社会主义核心价值观的践行程度不尽相同，东北地区高校的大学生对社会主义核心价值观的践行程度相对较高。分析结果显示，东北地区高校的大学生对社会主义核心价值观的践行程度比华东地区高校大学生高 0. 133 个单位，比华南地区高校大学生高 0. 200 个单位，比华中地区高校大学生高 0. 14 个单位，比西北地区高校大学生高 0. 105 个单位，比西南地区高校大学生高 0. 138 个单位。

（三）大学生对社会主义核心价值观践行状况的影响因素

调研发现，大学生对社会主义核心价值观的践行状况受到多种因素的影响。一方面，大学生对社会主义核心价值观的认知和认同与其对社会主义核心价值观的践行状况息息相关。另一方面，社会主义核心价值观的践行并非完全孤立进行，大学生的文化素养、道德践履等状况均不同程度地影响大学生对社会主义核心价值观的践行状况。

第一，价值认知、价值认同和价值践行三个变量之间存在显著相关关系。为了探究大学生对社会主义核心价值观的认知、认同和践行三者之间的相互关系，我们将涉及以上三个方面的三道题目的选项从“很不符合”到“非常符合”分别赋值 1~5 分，得分越高，代表大学生在某一方面的表现越好。然后对上述三个变量的两两相关性进行分析，结果均具有统计学意义，如图 2-4 所示。其一，价值认知和价值认同之间呈显著正相关关系。相关分析显示，“我理解社会主义核心价值观的具体内涵”与“我认同社会主义核心价值观对于国家、社会和个人的意义”的得分之间呈正相关关系

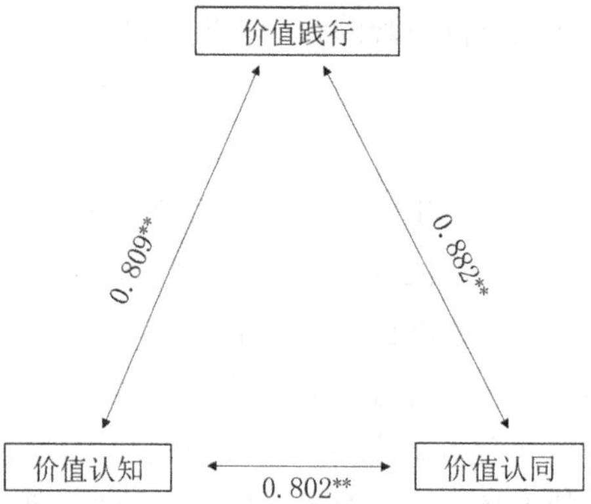

图 2-4 价值认知、价值认同、价值践行之间的相互关系

（Pearson 相关系数为 0.802，$P<0.001$）。其二，价值认知和价值践行之间呈显著正相关关系。相关分析显示，"我理解社会主义核心价值观的具体内涵"与"我将社会主义核心价值观作为自己的基本遵循"的得分之间呈正相关关系（Pearson 相关系数为 0.809，$P<0.001$）。其三，价值认同和价值践行之间呈显著正相关关系。相关分析显示，"我认同社会主义核心价值观对于国家、社会和个人的意义"与"我将社会主义核心价值观作为自己的基本遵循"的得分之间呈正相关关系（Pearson 相关系数为 0.882，$P<0.001$）。由分析可见，大学生对社会主义核心价值观的认知、认同和践行并不是相互孤立、彼此割裂的，两两之间均存在强相关关系。因此，应将社会主义核心价值观的培育当成一项系统性工程，着重将教育内容融入大学生对社会主义核心价值观认知、认同和践行的全过程。

第二，大学生的文化素养对其价值践行具有显著影响。为进一步探索大学生文化素养对其社会主义核心价值观践行程度的影响，课题组设计了 5 道题目，涉及大学生文化自豪感、文化自信心、对待西方文化的态度、对待西方文化价值渗透的态度，对其选项从"很不认同"到"非常认同"分别赋值 1~5 分，并将其与大学生对社会主义核心价值观的践行状况进行回归分析。结果发现，上述变量对大学生的价值践行均具有显著影响，结果具有统计学意义，如表 2-9 所示。其一，大学生的文化自豪感和文化自信心越强烈，对社会主义核心价值观的践行程度越好。分析结果显示，大学生对"我为中华文化感到自豪""中华民族一定能创造文化新辉煌"两种观点的认同度每提升一个等级，其对社会主义核心价值观的践行程度分别提升 0.172 和 0.372 个单位。其二，大学生对西方文化的认识越清醒，其对社会主义核心价值观的践行状况越好。分析结果显示，大学生对"我们应以开放包容的态度吸收其他文化的优长""我们应当警惕西方文化的价值渗透"两种观点的认同度从"很不认同"到"非常认同"每提升一个等级，其对社会主义核心价值观的践行程度分别提升 0.301 和 0.213 个单位。由分析可见，大学生的文化素养与对社会主义核心价值观的践行息息相关。总的来说，大学生的文化素养越好，其对社会主义核心价值观的践行状况也就越好。

表 2-9　大学生文化素养对其社会主义核心价值观践行状况影响的一般线性回归分析

自变量	非标准化系数		标准系数	统计量	显著性水平
	B	S. E	β	t	P
常数项	-4.986	0.037		-135.564	0.000
文化自豪感	0.172	0.018	0.096	9.333	0.000
文化自信心	0.372	0.017	0.221	22.282	0.000
对待西方文化的态度	0.301	0.015	0.165	20.729	0.000
对西方文化价值渗透的态度	0.213	0.008	0.157	27.811	0.000

第三，大学生的道德状况对其价值践行具有显著影响。为探索大学生的道德状况对其践行社会主义核心价值观的影响，课题组设计了5道题目，涉及大学生对志愿服务精神的认同度，以及能否助人为乐、能否学术诚信、能否处理好与父母的关系、能否勤俭节约，对其选项从“很不符合”到“非常符合”分别赋值1~5分，并将其与大学生践行社会主义核心价值观的状况进行回归分析。结果显示，上述变量对大学生的价值践行均具有显著影响，结果具有统计学意义，如表2-10所示。其一，大学生对志愿服务精神的认同程度越高，其对社会主义核心价值观的践行状况越好。分析显示，大学生对志愿服务精神的认同度每提升一个等级，其对社会主义核心价值观的践行程度提升0.260个单位。其二，大学生的道德践行状况越好，其价值践行状况也相应越好。分析显示，大学生对于“遇到跌倒的老人，我会主动伸出援手”“我能做到遵守学术规范，不抄袭剽窃、数据造假”“我能处理好与父母的关系”“即使无人监督，我也能做到‘光盘’”等说法符合自己实际的程度从“很不符合”到“非常符合”每提升一个等级，其对社会主义核心价值观的践行状况分别提升0.135、0.369、0.319、0.213个单位。进一步分析发现，大学生的网络道德状况对其践行社会主义价值观状况的影响尤为突出。相关分析显示，大学生对“我会对网上的热点事件冷静分析，不被‘带节奏’”“我在上网时严格要求自己，绝不成为‘键盘侠’”等说法符合自己实际的程度与其对社会主义核心价值观的践行程度之间均呈显著正相关关系（Pearson相关系数为0.500、0.503，$P<0.001$）。由分析可见，大学生的道德状况与价值践行状况关系密切，总体来看，道德状况越好的大学生，其对社会主义核心价值观的践行状况也就越更好。

表2-10 大学生道德状况对其社会主义核心价值观践行状况影响的一般线性回归分析

自变量	非标准化系数		标准系数	统计量	显著性水平
	B	S. E	*β*	*t*	*P*
常数项	-4.291	0.037		-116.767	0.000
对志愿服务精神的认同度	0.260	0.007	0.146	35.545	0.000
能否助人为乐	0.135	0.005	0.118	26.570	0.000
能否做到学术诚信	0.369	0.008	0.235	46.896	0.000
能否处理好与父母的关系	0.319	0.007	0.239	48.650	0.000
能否勤俭节约	0.213	0.005	0.179	40.427	0.000

四、本章小结

价值认知、价值认同和价值践行是培育、弘扬和践行社会主义核心价值观的重要环节，三者环环相扣、相辅相成。本章主要围绕以上三个方面对大学生的价值观和价值选择状况进行了全面、客观的考察和分析，并从中总结积极态势、剖析存在的问题，并尝试提出具有针对性的对策建议。

（一）大学生价值观与价值选择呈现的积极态势

调研显示，当下大学生价值观与价值选择状况总体向好，价值认知清晰、价值认同稳固、价值践行积极，基本能够正确辨识与抵制错误价值思潮的影响。具体情况如下：

1. 价值认知清晰，能够较好理解社会主义核心价值观的内涵

调研显示，绝大多数大学生对社会主义核心价值观的内涵有清晰明确的认知。对于“我理解社会主义核心价值观的具体内涵”这一说法，共计有 88.8%的大学生表示符合自身实际，只有 1.3%的人持明确否定态度。可见，自党的十八大提出“三个倡导”至今，社会主义核心价值观教育取得了明显成效，社会主义核心价值观的内容已经家喻户晓、深入人心。

2. 价值认同稳固，对社会主义核心价值观的意义和内容均具有较高认同度

调研显示，无论是对于社会主义核心价值观的意义，还是对其具体内容，大学生都表现出较高的认同度。一方面，对于“我认同社会主义核心价值观对于国家、社会和个人的意义”这一观点，共有 92.3%的大学生表示符合自己的实际；另一方面，大学生对于社会主义核心价值观 12 项具体内容的平均认同度达到 93.8%，国家层面、社会层面和公民层面的平均认同度分别为 93.1%、95.0%、93.4%。具体来看，大学生对社会主义核心价值观 11 项内容的认同度超过 90%，认同度最高的一项为法治（95.5%），最低的一项为民主（89.1%）。由分析可见，大学生对社会主义核心价值观内容的认同度总体维持在高位水平，对具体内容的认同度则略有差异。

3. 价值践行积极，将社会主义核心价值观作为言行的基本遵循

总体来看，绝大部分大学生能够从现在做起，从自己做起，积极践行社会主义核心价值观，将社会主义核心价值观作为日常生活和学习中的基本行为准则。调研显示，对于“我将社会主义核心价值观作为自己的根本遵循”这一说法，90.7%的大学生表示符合自己的实际。具体来看，大学生能够切实做到勤学、修德、明辨、笃行，让社会主义核心价值观成为自己一言一行的基本遵循。具体表现为：对于“我能够保持积极勤勉的学习状态”这一说法，82.5%的大学生表示符合自己的实际；对于“我积极参加道德实践活动”这一说法，86.2%的大学生表示符合自己的实际；对于“我能够准确辨别‘高级黑’‘低级红’”这一说法，83.8%的大学生表示符合自己的实际；对于“我努力做好学习生活中每一件小事”这一说法，86.6%的大学生表示符合自己的实际。

4. 近年来大学生价值观和价值选择的总体态势向上向好

通过对近年的数据进行纵向对比发现，大学生对社会主义核心价值观认知、认同、践行的各个环节均呈现出向上向好的态势。从价值认知来看，在 2021 年和 2022 年，大学生认为“我理解社会主义核心价值观的具体内涵”这一说法符合自身实际的比例分别为 83.7%和 88.8%；从价值认同来看，近三年大学生对社会主义核心价值观 12 项内容的认同度的平均分折合成百分制后分别为 82.6 分（2020 年）、93.8 分（2021 年）、93.2

分(2022年);从价值践行来看,对于“我将社会主义核心价值观作为自己的基本遵循”这一说法,分别有87.2%(2021年)和90.7%(2022年)的大学生表示符合自己的实际。可见,近年来大学生的价值观和价值选择状况虽在某些方面略有波折和反复,但总体呈现出稳中有升的积极态势。

(二)大学生价值观与价值选择上值得关注的问题

尽管当前大学生的价值观与价值选择总体呈现向上向好的积极态势,但是也存在一些值得注意的问题,应当予以重视或警惕,具体体现为以下方面:

1. 教育因素对大学生的价值观和价值选择作用重大

为探索不同群体大学生价值观和价值选择状况的具体差异,课题组将自然因素、成长因素、教育因素等与大学生价值观和价值选择的具体方面进行了分析,结果发现,教育因素对大学生价值观和价值选择的积极作用最为明显。而在多种教育因素中,尤以政治面貌和学生干部经历影响最为突出,中共党员和担任过学生干部的大学生在价值认知、认同和践行方面均有更好的表现。调研显示,在价值认知方面,党员大学生中认为“我理解社会主义核心价值观的具体内涵”的比例为92.9%,比共青团员大学生高4.9个百分点,比政治面貌为群众的大学生的比例高9.0个百分点;在价值认同方面,党员大学生对社会主义核心价值观意义的认同程度比其他大学生高0.141个单位,对社会主义核心价值观具体内容的认同程度比其他大学生高0.195个单位;从价值践行来看,党员大学生对社会主义核心价值观的践行程度比非党员大学生高0.216个单位。进一步分析发现,在日常思想政治教育的诸多具体工作中,党组织建设和团组织建设的开展情况对大学生价值养成的影响显著。总的来说,相关高校上述两项工作开展情况越好,学生的价值观和价值选择状况也就越好。

2. 思想政治理论课在大学生价值观教育中的作用有待提升

思想政治理论课是立德树人的关键性课程,对于大学生的价值塑造具有极为重要的作用。如前所述,虽然调研结果在一定程度上印证了思政课的积极作用,但仍然具有较大的提升空间。例如:课题组将大学生对“思想道德与法治”“中国近现代史纲要”“毛泽东思想和中国特色社会主义理论体系概论”“马克思主义基本原理概论”“习近平新时代中国特色社会主义思想概论”“形势与政策”等几门思想政治理论课的整体情况评价与其对社会主义核心价值观认知、认同、践行等方面的具体状况进行相关分析、回归分析后发现,其显著性水平不高,不具有统计学意义。调研同时显示,35.9%的大学生表示在思政课上“大部分同学埋头做自己的事情”,31.2%的大学生表示“半数同学抬头听课”。这在一定意义上表明,高校思政课的吸引力、亲和力和针对性还有待提升,在大学生价值养成中的作用还不够突出。

3. 文化素养和网络道德与大学生价值观和价值选择息息相关

为更为全面地探究大学生价值观和价值选择的影响因素,课题组将大学生的人生观、文化观、道德观、网络观与其价值观和价值选择的具体方面进行了多维分析,结果发现,文化素养和网络道德对大学生的价值观和价值选择状况具有明显的影响。总体来看，文化素养和网络道德状况较好的大学生，其价值观和价值选择状况也相对较好。以上述因素对价值践行的影响为例。调查结果显示，大学生认为“我们应以开放包容的态度吸收其他文化的优长”“我们应当警惕西方文化的价值渗透”两种观点的认同度从“很不认同”到“非常认同”，每提升一个等级，其对社会主义核心价值观的践行程度分别提升0.301和0.213个单位。同时，大学生认为“我会对网上的热点事件冷静分析，不被‘带节奏’”“我在上网时严格要求自己，绝不成为‘键盘侠’”等说法符合自己实际的程度与其对社会主义核心价值观的践行程度之间呈显著正相关关系（Pearson相关系数为0.500、0.503，$P<0.001$）。

4. *家庭因素对大学生价值观的影响渐趋明显*

对于个体成长而言，家庭是第一个课堂，家长是第一任老师，家风是个体价值观养成的重要影响因素。习近平总书记特别强调：“要在家庭中培育和践行社会主义核心价值观，引导家庭成员特别是下一代热爱党、热爱祖国、热爱人民、热爱中华民族。”①调查结果显示，在稳定的家庭结构、良好的家庭环境、融洽的家庭氛围中成长起来的大学生对社会主义核心价值观的认知、认同和践行状况均相对较好。例如，来自双亲家庭的大学生相较于其他大学生在价值认知、认同、践行等各方面的表现相对更好，而小时候父母常年在外务工的大学生在价值观和价值选择出现问题的可能性更高。尽管家庭因素的影响并非绝对，不可一概而论，但是家庭教育的作用仍然不容忽视。

（三）引导大学生扣好人生“第一粒扣子”的对策建议

青年时期的价值观养成“就像穿衣服扣扣子一样，如果第一粒扣子扣错了，剩余的扣子都会扣错”②。针对在调研中发现的问题，帮助大学生养成正确价值观，需要从以下方面着手。

1. *以发挥好思想政治理论课的主渠道作用为根本*

党的二十大报告明确指出，要“用社会主义核心价值观铸魂育人，完善思想政治工作体系，推进大中小学思想政治教育一体化建设”③。社会主义核心价值观是贯穿大中小学思想政治教育的一条主线，更是大中小学思想政治课的重要内容。发挥好思想政治理论课的主渠道作用，思政课教师应从以下几个方面下功夫：一是不断提升自身的理论水平。“理论只要说服人，就能掌握群众；而理论只要彻底，就能说服人。”④教师要做到以真理说服学生，前提是要掌握彻底的理论，如果自身对理论尚且一知半解，便无法实现思政课的育人作用。二是善于实现教材体系向教学体系和信仰体系的转变。思政课

① 习近平关于注重家庭家教家风建设论述摘编[M]．北京：中央文献出版社，2021：19.

② 习近平．青年要自觉践行社会主义核心价值观——在北京大学师生座谈会上的讲话[M]．北京：人民出版社，2014：9.

③ 习近平．高举中国特色社会主义伟大旗帜 为全面建设社会主义现代化国家而团结奋斗——在中国共产党第二十次全国代表大会上的报告[M]．北京：人民出版社，2022：44.

④ 马克思恩格斯文集（第一卷）[M]．北京：人民出版社，2009：11.

教师要想提升教学实效性，必须在悟透教材的基础上，努力将教材内容转化为教学内容并将其融入教学方法，从而进一步将其转化为学生的信仰。如果对教材照本宣科，便无法使学生真正信服和认同。三是不断提升教学的吸引力和亲和力。若思政课课堂教学索然无趣、枯燥生硬，学生自然不会买账，教学目标必然难以达成。思政课教师要坚持以提升自身能力为基础，不断改进教学方法、探索教学创新，增强教学的吸引力和亲和力，提升学生的主体性、积极性和参与度，使思政课真正成为学生真心喜欢、终身受益的课程。

2. 以推动党团建设为抓手

高校学生党团组织是开展思想政治教育的重要载体。调研发现，基层党组织和团组织建设与大学生的价值养成密切相关。高校基层党组织和团组织建设成效越好，大学生在价值观和价值选择方面的状况也相对越好。此外，党员大学生和在团组织中担任学生干部的大学生价值观和价值选择状况也相对较好。因此，高校可以探索将推动党团建设作为重要抓手，将社会主义核心价值观培育进一步融入党团建设和党团活动。一是将社会主义核心价值观教育内容融入大学生入党入团启蒙、组织发展与组织管理的各个环节，实现社会主义核心价值观教育在学生发展过程中的全覆盖。二是为大学生创造更多发展机会，提供多元成长平台，例如适当提升党员发展比例、实行干部轮值制度等激发大学生的荣誉感和责任感，生成大学生自觉培育价值观的内驱动力。三是搭建实践平台、开展实践活动，让大学生在形形色色、丰富多彩的党团活动中受到价值观的熏陶和浸染，从而努力将社会主义价值观外化于行为、落脚于实践。

3. 以构建教育机制形成教育合力为保障

大学生价值观的养成绝非一日之功，是一个潜移默化和日积月累的过程，因此要将社会主义核心价值观教育当作一项系统性工程，持续发力、久久为功。第一，要着力构建学校、家庭、社会“三位一体”的教育网络，除了学校要持之以恒加强社会主义价值观教育，家庭和社会等各方面要为大学生的价值养成创造条件。一方面，要加强家庭家教家风建设，父母应承担起子女“第一任教师”的重要职责，带头树立良好家风，履行家庭教育责任，为子女创造良好的家庭氛围，推动社会主义核心价值观在家庭落地生根。另一方面，要将价值观培育融入社会生活和社会实践，营造良好的社会风气和舆论氛围，让人们在生活和实践中去感知它、领悟它。第二，要努力实现价值、文化、道德、法治教育协同并进的教育格局。社会主义价值观的内容囊括国家建设、社会发展和个人成长的方方面面，因此社会主义核心价值观的培育，对于个体而言不仅仅是价值培育，也是文化培育、道德培育和法治教育。将社会主义价值观落细、落小、落实，就不能把社会主义核心价值观教育当作一个孤立的教育内容，而是要努力将其融入人生观、道德观、法治观等培育的全过程，实现价值、文化、道德、法治教育互相推动、共同发展。第三，要努力打造思政课程、课程思政、日常思政相辅相成的教育体系。思想政治理论课是社会主义核心价值观教育的主渠道，但是课程思政和日常思想政治教育的作用也不容小觑。高校应在充分发挥思政课关键作用的基础上，树立全员育人、全过程育人和全方位育人的理念，将价值观教育融入专业课程教学、校园文化建设、网络思想政治教育、党团建设等日常思想政治教育的方方面面，构建整体育人格局，形成协同育人合力。

第三章　道德观与道德行为

道德是立身兴国之本，在国家的发展进步和个体的成长成才中具有基础性意义。习近平总书记在纪念五四运动100周年大会上的讲话指出："青年要把正确的道德认知、自觉的道德养成、积极的道德实践紧密结合起来，不断修身立德，打牢道德根基，在人生道路上走得更正、走得更远。"①高校作为大学生道德教育的重要场域，应紧紧围绕时代新人的培养目标，把立德树人贯穿教育全过程，不断提高大学生的道德修养和道德境界。本章通过道德认知、道德意愿和道德行为三个维度的指标来考察大学生的道德发展状况，并在此基础上探索道德教育的基本规律，有针对性地提出道德教育的科学进路，以期为加强新时代高校社会主义道德建设提供有益参考。

一、道德认知

志愿服务是社会文明进步的重要标志，"奉献、友爱、互助、进步"的志愿精神是社会主义核心价值观内容的具体呈现。习近平总书记强调："要在全社会广泛弘扬奉献、友爱、互助、进步的志愿精神，更好发挥志愿服务的积极作用，促进社会文明进步。"②课题组通过调查大学生对"奉献、友爱、互助、进步"的志愿服务精神的看法来考察大学生的道德认知状况。

（一）总体情况

调查发现，大学生的道德认知状况良好，高度认同"奉献、友爱、互助、进步"的志愿服务精神。数据显示，95.8%的大学生对"奉献、友爱、互助、进步"的志愿服务精神表示认同，其中"非常认同"的大学生比例为75.2%，"比较认同"的大学生比例为20.6%，另有3.9%的大学生表示一般，仅有0.3%的大学生表示不认同，如图3-1所示。

课题组进一步对大学生不认同志愿服务精神的原因进行了调查，结果显示，48.9%的大学生表示"无利不起早"，41.6%的大学生认为"人生苦短，及时行乐"，37.2%的大学生选择"人不为己，天诛地灭"，36.5%的大学生表示"有'被志愿'"的经历，34.3%的大学生认为"有钱有闲，志愿专属"，18.2%的大学生选择了"其他"，如图3-2所示。

---

① 习近平. 在纪念五四运动100周年大会上的讲话[N]. 人民日报，2019-05-01.

② 习近平. 在北京冬奥会、冬残奥会总结表彰大会上的讲话[N]. 人民日报，2022-04-08.

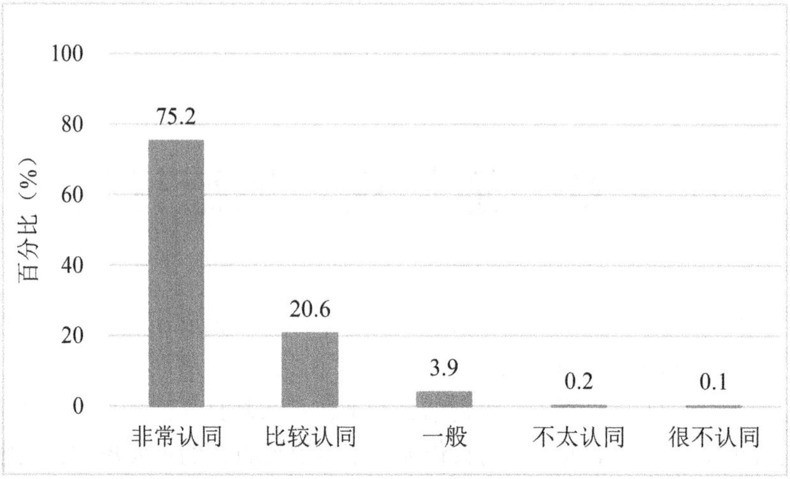

图 3-1 大学生对志愿服务精神的看法

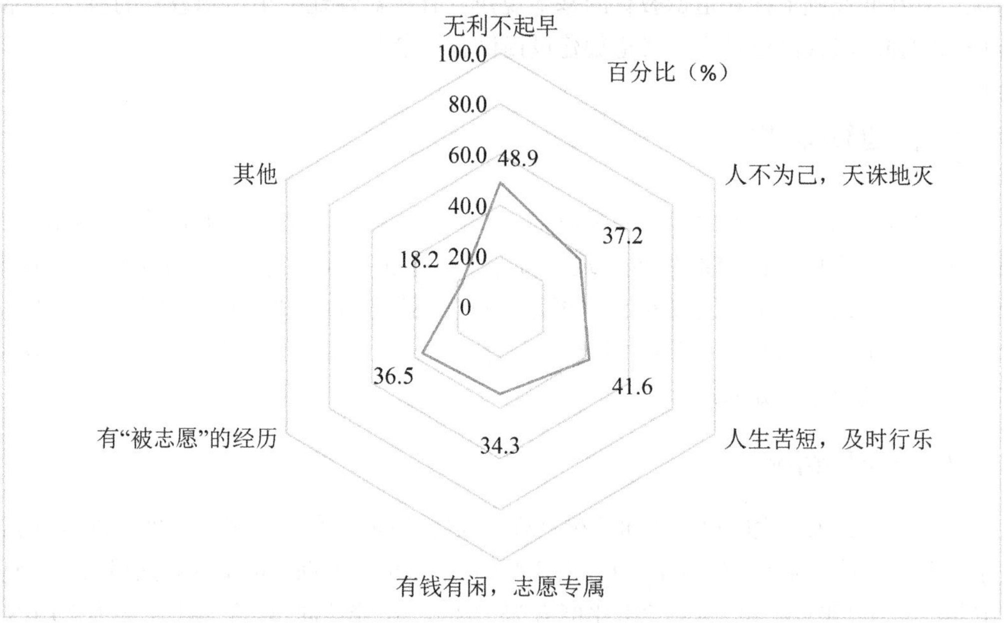

图 3-2 大学生不认同志愿服务精神的原因

（二）不同群体大学生的道德认知状况差异分析

本意采用均值比较方法，对“很不认同”“不太认同”“一般”“比较认同”“非常认同”分别赋值 1 分、2 分、3 分、4 分、5 分，结合人口学变量分析不同群体大学生道德认知状况的差异。分析结果显示，自然因素、成长背景、教育因素不同的大学生道德认知状况存在差异，如表 3-1 所示。

表 3-1　不同群体大学生对志愿服务精神认同度的均值得分

自变量		均值(分)	标准差	统计量(*F*)	显著性水平(*P*)
性别	男生	4. 671	0. 602	116. 082	0. 001
	女生	4. 732	0. 525		
年龄	低年龄段	4. 724	0. 545	17. 290	0. 001
	中间年龄段	4. 690	0. 571		
	高年龄段	4. 707	0. 568		
生源地所属区域	华东地区	4. 719	0. 553	10. 184	0. 001
	华南地区	4. 675	0. 573		
	华中地区	4. 713	0. 548		
	华北地区	4. 727	0. 543		
	西北地区	4. 686	0. 565		
	西南地区	4. 673	0. 586		
	东北地区	4. 735	0. 562		
家庭类型	双亲家庭	4. 710	0. 554	19. 225	0. 001
	非双亲家庭	4. 669	0. 613		
父母常年在外务工	是	4. 672	0. 591	46. 609	0. 001
	否	4. 717	0. 550		
学历层次	本科生	4. 704	0. 566	7. 962	0. 001
	硕士生	4. 720	0. 532		
	博士生	4. 665	0. 607		
学科门类	人文科学类	4. 702	0. 570	6. 834	0. 01
	社会科学类	4. 723	0. 542		
	理工农医类	4. 699	0. 565		
政治面貌	党员	4. 766	0. 499	159. 239	0. 001
	非党员	4. 685	0. 578		
学生干部经历	有	4. 729	0. 534	306. 402	0. 001
	无	4. 601	0. 658		
学校所属区域	华东地区	4. 691	0. 574	14. 273	0. 001
	华南地区	4. 705	0. 542		
	华中地区	4. 699	0. 554		
	华北地区	4. 723	0. 547		
	西北地区	4. 732	0. 531		
	西南地区	4. 678	0. 597		
	东北地区	4. 771	0. 512		

1. 基于自然因素的分析

从性别来看，男生对志愿服务精神的认同度低于女生($F=116.082$，$P<0.001$)。具体而言，男生对志愿服务精神表示认同的均值得分为4.671，而女生对志愿服务精神表示认同的均值得分为4.732。

就年龄而言，不同年龄段的大学生对志愿服务精神的认可度呈现出显著性差异($F=17.290$，$P<0.001$)。数据显示，低年龄段的大学生对志愿服务精神的认可度最高，均值得分为4.724；高年龄段的大学生对志愿服务精神的认可度次之，均值得分为4.707；中间年龄段的大学生对志愿服务精神的认可度最低，均值得分为4.690。

2. 基于成长背景的分析

从生源地所属区域来看，生源地所属区域不同的大学生对志愿服务精神的认同度存在差异($F=10.184$，$P<0.001$)。调查显示，来自不同区域的大学生对志愿服务精神认同度的均值得分由高到低排序，依次为：东北地区(4.735)、华北地区(4.727)、华东地区(4.719)、华中地区(4.713)、西北地区(4.686)、华南地区(4.675)、西南地区(4.673)。可见，来自东北地区、华北地区的大学生对志愿服务精神的认同度相对较高，而来自西南地区、华南地区和西北地区的大学生对志愿服务精神的认同度相对较低，如图3-3所示。总体而言，差异并不明显。

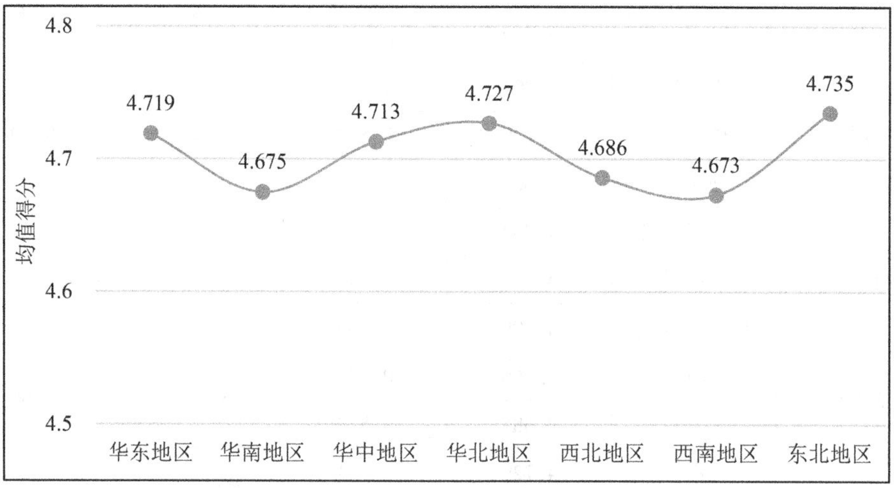

图3-3　生源地所属区域不同的大学生对志愿服务精神认同度的均值得分

就生活经历而言，来自双亲家庭的大学生对志愿服务精神的认同度高于来自非双亲家庭的大学生($F=19.225$，$P<0.001$)，而父母常年在外务工的大学生对志愿服务精神的认同度低于父母未常年在外务工的大学生($F=46.609$，$P<0.001$)。数据显示，来自双亲家庭的大学生对志愿服务精神认同度的均值得分为4.710，而来自非双亲家庭的大学生对志愿服务精神认同度的均值得分为4.669；父母常年在外务工的大学生对志愿服务精神认同度的均值得分为4.672，而父母未常年在外务工的大学生对志愿服务精神认

同度的均值得分为4.717。

3. 基于教育因素的分析

从学历层次来看，不同学历层次的大学生对志愿服务精神的认同度存在差异($F=7.962$，$P<0.001$)。调查显示，硕士生对志愿服务精神的认同度最高，均值得分为4.720；本科生对志愿服务精神的认同度次之，均值得分为4.704；博士生对志愿服务精神的认同度最低，均值得分为4.665。

就学科门类而言，不同学科门类的大学生对志愿服务精神的认同度存在显著差异($F=6.834$，$P<0.01$)。数据显示，社会科学类大学生对志愿服务精神的认同度最高，均值得分为4.723；人文科学类大学生居中，均值得分为4.702；理工农医类大学生的认同度最低，均值得分为4.699。

从政治面貌和学生干部经历来看，党员大学生对志愿服务精神的认同度高于非党员大学生($F=159.239$，$P<0.001$)，有学生干部经历的大学生对志愿服务精神的认同度高于没有学生干部经历的大学生($F=306.402$，$P<0.001$)。调查显示，党员大学生对志愿服务精神认同度的均值得分为4.766，非党员大学生的均值得分为4.685；有学生干部经历的大学生对志愿服务精神认同度的均值得分为4.729，没有学生干部经历的大学生的均值得分为4.601。

就学校所属区域而言，学校所属区域不同的大学生对志愿服务精神的认同度呈现显著差异($F=14.273$，$P<0.001$)。数据显示，不同学校区域大学生对志愿服务精神认同度的均值得分由高到低排序，依次为：东北地区(4.771)、西北地区(4.732)、华北地区(4.723)、华南地区(4.705)、华中地区(4.699)、华东地区(4.691)、西南地区(4.678)。

(三)思想政治教育与大学生的道德认知状况

进一步分析发现，思想政治理论课教学和日常思想政治教育的效果直接影响到大学生的道德认知状况，思想政治理论课教学和日常思想政治教育开展的效果越好，大学生对志愿服务精神的认同度越高。

第一，大学生对志愿服务精神的认同度随着思想政治理论课教学开展效果的提升而提高。Spearman相关分析显示，大学生对思想政治理论课教学开展效果的评价("非常好"=5，"比较好"=4，"一般"=3，"比较差"=2，"非常差"=1)与其对志愿服务精神的赞同度("非常认同"=5，"比较认同"=4，"一般"=3，"不太认同"=2，"很不认同"=1)之间存在显著的正相关关系($r=0.420$，$P<0.001$)。进一步交互分析显示，在认为思想政治理论课教学开展效果"好"的大学生中，有98.3%的大学生表示认同志愿服务精神；而认为思想政治理论课开展效果"一般""差"的大学生对志愿服务精神的认同度分别为82.7%、77.9%，如图3-4所示。

第二，日常思想政治教育开展的效果越好，大学生对志愿服务精神的认同度越高。Spearman相关分析显示，大学生对日常思想政治教育开展效果的评价("非常好"=5，"比较好"=4，"一般"=3，"比较差"=2，"非常差"=1)与其对志愿服务精神的赞同度

(“非常认同”=5，“比较认同”=4，“一般”=3，“不太认同”=2，“很不认同”=1)之间存在显著的正相关关系($r=0.290$，$P<0.001$)。交互分析表明，认为日常思想政治教育开展效果“好”“一般”“差”的大学生，对志愿服务精神的认同度依次为98.3%、83.0%、77.0%，如图3-4所示。

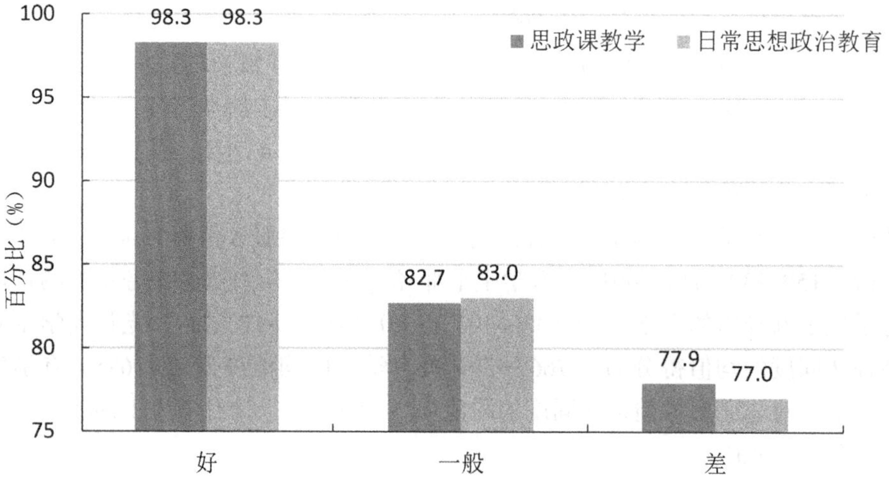

图3-4　思想政治教育效果与大学生对志愿服务精神的认同度

二、道德意愿

知是行之始，但是道德认知并不必然产生道德行为，只有当道德认知内化为个体的道德情感，形成善良的道德意愿后，才可能产生真正的道德行为。激发大学生形成善良的道德意愿，引导他们崇德向善、见贤思齐，是高校思想道德教育的题中之义。课题组设置了“向跌倒老人主动伸出援手的意愿”“担任宿舍楼栋疫情防控志愿者的意愿”两个指标来考察新时代大学生的道德意愿状况。

(一)向跌倒老人主动伸出援手的意愿

尊老爱幼、见义勇为是中华民族的优良传统。但是近些年来，搀扶跌倒老人反被其讹诈的事件常见诸媒体。好心施救反被讹诈，这不仅让“扶不扶”成为热门话题，也成为拷问人性的一道选择题。课题组通过考察大学生扶跌倒老人的意愿来深入了解大学生的意愿选择。

1. 总体情况

调查显示，多数大学生具有较强的公德意识，愿意向跌倒老人伸出援手，仅有少数大学生不愿意向跌倒老人伸出援手。数据显示，82.8%的大学生表示会向跌倒老人伸出援手，13.6%的大学生向跌倒老人伸出援手的意愿一般，3.6%的大学生表示不会向跌倒老人伸出援手，如图 3-5 所示。

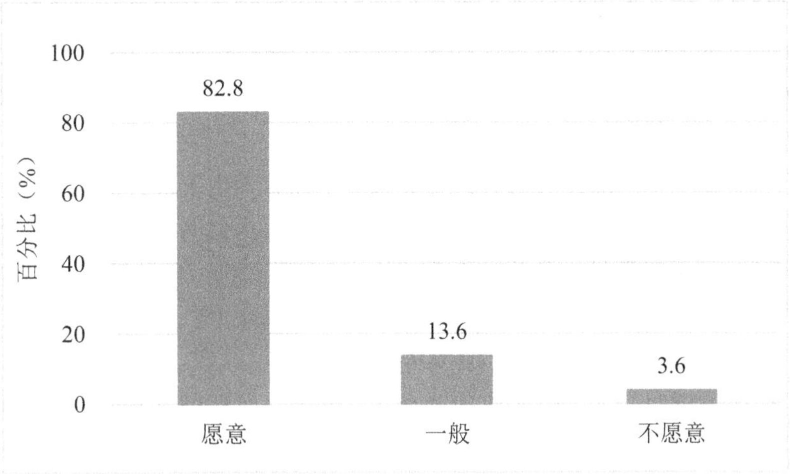

图 3-5　大学生向跌倒老人伸出援手的意愿

2. 不同群体大学生扶跌倒老人意愿的差异分析

本章采用交互分析方法，结合人口学变量深入分析不同群体大学生扶跌倒老人意愿的差异。分析结果显示，自然因素、成长背景、教育因素不同的大学生向跌倒老人伸出援手的意愿存在显著差异。

(1)基于自然因素的分析

从性别来看，女生向跌倒老人伸出援手的意愿更强烈($\chi^2=586.794$，$P<0.001$)。数据显示，78.4%的男生表示会主动向跌倒老人伸出援手，而女生表示会向跌倒老人伸出援手的人数比例为 86.0%。

(2)基于成长背景的分析

就生源地所属区域而言，生源地所属区域不同的大学生主动向跌倒老人伸出援手的意愿存在显著差异($\chi^2=281.017$，$P<0.001$)。数据显示，大学生中主动向跌倒老人伸出援手的意愿，按其来自不同区域由高到低排列依次为：西北地区(85.3%)、华中地区(83.7%)、华北地区(83.6%)、华东地区(83.5%)、东北地区(83.1%)、华南地区(80.3%)、西南地区(80.3%)。

从生活经历来看，来自双亲家庭的大学生扶跌倒老人的意愿强于来自非双亲家庭的大学生($\chi^2=10.218$，$P<0.05$)，而独生子女大学生扶跌倒老人的意愿弱于非独生子女大学生($\chi^2=101.024$，$P<0.001$)，父母常年在外务工的大学生扶跌倒老人的意愿弱于父母未常年在外务工的大学生($\chi^2=77.476$，$P<0.001$)。调查显示，来自双亲家庭的大学生中表示会向跌倒老人伸出援手的人数比例为 82.8%，高于来自非双亲家庭的大学生(82.2%)；独生子女大学生中表示会向跌倒老人伸出援手的人数比例为 82.5%，低于非独生子女大学生(82.9%)；父母常年在外务工的大学生中表示会向跌倒老人伸出

援手的人数比例为 81.0%，低于父母未常年在外务工的大学生(83.3%)。

(3)基于教育因素的分析

就学科门类而言，人文科学类大学生扶跌倒老人的意愿最强烈，社会科学类大学生次之，理工农医类大学生扶跌倒老人的意愿最弱($\chi^2=131.209$，$P<0.001$)。分析结果显示，人文科学类、社会科学类、理工农医类大学生中表示会向跌倒老人伸出援手的人数比例依次为 85.4%、84.4%、80.9%。

从政治面貌和学生干部经历来看，党员大学生和有学生干部经历的大学生向跌倒老人伸出援手的意愿更强烈。数据显示，党员大学生中表示会向跌倒老人伸出援手的人数比例为 86.5%，高于非党员大学生(81.5%)($\chi^2=156.726$，$P<0.001$)。有学生干部经历的大学生表示会向跌倒老人伸出援手的人数比例为 84.1%，高于没有学生干部经历的大学生(76.7%)($\chi^2=265.804$，$P<0.001$)。

就学校所属区域而言，学校所属区域不同的大学生向跌倒老人伸出援手的意愿存在差异($\chi^2=260.900$，$P<0.001$)。分析结果显示，大学生中向跌倒老人伸出援手的意愿，按其学校所属区域由强到弱排列依次为：东北地区(84.5%)、西北地区(84.5%)、华北地区(83.9%)、华中地区(83.5%)、华东地区(82.1%)、华南地区(82.1%)、西南地区(81.0%)。

3. 大学生扶跌倒老人意愿的影响因素分析

本章采用一般线性回归分析，将“非常符合”“比较符合”“一般”“不太符合”“很不符合”分别赋值 5 分、4 分、3 分、2 分、1 分，进一步分析大学生扶跌倒老人意愿的影响因素。结果显示，大学生扶跌倒老人的意愿受到其对诚信、友善价值观的认同情况以及思想政治理论课教学、日常思想政治教育开展效果的影响，如表 3-2 所示。

表 3-2　大学生扶跌倒老人意愿的影响因素的一般线性回归分析

自变量	非标准化系数		标准化系数	统计量	显著性水平
	B	S. E	β	t	P
常数项	0.784	0.032		24.815	0.000
对“诚信”价值观的认同度	0.104	0.010	0.075	9.883	0.000
对“友善”价值观的认同度	0.428	0.011	0.310	40.566	0.000
专业课程教学效果	0.012	0.010	0.010	1.201	0.230
思想政治理论课教学效果	0.069	0.015	0.063	4.556	0.000
日常思想政治教育效果	0.147	0.016	0.134	9.490	0.000
$N=39730$　$R^2=25\%$　$F=2654.454$					

就大学生对“诚信”“友善”价值观的认同情况而言，大学生扶跌倒老人的意愿随他们对“诚信”“友善”价值观认同度的提高而愈发强烈。数据显示，按照“很不认同”“不

太认同”“一般”“比较认同”“非常认同”的顺序，大学生对“在市场经济条件下，‘无信不立’并没有过时”“帮助别人是一种快乐”的认同度每提高一个等级，其扶跌倒老人的意愿得分就会分别提高 0. 104、0. 428 个单位。

就思想政治理论课教学、日常思想政治教育的效果而言，大学生扶跌倒老人的意愿随思想政治理论课教学、日常思想政治教育效果的提升而愈发强烈。调查显示，按照“非常差”“比较差”“一般”“比较好”“非常好”的顺序，大学生对思想政治理论课教学、日常思想政治教育开展效果的评价每提高一个等级，其扶跌倒老人的意愿得分就会分别提高 0. 069、0. 147 个单位。

（二）担任宿舍楼栋疫情防控志愿者的意愿

2022 年，新冠疫情防控工作逐渐步入常态化阶段，为铸牢校园疫情防线，保障师生健康安全，一批老师、学生深入宿舍楼栋开展志愿服务活动，坚定了全校师生战胜疫情、克服困难的决心。课题组通过调查大学生担任宿舍楼栋疫情防控志愿者的意愿来深入考察大学生群体的道德境界。

1. 总体情况

调查显示，大学生担任宿舍楼栋疫情防控志愿者的意愿强烈，展现出较强的社会责任意识。调查显示，88. 3%的大学生表示如果遇到疫情宿舍封控，愿意担任宿舍楼栋志愿者，11. 7%的大学生不愿意担任宿舍楼栋疫情防控志愿者。

课题组对大学生愿意担任宿舍楼栋疫情防控志愿者的原因进行考察发现，53. 1%的大学生是为了“奉献他人，服务同学”，16. 5%的大学生表示“长期封控，渴望活动”，11. 9%的大学生表示“有利于评奖评优”，7. 3%的大学生“渴望得到他人的夸奖和赞赏”，6. 4%的大学生是“好奇心使然”，4. 9%的大学生选择“其他”，如图 3-6 所示。

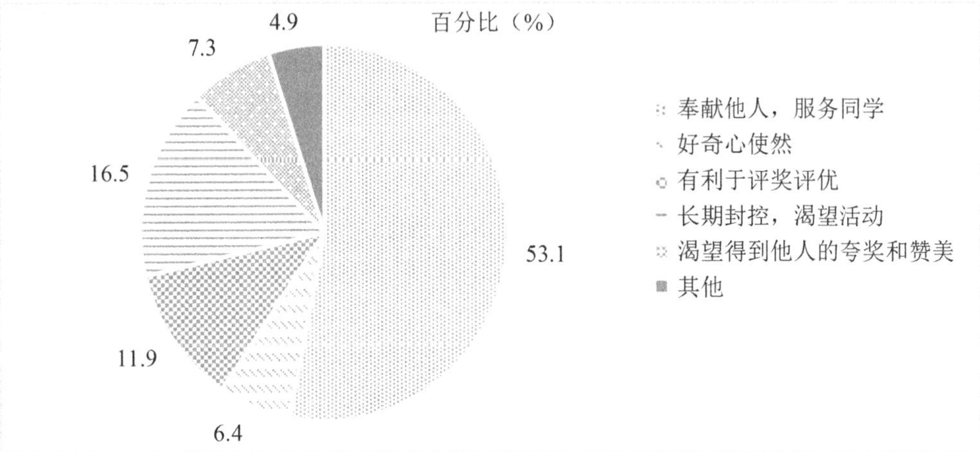

图 3-6　大学生愿意担任宿舍楼栋疫情防控志愿者的原因

进一步对大学生不愿意担任宿舍楼栋疫情防控志愿者的原因进行调查发现，32.2%的大学生“担心感染”，19.7%的大学生表示“工作辛苦”，17.5%的大学生选择“其他”，13.8%的大学生表示“不认同封控政策”，9.3%的大学生表示“家长不同意”，7.6%的大学生认为“与我无关”，如图 3-7 所示。

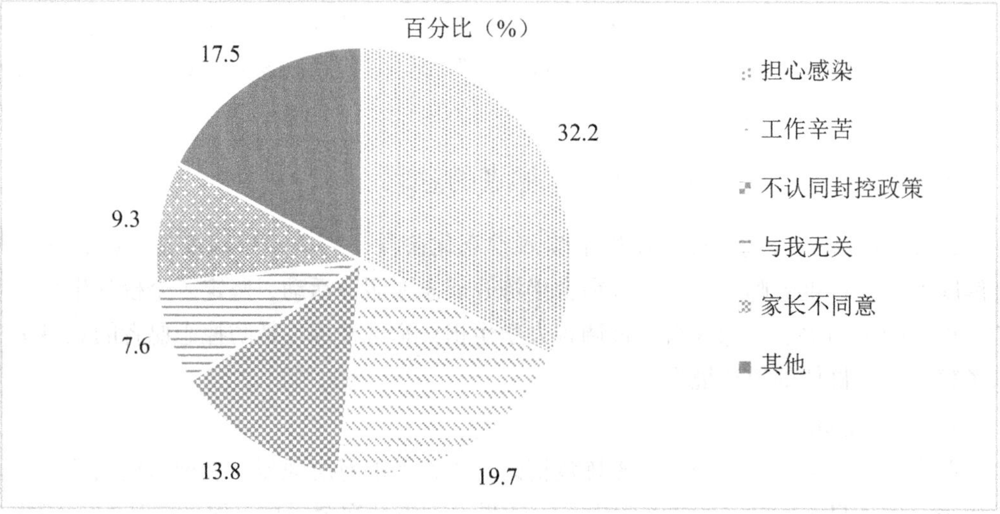

图 3-7　大学生不愿意担任宿舍楼栋疫情防控志愿者的原因

2. 不同群体大学生担任宿舍楼栋疫情防控志愿者意愿的差异分析

本章采用交互分析方法，结合人口学变量深入分析不同群体大学生担任宿舍楼栋疫情防控志愿者的差异。分析结果显示，自然因素、成长背景、教育因素不同的大学生担任宿舍楼栋疫情防控志愿者的意愿存在差异。

(1)基于自然因素的分析

从性别来看，女生担任宿舍楼栋疫情防控志愿者的意愿更强烈($\chi^2=166.561$，$P<0.001$)。调查显示，85.8%的男生表示如果遇到疫情宿舍封控，愿意担任宿舍楼栋志愿者，而女生中愿意担任宿舍楼栋疫情防控志愿者的比例为 90.1%。

(2)基于成长背景的分析

就生源地性质而言，较之于来自城镇的大学生，来自农村的大学生担任宿舍楼栋疫情防控志愿者的意愿更强烈($\chi^2=176.149$，$P<0.001$)。数据显示，来自农村的大学生中愿意担任宿舍楼栋疫情防控志愿者的比例为 90.5%，高于来自城镇的大学生(86.2%)。

从生源地所属区域来看，生源地所属区域不同的大学生担任宿舍楼栋疫情防控志愿者的意愿存在显著差异($\chi^2=62.030$，$P<0.001$)。调查显示，大学生中担任宿舍楼栋疫情防控志愿者的意愿，按生源地所属区域由高到低排列依次为：西北地区(90.9%)、西南地区(89.4%)、东北地区(89.2%)、华北地区(89.1%)、华中地区(88.3%)、华东地区(86.9%)、华南地区(86.5%)。

就生活经历而言，非独生子女大学生担任宿舍楼栋疫情防控志愿者的意愿更强烈（$\chi^2=123.808$，$P<0.001$）。数据显示，86.1%的独生子女大学生表示如果遇到疫情宿舍封控，愿意担任宿舍楼栋志愿者，而非独生子女大学生中愿意担任宿舍楼栋疫情防控志愿者的比例为89.7%。

(3)基于教育因素的分析

从年级来看，大学生担任宿舍楼栋疫情防控志愿者的意愿随年级的递增而降低（$\chi^2=61.375$，$P<0.001$）。调查显示，一年级、二年级大学生中愿意担任宿舍楼栋疫情防控志愿者的比例分别为89.1%、89.1%，而三年级、四年级大学生中分别有87.3%、85.7%的人愿意担任宿舍楼栋疫情防控志愿者。

就学科门类来而言，社会科学类大学生担任宿舍楼栋疫情防控志愿者的意愿最强，理工农医来大学生次之，人文科学类大学生担任宿舍楼栋疫情防控志愿者的意愿最弱（$\chi^2=27.240$，$P<0.001$）。数据显示，人文科学类、社会科学类、理工农医类大学生中愿意担任宿舍楼栋疫情防控志愿者的比例依次为87.1%、89.5%、88.1%。

从政治面貌和学生干部经历来看，党员大学生和有学生干部经历的大学生担任宿舍楼栋疫情防控志愿者的意愿更强烈。调查显示，党员大学生中愿意担任宿舍楼栋疫情防控志愿者的比例为93.2%，高于非党员大学生(86.5%)（$\chi^2=322.655$，$P<0.001$）；有学生干部经历的大学生中愿意担任宿舍楼栋疫情防控志愿者的比例为89.7%，高于没有学生干部经历的大学生(81.8%)（$\chi^2=348.695$，$P<0.001$）。

就学校所属区域而言，学校所属区域不同的大学生担任宿舍楼栋疫情防控志愿者的意愿存在显著差异（$\chi^2=112.711$，$P<0.001$）。数据显示，大学生中，表示如果遇到疫情宿舍封控，愿意担任宿舍楼栋志愿者的人数比例按其学校所属区域由高到低排列依次为：西北地区(92.1%)、东北地区(91.3%)、华南地区(88.9%)、西南地区(88.6%)、华北地区(88.5%)、华中地区(88.3%)、华东地区(85.7%)。

3. 大学生担任宿舍楼栋疫情防控志愿者意愿的影响因素分析

第一，大学生对志愿服务精神的认同度越高，其担任宿舍楼栋疫情防控志愿者的意愿越强烈。运用 Kendall 相关分析发现，大学生对“奉献、友爱、互助、进步”的志愿服务精神的认同度(“很不认同”=1，“不太认同”=2，“一般”=3，“比较认同”=4，“非常认同”=5)和大学生担任宿舍楼栋疫情防控志愿者的意愿(“不愿意”=1，“愿意”=2)之间存在显著正相关关系($r=0.208$，$P<0.001$)。进一步交互分析显示，对“奉献、友爱、互助、进步”的志愿服务精神表示“非常认同”“比较认同”“一般”“不太认同”“很不认同”的大学生中愿意担任宿舍楼栋疫情防控志愿者的比例依次为91.9%、81.5%、57.5%、48.1%、32.8%。

第二，大学生的价值认知状况越好，其担任宿舍楼栋疫情防控志愿者的意愿越强烈。运用 Kendall 相关分析发现，“我认同社会主义核心价值观对于国家、社会和个人的意义”(“很不符合”=1，“不太符合”=2，“一般”=3，“比较符合”=4，“非常符合”=5)和大学生担任宿舍楼栋疫情防控志愿者的意愿(“不愿意”=1，“愿意”=2)之间存在显著正相关关系($r=0.158$，$P<0.001$)；“我将社会主义核心价值观作为自己的基本遵循”(“很不符合”=1，“不太符合”=2，“一般”=3，“比较符合”=4，“非常符合”=

5）和大学生担任宿舍楼栋疫情防控志愿者的意愿（“不愿意”=1，“愿意”=2）之间存在显著正相关关系（$r=0.159$，$P<0.001$）。进一步交互分析显示，对于“我认同社会主义核心价值观对于国家、社会和个人的意义”这一观点是否符合自身实际，表示“符合”“一般”“不符合”的大学生中愿意担任宿舍楼栋疫情防控志愿者的比例依次为89.9%、69.5%、65.7%（$\chi^2=1194.602$，$P<0.001$）；对于“我将社会主义核心价值观作为自己的基本遵循”是否符合自身实际，表示“符合”“一般”“不符合”的大学生中愿意担任宿舍楼栋疫情防控志愿者的比例依次为90.1%、71.7%、64.1%（$\chi^2=1258.472$，$P<0.001$）。

第三，大学生担任宿舍楼栋疫情防控志愿者的意愿随学校“三全育人”成效的提升而愈发强烈。交互分析发现，对学校全员育人表示“满意”“一般”“不满意”的大学生中，分别有90.5%、74.9%、64.8%的人愿意担任宿舍楼栋疫情防控志愿者（$\chi^2=1252.124$，$P<0.001$）；对学校全过程育人表示“满意”“一般”“不满意”的大学生中愿意担任宿舍楼栋疫情防控志愿者的比例依次为90.5%、75.7%、65.1%（$\chi^2=1188.514$，$P<0.001$）；对学校全方位育人表示“满意”“一般”“不满意”的大学生中，分别有90.6%、75.6%、66.8%的人愿意担任宿舍楼栋疫情防控志愿者（$\chi^2=1222.643$，$P<0.001$），如图3-8所示。

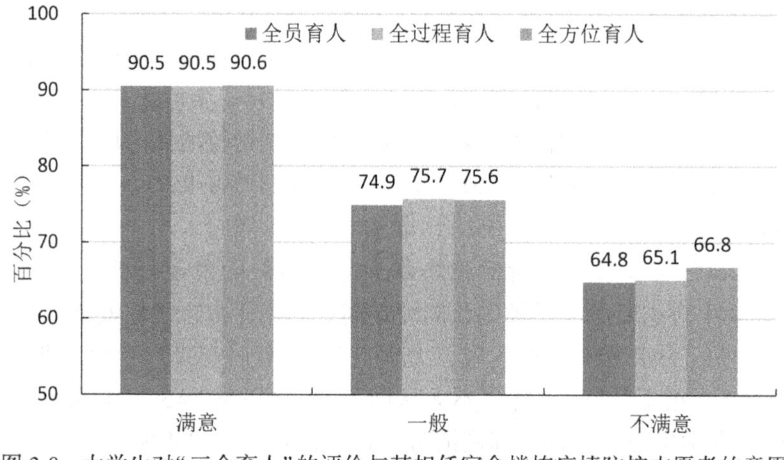

图3-8　大学生对“三全育人”的评价与其担任宿舍楼栋疫情防控志愿者的意愿

三、道德行为

习近平总书记高度重视“知行合一”思想，指出：“‘知’是基础、是前提，‘行’是重点、是关键，必须以‘知’促‘行’、以‘行’促‘知’，做到知行合一。”①高校思想道德

① 中共中央文献研究室，中央党的群众路线教育实践活动领导小组办公室．习近平关于党的群众路线教育实践活动论述摘编［M］．北京：党建读物出版社，中央文献出版社，2014：39.

教育需从实处用力，在知行合一上下功夫，不断提高大学生的道德实践能力尤其是自觉实践能力。课题组通过设置“遵守学术规范的情况”“与父母之间的关系”“‘光盘’的情况”“参与志愿服务的情况”四个指标来客观呈现新时代大学生的道德践行情况。

（一）遵守学术规范的情况

科研诚信是学术发展的基石，是科学创新的底色。习近平总书记强调：“要营造良好学术环境，弘扬学术道德和科研伦理。”①大学生是实施创新驱动发展战略的生力军，要自觉遵守学术规范、恪守学术道德，摒弃学术不端行为。课题组通过考察大学生对“我能做到遵守学术规范，不抄袭剽窃、数据造假”的认可度来深入把握大学生的学术规范意识，并对当前高校学术道德教育的实际成效作出客观研判。

1. 总体情况

调查显示，绝大多数学生能够遵守学术规范，抵制学术不端行为，展现出较强的学术道德意识。调查显示，94.0%的大学生表示能做到遵守学术规范，不抄袭剽窃、数据造假，5.3%的大学生态度模糊，仅有0.7%的大学生表示不能遵守学术规范，存在抄袭剽窃、数据造假等学术不端行为，如图3-9所示。

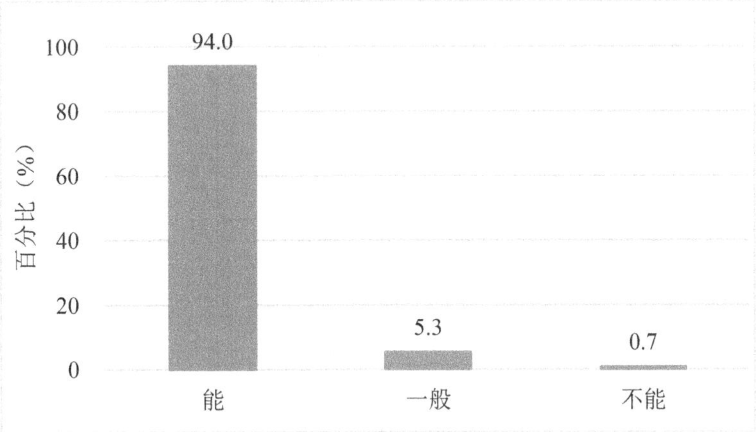

图3-9　大学生遵守学术规范的情况

2. 不同群体大学生遵守学术规范情况的差异分析

本章采用均值比较方法，将“很不符合”“不太符合”“一般”“比较符合”“非常符合”分别赋值1分、2分、3分、4分、5分，结合人口学变量分析不同群体大学生遵守学术规范情况的差异。分析结果显示，自然因素、成长背景、教育因素不同的大学生学术规范意识存在显著差异，如表3-3所示。

---

① 习近平．为建设世界科技强国而奋斗——在全国科技创新大会、两院院士大会、中国科协第九次全国代表大会上的讲话[N]．人民日报，2016-05-30.

表 3-3　不同群体大学生学术规范意识的均值得分

自变量		均值(分)	标准差	统计量(F)	显著性水平(P)
性别	男生	4.596	0.669	25.955	0.001
	女生	4.629	0.610		
年龄	低年龄段	4.603	0.642	38.488	0.001
	中间年龄段	4.608	0.635		
	高年龄段	4.704	0.603		
生源地所属区域	华东地区	4.644	0.623	31.597	0.001
	华南地区	4.526	0.673		
	华中地区	4.631	0.611		
	华北地区	4.653	0.620		
	西北地区	4.613	0.632		
	西南地区	4.556	0.666		
	东北地区	4.650	0.639		
家庭类型	双亲家庭	4.619	0.630	22.619	0.001
	非双亲家庭	4.569	0.685		
父母常年在外务工	是	4.556	0.664	108.146	0.001
	否	4.633	0.625		
学历层次	本科生	4.589	0.651	98.043	0.001
	硕士生	4.672	0.592		
	博士生	4.743	0.570		
政治面貌	党员	4.693	0.569	213.199	0.001
	非党员	4.587	0.655		
学生干部经历	有	4.638	0.612	248.950	0.001
	无	4.507	0.727		
学校所属区域	华东地区	4.637	0.627	22.689	0.001
	华南地区	4.567	0.645		
	华中地区	4.599	0.636		
	华北地区	4.656	0.613		
	西北地区	4.601	0.620		
	西南地区	4.569	0.665		
	东北地区	4.671	0.619		

(1)基于自然因素的分析

从性别来看，女生的学术规范意识强于男生。分析结果显示，男生遵守学术规范的均值得分为4.596，女生的这一得分为4.629。

就年龄来看，大学生的学术规范意识随着年龄的递增而逐渐强化。数据显示，低年龄段、中间年龄段、高年龄段大学生遵守学术规范的均值得分依次为4.603、4.608、4.704。

(2)基于成长背景的分析

从生源地所属区域来看，生源地所属区域不同的大学生的学术规范意识存在显著差异。分析结果显示，来自不同区域的大学生遵守学术规范的均值得分由高到低排序，依次为：华北地区(4.653)、东北地区(4.650)、华东地区(4.644)、华中地区(4.631)、西北地区(4.613)、西南地区(4.556)、华南地区(4.526)。

就生活经历而言，来自双亲家庭的大学生的学术规范意识强于来自非双亲家庭的大学生，而父母常年在外务工的大学生的学术规范意识弱于父母未常年在外务工的大学生。数据显示，来自双亲家庭的大学生遵守学术规范的均值得分为4.619，高于来自非双亲家庭的大学生的相应得分4.569；父母常年在外务工的大学生遵守学术规范的均值得分为4.556，低于父母未常年在外务工的大学生的相应得分4.633。

(3)基于教育因素的分析

从学历层次来看，大学生的学术规范意识随着学历的递增而逐渐强化。分析结果显示，本科生遵守学术规范的均值得分为4.589，而硕士生和博士生的相应得分分别为4.672、4.743。

就政治面貌和学生干部经历而言，党员大学生的学术规范意识强于非党员大学生，有学生干部经历的大学生的学术规范意识强于没有学生干部经历的大学生。数据显示，党员大学生遵守学术规范的均值得分为4.693，高于非党员大学生的相应均值得分4.587；有学生干部经历的大学生遵守学术规范的均值得分为4.638，高于没有学生干部经历的大学生的相应均值得分4.507。

从学校所属区域来看，学校所属区域不同的大学生的学术规范意识存在显著差异。分析结果显示，大学生遵守学术规范的均值得分按其学校所属区域由高到低排序，依次为：东北地区(4.671)、华北地区(4.656)、华东地区(4.637)、西北地区(4.601)、华中地区(4.599)、西南地区(4.569)、华南地区(4.567)。

3. 大学生学术道德意识的影响因素分析

第一，大学生的学术道德意识随校风和学风建设效果的提高而愈发强烈。运用Spearman相关分析发现，大学生遵守学术规范的意识与其对学校开展的校风和学风建设的满意度之间存在显著的正相关关系($r=0.462$，$P<0.001$)。进一步交互分析显示，对学校开展的校风和学风建设表示“满意”的大学生中，有97.4%的人表示能遵守学术规范，不抄袭剽窃、数据造假；对学校开展的校风和学风建设表示“一般”“不满意”的大学生中遵守学术规范的比例分别为72.5%、72.4%($\chi^2=6709.408$，$P<0.001$)。

第二，大学生的学术道德意识随其对师德状况满意度的提升而愈发强烈。Spearman相关分析发现，大学生遵守学术规范的意识与其对师德状况满意度之间存在显著的正相关关系（$r=0.352$，$P<0.001$），即大学生对所接触老师的师德状况越满意，其遵守学术规范的意识越强。

（二）与父母之间的关系

家庭是社会的基本细胞，是个体道德养成的起点。习近平总书记强调："不论时代发生多大变化，不论生活格局发生多大变化，我们都要重视家庭建设，注重家庭，注重家教，注重家风。"①"家庭是人生的第一课堂，父母是孩子的第一任老师，家庭既是一个人人生起点的地方，也是一个人梦想启航的地方。"②大学生作为家庭的重要成员，要积极弘扬践行家庭美德，推动形成孝慈恩亲、向上向善、爱家爱国的新时代家庭文明新风尚。课题组对大学生与父母之间的关系进行了调查，并分析了不同群体大学生在这一问题上的差异。

1. 总体情况

调查显示，多数大学生积极弘扬践行家庭美德，能够与父母沟通、交流，与父母之间的关系融洽。调查显示，88.8%的大学生表示与父母的关系好，9.6%的大学生表示与父母的关系一般，另有1.6%的大学生表示与父母之间的关系差，如图3-10所示。

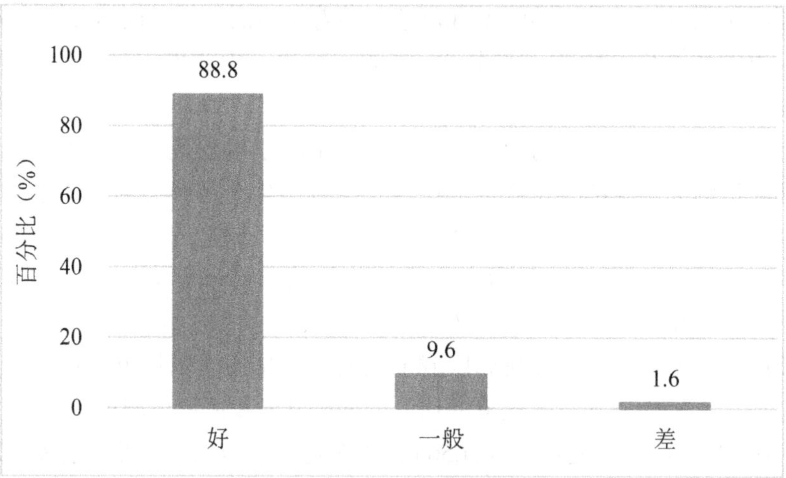

图3-10　大学生与父母之间的关系状况

2. 不同群体大学生与父母之间关系的差异分析

采用交互分析方法，结合人口学变量深入分析不同群体大学生与父母之间关系的差异。分析结果显示，自然因素、成长背景、教育因素不同的大学生与父母之间的关系状

① 中共中央党史和文献研究院. 习近平关于注重家庭家教家风建设论述摘编[M]. 北京：中央文献出版社，2021：7.

② 中共中央党史和文献研究院. 习近平关于注重家庭家教家风建设论述摘编[M]. 北京：中央文献出版社，2021：7.

况存在显著差异。

(1)基于自然因素的分析

从年龄来看，大学生与父母之间的关系随着年龄的增长而愈融洽($\chi^2=72.438$，$P<0.001$)。调查显示，低年龄段大学生中表示能处理好与父母的关系的人数比例为87.7%，低于中间年龄段大学生(89.2%)及高年龄段大学生(92.2%)。

(2)基于成长背景的分析

就生源地所属区域而言，生源地所属区域不同的大学生与父母之间的关系状况存在显著差异($\chi^2=187.815$，$P<0.001$)。分析结果显示，大学生中表示能处理好与父母的关系的比例，按照生源地所属区域由高到低排序依次为：华北地区(91.1%)、东北地区(90.8%)、西北地区(90.3%)、华东地区(90.1%)、华中地区(88.8%)、西南地区(85.9%)、华南地区(84.8%)。

从生活经历来看，来自双亲家庭的大学生、父母未常年在外务工的大学生与父母的关系更为融洽。数据显示，来自双亲家庭的大学生中表示能处理好与父母的关系的比例为89.6%，高于来自非双亲家庭的大学生(81.3%)($\chi^2=273.809$，$P<0.001$)；父母常年外出务工的大学生中表示能处理好与父母的关系的比例为83.4%，低于父母未常年外出务工的大学生(90.6%)($\chi^2=378.198$，$P<0.001$)。

(3)基于教育因素的分析

就学历而言，大学生的学历越高，与父母之间的关系越融洽($\chi^2=135.564$，$P<0.001$)。分析结果显示，本科生、硕士生、博士生中表示能处理好与父母的关系的比例依次为87.7%、91.5%、92.8%。

从政治面貌和学生干部经历来看，党员大学生和有学生干部经历的大学生与父母的关系更为融洽。数据显示，党员大学生中表示能处理好与父母的关系的比例为92.6%，而非党员大学生中这一比例为87.5%($\chi^2=194.363$，$P<0.001$)；有学生干部经历的大学生中表示能处理好与父母的关系的比例为89.7%，而没有学生干部经历的大学生中这一比例为84.7%($\chi^2=150.232$，$P<0.001$)。

就学校所属区域而言，学校所属区域不同的大学生与父母之间的关系状况存在差异($\chi^2=83.824$，$P<0.001$)。分析结果显示，大学生中表示能处理好与父母的关系的比例按其学校所属区域由高到低排序，依次为：华北地区(90.5%)、东北地区(90.1%)、华东地区(89.9%)、西北地区(89.3%)、华中地区(88.3%)、华南地区(87.0%)、西南地区(86.9%)。

(三)“光盘”的情况

习近平总书记在党的二十大报告中明确提出：“在全社会弘扬劳动精神、奋斗精神、奉献精神、创造精神、勤俭节约精神，培育时代新风新貌。”①践行“光盘行动”，

---

①　习近平. 高举中国特色社会主义伟大旗帜　为全面建设社会主义现代化国家而团结奋斗——在中国共产党第二十次全国代表大会上的报告[M]. 北京：人民出版社，2022：44-45.

拒绝舌尖上的浪费，既是传承中华民族传统美德的具体体现，也是新时代弘扬勤俭节约精神的应有之义。课题组通过考察大学生对“即使无人监督，我也能做到‘光盘’”的认可度来把握新时代大学生对个人品德的锤炼情况。

1. 总体情况

调查显示，多数大学生在无人监督的场合能自觉约束自己的行为，积极践行“光盘行动”，拒绝奢侈浪费，倡行节俭之风。数据显示，83.7%的大学生表示即使无人监督，也能做到“光盘”，13.3%的大学生态度模糊，仅有3.0%的大学生表示不能做到“光盘”，如图3-11所示。

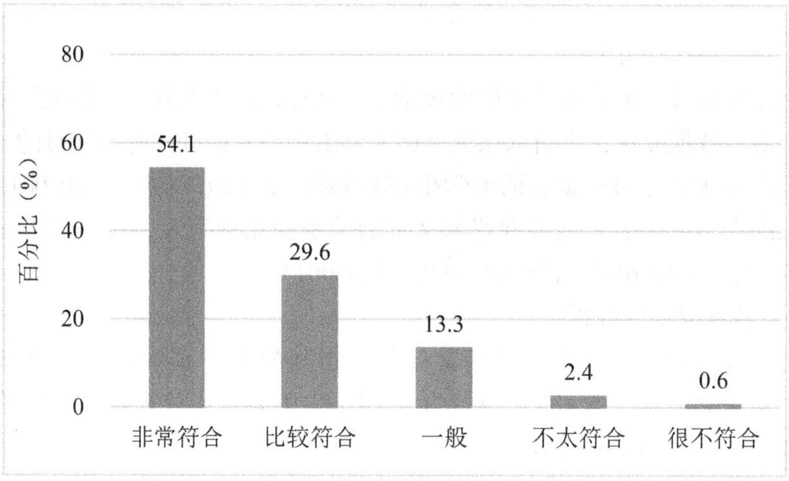

图3-11　大学生“光盘”的情况

2. 不同群体大学生“光盘”情况的差异分析

采用交互分析方法，结合人口学变量深入分析不同群体大学生“光盘”情况的差异。分析结果显示，自然因素、成长背景、教育因素不同的大学生的“光盘”情况存在差异。

(1)基于自然因素的分析

从性别来看，男生“光盘”的情况优于女生($\chi^2=236.616$，$P<0.001$)。调查显示，87.0%的男生表示即使无人监督，也能做到“光盘”，而女生能够“光盘”的比例为81.2%。

就年龄而言，大学生“光盘”的意愿随着年龄的增长而强化($\chi^2=236.616$，$P<0.001$)。分析结果显示，表示即使无人监督，也能做到“光盘”的低年龄段、中间年龄段、高年龄段的大学生比例依次为83.2%、83.6%、86.8%。

(2)基于成长背景的分析

从生源地所属区域来看，生源地所属区域不同的大学生“光盘”的意愿存在差异($\chi^2=117.738$，$P<0.001$)。调查显示，大学生中表示即使无人监督，也能做到“光盘”的比例按照生源地所属区域由高到低排序，依次为：西北地区(86.9%)、华北地区

(86.3%)、东北地区(85.8%)、华中地区(84.4%)、华东地区(83.0%)、西南地区(82.1%)、华南地区(79.9%)。

就生活经历而言，来自双亲家庭的大学生“光盘”的意愿强于来自非双亲家庭的大学生，而父母常年在外务工的大学生“光盘”的意愿弱于父母未常年在外务工的大学生。分析结果显示，来自双亲家庭的大学生中表示即使无人监督，也能做到“光盘”的比例为84.0%，高于来自非双亲家庭的大学生(81.3%)($\chi^2=23.464$，$P<0.001$)；父母常年在外务工的大学生中能够做到“光盘”的比例为82.6%，低于父母未常年在外务工的大学生(84.0%)($\chi^2=11.824$，$P<0.01$)。

(3)基于教育因素的分析

从政治面貌和学生干部经历来看，党员大学生和有学生干部经历的大学生“光盘”的情况更优。调查显示，即使无人监督，也能做到“光盘”的党员大学生比例为85.3%，而非党员大学生的这一比例为83.2%($\chi^2=25.664$，$P<0.001$)；有学生干部经历的大学生表示即使无人监督，也能做到“光盘”的比例为84.2%，高于没有学生干部经历的大学生(81.5%)($\chi^2=30.839$，$P<0.001$)。

(四)参与志愿服务活动的情况

志愿服务是高校实现立德树人根本任务的有效载体，是培育时代新人的重要方式。习近平总书记在党的二十大报告中强调：“完善志愿服务制度和工作体系。”①大学生参与志愿服务活动有利于增强政治觉悟、锤炼品德修为、增长知识见识、提升综合能力。课题组通过考察大学生参与各项志愿服务活动的情况来把握大学生道德实践的总体状况。

1. 总体情况

调查显示，大学生积极投身道德实践活动，参加形式多样的志愿服务活动，用实际行动诠释青春担当。数据显示，超过九成(91.1%)的大学生参加过志愿服务活动，仅有8.9%的大学生没有参加过志愿服务活动。大学生中参加线上志愿活动的比例最高，为41.5%，其次是参与社区建设、环境保护、大型赛会、扶贫开发、应急救援等志愿服务活动的比例，依次为34.0%、30.3%、14.7%、10.7%、9.4%。另外，还有20.9%的大学生表示参加过其他志愿服务活动，如图3-12所示。

2. 不同群体大学生参与志愿服务情况的差异分析

采用交互分析方法，结合人口学变量深入分析不同群体大学生参加志愿服务活动的差异。分析结果显示，年龄、学历、学生干部经历不同的大学生参加志愿服务活动的情况存在显著差异。

从年龄来看，大学生参加志愿服务活动的积极性随着年龄的递增而逐渐降低。数据显示，低年龄段、中间年龄段、高年龄段大学生中表示参加过志愿服务活动的比例依次

① 习近平. 高举中国特色社会主义伟大旗帜 为全面建设社会主义现代化国家而团结奋斗——在中国共产党第二十次全国代表大会上的报告[M]. 北京：人民出版社，2022：45.

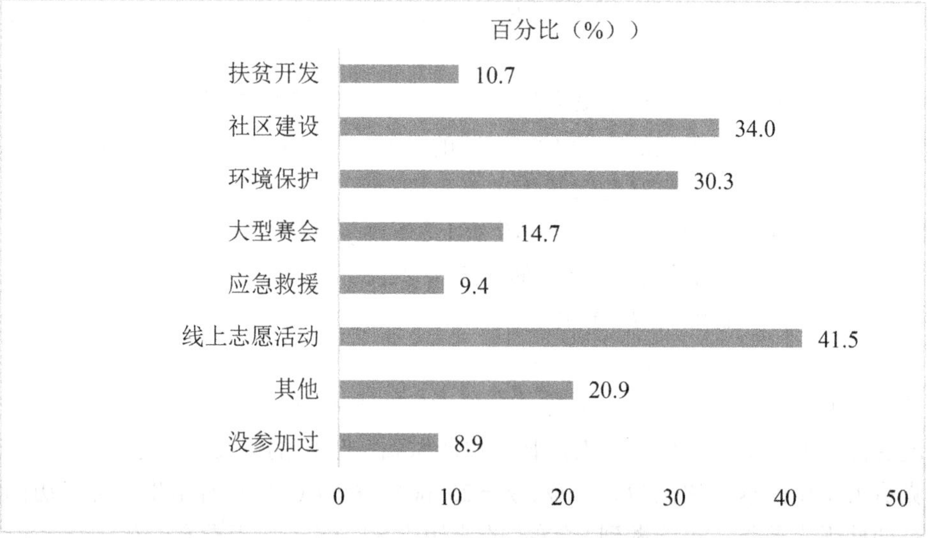

图 3-12　大学生参与志愿服务活动的情况

为 87. 6%、83. 0%、75. 3%。就参与类型而言，低年龄段、中间年龄段、高年龄段大学生中表示参加过社区建设志愿活动的比例依次为 36. 6%、33. 6%、24. 0%；低年龄段、中间年龄段、高年龄段大学生中分别有 32. 3%、29. 2%、25. 8%的人表示参加过环境保护志愿服务活动；表示参加过线上志愿活动的低年龄段、中间年龄段、高年龄段大学生比例依次为 45. 7%、39. 7%、30. 2%。

就学历而言，大学生参加志愿服务活动的积极性随着学历的递增而逐渐降低。分析结果显示，表示参加过志愿服务活动的本科生、硕士生、博士生的比例依次为 86. 6%、79. 0%、73. 1%。就参与类型而言，本科生、硕士生、博士生中表示参加过社区建设志愿活动的比例依次为 36. 7%、27. 7%、21. 6%；本科生、硕士生、博士生中分别有 32. 0%、26. 1%、22. 4%的人表示参加过环境保护志愿活动；本科生、硕士生、博士生中表示参加过线上志愿活动的比例依次为 44. 3%、34. 9%、28. 7%。

就学生干部经历而言，有学生干部经历的大学生参加各项志愿服务活动的积极性均高于非党员大学生。分析结果显示，有学生干部经历的大学生中表示参加过志愿服务活动的比例为 86. 8%，而没有学生干部经历的大学生的这一比例为 72. 5%。就参与类型来说，有学生干部经历的大学生中表示参加过社区建设志愿活动的比例为 36. 2%，高于没有学生干部经历的大学生(23. 9%)；有学生干部经历的大学生和没有学生干部经历的大学生中表示参加过环境保护志愿活动的比例分别为 31. 9%、23. 0%；43. 9%的有学生干部经历的大学生表示参加过线上志愿活动，高于没有学生干部经历的大学生(30. 0%)。

四、本章小结

调查结果表明，高校思想道德教育持续强化，大学生向上向善，展现出较高的道德认知水平、善良的道德意愿以及积极的道德实践。同时，调查也反映出一些值得关注的问题和现象，为我们进一步深化道德教育引导提供了有益参考。

（一）总体情况

首先，大学生群体具有正确的道德认知，高度认同“奉献、友爱、互助、进步”的志愿服务精神，展现出积极向上的精神风貌。数据显示，95.8%的大学生对“奉献、友爱、互助、进步”的志愿服务精神表示认同，其中“非常认同”的大学生比例为75.2%，“比较认同”的大学生比例为20.6%，另有3.9%的大学生表示“一般”，仅有0.3%的大学生表示“不认同”。课题组进一步对大学生不认同志愿服务精神的原因进行了调查，结果显示，48.9%的大学生表示“无利不起早”，41.6%的大学生认为“人生苦短，及时行乐”，37.2%的大学生选择“人不为己，天诛地灭”，36.5%的大学生表示“有‘被志愿’”的经历，34.3%的大学生认为“有钱有闲，志愿专属”，18.2%的大学生选择“其他”。

其次，大学生群体具有善良的道德意愿，自觉明大德、守公德、严私德。在社会公德方面，大多数大学生具有较强的公德意识和社会责任感，愿意向跌倒老人伸出援手，愿意参与疫情防控志愿服务。数据显示，82.8%的大学生表示会向跌倒老人伸出援手，88.3%的大学生表示如果遇到疫情宿舍封控，愿意担任宿舍楼栋志愿者。在职业道德方面，绝大多数学生能够自觉抵制学术不端行为，展现出较强的学术道德意识。数据显示，2019—2022年分别有96.6%、96.3%、90.5%、94.0%的大学生表示能做到遵守学术规范，不抄袭剽窃、数据造假。在家庭美德方面，多数大学生积极弘扬践行家庭美德，能够做到与父母沟通、交流，与父母之间的关系融洽。调查显示，88.8%的大学生表示能处理好与父母的关系，9.6%的大学生与父母的关系一般，仅有1.6%的大学生与父母之间的关系不容乐观。在个人品德方面，大多数大学生在无人监督的场合也能自觉约束自己的行为，积极践行“光盘行动”，拒绝奢侈浪费，倡行节俭之风。数据显示，83.7%的大学生表示即使无人监督，也能做到“光盘”，13.3%的大学生态度模糊，仅有3.0%的大学生表示不能做到“光盘”。

最后，大学生积极投身崇德向善的道德实践，参加形式多样的志愿服务活动，用实际行动诠释青春担当。数据显示，超过九成（91.1%）的大学生参加过志愿服务活动，仅有8.9%的大学生没有参加过志愿服务活动。大学生参加线上志愿活动的比例最高，为41.5%，其次是参与社区建设、环境保护、大型赛会、扶贫开发、应急救援等志愿服务活动的大学生比例，依次为34.0%、30.3%、14.7%、10.7%、9.4%。另外，还有20.9%的大学生表示参加过其他志愿服务活动。

（二）值得关注的现象与问题

进一步数据分析发现，大学生的道德发展呈现出一些规律性现象与问题：学生党员和学生干部的道德发展状况值得关注，家庭环境是影响大学生道德养成的重要因素，学校的教育引导对大学生的道德发展意义重大，部分大学生在道德选择上呈现出功利化倾向。

1. 学生党员和学生干部的道德发展状况值得关注

学生党员是我们党组织中的一支充满蓬勃朝气的新生力量，学生干部是师生之间进行沟通交流的桥梁和纽带，是学校实施教育与管理工作的一支重要力量。调查发现，与普通大学生相比，学生党员和学生干部的道德发展状况更好，在大学生群体中发挥了榜样示范作用。数据显示，在道德认知方面，学生党员和学生干部对志愿服务精神的认同度更高。党员大学生、非党员大学生对志愿服务精神认同度的均值得分分别为 4.766、4.685；学生干部和非学生干部对志愿服务精神认同度的均值得分分别为 4.729、4.601。在道德意愿方面，学生党员和学生干部更愿意向跌倒老人伸出援手，更愿意担任宿舍楼栋疫情防控志愿者。在道德行为方面，学生党员和学生干部的学术规范意识更强，与父母的关系更为融洽，践行“光盘行动”的积极性更高。

2. 家庭环境是影响大学生道德养成的重要因素

家庭是个体道德养成的第一环境，父母长辈是否在个体道德养成过程中给予正确的引导和示范，直接影响着个体的道德发展。研究发现，大学生的道德发展状况与家庭环境息息相关。其一，从家庭类型来看，与来自非双亲家庭的大学生相比，来自双亲家庭的大学生的道德发展状况更好。数据显示，来自双亲家庭的大学生对志愿服务精神的认同度更高，更愿意向跌倒老人伸出援手，学术规范意识更强，与父母的关系更为融洽，“光盘”的积极性更高。其二，从小时候父母是否常年在外务工来看，父母未常年在外务工的大学生的道德发展状况更好。调查显示，父母常年在外务工的大学生对志愿服务精神的认同度更低，向跌倒老人伸出援手的意愿更弱，学术规范意识更淡薄，与父母的关系更差，“光盘”的情况更差。

3. 学校的教育引导对大学生的道德发展意义重大

高校是大学生学习、生活的重要场域，高校的教育引导尤其是思想道德教育在大学生的道德发展过程中发挥着重要作用。调查发现，思想政治理论课教学和日常思想政治教育的效果直接影响着大学生的道德认知状况，思想政治理论课教学和日常思想政治教育的开展效果越好，大学生对志愿服务精神的认同度越高。在道德意愿方面，大学生扶跌倒老人的意愿随思想政治理论课教学、日常思想政治教育效果的提升而愈发强烈；大学生担任宿舍楼栋疫情防控志愿者的意愿随学校“三全育人”成效的提升而愈发强烈。在道德行为方面，校风和学风建设效果以及教师师德状况影响着大学生的学术规范意识。

4. 部分大学生在道德选择上呈现出功利化倾向

当前，我国正处于社会转型期、改革深水区，在市场经济、社会环境以及多元思潮等因素的交织影响下，部分大学生在道德选择和行为实践等方面趋向功利化追求。调查显示，0.3%的大学生不认同“奉献、友爱、互助、进步”的志愿服务精神，原因是“无利不起早”（48.9%）、“人生苦短，及时行乐”（41.6%）以及“人不为己，天诛地灭”（37.2%）。部分大学生不是出于服务他人、奉献社会而是出于自身需要和利益来担任宿舍楼栋疫情防控志愿者。调查显示，11.9%的大学生担任宿舍楼栋疫情防控志愿者是为了评奖评优，7.3%的大学生“渴望得到他人的夸奖和赞赏”，16.5%的大学生表示“长期封控，渴望稍稍活动”。

（三）对策与建议

在把握大学生道德发展的总体状况的基础上，针对调查中发现的规律性现象和问题，我们尝试提出以下建议。

1. 强化教育引导，构建“三全育人”格局

调查显示，受极端个人主义、功利主义、享乐主义等思潮的影响，部分大学生在道德选择上呈现出功利化追求。因此，高校应强化教育引导，构建全员、全程、全方位育人格局，培育具有正确的道德认知、自觉的道德养成、积极的道德实践的时代新人。首先，强化育人主体的责任担当，打造育人共同体。无论是思政课教师、专业课教师、辅导员还是其他教职工，都应树立育人意识，提升育人能力，在开展日常业务工作的过程中直接或者间接地对大学生进行道德规范传导、思想价值引领。其次，注重递进衔接，将立德树人贯通于学生成长成才全过程。研究发现，不同年级大学生的道德发展状况具有显著性差异。因此，必须树立精准思维，分层次、有侧重地开展道德教育，实现不同学段的道德教育的有效衔接。具体来说，对于大一年级学生，要在开展适应性教育的同时，强化爱国主义和集体主义教育，注重从历史入手，使学生理解爱党、爱国与爱社会主义的高度统一性；对于大二年级学生，要在提升综合素养中强化理想信念教育，引导大学生在专业学习的过程中坚定理想信念，增强报效祖国的责任担当意识；对于大三年级学生，要注重劳动教育，培养学生的劳动精神和劳动能力；对于大四年级学生，要加强就业指导教育，引导大学生把自身对职业的期望与社会的需要结合起来，将个体之“小我”融入祖国和人民的“大我”之中。再次，突出道德浸润，实现全方位育人。高校不仅要把立德树人贯穿到教学、科研、管理、服务各环节，形成时时、处处育人的协同格局，也要形成以育人为导向的评价机制，“将思想品德作为学生核心素养，纳入学业质量标准”①，从而强化学生内心的道德认同，指引落在实处的道德实践。

2. 选树先进典型，形成见贤思齐的良好氛围

习近平总书记非常重视选树先进典型来推动道德建设，引领道德风尚。他对全国道德模范表彰活动作出重要指示：“全国道德模范体现了热爱祖国、奉献人民的家国情怀，自强不息、砥砺前行的奋斗精神，积极进取、崇德向善的高尚情操。要广泛宣传道德模范的先进事迹，弘扬道德模范高尚品格，引导人们向道德模范学习，争做崇高道德的践行者、文明风尚的维护者、美好生活的创造者。”②高校也要充分发挥道德模范的示范引领作用，一要通过组织“寻找身边最好道德力量”等活动积极评选大学生中乐于奉

---

① 新时代公民道德建设实施纲要[M]. 北京：中国法制出版社，2019：9.

② 习近平对全国道德模范表彰活动作出重要指示强调：深化群众性精神文明创建活动 着力培养担当民族复兴大任的时代新人[N]. 人民日报，2019-09-06.

献、服务社会、诚实守信、艰苦奋斗的先进典型，为学生树立可亲、可敬、可信、可学的身边榜样，营造见贤思齐、崇德向善的浓厚氛围；二要充分利用学校报刊、新媒体、各类论坛、分享会等线上线下方式宣传身边榜样的先进事迹，使学生在学习先进典型的过程中深化道德认知、激发道德情感、做到知行合一；三要统筹校内外道德教育资源，组织时代楷模、道德模范、最美人物等先进典型进校园，通过担任校外德育导师、举办特色活动等，促使学生把榜样的精神境界转化为自身的道德追求。

3. 注重家校联动，合力共助大学生道德发展

习近平总书记高度重视家庭、家教、家风，强调："无论时代如何变化，无论经济社会如何发展，对一个社会来说，家庭的生活依托都不可替代，家庭的社会功能都不可替代，家庭的文明作用都不可替代。"①大学生在接受学校教育和社会教育的同时，依然受到来自家庭的影响，家庭在大学生道德养成过程中发挥着基础性作用。研究发现，家庭环境是影响大学生道德养成的重要因素。因此，高校一方面要加强与家庭的交流互动，通过定期组织家长见面会、深入家访、建立微信群等方式搭建起家校沟通的桥梁，传达育人宗旨，传递实时信息，形成合力育人的格局，共同助力大学生道德发展；另一方面也要大力传承中华民族传统家庭美德，培育社会主义家庭文明新风尚，积极倡导现代家庭新理念，通过真实的案例教育引导大学生传承弘扬优良家风，从而发挥家庭教育在大学生成长成才中的作用。

① 中共中央党史和文献研究院. 习近平关于注重家庭家教家风建设论述摘编[M]. 北京：中央文献出版社，2021：7.

第四章　文化观与文化素养

党的二十大报告指出，全面建设社会主义现代化国家，必须坚持中国特色社会主义文化发展道路，增强文化自信，围绕举旗帜、聚民心、育新人、兴文化、展形象建设社会主义文化强国，发展面向现代化、面向世界、面向未来的，民族的科学的大众的社会主义文化，激发全民族文化创新创造活力，增强实现中华民族伟大复兴的精神力量。在此背景下，了解当下青年大学生的文化观和文化素养也就更具有现实意义和时代价值。为呈现当前青年大学生文化观和文化素养的整体状况，我们围绕文化自信心、对中外文化关系的看法、传统文化传承活动参与情况、国内外影视节目收看情况和中外经典著作的阅读情况展开调研，并就不同大学生群体文化观和文化素养的差异表现以及大学生文化观和文化素养的影响因素进行探讨。

一、大学生文化自信心状况

文化自信是更基础、更广泛、更深厚的自信，是一个国家、一个民族发展中最基本、最深沉、最持久的力量。推进文化自信自强，有利于不断夯实推进中国式现代化建设的文化根基，为铸就社会主义文化新辉煌注入强大力量。课题组围绕对文化自信重要性的认知程度、对本民族文化自豪感的程度、对文化创造力的坚定程度以及看待中外文化关系的理性认知程度等方面对大学生文化自信状况进行了考察。

（一）总体情况

调查显示，当前大学生总体上具有高度的文化自信。具体表现在如下几个方面：有96.2%的受访学生认可“文化自信是一个国家、一个民族发展中更基本、更深沉、更持久的力量”，有95.9%的受访学生表示“为中华文化感到自豪”，有95%的受访学生相信“中华民族一定能创造文化新辉煌”。调查还发现，在葆有文化自信的同时，有96.1%的受访学生认为“我们应以开放包容的态度吸收其他文化的优长”，这也鲜明体现出当前大学生基于文化自信所持有的文化包容态度，如图4-1所示。

（二）不同群体大学生的文化自信心

为深入了解不同群体大学生文化自信心的一般特征，我们对涉及文化自信心的相关条目进行探索性因子分析。研究发现，KMO样本合适性测定值为0.862，Bartlett球形度检验显著（$P<0.05$），通过主成分分析和最大方差旋转方法，相关条目可提取一个因

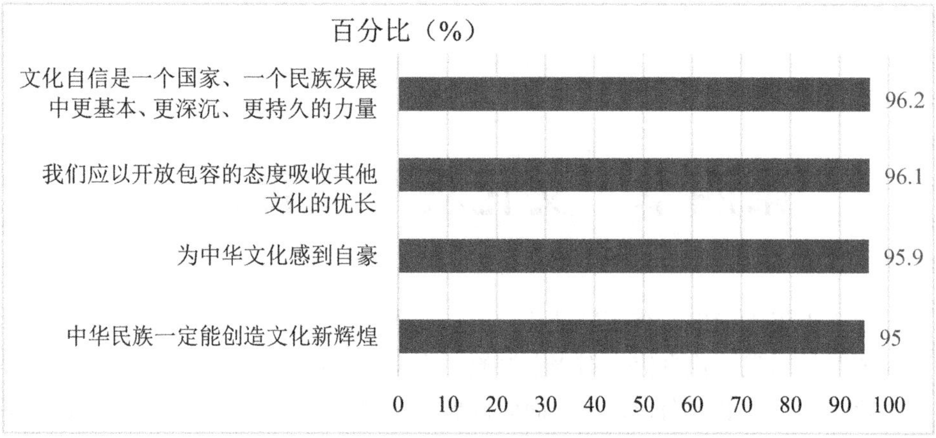

图 4-1 大学生对文化自信有关描述的认同度(%)

子，命名为“文化自信心”，方差贡献率为 90.159%。我们将该因子载荷作为因变量与相关社会人口学变量进行一般线性回归分析，如表 4-1 所示。

表 4-1 不同群体大学生文化自信心的一般线性回归分析

自变量		非标准化系数		标准化系数	显著性	显著性水平
		B	*S.E*	*β*	*t*	*P*
常数项		−0.228	0.041		−5.500	0.000
性别-男生(参照项：女生)		−0.088	0.011	−0.043	−8.023	0.000
年龄(参照项：高年龄段)	低年龄段	0.106	0.026	0.053	4.084	0.000
	中年龄段	−0.026	0.023	−0.013	−1.160	0.246
学历层次（参照项：博士生）	本科生	0.064	0.032	0.029	2.038	0.042
	硕士生	0.077	0.029	0.032	2.639	0.008
学科门类（参照项：理工农医类）	人文科学	−0.026	0.014	−0.011	−1.881	0.060
	社会科学	−0.029	0.013	−0.013	−2.230	0.026
党员(参照项：非党员)		0.117	0.013	0.051	8.998	0.000
生源地(参照项：城镇)	农村	0.016	0.012	0.008	1.394	0.163
生源地所属区域（参照项：东北）	华东	0.034	0.024	0.015	1.431	0.152
	华南	−0.116	0.029	−0.035	−3.987	0.000
	华中	0.052	0.025	0.021	2.108	0.035
	华北	0.031	0.025	0.010	1.231	0.218
	西北	0.036	0.030	0.009	1.224	0.221
	西南	−0.008	0.026	−0.003	−0.314	0.754

续表

自变量		非标准化系数		标准化系数	显著性	显著性水平
		B	*S.E*	*β*	*t*	*P*
双亲家庭(参照项：非双亲家庭)		0.064	0.017	0.019	3.788	0.000
有学生干部经历(参照项：没有学生干部经历)		0.186	0.013	0.071	13.905	0.000
有国(境)外学习经历[参照项：没有国(境)外学习经历]		-0.125	0.028	-0.022	-4.406	0.000
独生子女(参照项：非独生子女)		0.030	0.012	0.015	2.572	0.010
小时候父母常年在外务工(参照项：小时候父母未常年在外务工)		-0.027	0.012	-0.012	-2.175	0.030
学校所属区域（参照项：东北）	华东	-0.120	0.022	-0.051	-5.457	0.000
	华南	-0.097	0.026	-0.032	-3.738	0.000
	华中	-0.113	0.023	-0.044	-5.031	0.000
	华北	-0.038	0.023	-0.014	-1.666	0.096
	西北	-0.043	0.036	-0.007	-1.174	0.240
	西南	-0.081	0.024	-0.031	-3.392	0.001
N=39729　　R^2=1.8%　　F=26.256						

总体而言，不同性别、年龄、学历层次、学科门类、政治面貌、生源地所属区域、家庭类别、学生干部经历、国(境)外学习经历等的大学生在文化自信方面的差异存在显著性，不同生源地大学生在文化自信方面的差异不存在显著性。

1. 基于自然因素的分析

从性别来看，女生具有更强的文化自信心，文化自信的程度平均高于男生约 0.09 个单位。

从年龄段来看，低年龄段(20 岁及以下)大学生的文化自信心最强，中年龄段(21~24 岁)和高年龄段(25 岁及以上)大学生的文化自信程度并无显著差异。

2. 基于成长背景的分析

从生源地所属区域来看，来自华中地区的大学生的文化自信心比东北地区的大学生平均高约 0.05 个单位，来自华南地区的大学生的文化自信心比东北地区的大学生平均低约 0.12 个单位，来自华东、华北、西北和西南地区的大学生同东北地区的大学生相比，在文化自信心方面没有显著差异。

从学生家庭情况来看，来自双亲家庭的大学生在文化自信心方面较之来自非双亲家庭的大学生平均高约0.06个单位；与此同时，作为独生子女的大学生在文化自信心上较之作为非独生子女的大学生平均高约0.03个单位。

3. 基于教育因素的分析

从学历层次来看，本科生的文化自信心平均高于博士生约0.06个单位，硕士生的文化自信程度平均高于博士生约0.07个单位。

从学科门类来看，社会科学类大学生的文化自信程度平均低于理工农医类大学生约0.03个单位，而人文科学类大学生与理工农医类大学生在文化自信心方面并无显著差异。整体而言，理工农医类(工学、理学、农学、医学、交叉学科)大学生比人文科学类(哲学、文学、历史学、艺术学)和社会科学类(经济学、法学、教育学、管理学)大学生在文化自信程度上都要高。

从政治面貌来看，党员大学生的文化自信程度平均高于非党员的大学生约0.12个单位。

从学生干部经历来看，有学生干部经历的大学生的文化自信心更强，而对有国(境)外学习经历的大学生而言，其文化自信心比没有相应经历的大学生相对要低一些。

从学校所属区域来看，就读于华东、华南、华中和西南地区高校的大学生，其文化自信心较之就读于东北地区高校大学生的文化自信心分别低约0.12、0.1、0.11和0.08个单位；而就读于华北和西北地区高校的大学生同东北地区高校的大学生相比，在文化自信心方面并无显著差异。

(三)价值观认同与文化自信心

研究发现，大学生对社会主义核心价值观的态度与其文化观念密切相关。对社会主义核心价值观认同度越高的学生，其文化自信心越强。本章选取"我认同社会主义核心价值观对于国家、社会和个人的意义"作为价值观认同的主要参考项，同文化自信心的相关条目进行交互分析。

结果显示，在认同社会主义核心价值观的大学生群体中，有99.2%的大学生"为中华文化感到非常自豪"，98.5%的大学生相信"中华民族一定能创造文化新辉煌"，99.4%的大学生认为"文化自信是一个国家、一个民族发展中更基本、更深沉、更持久的力量"；而在并不认同会主义核心价值观的大学生群体中，仍有45.6%的大学生"为中华文化感到非常自豪"($\chi^2=20930.53$，$P<0.001$)，41.9%的大学生相信"中华民族一定能创造文化新辉煌"($\chi^2=19489.856$，$P<0.001$)，49%的大学生认为"文化自信是一个国家、一个民族发展中更基本、更深沉、更持久的力量"($\chi^2=20792.796$，$P<0.001$)。与此同时，回归分析结果也显示，大学生对社会主义核心价值观对于国家、社会和个人的意义的认同度，与其文化自信心呈现出显著的正相关关系。大学生对社会主义核心价值观对于国家、社会和个人的意义的认同程度每提升一个单位，大学生的中华文化自豪感提升约0.53个单位，对中华民族创造文化

新辉煌的信心提升约 0. 55 个单位，对文化自信重要性的认知程度提高约 0. 5 个单位，如表 4-2、表 4-3、表 4-4 所示。

表 4-2　价值观认同对大学生文化自豪感的影响

自变量	非标准化系数		标准系数	统计量	显著性水平
	B	S. E	*β*	*t*	*P*
常数	2. 347	0. 014		163. 337	0. 000
认同社会主义核心价值观对于国家、社会和个人的意义	0. 525	0. 003	0. 647	169. 124	0. 000
$N=39729$　$R^2=41.9\%$　$F=28603.008$					

表 4-3　价值观认同对文化创造力认同度的影响

自变量	非标准化系数		标准系数	统计量	显著性水平
	B	S. E	*β*	*t*	*P*
常数	2. 208	0. 015		144. 407	0. 000
认同社会主义核心价值观对于国家、社会和个人的意义	0. 549	0. 003	0. 641	166. 326	0. 000
$N=39729$　$R^2=41\%$　$F=27664.296$					

表 4-4　价值观认同对文化自信重要性认知的影响

自变量	非标准化系数		标准系数	统计量	显著性水平
	B	S. E	*β*	*t*	*P*
常数	2. 472	0. 014		175. 252	0. 000
认同社会主义核心价值观对于国家、社会和个人的意义	0. 502	0. 003	0. 637	164. 687	0. 000
$N=39729$　$R^2=40.6\%$　$F=27121.901$					

在此基础上，研究尝试对涉及社会主义核心价值观的相关条目进行探索性因子分析。结果显示，KMO 样本合适性测定值为 0. 755，Bartlett 球形度检验显著（$P<0.05$）。本章通过主成分分析和最大方差旋转方法，在相关条目中提取一个因子，命名为“社会主义核心价值观认同”，方差贡献率为 88. 736%。我们将之前得到的“文化自信心”因子载荷作为因变量，与“社会主义核心价值观认同”进行一般线性回归分析。结果显示，

大学生群体的文化自信心与其对社会主义核心价值观的认同度存在显著的正相关关系（按照0.05的检验标准），即大学生对社会主义核心价值观的认同程度每提升一个单位，其文化自信心平均提升约0.67个单位，如表4-5所示。

表4-5　社会主义核心价值观认同对文化自信心的影响

自变量	非标准化系数		标准系数	统计量	显著性水平
	B	S.E	β	t	P
价值观认同	0.668	0.004	0.668	179.022	0.000
N=39730　R^2=44.6%　F=32048.728					

（四）思政教育与文化自信培育

研究发现，大学生对思想政治教育的态度与其文化自信心有着密切关联。本章选取“是否认同思政课是立德树人的关键课程”作为思想政治教育之重要性认知的主要参考项，同文化自信心的相关条目进行交互分析。结果显示，在认同思想政治教育具有重要性的大学生群体中，有98.3%的大学生为“为中华文化感到非常自豪”，97.9%的大学生相信“中华民族一定能创造文化新辉煌”，98.5%的大学生认为“文化自信是一个国家、一个民族发展中更基本、更深沉、更持久的力量”；而在并不认可思想政治教育具有重要性的大学生群体中，仍有75.2%的大学生“为中华文化感到非常自豪”（$\chi^2=4428.482$，$P<0.001$），68.4%的大学生相信“中华民族一定能创造文化新辉煌”（$\chi^2=5332.434$，$P<0.001$），77.6%的大学生认为“文化自信是一个国家、一个民族发展中更基本、更深沉、更持久的力量”（$\chi^2=20792.796$，$P<0.001$）。回归分析结果也显示，大学生对思政课是立德树人的关键课程的认同度，与其文化自信心呈现出显著的正相关关系。大学生对思政课是立德树人的关键课程的认同程度每提升一个单位，大学生的中华文化自豪感提升约0.29个单位，对中华民族创造文化新辉煌的信心提升约0.32个单位，对文化自信重要性的认知程度提高约0.27个单位，如表4-6、表4-7、表4-8所示。

表4-6　思政课认同对大学生文化自豪感的影响

自变量	非标准化系数		标准系数	统计量	显著性水平
	B	S.E	β	t	P
常数	3.489	0.014		247.451	0.000
是否认同思政课是立德树人的关键课程	0.287	0.003	0.415	91.030	0.000
N=39729　R^2=17.3%　F=8286.473					

表 4-7　思政课认同对文化创造力认同度的影响

自变量	非标准化系数		标准系数	统计量	显著性水平
	B	S. E	*β*	*t*	*P*
常数	3. 308	0. 015		225. 026	0. 000
是否认同思政课是立德树人的关键课程	0. 322	0. 003	0. 441	97. 884	0. 000
$N=39729$　　$R^2=19.4\%$　　$F=9581.256$					

表 4-8　思政课认同对文化自信重要性认知的影响

自变量	非标准化系数		标准系数	统计量	显著性水平
	B	S. E	*β*	*t*	*P*
常数	3. 600	0. 014		260. 607	0. 000
是否认同思政课是立德树人的关键课程	0. 266	0. 003	0. 396	86. 044	0. 000
$N=39729$　　$R^2=15.7\%$　　$F=7403.541$					

在此基础上，尝试对涉及思想政治教育满意度的相关条目进行探索性因子分析。研究发现，KMO 样本合适性测定值为 0. 873，Bartlett 球形度检验显著($P<0.05$)，通过主成分分析和最大方差旋转方法，可将相关条目提取一个因子，命名为“思政教育满意度”，方差贡献率为 92. 456%。如表 4-9 所示，我们将之前得到的“文化自信心”因子载荷作为因变量，并与“思政教育满意度”进行一般线性回归分析。结果显示，大学生群体的文化自信心与其对思政教育的满意度呈现出显著的正相关关系(按照 0. 05 的检验标准)，即大学生对思想政治教育的满意程度每提升一个单位，大学生的文化自信心平均提升约 0. 49 个单位。

表 4-9　思政教育满意度对文化自信心的影响

自变量	非标准化系数		标准系数	统计量	显著性水平
	B	S. E	*β*	*t*	*P*
思政教育满意度	0. 494	0. 004	0. 494	113. 324	0. 000
$N=39730$　　$R^2=24.4\%$　　$F=12842.276$					

二、大学生对西方文化的看法

随着世界多极化、经济全球化、社会信息化及文化多样化的深入发展，中外文化的交流碰撞也日益普遍。在此背景下，能否坚持中华文化的主体性并成为中华文化的自觉传播者和建设者，积极参与文化交流，能否认识到不同国家民族文化的优长，海纳百川，兼收并蓄，能否对国外意识形态和文化价值的渗透保持清醒认识和必要警惕等，成为展现当代大学生文化观和文化素养的重要方面。

（一）总体情况

研究发现，当前大学生既对国外文化葆有积极的开放包容态度，也对吸收借鉴国外文化持有客观理性的态度，特别是面对西方文化可能造成的价值渗透保持非常自觉的警惕心理。对于“我们应以开放包容的态度吸收其他文化的优长”这一观点，有96.1%的受访大学生表示认同（其中“非常认同”的比例达80.5%）；对于“我们应当警惕西方文化的价值渗透”这一观点，有90.6%的受访大学生表示认同（其中“非常认同”的比例为72.7%）。结合近年的调查数据，持肯定态度的受访大学生的占比相较于2016年提升了31.5%，由此可见，大学生对西方文化价值渗透的警惕性是不断提高的。

（二）不同群体大学生对中外文化关系的看法

为探讨不同群体大学生对中外文化关系的看法，分别就受访大学生对“我们应以开放包容的态度吸收其他文化的优长”和“我们应当警惕西方文化的价值渗透”这两个观点的看法进行分析。结合量表题目的特性，受访大学生对这两个观点的看法可以从“很不认同”到“非常认同”分别赋值1~5分，并与相关社会人口学变量进行差异显著性检验（按照0.05的检验标准）。

1. 不同群体大学生对吸收其他文化优长的看法

研究发现，不同群体的大学生在对吸收其他文化优长的看法上具有显著差异，具体情况如表4-10所示。

表4-10 不同群体大学生对吸收其他文化优长看法的均值分析

自变量		均值	标准差	显著性
性别	男	4.73	0.59	0.000
	女	4.78	0.52	
年龄	20岁以下	4.79	0.52	0.000
	21~24岁	4.73	0.56	
	25岁及以上	4.74	0.59	
学历层次	本科生	4.76	0.55	0.001
	硕士生	4.75	0.55	
	博士生	4.72	0.61	
学科门类	人文科学类	4.77	0.54	0.066
	社会科学类	4.76	0.55	
	理工农医类	4.75	0.55	

续表

自变量		均值	标准差	显著性
政治面貌	党员	4.79	0.50	0.000
	非党员	4.75	0.56	
生源地性质	农村	4.75	0.57	0.000
	城镇	4.77	0.53	
生源地所属区域	华东	4.76	0.55	0.000
	华南	4.70	0.59	
	华中	4.77	0.53	
	华北	4.78	0.54	
	西北	4.77	0.54	
	西南	4.74	0.58	
	东北	4.79	0.53	
家庭类型	双亲家庭	4.76	0.54	0.001
	非双亲家庭	4.73	0.60	
学生干部经历	有	4.78	0.52	0.000
	无	4.66	0.67	
国(境)外学习经历	有	4.71	0.65	0.001
	无	4.76	0.55	
是否为独生子女	是	4.77	0.53	0.000
	否	4.75	0.56	
小时候父母是否常年在外务工	是	4.73	0.57	0.000
	否	4.77	0.54	
学校所属区域	华东	4.75	0.56	0.000
	华南	4.73	0.56	
	华中	4.75	0.54	
	华北	4.78	0.53	
	西北	4.76	0.55	
	西南	4.75	0.58	
	东北	4.81	0.51	

(1)基于自然因素的分析

基于自然因素分析来看，女生比男生、低年龄段大学生比高年龄段大学生在吸收其他文化优长方面表现出更加开放包容的态度。

(2)基于成长背景的分析

从生源地性质、所在区域来看，来自城镇地区的大学生比来自农村地区的大学生在吸收其他文化优长方面表现出更加开放包容的态度；来自东北、华北、华中和西北地区的大学生比来自华南、西南和华东地区的大学生对吸收其他文化优长具有更高的认同度，其中，认同度最高和最低的分别是来自东北和华南地区的大学生。

从家庭背景来看，双亲家庭大学生比非双亲家庭大学生、独生子女大学生比非独生子女大学生在吸收其他文化优长方面持有更加积极的态度。小时候父母常年在外务工的大学生比小时候父母未常年在外务工的大学生对吸收其他文化优长的认同度更低。

(3)基于教育因素的分析

分析可见，本科生较之硕士生和博士生更认可“以开放包容的态度吸收其他文化的优长”，但不同学科门类之间，即人文科学类、社会科学类和理工农医类大学生之间并没有显著差异。

从成长经历来看，党员大学生比非党员大学生在吸收其他文化优长方面表现出更加开放包容的态度；有学生干部经历的大学生比没有学生干部经历的大学生对吸收其他文化优长的认同度更高；有国(境)外学习经历的大学生比没有国(境)外学习经历的大学生对吸收其他文化优长的认同度要低。

从学校所属区域来看，就读于东北、华北和西北地区高校的大学生比就读于华南、华东、华中和西南地区高校的大学生更加认同吸收其他文化优长的观点。特别是就读于东北地区高校的大学生，在就读于不同地区高校的大学生中，认同这一观点的比例最高。

2. 不同群体大学生对西方文化价值渗透的看法

研究发现，不同群体的大学生在对西方文化价值渗透的看法上部分具有显著差异，具体情况如表 4-11 所示。

表 4-11　不同群体大学生对西方文化价值渗透警惕性的均值分析

自变量		均值	标准差	显著性
性别	男	4.61	0.75	0.852
	女	4.61	0.73	
年龄	20 岁以下	4.63	0.73	0.000
	21~24 岁	4.59	0.74	
	25 岁及以上	4.58	0.78	
学历层次	本科生	4.61	0.74	0.001
	硕士生	4.61	0.72	
	博士生	4.54	0.81	

续表

自变量		均值	标准差	显著性
学科门类	人文科学类	4.60	0.76	0.250
	社会科学类	4.62	0.73	
	理工农医类	4.61	0.74	
政治面貌	党员	4.66	0.68	0.000
	非党员	4.59	0.76	
生源地性质	农村	4.62	0.71	0.000
	城镇	4.59	0.76	
生源地所属区域	华东	4.60	0.75	0.000
	华南	4.53	0.77	
	华中	4.64	0.70	
	华北	4.60	0.76	
	西北	4.62	0.73	
	西南	4.61	0.72	
	东北	4.62	0.75	
家庭类型	双亲家庭	4.61	0.73	0.000
	非双亲家庭	4.56	0.79	
学生干部经历	有	4.62	0.72	0.000
	无	4.52	0.82	
国(境)外学习经历	有	4.47	0.90	0.000
	无	4.61	0.73	
是否为独生子女	是	4.60	0.76	0.064
	否	4.61	0.72	
小时候父母是否常年在外务工	是	4.61	0.73	0.858
	否	4.61	0.74	
学校所属区域	华东	4.57	0.78	0.000
	华南	4.56	0.74	
	华中	4.60	0.73	
	华北	4.63	0.73	
	西北	4.64	0.68	
	西南	4.62	0.72	
	东北	4.67	0.71	

就标准差而言，相比于对吸收其他文化优长的看法，大学生在对西方文化价值渗透的看法上更多地持不一致的态度，这反映了大学生对于西方文化的价值渗透存有更多元的见解。

(1)基于自然因素的分析

分析可见，低年龄段大学生比高年龄段大学生对西方文化价值渗透的警惕性更强，但是不同性别的大学生对西方文化价值渗透的警惕程度并无显著差异。

(2)基于成长背景的分析

从生源地性质、所在区域来看，来自农村地区的大学生比来自城镇地区的大学生对西方文化价值渗透的警惕性更高；来自华中、西北、东北和西南地区的大学生比来自华南、华东和华北地区的学生对西方文化价值渗透的警惕性更高。

从家庭背景来看，双亲家庭大学生比非双亲家庭大学生对西方文化价值渗透持有更高的警惕性，而独生子女大学生和非独生子女大学生对西方文化价值渗透的看法并无显著差异。小时候父母常年在外务工的大学生和小时候父母未常年在外务工的大学生对西方文化价值渗透的警惕性并无显著差异。

(3)基于教育因素的分析

从受教育经历来看，本科生和硕士生较之博士生对西方文化价值渗透持有更高的警惕性，但不同学科门类之间，即人文科学类、社会科学类和理工农医类大学生之间并没有显著差异。

着眼于个人成长经历来看，党员大学生比非党员大学生对西方文化价值渗透的警惕性更高；有学生干部经历的大学生比没有学生干部经历的大学生对西方文化价值渗透的警惕性更高；有国(境)外学习经历的大学生在评价西方文化价值渗透时具有更多元化和差异化的理解，相较而言，没有国(境)外学习经历的大学生对西方文化价值渗透的警惕性更高。

着眼于学校所属区域来看，就读于东北、西北、华北和西南地区高校的学生比就读于华南、华东和华中地区高校的学生对西方文化价值渗透具有更高的警惕性。

(三)价值观认同与对中外文化的看法

研究发现，大学生对社会主义核心价值观的认同度与其对中外文化关系的看法密切关联。对社会主义核心价值观认同度越高的大学生，在面对国外文化时候也持有更高的文化包容度，面对国外文化价值渗透的警惕性也更高。结果显示，一方面，认同社会主义核心价值观的大学生中，有99.2%的大学生认为“我们应以开放包容的态度吸收其他文化的优长”，94.2%的大学生强调“我们应当警惕西方文化的价值渗透”；另一方面，在并不认同社会主义核心价值观的大学生中，有52.1%的大学生认为“我们应以开放包容的态度吸收其他文化的优长”($\chi^2=18112.476$，$P<0.001$)，有40.4%的大学生强调“我们应当警惕西方文化的价值渗透”($\chi^2=10117.448$，$P<0.001$)。与此同时，回归分析结果如表4-12、表4-13所示，大学生越认同社会主义核心价值观对于国家、社会和个人的意义，其在对待国外文化时候也就越能葆有客观和理性的态度。大学生对社会主义核心价值观对于国家、社会和个人的意义的认同程度每提升一个单位，其对吸收其他文化优长的包容度提升约0.49个单位，对西方文化价值渗透的警惕度提升约0.56个单

位。可见，对社会主义核心价值观的认同也有助于促进大学生以一种更加科学合理的视角审视纷繁复杂的国外文化。

表 4-12　价值观认同对文化包容度的影响

自变量	非标准化系数		标准系数	统计量	显著性水平
	B	*S. E*	*β*	*t*	*P*
常数	2. 536	0. 015		173. 152	0. 000
认同社会主义核心价值观对于国家、社会和个人的意义	0. 485	0. 003	0. 610	153. 467	0. 000
N = 39729　R^2 = 37. 2%　F = 23552. 048					

表 4-13　价值观认同对西方文化价值渗透警惕度的影响

自变量	非标准化系数		标准系数	统计量	显著性水平
	B	*S. E*	*β*	*t*	*P*
常数	2. 036	0. 021		96. 485	0. 000
认同社会主义核心价值观对于国家、社会和个人的意义	0. 562	0. 005	0. 526	123. 210	0. 000
N = 39729　R^2 = 27. 6%　F = 15180. 736					

另外，研究还发现，大学生对西方所谓“普世价值”的态度也与其对西方文化价值渗透的警惕性有着十分紧密的关系（χ^2 = 1870. 992，P<0. 001）。如表 4-14 所示，对西方所谓“普世价值”持否定态度的大学生中，有 96. 2%的学生认为需要警惕西方文化的价值渗透，仅有不到 4%的学生对警惕西方文化价值渗透持模糊或消极的态度；对西方所谓“普世价值”持肯定态度的大学生中，仍有 77. 2%的学生认为需要警惕西方文化的价值渗透，仅有 22. 8%的学生对警惕西方文化价值渗透持模糊或消极的态度；另外对西方所谓“普世价值”持不确定态度的大学生中，有 87. 6%的学生认为需要警惕西方文化的价值渗透，仅有 12. 4%的学生对警惕西方文化价值渗透持模糊或消极的态度。总体上，对西方所谓“普世价值”持有更加客观理性认知的大学生，在面对西方文化的价值渗透时也能葆有更强的警惕性。

表 4-14　西方价值观认同对西方文化价值渗透警惕性的交叉分析

怎样看待西方所谓的“普世价值”	警惕西方文化的价值渗透		
	认同	一般	不认同
西方倡导的“自由”“民主”“人权”是虚伪的，是“美丽的谎言”	96. 2%	3. 0%	0. 7%
西方倡导的“自由”“民主”“人权”是“普世”的，值得倡导和践行	77. 2%	15. 0%	7. 8%
我对此不了解	87. 6%	10. 3%	2. 1%
χ^2 = 1870. 992（P = 0. 000）			

(四)思政教育与对中外文化的看法

研究发现，大学生对思想政治教育的态度与其对国外文化的看法密切关联。对思政教育重要性的认同度越高的学生，在面对国外文化时候也持有更高的文化包容度，面对国外文化价值渗透的警惕性也更高。结果显示，一方面，认同思想政治教育具有重要性的大学生群体中，有98.3%的大学生认为“我们应以开放包容的态度吸收其他文化的优长”，有94.1%的大学生强调“我们应当警惕西方文化的价值渗透”；另一方面，在并不认可思想政治教育具有重要性的大学生群体中，有80.9%的大学生认为“我们应以开放包容的态度吸收其他文化的优长”（$\chi^2=3592.477$，$P<0.001$），有60.2%的大学生强调“我们应当警惕西方文化的价值渗透”（$\chi^2=10117.448$，$P<0.001$）。与此同时，回归分析结果如表4-15、表4-16所示，大学生越是认同思政课是立德树人的关键课程，其在对待国外文化时候也就越能葆有客观和理性的态度。大学生对思政课是立德树人的关键课程的认同程度每提升一个单位，其对其他文化之优长的包容度提升约0.25个单位，对西方文化价值渗透的警惕性提升约0.37个单位。简言之，对思想政治教育之重要性的认识也有助于促进大学生以一种更加科学合理的视角去审视纷繁复杂的国外文化。

表4-15　思政课认同对文化包容度的影响

自变量	非标准化系数		标准系数	统计量	显著性水平
	B	S.E	β	t	P
常数	3.648	0.014		258.636	0.000
是否认同思政课是立德树人的关键课程	0.252	0.003	0.373	80.052	0.000
$N=39729$　$R^2=13.9\%$　$F=6408.330$					

表4-16　思政课认同对西方文化价值渗透警惕度的影响

自变量	非标准化系数		标准系数	统计量	显著性水平
	B	S.E	β	t	P
常数	2.989	0.019		160.221	0.000
是否认同思政课是立德树人的关键课程	0.368	0.004	0.405	88.176	0.000
$N=39729$　$R^2=16.4\%$　$F=7774.934$					

三、大学生对中国传统文化的看法

中华优秀传统文化是中华文明的智慧结晶和精华所在，是中华民族的根和魂，是我们在世界文化激荡中站稳脚跟的根基，因此需要重视中华优秀传统文化的传承性实践。当前，丰富多元的传统文化传承活动不仅是培育大学生文化观和文化素养的重要方式，也为大学生进一步推动传统文化创造性转化和创新性发展提供了十分重要的实践载体。

（一）总体情况

调查结果显示，当前大学生参与了广泛且多样的传统文化传承活动。将传统文化学习情况的相关条目定义为一个多重响应集，可得到受访大学生对于传统文化传承活动的参与情况。

在不同类型的传统文化传承活动中，有66.8%的受访学生参加过传统文化课程类活动，38.7%的受访学生参加过经典诵读类活动，36.1%的受访学生参加过书法类活动，26.2%的受访学参加过绘画类活动，24.9%的受访学生参加过民族乐器类活动，15.2%的受访学生参加过棋艺类活动，13.7%的受访学生参加过武术类活动，11.1%的受访学生参加过茶艺类活动，仅有10.7%的受访学生没有参加过任何一项传统文化传承活动，如图4-2所示。总体上，接近九成的受访学生参加过传统文化传承相关的活动，其中超过六成的受访学生参加过传统文化课程，远远超过其他传统文化传承活动的参与度，这从一个侧面表现出传统文化课程在大学生传统文化传承活动参与过程中具有较广的普及性和较高的重要性。

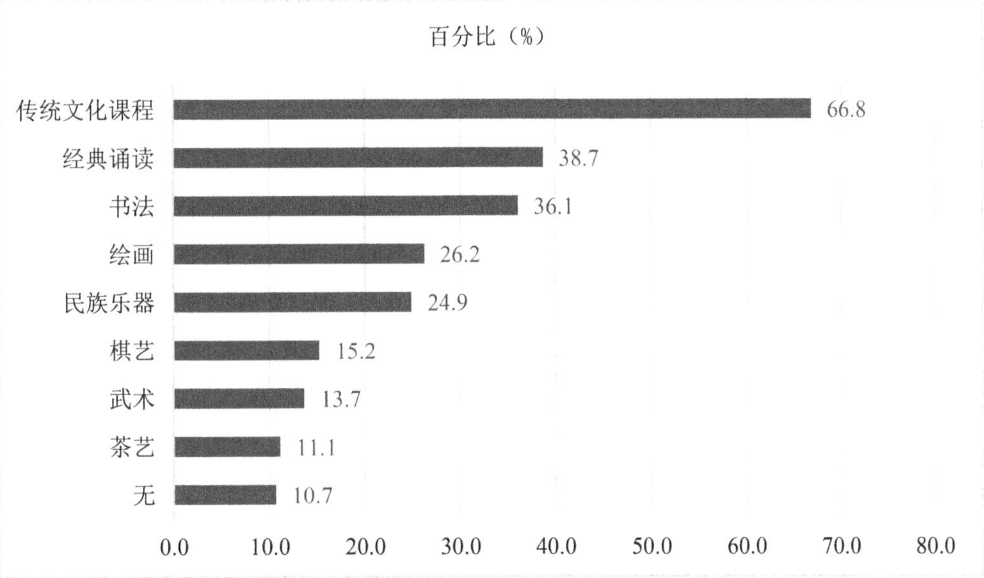

图4-2　传统文化传承活动参与情况

（二）传统文化传承活动与文化观的培育

研究发现，参与传统文化传承活动在大学生文化观的培育过程中发挥了重要的积极作用，即参加过传统文化传承活动的大学生与没有参加过传统文化传承活动的大学生相比，文化自信更强、文化认同程度更高。在参与过不同类别的传统文化传承活动的大学生中，有97.2%的大学生“为中华文化感到自豪”，其中有83.6%的大学生持“非常认同”的观点；有96.3%的大学生相信“中华民族一定能创造文化新辉煌”，其中有81.7%的大学生持“非常认同”的观点；有97.4%的大学生认为“文化自信是一个国家、一个民族发展中更基本、更深沉、更持久的力量”，其中有84.8%的大学生持“非常认同”的观点。在未参与过传统文化传承活动的大学生中，有89.5%的大学生“为中华文化感到自豪”，其中有68.1%的大学生持“非常认同”的观点；有88.5%的大学生相信“中华民族一定能创造文化新辉煌”，其中有66.8%的大学生持“非常认同”的观点；有90.3%的大学生认为“文化自信是一个国家、一个民族发展中更基本、更深沉、更持久的力量”，其中有70.1%的大学生持“非常认同”的观点。整体而言，参加过传统文化传承活动的大学生比未参加过传统文化传承活动的大学生，对文化自信相关方面的认同度平均要高7.5个百分点，其中持“非常认同”的观点则平均要高15个百分点。与参加过传统文化传承活动的大学生相比，未参加过传统文化传承活动的大学生中则有更高比例持“一般”的态度，表明其在文化自信方面尚具有模糊性和不确定性，如表4-17、表4-18、表4-19所示。

表4-17　大学生参与传统文化传承活动与文化自豪感的交叉分析

传统文化传承活动	我为中华文化感到自豪				
	很不认同	不太认同	一般	比较认同	非常认同
传统文化课程	0.2%	0.2%	2.2%	13.7%	83.7%
民族乐器	0.3%	0.3%	2.6%	14.3%	82.5%
经典诵读	0.2%	0.2%	1.7%	12.6%	85.3%
武术	0.4%	0.4%	3.2%	14.1%	82.0%
书法	0.2%	0.2%	2.2%	13.8%	83.6%
绘画	0.2%	0.1%	2.3%	13.7%	83.8%
棋艺	0.2%	0.2%	2.2%	13.3%	84.1%
茶艺	0.3%	0.2%	2.3%	13.6%	83.7%
未参与	0.9%	0.3%	9.3%	21.5%	68.1%

表4-18　大学生参与传统文化传承活动与文化创造力认同度的交叉分析

传统文化传承活动	中华民族一定能创造文化新辉煌				
	很不认同	不太认同	一般	比较认同	非常认同
传统文化课程	0.2%	0.3%	3.0%	14.7%	81.9%
民族乐器	0.3%	0.3%	3.5%	15.3%	80.5%

续表

传统文化传承活动	中华民族一定能创造文化新辉煌				
	很不认同	不太认同	一般	比较认同	非常认同
经典诵读	0.2%	0.3%	2.5%	13.6%	83.3%
武术	0.4%	0.5%	3.9%	15.2%	80.0%
书法	0.2%	0.3%	2.9%	15.0%	81.6%
绘画	0.2%	0.2%	3.1%	14.8%	81.7%
棋艺	0.2%	0.3%	3.0%	14.4%	82.1%
茶艺	0.3%	0.1%	3.1%	14.3%	82.2%
未参与	1.1%	0.4%	10.0%	21.7%	66.8%

表 4-19　大学生参与传统文化传承活动与文化自信重要性认知的交叉分析

传统文化传承活动	文化自信是一个国家、一个民族发展中更基本、更深沉、更持久的力量				
	很不认同	不太认同	一般	比较认同	非常认同
传统文化课程	0.2%	0.2%	1.9%	12.7%	85.0%
民族乐器	0.3%	0.3%	2.5%	13.4%	83.5%
经典诵读	0.2%	0.2%	1.6%	11.4%	86.5%
武术	0.3%	0.5%	2.9%	13.2%	83.1%
书法	0.2%	0.2%	1.9%	12.6%	85.1%
绘画	0.2%	0.1%	2.2%	12.7%	84.9%
棋艺	0.2%	0.1%	2.0%	12.3%	85.4%
茶艺	0.3%	0.2%	1.8%	12.4%	85.3%
未参与	0.8%	0.3%	8.6%	20.2%	70.1%

（二）传统文化传承活动与中外文化交流

研究发现，大学生参与传统文化传承活动对其看待中外文化关系产生了重要作用，即参加过传统文化传承活动的大学生更认可以开放包容的态度吸收其他文化的优长，对西方文化价值渗透也持有更高的警惕性。在参与过不同类别的传统文化传承活动的大学生中，有 97.3%的大学生认为“我们应以开放包容的态度吸收其他文化的优长”，其中有 83.8%的大学生持“非常认同”的观点；有 91.6%的大学生认为“我们应当警惕西方文化的价值渗透”，其中有 75.1%的大学生持“非常认同”的观点。在未参与过传统文化传承活动的大学生中，有 90.7%的大学生认为“我们应以开放包容的态度吸收其他文化的优长”，其中有 69.1%的大学生持“非常认同”的观点；有 83.3%的大学生认为“我们应当警惕西方文化的价值渗透”，其中有61.9%的大学生持“非常认同”的观点。整体而言，关于对吸收其他文化优长的认同度，参加过传统文化传承活动的大学生比未参加过传统文化传承活动的大学生平均要高6.6个百分点，其中持“非常认同”的观点则平均要高14.7个百分点；在对西方文化价值渗透的警惕性方面平均要高8.3个百分点，其中持“非常认同”的观点则平均要高13.2个百分点，如表4-20、表4-21所示。相较而言，未参加过传统文化传承活动的大学生对吸收其他文化优长的态度稍为消极，对待西方文化价值渗透的警惕性也要弱一些。

表4-20　大学生参与传统文化传承活动与文化包容度的交叉分析

传统文化传承活动	我们应以开放包容的态度吸收其他文化的优长				
	很不认同	不太认同	一般	比较认同	非常认同
传统文化课程	0.2%	0.2%	2.1%	13.7%	83.8%
民族乐器	0.2%	0.3%	2.6%	14.3%	82.5%
经典诵读	0.2%	0.2%	1.7%	12.6%	85.3%
武术	0.4%	0.5%	3.2%	14.2%	81.8%
书法	0.2%	0.1%	2.0%	13.7%	83.9%
绘画	0.2%	0.1%	2.1%	13.6%	84.0%
棋艺	0.2%	0.1%	2.1%	13.2%	84.4%
茶艺	0.3%	0.1%	2.2%	13.1%	84.3%
未参与	0.8%	0.2%	8.3%	21.6%	69.1%

表4-21　大学生参与传统文化传承活动与西方文化价值渗透警惕度的交叉分析

传统文化传承活动	我们应当警惕西方文化的价值渗透				
	很不认同	不太认同	一般	比较认同	非常认同
传统文化课程	0.4%	1.2%	5.7%	16.4%	76.2%
民族乐器	0.6%	1.4%	6.5%	17.3%	74.2%
经典诵读	0.4%	1.2%	5.5%	15.9%	76.9%
武术	0.6%	1.3%	7.0%	16.3%	74.8%
书法	0.5%	1.5%	6.6%	16.7%	74.7%
绘画	0.5%	1.5%	6.9%	17.0%	74.0%
棋艺	0.7%	1.5%	6.7%	15.8%	75.4%
茶艺	0.8%	1.9%	6.3%	16.3%	74.7%
未参与	1.5%	1.8%	13.3%	21.4%	61.9%

（四）传统文化传承活动与经典著作阅读

为了探讨传统文化传承活动与中华传统经典著作阅读之间的关系，我们尝试对相关著作阅读情况（包括《论语》《大学》《中庸》《孟子》）进行探索性因子分析。分析发现，KMO 样本合适性测定值为 0.793，Bartlett 球形度检验显著（$P<0.05$），通过主成分分析和最大方差旋转方法，在相关条目中提取一个因子，命名为“中华传统经典著作”，方差贡献率为 79.3%。如表 4-22 所示，我们将该因子载荷作为因变量与传统文化传承活动的相关变量进行一般线性回归分析。结果显示，大学生的中华传统经典著作阅读情况因其参与传统文化传承活动的情况不同存在显著差异（按照 $P<0.05$ 的检验标准）。具体而言，参加过传统文化课程的大学生在中华传统经典著作阅读程度上比未参加过传统文化课程的大学生平均高约 0.23 个单位，参加过经典诵读的大学生在中华传统经典著作阅读程度上比未参加过经典诵读的大学生平均高约 0.27 个单位。可见，大学生对相关传统文化传承活动参与程度与其对中华传统经典著作的阅读程度具有显著的正相关关系。

表 4-22　传统文化传承活动对中华传统经典著作阅读的影响

自变量	非标准化系数		标准系数	统计量	显著性水平
	B	S. E	β	t	P
常数	−0.259	0.009		−29.057	0.000
参加传统文化课程（参照项：未参加）	0.232	0.011	0.109	21.631	0.000
参加经典诵读（参照项：未参加）	0.268	0.010	0.131	25.887	0.000
$N=39729$　　$R^2=35\%$　　$F=722.931$					

四、大学生对中外文化比较的看法

文艺作品是彰显人类文明形态的鲜明标识，是民族时代精神的深刻反映。中外经典著作作为人类文化精粹的重要载体，对个体之文化观念、文化素养的形成具有重要作用。为考察大学生对中外文化比较的看法，本章以大学生收看国内外影视作品、阅读中外经典著作的情况为切入点进行考察。

（一）大学生收看国内外影视节目情况

中国式现代化是物质文明和精神文明相协调的现代化，在中国式现代化进程中，创作更多独具中华民族精神特质的文艺作品，是新时代中国文艺的历史使命。优秀的影视作品在展现中国式现代化风采、提升国民文化自觉和文化自信等方面发挥着重要作用，那么大学生对国内外影视节目的态度是怎样的呢?

1. 总体情况

研究发现，当前大学生在国内外影视节目收看偏好上呈现出多样化的趋势。有30. 3%的受访大学生表示喜欢看国产影视节目，9. 7%的受访大学生表示喜欢看国外影视节目，46. 7%的受访大学生对国内外影视节目都喜欢，5. 4%的受访大学生表示对国内外影视节目都不喜欢，有7. 9%的受访大学生表示“说不清楚”。整体而言，当前大学生对国产影视节目的喜欢程度高于对国外影视节目的喜欢程度。

2. 大学生喜欢看国外影视节目的原因分析

围绕喜欢国外影视节目的大学生，课题组探讨了造成这一现象的主要原因。调查显示，有46. 3%的受访大学生认为国外影视节目创意性强、有吸引力，25. 5%的受访大学生是出于学习外语的需要，18. 7%的受访大学生喜欢国外影视节目中展现的异域文化风俗，13%的受访大学生是因为喜爱国外的演员明星，8. 5%的受访大学生认同国外影视节目所传递的价值取向，另有4. 3%的受访大学生是因为其他原因喜欢看国外影视节目，如图4-3所示。整体而言，绝大多数喜欢看国外影视节目的大学生认可这些影视节目本身具有创意性和吸引力，这一点可能也是国内影视节目所需要学习的地方。

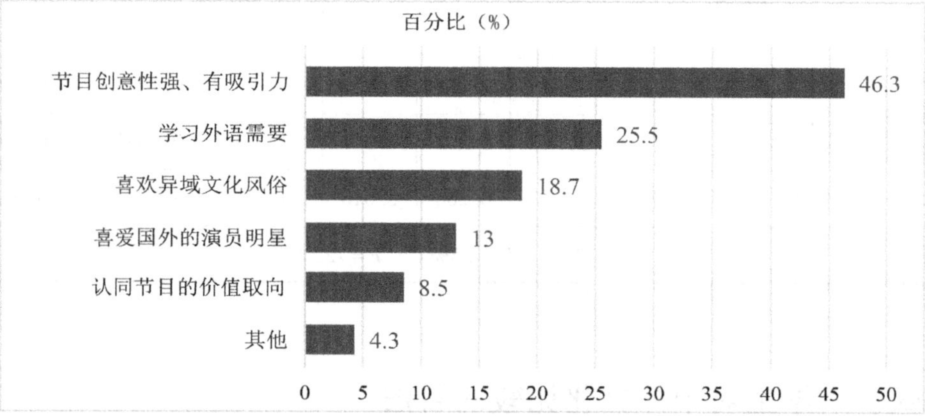

图4-3　喜欢国外影视节目的主要原因

3. 国内外影视节目收看情况与文化自信

研究发现，大学生文化自信情况与其收看国内外影视节目情况具有非常密切的关系。如表4-23所示，其一，在“为中华文化感到自豪”的大学生群体中，有78. 3%的大学生喜欢看国产节目，其中，有30. 9%的大学生更喜欢看国产节目，9. 1%的大学生更喜欢看国外节目；而在没有“为中华文化感到自豪”的大学生群体中，有50. 6%的大学生喜欢看国产节目，比较来看，虽然有26. 7%的大学生更喜欢看国产节目，但有30%的大学生更喜欢看国外节目。其二，在相信“中华民族一定能创造文化新辉煌”的大学生群体中，有78. 6%的大学生喜欢看国产节目，其中，有31. 1%的大学生更喜欢看国产节目，8.8%的大学生更喜欢看国外节目；而在不相信“中华民族一定能创造文化新辉煌”的大学生群体中，有41.3%的大学生喜欢看国产节目，其中，虽然有21%的大学生更喜欢看国产节目，但有38.5%的大学生更喜欢看国外节目。其三，在认为“文化自信是一个国家、一个民族发展中更基本、更深沉、更持久的力量”的大学生群体中，有78.1%的大学生喜欢看国产节目，其中，有30.8%的大学生更喜欢看国产节目，9.2%的大学生更喜欢看国外节目；而在不认为“文化自信是一个国家、一个民族发展中更基本、更深沉、更持久的力量”的大学生群体中，则有50.5%的大学生喜欢看国产节目，其中，虽然有26.1%的大学生更喜欢看国产节目，但有27.8%的大学生更喜欢看国外节目。整体而言，大学生文化自信的程度与其对国产影视节目的喜欢程度之间呈现显著的正相关关系，而大学生文化自信的程度与其对国外影视节目的喜欢程度之间呈现显著的负相关关系。简言之，文化自信程度越高的大学生，更倾向于喜欢看国产影视节目；文化自信程度越低的大学生，则更倾向于喜欢看国外影视节目。

表 4-23　国内外影视节目收看与文化自信的交叉分析

文化自信相关项		更喜欢国产节目	更喜欢国外节目	两者都喜欢	两者都不喜欢	说不清楚	卡方检验
为中华文化感到自豪	认同	30.9%	9.1%	47.4%	5.2%	7.4%	$\chi^2=881.216$ ($P<0.001$)
	一般	15.7%	22.9%	31.7%	10.9%	18.7%	
	不认同	26.7%	30.0%	23.9%	8.6%	10.7%	
中华民族一定能创造文化新辉煌	认同	31.1%	8.8%	47.5%	5.1%	7.4%	$\chi^2=1315.135$ ($P<0.001$)
	一般	14.3%	24.8%	32.0%	11.0%	17.8%	
	不认同	21.0%	38.5%	20.3%	8.6%	11.7%	
文化自信是一个国家、一个民族发展中更基本、更深沉、更持久的力量	认同	30.8%	9.2%	47.3%	5.2%	7.4%	$\chi^2=792.073$ ($P<0.001$)
	一般	16.1%	21.5%	31.3%	11.6%	19.6%	
	不认同	26.1%	27.8%	24.4%	9.4%	12.4%	

4. 国内外影视节目收看情况与价值认同

调查结果显示，大学生对社会主义核心价值观和西方文化价值观的认同度同其收看国内外影视节目的情况具有紧密关系。

(1)影视节目收看与社会主义核心价值观

研究发现，大学生对西方文化价值观的认同度与其收看国内外影视节目的情况具有密切关联，如表4-24所示。

表 4-24　影视节目收看与社会主义核心价值观的交叉分析

社会主义核心价值观相关项		更喜欢国产节目	更喜欢国外节目	两者都喜欢	两者都不喜欢	说不清楚	卡方检验
理解社会主义核心价值观的具体内涵	认同	31.5%	8.7%	47.5%	5.2%	7.2%	$\chi^2=750.321$ ($P<0.001$)
	一般	20.8%	16.7%	42.0%	7.0%	13.6%	
	不认同	25.1%	23.0%	29.7%	9.6%	12.6%	
认同社会主义核心价值观对社会、国家和个人的意义	认同	31.3%	8.7%	47.5%	5.2%	7.3%	$\chi^2=952.635$ ($P<0.001$)
	一般	17.7%	20.5%	38.8%	8.4%	14.5%	
	不认同	24.2%	27.0%	27.0%	9.5%	12.3%	
将社会主义核心价值观作为自己的基本遵循	认同	31.6%	8.5%	47.6%	5.1%	7.2%	$\chi^2=1149.301$ ($P<0.001$)
	一般	17.7%	19.6%	40.1%	8.3%	14.4%	
	不认同	22.4%	29.7%	26.8%	9.7%	11.3%	

其一，在“理解社会主义核心价值观的具体内涵”的大学生群体中，有79%的大学生喜欢看国产节目，其中，有31.5%的大学生更喜欢看国产节目，8.7%的大学生更喜欢看国外节目；而在对“理解社会主义核心价值观的具体内涵”持消极态度的大学生群体中，则只有54.8%的大学生喜欢看国产节目，其中，虽然有25.1%的大学生更喜欢看国产节目，但有23%的大学更喜欢看国外节目。其二，在“认同社会主义核心价值观对社会、国家和个人的意义”的大学生群体中，有78.8%的大学生喜欢看国产节目，其中，有31.3%的大学生更喜欢看国产节目，8.7%的大学生更喜欢看国外节目；而在对“认同社会主义核心价值观对社会、国家和个人的意义”持消极态度的大学生群体中，则只有51.2%的大学生喜欢看国产节目，其中，虽然有24.2%的大学生更喜欢看国产节目，但有27%的大学更喜欢看国外节目。其三，在“将社会主义核心价值观作为自己的基本遵循”的大学生群体中，有79.2%的大学生喜欢看国产节目，其中，有31.6%的大学生更喜欢看国产节目，8.5%的大学生更喜欢看国外节目；而在对“将社会主义核心价值观作为自己的基本遵循”持消极态度的大学生群体中，则有49.2%的大学生喜欢看国产节目，虽然有22.4%的大学生更喜欢看国产节目，但有29.7%的大学更喜欢看国外节目。简言之，大学生对社会主义核心价值观的认同度与其对国产节目的喜欢程度呈现出显著的正相关关系，即对社会主义核心价值观认同度越高的大学生，更倾向于国产节目，而对社会主义核心价值观认同度越低的大学生，则更倾向于国外节目。

此外，结合研究在前文分析中提取出的“社会主义核心价值观认同”因子，以测算出的因子得分作为大学生对社会主义核心价值观的认同度，数值越大则表明认同度越高，数值越小则表明认同度越低，从而与大学生国内外影视节目收看的情况进行差异显著性检验(按照0.05的检验标准)。结果如表4-25所示，一方面，着眼于均值情况，相较于更喜欢看国外节目的大学生，更喜欢看国产影视节目的大学生对社会主义核心价值观持有更高的认同度；另一方面，着眼于标准差情况，相较于更喜欢看国产影视节目的大学生，更喜欢看国外节目的大学生在社会主义核心价值观认同方面更多地持有多元化的理解和不确定的态度。

表 4-25　不同影视节目收看情况样本的价值观认同的均值分析

自变量		均值	标准差	显著性
喜欢看国产影视节目还是国外影视节目	更喜欢国产节目	0.16	0.86	0.000
	更喜欢国外节目	-0.44	1.31	
	两者都喜欢	0.07	0.88	
	两者都不喜欢	-0.22	1.21	
	说不清楚	-0.29	1.28	

(2)影视节目收看与西方文化价值观认同

研究发现，大学生对西方文化价值观的认同度与其收看国内外影视节目的情况具有密切关联。

表 4-26　影视节目收看与西方文化价值观认同的交叉分析

西方文化价值观相关项		更喜欢国产节目	更喜欢国外节目	两者都喜欢	两者都不喜欢	说不清楚	卡方检验
应当警惕西方文化的价值渗透	认同	31.7%	8.4%	47.3%	5.2%	7.4%	$\chi^2=1211.142$ ($P<0.001$)
	一般	17.3%	20.6%	41.1%	7.5%	13.5%	
	不认同	16.4%	30.5%	38.5%	6.7%	7.9%	
怎样看待西方所谓的"普世价值"	是虚伪的，是"美丽的谎言"	34.1%	7.8%	46.1%	5.8%	6.3%	$\chi^2=791.560$ ($P<0.001$)
	是普世的，值得倡导和践行	24.0%	18.7%	48.9%	3.8%	4.6%	
	不了解	27.8%	9.8%	46.8%	5.4%	10.1%	

如表 4-26 所示，其一，认为"应当警惕西方文化的价值渗透"的大学生群体中，有 79.0%的大学生喜欢看国产节目，基于比较，则有 31.7%的大学生更喜欢看国产节目，8.4%的大学生更欢看国外节目；而对"应当警惕西方文化的价值渗透"持消极态度的大学生群体中，则有 54.9%的大学生喜欢看国产节目，基于比较，虽然有 16.4%的大学生更喜欢看国产节目，但有 30.5%的大学更喜欢看国外节目。其二，认为西方倡导的"自由""民主""人权"是虚伪的、是"美丽的谎言"的大学生群体中，有 80.2%的大学生

喜欢看国产节目，比较来看，有 34.1%的大学生更喜欢看国产节目，7.8%的大学生更喜欢看国外节目；而认为西方倡导的“自由”“民主”“人权”是普世的、值得倡导和践行的大学生群体中，则有 72.9%的大学生喜欢看国产节目，基于比较，虽然有 24%的大学生更喜欢看国产节目，但有 18.7%的大学生更喜欢看国外节目。简言之，大学生对西方文化价值观的认同度与其对国外节目的喜欢程度呈现出显著的正相关关系。

（二）大学生中外经典著作阅读情况

书籍是人类文化精粹的重要载体，也是人类智慧和知识的结晶。以此为背景，为考察当前大学生中外经典著作的阅读情况，研究选取了中外传统经典著作如《论语》《大学》《中庸》《孟子》《理想国》，以及马克思主义与中国共产党经典著作如《共产党宣言》《毛泽东选集》《邓小平文选》和《习近平谈治国理政》共计九本中外经典著作，并统计了受访大学生的阅读情况。研究尝试对涉及中外经典著作的相关条目进行探索性因子分析。结果显示，KMO 样本合适性测定值为 0.889，Bartlett 球形度检验显著（$P<0.05$），通过主成分分析和最大方差旋转方法，可在相关条目中取两个因子，分别命名为“中外传统经典著作”和“马克思主义与中国共产党经典著作”，累计方差贡献率为 74.863%，较好地解释了调查内容。

1. 总体情况

调查结果显示，受访大学生的阅读面包含上述提及的所有中外经典著作。《论语》是列选的经典著作中阅读率最高的著作，有 90%的受访学生表示阅读过，而阅读率最低的《理想国》也有超六成的受访大学生接触过，另外还有超过八成的受访大学生阅读过《共产党宣言》和《毛泽东选集》，如图 4-4 所示。

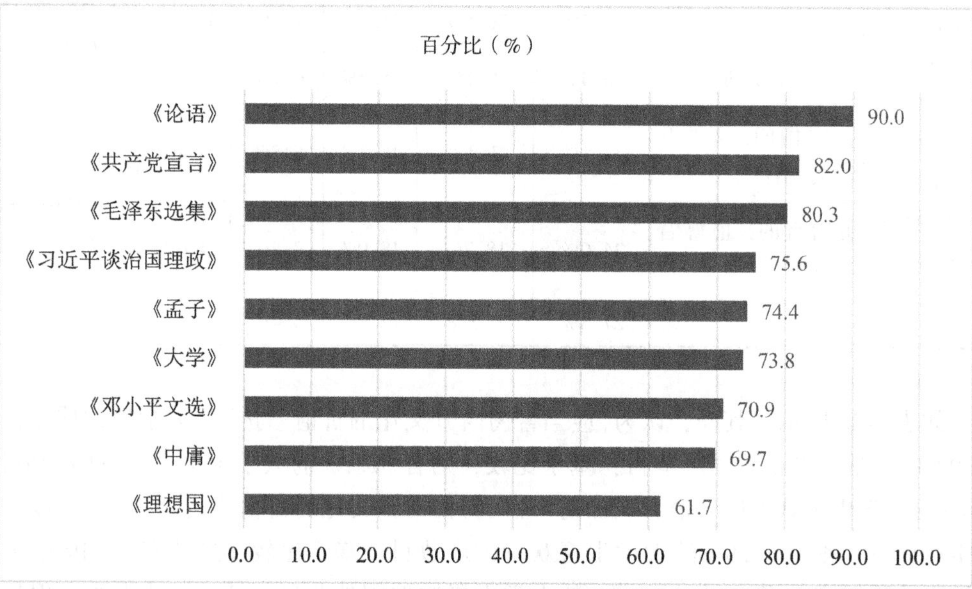

图 4-4　大学生中外经典著作的阅读情况

尽管如此，受访大学生对以上中外经典著作的完整阅读率却并不高，如表4-27、图4-5所示。

表 4-27　大学生中外经典著作的阅读程度

书目	完全没读过	浏览翻阅过	读过部分章节	通读过全书	精读过全书
论语	10.0%	19.0%	52.7%	12.6%	5.6%
大学	26.2%	23.2%	42.1%	5.7%	2.9%
中庸	30.3%	22.7%	39.6%	4.9%	2.5%
孟子	25.6%	22.5%	43.8%	5.4%	2.6%
理想国	38.3%	21.8%	30.6%	6.1%	3.2%
共产党宣言	18.0%	22.6%	39.3%	13.4%	6.7%
毛泽东选集	19.7%	23.9%	43.7%	8.6%	4.0%
邓小平文选	29.1%	24.6%	37.0%	6.2%	3.0%
习近平谈治国理政	24.4%	23.9%	38.7%	8.8%	4.3%

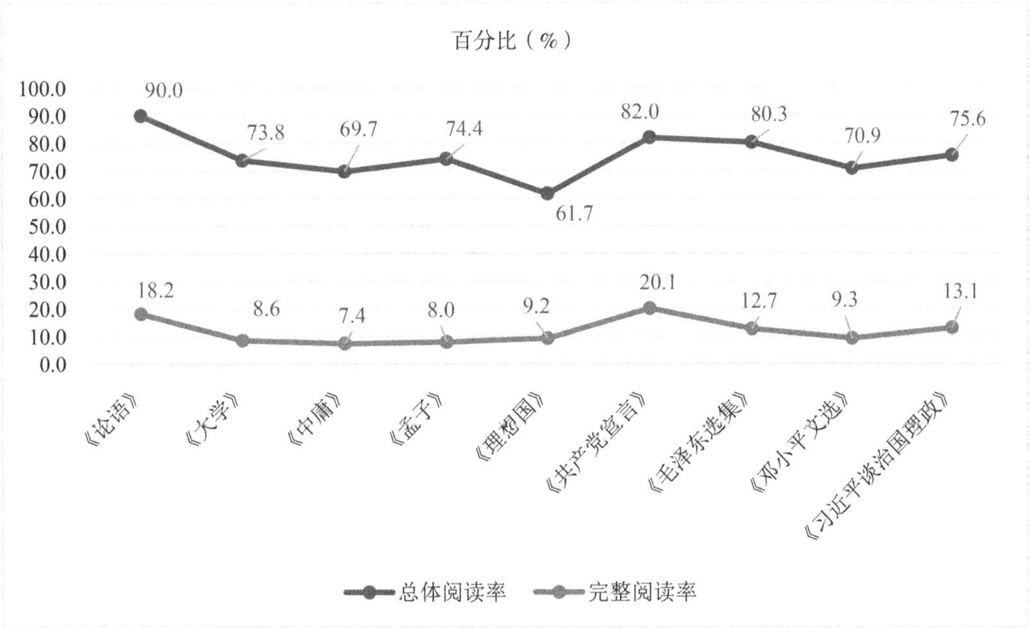

图 4-5　大学生中外经典著作的阅读率

完整阅读率超过20%的中外经典著作仅有《共产党宣言》，其余所有中外经典著作的完整阅读率均低于20%。对于前文提及的阅读率最高的《论语》，实际上仅有18.2%

的受访学生表示完整阅读过，此外《毛泽东选集》和《习近平谈治国理政》的完整阅读率则是略高于 10%，而对于其他中外经典著作仅仅有不到一成的受访大学生表示自己完整阅读过。相较之下，阅读过上述九本中外经典著作的大学生中有超过半数的学生只是“浏览翻阅过”或“读过部分章节”。简言之，当前大学生在中外经典著作阅读方面具有一定的广度，但同时对于中外经典著作的阅读总体上较为粗浅和片面，在经典阅读的深度和完整性方面有所欠缺。

2. 不同群体大学生阅读中外经典著作的情况

为探讨不同群体大学生阅读中外经典著作的情况，研究将已经提取出的“中外传统经典著作”和“马克思主义与中国共产党经典著作”两个因子作为因变量分别与相关社会人口学变量进行一般线性回归分析。

(1)不同群体大学生对中外传统经典著作的阅读情况

在阅读中外传统经典著作方面，基本人口学特征、受教育经历、生源地所属区域、家庭背景、个人成长经历和学校所属区域不同的大学生群体阅读状况存在显著差异($P<0.05$)，具体情况如表 4-28 所示。

表 4-28 不同群体大学生阅读中外传统经典著作的一般线性回归分析

自变量		非标准化系数		标准系数	统计量	显著性水平
		B	S. E	β	t	P
常数项		-0.058	0.041		-1.397	0.162
性别-男生(参照项：女生)		-0.097	0.011	-0.048	-8.937	0.000
年龄(参照项：高年龄段)	低年龄段	0.032	0.026	0.016	1.258	0.208
	中年龄段	-0.051	0.023	-0.026	-2.277	0.023
学历层次（参照项：博士生）	本科生	0.121	0.031	0.054	3.873	0.000
	硕士生	-0.020	0.029	-0.008	-0.673	0.501
学科门类（参照项：理工农医类）	人文科学	0.106	0.014	0.044	7.791	0.000
	社会科学	0.058	0.013	0.025	4.535	0.000
政治面貌-党员(参照项：非党员)		-0.094	0.013	-0.041	-7.273	0.000
生源地(参照项：城镇)	农村	-0.105	0.012	-0.053	-9.112	0.000
生源地所属区域（参照项：东北）	华东	0.054	0.023	0.024	2.297	0.022
	华南	-0.132	0.029	-0.039	-4.581	0.000
	华中	0.059	0.024	0.024	2.425	0.015
	华北	-0.046	0.025	-0.015	-1.837	0.066
	西北	-0.035	0.029	-0.008	-1.192	0.233
	西南	-0.055	0.026	-0.020	-2.109	0.035
双亲家庭(参照项：非双亲家庭)		0.016	0.017	0.005	0.931	0.352

续表

自变量		非标准化系数		标准系数	统计量	显著性水平
		B	S. E	*β*	*t*	*P*
学生干部经历(参照项：没有学生干部经历)		0.108	0.013	0.041	8.099	0.000
国(境)外学习经历[参照项：没有国(境)外学习经历]		0.130	0.028	0.023	4.606	0.000
独生子女(参照项：非独生子女)		0.024	0.012	0.012	2.090	0.037
小时候父母常年在外务工(参照项：小时候父母未常年在外务工)		-0.033	0.012	-0.014	-2.665	0.008
学校所属区域(参照项：东北)	华东	-0.086	0.022	-0.037	-3.927	0.000
	华南	-0.055	0.026	-0.018	-2.126	0.033
	华中	-0.086	0.022	-0.034	-3.851	0.000
	华北	-0.051	0.023	-0.018	-2.258	0.024
	西北	0.047	0.036	0.008	1.290	0.197
	西南	-0.007	0.024	-0.003	-0.309	0.757
$N=39729$ $R^2=2.9\%$ $F=43.304$						

第一，基于自然因素的分析。

从性别来看，女生对中外传统经典著作的整体阅读率高于男生约 0.1 个单位。

从年龄段来看，相较于高年龄段(25 岁及以上)，中年龄段(21~24 岁)大学生对中外传统经典著作的阅读率更低。

第二，基于成长背景的分析。

从生源地所属区域来看，来自华中和华南地区的大学生在阅读中外传统经典著作方面比东北地区的大学生分别高 0.06 和 0.05 个单位，来自华南和西南地区的大学生在阅读中外传统经典著作方面则比东北地区的大学生分别低约 0.13 和 0.06 个单位，其余地区包括华北和西北地区的大学生同东北地区的大学生相比，在阅读中外传统经典著作方面没有体现出显著差异。

从学生家庭情况来看，来自双亲家庭的大学生与来自非双亲家庭的大学生在阅读中外传统经典著作方面并无显著差异；作为独生子女的大学生在阅读中外传统经典著作方面较之作为非独生子女的大学生平均高约 0.02 个单位。

第三，基于教育因素的分析。

从学历层次来看，本科生阅读中外传统经典著作的情况好于博士生约 0.12 个单位，硕士生和博士生阅读中外传统经典著作的情况并无显著差异。

从学科门类来看，人文科学类和社会科学类的大学生对中外传统经典著作的整体阅读率分别比理工农医类的大学生高 0.11 和 0.06 个单位。

从政治面貌来看，身份为党员的大学生阅读中外传统经典著作的情况低于非党员的大学生约 0. 09 个单位。从生源地性质来看，来自农村的大学生比来自城镇的大学生对中外传统经典著作的整体阅读率要低 0. 11 个单位。

从学生成长经历来看，有过学生干部经历的大学生或有过国(境)外学习经历的大学生比没有相应经历的大学生阅读中外传统经典著作的情况更好；而对小时候父母常年在外务工的大学生而言，其阅读中外传统经典著作的情况则比没有相应经历的大学生要少一些。

从学校所属区域来看，就读于华东、华中、华南和华北地区高校的大学生，其阅读中外传统经典著作的情况较之就读于东北地区高校的大学生分别低约 0. 09、0. 09、0. 06 和 0. 05 个单位；而就读于西北和西南地区高校的大学生同就读于东北地区高校的大学生相比，在阅读中外传统经典著作的情况方面并无显著差异。

(2)不同群体大学生对马克思主义与中国共产党经典著作的阅读情况

在阅读马克思主义与中国共产党经典著作方面，基本人口学特征、受教育经历、生源地所属区域、家庭背景、个人成长经历和学校所属区域不同的大学生群体阅读状况存在显著差异(P<0. 05)，如表 4-29 所示。

表 4-29　不同群体大学生阅读马克思主义与中国共产党经典著作的一般线性回归分析

自变量		非标准化系数		标准系数	统计量	显著性水平
		B	S. E	β	t	P
常数项		−0. 109	0. 041		−2. 662	0. 008
性别-男生(参照项：女生)		0. 102	0. 011	0. 051	9. 479	0. 000
年龄(参照项：高年龄段)	低年龄段	−0. 056	0. 026	−0. 028	−2. 178	0. 029
	中年龄段	0. 010	0. 023	0. 005	0. 429	0. 668
学历层次（参照项：博士生)	本科生	−0. 024	0. 031	−0. 011	−0. 776	0. 438
	硕士 tg	−0. 060	0. 029	−0. 025	−2. 078	0. 038
学科门类（参照项：理工农医类)	人文科学	0. 048	0. 014	0. 019	3. 501	0. 000
	社会科学	0. 096	0. 013	0. 042	7. 593	0. 000
政治面貌-党员(参照项：非党员)		0. 338	0. 013	0. 148	26. 315	0. 000
生源地(参照项：城镇)	农村	−0. 017	0. 012	−0. 008	−1. 460	0. 144
生源地所属区域（参照项：东北)	华东	0. 003	0. 023	0. 002	0. 149	0. 881
	华南	−0. 078	0. 029	−0. 023	−2. 726	0. 006
	华中	0. 019	0. 024	0. 007	0. 770	0. 441
	华北	0. 025	0. 025	0. 008	1. 026	0. 305
	西北	0. 097	0. 029	0. 023	3. 325	0. 001
	西南	−0. 025	0. 026	−0. 009	−0. 964	0. 335

续表

自变量		非标准化系数		标准系数	统计量	显著性水平
		B	S. E	*β*	*t*	*P*
双亲家庭(参照项：非双亲家庭)		0. 026	0. 017	0. 008	1. 582	0. 114
学生干部经历(参照项：没有学生干部经历)		0. 113	0. 013	0. 043	8. 520	0. 000
国(境)外学习经历[参照项：没有国(境)外学习经历]		0. 015	0. 028	0. 003	0. 521	0. 603
独生子女(参照项：非独生子女)		0. 037	0. 012	0. 018	3. 179	0. 001
小时候父母常年在外务工(参照项：小时候父母未常年在外务工)		-0. 010	0. 012	-0. 004	-0. 803	0. 422
学校所属区域(参照项：东北)	华东	-0. 164	0. 022	-0. 070	-7. 534	0. 000
	华南	-0. 159	0. 026	-0. 052	-6. 217	0. 000
	华中	-0. 153	0. 022	-0. 060	-6. 871	0. 000
	华北	-0. 062	0. 023	-0. 022	-2. 767	0. 006
	西北	-0. 120	0. 036	-0. 020	-3. 329	0. 001
	西南	-0. 146	0. 024	-0. 055	-6. 173	0. 000
$N=39729$　$R^2=3.8\%$　$F=58.270$						

第一，基于自然因素的分析。

从性别来看，男生对马克思主义与中国共产党经典著作的整体阅读率高于女生约 0. 1 个单位。

从年龄段来看，相较于高年龄段(25 岁及以上)，低年龄段(20 岁及以下)大学生对马克思主义与中国共产党经典著作的阅读率显著更低。

第二，基于成长背景的分析。

从生源地性质来看，来自农村的大学生同来自城镇的大学生相比，在阅读马克思主义与中国共产党经典著作方面没有显著差异。

从生源地所属区域来看，来自西北地区的大学生在阅读马克思主义与中国共产党经典著作方面比东北地区的大学生高 0. 1 个单位，来自华南地区的大学生在阅读马克思主义与中国共产党经典著作方面比东北地区的大学生低 0. 08 个单位，其余地区包括华东、华中、华北和西南地区的大学生同东北地区的大学生相比，在阅读马克思主义与中国共产党经典著作方面没有体现出显著差异。

从学生家庭情况来看，来自双亲家庭的大学生与来自非双亲家庭的大学生在阅读马克思主义与中国共产党经典著作方面并无显著差异；独生子女大学生在阅读马克思主义与中国共产党经典著作方面较之非独生子女大学生平均高约 0. 04 个单位。

第三，基于教育因素的分析。

从学历层次来看，硕士生阅读马克思主义与中国共产党经典著作的情况比博士生低 0.06 个单位，本科生和博士生阅读马克思主义与中国共产党经典著作的情况并无显著差异。

从学科门类来看，人文科学类和社会科学类大学生对马克思主义与中国共产党经典著作的整体阅读率分别比理工农医类大学生高 0.05 和 0.1 个单位。

从政治面貌来看，身份为党员的大学生阅读马克思主义与中国共产党经典著作的情况比非党员的大学生高 0.34 个单位。

从学生成长经历来看，有学生干部经历的大学生比没有相应经历的大学生在阅读马克思主义与中国共产党经典著作方面的情况更好；另外有国(境)外学习经历的大学生与没有相应经历的大学生在阅读马克思主义与中国共产党经典著作方面没有显著差异。

3. 中外经典著作阅读情况与文化自信

结合前文分析中提取出的“文化自信心”因子，以测算出的因子得分作为大学生文化自信的程度(数值越大表明文化自信程度越高，数值越小则表明文化自信程度越低)，从而与大学生中外经典著作的阅读情况进行差异显著性检验(按照 0.05 的检验标准)(见表 4-30)。

表 4-30 不同中外经典著作阅读情况样本的文化自信均值分析

书目	自变量	均值	标准差	显著性	书目	自变量	均值	标准差	显著性
论语	没有读过	-0.054	1.124	0.000	共产党宣言	没有读过	-0.117	1.104	0.000
	部分读过	-0.026	0.976			部分读过	-0.017	0.977	
	完整读过	0.132	1.009			完整读过	0.157	0.953	
大学	没有读过	-0.034	0.995	0.000	毛泽东选集	没有读过	-0.105	1.078	0.000
	部分读过	0.005	0.968			部分读过	0.006	0.955	
	完整读过	0.064	1.228			完整读过	0.132	1.089	
中庸	没有读过	-0.020	0.974	0.007	邓小平文选	没有读过	-0.071	1.026	0.000
	部分读过	0.005	0.974			部分读过	0.014	0.959	
	完整读过	0.040	1.283			完整读过	0.127	1.155	
孟子	没有读过	-0.032	0.999	0.000	习近平谈治国理政	没有读过	-0.129	1.083	0.000
	部分读过	0.007	0.965			部分读过	0.012	0.951	
	完整读过	0.048	1.252			完整读过	0.182	1.034	
理想国	没有读过	0.023	0.928	0.000					
	部分读过	-0.019	1.006						
	完整读过	0.014	1.227						

其一，阅读中外传统经典著作对文化自信的影响。包括《论语》《大学》《中庸》和

《孟子》在内的中华传统经典著作，受访大学生对这些书的阅读程度越高，其文化自信程度也越高，这表明对中华传统经典著作阅读状况越多的学生，其文化自信心也就越强。而作为西方传统经典著作的《理想国》，则呈现出相反的趋势，即“没有读过”此书的大学生比“部分阅读”或“完整阅读”过此书的大学生具有更强的文化自信心。

其二，阅读马克思主义与中国共产党经典著作对文化自信的影响。包括《共产党宣言》《毛泽东选集》《邓小平文选》和《习近平谈治国理政》在内的马克思主义与中国共产党经典著作，受访大学生对这些书的阅读程度越高，其文化自信程度也越高，这表明对马克思主义与中国共产党经典著作阅读状况越多的学生，其文化自信心也就越强。此外，就均值来看，阅读马克思主义与中国共产党经典著作比阅读中外传统经典著作，对大学生文化自信心具有更为显著的积极影响。

4. 中外经典著作阅读情况与价值认同

调查结果显示，中外经典著作阅读情况对大学生的价值认同具有非常重要的影响，这种影响一方面体现在大学生对社会主义核心价值观的认同度上，另一方面体现在大学生对西方文化价值观的认同度上。

(1)中外经典著作阅读情况与社会主义核心价值观

结合前文分析中提取出的“社会主义核心价值观认同”因子载荷作为因变量，并结合中外经典著作阅读情况作为自变量进行一般线性回归分析，大学生阅读中外传统经典著作的程度每提升一个等级，其对社会主义核心价值观的认同度平均提升 0.04 个单位；大学生阅读马克思主义与中国共产党经典著作的程度每提升一个等级，其对社会主义核心价值观的认同度平均提升 0.16 个单位。整体而言，阅读中外经典著作有助于提升大学生对社会主义核心价值观的认同度，且阅读马克思主义与中国共产党经典著作比阅读中外传统经典著作，对大学生社会主义核心价值观认同具有更为显著的积极影响，如表 4-31 所示。

表 4-31 阅读中外经典著作对社会主义核心价值观认同的影响

自变量	非标准化系数		标准系数	统计量	显著性水平
	B	S. E	β	t	P
中外传统经典著作	0.039	0.005	0.039	7.925	0.000
马克思主义与中国共产党经典著作	0.164	0.005	0.164	33.167	0.000
$N=39730$ $R^2=2.8\%$ $F=581.430$					

(2)中外经典著作阅读情况与西方文化价值观认同

研究发现，大学生因阅读中外经典著作的情况不同而在西方文化价值观认同方面具有显著差异。其一，对于中外传统经典著作而言，以《论语》为例，“没有读过”“部分读过”和“完整读过”《论语》的大学生群体中分别有 39.9%、44.6%和 53.9%的大学生反对西方所谓的“普世价值”（$\chi^2=279.637$，$P<0.001$），同时分别有 88.7%、90.4%和

92.2%的大学生认为应当警惕西方文化价值渗透（$\chi^2=169.154$，$P<0.001$）；其二，对于马克思主义与中国共产党经典著作而言，以《共产党宣言》为例，“没有读过”“部分读过”和“完整读过”《共产党宣言》的大学生群体中分别有39%、44.5%和55.9%的大学生反对西方所谓的“普世价值”（$\chi^2=492.208$，$P<0.001$），同时分别有87.1%、90.8%和92.9%的大学生认为应当警惕西方文化价值渗透（$\chi^2=224.779$，$P<0.001$）。整体而言，随着阅读中外经典著作程度的提升，大学生对西方所谓的“普世价值”会持有更加客观和理性的看法，同时也会增强大学生对西方文化价值渗透的警惕性。

五、本章小结

课题组从文化自信心、对中外文化关系的看法、传统文化传承活动参与情况、国内外影视节目收看情况和中外经典著作的阅读情况对大学生文化观与文化素养展开调查研究。调查结果显示，当前大学生总体上具有高度的文化自信心，对国外文化葆有积极的开放包容态度，也对吸收借鉴国外文化持有客观理性的态度，特别是面对西方文化可能造成的价值渗透持有非常自觉的警惕意识。此外，大学生积极培育自身文化素养，积极参与传统文化传承活动，注重从中外影视节目中取其所长，提升自己。进一步分析发现，大学生文化观与文化素养还存在一些值得关注的问题和现象，有待高校思想政治工作者持续的关注、研究与实践。

（一）总体情况

总体上来看，大学生文化观状况良好，具备较强的文化素养。

1. 大学生始终对中华文化葆有深厚的自信心

近五年的调查数据显示，超过96%的大学生认同文化自信国家和民族的重要价值与意义，认为“文化自信是一个国家、一个民族发展中更基本、更深沉、更持久的力量”，2018—2022年的认同度依次为98.2%、98.4%、97.8%、97.2%、96.2%。超过95%的大学生“为中华文化感到自豪”，2018—2022年的认同度依次为98.5%、98.6%、97.9%、97.1%、95.6%。大学生不仅高度认同文化自信对国家和民族的重要价值与意义，对中华文化感到自豪，同时对中华文化的的发展前景保持高度的自信，超过95%的大学生认为“中华民族一定能创造文化新辉煌”，2018—2022年的认同度依次为96.9%、97.1%、96.8%、96.6%、95%。

2. 大学生始终对中外文化葆有理性的判断力

调查显示，大学生普遍认为“我们应以开放包容的态度吸收其他文化的优长”，但同时对西方文化也保持高度的警惕，认为“我们应当警惕西方文化的价值渗透”。2018—2022年的调查数据显示，超过95%的大学生认为我们应以开放包容的态度吸收其他文化的优长”，2018—2022年比例依次为97.6%、97.8%、97.2%、97.0%、96.1%。从大学生对国内外影视剧的喜爱程度来看，30.3%的大学生表示喜欢看国产影视节目，9.7%的受访大学生表示喜欢看国外影视节目，46.7%的受访大学生对国内外影视节目都喜欢。从大学生喜欢看国外影视节目的原因来看，绝大多数出于对文化多元性的了解需要或个人学习需要。大学生对西方文化价值渗透的警惕性五年来不断提升，大学生对“我们应当警惕西方文化的价值渗透”的认同度从 2018 年到 2022 年上升了 6.6%（2018 年 84%，2019 年 84.3%，2020 年 85.7%，2021 年 92.6%，2022 年 90.6%），说明大学生对当前西方国家对中国文化渗透的警惕性越来越强，对中外文化的认知越来越理性。

3. 大学生对文化传承活动葆有积极的参与度

调查显示，高校开展了丰富了文化传承活动，大学生也广泛参与了传统文化传承活动。2021—2022 年的调查数据显示，高校开展了传统文化课程、民族乐器、经典诵读、武术、书法、绘画、棋艺、茶艺等丰富的文化传承活动，近九成的大学生表示至少参加过其中一项优秀传统文化传承活动（2021 年 86.7%，2022 年 89.3%）。同时，大学生也会选择通过阅读经典的方式提升自己对传统文化的认识和理解，分别有 90.0%、73.8%、69.7%、74.4%的大学生表示阅读过《论语》《大学》《中庸》《孟子》等中华优秀传统文化经典著作。调查标明，高校积极通过开展丰富的优秀传统文化传承活动来培育大学生正确的文化观，大学生在高度的文化自信驱使下，也越来越热衷于参与优秀传统文化活动并不断提升自身的文化素养。

（二）值得关注的现象与问题

通过进一步的数据分析，课题组发现大学生文化观与文化素养方面还存在一些值得关注的现象与问题。

1. 低年龄段大学生在文化自信上的矛盾倾向

研究发现，不同年龄段大学生在文化自信心、对其他文化的包容度、对西方文化价值渗透的警惕性、对中外影视节目的喜爱度等方面均存在显著差异。低年龄段（20 岁及以下）大学生的文化自信相对最强，对西方文化价值渗透的警惕性也更高，同时，他们对其他文化的包容度也更高。但相较于其他年龄段大学生，低年龄段大学生选择“更喜欢国产节目”的比例却最低（28.2%），低于中年龄段（21～24 岁，31.3%）和高年龄段（25 岁及以上，35.7%），低年龄段大学生“更喜欢国外影视节目”（9.9%）和“两者都喜欢”（48.1%）的比例最高。部分低年龄段大学生“更喜欢国外影视节目”的现象需要我们进一步关注，“00 后”大学生被称为“平视世界”的一代，他们拥有更强的文化自信，对其他文化拥有更开放包容的态度，虽然他们对西方文化价值渗透有更强的警惕性，但因为其价值观还在形成阶段，识别、屏蔽西方文化价值渗透的能力尚不够强。此外，西方文化价值渗透具有目标性、隐蔽性、高技术性和广泛性等特点，低年龄段大学生容易在潜移默化中受到影响，需要进一步加强关注。

2. 大学生对西方文化渗透的鉴别力还有待进一步提升

研究发现，虽然大学生对西方文化价值渗透的警惕性近五年来有较大提升，但从 2022 年的调查数据来看，仍有 9.4%的大学生对“我们应当警惕西方文化的价值渗透”表示不认同或态度模糊。此外，我们还要关注不同群体差异，比如本科和硕士生较之于博士生，对文化价值渗透持有更高的警惕性，博士生的警惕性相对较弱，但博士生又是高校朋辈教育中学历层次最高的群体，极易对其他大学生产生影响；有国(境)外学习经历的大学生在评价西方文化价值渗透时具有更加多元化和差异化的理解，其警惕性较无国(境)外学习经历的大学生更低，值得高校进一步关注。加之表示喜欢国外影视节目的学生比例超过了一半(9.7%的大学生更喜欢国外影视节目；46.7%国内和国外节目都喜欢)，而国外影视节目是西方国家开展文化价值渗透的重要载体，其中大多植入了西方国家的文化观念，如何降低西方文化价值渗透，需要进一步提升大学生对西方文化价值渗透的鉴别力，同时提高国内影视节目的形式创新和内容丰富程度，以高质量的影视文化作品赢得青年，担起引领主流价值的文化使命。

3. 高校文化观培育的针对性实效性和大学生文化观培育的自觉性还要加强

研究发现，参加过传统文化传承活动的大学生对文化自信心相关条目的认同度比没有参加过的大学生平均高出 7.5 个百分点，其中“非常认同”的比例则平均高出 15 个百分点，这充分说明传统文化传承活动对培育大学生文化观的重要价值。但高校开展的文化传承活动中，但仍有 10.7%的大学生表示没有参加过任何一项传统文化传承活动，且大部分参加的活动形式为“传统文化课程”，这一方面展现了高校在传统文化课程建设方面的成效，另一方面也反映了高校文化传承活动的丰富性、针对性还要持续加强。当然，这一定程度上也反映了部分大学生开展文化观培育的自觉性还不够高，这在大学生对传统文化经典著作的阅读方面也有验证，虽然有超过六成的大学生表示阅读过《论语》《大学》《中庸》《孟子》等中华优秀传统文化经典著作，但其中绝大部分是浏览翻阅、读过部分章节，诵读或精读过全书的比例最高只有 18.2%(《论语》)，《大学》《中庸》《孟子》的诵读和精读率分别只有 8.6%、7.4%、8%，而完全没读过《论语》《大学》《中庸》《孟子》的比例则分别高达 10%、26.2%、30.3%、25.6%，这既需要大学生不断提升开展文化观培育的自觉，也需要高校在文化传承活动的内容设计上关注传统文化著作阅读对大学生文化观培育的重要价值，并有针对性地设计大学生喜闻乐见的传统文化传统活动，以不断提升文化观培育工作的实效。

(三)对策与建议

在调查研究的基础上，结合高校已开展的实践探索，我们就进一步提升大学生的文化观和文化素养提出以下对策和建议。

1. 突出党团组织核心功能，有力提升文化鉴别能力

高校基层党、团组织是高校党、团的基础组织，担负着直接教育党员(团员)、管理党员(团员)、监督党员(团员)和组织群众(青年)、宣传群众(青年)、凝聚群众(青年)、服务群众(青年)的职责，在大学生政治思想引领方面具有重要作用。因此，高校要高度重视党员、团员青年大学生在大学生思想价值引领方面的重要作用，通过党、团组织宣传和执行党的路线、方针、政策，组织党员、团员学习党的创新理论，不断强化理论武装，夯实大学生的思想理论基础，增强抵御西方文化价值渗透的意识和能力。

第一，强化理论武装，筑牢政治信仰。强大的理论武装是抵御西方文化价值渗透的

思想基础，加强大学生文化观教育，必须坚持以马克思主义理论为指导，深入学习贯彻习近平新时代中国特色社会主义思想，高校学生基层党、团组织要以学习、宣传、贯彻、落实党的创新理论为根本任务，在“三会一课”的组织生活中突出思想理论教育，引导大学生牢固树立“四个意识”，坚定“四个自信”，坚决做到“两个维护”，自觉抵御西方文化价值渗透，勇于担当中华民族文化复兴的使命。

第二，丰富组织生活，激发青年热情。高校基层党、团组织具有组织青年、凝聚青年的优势，应将大学生文化观培育作为党、团组织的重要职责，组织带领党、团组织的青年开展结合学院特色、学科优势开展文化传承、经典著作阅读、文化名人故事讲述、文化名城走访等各种形式的活动，以小而精、小而专的活动激发青年参与热情，拓展文化传承活动的覆盖面，注重以中华优秀传统文化、革命文化、社会主义先进文化培根铸魂，引导广大青年坚定文化自信、增强文化自觉，形成主动学习、主动传承的意识。

第三，强化作用发挥，共助文化发展。习近平总书记在党的二十大报告中强调，要“激发全民族文化创新创造活力，增强实现中华民族伟大复兴的精神力量”。广大大学生是中华民族文化创新创造中最具有活力的群体，高校基层党、团组织要充分发挥党、团组织的战斗堡垒作用，凝聚广大青年党员、团员的力量，动员不同学科、不同兴趣爱好的青年群体开展文化发展调研、文化作品创作等活动，为中华民族文化发展贡献青年力量。

2. 强化课堂的主阵地作用，不断优化文化教育模式

调查显示，在高校开展的各种传统文化传承活动中，传统文化课程是学生参与度最高的一种活动，可见课堂在大学生文化观培育中的重要地位。课堂作为文化传承的重要载体，文化传承课程开展的如何将对大学生文化观培育的成效产生重要影响。

第一，主打“融入”，推动文化观培育与思政课程、课程思政深度融合。研究发现，大学生群体的文化自信心与其对思政教育的满意度存在显著的正相关关系（按照0.05的检验标准），即大学生对思想政治教育的满意程度每提升一个单位，大学生的文化自信心平均提升约0.49个单位。所以，文化观培育应当作为思政课的重要内容。文化是人类在社会历史发展过程中所创造的物质财富和精神财富的总和，它存在于社会生活的各方面，存在于不同学科当中。因此，文化观的培育不仅是思政课程的重要内容，也是课程思政的重要目标。高校要结合思政课和课程思政建设，将文化观培育融入其中，不断提升课程、课堂对大学生文化观培育的价值和作用。

第二，坚持“创新”，深入推进通识教育发展。习近平总书记在党的二十大报告中强调“必须坚持守正创新”，课堂教学也需要守正创新。课题组所在学校近年来不断创新通识教育模式，以“人文社科经典导引”“自然科学经典导引”“中国精神导引”三大导引为基础，通识讲堂和通识选修课为重要支撑，形成了多位一体的通识教育培养体系。通过涵养“博”与“雅”的君子品格、激发“教”与“学”的双重动力促进大学生既成人又成才。

第三，力推“实践”，不断推进第二课堂建设。相较于第一课堂，第二课堂一般更加生动活泼、更加丰富多彩，其学习空间也更为广泛，因此也更受学生欢迎。近年来，

高校深入开展的高雅艺术进校园、传统戏曲进校园等活动深受大学生欢迎，以社会实践组织学生开展以物质文化遗产发展调查、传承等活动也取得了非常好的实效。高校要注重发挥第二课堂在大学生文化观培育中的重要价值，通过打造课外红色教育基地、文化传承基地、社会教育活动阵地等方式引导大学生在沉浸式、互动式的体验和参与中厚植文化自信。

3. 充分青年的主体性优势，注重文化传承

近年来，发挥网络媒体上关于中华优秀传统文化创造性转化和创新性发展的例子越来越多，大型纪录片《记住乡愁》、电视节目《典籍里的中国》等在全社会引起广泛关注，“自得琴社”成为“网红音乐博主”，惊艳四座的《唐宫夜宴》一经推出迅速火出了圈，这些作品中有广大青年的深度参与，充分彰显了青年的文化创造力和创新力。

一方面，以学生为本开展文化教育。以学生为本开展文化教育，就是要聚焦学生需求，以学生喜闻乐见为标准开展文化教育活动。一是要在学生在的平台上开展文化教育。习近平总书记在全国高校思想政治工作会议上曾强调：“要运用新媒体新技术使工作活起来，推动思想政治工作传统优势同信息技术高度融合，增强时代感和吸引力。”①当前，网络是思想政治教育不可或缺的阵地，是大学生聚集的地方，那么文化教育也要进入网络。二是贴近学生特点设计网络教育活动，通过讲故事的方式，以短视频传播开展文化教育活动，以优质的内容、创新的平台吸引大学生广泛参与、获得提升。

另一方面，以学生为主创作文化作品。习近平总书记在纪念五四运动100周年大会上强调，“青年是整个社会力量中最积极、最有生气的力量，国家的希望在青年，民族的未来在青年”②。以学生为主创作文化作品，就是动员广大学生投入到文化教育作品的创作中，引导广大学生以学生视角创作能够促进大学生培育正确文化观的优秀作品。高校一要搭建平台。如开展网络文化节、主题作品征集等活动，汇集优秀作品，通过更优质的平台推送，不断扩大优秀作品的影响力。如二要培育队伍。朋辈引领是大学生思想政治教育的重要手段，高校要注重培育在文化作品创作中有特长、愿担当的朋辈骨干队伍，形成优秀作品创作的长效机制，保证优质内容供给。三要注重体系建设。高校要有计划、成体系地设计推出文化教育作品，并在不断积累的基础上建设教育资源库，不断拓展优秀作品的辐射范围，提升优秀作品的引领作用，充分发挥优秀作品培根铸魂的功能。

① 习近平. 习近平谈治国理政(第二卷)[M]. 北京：外文出版社，2017：378.

② 习近平. 论坚持人民当家作主[M]. 北京：中央文献出版社，2021：255.

第五章　网络运用

“互联网是我们这个时代最具发展活力的领域。互联网快速发展，给人类生产生活带来深刻变化，也给人类社会带来一系列新机遇新挑战。”①当前，互联网已经成为青年大学生学习专业知识、提升综合能力、了解广阔世界的重要途径。把握大学生的上网目的、网络行为等网络运用情况，引导大学生形成正确的网络观和网络素质成为高校思想政治工作的重要任务。课题组从上网目的、网络行为、新媒体运用、网络影响四个方面对大学生网络运用状况进行考察，在运用集中趋势分析、离散趋势分析、交互分析、回归分析等分析方式的基础上，全面了解大学生对网络的使用情况，客观分析其中存在主要问题，提出有针对性的对策和建议。

一、上网目的

大学生的上网目的是大学生依据自身的需要，预先设想使用计算机、智能手机等电子设备，访问和浏览包括网站、手机客户端、小程序、公众号等互联网媒体的行为目标和行为结果。上网目的是网络观念的重要组成部分，了解大学生的上网目的是把握大学生网络使用情况的必然要求。

（一）整体情况

大学生使用网络的频率高、目的多元化：表示上网目的为“获取资讯”的受访者占比为83.4%，目的为“娱乐消遣”的受访者占比为85.1%，目的为“社交”的受访者占比为78.3%，目的为“网络购物”的受访者占比为69.3%，目的为“在线学习”的受访者占比为75.8%，目的为“其他”的受访者占比为10.0%。

（二）不同群体大学生的上网目的

本章为探究不同群体大学生上网目的的差异性，将包含自然因素、成长背景、教育因素等在内的多项人口学变量与大学生上网目的进行一般线性回归分析。结果显示，性别、学科门类、政治面貌、生源地性质等不同的大学生上网目的存在显著差异（$P<0.05$），如表5-1、表5-2、表5-3、表5-4所示。

---

① 习近平. 在第三届世界互联网大会开幕式上的视频讲话[N]. 人民日报，2016-11-16.

1. 不同群体大学生上网目的为“获取资讯”的情况分析

第一，生源地性质对大学生上网目的为“获取资讯”有显著影响。与生源地性质为农村的大学生相比，生源地性质为城镇的学生上网目的为“获取资讯”的概率更高。分析结果表明，生源地性质为城镇的学生上网目的为“获取资讯”的概率比生源地性质为农村的学生高 0. 021 个单位。

第二，生源地所属区域对大学生上网目的为“获取资讯”有显著影响。与生源地所属区域为华东、华南、华中、华北、西北、西南的大学生相比，生源地所属区域为东北的学生上网目的为“获取资讯”的概率更低。分析结果表明，生源地所属区域为东北的学生中上网目的为“获取资讯”的概率比生源地所属区域为华东、华南、华中、华北、西北、西南的学生分别低 0. 044、0. 052、0. 030、0. 024、0. 041、0. 034 个单位。

第三，家庭类型对大学生上网目的为“获取资讯”有显著影响。与家庭类型为非双亲家庭的大学生相比，家庭类型为双亲家庭的学生上网目的为“获取资讯”的概率更高。分析结果表明，家庭类型为双亲家庭的学生上网目的为“获取资讯”的概率比家庭类型为非双亲家庭的学生高 0. 014 个单位。

表 5-1　不同群体大学生上网目的为“获取资讯”的一般线性回归分析

自变量		非标准化系数		标准系数	统计量	显著性水平
		B	S. E	*β*	*t*	*P*
常数项		0. 672	0. 100		6. 742	<0. 05
性别-男生(参照项：女生)		−0. 027	0. 004	−0. 035	−6. 558	<0. 05
学历层次（参照项：博士生）	本科生	0. 005	0. 009	0. 006	0. 519	0. 604
	硕士生	0. 005	0. 010	0. 006	0. 535	0. 592
学科门类（参照项：理工农医类）	人文科学类	0. 029	0. 005	0. 032	5. 720	<0. 05
	社会科学类	0. 012	0. 005	0. 014	2. 447	<0. 05
政治面貌-党员(参照项：非党员)		0. 027	0. 005	0. 031	5. 770	<0. 05
生源地-农村(参照项：城镇)		−0. 021	0. 004	−0. 029	−4. 941	<0. 05
生源地所属区域（参照项：东北）	华东	0. 044	0. 009	0. 053	5. 064	<0. 05
	华南	0. 052	0. 011	0. 042	4. 851	<0. 05
	华中	0. 030	0. 009	0. 032	3. 241	<0. 05
	华北	0. 024	0. 009	0. 021	2. 588	<0. 05
	西北	0. 041	0. 011	0. 026	3. 692	<0. 05
	西南	0. 034	0. 010	0. 034	3. 455	<0. 05
双亲家庭(参照项：非双亲家庭)		0. 014	0. 006	0. 011	2. 259	<0. 05

续表

自变量		非标准化系数		标准系数	统计量	显著性水平
		B	S. E	β	t	P
有学生干部经历(参照项：没有学生干部经历)		0. 065	0. 005	0. 067	13. 061	<0. 05
有国(境)外学习经历[参照项：没有国(境)外学习经历]		-0. 017	0. 011	-0. 008	-1. 625	0. 104
独生子女(参照项：非独生子女)		0. 001	0. 004	0. 001	0. 161	0. 872
小时候父母常年在外务工(参照项：小时候父母未常年在外务工)		-0. 012	0. 005	-0. 014	-2. 627	<0. 05
学校所属区域(参照项：东北)	华东	-0. 004	0. 008	-0. 004	-0. 444	0. 657
	华南	0. 003	0. 010	0. 002	0. 270	0. 787
	华中	0. 001	0. 008	0. 001	0. 099	0. 921
	华北	0. 011	0. 008	0. 010	1. 242	0. 214
	西北	-0. 003	0. 014	-0. 001	-0. 223	0. 823
	西南	-0. 018	0. 009	-0. 019	-2. 038	<0. 05

2. 不同群体大学生上网目的为“娱乐消遣”的情况分析

第一，性别对大学生上网目的为“娱乐消遣”有显著影响。和男生相比，女生的上网目的为“娱乐消遣”的概率更高。分析结果表明，女生的上网目的为“娱乐消遣”的概率比男生高 0. 057 个单位。

第二，学历层次对大学生上网目的为“娱乐消遣”有显著影响。其中，本科生和硕士生的上网目的为“娱乐消遣”的概率更高。分析结果表明，本科生的上网目的为“娱乐消遣”的概率比博士生高 0. 082 个单位，硕士生的上网目的为“娱乐消遣”的概率比博士生高 0. 035 个单位。

第三，学科门类对大学生上网目的为“娱乐消遣”有显著影响。其中，人文科学类和社会科学类的学生上网目的为“娱乐消遣”的概率更低。分析结果表明，人文科学类的学生上网目的为“娱乐消遣”的概率比理工农医类的学生低 0. 020 个单位，社会科学类的学生上网目的为“娱乐消遣”的概率比理工农医类的学生低 0. 010 个单位。

表 5-2　不同群体大学生上网目的为“娱乐消遣”的一般线性回归分析

自变量	非标准化系数		标准系数	统计量	显著性水平
	B	S. E	β	t	P
常数项	0. 629	0. 095		6. 599	<0. 05

续表

自变量		非标准化系数		标准系数	统计量	显著性水平
		B	S. E	*β*	*t*	*P*
性别-男生(参照项：女生)		−0. 057	0. 004	−0. 079	−14. 649	<0. 05
学历层次（参照项：博士生）	本科生	0. 082	0. 009	0. 103	9. 106	<0. 05
	硕士生	0. 035	0. 009	0. 042	3. 806	<0. 05
学科门类（参照项：理工农医类）	人文科学类	−0. 020	0. 005	−0. 022	−4. 002	<0. 05
	社会科学类	−0. 010	0. 005	−0. 012	−2. 224	<0. 05
政治面貌-党员(参照项：非党员)		−0. 024	0. 004	−0. 030	−5. 537	<0. 05
生源地-农村(参照项：城镇)		−0. 015	0. 004	−0. 021	−3. 641	<0. 05
生源地所属区域（参照项：东北）	华东	0. 031	0. 008	0. 039	3. 703	<0. 05
	华南	0. 058	0. 010	0. 049	5. 609	<0. 05
	华中	0. 037	0. 009	0. 041	4. 202	<0. 05
	华北	0. 035	0. 009	0. 033	3. 961	<0. 05
	西北	0. 026	0. 011	0. 017	2. 461	<0. 05
	西南	0. 039	0. 009	0. 041	4. 214	<0. 05
双亲家庭(参照项：非双亲家庭)		0. 001	0. 006	0. 001	0. 172	0. 864
有学生干部经历(参照项：没有学生干部经历)		0. 025	0. 005	0. 027	5. 371	<0. 05
有国(境)外学习经历[参照项：没有国(境)外学习经历]		−0. 034	0. 010	−0. 017	−3. 374	<0. 05
独生子女(参照项：非独生子女)		0. 010	0. 004	0. 014	2. 511	<0. 05
小时候父母常年在外务工(参照项：小时候父母未常年在外务工)		−0. 002	0. 004	−0. 003	−0. 477	0. 633
学校所属区域（参照项：东北）	华东	0. 026	0. 008	0. 031	3. 277	<0. 05
	华南	0. 015	0. 009	0. 014	1. 601	0. 109
	华中	0. 028	0. 008	0. 031	3. 534	<0. 05
	华北	−0. 004	0. 008	−0. 004	−0. 443	0. 658
	西北	0. 026	0. 013	0. 012	2. 003	<0. 05
	西南	−0. 002	0. 008	−0. 002	−0. 234	0. 815

3. 不同群体大学生上网目的为“社交”的情况分析

第一，学历层次对大学生上网目的为“社交”有显著影响。在不同学历层次的大学生中，本科生和硕士生的上网目的为“社交”的概率更高。分析结果表明，本科生的上网目的为“社交”的概率比博士生高 0.090 个单位，硕士生的上网目的为“社交”的概率比博士生高 0.046 个单位。

第二，生源地性质对大学生上网目的为“社交”有显著影响。其中，生源地性质为城镇的学生上网目的为“社交”的概率更高。分析结果表明，生源地性质为城镇的学生上网目的为“社交”的概率比生源地性质为农村的学生高 0.017 个单位。

第三，学生干部经历对大学生上网目的为“社交”有显著影响。其中，有学生干部经历的学生上网目的为“社交”的概率更高。分析结果表明，有学生干部经历的学生上网目的为“社交”的概率比没有学生干部经历的学生高 0.093 个单位。

表 5-3　不同群体大学生上网目的为“社交”的一般线性回归分析

自变量		非标准化系数		标准系数	统计量	显著性水平
		B	S. E	β	t	P
常数项		0.661	0.110		6.022	<0.05
性别-男生(参照项：女生)		-0.083	0.004	-0.100	-18.598	<0.05
学历层次（参照项：博士生）	本科生	0.090	0.010	0.097	8.683	<0.05
	硕士生	0.046	0.011	0.047	4.314	<0.05
学科门类（参照项：理工农医类）	人文科学类	0.004	0.006	0.004	0.700	0.484
	社会科学类	0.001	0.005	0.001	0.228	0.819
政治面貌-党员(参照项：非党员)		0.002	0.005	0.002	0.406	0.685
生源地-农村(参照项：城镇)		-0.017	0.005	-0.020	-3.509	<0.05
生源地所属区域（参照项：东北）	华东	0.028	0.010	0.030	2.903	<0.05
	华南	0.054	0.012	0.039	4.541	<0.05
	华中	0.016	0.010	0.016	1.614	0.107
	华北	0.026	0.010	0.021	2.511	<0.05
	西北	0.012	0.012	0.007	0.993	0.321
	西南	0.041	0.011	0.037	3.815	<0.05
双亲家庭(参照项：非双亲家庭)		0.002	0.007	0.001	0.252	0.801
有学生干部经历(参照项：没有学生干部经历)		0.093	0.005	0.087	17.107	<0.05
有国(境)外学习经历[参照项：没有国(境)外学习经历]		-0.022	0.012	-0.010	-1.894	0.058
独生子女(参照项：非独生子女)		-0.009	0.005	-0.011	-1.873	0.061
小时候父母常年在外务工(参照项：小时候父母未常年在外务工)		-0.007	0.005	-0.007	-1.292	0.196

续表

自变量		非标准化系数		标准系数	统计量	显著性水平
		B	S.E	*β*	*t*	*P*
学校所属区域（参照项：东北）	华东	0.015	0.009	0.015	1.639	0.101
	华南	0.015	0.011	0.012	1.433	0.152
	华中	0.022	0.009	0.021	2.420	<0.05
	华北	0.016	0.009	0.014	1.704	0.088
	西北	0.007	0.015	0.003	0.473	0.636
	西南	−0.003	0.010	−0.003	−0.328	0.743

4. 不同群体大学生上网目的为“网络购物”的情况分析

第一，性别对大学生上网目的为“网络购物”存在影响。其中，女生的上网目的为“网络购物”的概率更高。分析结果表明，女生的上网目的为“网络购物”的概率比男生高 0.205 个单位。

第二，学科门类对大学生上网目的为“网络购物”存在影响。其中，人文科学类的大学生上网目的为“网络购物”的概率更高。分析结果表明，人文科学类的大学生上网目的为“网络购物”的概率比理工农医类的大学生高 0.019 个单位。

第三，学校所属区域对大学生上网目的为“网络购物”存在影响。其中，学校所属区域为东北的学生上网目的为“网络购物”的概率更低。分析结果表明，学校所属区域为东北的学生上网目的为“网络购物”的概率比华东、华南、华中、华北、西南的学生分别低 0.034、0.027、0.041、0.036、0.024 个单位。

表 5-4　不同群体大学生上网目的为“网络购物”的一般线性回归分析

自变量		非标准化系数		标准系数	统计量	显著性水平
		B	S.E	*β*	*t*	*P*
常数项		0.889	0.121		7.356	<0.05
性别-男生(参照项：女生)		−0.205	0.005	−0.220	−41.667	<0.05
学历层次（参照项：博士生）	本科生	0.021	0.011	0.021	1.859	0.063
	硕士生	0.010	0.012	0.009	0.816	0.415
学科门类（参照项：理工农医类）	人文科学类	0.019	0.006	0.017	3.018	<0.05
	社会科学类	0.008	0.006	0.007	1.344	0.179
政治面貌-党员(参照项：非党员)		−0.009	0.006	−0.009	−1.652	0.098
生源地-农村(参照项：城镇)		0.002	0.005	0.002	0.351	0.726

续表

自变量		非标准化系数		标准系数	统计量	显著性水平
		B	S. E	β	t	P
生源地所属区域（参照项：东北）	华东	0. 023	0. 011	0. 022	2. 207	<0. 05
	华南	0. 065	0. 013	0. 042	4. 935	<0. 05
	华中	0. 013	0. 011	0. 011	1. 191	0. 233
	华北	0. 022	0. 011	0. 015	1. 905	0. 057
	西北	0. 036	0. 013	0. 019	2. 693	<0. 05
	西南	0. 040	0. 012	0. 032	3. 374	<0. 05
双亲家庭(参照项：非双亲家庭)		-0. 002	0. 008	-0. 001	-0. 270	0. 787
有学生干部经历(参照项：没有学生干部经历)		0. 062	0. 006	0. 052	10. 364	<0. 05
有国(境)外学习经历[参照项：没有国(境)外学习经历]		-0. 020	0. 013	-0. 008	-1. 531	0. 126
独生子女(参照项：非独生子女)		-0. 007	0. 005	-0. 007	-1. 265	0. 206
小时候父母常年在外务工(参照项：小时候父母未常年在外务工)		0. 001	0. 006	0. 001	0. 189	0. 850
学校所属区域（参照项：东北）	华东	0. 034	0. 010	0. 031	3. 408	<0. 05
	华南	0. 027	0. 012	0. 019	2. 287	<0. 05
	华中	0. 041	0. 010	0. 035	4. 018	<0. 05
	华北	0. 036	0. 010	0. 028	3. 454	<0. 05
	西北	-0. 012	0. 016	-0. 004	-0. 750	0. 453
	西南	0. 024	0. 011	0. 020	2. 209	<0. 05

5. 不同群体大学生上网目的为“在线学习”的情况分析

第一，学生干部经历对大学生上网目的为“在线学习”存在影响。其中，有学生干部经历的学生上网目的为“在线学习”的概率更高。分析结果表明，有学生干部经历的学生上网目的为“在线学习”的概率比没有学生干部经历的学生高 0. 070 个单位。

第二，国(境)外学习经历对大学生上网目的为“在线学习”存在影响。其中，没有国(境)外学习经历的学生上网目的为“在线学习”的概率更高。分析结果表明，没有国(境)外学习经历的学生上网目的为“在线学习”的概率比有国(境)外学习经历的学生高 0. 039 个单位。

第三，是否为独生子女对大学生上网目的为“在线学习”存在影响。其中，非独生子女大学生上网目的为“在线学习”的概率更高。分析结果表明，非独生子女大学生上网目的为“在线学习”的概率比独生子女大学生高0.011个单位。

表5-5 不同群体大学生上网目的为“在线学习”的一般线性回归分析

自变量		非标准化系数		标准系数	统计量	显著性水平
		B	S.E	β	t	P
常数项		0.950	0.115		8.284	<0.05
性别-男生(参照项：女生)		-0.069	0.005	-0.080	-14.749	<0.05
学历层次(参照项：博士生)	本科生	0.027	0.011	0.028	2.497	<0.05
	硕士生	0.000	0.011	0.000	0.008	0.994
学科门类(参照项：理工农医类)	人文科学类	-0.020	0.006	-0.019	-3.462	<0.05
	社会科学类	-0.023	0.005	-0.024	-4.265	<0.05
政治面貌-党员(参照项：非党员)		-0.006	0.005	-0.007	-1.211	0.226
生源地-农村(参照项：城镇)		0.004	0.005	0.005	0.884	0.377
生源地所属区域(参照项：东北)	华东	0.049	0.010	0.051	4.907	<0.05
	华南	0.054	0.012	0.038	4.325	<0.05
	华中	0.050	0.010	0.047	4.781	<0.05
	华北	0.033	0.011	0.025	3.047	<0.05
	西北	0.047	0.013	0.026	3.705	<0.05
	西南	0.047	0.011	0.041	4.224	<0.05
双亲家庭(参照项：非双亲家庭)		0.007	0.007	0.005	0.985	0.325
有学生干部经历(参照项：没有学生干部经历)		0.070	0.006	0.062	12.190	<0.05
有国(境)外学习经历[参照项：没有国(境)外学习经历]		-0.039	0.012	-0.016	-3.195	<0.05
独生子女(参照项：非独生子女)		-0.011	0.005	-0.012	-2.171	<0.05
小时候父母常年在外务工(参照项：小时候父母未常年在外务工)		-0.007	0.005	-0.007	-1.280	0.200
学校所属区域(参照项：东北)	华东	-0.017	0.009	-0.016	-1.762	0.078
	华南	-0.004	0.011	-0.003	-0.320	0.749
	华中	0.009	0.010	0.008	0.948	0.343
	华北	0.009	0.010	0.008	0.954	0.340
	西北	-0.007	0.016	-0.003	-0.476	0.634
	西南	-0.021	0.010	-0.019	-2.035	<0.05

二、网络行为

大学生在网络空间的行为表现直观反映了大学生的网络素养，是把握大学生网络运用情况的重要内容。理性看待热点问题、规范自身网络言行等正确网络行为有助于营造风清气正的网络空间，有助于保护亿万民众共同的精神家园。本节主要从发表网络言论、对待热点事件、规范自身言行三个角度分析和把握大学生的网络行为。

（一）发表网络言论

受访大学生整体对发表网络言论呈现严谨态度，对于“在网上看到有抹黑党和政府的言论时，我会予以反驳”是否符合自身实际，表示“非常符合”的受访者占比为45.9%，表示“比较符合”的受访者占比为29.3%，表示“一般”的受访者占比为18.9%，表示“不大符合”的受访者占比为4.5%，表示“很不符合”的受访者占比为1.5%。对于“我在网上发表的言论都会经过深思熟虑”是否符合自身实际，表示“非常符合”的受访者占比为63.4%，表示“比较符合”的受访者占比为27.5%，表示“一般”的受访者占比为8.1%，表示“不大符合”的受访者占比为0.7%，表示“很不符合”的受访者占比为0.4%。大学生对自身发表网络言论态度的评价具有内在固有大小或优劣等级顺序，属于定距变量，因此可以使用集中趋势分析、离散趋势分析、回归分析等多种分析方式对这些数据进行处理。

为探究不同群体大学生对自身发表网络言论态度评价的差异性，将包含自然因素、成长背景、教育因素等在内的多项人口学变量与大学生对自身发表网络言论态度的评价进行一般线性回归分析。结果显示，学历层次、政治面貌、家庭类型、国(境)外学习经历、学生干部经历等不同的大学生对自身发表网络言论态度的评价存在显著差异($P<0.05$)，如表5-6、表5-7所示。

第一，学历层次对大学生自身发表网络言论态度的评价存在影响。其中，本科生和硕士生对自身发表网络言论态度的评价更高。分析结果表明，本科生对“在网上看到有抹黑党和政府的言论时，我会予以反驳”的评价得分比博士生高0.200个单位，对“我在网上发表的言论都会经过深思熟虑”的评价得分比博士生高0.080个单位。硕士生对“在网上看到有抹黑党和政府的言论时，我会予以反驳”的评价得分比博士生高0.133个单位，对“我在网上发表的言论都会经过深思熟虑”的评价得分比博士生的相应评价高0.060个单位。

第二，家庭类型对大学生自身发表网络言论态度的评价存在影响。其中，双亲家庭大学生对自身发表网络言论态度的评价更高。分析结果表明，双亲家庭大学生对“在网上看到有抹黑党和政府的言论时，我会予以反驳”的评价得分比非双亲家庭大学生的相应评价高0.043个单位，对“我在网上发表的言论都会经过深思熟虑”的评价得分比非双亲家庭大学生的相应评价高0.046个单位。

第三，国(境)外学习经历对大学生自身发表网络言论态度的评价存在影响。其中，有国(境)外学习经历的大学生对自身发表网络言论态度的评价更低。分析结果表明，有国(境)外学习经历的大学生对“在网上看到有抹黑党和政府的言论时，我会予以反驳”的评价得分比没有国(境)外学习经历的大学生低 0.123 个单位，对“我在网上发表的言论都会经过深思熟虑”的评价得分比没有国(境)外学习经历的大学生低 0.044 个单位。

第四，学生干部经历对大学生自身发表网络言论态度的评价存在影响。其中，有学生干部经历的大学生对自身发表网络言论态度的评价更高。分析结果表明，有学生干部经历的大学生对“在网上看到有抹黑党和政府的言论时，我会予以反驳”的评价得分比没有学生干部经历的大学生高 0.103 个单位，对“我在网上发表的言论都会经过深思熟虑”的评价得分比没有学生干部经历的学生的相应评价高 0.104 个单位。

表 5-6　不同群体大学生“在网上看到有抹黑党和政府的言论时，我会予以反驳”的一般线性回归分析

自变量		非标准化系数		标准系数	统计量	显著性水平
		B	S. E	*β*	*t*	*P*
常数项		2. 916	0. 260		11. 223	<0. 05
性别-男生(参照项：女生)		0. 051	0. 011	0. 026	4. 800	<0. 05
学历层次（参照项：博士生）	本科生	0. 200	0. 025	0. 091	8. 111	<0. 05
	硕士生	0. 133	0. 025	0. 057	5. 230	<0. 05
学科门类（参照项：理工农医类）	人文科学类	0. 029	0. 013	0. 012	2. 181	<0. 05
	社会科学类	0. 011	0. 012	0. 005	0. 897	0. 370
政治面貌-党员(参照项：非党员)		0. 069	0. 012	0. 031	5. 698	<0. 05
生源地-农村(参照项：城镇)		0. 070	0. 011	0. 036	6. 220	<0. 05
生源地所属区域（参照项：东北）	华东	-0. 001	0. 023	-0. 001	-0. 057	0. 954
	华南	-0. 251	0. 028	-0. 077	-8. 913	<0. 05
	华中	0. 014	0. 024	0. 006	0. 609	0. 543
	华北	-0. 037	0. 024	-0. 013	-1. 530	0. 126
	西北	0. 039	0. 029	0. 010	1. 367	0. 172
	西南	-0. 109	0. 025	-0. 042	-4. 294	<0. 05
双亲家庭(参照项：非双亲家庭)		0. 043	0. 016	0. 013	2. 625	<0. 05
有学生干部经历(参照项：没有学生干部经历)		0. 103	0. 013	0. 041	7. 963	<0. 05
有国(境)外学习经历[参照项：没有国(境)外学习经历]		-0. 123	0. 028	-0. 023	-4. 451	<0. 05
独生子女(参照项：非独生子女)		-0. 019	0. 011	-0. 010	-1. 685	0. 092
小时候父母常年在外务工(参照项：小时候父母未常年在外务工)		-0. 013	0. 012	-0. 006	-1. 054	0. 292

续表

自变量		非标准化系数		标准系数	统计量	显著性水平
		B	S. E	*β*	*t*	*P*
学校所属区域（参照项：东北）	华东	−0. 186	0. 021	−0. 081	−8. 714	<0. 05
	华南	−0. 135	0. 025	−0. 046	−5. 382	<0. 05
	华中	−0. 137	0. 022	−0. 055	−6. 258	<0. 05
	华北	−0. 030	0. 022	−0. 011	−1. 358	0. 175
	西北	−0. 042	0. 035	−0. 007	−1. 199	0. 231
	西南	−0. 097	0. 023	−0. 038	−4. 192	<0. 05

表 5-7 不同群体大学生“我在网上发表的言论都会经过深思熟虑”的一般线性回归分析

自变量		非标准化系数		标准系数	统计量	显著性水平
		B	S. E	*β*	*t*	*P*
常数项		1. 992	0. 189		10. 551	<0. 05
性别-男生(参照项：女生)		−0. 012	0. 008	−0. 008	−1. 544	0. 123
学历层次（参照项：博士生）	本科生	0. 080	0. 018	0. 050	4. 455	<0. 05
	硕士生	0. 060	0. 018	0. 036	3. 264	<0. 05
学科门类（参照项：理工农医类）	人文科学类	−0. 023	0. 010	−0. 014	−2. 404	<0. 05
	社会科学类	−0. 013	0. 009	−0. 008	−1. 443	0. 149
政治面貌-党员(参照项：非党员)		0. 069	0. 009	0. 043	7. 864	<0. 05
生源地-农村(参照项：城镇)		−0. 011	0. 008	−0. 007	−1. 290	0. 197
生源地所属区域（参照项：东北）	华东	0. 010	0. 017	0. 006	0. 606	0. 544
	华南	−0. 084	0. 020	−0. 035	−4. 086	<0. 05
	华中	0. 003	0. 017	0. 002	0. 172	0. 863
	华北	−0. 018	0. 018	−0. 008	−1. 012	0. 312
	西北	−0. 011	0. 021	−0. 004	−0. 530	0. 596
	西南	−0. 034	0. 018	−0. 018	−1. 835	0. 066
双亲家庭(参照项：非双亲家庭)		0. 046	0. 012	0. 020	3. 882	<0. 05
有学生干部经历(参照项：没有学生干部经历)		0. 104	0. 009	0. 057	11. 101	<0. 05
有国(境)外学习经历[参照项：没有国(境)外学习经历]		−0. 044	0. 020	−0. 011	−2. 167	<0. 05
独生子女(参照项：非独生子女)		0. 036	0. 008	0. 025	4. 320	<0. 05

续表

自变量		非标准化系数		标准系数	统计量	显著性水平
		B	S. E	*β*	*t*	*P*
小时候父母常年在外务工(参照项：小时候父母未常年在外务工)		−0. 052	0. 009	−0. 032	−5. 937	<0. 05
学校所属区域（参照项：东北）	华东	−0. 075	0. 015	−0. 045	−4. 851	<0. 05
	华南	−0. 069	0. 018	−0. 032	−3. 792	<0. 05
	华中	−0. 079	0. 016	−0. 044	−4. 976	<0. 05
	华北	−0. 002	0. 016	−0. 001	−0. 107	0. 915
	西北	−0. 018	0. 026	−0. 004	−0. 698	0. 485
	西南	−0. 058	0. 017	−0. 031	−3. 428	<0. 05

（二）对待热点事件

受访大学生整体对网络热点事件能理性对待，不会被“带节奏”，表示“非常符合”的受访者占比为61. 1%，表示“比较符合”的受访者占比为29. 1%，表示“一般”的受访者占比为8. 9%。表示“不太符合”的受访者占比为0. 5%，表示“很不符合”的受访者占比为0. 3%。大学生对待热点事件的态度评价具有内在固有大小或优劣等级顺序，属于定距变量。因此，可以使用集中趋势分析、离散趋势分析、回归分析等多种分析方式对这一数据进行处理。

为探究不同群体大学生对待热点事件态度的差异性，将包含自然因素、成长背景、教育因素等在内的多项人口学变量与大学生对待热点事件态度的评价情况进行一般线性回归分析。结果显示，性别、学历层次、政治面貌、学生干部经历、家庭生活经历等不同的大学生在对待热点事件的态度上存在显著差异($P<0. 05$)，如表5-8所示。

第一，学生干部经历对大学生对待热点事件的态度存在影响。其中，有学生干部经历的大学生对网上的热点事件冷静分析，不被“带节奏”的概率更高。分析结果表明，有学生干部经历的大学生对网上的热点事件冷静分析，不被“带节奏”的情况比没有学生干部经历的大学生高0. 117个单位。

第二，是否为独生子女对大学生对待热点事件的态度存在影响。其中，独生子女大学生对网上的热点事件冷静分析，不被“带节奏”的概率更高。分析结果表明，独生子女大学生对网上的热点事件冷静分析，不被“带节奏”的情况比非独生子女大学生高0. 036个单位。

第三，父母的务工经历对大学生对待热点事件的态度存在影响。其中，小时候父母常年在外务工的大学生对网上的热点事件冷静分析，不被“带节奏”的概率更低。分析结果表明，小时候父母长年在外务工的大学生对网上的热点事件冷静分析，不被“带节奏”的概率比小时候父母未在外务工的大学生低 0.046 个单位。

表 5-8　不同群体大学生对自身对待热点事件态度的评价情况的一般线性回归分析

自变量		非标准化系数		标准系数	统计量	显著性水平
		B	S. E	*β*	*t*	*P*
常数项		2. 010	0. 190		10. 590	<0. 05
性别-男生(参照项：女生)		0. 045	0. 008	0. 032	5. 884	<0. 05
学历层次（参照项：博士生）	本科生	0. 066	0. 018	0. 041	3. 648	<0. 05
	硕士生	0. 064	0. 019	0. 038	3. 457	<0. 05
学科门类（参照项：理工农医类）	人文科学类	−0. 009	0. 010	−0. 005	−0. 971	0. 331
	社会科学类	−0. 012	0. 009	−0. 007	−1. 308	0. 191
政治面貌-党员(参照项：非党员)		0. 057	0. 009	0. 035	6. 452	<0. 05
生源地-农村(参照项：城镇)		−0. 032	0. 008	−0. 023	−3. 906	<0. 05
生源地所属区域（参照项：东北）	华东	0. 014	0. 017	0. 009	0. 843	0. 399
	华南	−0. 108	0. 021	−0. 046	−5. 272	<0. 05
	华中	−0. 004	0. 017	−0. 002	−0. 231	0. 818
	华北	−0. 008	0. 018	−0. 004	−0. 468	0. 640
	西北	0. 006	0. 021	0. 002	0. 305	0. 760
	西南	−0. 045	0. 019	−0. 023	−2. 403	<0. 05
双亲家庭(参照项：非双亲家庭)		0. 036	0. 012	0. 015	2. 986	<0. 05
有学生干部经历(参照项：没有学生干部经历)		0. 117	0. 009	0. 063	12. 379	<0. 05
有国（境）外学习经历［参照项：没有国（境）外学习经历］		−0. 022	0. 020	−0. 005	−1. 073	0. 283
独生子女(参照项：非独生子女)		0. 036	0. 008	0. 025	4. 326	<0. 05
小时候父母常年在外务工(参照项：小时候父母未常年在外务工)		−0. 046	0. 009	−0. 028	−5. 213	<0. 05
学校所属区域（参照项：东北）	华东	−0. 073	0. 016	−0. 044	−4. 714	<0. 05
	华南	−0. 064	0. 018	−0. 029	−3. 469	<0. 05
	华中	−0. 094	0. 016	−0. 052	−5. 900	<0. 05
	华北	−0. 002	0. 016	−0. 001	−0. 109	0. 913
	西北	−0. 054	0. 026	−0. 013	−2. 109	<0. 05
	西南	−0. 054	0. 017	−0. 029	−3. 182	<0. 05

(三)规范自身言行

受访大学生整体能够在网络空间严格规范自身言行，不做“键盘侠”，表示“非常符合”的受访者占比为68.7%，表示“比较符合”的受访者占比为23.7%，表示“一般”的受访者占比为6.7%。表示“不太符合”的受访者占比为0.5%，表示“很不符合”的受访者占比为0.4%。大学生对自身网络言行规范程度的评价具有内在固有大小或优劣等级顺序，属于定距变量。因此可以使用集中趋势分析、离散趋势分析、回归分析等多种分析方式对这一数据进行处理。

为探究不同群体大学生网络言行规范程度的差异性，将包含自然因素、成长背景、教育因素等在内的多项人口学变量与大学生对自身网络言行规范程度的评价情况进行一般线性回归分析。结果显示，性别、学历层次、学科门类、政治面貌、生源地性质等不同的大学生网络言行规范程度存在显著差异($P<0.05$)，如表5-9所示。

第一，性别对大学生网络言行规范程度有显著影响。其中，女生在上网时严格要求自己，绝不成为“键盘侠”的概率更高。分析结果表明，女生在上网时严格要求自己，绝不成为“键盘侠”的概率比男生高0.029个单位。

第二，学历层次对大学生网络言行规范程度有显著影响。其中，本科生和硕士生在上网时严格要求自己，绝不成为“键盘侠”的概率更高。分析结果表明，本科生在上网时严格要求自己，绝不成为“键盘侠”的概率比博士生高0.068个单位；硕士生在上网时严格要求自己，绝不成为“键盘侠”的概率比博士生高0.057个单位。

第三，学科门类对大学生网络言行规范程度有显著影响。其中，理工农医类大学生在上网时严格要求自己，绝不成为“键盘侠”的概率更高。分析结果表明，人文科学类大学生在上网时严格要求自己，绝不成为“键盘侠”的概率比理工农医类大学生低0.033个单位；社会科学类大学生在上网时严格要求自己，绝不成为“键盘侠”的情况比理工农医类大学生低0.017个单位。

表5-9 不同群体大学生对自身网络言行规范程度的评价情况的一般线性回归分析

自变量		非标准化系数		标准系数	统计量	显著性水平
		B	S.E	β	t	P
常数项		1.894	0.180		10.500	<0.05
性别-男生(参照项：女生)		−0.029	0.007	−0.021	−3.943	<0.05
学历层次(参照项：博士生)	本科生	0.068	0.017	0.045	3.991	<0.05
	硕士生	0.057	0.018	0.035	3.219	<0.05
学科门类(参照项：理工农医类)	人文科学类	−0.033	0.009	−0.020	−3.573	<0.05
	社会科学类	−0.017	0.009	−0.011	−1.981	<0.05
政治面貌-党员(参照项：非党员)		0.050	0.008	0.033	6.006	<0.05

续表

自变量		非标准化系数		标准系数	统计量	显著性水平
		B	S. E	β	t	P
生源地-农村(参照项：城镇)		-0. 016	0. 008	-0. 012	-2. 010	<0. 05
生源地所属区域（参照项：东北）	华东	0. 022	0. 016	0. 014	1. 366	0. 172
	华南	-0. 069	0. 020	-0. 031	-3. 537	<0. 05
	华中	0. 025	0. 017	0. 015	1. 491	0. 136
	华北	0. 000	0. 017	0. 000	0. 015	0. 988
	西北	0. 014	0. 020	0. 005	0. 680	0. 496
	西南	-0. 028	0. 018	-0. 015	-1. 566	0. 117
双亲家庭(参照项：非双亲家庭)		0. 038	0. 011	0. 017	3. 375	<0. 05
有学生干部经历(参照项：没有学生干部经历)		0. 120	0. 009	0. 068	13. 370	<0. 05
有国(境)外学习经历[参照项：没有国(境)外学习经历]		-0. 055	0. 019	-0. 014	-2. 848	<0. 05
独生子女(参照项：非独生子女)		0. 021	0. 008	0. 015	2. 632	<0. 05
小时候父母常年在外务工(参照项：小时候父母未常年在外务工)		-0. 040	0. 008	-0. 026	-4. 812	<0. 05
学校所属区域（参照项：东北）	华东	-0. 069	0. 015	-0. 044	-4. 686	<0. 05
	华南	-0. 060	0. 017	-0. 029	-3. 416	<0. 05
	华中	-0. 079	0. 015	-0. 045	-5. 164	<0. 05
	华北	-0. 005	0. 015	-0. 003	-0. 343	0. 732
	西北	-0. 046	0. 024	-0. 011	-1. 891	0. 059
	西南	-0. 052	0. 016	-0. 030	-3. 264	<0. 05

三、新媒体运用

网络新媒体具有便捷性、个性化、形式多样等特点，相较于传统媒体具有无可比拟的优势。高校网络新媒体平台是开展网络思想政治教育的重要载体，新媒体平台的建设和运用情况事关高校网络思想政治教育的成效。本节从新媒体平台对大学生成长发展的影响和高校新媒体平台存在的主要问题两个方面入手，了解当前高校新媒体平台建设和运用情况。

(一)新媒体平台对大学生成长发展的影响

受访大学生普遍表示学校的微信、微博等新媒体对自身成长有一定的影响。其中，表示“影响非常大”的受访者占比为12.0%，表示“影响比较大”的受访者占比为26.6%，表示“影响一般”的受访者占比为41.4%，表示“影响不太大”的受访者占比为10.8%，表示“没影响”的受访者占比为9.2%。

为探究新媒体平台对不同群体大学生成长发展的影响，将包含自然因素、成长背景、教育因素等在内的多项人口学变量与大学生对自身受到新媒体平台影响的评价进行交互分析。结果显示，性别、生源地所属区域、学校所属区域等不同的大学生认为自身受到新媒体平台的影响存在显著差异($P<0.005$)，如表5-10所示。

第一，从性别来看，男生和女生对自身受到新媒体平台影响的评价具有明显差异($\chi^2=420.130$，$P<0.001$)。数据表明，女生中选择“非常大”的比例为10.4%，而男生中选择此项的比例为14.2%，高于女生。因此，男生认为自身受到新媒体平台影响较大。

第二，从生源地所属区域来看，不同生源地所属区域的学生对自身受到新媒体平台影响的评价具有明显差异($\chi^2=193.003$，$P<0.001$)。数据表明，生源地所属区域为东北的大学生中选择“非常大”的比例为16.9%，而生源地所属区域为华东、华南、华中、华北、西北、西南的大学生中选择此项的比例分别为11.7%、11.0%、11.1%、13.2%、13.3%、10.7%，低于生源地所属区域为东北的大学生。因此，生源地所属区域为东北的大学生认为自身受到新媒体平台影响较大。

第三，从学校所属区域来看，学校所属区域不同的大学生对自身受到新媒体平台影响的评价具有明显差异($\chi^2=288.327$，$P<0.001$)。数据表明，学校所属区域为东北的大学生中选择“非常大”的比例为15.1%，而学校所属区域为华东、华南、华中、华北、西北、西南的大学生中选择此项的比例分别为11.1%、11.9%、10.6%、14.1%、12.8%、11.2%，低于学校所属区域为东北的大学生。

表5-10　不同群体大学生认为学校的微信、微博等新媒体对其成长发展的影响程度的交互分析

		“您认为贵校的微信、微博等新媒体对您成长发展的影响程度如何”(%)					卡方检验		
		非常大	比较大	一般	不太大	没影响	χ^2	df	P
性别	男	14.2	25.4	38.0	10.6	11.7	420.130	4	<0.001
	女	10.4	27.5	43.9	10.9	7.3			
学历层次	本科生	12.0	26.4	41.4	10.9	9.2	29.005	8	<0.001
	硕士生	12.1	27.7	40.9	10.8	8.6			
	博士生	11.3	24.4	42.7	9.8	11.8			
学科门类	人文科学	11.8	25.9	42.6	10.8	8.9	63.717	8	<0.001
	社会科学	12.2	28.7	41.1	10.2	7.9			
	理工农医	12.0	25.9	41.0	11.1	9.9			

续表

		“您认为贵校的微信、微博等新媒体对您成长发展的影响程度如何”(%)					卡方检验		
		非常大	比较大	一般	不太大	没影响	χ^2	df	P
政治面貌	党员	12.7	29.4	40.3	10.5	7.1	115.527	4	<0.001
	非党员	11.8	25.7	41.7	10.9	9.9			
生源地性质	农村	12.3	27.7	42.0	10.2	7.9	104.344	4	<0.001
	城镇	11.7	25.7	40.8	11.4	10.4			
生源地所属区域	华东	11.7	26.1	42.1	10.8	9.4	193.003	24	<0.001
	华南	11.0	26.8	42.7	11.1	8.4			
	华中	11.1	27.1	42.0	11.1	8.8			
	华北	13.2	28.2	39.7	9.8	9.0			
	西北	13.3	27.5	41.5	9.7	8.1			
	西南	10.7	24.3	42.9	11.7	10.3			
	东北	16.9	28.9	34.6	10.3	9.4			
家庭类型	双亲家庭	12.1	26.6	41.4	10.7	9.2	6.709	4	<0.001
	非双亲家庭	11.3	26.7	40.7	11.8	9.6			
学生干部经历	有	12.0	27.5	41.2	10.9	8.4	185.130	4	<0.001
	没有	12.1	22.6	42.0	10.4	12.9			
国(境)外学习经历	有	13.1	24.8	38.4	11.8	12.0	18.537	4	<0.001
	没有	12.0	26.7	41.4	10.8	9.1			
独生子女	是	12.6	25.7	39.5	11.4	10.7	121.009	4	<0.001
	否	11.6	27.3	42.6	10.4	8.1			
小时候父母是否常年在外务工	是	11.9	26.4	42.0	11.2	8.6	8.782	4	<0.001
	否	12.1	26.7	41.1	10.7	9.4			
学校所属区域	华东	11.1	25.5	41.6	11.6	10.2	288.327	24	<0.001
	华南	11.9	30.2	41.5	9.6	6.9			
	华中	10.6	26.4	42.7	11.5	8.8			
	华北	14.1	27.8	39.9	9.6	8.6			
	西北	12.8	29.7	41.7	9.5	6.3			
	西南	11.2	23.3	42.4	12.2	11.0			
	东北	15.1	28.7	38.3	9.0	8.9			

（二）高校新媒体平台存在的主要问题

受访大学生表示学校新媒体平台存在一些问题。其中，表示“理论性太强”的受访者占比为32.3%，表示“说教味过浓”的受访者占比为31.1%，表示“缺乏互动”的受访者占比为45.9%。表示“呈现方式单一”的受访者占比为45.2%，表示“信息更新慢”的受访者占比为27.2%，表示“案例陈旧”的受访者占比为16.5%，表示“原创不足”的受访者占比为20.6%，表示“其他”的受访者占比为17.9%。

为探究不同群体大学生对高校新媒体平台问题评价的差异性，将包含自然因素、成长背景、教育因素等在内的多项人口学变量与大学生对高校新媒体平台的评价情况进行一般线性回归分析。结果显示，性别、学历层次、学科门类、生源地性质、国(境)外学习经历等不同的大学生对高校新媒体平台的评价情况存在显著差异($P<0.05$)。

1. 不同群体大学生对高校新媒体平台评价“理论性太强”的情况分析

第一，性别对大学生评价高校新媒体平台“理论性太强”存在影响。其中，男生对高校新媒体平台评价“理论性太强”的概率更高。分析结果表明，男生对高校新媒体平台评价“理论性太强”的概率比女生高0.046个单位。

第二，学历层次对大学生评价高校新媒体平台“理论性太强”存在影响。其中，本科生和硕士生对高校新媒体平台评价“理论性太强”的概率更高。分析结果表明，本科生对高校新媒体平台评价“理论性太强”的概率比博士生高0.089个单位，硕士生对高校新媒体平台评价“理论性太强”的概率比博士生高0.057个单位。

第三，学科门类对大学生评价高校新媒体平台“理论性太强”存在影响。其中，人文科学类和社会科学类大学生对高校新媒体平台评价“理论性太强”的概率更高。分析结果表明，人文科学类大学生对高校新媒体平台评价“理论性太强”的概率比理工农医类大学生高0.029个单位，社会科学类大学生对高校新媒体平台评价“理论性太强”的概率比理工农医类大学生高0.016个单位。

表5-11　不同群体大学生对高校新媒体平台评价“理论性太强”的一般线性回归分析

自变量		非标准化系数		标准系数	统计量	显著性水平
		B	S.E	β	t	P
常数项		1.204	0.126		9.569	<0.05
性别-男生(参照项：女生)		0.046	0.005	0.049	8.954	<0.05
学历层次（参照项：博士生）	本科生	0.089	0.012	0.085	7.487	<0.05
	硕士生	0.057	0.012	0.051	4.603	<0.05
学科门类（参照项：理工农医类）	人文科学类	0.029	0.006	0.025	4.427	<0.05
	社会科学类	0.016	0.006	0.015	2.603	<0.05
政治面貌-党员(参照项：非党员)		0.011	0.006	0.010	1.863	0.062

续表

自变量		非标准化系数		标准系数	统计量	显著性水平
		B	S. E	*β*	*t*	*P*
生源地-农村(参照项：城镇)		0.016	0.005	0.017	2.956	<0.05
生源地所属区域（参照项：东北）	华东	−0.013	0.011	−0.012	−1.181	0.238
	华南	0.018	0.014	0.011	1.299	0.194
	华中	−0.007	0.012	−0.006	−0.601	0.548
	华北	−0.007	0.012	−0.005	−0.570	0.568
	西北	−0.012	0.014	−0.006	−0.889	0.374
	西南	0.010	0.012	0.008	0.812	0.417
双亲家庭(参照项：非双亲家庭)		−0.003	0.008	−0.002	−0.426	0.670
有学生干部经历(参照项：没有学生干部经历)		0.003	0.006	0.003	0.499	0.618
有国(境)外学习经历[参照项：没有国(境)外学习经历]		0.045	0.013	0.017	3.330	<0.05
独生子女(参照项：非独生子女)		−0.006	0.005	−0.007	−1.164	0.244
小时候父母常年在外务工(参照项：小时候父母未常年在外务工)		0.013	0.006	0.012	2.142	<0.05
学校所属区域（参照项：东北）	华东	0.011	0.010	0.010	1.066	0.286
	华南	−0.020	0.012	−0.014	−1.645	0.100
	华中	0.004	0.011	0.003	0.389	0.697
	华北	0.002	0.011	0.001	0.167	0.867
	西北	−0.009	0.017	−0.003	−0.510	0.610
	西南	0.005	0.011	0.004	0.435	0.664

2. 不同群体大学生对高校新媒体平台评价“说教味过浓”的情况分析

第一，性别对大学生评价高校新媒体平台“说教味过浓”存在影响。其中，男生对高校新媒体平台评价“说教味过浓”的概率更高。分析结果表明，男生对高校新媒体平台评价“说教味过浓”的概率比女生高 0.069 个单位。

第二，学历层次对大学生评价高校新媒体平台“说教味过浓”存在影响。其中，本科生对高校新媒体平台评价“说教味过浓”的概率更高。分析结果表明，本科生对高校新媒体平台评价“说教味过浓”的概率比博士高 0.034 个单位。

第三，学科门类对大学生评价高校新媒体平台“说教味过浓”存在影响。其中，人文科学类和社会科学类大学生对高校新媒体平台评价“说教味过浓”的概率更高。分析结果表明，人文科学类大学生对高校新媒体平台评价“说教味过浓”的概率比理工农医类大学生高 0.035 个单位，社会科学类大学生对高校新媒体平台评价“说教味过浓”的概率比理工农医类大学生高 0.020 个单位。

表 5-12　不同群体大学生对高校新媒体平台评价“说教味过浓”的一般线性回归分析

自变量		非标准化系数		标准系数	统计量	显著性水平
		B	S. E	*β*	*t*	*P*
常数项		1.117	0.124		8.988	<0.05
性别-男生(参照项：女生)		0.069	0.005	0.073	13.581	<0.05
学历层次（参照项：博士生）	本科生	0.034	0.012	0.032	2.843	<0.05
	硕士生	0.006	0.012	0.005	0.471	0.637
学科门类（参照项：理工农医类）	人文科学类	0.035	0.006	0.031	5.511	<0.05
	社会科学类	0.020	0.006	0.019	3.365	<0.05
政治面貌-党员(参照项：非党员)		−0.013	0.006	−0.012	−2.296	<0.05
生源地-农村(参照项：城镇)		−0.017	0.005	−0.018	−3.066	<0.05
生源地所属区域（参照项：东北）	华东	0.008	0.011	0.008	0.745	0.456
	华南	0.058	0.013	0.037	4.281	<0.05
	华中	0.032	0.011	0.027	2.787	<0.05
	华北	0.006	0.012	0.004	0.538	0.591
	西北	0.008	0.014	0.004	0.596	0.551
	西南	0.029	0.012	0.023	2.355	<0.05
双亲家庭(参照项：非双亲家庭)		−0.007	0.008	−0.004	−0.881	0.379
有学生干部经历(参照项：没有学生干部经历)		−0.005	0.006	−0.004	−0.732	0.464
有国(境)外学习经历[参照项：没有国(境)外学习经历]		0.049	0.013	0.019	3.678	<0.05
独生子女(参照项：非独生子女)		0.002	0.005	0.002	0.355	0.722
小时候父母常年在外务工(参照项：小时候父母未常年在外务工)		0.025	0.006	0.023	4.293	<0.05
学校所属区域（参照项：东北）	华东	0.011	0.010	0.010	1.033	0.302
	华南	−0.044	0.012	−0.031	−3.669	<0.05
	华中	0.002	0.010	0.001	0.147	0.883
	华北	−0.020	0.011	−0.016	−1.916	0.055
	西北	0.025	0.017	0.009	1.512	0.131
	西南	0.011	0.011	0.009	0.990	0.322

3. 不同群体大学生对高校新媒体平台评价“缺乏互动”的情况分析

第一，性别对大学生评价高校新媒体平台“缺乏互动”存在影响。其中，女生对高校新媒体平台评价“缺乏互动”的概率更高。分析结果表明，女生对高校新媒体平台评价“缺乏互动”的概率比男生高 0.032 个单位。

第二，学历层次对大学生评价高校新媒体平台“缺乏互动”存在影响。其中，本科生和硕士生对高校新媒体平台评价“缺乏互动”的概率更高。分析结果表明，本科生对高校新媒体平台评价“缺乏互动”的概率比博士高 0.090 个单位。硕士生对高校新媒体平台评价“缺乏互动”的概率比博士高 0.054 个单位。

第三，学科门类对大学生评价高校新媒体平台“缺乏互动”存在影响。其中，社会科学类大学生对高校新媒体平台评价“缺乏互动”的概率更高。分析结果表明，社会科学类大学生对高校新媒体平台评价“缺乏互动”的概率比理工农医类大学生高 0.030 个单位。

表 5-13　不同群体大学生对高校新媒体平台评价“缺乏互动”的一般线性回归分析

自变量		非标准化系数		标准系数	统计量	显著性水平
		B	S. E	*β*	*t*	*P*
常数项		0.557	0.134		4.161	<0.05
性别-男生(参照项：女生)		-0.032	0.005	-0.032	-5.843	<0.05
学历层次（参照项：博士生）	本科生	0.090	0.013	0.081	7.118	<0.05
	硕士生	0.054	0.013	0.045	4.093	<0.05
学科门类（参照项：理工农医类）	人文科学类	0.011	0.007	0.009	1.547	0.122
	社会科学类	0.030	0.006	0.026	4.647	<0.05
政治面貌-党员(参照项：非党员)		0.020	0.006	0.017	3.153	<0.05
生源地-农村(参照项：城镇)		0.001	0.006	0.001	0.217	0.828
生源地所属区域（参照项：东北）	华东	0.075	0.012	0.066	6.358	<0.05
	华南	0.061	0.015	0.037	4.208	<0.05
	华中	0.087	0.012	0.070	7.106	<0.05
	华北	0.059	0.013	0.039	4.690	<0.05
	西北	0.057	0.015	0.027	3.861	<0.05
	西南	0.097	0.013	0.072	7.392	<0.05
双亲家庭(参照项：非双亲家庭)		0.001	0.008	0.000	0.097	0.922
有学生干部经历(参照项：没有学生干部经历)		0.053	0.007	0.041	8.032	<0.05
有国(境)外学习经历[参照项：没有国(境)外学习经历]		-0.022	0.014	-0.008	-1.559	0.119

续表

自变量		非标准化系数		标准系数	统计量	显著性水平
		B	S. E	*β*	*t*	*P*
独生子女(参照项：非独生子女)		−0. 009	0. 006	−0. 009	−1. 506	0. 132
小时候父母常年在外务工(参照项：小时候父母未常年在外务工)		0. 026	0. 006	0. 022	4. 139	<0. 05
学校所属区域（参照项：东北）	华东	0. 005	0. 011	0. 004	0. 415	0. 678
	华南	−0. 029	0. 013	−0. 019	−2. 265	<0. 05
	华中	−0. 007	0. 011	−0. 006	−0. 634	0. 526
	华北	−0. 019	0. 011	−0. 013	−1. 644	0. 100
	西北	−0. 003	0. 018	−0. 001	−0. 186	0. 853
	西南	−0. 018	0. 012	−0. 014	−1. 522	0. 128

4. 不同群体大学生对高校新媒体平台评价“呈现方式单一”的情况分析

第一，生源地所属区域对大学生评价高校新媒体平台“呈现方式单一”存在影响。其中，生源地所属区域为东北的大学生对高校新媒体平台评价“呈现方式单一”的概率稍低。分析结果表明，生源地所属区域为东北的大学生对高校新媒体平台评价“呈现方式单一”的概率比生源地所属区域为华东、华南、华中、华北、西北、西南的大学生分别低 0. 067、0. 073、0. 073、0. 055、0. 035、0. 086 个单位。

第二，学生干部经历对大学生评价高校新媒体平台“呈现方式单一”存在影响。其中，有学生干部经历的大学生对高校新媒体平台评价“呈现方式单一”的概率更高。分析结果表明，有学生干部经历的大学生对高校新媒体平台评价“呈现方式单一”的概率比没有学生干部经历的大学生高 0. 029 个单位。

第三，父母的务工经历对大学生评价高校新媒体平台“呈现方式单一”存在影响。其中，小时候父母常年在外务工的大学生对高校新媒体平台评价“呈现方式单一”的概率更高。分析结果表明，小时候父母常年在外务工的大学生对高校新媒体平台评价“呈现方式单一”的概率比小时候父母未常年在外务工的大学生高 0. 023 个单位。

表 5-14　不同群体大学生对高校新媒体平台评价“呈现方式单一”的一般线性回归分析

自变量		非标准化系数		标准系数	统计量	显著性水平
		B	S. E	*β*	*t*	*P*
常数项		0. 651	0. 134		4. 871	<0. 05
性别-男生(参照项：女生)		−0. 050	0. 005	−0. 049	−9. 108	<0. 05
学历层次（参照项：博士生）	本科生	0. 085	0. 013	0. 076	6. 685	<0. 05
	硕士生	0. 036	0. 013	0. 030	2. 758	<0. 05

续表

自变量		非标准化系数		标准系数	统计量	显著性水平
		B	S. E	*β*	*t*	*P*
学科门类（参照项：理工农医类）	人文科学类	0.027	0.007	0.022	3.938	<0.05
	社会科学类	0.012	0.006	0.010	1.848	0.065
政治面貌-党员（参照项：非党员）		0.011	0.006	0.010	1.824	0.068
生源地-农村（参照项：城镇）		−0.010	0.006	−0.010	−1.757	0.079
生源地所属区域（参照项：东北）	华东	0.067	0.012	0.059	5.681	<0.05
	华南	0.073	0.014	0.044	5.072	<0.05
	华中	0.073	0.012	0.059	5.965	<0.05
	华北	0.055	0.013	0.036	4.372	<0.05
	西北	0.035	0.015	0.017	2.386	<0.05
	西南	0.086	0.013	0.064	6.556	<0.05
双亲家庭（参照项：非双亲家庭）		0.012	0.008	0.007	1.388	0.165
有学生干部经历（参照项：没有学生干部经历）		0.029	0.007	0.022	4.393	<0.05
有国（境）外学习经历［参照项：没有国（境）外学习经历］		−0.017	0.014	−0.006	−1.217	0.224
独生子女（参照项：非独生子女）		0.004	0.006	0.004	0.625	0.532
小时候父母常年在外务工（参照项：小时候父母未常年在外务工）		0.023	0.006	0.020	3.674	<0.05
学校所属区域（参照项：东北）	华东	0.007	0.011	0.006	0.642	0.521
	华南	−0.037	0.013	−0.025	−2.906	<0.05
	华中	−0.015	0.011	−0.012	−1.375	0.169
	华北	−0.018	0.011	−0.013	−1.602	0.109
	西北	0.024	0.018	0.008	1.308	0.191
	西南	0.017	0.012	0.013	1.418	0.156

5. 不同群体大学生对高校新媒体平台评价“信息更新慢”的情况分析

第一，性别对大学生评价高校新媒体平台“信息更新慢”有显著影响。其中，男生对高校新媒体平台评价“信息更新慢”的概率更高。分析结果表明，男生对高校新媒体平台评价“信息更新慢”的概率比女生高0.013个单位。

第二，学历层次对大学生评价高校新媒体平台“信息更新慢”有显著影响。其中，本科生和硕士生对高校新媒体平台评价“信息更新慢”的概率更高。分析结果表明，本科生对高校新媒体平台评价“信息更新慢”的概率比博士生高0.070个单位。硕士生对高校新媒体平台评价“信息更新慢”的概率比博士生高 0.024 个单位。

第三，学科门类对大学生评价高校新媒体平台“信息更新慢”存在影响。其中，社会科学类大学生对高校新媒体平台评价“信息更新慢”的概率更低。分析结果表明，社会科学类大学生对高校新媒体平台评价“信息更新慢”的概率比理工农医类大学生低 0.017 个单位。

第四，生源地所属区域对大学生评价高校新媒体平台“信息更新慢”存在影响。其中，生源地所属区域为东北的学生对高校新媒体平台评价“信息更新慢”的概率略低。分析结果表明，生源地所属区域为东北的学生对高校新媒体平台评价“信息更新慢”的概率比生源地所属区域为华东、华南、华中、华北、西北、西南的学生分别低 0.040、0.058、0.040、0.038、0.036、0.059 个单位。

第五，国(境)外学习经历对大学生评价高校新媒体平台“信息更新慢”存在影响。其中，有国(境)外学习经历的学生对高校新媒体平台评价“信息更新慢”的概率略高。分析结果表明，有国(境)外学习经历的学生对高校新媒体平台评价“信息更新慢”的概率比没有国(境)外学习经历的学生高 0.040 个单位。

第六，父母的务工经历对大学生评价高校新媒体平台“信息更新慢”存在影响。其中，小时候父母常年在外务工的学生对高校新媒体平台评价“信息更新慢”的概率略高。分析结果表明，小时候父母常年在外务工的学生对高校新媒体平台评价“信息更新慢”的概率比小时候父母未常年在外务工的学生高 0.015 个单位。

表 5-15　不同群体大学生对高校新媒体平台评价“信息更新慢”的一般线性回归分析

自变量		非标准化系数		标准系数	统计量	显著性水平
		B	S. E	*β*	*t*	*P*
常数项		1.145	0.120		9.563	<0.05
性别-男生(参照项：女生)		0.013	0.005	0.014	2.671	<0.05
学历层次（参照项：博士生）	本科生	0.070	0.011	0.070	6.192	<0.05
	硕士生	0.024	0.012	0.023	2.051	<0.05
学科门类（参照项：理工农医类）	人文科学类	−0.005	0.006	−0.005	−0.862	0.389
	社会科学类	−0.017	0.006	−0.016	−2.913	<0.05
政治面貌-党员(参照项：非党员)		−0.008	0.006	−0.007	−1.371	0.170
生源地-农村(参照项：城镇)		0.001	0.005	0.001	0.129	0.897
生源地所属区域（参照项：东北）	华东	0.040	0.010	0.040	3.861	<0.05
	华南	0.058	0.013	0.039	4.477	<0.05
	华中	0.040	0.011	0.036	3.652	<0.05
	华北	0.038	0.011	0.028	3.352	<0.05
	西北	0.036	0.013	0.019	2.725	<0.05
	西南	0.059	0.012	0.049	5.056	<0.05

续表

自变量		非标准化系数		标准系数	统计量	显著性水平
		B	S. E	β	t	P
双亲家庭(参照项：非双亲家庭)		0. 008	0. 008	0. 006	1. 094	0. 274
有学生干部经历(参照项：没有学生干部经历)		0. 009	0. 006	0. 008	1. 519	0. 129
有国(境)外学习经历[参照项：没有国(境)外学习经历]		0. 040	0. 013	0. 016	3. 163	<0. 05
独生子女(参照项：非独生子女)		0. 003	0. 005	0. 003	0. 605	0. 545
小时候父母常年在外务工(参照项：小时候父母未常年在外务工)		0. 015	0. 006	0. 014	2. 613	<0. 05
学校所属区域(参照项：东北)	华东	-0. 015	0. 010	-0. 015	-1. 573	0. 116
	华南	-0. 027	0. 012	-0. 020	-2. 344	<0. 05
	华中	-0. 017	0. 010	-0. 015	-1. 718	0. 086
	华北	-0. 050	0. 010	-0. 040	-4. 898	<0. 05
	西北	0. 016	0. 016	0. 006	0. 961	0. 336
	西南	0. 012	0. 011	0. 010	1. 085	0. 278

6. 不同群体大学生对高校新媒体平台评价“案例陈旧”的情况分析

第一，性别对大学生评价高校新媒体平台“案例陈旧”存在影响。其中，男生对高校新媒体平台评价“案例陈旧”的概率略高。分析结果表明，男生对高校新媒体平台评价“案例陈旧”的概率比女生高 0. 047 个单位。

第二，学历层次对大学生评价高校新媒体平台“案例陈旧”存在影响。其中，本科生对高校新媒体平台评价“案例陈旧”的概率略高。分析结果表明，本科生对高校新媒体平台评价“案例陈旧”的概率比博士高 0. 051 个单位。

第二，学科门类对大学生评价高校新媒体平台“案例陈旧”存在影响。其中，人文科学类大学生对高校新媒体平台评价“案例陈旧”的概率略高。分析结果表明，人文科学类大学生对高校新媒体平台评价“案例陈旧”的概率比理工农医类大学生高 0. 032 个单位。

第四，国(境)外学习经历对大学生评价高校新媒体平台“案例陈旧”存在影响。其中，有国(境)外学习经历的大学生对高校新媒体平台评价“案例陈旧”的概率略高。分析结果表明，有国(境)外学习经历的大学生对高校新媒体平台评价“案例陈旧”的概率比没有国(境)外学习经历的大学生高 0. 046 个单位。

第五，父母的务工经历对大学生评价高校新媒体平台“案例陈旧”存在影响。其中，小时候父母常年在外务工的学生对高校新媒体平台评价“案例陈旧”的概率略高。分析结果表明，小时候父母常年在外务工的学生对高校新媒体平台评价“案例陈旧”的概率比小时候父母未常年在外务工的学生高0.014个单位。

表5-16　不同群体大学生对高校新媒体平台评价“案例陈旧”的一般线性回归分析

自变量		非标准化系数		标准系数	统计量	显著性水平
		B	S.E	*β*	*t*	*P*
常数项		1.309	0.100		13.141	<0.05
性别-男生(参照项：女生)		0.047	0.004	0.063	11.575	<0.05
学历层次（参照项：博士生）	本科生	0.051	0.009	0.061	5.409	<0.05
	硕士生	0.019	0.010	0.021	1.913	0.056
学科门类（参照项：理工农医类）	人文科学类	0.032	0.005	0.035	6.199	<0.05
	社会科学类	−0.002	0.005	−0.003	−0.485	0.627
政治面貌-党员(参照项：非党员)		−0.014	0.005	−0.016	−3.006	<0.05
生源地-农村(参照项：城镇)		−0.002	0.004	−0.002	−0.383	0.702
生源地所属区域（参照项：东北）	华东	0.005	0.009	0.007	0.624	0.532
	华南	0.037	0.011	0.030	3.459	<0.05
	华中	0.012	0.009	0.013	1.367	0.172
	华北	0.006	0.009	0.005	0.612	0.540
	西北	0.006	0.011	0.004	0.588	0.556
	西南	0.033	0.010	0.034	3.435	<0.05
双亲家庭(参照项：非双亲家庭)		−0.002	0.006	−0.002	−0.348	0.728
有学生干部经历(参照项：没有学生干部经历)		0.004	0.005	0.004	0.765	0.445
有国(境)外学习经历[参照项：没有国(境)外学习经历]		0.046	0.011	0.022	4.348	<0.05
独生子女(参照项：非独生子女)		0.007	0.004	0.010	1.654	0.098
小时候父母常年在外务工(参照项：小时候父母未常年在外务工)		0.014	0.005	0.017	3.105	<0.05
学校所属区域（参照项：东北）	华东	0.004	0.008	0.005	0.518	0.604
	华南	−0.014	0.010	−0.013	−1.499	0.134
	华中	0.004	0.008	0.004	0.446	0.656
	华北	−0.010	0.008	−0.010	−1.169	0.243
	西北	0.006	0.014	0.003	0.425	0.671
	西南	0.017	0.009	0.018	1.951	0.051

7. 不同群体大学生对高校新媒体平台评价“原创不足”的情况分析

第一，性别对大学生评价高校新媒体平台“原创不足”存在影响。其中，男生对高校新媒体平台评价“原创不足”的概率略高。分析结果表明，男生对高校新媒体平台评价“原创不足”的概率比女生高 0.038 个单位。

第二，学历层次对大学生评价高校新媒体平台“原创不足”存在影响。其中，本科生对高校新媒体平台评价“原创不足”的概率略高。分析结果表明，本科生对高校新媒体平台评价“原创不足”的概率比博士生高 0.033 个单位。

第三，学科门类对大学生评价高校新媒体平台“原创不足”存在影响。其中，人文科学类大学生对高校新媒体平台评价“原创不足”的概率略高。分析结果表明，人文科学类大学生对高校新媒体平台评价“原创不足”的概率比理工农医类大学生高 0.033 个单位。

第四，学生干部经历对大学生评价高校新媒体平台“原创不足”存在影响。其中，有学生干部经历的大学生对高校新媒体平台评价“原创不足”的概率略高。分析结果表明，有学生干部经历的大学生对高校新媒体平台评价“原创不足”的概率比没有学生干部经历的学生高 0.017 个单位。

第五，是否为独生子女对大学生评价高校新媒体平台“原创不足”存在影响。其中，非独生子女大学生对高校新媒体平台评价“原创不足”的概率略高。分析结果表明，非独生子女大学生对高校新媒体平台评价“原创不足”的概率比为独生子女大学生的相应评价高 0.017 个单位。

第六，父母的务工经历对大学生评价高校新媒体平台“原创不足”存在影响。其中，小时候父母常年在外务工的大学生对高校新媒体平台评价“原创不足”的情况略高。分析结果表明，小时候父母常年在外务工的大学生对高校新媒体平台评价“原创不足”的情况比小时候父母未常年在外务工的大学生高 0.023 个单位。

表 5-17　不同群体大学生对高校新媒体平台评价“原创不足”的一般线性回归分析

自变量		非标准化系数		标准系数	统计量	显著性水平
		B	S. E	*β*	*t*	*P*
常数项		1. 399	0. 109		12. 892	<0. 05
性别-男生(参照项：女生)		0. 038	0. 004	0. 047	8. 629	<0. 05
学历层次（参照项：博士生）	本科生	0. 033	0. 010	0. 036	3. 190	<0. 05
	硕士生	−0. 009	0. 011	−0. 009	−0. 803	0. 422
学科门类（参照项：理工农医类）	人文科学类	0. 033	0. 006	0. 033	5. 893	<0. 05
	社会科学类	0. 003	0. 005	0. 004	0. 628	0. 530
政治面貌-党员(参照项：非党员)		−0. 009	0. 005	−0. 009	−1. 694	0. 090
生源地-农村(参照项：城镇)		−0. 005	0. 005	−0. 006	−0. 986	0. 324

续表

自变量		非标准化系数		标准系数	统计量	显著性水平
		B	S. E	*β*	*t*	*P*
生源地所属区域（参照项：东北）	华东	0.008	0.010	0.009	0.832	0.406
	华南	0.026	0.012	0.019	2.209	<0.05
	华中	0.011	0.010	0.011	1.084	0.278
	华北	0.008	0.010	0.007	0.801	0.423
	西北	0.016	0.012	0.009	1.309	0.190
	西南	0.043	0.011	0.040	4.071	<0.05
双亲家庭(参照项：非双亲家庭)		−0.009	0.007	−0.007	−1.374	0.169
有学生干部经历(参照项：没有学生干部经历)		0.017	0.005	0.017	3.242	<0.05
有国(境)外学习经历[参照项：没有国(境)外学习经历]		0.021	0.012	0.009	1.857	0.063
独生子女(参照项：非独生子女)		−0.017	0.005	−0.021	−3.630	<0.05
小时候父母常年在外务工(参照项：小时候父母未常年在外务工)		0.023	0.005	0.025	4.611	<0.05
学校所属区域（参照项：东北）	华东	0.007	0.009	0.007	0.747	0.455
	华南	−0.036	0.010	−0.029	−3.471	<0.05
	华中	−0.000	0.009	0.000	−0.010	0.992
	华北	0.001	0.009	0.001	0.068	0.946
	西北	0.003	0.015	0.001	0.230	0.818
	西南	0.023	0.010	0.021	2.329	<0.05

四、网络影响

“祸兮，福之所倚；福兮，祸之所伏。”作为互联网“原住民”的当代大学生，受到的网络影响也包含正反两个方面。网络可为学习、工作和生活带来种种便利，然而消极的网络社会思潮和网络亚文化则会侵蚀大学生的思想观念。因此，本节主要从积极与消极两个方面把握网络对大学生产生的影响。

（一）网络的积极影响

受访大学生普遍表示网络有一定的积极作用。其中，认为网络可以“便捷专业学习”的受访者占比为88.0%，认为网络可以“方便情感交流”的受访者占比为72.0%，认为网络可以“了解学术动态”的受访者占比为75.2%，认为网络可以“把握时政资讯”的受访者占比为75.9%，认为网络可以“缓解心理压力”的受访者占比为63.9%，认为网络可以“便利日常生活”的受访者占比为72.7%，认为网络有“其他”积极作用的受访者占比为9.2%。

为探究网络对不同群体大学生的积极影响的差异性，本节将包含自然因素、成长背景、教育因素等在内的多项人口学变量与大学生对网络积极作用的评价情况进行一般线性回归分析。结果显示，性别、学历层次、生源性质地、学生干部经历等不同的大学生对网络积极作用的评价情况存在显著差异（$P<0.05$）。

1. 不同群体大学生认为网络可以“便捷专业学习”的情况分析

第一，性别因素对大学生认为网络可以“便捷专业学习”有显著影响。其中，女生认为网络可以“便捷专业学习”的概率更高。分析结果表明，女生认为网络可以“便捷专业学习”的概率比男生高0.031个单位。

第二，学历层次对大学生认为网络可以“便捷专业学习”有显著影响。其中，本科生和硕士生认为网络可以“便捷专业学习”的概率更高。分析结果表明，本科生认为网络可以“便捷专业学习”的概率比博士生高0.027个单位，硕士生认为网络可以“便捷专业学习”的概率比博士生高0.018个单位。

第三，生源性质地对大学生认为网络可以“便捷专业学习”有显著影响。其中，生源性质地为城镇的大学生认为网络可以“便捷专业学习”的情况更高。分析结果表明，生源性质地为城镇的大学生认为网络可以“便捷专业学习”的情况比生源性质地为农村的大学生高0.009个单位。

第四，学生干部经历对大学生认为网络可以“便捷专业学习”有显著影响。其中，有学生干部经历的大学生认为网络可以“便捷专业学习”的概率略高。分析结果表明，有学生干部经历的大学生认为网络可以“便捷专业学习”的概率比没有学生干部经历的大学生高0.046个单位。

表5-18　不同群体大学生认为网络可以“便捷专业学习”的一般线性回归分析

自变量		非标准化系数		标准系数	统计量	显著性水平
		B	S. E	β	t	P
常数项		0.941	0.087		10.763	<0.05
性别-男生（参照项：女生）		−0.031	0.004	−0.047	−8.586	<0.05
学历层次（参照项：博士生）	本科生	0.027	0.008	0.037	3.276	<0.05
	硕士生	0.018	0.009	0.023	2.114	<0.05
学科门类（参照项：理工农医类）	人文科学类	0.003	0.004	0.004	0.679	0.497
	社会科学类	−0.007	0.004	−0.010	−1.773	0.076

续表

自变量		非标准化系数		标准系数	统计量	显著性水平
		B	S. E	β	t	P
政治面貌-党员(参照项：非党员)		0.005	0.004	0.006	1.190	0.234
生源地-农村(参照项：城镇)		-0.009	0.004	-0.013	-2.258	<0.05
生源地所属区域（参照项：东北）	华东	0.019	0.008	0.026	2.529	<0.05
	华南	0.018	0.009	0.017	1.918	0.055
	华中	0.020	0.008	0.025	2.510	<0.05
	华北	0.003	0.008	0.003	0.372	0.710
	西北	0.008	0.010	0.006	0.810	0.418
	西南	0.013	0.009	0.015	1.542	0.123
双亲家庭(参照项：非双亲家庭)		0.007	0.006	0.007	1.303	0.193
有学生干部经历(参照项：没有学生干部经历)		0.046	0.004	0.054	10.589	<0.05
有国(境)外学习经历[参照项：没有国(境)外学习经历]		-0.013	0.009	-0.007	-1.378	0.168
独生子女(参照项：非独生子女)		-0.001	0.004	-0.002	-0.261	0.794
小时候父母常年在外务工(参照项：小时候父母未常年在外务工)		-0.006	0.004	-0.008	-1.456	0.145
学校所属区域（参照项：东北）	华东	-0.008	0.007	-0.010	-1.074	0.283
	华南	0.001	0.008	0.001	0.101	0.920
	华中	-0.001	0.007	-0.001	-0.102	0.919
	华北	0.003	0.007	0.004	0.469	0.639
	西北	0.009	0.012	0.005	0.775	0.439
	西南	-0.007	0.008	-0.008	-0.883	0.377

2. 不同群体大学生认为网络可以“方便情感交流”的情况分析

第一，性别对大学生认为网络可以“方便情感交流”存在影响。其中，女生认为网络可以“方便情感交流”的概率略高。分析结果表明，女生认为网络可以“方便情感交流”的概率比男生高 0.039 个单位。

第二，学历层次对大学生认为网络可以“方便情感交流”存在影响。其中，本科生和硕士生认为网络可以“方便情感交流”的概率略高。分析结果表明，本科生认为网络可以“方便情感交流”的概率比博士生高 0.067 个单位，硕士生认为网络可以“方便情感交流”的概率比博士生高 0.037 个单位。

第三，学科门类对大学生认为网络可以“方便情感交流”存在影响。其中，人文科学类和社会科学类大学生认为网络可以“方便情感交流”的概率略高。分析结果表明，人文科学类大学生认为网络可以“方便情感交流”的概率比理工农医类大学生高 0.013 个单位，社会科学类大学生认为网络可以“方便情感交流”的情况比理工农医类大学生高 0.015 个单位。

第四，学生干部经历对大学生认为网络可以“方便情感交流”存在影响。其中，有学生干部经历的大学生认为网络可以“方便情感交流”的概率略高。分析结果表明，有学生干部经历的大学生认为网络可以“方便情感交流”的概率比没有学生干部经历的大学生高 0.082 个单位。

表 5-19 不同群体大学生认为网络可以“方便情感交流”的一般线性回归分析

自变量		非标准化系数		标准系数	统计量	显著性水平
		B	S. E	*β*	*t*	*P*
常数项		0.784	0.120		6.512	<0.05
性别-男生(参照项：女生)		-0.039	0.005	-0.042	-7.859	<0.05
学历层次（参照项：博士生）	本科生	0.067	0.011	0.066	5.843	<0.05
	硕士生	0.037	0.012	0.034	3.120	<0.05
学科门类（参照项：理工农医类）	人文科学类	0.013	0.006	0.012	2.130	<0.05
	社会科学类	0.015	0.006	0.015	2.629	<0.05
政治面貌-党员(参照项：非党员)		-0.006	0.006	-0.006	-1.123	0.261
生源地-农村(参照项：城镇)		0.004	0.005	0.004	0.771	0.441
生源地所属区域（参照项：东北）	华东	0.018	0.011	0.018	1.718	0.086
	华南	0.045	0.013	0.030	3.440	<0.05
	华中	0.021	0.011	0.019	1.950	0.051
	华北	0.010	0.011	0.008	0.920	0.358
	西北	0.003	0.013	0.001	0.200	0.842
	西南	0.040	0.012	0.033	3.411	<0.05
双亲家庭(参照项：非双亲家庭)		0.003	0.008	0.002	0.395	0.693
有学生干部经历(参照项：没有学生干部经历)		0.082	0.006	0.070	13.675	<0.05
有国(境)外学习经历[参照项：没有国(境)外学习经历]		-0.024	0.013	-0.009	-1.836	0.066
独生子女(参照项：非独生子女)		-0.010	0.005	-0.010	-1.811	0.070

续表

自变量		非标准化系数		标准系数	统计量	显著性水平
		B	S. E	β	t	P
小时候父母常年在外务工(参照项：小时候父母未常年在外务工)		−0. 005	0. 006	−0. 005	−0. 955	0. 340
学校所属区域（参照项：东北）	华东	0. 014	0. 010	0. 013	1. 394	0. 163
	华南	0. 019	0. 012	0. 014	1. 641	0. 101
	华中	0. 025	0. 010	0. 021	2. 430	<0. 05
	华北	0. 003	0. 010	0. 002	0. 254	0. 800
	西北	−0. 006	0. 016	−0. 002	−0. 374	0. 708
	西南	−0. 010	0. 011	−0. 009	−0. 939	0. 348

3. 不同群体大学生认为网络可以“了解学术动态”的情况分析

第一，性别对大学生认为网络可以“了解学术动态”存在影响。其中，女生认为网络可以“了解学术动态”的概率略高。分析结果表明，女生认为网络可以“了解学术动态”的概率比男生高 0. 060 个单位。

第二，学历层次对大学生认为网络可以“了解学术动态”存在影响。其中，本科生和硕士生认为网络可以“了解学术动态”的概率略低。分析结果表明，本科生认为网络可以“了解学术动态”的概率比博士生低 0. 064 个单位，硕士生认为网络可以“了解学术动态”的概率比博士生低 0. 047 个单位。

第三，学科门类对大学生认为网络可以“了解学术动态”存在影响。其中，社会科学类大学生认为网络可以“了解学术动态”的概率更低。分析结果表明，社会科学类大学生认为网络可以“了解学术动态”的概率比理工农医类大学生低 0. 017 个单位。

第四，生源地所属区域对大学生认为网络可以“了解学术动态”有显著影响。其中，生源地所属区域为东北的大学生认为网络可以“了解学术动态”的概率更低。分析结果表明，生源地所属区域为东北的大学生认为网络可以“了解学术动态”的概率比生源地所属区域为华东、华南、华中、华北、西北、西南的大学生分别低 0. 049、0. 068、0. 047、0. 032、0. 037、0. 058 个单位。

第五，学生干部经历对大学生认为网络可以“了解学术动态”存在影响。其中，有学生干部经历的大学生认为网络可以“了解学术动态”的概率略高。分析结果表明，有学生干部经历的大学生认为网络可以“了解学术动态”的概率比没有学生干部经历的大学生高 0. 064 个单位。

第六，国(境)外学习经历对大学生认为网络可以“了解学术动态”存在影响。其中，没有国(境)外学习经历的学生认为网络可以“了解学术动态”的概率略高。分析结果表明，没有国(境)外学习经历的学生认为网络可以“了解学术动态”的概率比有国(境)外学习经历的学生高 0.042 个单位。

表 5-20　不同群体大学生认为网络可以“了解学术动态”的一般线性回归分析

自变量		非标准化系数		标准系数	统计量	显著性水平
		B	S. E	*β*	*t*	*P*
常数项		1.054	0.116		9.099	<0.05
性别-男生(参照项：女生)		-0.060	0.005	-0.069	-12.803	<0.05
学历层次（参照项：博士生）	本科生	-0.064	0.011	-0.066	-5.810	<0.05
	硕士生	-0.047	0.011	-0.046	-4.149	<0.05
学科门类（参照项：理工农医类）	人文科学类	0.005	0.006	0.005	0.799	0.424
	社会科学类	-0.017	0.006	-0.018	-3.139	<0.05
政治面貌-党员(参照项：非党员)		0.000	0.005	0.000	-0.081	0.935
生源地-农村(参照项：城镇)		-0.005	0.005	-0.006	-1.040	0.299
生源地所属区域（参照项：东北）	华东	0.049	0.010	0.050	4.800	<0.05
	华南	0.068	0.013	0.047	5.385	<0.05
	华中	0.047	0.011	0.043	4.413	<0.05
	华北	0.032	0.011	0.024	2.926	<0.05
	西北	0.037	0.013	0.020	2.855	<0.05
	西南	0.058	0.011	0.050	5.084	<0.05
双亲家庭(参照项：非双亲家庭)		0.003	0.007	0.002	0.439	0.661
有学生干部经历(参照项：没有学生干部经历)		0.064	0.006	0.057	11.166	<0.05
有国(境)外学习经历[参照项：没有国(境)外学习经历]		-0.042	0.012	-0.017	-3.400	<0.05
独生子女(参照项：非独生子女)		-0.001	0.005	-0.002	-0.273	0.784
小时候父母常年在外务工(参照项：小时候父母未常年在外务工)		-0.005	0.005	-0.005	-0.888	0.374
学校所属区域（参照项：东北）	华东	-0.012	0.010	-0.012	-1.292	0.196
	华南	-0.008	0.011	-0.006	-0.688	0.492
	华中	0.014	0.010	0.012	1.407	0.159
	华北	-0.008	0.010	-0.007	-0.861	0.389
	西北	0.016	0.016	0.006	1.039	0.299
	西南	-0.022	0.010	-0.020	-2.167	<0.05

4. 不同群体大学生认为网络可以“把握时政资讯”的情况分析

第一，性别对大学生认为网络可以“把握时政资讯”存在影响。其中，女生认为网络可以“把握时政资讯”的概率略高。分析结果表明，女生认为网络可以“把握时政资讯”的概率比男生高 0.071 个单位。

第二，学科门类对大学生认为网络可以“把握时政资讯”存在影响。其中，人文科学类大学生认为网络可以“把握时政资讯”的概率略高。分析结果表明，人文科学类大学生认为网络可以“把握时政资讯”的概率比理工农医类大学生高 0.016 个单位。

第三，生源地所属区域对大学生认为网络可以“把握时政资讯”存在影响。其中，生源地所属区域为东北的大学生认为网络可以“把握时政资讯”的概率略低。分析结果表明，生源地所属区域为东北的大学生认为网络可以“把握时政资讯”的概率比生源地所属区域为华东、华南、华中、华北、西北、西南的大学生分别低 0.059、0.088、0.057、0.040、0.059、0.072 个单位。

第四，家庭类型对大学生认为网络可以“把握时政资讯”存在影响。其中，双亲家庭大学生认为网络可以“把握时政资讯”的概率略高。分析结果表明，双亲家庭大学生认为网络可以“把握时政资讯”的概率比非双亲家庭大学生高 0.015 个单位。

第五，学生干部经历对大学生认为网络可以“把握时政资讯”存在影响。其中，有学生干部经历的大学生认为网络可以“把握时政资讯”的概率略高。分析结果表明，有学生干部经历的大学生认为网络可以“把握时政资讯”的概率比没有学生干部经历的大学生高 0.053 个单位。

第六，国(境)外学习经历对大学生认为网络可以“把握时政资讯”存在影响。其中，没有国(境)外学习经历的大学生认为网络可以“把握时政资讯”的概率略高。分析结果表明，没有国(境)外学习经历的大学生认为网络可以“把握时政资讯”的概率比有国(境)外学习经历的大学生高 0.038 个单位。

表 5-21　不同群体大学生认为网络可以“把握时政资讯”的一般线性回归分析

自变量		非标准化系数		标准系数	统计量	显著性水平
		B	S.E	β	t	P
常数项		0.732	0.115		6.386	<0.05
性别-男生(参照项：女生)		-0.071	0.005	-0.082	-15.152	<0.05
学历层次（参照项：博士生）	本科生	0.021	0.011	0.022	1.959	0.050
	硕士生	-0.011	0.011	-0.011	-0.974	0.330
学科门类（参照项：理工农医类）	人文科学类	0.016	0.006	0.016	2.768	<0.05
	社会科学类	0.007	0.005	0.008	1.362	0.173
政治面貌-党员(参照项：非党员)		0.004	0.005	0.004	0.751	0.453
生源地-农村(参照项：城镇)		-0.007	0.005	-0.008	-1.389	0.165

续表

自变量		非标准化系数		标准系数	统计量	显著性水平
		B	S. E	β	t	P
生源地所属区域（参照项：东北）	华东	0.059	0.010	0.062	5.911	<0.05
	华南	0.088	0.012	0.061	7.066	<0.05
	华中	0.057	0.010	0.054	5.436	<0.05
	华北	0.040	0.011	0.030	3.688	<0.05
	西北	0.059	0.013	0.033	4.638	<0.05
	西南	0.072	0.011	0.063	6.460	<0.05
双亲家庭(参照项：非双亲家庭)		0.015	0.007	0.010	2.034	<0.05
有学生干部经历(参照项：没有学生干部经历)		0.053	0.006	0.047	9.293	<0.05
有国(境)外学习经历[参照项：没有国(境)外学习经历]		−0.038	0.012	−0.016	−3.133	<0.05
独生子女(参照项：非独生子女)		0.004	0.005	0.004	0.723	0.470
小时候父母常年在外务工(参照项：小时候父母未常年在外务工)		0.006	0.005	0.006	1.134	0.257
学校所属区域（参照项：东北）	华东	−0.016	0.009	−0.016	−1.731	0.083
	华南	−0.016	0.011	−0.012	−1.462	0.144
	华中	0.006	0.010	0.005	0.589	0.556
	华北	0.000	0.010	0.000	−0.038	0.970
	西北	−0.020	0.016	−0.008	−1.294	0.196
	西南	−0.027	0.010	−0.024	−2.656	<0.05

5. 不同群体大学生认为网络可以“缓解心理压力”的情况分析

第一，性别对大学生认为网络可以“缓解心理压力”存在影响。其中，女生认为网络可以“缓解心理压力”的概率略高。分析结果表明，女生认为网络可以“缓解心理压力”的概率比男生高 0.050 个单位。

第二，学历层次对大学生认为网络可以“缓解心理压力”存在影响。其中，本科生认为网络可以“缓解心理压力”的概率略高。分析结果表明，本科生认为网络可以“缓解心理压力”的概率比博士生高 0.086 个单位。

第三，生源性质地对大学生认为网络可以“缓解心理压力”存在影响。其中，生源性质地为城镇的学生认为网络可以“缓解心理压力”的概率更高。分析结果表明，生源性质地为城镇的学生认为网络可以“缓解心理压力”的概率比生源性质地为农村的学生高 0. 026 个单位。

第四，学生干部经历对大学生认为网络可以“缓解心理压力”存在影响。其中，有学生干部经历的大学生认为网络可以“缓解心理压力”的概率略高。分析结果表明，有学生干部经历的大学生认为网络可以“缓解心理压力”的概率比没有学生干部经历的大学生高 0. 050 个单位。

第五，国(境)外学习经历对大学生认为网络可以“缓解心理压力”存在影响。其中，没有国(境)外学习经历的大学生认为网络可以“缓解心理压力”的概率略高。分析结果表明，没有国(境)外学习经历的大学生认为网络可以“缓解心理压力”的概率比有国(境)外学习经历的大学生高 0. 059 个单位。

表 5-22　不同群体大学生认为网络可以“缓解心理压力”的一般线性回归分析

自变量		非标准化系数		标准系数	统计量	显著性水平
		B	S. E	*β*	*t*	*P*
常数项		1. 257	0. 128		9. 791	<0. 05
性别-男生(参照项：女生)		−0. 050	0. 005	−0. 052	−9. 597	<0. 05
学历层次（参照项：博士生）	本科生	0. 086	0. 012	0. 079	7. 048	<0. 05
	硕士生	0. 005	0. 013	0. 004	0. 388	0. 698
学科门类（参照项：理工农医类）	人文科学类	0. 003	0. 007	0. 003	0. 527	0. 598
	社会科学类	−0. 019	0. 006	−0. 018	−3. 156	<0. 05
政治面貌-党员(参照项：非党员)		−0. 048	0. 006	−0. 043	−7. 998	<0. 05
生源地-农村(参照项：城镇)		−0. 026	0. 006	−0. 027	−4. 633	<0. 05
生源地所属区域（参照项：东北）	华东	0. 012	0. 011	0. 011	1. 032	0. 302
	华南	0. 048	0. 014	0. 030	3. 428	<0. 05
	华中	0. 004	0. 012	0. 004	0. 378	0. 705
	华北	0. 006	0. 012	0. 004	0. 460	0. 645
	西北	−0. 009	0. 014	−0. 004	−0. 627	0. 531
	西南	0. 029	0. 013	0. 023	2. 344	<0. 05
双亲家庭(参照项：非双亲家庭)		0. 008	0. 008	0. 005	1. 005	0. 315
有学生干部经历(参照项：没有学生干部经历)		0. 050	0. 006	0. 040	7. 861	<0. 05
有国(境)外学习经历[参照项：没有国(境)外学习经历]		−0. 059	0. 014	−0. 022	−4. 348	<0. 05
独生子女(参照项：非独生子女)		0. 010	0. 006	0. 010	1. 799	0. 072

续表

自变量		非标准化系数		标准系数	统计量	显著性水平
		B	S. E	*β*	*t*	*P*
小时候父母常年在外务工(参照项：小时候父母未常年在外务工)		−0. 011	0. 006	−0. 010	−1. 892	0. 059
学校所属区域（参照项：东北）	华东	0. 013	0. 011	0. 011	1. 208	0. 227
	华南	0. 005	0. 012	0. 004	0. 436	0. 663
	华中	0. 034	0. 011	0. 027	3. 125	<0. 05
	华北	0. 015	0. 011	0. 011	1. 375	0. 169
	西北	−0. 005	0. 017	−0. 002	−0. 291	0. 771
	西南	−0. 006	0. 011	−0. 004	−0. 492	0. 623

6. 不同群体大学生认为网络可以“便利日常生活”的情况分析

第一，性别对大学生认为网络可以“便利日常生活”存在影响。其中，女生认为网络可以“便利日常生活”的概率略高。分析结果表明，女生认为网络可以“便利日常生活”的概率比男生高 0. 086 个单位。

第二，学历层次对大学生认为网络可以“便利日常生活”存在影响。其中，本科生认为网络可以“便利日常生活”的概率略高。分析结果表明，本科生认为网络可以“便利日常生活”的概率比博士生高 0. 043 个单位。

第三，学科门类对大学生认为网络可以“便利日常生活”存在影响。其中，社会科学类的学生认为网络可以“便利日常生活”的概率略低。分析结果表明，社会科学类的学生认为网络可以“便利日常生活”的概率比理工农医类的学生低 0. 015 个单位。

表 5-23 不同群体大学生认为网络可以“便利日常生活”的一般线性回归分析

自变量		非标准化系数		标准系数	统计量	显著性水平
		B	S. E	*β*	*t*	*P*
常数项		0. 899	0. 119		7. 565	<0. 05
性别-男生(参照项：女生)		−0. 086	0. 005	−0. 095	−17. 687	<0. 05
学历层次（参照项：博士生）	本科生	0. 043	0. 011	0. 042	3. 777	<0. 05
	硕士生	−0. 021	0. 012	−0. 020	−1. 804	0. 071
学科门类（参照项：理工农医类）	人文科学类	0. 006	0. 006	0. 006	1. 037	0. 300
	社会科学类	−0. 015	0. 006	−0. 015	−2. 692	<0. 05
政治面貌-党员(参照项：非党员)		−0. 040	0. 006	−0. 040	−7. 321	<0. 05
生源地-农村(参照项：城镇)		−0. 025	0. 005	−0. 028	−4. 771	<0. 05

续表

自变量		非标准化系数		标准系数	统计量	显著性水平
		B	S. E	β	t	P
生源地所属区域（参照项：东北）	华东	0.057	0.010	0.057	5.456	<0.05
	华南	0.094	0.013	0.063	7.263	<0.05
	华中	0.053	0.011	0.048	4.878	<0.05
	华北	0.029	0.011	0.021	2.599	<0.05
	西北	0.042	0.013	0.022	3.190	<0.05
	西南	0.061	0.012	0.051	5.284	<0.05
双亲家庭(参照项：非双亲家庭)		0.003	0.007	0.002	0.355	0.722
有学生干部经历(参照项：没有学生干部经历)		0.051	0.006	0.044	8.713	<0.05
有国(境)外学习经历[参照项：没有国(境)外学习经历]		-0.035	0.013	-0.014	-2.798	<0.05
独生子女(参照项：非独生子女)		0.011	0.005	0.013	2.214	<0.05
小时候父母常年在外务工(参照项：小时候父母未常年在外务工)		-0.007	0.006	-0.007	-1.254	0.210
学校所属区域（参照项：东北）	华东	0.011	0.010	0.010	1.098	0.272
	华南	-0.014	0.011	-0.010	-1.188	0.235
	华中	0.018	0.010	0.015	1.751	0.080
	华北	0.010	0.010	0.008	0.984	0.325
	西北	-0.009	0.016	-0.003	-0.535	0.593
	西南	-0.018	0.011	-0.015	-1.653	0.098

(二)网络的消极影响

受访大学生普遍表示网络也具有一定的消极作用。其中，表示“直播带货轻松赚钱，我以后也想做网红”非常符合实际的受访者占比为5.6%，表示“直播带货轻松赚钱，我以后也想做网红”比较符合实际的受访者占比为5.9%；表示“浏览一些另类搞怪直播，影响了我的审美取向”非常符合实际的受访者占比为13.2%，表示“浏览一些另类搞怪直播，影响了我的审美取向”比较符合实际的受访者占比为14.0%；表示“短视频一刷就停不下来，经常占用我的学习时间”非常符合实际的受访者占比为11.1%，表示“短视频一刷就停不下来，经常占用我的学习时间”比较符合实际的受访者占比为24.1%；表示“在网络上轻松自由地聊天、发帖，在现实中却‘社恐’”非常符合实际的受访者占比为11.6%，表示“在网络上轻松自由地聊天、发帖，在现实中却‘社恐’”比较符合实际的受访者占比为18.3%。

本节为探究网络对不同群体大学生的消极影响的差异性，将包含自然因素、成长背景、教育因素等在内的多项人口学变量与大学生对网络消极作用的评价情况交互分析。结果显示，性别、学历层次、政治面貌、家庭类型、国(境)外学习经历、学生干部经历等不同的大学生对网络消极作用的评价情况存在差异，如表5-24所示。

1. 不同群体大学生认为“直播带货轻松赚钱，以后也想做网红”的情况分析

第一，从性别来看，男生和女生对“直播带货轻松赚钱，以后也想做网红”的看法具有明显差异($\chi^2=532.574$，$P<0.001$)。数据表明，女生选择“非常符合”的比例为3.9%，而男生选择此项比例为8.0%，表明男生认为“直播带货轻松赚钱，以后也想做网红”的意愿相对更高。

第二，从国(境)外学习经历来看，有国(境)外学习经历的学生和没有国(境)外学习经历的学生对“直播带货轻松赚钱，以后也想做网红”的看法具有明显差异($\chi^2=33.650$，$P<0.001$)。数据表明，没有国(境)外学习经历的学生选择“非常符合”的比例为5.5%，而有国(境)外学习经历的学生选择此项比例为9.1%。因此，有国(境)外学习经历的学生认为“直播带货轻松赚钱，以后也想做网红”的意愿相对更高。

第三，从父母务工经历来看，小时候父母常年在外务工的学生和小时候父母未常年在外务工的学生对“直播带货轻松赚钱，以后也想做网红”的看法具有明显差异($\chi^2=189.823$，$P<0.001$)。数据表明，小时候父母未常年在外务工的学生选择“非常符合”的比例为5.5%，而小时候父母常年在外务工的学生选择此项比例为6.2%，高于小时候父母未常年在外务工的学生。因此，小时候父母常年在外务工的学生认为“直播带货轻松赚钱，以后也想做网红”的意愿相对更高。

表5-24　不同群体大学生认为“直播带货轻松赚钱，以后也想做网红”的交互分析

		“直播带货轻松赚钱，我以后也想做网红”(%)					卡方检验		
		非常符合	比较符合	一般	不太符合	很不符合	χ^2	df	P
性别	男	8.0	6.2	22.7	26.0	37.1	532.574	4	<0.001
	女	3.9	5.7	25.1	32.9	32.4			
学历层次	本科生	5.7	5.9	24.9	29.7	33.8	158.815	8	<0.001
	硕士生	5.7	6.6	23.0	30.8	33.9			
	博士生	4.6	3.5	16.4	29.8	45.8			
学科门类	人文科学类	5.6	6.7	28.1	29.6	30.0	245.709	8	<0.001
	社会科学类	5.3	6.2	24.6	32.0	31.9			
	理工农医类	5.8	5.5	22.3	29.1	37.4			

续表

		"直播带货轻松赚钱，我以后也想做网红"（%）					卡方检验		
		非常符合	比较符合	一般	不太符合	很不符合	χ^2	df	P
政治面貌	党员	5.6	5.5	21.1	31.2	36.5	82.776	4	<0.001
	非党员	5.6	6.1	25.2	29.5	33.6			
生源地性质	农村	5.9	6.9	25.8	30.4	30.9	235.990	4	<0.001
	城镇	5.4	5.0	22.6	29.5	37.5			
生源地所属区域	华东	5.6	5.2	22.4	29.7	37.2	169.992	24	<0.001
	华南	4.4	4.8	25.1	32.4	33.3			
	华中	5.8	6.4	25.3	29.5	32.9			
	华北	6.0	6.2	24.8	28.5	34.6			
	西北	5.3	6.5	22.0	31.9	34.2			
	西南	5.6	6.8	25.6	31.1	30.9			
	东北	6.6	6.1	23.0	27.1	37.2			
家庭类型	双亲家庭	5.6	5.8	24.0	30.1	34.5	24.920	4	<0.001
	非双亲家庭	5.8	7.4	25.3	28.1	33.5			
学生干部经历	有	5.5	5.9	23.7	30.4	34.6	33.998	4	<0.001
	没有	6.4	6.3	25.8	28.0	33.6			
国(境)外学习经历	有	9.1	5.5	22.1	27.8	35.5	33.650	4	<0.001
	没有	5.5	5.9	24.2	30.0	34.3			
是否为独生子女	是	5.9	5.2	21.6	28.9	38.4	236.148	4	<0.001
	否	5.5	6.5	25.8	30.6	31.6			
小时候父母是否常年在外务工	是	6.2	7.4	26.9	30.2	29.3	189.823	4	<0.001
	否	5.5	5.5	23.2	29.9	36.0			
学校所属区域	华东	5.5	5.8	23.2	28.4	37.1	191.393	24	<0.001
	华南	4.5	5.1	23.9	34.1	32.4			
	华中	5.2	6.0	24.5	31.1	33.1			
	华北	6.7	6.0	24.7	27.4	35.2			
	西北	5.2	5.8	19.8	35.4	33.7			
	西南	6.3	7.0	25.4	29.7	31.6			
	东北	5.4	5.2	23.6	29.1	36.7			

2. 不同群体大学生认为“浏览一些另类搞怪直播，影响了审美取向”的情况分析

第一，从性别来看，男生和女生对“浏览一些另类搞怪直播，影响了审美取向”的看法具有明显差异（$\chi^2=462.075$，$P<0.001$）。数据表明，女生选择“非常符合”的比例为10.5%，而男生选择此项比例为16.9%。因此，男生认为“浏览一些另类搞怪直播，影响了审美取向”的意愿相对更高。

第二，从国（境）外学习经历来看，有国（境）外学习经历的学生和没有国（境）外学习经历的学生对“浏览一些另类搞怪直播，影响了审美取向”的看法具有明显差异（$\chi^2=27.571$，$P<0.001$）。数据表明，没有国（境）外学习经历的学生选择“非常符合”的比例为13.1%，而有国（境）外学习经历的学生选择此项比例为17.3%。因此，有国（境）外学习经历的学生认为“浏览一些另类搞怪直播，影响了审美取向”的意愿相对更高。

表5-25　不同群体大学生认为“浏览一些另类搞怪直播，影响了审美取向”的交互分析

<table>
<tr><th colspan="2" rowspan="2"></th><th colspan="5">“浏览一些另类搞怪直播，影响了我的审美取向”（%）</th><th colspan="3">卡方检验</th></tr>
<tr><th>非常符合</th><th>比较符合</th><th>一般</th><th>不太符合</th><th>很不符合</th><th>χ²</th><th>df</th><th>P</th></tr>
<tr><td rowspan="2">性别</td><td>男</td><td>16.9</td><td>13.8</td><td>23.6</td><td>19.8</td><td>25.9</td><td rowspan="2">462.075</td><td rowspan="2">4</td><td rowspan="2"><0.001</td></tr>
<tr><td>女</td><td>10.5</td><td>14.2</td><td>26.4</td><td>25.0</td><td>23.8</td></tr>
<tr><td rowspan="3">学历层次</td><td>本科生</td><td>13.6</td><td>13.8</td><td>26.1</td><td>22.3</td><td>24.2</td><td rowspan="3">129.331</td><td rowspan="3">8</td><td rowspan="3"><0.001</td></tr>
<tr><td>硕士生</td><td>12.5</td><td>15.0</td><td>23.3</td><td>24.3</td><td>24.9</td></tr>
<tr><td>博士生</td><td>11.8</td><td>12.0</td><td>19.3</td><td>24.4</td><td>32.5</td></tr>
<tr><td rowspan="3">学科门类</td><td>人文科学类</td><td>12.6</td><td>13.9</td><td>27.2</td><td>22.8</td><td>23.5</td><td rowspan="3">77.875</td><td rowspan="3">8</td><td rowspan="3"><0.001</td></tr>
<tr><td>社会科学类</td><td>12.9</td><td>14.7</td><td>26.0</td><td>23.5</td><td>22.9</td></tr>
<tr><td>理工农医类</td><td>13.7</td><td>13.7</td><td>24.0</td><td>22.5</td><td>26.1</td></tr>
<tr><td rowspan="2">政治面貌</td><td>党员</td><td>12.6</td><td>15.0</td><td>22.8</td><td>24.1</td><td>25.5</td><td rowspan="2">57.989</td><td rowspan="2">4</td><td rowspan="2"><0.001</td></tr>
<tr><td>非党员</td><td>13.5</td><td>13.7</td><td>26.0</td><td>22.4</td><td>24.4</td></tr>
<tr><td rowspan="2">生源地性质</td><td>农村</td><td>13.4</td><td>15.5</td><td>26.6</td><td>22.9</td><td>21.7</td><td rowspan="2">223.607</td><td rowspan="2">4</td><td rowspan="2"><0.001</td></tr>
<tr><td>城镇</td><td>13.1</td><td>12.7</td><td>23.9</td><td>22.8</td><td>27.5</td></tr>
<tr><td rowspan="7">生源地所属区域</td><td>华东</td><td>13.2</td><td>13.4</td><td>23.9</td><td>23.0</td><td>26.5</td><td rowspan="7">150.733</td><td rowspan="7">24</td><td rowspan="7"><0.001</td></tr>
<tr><td>华南</td><td>12.2</td><td>15.8</td><td>26.8</td><td>23.7</td><td>21.4</td></tr>
<tr><td>华中</td><td>13.9</td><td>14.9</td><td>25.8</td><td>22.1</td><td>23.3</td></tr>
<tr><td>华北</td><td>13.7</td><td>13.6</td><td>24.8</td><td>21.7</td><td>26.1</td></tr>
<tr><td>西北</td><td>12.6</td><td>14.7</td><td>24.4</td><td>23.1</td><td>25.1</td></tr>
<tr><td>西南</td><td>12.9</td><td>14.5</td><td>26.3</td><td>23.9</td><td>22.4</td></tr>
<tr><td>东北</td><td>13.5</td><td>11.0</td><td>24.6</td><td>22.2</td><td>28.7</td></tr>
</table>

续表

		“浏览一些另类搞怪直播，影响了我的审美取向”(%)					卡方检验		
		非常符合	比较符合	一般	不太符合	很不符合	χ^2	df	P
家庭类型	双亲家庭	13.3	14.0	25.3	22.8	24.7	2.346	4	<0.001
	非双亲家庭	12.9	14.5	24.6	22.7	25.3			
学生干部经历	有	13.2	14.3	24.8	22.9	24.8	19.625	4	<0.001
	没有	13.4	12.9	26.9	22.3	24.6			
国(境)外学习经历	有	17.3	13.7	20.8	22.4	25.8	27.571	4	<0.001
	没有	13.1	14.0	25.3	22.8	24.7			
是否为独生子女	是	13.7	12.4	23.2	22.5	28.2	232.538	4	<0.001
	否	12.9	15.1	26.6	23.0	22.4			
小时候父母是否常年在外务工	是	13.6	15.5	26.6	23.1	21.3	93.843	4	<0.001
	否	13.1	13.5	24.7	22.7	25.9			
学校所属区域	华东	13.3	13.4	24.1	22.7	26.5	181.300	24	<0.001
	华南	12.4	15.9	26.0	24.8	21.1			
	华中	12.7	15.5	25.8	23.1	22.9			
	华北	14.9	12.6	24.9	20.6	27.1			
	西北	13.3	15.3	23.9	25.0	22.5			
	西南	13.4	14.1	26.1	22.8	23.6			
	东北	12.6	12.0	25.0	22.9	27.6			

3. 不同群体大学生认为“短视频一刷就停不下来，经常占用学习时间”的情况分析

第一，从学历层次来看，本科生、硕士生和博士生对“短视频一刷就停不下来，经常占用学习时间”的看法具有明显差异（$\chi^2=274.223$，$P<0.001$）。数据表明，博士生中选择“非常符合”的比例为7.4%，本科生中选择此项的比例为11.6%，硕士生中选择此项的比例为10.1%。可知，本科生和硕士生选择“短视频一刷就停不下来，经常占用学习时间”的意愿相对更高。

第二，从国(境)外学习经历来看，有国(境)外学习经历的大学生和没有国(境)外学习经历的大学生对“短视频一刷就停不下来，经常占用学习时间”的看法具有明显差异（$\chi^2=55.395$，$P<0.001$）。数据表明，没有国(境)外学习经历的大学生选择“非常符合”的比例为11.0%，而有国(境)外学习经历的大学生选择此项的比例为13.2%。可

知，有国(境)外学习经历的学生选择“短视频一刷就停不下来，经常占用学习时间”的意愿相对更高。

第三，从父母务工经历来看，小时候父母常年在外务工的大学生和小时候父母未常年在外务工的大学生对“短视频一刷就停不下来，经常占用学习时间”的看法具有明显差异($\chi^2=279.898$，$P<0.001$)。数据表明，小时候父母未常年在外务工的大学生中选择“非常符合”的比例为 10.5%，而小时候父母常年在外务工的大学生中选择此项的比例为 12.8%。可知，小时候父母常年在外务工的大学生选择“短视频一刷就停不下来，经常占用学习时间”的意愿相对更高。

表 5-26　不同群体大学生认为“短视频一刷就停不下来，经常占用学习时间”的交互分析

		“短视频一刷就停不下来，经常占用我的学习时间”(%)					卡方检验		
		非常符合	比较符合	一般	不太符合	很不符合	χ^2	df	P
性别	男	13.1	21.8	32.7	16.3	16.2	381.815	4	<0.001
	女	9.6	25.8	35.9	17.4	11.3			
学历层次	本科生	11.6	25.1	34.9	15.8	12.6	274.223	8	<0.001
	硕士生	10.1	22.4	33.2	19.2	15.0			
	博士生	7.4	16.6	33.7	23.6	18.6			
学科门类	人文科学类	10.6	24.2	35.9	16.9	12.4	78.267	8	<0.001
	社会科学类	11.0	25.9	34.2	17.0	11.8			
	理工农医类	11.3	23.2	34.1	16.8	14.6			
政治面貌	党员	9.9	22.7	33.1	19.9	14.3	120.242	4	<0.001
	非党员	11.5	24.6	35.0	15.9	13.1			
生源地性质	农村	12.2	27.2	35.6	15.0	10.0	584.028	4	<0.001
	城镇	10.1	21.2	33.6	18.6	16.5			
生源地所属区域	华东	10.3	23.3	33.3	17.7	15.4	236.143	24	<0.001
	华南	10.4	26.1	35.9	16.9	10.8			
	华中	12.1	25.5	34.1	15.8	12.4			
	华北	11.0	23.1	34.2	17.7	14.0			
	西北	11.3	23.6	35.7	16.8	12.6			
	西南	11.5	25.4	36.3	15.9	10.8			
	东北	11.3	19.7	33.5	17.9	17.6			
家庭类型	双亲家庭	11.0	24.0	34.5	17.0	13.4	2.771	4	<0.001
	非双亲家庭	11.4	24.8	34.4	16.2	13.2			

续表

		"短视频一刷就停不下来，经常占用我的学习时间"(%)					卡方检验		
		非常符合	比较符合	一般	不太符合	很不符合	χ^2	df	P
学生干部经历	有	10.9	24.3	34.3	17.1	13.3	16.314	4	<0.001
	没有	11.7	23.1	35.5	15.8	13.9			
国(境)外学习经历	有	13.2	19.3	29.5	20.5	17.5	55.395	4	<0.001
	没有	11.0	24.2	34.7	16.8	13.3			
独生子女	是	10.4	21.0	32.5	18.7	17.5	547.437	4	<0.001
	否	11.6	26.2	35.9	15.7	10.6			
小时候父母是否常年在外务工	是	12.8	27.9	35.0	14.6	9.8	279.898	4	<0.001
	否	10.5	22.9	34.4	17.7	14.6			
学校所属区域	华东	10.2	23.3	33.5	17.4	15.6	203.702	24	<0.001
	华南	10.5	26.2	35.2	17.6	10.5			
	华中	11.4	26.1	34.3	16.6	11.7			
	华北	12.3	22.7	33.7	16.3	15.1			
	西北	10.9	22.9	37.1	18.4	10.7			
	西南	11.5	24.3	36.2	15.8	12.1			
	东北	10.7	21.8	33.9	17.8	15.7			

4. 不同群体大学生认为"在网络上轻松自由地聊天、发帖，在现实中却'社恐'"的情况分析

第一，从性别来看，男生和女生对"在网络上轻松自由地聊天、发帖，在现实中却'社恐'"的看法具有明显差异($\chi^2=350.898$，$P<0.001$)。数据表明，女生中选择"非常符合"的比例为9.9%，而男生中选择"非常符合"的比例为13.8%。可知，男生选择"在网络上轻松自由地聊天、发帖，在现实中却'社恐'"的意愿相对更高。

第二，从学历层次来看，本科生、硕士生和博士生对"短视频一刷就停不下来，经常占用学习时间"的看法具有明显差异($\chi^2=279.647$，$P<0.001$)。数据表明，博士生中选择"非常符合"的比例为7.3%，而本科生中选择"非常符合"的比例为12.4%，硕士生中选择此项的比例为10.0%。可知，本科生和硕士生选择"在网络上轻松自由地聊天、发帖，在现实中却'社恐'"的意愿相对更高。

第三，从学生干部经历来看，担任过学生干部的学生和没有担任过学生干部的学生对"短视频一刷就停不下来，经常占用学习时间"的看法具有明显差异($\chi^2=266.808$，P

<0. 001)。数据表明，担任过学生干部的学生中选择“非常符合”的比例为 11. 1%，而没有担任过学生干部的学生中选择“非常符合”的比例为 14. 1%。可知，没有担任过学生干部的学生选择“在网络上轻松自由地聊天、发帖，在现实中却‘社恐’”的意愿相对更高。

表 5-27 不同群体大学生认为“在网络上轻松自由地聊天、发帖，在现实中却‘社恐’”的交互分析

		“短视频一刷就停不下来，经常占用我的学习时间”(%)					卡方检验		
		非常符合	比较符合	一般	不太符合	很不符合	χ^2	df	*P*
性别	男	13. 8	16. 8	28. 0	19. 7	21. 7	350. 898	4	<0. 001
	女	9. 9	19. 5	29. 6	23. 7	17. 2			
学历层次	本科生	12. 4	19. 2	29. 2	20. 9	18. 3	279. 647	8	<0. 001
	硕士生	10. 0	16. 9	28. 9	24. 2	20. 0			
	博士生	7. 3	11. 8	25. 3	28. 0	27. 6			
学科门类	人文科学类	11. 8	19. 3	30. 4	20. 9	17. 6	55. 345	8	<0. 001
	社会科学类	11. 1	18. 6	28. 6	23. 3	18. 4			
	理工农医类	11. 8	17. 8	28. 5	21. 8	20. 1			
政治面貌	党员	9. 3	15. 7	27. 0	26. 3	21. 7	295. 935	4	<0. 001
	非党员	12. 4	19. 3	29. 6	20. 5	18. 3			
生源地性质	农村	12. 6	20. 7	31. 0	20. 4	15. 3	516. 633	4	<0. 001
	城镇	10. 7	16. 2	27. 0	23. 4	22. 6			
生源地所属区域	华东	10. 5	17. 1	28. 6	22. 8	20. 9	295. 609	24	<0. 001
	华南	10. 2	20. 1	30. 5	23. 7	15. 5			
	华中	12. 9	19. 4	29. 7	20. 5	17. 5			
	华北	11. 8	17. 6	27. 6	22. 0	21. 1			
	西北	12. 1	20. 0	27. 6	21. 5	18. 7			
	西南	12. 2	19. 6	30. 6	21. 4	16. 2			
	东北	11. 8	14. 7	25. 6	22. 4	25. 5			
家庭类型	双亲家庭	11. 5	18. 2	29. 0	22. 1	19. 2	11. 165	4	<0. 001
	非双亲家庭	12. 5	19. 7	27. 8	21. 0	18. 9			
学生干部经历	担任	11. 1	17. 8	28. 2	23. 0	20. 0	266. 808	4	<0. 001
	未担任	14. 1	20. 9	32. 4	17. 6	15. 0			

续表

		“短视频一刷就停不下来，经常占用我的学习时间”(%)					卡方检验		
		非常符合	比较符合	一般	不太符合	很不符合	χ^2	df	P
国(境)外学习经历	有	12.3	12.0	23.4	24.3	28.0	102.765	4	<0.001
	没有	11.6	18.6	29.1	21.9	18.8			
独生子女	是	11.5	15.9	26.3	22.6	23.8	464.336	4	<0.001
	否	11.7	20.0	30.7	21.6	16.0			
小时候父母是否常年在外务工	是	13.4	21.6	30.5	19.8	14.7	285.387	4	<0.001
	否	11.0	17.3	28.4	22.7	20.6			
学校所属区域	华东	10.4	17.5	28.4	22.2	21.5	195.240	24	<0.001
	华南	10.6	19.2	29.4	24.0	16.8			
	华中	11.4	19.4	29.8	22.2	17.2			
	华北	13.6	17.1	27.8	20.8	20.6			
	西北	11.6	20.2	30.9	22.6	14.7			
	西南	12.2	19.4	29.8	21.3	17.3			
	东北	11.7	16.8	27.6	21.7	22.2			

五、本章小结

本章基于数据分析，从上网目的、网络行为、新媒体运用、网络影响四个方面，全面了解大学生对网络的使用情况，并在此基础上发现值得关注的现象与问题，进而提出针对性的对策与建议。

(一)总体情况

当前大学生使用网络频率高、上网目的多样化，在使用网络的过程中能够自觉规范自身行为。同时，新媒体平台的崛起和发展给大学生的成长带来了一定的影响，大学生在复杂的、变化的网络空间里，受到网络不同程度的影响，存在显著的群体差异。

1. 大学生上网目的多样化

大学生作为网络空间的“原住民”，“无人不网”“无时不网”“无处不网”已成为当今大学生网络生活的现实写照。在5G时代到来的大背景下，大学生使用网络频率高、上网目的多样化。数据显示，大学生中上网主要目的为“娱乐消遣”的受访者占比为85.1%，目的为“获取资讯”的受访者占比为83.4%，目的为“社交”的受访者占比为

78.3%，目的为“在线学习”的受访者占比为75.8%，目的为“网络购物”的受访者占比为69.3%，目的为“其他”的受访者占比为10.0%。由此可见，大学生上网的目的相对集中在“娱乐消遣”和“获取资讯”。

2. 大学生能够自觉规范自身网络行为

虽然网络在形式上是虚拟的，但是网络言论和网络行为可以折射出现实的情感态度。在发表网络言论方面，调查显示，大学生整体对发表网络言论呈现严谨态度，能够选择冷静、求证、合理的方式对待。在网上看到有抹黑党和政府的言论时，表示会予以反驳的受访者占比为75.2%，在网上发表的言论表示都会经过深思熟虑的受访者占比为90.9%。其中，有学生干部经历的大学生对“在网上看到有抹黑党和政府的言论时，我会予以反驳”的评价得分比没有学生干部经历的大学生高0.103个单位，对“我在网上发表的言论都会经过深思熟虑”的评价得分比没有学生干部经历的学生高0.104个单位。

网络热点事件变化多样，同时也是舆论滋长的温床。调查显示，90.2%的大学生对网络热点事件能理性对待，不会轻易被“带节奏”，其中，本科生对网上的热点事件冷静分析，不被“带节奏”的概率比博士生高0.066个单位，硕士生对网上的热点事件冷静分析，不被“带节奏”的概率比博士生高0.064个单位。有学生干部经历的学生对网上的热点事件冷静分析，不被“带节奏”的概率比没有学生干部经历的学生高0.117个单位。小时候父母未在外务工的学生对网上的热点事件冷静分析，不被“带节奏”的概率比小时候父母常年在外务工的学生高0.046个单位。

网络上的信息纷繁复杂，主流虽然是正面的，但也有很多杂音、噪音，甚至虚假言论、负面言论。调查显示，92.4%的大学生表示能够严格规范自身网络行为，不成为“键盘侠”。其中，本科生在上网时严格要求自己，绝不成为“键盘侠”的概率比博士生高0.068个单位，硕士生在上网时严格要求自己，绝不成为“键盘侠”的概率比博士生高0.057个单位。有学生干部经历的大学生在上网时严格要求自己，绝不成为“键盘侠”的概率比没有学生干部经历的大学生高0.120个单位。

3. 大学生受到网络影响存在群体差异

网络给大学生成长带来积极影响，改变了大学生的认知方式，拓展了大学生的知识视野，同时也带来了一定的负面影响。在积极影响方面，本节结合人口学变量与大学生对网络积极作用的评价情况进行一般线性回归分析研究，发现不同群体的大学生受到网络积极影响存在明显差异。其中，有学生干部经历的大学生认为网络可以“便捷专业学习”的概率比没有学生干部经历的大学生高0.046个单位；本科生认为网络可以“了解学术动态”的概率比博士生低0.064个单位，硕士生认为网络可以“了解学术动态”的概率比博士生低0.047个单位；本科生认为网络可以“缓解心理压力”的概率比博士生高0.086个单位；女生认为网络可以“便利日常生活”的概率比男生高0.086个单位。

在消极影响方面，本节结合人口学变量与大学生对网络消极作用的评价情况交互分析研究，发现不同群体的大学生受到网络消极影响存在明显差异。其中，男生中非常认同“直播带货轻松赚钱，以后也想做网红”的比例(8.0%)此女生(3.9%)高出4.1%，有国(境)外学习经历的大学生中非常认同“直播带货轻松赚钱，以后也想做网红”的比例(9.1%)比没有国(境)外学习经历的大学生(5.5%)高出3.6%。男生中非常认同“浏览一些另类搞怪直播，影响了审美取向”的比例(16.9%)比女生(10.5%)高出6.4%，有国(境)外学习经历的大学生中非常认同“浏览一些另类搞怪直播，影响了审美取向”的比例(17.3%)比没有国(境)外学习经历的大学生(13.1%)高出4.2%。博士生中非常认同“短视频一刷就停不下来，经常占用学习时间”的比例为7.4%，本科生中选择此项的比例为11.6%，硕士生中选择此项的比例为10.1%，可知本科生和硕士生选择“短视频一刷就停不下来，经常占用学习时间”的意愿相对更高。男生中非常认同“在网络上轻松自由地聊天、发帖，在现实中却‘社恐’”的比例(13.8%)比女生(9.9%)高出3.9%，没有担任过学生干部的大学生中非常认同“在网络上轻松自由地聊天、发帖，在现实中却‘社恐’”的比例(14.1%)比有担任过学生干部的大学生(11.1%)高出3.0%。博士生中非常认同“在网络上轻松自由地聊天、发帖，在现实中却‘社恐’”的比例为7.3%，本科生中选择此项的比例为12.4%，硕士生中选择此项的比例为10.0%。可知本科生和硕士生选择“在网络上轻松自由地聊天、发帖，在现实中却‘社恐’”的意愿相对更高。

(二)应当关注的现象与问题

当前大学生的网络观念和网络行为整体呈现出较为积极的特征，但仍然存在一些应当关注的现象与问题。调查发现，大学生网络行为的群体差异较为明显，部分大学生群体的网络行为相对消极，部分高校的新媒体平台建设状况仍然存在提升空间，网络对大学生的消极影响仍然不容小觑。

1. 网络行为的群体差异较为明显

部分有国(境)外学习经历、非双亲家庭大学生的网络行为相对消极，值得学校相关部门关注。调查显示，在对待热点事件方面，非双亲家庭大学生对网上的热点事件冷静分析，不被“带节奏”的概率比双亲家庭大学生低0.036个单位。在发表网络言论方面，非双亲家庭大学生对“在网上看到有抹黑党和政府的言论时，我会予以反驳”的评价得分比双亲家庭大学生的低0.043个单位，对“我在网上发表的言论都会经过深思熟虑”的评价得分比双亲家庭大学生低0.046个单位；有国(境)外学习经历的大学生对“在网上看到有抹黑党和政府的言论时，我会予以反驳”的评价得分比没有国(境)外学习经历的大学生低0.123个单位，对“我在网上发表的言论都会经过深思熟虑”的评价得分比没有国(境)外学习经历的大学生低0.044个单位。在严格要求自身网络行为方面，非双亲家庭大学生在上网时严格要求自己，绝不成为“键盘侠”的情况比双亲家庭大学生低0.038个单位；有国(境)外学习经历的大学生在上网时严格要求自己，绝不成为“键盘侠”的情况比没有国(境)外学习经历的大学生低0.055个单位。此次调查中发现的这部分网络行为有待端正的大学生为我们开展下一阶段的教育活动提供了参考，应当加强对有国(境)外学习经历的学生、非双亲家庭的学生网络行为的教育和引导，以提高其在网络空间的自主性、自觉性、自律性。

2. 高校新媒体平台建设有待增强

当代大学生是伴随着新媒体发展而成长起来的一代，新媒体对大学生的影响已日趋显著。受访大学生普遍表示学校的微信、微博等新媒体对自身成长有一定的影响。其中，表示“影响非常大”的受访者占比为 12.0%，表示“影响比较大”的受访者占比为 26.6%，表示“影响一般”的受访者占比为 41.3%。高校新媒体平台可以依靠技术上的优势使学生的日常教学、管理工作更加现代化、科学化，但是在调查中受访大学生表示学校新媒体平台存在一些问题，亟待改进完善。32.3%的大学生认为新媒体平台“理论性太强”，31.1%的大学生认为新媒体平台“说教味过浓”，45.9%的大学生认为新媒体平台“缺乏互动”，45.2%的大学生认为新媒体平台“呈现方式单一”，27.2%的大学生认为新媒体平台“信息更新慢”，16.5%的大学生认为新媒体平台“案例陈旧”，20.6%的大学生认为新媒体平台“原创不足”。因此，高校新媒体平台仍有较大的发展空间，应在用户体验、平台语言、信息交互等方面加强建设，让大学生愿意关注、了解、使用本校的新媒体平台。

3. 网络的消极影响不容小觑

网络在帮助大学生获取信息、了解世界、丰富知识时，其带来的消极影响同样不容小觑。调查显示，大学生中表示“直播带货轻松赚钱，我以后也想做网红”的比例为 11.5%，表示“浏览一些另类搞怪直播，影响了我的审美取向”的比例为 27.2%，表示“短视频一刷就停不下来，经常占用我的学习时间”(35.2%)、“在网络上轻松自由地聊天、发帖，在现实中却‘社恐’”的比例为 29.9%。我们享受着信息化时代带来的福利，同时，我们也承受着网络对我们的侵蚀。网络的便利性和趣味性吸引了许多大学生，但是过度上网容易令人沉迷，以致打乱正常作息，影响自身的学习和生活；由于网络的开放性和互动性，大学生容易忽视现实的规则约束，使得无序、混乱，甚至产生享乐主义、拜金主义等不良思潮危机蔓延开来；网络的虚拟性和隐蔽性也让部分大学生呈现出双面社交状态，降低自己在真实世界的社交频率，进而沉溺于网络“舒适区”，影响其对客观世界建立全面、理性的认知。大学阶段是人生发展的重要时期，是世界观、人生观、价值观发展和成熟的重要阶段，如何引导大学生正确对待网络两面性、健康使用网络，需要多方面强有力的引导和措施。

(三)对策与建议

针对调查中发现的问题，有必要转换网络思想政治教育的视角，从信息接收者的视角出发，强化新媒体平台建设；有必要秉持网络思想政治教育“形态论”的新思维，充分发挥大学生网民的主体力量，克服互联网的消极影响；有必要充分运用新的技术手段，增强网络思想政治教育的精准化程度，针对不同大学生群体网络素养的薄弱之处开展教育引导。

1. 转换新视角，强化新媒体平台建设

当前部分受访大学生反映高校新媒体平台存在理论性太强、说教味过浓、缺乏互动等问题，而这些问题说明当前部分高校新媒体平台仍然完全秉持内容生产者的视角，以理论内容为中心开展网络思想政治教育。这一视角与互联网平等性、开放性、交互性和去中心化的特点不完全相符，不能充分适应大学生网民的心理特征。因此有必要积极转换视角，从信息接收者的视角出发，建设高校新媒体平台、生产网络思想政治教育内容。具体而言，在推动高校新媒体平台建设的过程中，应充分把握大学生网民的鲜明特征，不断满足大学生网民的内在需求，充分发挥大学生网民的主体性。其一，从信息接收者的视角出发，必须以充分了解信息接收者的特点为前提。高校新媒体平台的建设者必须积极把握大学生网民的思想特征，充分认识到其具有创新意识强、自主意识强、平等意识强等鲜明特征，力求建设与上述特征相契合、相适应的高校新媒体平台。其二，应不断满足大学生网民的内在需求。大学生网民网络冲浪的需求是多元的，在内容主题方面，对“严肃主题”和“娱乐主题”等不同主题的网络内容均较为关注；在叙事风格方面，对“宏大叙事”和“微观叙事”等不同角度的叙事作品均存在明显兴趣。为满足大学生网民的需求，提升大学生网民对新媒体平台的访问量、阅读量、浏览量，高校新媒体平台必须在坚持正能量的基础上，提供主题多元、形式多样、风格各异的网络思想政治教育内容。其三，充分发挥大学生网民的主体性。网络思想政治教育是平等教育主体间开展的教育活动，高校新媒体平台与大学生网民的关系属于“主体间关系”。因此，强化高校新媒体平台建设，必须充分发挥大学生网民的主体性，促使大学生网民由新媒体平台的“使用者”转变为新媒体平台的“建设者”。高校新媒体平台应积极强化平台的互动性，开发更加灵活的互动功能、引入更具吸引力的互动玩法，引导大学生充分发挥主体性，通过留言、弹幕、评论等多种方式将高校新媒体平台建设为富有思想政治教育价值的优质平台。

2. 秉持新思维，克服互联网消极影响

互联网自普及以来就常被比喻为“双刃剑”，如何克服互联网的消极影响是开展网络思想政治教育必须面对的现实问题。近年来，在有关部门“净网行动”的助力下，网络环境更加风清气正，互联网对大学生产生的消极影响有所减弱。但调查发现，仍有部分大学生或是受到消费主义、享乐主义等不良网络社会思潮的消极影响，或是过度沉迷网络、无法适应现实生活。由此可见，克服网络使用对大学生产生的消极影响，仅仅净化网络空间、删除消极内容是不够的，而必须秉持新思维开展网络思想政治教育，培养大学生积极的网络素养、引导大学生形成正确的网络观念。当前，网络空间已经成为现实空间的延伸，网络生活已经成为大学生新的学习生活方式和社会交流模式。网络思想政治教育应超越传统的“工具论”思维和“空间论”思维，不能单纯将网络思想政治教育视作利用互联网工具或载体开展的思想政治教育，亦不能单纯将其视作在网络空间或网络环境中开展的思想政治教育；而应当形成网络思想政治教育“形态论”的新思维，充分认识到网络思想政治教育作为思想政治教育的新形态，是在互联网这一特定时空中思想政治教育活动的存在方式和表现样态。因此，提升网络思想政治教育成效，必须秉持网络思想政治教育“形态论”的新思维，认识到网络思想政治教育在教育目标、教育内容、教育方法等方面与传统思想政治教育存在区别。在开展教育的过程中，引导大学生形成正确的网络规范意识，形成良好的网络道德观，着力提升大学生的网络素养，切实增强大学生分辨和抵制不良网络社会思潮和消极网络亚文化的能力，充分发挥大学生网民的主体力量，克服互联网的消极影响。

3. 运用新技术，实现网络思政精准化

当前不同群体大学生的网络素养存在一定差异，部分群体大学生的网络素养有待进一步提升。例如，部分有国(境)外学习经历、来自非双亲家庭的大学生网络行为相对消极，值得学校相关部门关注。针对这一问题，应注重运用新的技术手段开展网络思想政治教育，着力实现网络思想政治教育的精准育人。高校思想政治工作者应注重运用大数据技术、人工智能技术、云计算技术等前沿数字技术，运用大数据研究方法、机器学习研究方法等创新性研究方法，动态把握不同群体大学生网络素养的特征，从大学生整体中挑选网络素养相对薄弱的大学生，作为精准网络思政的重点育人对象。高校思想政治工作者应注重运用算法技术，结合不同教育对象的网络观念、网络行为，推送不同的教育内容，以实现育人的精准化。高校思想政治工作者应灵活运用虚拟现实技术(VR)、增强现实技术(AR)、微视频技术等新媒体技术，依据不同教育对象的兴趣爱好，灵活调整教育内容的呈现方式。

第六章　学习与就业

学习，是人才实现全面发展、担当时代重任的重要途径，也是大学生在校期间的主要任务。“国势之强由于人，人材之成出于学。”习近平总书记从培养社会主义建设者和接班人的高度强调学习对于人才成长、国家强盛的重要意义，殷切期望当代大学生求真学问，练真本领。学习与就业紧密关联，蕴含着知与行的辩证法。学习与就业状况，不仅生动反映出当前大学生的奋斗状态和精神风貌，也是检验高校立德树人成效的重要尺度。课题组通过调查当前大学生的学习状态、择业观念、就业心态等方面，总体把握大学生的学习与就业状况，以期不断改进高校学风建设和就业指导教育，砥砺大学生昂扬向上的奋进姿态。

一、学习状态

人们的学习行为是一个不断运动变化发展的过程，而学习状态则是人们动态学习行为中处于相对静止状态的表现形态。大学生的学习状态是其学习观念、学习态度、学习行为综合作用的结果，是检验其学习勤勉程度的重要标准，同时也是反映大学生群体精神面貌的一个维度。课题组将大学生的学习状态划分为“刻苦勤奋，坚持不懈”“适度努力，偶尔放松”“平时松懈，考前突击”“‘佛系’学习，不惧挂科”四个层级进行调查研究，以期反映当前大学生的学习状态情况。该四个层级具有内在的优劣等级顺序，因而大学生学习状态属于定距变量，可采用均值比较分析、线性回归分析等方法作进一步分析。

（一）整体情况

整体而言，八成以上的受访大学生呈现出良好的学习状态，其中 18.7%的受访大学生认为自己的学习状态为“刻苦勤奋，坚持不懈”，65.3%的受访大学生认为自己“适度努力，偶尔放松”。此外，少部分大学生认为自己的学习状态处于调查所列的欠佳状态，13.6%的受访大学生表示自己处于“平时松懈，考前突击”的学习状态，2.4%的受访大学生表示自己“‘佛系’学习，不惧挂科”，如图 6-1 所示。

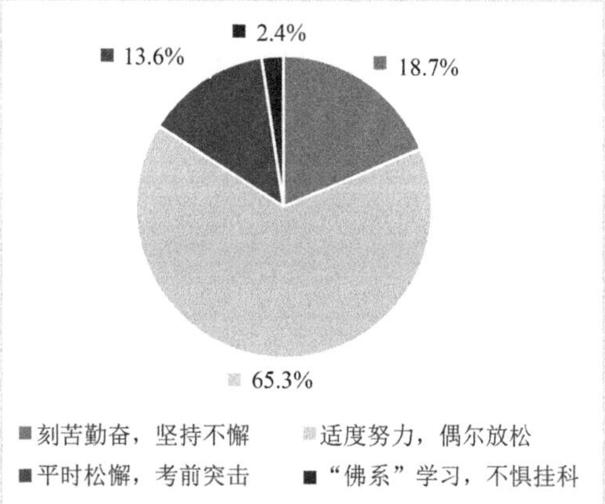

图 6-1　大学生的学习状态

(二)不同群体大学生的学习状态

研究发现，不同群体大学生对自身学习状态的评价具有显著差异。我们对反映大学生学习状态的四个层级从优到劣分别赋值 4 分、3 分、2 分、1 分，结合人口学变量进行均值比较分析，得分越高说明该群体大学生对自身学习状态的评价越好、越接近或达到“刻苦勤奋，坚持不懈”的学习状态。分析结果显示，不同性别、年龄、生源地性质、家庭类型、学历层次、政治面貌、学生干部经历、国(境)外学习经历、学校所属区域的大学生对自身学习状态的评价存在统计学意义上的显著差异($P<0.001$)，如表 6-1 所示。

表 6-1　不同群体大学生对自身学习状态评价的均值比较

自变量		大学生对自身学习状态的评价		
		均值	标准差	统计量及显著性水平
性别	男	3.03	0.691	$F=45.149^{***}$
	女	2.98	0.610	
年龄	低年龄段	2.93	0.637	$F=271.627^{***}$
	中间年龄段	3.03	0.654	
	高年龄段	3.20	0.601	
生源地性质	农村	2.99	0.651	$F=23.084^{***}$
	城镇	3.02	0.642	
家庭类型	双亲家庭	3.01	0.644	$F=24.556^{***}$
	非双亲家庭	2.95	0.668	
独生子女	是	3.03	0.644	$F=51.118^{***}$
	否	2.98	0.647	
学历层次	本科生	2.96	0.654	$F=282.948^{***}$
	硕士生	3.11	0.608	
	博士生	3.19	0.600	
学科门类	人文科学类	2.99	0.641	$F=1.989$
	社会科学类	3.01	0.640	
	理工农医类	3.00	0.652	
政治面貌	党员	3.15	0.607	$F=245.783^{***}$
	共青团员	2.96	0.642	
	民主党派成员	2.96	0.962	
	群众	2.90	0.704	

续表

自变量		大学生对自身学习状态的评价		
		均值	标准差	统计量及显著性水平
学生干部经历	有	3.02	0.630	$F=196.004^{***}$
	没有	2.91	0.707	
国(境)外学习经历	有	3.06	0.684	$F=12.359^{***}$
	没有	3.00	0.645	
学校所属区域	华东地区	3.01	0.633	$F=8.845^{***}$
	华南地区	2.99	0.644	
	华中地区	2.99	0.636	
	华北地区	3.04	0.659	
	西北地区	3.03	0.602	
	西南地区	2.97	0.671	
	东北地区	3.03	0.645	

其一，自然因素不同的大学生对自身学习状态的评价存在差异。从性别来看，男生对自己学习状态的评价好于女生，二者的平均值分别为 3.03 和 2.98。从年龄来看，处于低年龄段、中间年龄段、高年龄段三个区间的大学生对自身学习状态的评价亦有显著差异，高年龄段大学生在学习状态方面的评价得分(3.20)高于低年龄段(2.93)和中间年龄段(3.03)大学生相应得分，因此高年龄段大学生更加符合勤勉学习状态。

其二，家庭成长因素不同的大学生对自身学习状态的评价存在差异。从生源地性质来看，生源地性质为城镇的大学生对自身学习状态的评价平均值为 3.02，略高于农村大学生相应平均值(2.99)。从家庭类型来看，双亲家庭的大学生在学习状态方面的评价得分高于非双亲家庭大学生，前者为 3.01，后者则为 2.95。从独生子女情况来看，独生子女大学生对自身学习状态的评价好于非独生子女大学生，二者平均值分别为 3.03 和 2.98。

其三，教育因素不同的大学生对自身学习状态的评价存在差异。从学历层次来看，博士生更倾向于认为自己处于勤勉学习状态，其学习状态评价得分为 3.19，硕士生(3.11)次之，本科生(2.96)学习状态评价得分相对较低。从政治面貌来看，政治面貌为中共党员的大学生对自身学习状态的评价相对更好，平均值为 3.15，而政治面貌为共青团员、民主党派成员、群众的大学生对自身学习状态的评价平均值分别为 2.96、2.96、2.90。从学生干部经历来看，有学生干部经历的大学生对自身学习状态的评价相对更好，其平均值(3.02)高于没有学生干部经历的大学生相应平均值(2.91)。从国(境)外学习经历来看，有国(境)外学习经历的大学生对自身学习状态的评价平均值为

3.06，高于没有国(境)外学习经历的大学生相应平均值(3.00)。从学校所属区域来看，不同学校所属区域的大学生在学习状态方面呈现显著差异，各区域按照大学生学习状态评价的平均值由高到低排序依次为华北地区、东北地区、西北地区、华东地区、华南地区、华中地区、西南地区。

(三)影响因素分析

1. 价值观念对大学生学习状态的影响

为分析大学生价值观念对其学习状态的影响，我们将大学生“理解社会主义核心价值观的具体内涵”和“将社会主义核心价值观作为基本遵循”分别作为自变量，将大学生对两项说法的自我评价“非常符合”“比较符合”“一般”“不太符合”“很不符合”分别赋值为5分、4分、3分、2分、1分，得分越高表示大学生越符合理解和践行社会主义核心价值观，与因变量“大学生学习状态”进行一般线性回归分析。分析结果显示，按照$P<0.05$的检验标准，理解社会主义核心价值观的具体内涵和将社会主义核心价值观作为基本遵循两个变量与大学生学习状态的回归系数均具有统计学意义，如表6-2所示。

表6-2　大学生价值观念对其学习状态影响的一般线性回归分析

自变量	非标准化系数		标准化系数	统计量	显著性水平
	B	S.E	β	t	P
常数项	2.059	0.021		100.252	<0.05
理解社会主义核心价值观的具体内涵	0.121	0.007	0.139	16.766	<0.05
将社会主义核心价值观作为基本遵循	0.090	0.007	0.101	12.160	<0.05

其一，大学生对社会主义核心价值观具体内涵的理解状况与其学习状态呈显著正相关关系。大学生对对社会主义核心价值观具体内涵的理解状况从“很不符合”到“非常符合”，每提升一个层级，其学习状态的勤勉程度就随之提高0.121个单位。这反映出社会主义核心价值观的丰厚内涵，对于大学生明确学习目标、更新学习内容、求索学习方法具有思想启迪意义，能够成为大学生保持进取学习状态、养成优良学习习惯的重要滋养。

其二，大学生将社会主义核心价值观作为基本遵循的符合状况与其学习状态呈显著正相关关系。大学生将社会主义核心价值观作为基本遵循的符合状况从“很不符合”到“非常符合”，每提升一个层级，其学习状态的勤勉程度就随之提高0.09个单位。这说明把社会主义核心价值观作为行为规范、践行社会主义核心价值观，能够规约和引领大学生自觉做到勤学，“下得苦功夫，求得真学问”，努力为中国式现代化贡献聪明才智。

2. 课堂教学对大学生学习状态的影响

为分析课堂教学效果对大学生学习状态的影响，我们将“思想政治理论课教学效果”和“专业课程教学效果”分别作为自变量，将大学生对课堂教学的评价“非常好”“比较好”“一般”“比较差”“非常差”分别赋值为5分、4分、3分、2分、1分，得分越高表示大学生对课堂教学效果的评价越好，与因变量“大学生学习状态”进行一般线性回归分析。分析结果显示，按照 $P<0.05$ 的检验标准，思想政治理论课教学效果和专业课程教学效果两个变量与大学生学习状态的回归系数均具有统计学意义，如表6-3所示。

表6-3 课堂教学对大学生学习状态影响的一般线性回归分析

自变量	非标准化系数		标准化系数	统计量	显著性水平
	B	S. E	β	t	P
常数项	2. 160	0. 020		109. 955	<0. 05
思想政治理论课教学效果	0. 095	0. 007	0. 117	13. 030	<0. 05
专业课程教学效果	0. 096	0. 008	0. 109	12. 071	<0. 05

其一，思想政治理论课教学效果与大学生学习状态呈显著正相关关系。回归系数显示，大学生对思想政治理论课教学效果的评价情况从“非常差”到“非常好”，每提升一个层级，其学习状态的勤勉程度就随之提高0. 095个单位。

为进一步分析思政课教学效果对大学生学习状态的影响，我们将大学生对思政课“教学内容”“教学方法”“教学设计”的分项评价情况分别作为自变量，将大学生对思政课“教学内容”“教学方法”“教学设计”的评价“非常满意”“比较满意”“一般”“不太满意”“很不满意”分别赋值为5分、4分、3分、2分、1分，得分越高表示大学生的评价越好，与因变量“大学生学习状态”进行一般线性回归分析。分析结果显示，按照 $P<0.05$ 的检验标准，三项评价情况与大学生学习状态的回归系数均具有统计学意义。大学生对思政课教学内容、教学方法、教学设计越满意，其学习状态也就越好。回归系数显示，思政课教学内容、教学方法、教学设计状况对大学生学习状态的影响程度有一定差异，其中，大学生对思政课教学内容状况的评价从“很不满意”到“非常满意”每提升一个层级，其学习状态的勤勉程度就随之提高0. 08个单位；大学生对思政课教学方法状况的评价从“很不满意”到“非常满意”每提升一个层级，其学习状态的勤勉程度就随之提高0. 028个单位；大学生对思政课教学设计状况的评价从“很不满意”到“非常满意”，每提升一个层级，其学习状态的勤勉程度就随之提高0. 049个单位，如表6-4所示。

表 6-4　思想政治理论课教学对大学生学习状态影响的一般线性回归分析

自变量	非标准化系数		标准化系数	统计量	显著性水平
	B	S. E	*β*	*t*	*P*
常数项	2. 333	0. 016		142. 822	<0. 05
教学内容	0. 080	0. 010	0. 106	8. 194	<0. 05
教学方法	0. 028	0. 011	0. 039	2. 492	<0. 05
教学设计	0. 049	0. 010	0. 067	4. 719	<0. 05

其二，专业课程教学效果与大学生学习状态呈显著正相关关系。回归系数显示，大学生对专业课程教学效果的评价情况从“非常差”到“非常好”每提升一个层级，其学习状态的勤勉程度就随之提高 0. 096 个单位。

3. 日常思想政治教育对大学生学习状态的影响

为分析日常思想政治教育状况对大学生学习状态的影响，我们将大学生对“校风和学风建设”“创新创业教育”“社会实践活动”“校园文化活动”“网络思想政治教育”“心理健康教育与咨询工作”“职业规划与就业指导教育”“日常事务管理”“学校后勤服务”“学生资助工作”“基层党组织建设”“社团活动”“班级建设”“团组织建设”14 项日常思想政治教育工作的评价情况作为自变量，将大学生对日常思想政治教育状况的评价“非常满意”“比较满意”“一般”“不太满意”“很不满意”分别赋值为 5 分、4 分、3 分、2 分、1 分，得分越高表示大学生对日常思想政治教育状况的评价越好，与因变量“大学生学习状态”进行一般线性回归分析。分析结果显示，按照 $P<0.05$ 的检验标准，六项日常思想政治教育工作的评价情况与大学生学习状态的回归系数具有统计学意义，如表 6-5 所示。

表 6-5　日常思想政治教育对大学生学习状态影响的一般线性回归分析

自变量	非标准化系数		标准化系数	统计量	显著性水平
	B	S. E	*β*	*t*	*P*
常数项	2. 229	0. 018		121. 168	<0. 05
校风和学风建设	0. 035	0. 010	0. 044	3. 553	<0. 05
创新创业教育	0. 035	0. 010	0. 046	3. 416	<0. 05
社会实践活动	0. 005	0. 011	0. 007	0. 473	0. 636
校园文化活动	0. 014	0. 009	0. 019	1. 537	0. 124
网络思想政治教育	0. 004	0. 010	0. 005	0. 342	0. 732

续表

自变量	非标准化系数		标准化系数	统计量	显著性水平
	B	S. E	*β*	*t*	*P*
心理健康教育与咨询工作	-0.010	0.009	-0.013	-1.093	0.275
职业规划与就业指导教育	0.025	0.009	0.034	2.753	<0.05
日常事务管理	0.010	0.009	0.014	1.157	0.247
学校后勤服务	0.004	0.006	0.006	0.650	0.516
学生资助工作	-0.017	0.009	-0.022	-1.985	<0.05
基层党组织建设	0.024	0.010	0.031	2.310	<0.05
社团活动	0.036	0.008	0.048	4.180	<0.05
班级建设	-0.004	0.010	-0.005	-0.383	0.702
团组织建设	0.018	0.011	0.023	1.612	0.107

其一，校风和学风建设状况与大学生学习状态呈显著正相关关系。回归系数显示，大学生对校风和学风建设状况的评价从“很不满意”到“非常满意”，每提升一个层级，其学习状态的勤勉程度就随之提高 0.035 个单位。

其二，创新创业教育状况与大学生学习状态呈显著正相关关系。回归系数显示，大学生对创新创业教育状况的评价从“很不满意”到“非常满意”，每提升一个层级，其学习状态的勤勉程度就随之提高 0.035 个单位。

其三，职业规划与就业指导教育状况与大学生学习状态呈显著正相关关系。回归系数显示，大学生对职业规划与就业指导教育状况的评价从“很不满意”到“非常满意”，每提升一个层级，其学习状态的勤勉程度就随之提高 0.025 个单位。

其四，基层党组织建设状况与大学生学习状态呈显著正相关关系。回归系数显示，大学生对基层党组织建设状况的评价从“很不满意”到“非常满意”，每提升一个层级，其学习状态的勤勉程度就随之提高 0.024 个单位。

其五，社团活动开展状况与大学生学习状态呈显著正相关关系。回归系数显示，大学生对社团活动开展状况的评价从“很不满意”到“非常满意”，每提升一个层级，其学习状态的勤勉程度就随之提高 0.036 个单位。

二、择业观念

择业观念，是大学生世界观、人生观、价值观在就业选择时的具体体现，直接影响大学生的人生规划和职业选择。课题组通过调查大学生在择业时最为看重的因素，以期透视大学生择业观念的整体貌态。

（一）整体情况

当前，大学生择业观念呈现多元化追求、多维度考量的特点。反映发展权益的"薪资福利""发展空间"等因素、突显个性化追求的"兴趣爱好""自我价值"等因素、体现工作体验的"工作稳定""工作环境""工作强度"等因素，在大学生择业时受到较高关注。各因素按照大学生选择比例由高到低排序依次为："薪资福利"（79.7%）、"发展空间"（68.9%）、"兴趣爱好"（61.5%）、"自我价值"（60.4%）、"工作稳定"（58.9%）、"工作环境"（56.9%）、"工作强度"（42.1%）、"专业对口"（34.4%）、"社会地位"（28.9%）、"其他"（4.7%）（见图 6-2）。"薪资福利"（79.7%）、"发展空间"（68.9%）、"兴趣爱好"（61.5%）排在年度大学生择业时最看重因素的前三名。

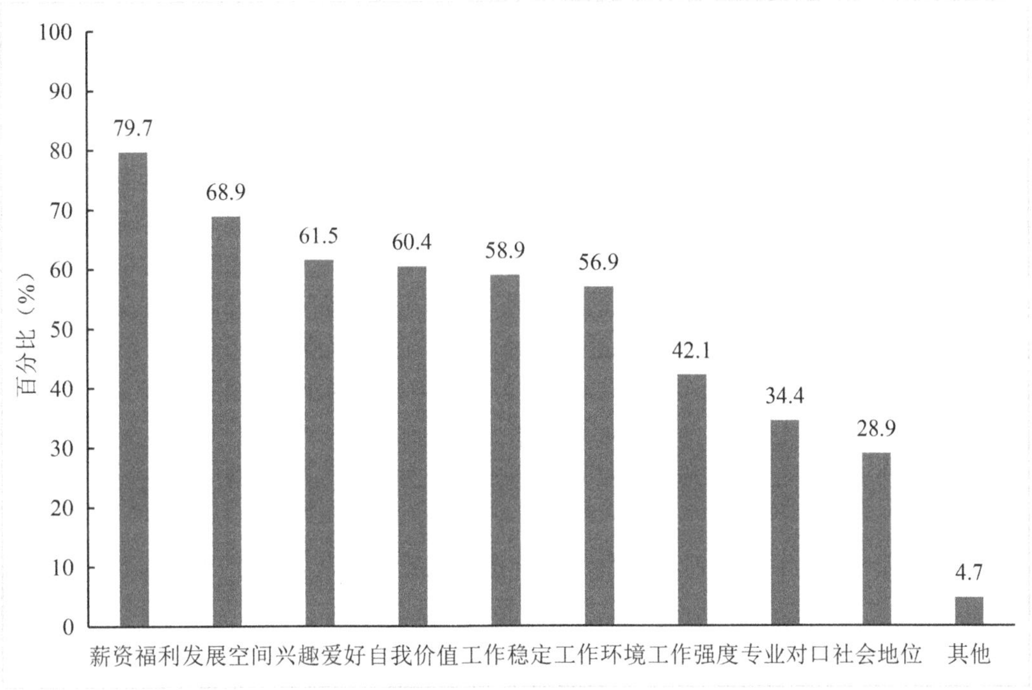

图 6-2　大学生在择业时最看重的因素

（二）不同群体大学生在择业时最看重的因素

为进一步了解不同群体大学生在择业时看重因素的差异情况，我们将人口学变量与大学生择业因素进行交互分析。以下从自然因素、家庭成长因素、教育因素三个方面介绍大学生在择业时最看重因素的群体差异情况。

1. 基于自然因素的差异

通过将人口学变量中的自然因素与大学生在择业时最看重的若干因素进行交互分

析，可以得到不同性别、年龄段的大学生在择业时最看重因素的差异情况（如表 6-6 所示）。

表 6-6　大学生择业时最看重的因素与自然因素的交互分析（单位：%）

自然因素 \ 择业因素		薪资福利	发展空间	兴趣爱好	自我价值	工作稳定	工作环境	工作强度	专业对口	社会地位
性别	男	77.0	67.3	59.1	56.2	55.2	51.2	39.5	34.3	28.9
	女	81.7	70.0	63.3	63.6	61.7	61.1	44.1	34.5	29.0
年龄	低年龄段	78.7	68.4	68.0	63.2	60.3	59.5	44.1	37.9	30.4
	中间年龄段	80.8	68.4	57.8	57.7	58.4	55.7	41.1	31.7	27.7
	高年龄段	78.4	73.6	50.4	61.5	54.3	50.4	37.8	31.9	28.3

不同性别大学生在择业时最看重的因素存在差异。从各择业因素的位次差异来看，男生对调查所列九项择业因素的看重程度（按照大学生选择比例高低确定）由高到低排序依次为“薪资福利”“发展空间”“兴趣爱好”“自我价值”“工作稳定”“工作环境”“工作强度”“专业对口”“社会地位”，该排序情况与全体受访大学生对该问题的排序情况一致；而女生对调查所列九项择业因素的看重程度与男生有所差异，具体表现为 63.6%的女生认为“自我价值”是自己最看重的择业因素，该比例高于“兴趣爱好”（63.3%），成为女生心目中排在第三位的择业因素。从各择业因素被选比例的数值差异来看，女生对调查所列九项择业因素的选择比例均高于男生选择的比例，其中差异较大的选项为“工作环境”，女生将其作为择业时最看重因素的比例为 61.1%，高出男生（51.2%）近 10 个百分点。

不同年龄大学生在择业时最看重的因素也存在差异。从各择业因素的位次差异来看，低年龄段大学生对调查所列九项择业因素选择比例的排序情况与全体受访大学生对该问题的排序情况一致；中间年龄段大学生则认为“工作稳定”（58.4%）是比“兴趣爱好”（57.8%）和“自我价值”（57.7%）更重要的择业因素，该因素也成为中间年龄段大学生心目中排在第三位的择业因素；高年龄段大学生则认为“自我价值”（61.5%）和“工作稳定”（54.3%）的重要性大于“兴趣爱好”（50.4%）。从各择业因素被选比例的数值差异来看，低年龄段大学生选择调查所列择业因素的比例普遍高于中间年龄段和高年龄段大学生。例如，68.0%的低年龄段大学生选择“兴趣爱好”作为自己择业时最看重的因素，该比例高于中间年龄段大学生（57.8%）和高年龄段大学生（50.4%）；又如，59.5%的低年龄段大学生选择“工作环境”作为自己择业时最看重的因素，该比例同样高于中间年龄段大学生（55.7%）和高年龄段大学生（50.4%），等等。例外情况为 80.8%的中间年龄段大学生在择业时最看重“薪资福利”，该比例高于其他两个年龄段大学生；73.6%的高年龄段大学生在择业时最看重“发展空间”，相较而言，高年龄段大学生对发展空间的看重程度高于低年龄段大学生(68.4%)和中间年龄段大学生(68.4%)。

2. 基于家庭成长因素的差异

我们选取体现家庭成长环境的人口学变量与大学生在择业时最看重的若干因素进行交互分析，可以得到不同生源地性质、家庭类型和独生子女情况的大学生在择业时最看重因素的差异情况，如表6-7所示。

表6-7　大学生择业时最看重的因素与家庭成长因素的交互分析(单位:%)

家庭成长因素 \ 择业因素		薪资福利	发展空间	兴趣爱好	自我价值	工作稳定	工作环境	工作强度	专业对口	社会地位
生源地性质	农村	79.9	68.7	60.4	58.7	60.6	57.0	40.3	35.1	26.0
	城镇	79.5	69.0	62.6	62.0	57.3	56.7	43.9	33.8	31.6
家庭类型	双亲家庭	79.7	69.0	61.4	60.4	59.2	56.9	42.2	34.4	29.0
	非双亲家庭	79.8	67.5	62.4	60.8	56.6	56.9	41.7	34.2	28.0
独生子女	是	79.2	68.2	61.5	60.1	57.1	55.9	43.3	33.0	31.4
	否	80.0	69.3	61.6	60.6	60.1	57.5	41.3	35.4	27.2

不同生源地性质的大学生在择业时最看重的因素存在差异。从各择业因素的位次差异来看，来自城镇的大学生选择调查所列九项择业因素的比例排序情况与全体受访大学生对该问题的排序情况一致，“薪资福利”(79.5%)、“发展空间”(69.0%)、“兴趣爱好”(62.6%)是排在城镇大学生看重程度前三位的择业因素；而“工作稳定”(60.6%)相较于“兴趣爱好”(60.4%)和“自我价值”(58.7%)更受农村大学生的看重，因而成为农村大学生心目中位列第三的择业因素。从各择业因素被选比例的数值差异来看，农村大学生选择“薪资福利”“工作稳定”“工作环境”“专业对口”作为择业时最看重因素的比例分别为79.9%、60.6%、57.0%、35.1%，高于城镇大学生选择该四项因素的比例(79.5%、57.3%、56.7%、33.8%)；城镇大学生选择“发展空间”“兴趣爱好”“自我价值”“工作强度”“社会地位”作为择业时最看重因素的比例相较农村大学生更高，在一定程度上反映出他们较农村大学生更看重以上因素。

不同家庭类型的大学生在择业时最看重的因素也存在差异。从各择业因素的位次差异来看，各项择业因素被双亲家庭和非双亲家庭大学生选择的比例按高低排序的位次情况基本一致，说明两类群体对调查所列择业因素的看重程度并无较大差异，仅在“工作稳定”和“工作环境”两个因素的位次方面存在差异，双亲家庭的大学生相对更看重“工作稳定”(59.2%)，该因素位列双亲家庭大学生最看重择业因素的第五位，“工作环境”(56.9%)则位列第六位；而非双亲家庭的大学生相对更看重“工作环境”(56.9%)，该因素在非双亲家庭大学生最看重择业因素的排序中高于“工作稳定”(56.6%)。从各择业因素被选比例的数值差异来看，双亲家庭大学生选择“发展空间”(69.0%)、“工作稳定”(59.2%)、“工作强度”(42.2%)、“专业对口”(34.4%)、“社会地位”(29.0%)作为择业时最看重因素的比例高于非双亲家庭大学生；而非双亲家庭大学生选择“薪资福利”(79.8%)、“兴趣爱好”(62.4%)、“自我价值”(60.8%)作为择业时最看重因素的比例相对双亲家庭大学生更高。

独生子女大学生与非独生子女大学生在择业时最看重的因素也存在差异，这两类群体在择业时最看重的因素的差异情况主要体现在各项因素被选择的比例存在数值差异。具体而言，独生子女大学生对所列九项择业因素的选择比例总体低于非独生子女大学生，仅在“工作强度”(43.3%)和“社会地位”(31.4%)两个因素的选择上比例高于非独生子女大学生。这说明在择业时独生子女大学生相较非独生子女大学生更看重工作强度和社会地位，而非独生子女大学生选择“薪资福利”“发展空间”“兴趣爱好”“自我价值”“工作稳定”“工作环境”“专业对口”作为择业时最看重因素的比例均高于独生子女大学生；换言之，非独生子女大学生总体上更加看重调查中列出的择业因素。

3. 基于教育因素的差异

交互分析发现，教育因素对大学生的择业观念也存在影响。学历层次、学科门类、政治面貌、学生干部经历、国(境)外学习经历、学校所属区域等不同的大学生在择业时最看重的因素存在差异，如表6-8所示。

表6-8　大学生择业时最看重的因素与教育因素的交互分析(单位:%)

教育因素 \ 择业因素		薪资福利	发展空间	兴趣爱好	自我价值	工作稳定	工作环境	工作强度	专业对口	社会地位
学历层次	本科生	79.1	67.8	64.5	61.2	59.7	58.0	42.6	35.9	29.1
	硕士生	82.4	71.1	53.7	57.2	57.5	54.2	40.6	29.6	27.7
	博士生	76.5	74.7	52.1	64.0	52.6	51.8	41.5	34.1	31.7
学科门类	人文科学类	78.6	67.6	69.1	65.6	59.8	59.1	42.3	38.6	31.4
	社会科学类	80.7	70.7	59.8	61.9	58.7	56.6	40.1	30.5	29.6
	理工农医类	79.6	68.5	59.4	57.6	58.6	56.1	43.1	34.7	27.6
政治面貌	中共党员	80.6	73.0	56.1	63.1	58.4	55.4	40.2	31.8	30.5
	共青团员	79.9	68.1	63.2	59.8	59.3	57.5	43.1	34.7	28.6
	民主党派成员	35.7	42.9	46.4	32.1	28.6	28.6	21.4	14.3	14.3
	群众	76.7	64.1	64.7	57.8	58.3	56.5	41.1	39.1	27.3
学生干部经历	有	80.3	70.6	62.8	62.6	59.1	57.8	42.4	34.7	30.4
	没有	77.1	60.8	55.8	50.3	57.9	52.7	41.0	33.2	22.0
国(境)外学习经历	有	75.1	67.8	60.7	63.5	47.8	51.8	38.4	30.0	36.3
	没有	79.9	68.9	61.6	60.3	59.3	57.0	42.3	34.6	28.7

续表

教育因素＼择业因素		薪资福利	发展空间	兴趣爱好	自我价值	工作稳定	工作环境	工作强度	专业对口	社会地位
学校所属区域	华东地区	79.9	69.3	59.3	59.7	57.1	55.6	43.2	32.6	29.5
	华南地区	81.3	71.3	65.3	63.3	61.7	59.7	43.3	35.2	28.2
	华中地区	79.5	70.4	64.5	62.2	60.3	59.1	44.4	37.6	30.1
	华北地区	79.8	69.3	60.5	58.8	57.4	54.5	41.2	32.8	28.3
	西北地区	80.4	63.5	61.0	62.1	63.7	57.2	39.5	38.4	26.6
	西南地区	79.6	67.2	61.2	58.3	60.7	58.0	40.9	35.8	26.7
	东北地区	77.3	66.1	59.1	61.0	54.8	53.7	38.4	30.6	32.1

其一，不同学历层次的大学生在择业时最看重的因素存在差异。从各择业因素的位次差异来看，在本科生、硕士生、博士生中，“薪资福利”和“发展空间”均是被选比例排在前两位的择业因素，三类群体择业时最看重因素的位次差异主要体现在第3~5位的择业因素不同。具体而言，排在本科生最看重择业因素第3~5位的分别为“兴趣爱好”“自我价值”“工作稳定”；硕士生选择这三项择业因素的比例由高到低排序依次为“工作稳定”“自我价值”“兴趣爱好”，反映出该群体相对更看重“工作稳定”；博士生选择这三项择业因素的比例由高到低排序依次为“自我价值”“工作稳定”“兴趣爱好”，说明该群体相对更看重“自我价值”。从各择业因素被选比例的数值差异来看，在三类学生群体中，本科生相较其他两个学历层次大学生更看重“兴趣爱好”(64.5%)、“工作稳定”(59.7%)、“工作环境”(58.0%)、“工作强度”(42.6%)、“专业对口”(35.9%)；硕士生相较其他两个学历层次大学生更看重“薪资福利”(82.4%)；博士研究生相较其他两个学历层次大学生更看重“发展空间”(74.7%)、“自我价值”(64.0%)、“社会地位”(31.7%)。

其二，不同学科门类的大学生在择业时最看重的因素存在差异。从各择业因素的位次差异来看，排在人文科学类、社会科学类、理工农医类大学生最看重择业因素第二~第五位的择业因素不同。具体而言，在人文科学类大学生中，被选比例排在第二~第五位的择业因素依次为“兴趣爱好”“发展空间”“自我价值”“工作稳定”；社会科学类大学生对这四项择业因素的排序则为“发展空间”“自我价值”“兴趣爱好”“工作稳定”；在理工农医类大学生中，该排序为“发展空间”“兴趣爱好”“工作稳定”“自我价值”。从各择业因素被选比例的数值差异来看，在三类学生群体中，人文科学类大学生相较其他两类大学生更看重“兴趣爱好”(69.1%)、“自我价值”(65.6%)、“工作稳定”(59.8%)、“工作环境”(59.1%)、“专业对口”(38.6%)、“社会地位”(31.4%)；社会科学类大学生相较其他两类大学生更看重“薪资福利”(80.7%)、“发展空间”(70.7%)；理工农医类大学生相较其他两类大学生更看重“工作强度”(43.1%)。

其三，不同政治面貌的大学生在择业时最看重的因素存在差异。从各择业因素的位次差异来看，政治面貌为共青团员的大学生选择调查所列九项择业因素的比例排序情况与全体受访大学生对该问题的排序情况一致，政治面貌为党员、民主党派成员、群众的大学生与之相比，择业因素的位次差异主要表现为：在党员大学生中，选择“自我价值”(63.1%)和“工作稳定”(58.4%)作为择业时最看重因素的比例高于“兴趣爱好”(56.1%)，前两者位列党员大学生最看重择业因素第三、第四位，后者排在第五位；在政治面貌为民主党派成员的大学生中，排在其最看重择业因素前三位的依次为“兴趣爱好”“发展空间”“薪资福利”；在政治面貌为群众的大学生中，排在第二~第五位的择业因素依次为“兴趣爱好”“发展空间”“工作稳定”“自我价值”。从各择业因素被选比例的数值差异来看，党员大学生相较其他政治面貌的大学生更看重“薪资福利”(80.6%)、“发展空间”(73.0%)、“自我价值”(63.1%)、“社会地位”(30.5%)；政治面貌为共青团员的大学生相较其他政治面貌的大学生更看重“工作稳定”(59.3%)、“工作环境”(57.5%)、“工作强度”(43.1%)、“专业对口”(34.7%)；政治面貌为民主党派成员的大学生对各项因素的选择比例均偏低；政治面貌为群众的大学生相较其他政治面貌的大学生更看重“兴趣爱好”(64.7%)。

其四，不同学生干部经历的大学生在择业时最看重的因素存在差异。从各择业因素的位次差异来看，有学生干部经历的大学生选择调查所列九项择业因素的比例排序情况与全体受访大学生对该问题的排序情况一致，而在没有学生干部经历的大学生中，“工作稳定”是相较“兴趣爱好”被选比例更高、排在第三位的择业因素，同时，相较于“自我价值”，该群体更看重“工作环境”。从各择业因素被选比例的数值差异来看，有学生干部经历的大学生对调查所列九项择业因素的选择比例均高于没有学生干部经历的大学生选择的比例，其中差异较大的选项为“自我价值”，有学生干部经历的大学生将其作为择业时最看重因素的比例为62.6%，高出没有学生干部经历的大学生(50.3%)12.3个百分点。

其五，不同国(境)外学习经历的大学生在择业时最看重的因素存在差异。从各择业因素的位次差异来看，没有国(境)外学习经历的大学生选择调查所列九项择业因素的比例排序情况与全体受访大学生对该问题的排序情况一致，而在有国(境)外学习经历的大学生中，相较于“兴趣爱好”，该群体更看重“自我价值”，选择“自我价值”作为择业时最看重因素的大学生比例排在第三位。此外，相较于“工作稳定”，该群体更看重“工作环境”，相较于“专业对口”，该群体更看重“社会地位”。从各择业因素被选比例的数值差异来看，有国(境)外学习经历的大学生相对更看重“自我价值”(63.5%)和“社会地位”(36.3%)，而没有国(境)外学习经历的大学生相对更看重“薪资福利”(79.9%)、“发展空间”(68.9%)、“兴趣爱好”(61.6%)、“工作稳定”(59.3%)、“工作环境”(57.0%)、“工作强度”(42.3%)、“专业对口”(34.6%)。

其六，不同学校所属区域的大学生在择业时最看重的因素存在差异。从各择业因素的位次差异来看，学校所属区域为华南地区、华中地区、华北地区的大学生选择调查所列九项择业因素的比例排序情况与全体受访大学生对该问题的排序情况一致，而学校所属区域为华东地区、西北地区、西南地区、东北地区的大学生对择业因素的排序情况则与之存在差异。具体而言，华东地区高校的大学生相较于“兴趣爱好”更看重“自我价值”，“自我价值”排在该群体最看重择业因素的第三位。西北地区高校的大学生相较于“发展空间”更看重“工作稳定”，“工作稳定”成为该群体第二看重的择业因素。此外，相较于“兴趣爱好”，他们更看重“自我价值”。西南地区高校的大学生相较于“自我价值”，更看重“工作稳定”，“工作稳定”是其最看重择业因素的第四位，而“自我价值”居于第五位。东北地区高校的大学生相较于“兴趣爱好”，更看重“自我价值”，相较于“专业对口”。更看重“社会地位”。从各择业因素被选比例的数值差异来看，最看重“薪资福利”(81.3%)、“发展空间”(71.3%)、“兴趣爱好”(65.3%)、“自我价值”(63.3%)、“工作环境”(59.7%)的群体均为华南地区高校的大学生，最看重“工作稳定”(63.7%)和“专业对口”(38.4%)的群体为西北地区高校的大学生，最看重“工作强度”(44.4%)的群体为华中地区高校的大学生，最看重“社会地位”(32.1%)的群体为东北地区高校的大学生。

三、就业心态

就业心态是指大学生在面临就业发展问题时表现出的心理状态，是对其能力素质、压力状况、发展信心等的综合反映。大学生的就业心态一定程度上影响到其就业质量和水平，关系到大学生成长发展能否迈向一个新的阶段。课题组在调查中将大学生就业心态从焦虑担忧到充满信心划分为四个层级，以各个选项的占比情况反映当前大学生面对未来就业发展的心态。

(一)整体情况

调查显示，25.6%的大学生表示“就业形势严峻，非常焦虑”，56.6%的大学生表示“有一定的就业压力，较为担忧”，10.9%的大学生表示“按部就班，就能顺利就业”，6.9%的大学生表示“对自己就业发展充满信心”，如图6-3所示。从集中趋势来看，调查数据的中位数和众数均出现在选择“有一定的就业压力，较为担忧”的大学生中，说

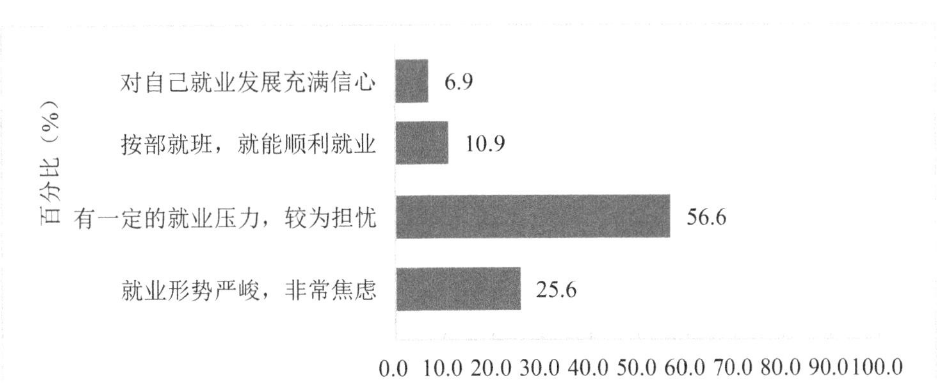

图6-3 大学生的就业心态

明当前大部分大学生在看待就业发展问题时存在一定的焦虑和担忧心理。

(二)不同群体大学生的就业心态

分析发现，不同群体大学生的就业心态具有显著差异。我们对反映大学生就业心态的四个层级从积极乐观到消极悲观分别赋值 4 分、3 分、2 分、1 分，结合人口学变量进行均值比较分析，得分越高说明该群体大学生的就业心态越积极乐观、充满信心，反之则其焦虑心态越来越强。分析结果显示，不同性别、年龄、生源地性质、家庭类型、学历层次、学科门类、政治面貌、学生干部经历、国(境)外学习经历、学校所属区域的大学生就业心态存在统计学意义上的显著差异($P<0.05$)，如表 6-9 所示。

表 6-9　不同群体大学生就业心态的均值比较

自变量		大学生的就业心态		
		均值	标准差	统计量及显著性水平
性别	男	2.03	0.846	$F=61.471^{***}$
	女	1.96	0.763	
年龄	低年龄段	2.03	0.791	$F=81.768^{***}$
	中间年龄段	1.94	0.789	
	高年龄段	2.08	0.888	
生源地性质	农村	1.96	0.778	$F=67.845^{***}$
	城镇	2.02	0.819	
家庭类型	双亲家庭	1.99	0.801	$F=5.869^{**}$
	非双亲家庭	1.96	0.795	
学历层次	本科生	1.99	0.798	$F=59.720^{***}$
	硕士生	1.95	0.790	
	博士生	2.18	0.872	
学科门类	人文科学类	1.94	0.790	$F=36.217^{***}$
	社会科学类	1.96	0.798	
	理工农医类	2.02	0.804	
政治面貌	党员	2.00	0.823	$F=13.867^{***}$
	共青团员	1.98	0.783	
	民主党派成员	2.50	0.962	
	群众	2.05	0.841	
学生干部经历	有	2.00	0.802	$F=61.058^{***}$
	没有	1.92	0.788	

续表

自变量		大学生的就业心态		
		均值	标准差	统计量及显著性水平
国(境)外学习经历	有	2.07	0.871	$F=14.886^{***}$
	没有	1.99	0.798	
学校所属区域	华东地区	2.00	0.800	$F=13.867^{***}$
	华南地区	2.00	0.779	
	华中地区	2.01	0.802	
	华北地区	2.01	0.813	
	西北地区	2.00	0.782	
	西南地区	1.91	0.788	
	东北地区	2.03	0.824	

第一，自然因素不同的大学生就业心态积极乐观程度存在显著差异。从性别来看，男生的就业心态比女生更加积极乐观，二者的平均值分别为2.03和1.96。从年龄来看，低年龄段、中间年龄段、高年龄段的大学生就业心态亦有差异($P<0.001$)，高年龄段大学生的就业心态平均值为2.08，低年龄段大学生的就业心态平均值为2.03，而中间年龄段大学生的就业心态平均值相对较低，为1.94，与高年龄段大学生的就业心态平均值相差0.14，因此高年龄段大学生当前的就业心态相对更积极乐观，而中间年龄段大学生的就业心态有待提振。

第二，家庭成长因素不同的大学生就业心态积极乐观程度存在差异。从生源地性质来看，生源地性质为城镇的大学生的就业心平均值为2.02，高于农村大学生的就业心态平均值(1.96)，这反映出农村大学生的就业发展问题值得加大关注和解决力度。从家庭类型来看，双亲家庭大学生的就业心态平均值略高于非双亲家庭大学生，前者为1.99，后者则为1.96。从独生子女情况来看，独生子女大学生的就业心态好于非独生子女大学生，二者平均值分别为2.02和1.97。

第三，教育因素不同的大学生就业心态积极乐观程度存在差异。从学历层次来看，本科生、硕士生、博士生的就业心态平均值与低、中、高三个年龄段大学生的就业心态平均值分布情况类似。具体而言，三个学历层次的大学生就业心态平均值分别为1.99、1.95、2.18，最高者与最低者分值相差0.19。从政治面貌来看，政治面貌为中共党员、共青团员、民主党派成员、群众的大学生在就业心态方面存在差异($P<0.001$)，平均值最高者与最低者相差0.52。从学生干部经历来看，有学生干部经历的大学生就业心态相对更加积极乐观，其平均值(2.00)高于没有学生干部经历的大学生相应平均值(1.92)。从国(境)外学习经历来看，有国(境)外学习经历的大学生就业心态平均值为2.07，高于没有国(境)外学习经历的大学生相应平均值(1.99)。从学校所属区域来看，

不同学校所属区域的大学生在就业心态方面也呈现差异($P<0.001$)，平均值最高者与最低者相差0.12，具体分值为华东地区(2.00)、华南地区(2.00)、华中地区(2.01)、华北地区(2.01)、西北地区(2.00)、西南地区(1.91)、东北地区(2.03)。相较而言，东北地区高校的大学生就业心态平均值略高于其他地区，西南地区高校的大学生就业心态平均值相对低于其他地区，而华东地区、华南地区、华中地区、华北地区、西北地区高校的大学生在就业心态积极乐观程度方面基本处于同一水平。

(三)影响因素分析

在调查分析中，“大学生就业心态”具有体现优劣等级顺序的四个层级，属于定距变量，因而可进行线性回归分析以探究相关变量对其影响。课题组选取大学生学习状态、课堂教学、日常思想政治教育三个方面的变量为自变量，选取“大学生就业心态”为因变量，以进一步分析大学生就业心态的影响因素及其影响程度，为优化调整当前大学生的就业心态提供参考。

1. 学习状态对大学生就业心态的影响

为分析大学生学习状态对其就业心态的影响程度，我们将“大学生学习状态”作为自变量，“大学生就业心态”作为因变量，对其体现内在等级顺序的四个层级由高到低分别赋值4分、3分、2分、1分，进行一般线性回归分析。分析结果显示，按照$P<0.05$的检验标准，大学生学习状态与大学生就业心态的回归系数具有统计学意义，二者呈显著正相关关系。大学生对自身学习状态的评价情况从懈怠到勤勉每提升一个层级，其就业心态的积极乐观程度就随之提高0.049个单位，如表6-10所示。这反映出大学生的学习状态与就业心态息息相关，在校期间长期保持勤勉笃实的学习状态，如饥似渴地学习，一刻不停地提高，将为大学生就业发展注入底气和信心。

表6-10　大学生学习状态对其就业心态影响的一般线性回归分析

自　变　量	非标准化系数		标准化系数	统计量	显著性水平
	B	S. E	β	t	P
常数项	1.843	0.019		96.635	<0.05
学习状态	0.049	0.006	0.040	7.919	<0.05

2. 课堂教学对大学生就业心态的影响

为分析课堂教学效果对大学生就业心态的影响，我们将“思想政治理论课教学效果”和“专业课程教学效果”分别作为自变量，将大学生对课堂教学的评价“非常好”“比较好”“一般”“比较差”“非常差”分别赋值为5分、4分、3分、2分、1分，得分越高表示大学生对课堂教学效果的评价越好，与因变量“大学生就业心态”进行一般线性回归分析。分析结果显示，按照$P<0.05$的检验标准，专业课程教学效果与大学生就业心态的回归系数具有统计学意义，二者呈显著正相关关系。大学生对专业课程教学效果的

评价情况从“非常差”到“非常好”，每提升一个层级，其就业心态的积极乐观程度就随之提高 0.079 个单位，如表 6-11 所示。这反映出专业课程教学作为传播知识、传授技能的主渠道，关系到人才培养质量，其建设成效直接影响到大学生的就业发展。

表 6-11 课堂教学对大学生就业心态影响的一般线性回归分析

自 变 量	非标准化系数		标准化系数	统计量	显著性水平
	B	S. E	*β*	*t*	*P*
常数项	1.661	0.025		66.8	<0.05
思想政治理论课教学效果	−0.005	0.009	−0.005	−0.593	0.553
专业课程教学效果	0.079	0.01	0.073	7.908	<0.05

3. 就业指导教育对大学生就业心态的影响

为分析就业指导教育对大学生就业心态的影响，我们将大学生对“职业规划与就业指导教育”的评价情况作为自变量，将大学生对学校开展的职业规划与就业指导教育的评价“非常满意”“比较满意”“一般”“不太满意”“很不满意”分别赋值为 5 分、4 分、3 分、2 分、1 分，得分越高表示大学生对学校开展的职业规划与就业指导教育的评价越好，与因变量“大学生就业心态”进行一般线性回归分析。分析结果显示，按照 $P<0.05$ 的检验标准，职业规划与就业指导教育与大学生就业心态的回归系数具有统计学意义，二者呈显著正相关关系。大学生对学校开展的职业规划与就业指导教育的评价情况从“非常满意”“比较满意”“一般”“不太满意”“很不满意”，每提升一个层级，其就业心态的积极乐观程度就随之提高 0.071 个单位，如表 6-12 所示。这反映出职业规划与就业指导教育作为大学生日常思想政治教育的重要内容，作为一项指导和服务于大学生就业创业的专门工作，对大学生生涯规划和就业发展产生着重要的积极影响。

表 6-12 职业规划与就业指导教育对大学生就业心态影响的一般线性回归分析

自 变 量	非标准化系数		标准化系数	统计量	显著性水平
	B	S. E	*β*	*t*	*P*
常数项	1.686	0.020		83.038	<0.05
职业规划与就业指导教育	0.071	0.005	0.077	15.320	<0.05

四、本章小结

综合分析表明，当前大学生学习与就业状况的总体特征是学习状态良好、择业观念多元、就业信心不足。同时，大学生在学习状态、择业观念和就业心态方面存在一些值得关注的现象和亟待解决的问题，需要我们准确把握课堂教学和日常思想政治教育对大学生学习与就业状况的积极影响，提出有针对性的对策与建议。

（一）概况与问题

当前，大学生学习与就业发展状况总体是积极的，大部分大学生能够保持勤勉学习状态，在择业时自立自主，勇于追求个人理想。同时，大学生择业观念的多元化、功利化倾向，就业发展信心不足等问题值得高度关注。

1. 大学生学习状态总体良好，但部分大学生的学习状态有待改进

调查显示，84.0%的受访大学生表示自己的学习状态良好。可见，保持积极勤勉的学习状态是大学生群体的普遍选择。同时，也有部分大学生当前的学习状态相对松懈，如13.6%的受访大学生表示自己“平时松懈，考前突击”，2.4%的受访大学生表示自己“‘佛系’学习，不惧挂科”，两项比例合计占总体的16.0%。从不同群体大学生的学习状态来看，性别、年龄、生源地性质、家庭类型、学历层次、学生干部经历、国(境)外学习经历、学校所属区域等不同的大学生在学习状态方面存在显著差异。例如，分别有3.1%、3.0%、4.1%、3.2%、3.0%的男生、非双亲家庭大学生、没有学生干部经历大学生、有国(境)外学习经历大学生、西南地区高校大学生表示自己“‘佛系’学习，不惧挂科”，说明这些大学生群体的学习状态更值得高度关注并予以引导。

2. 大学生择业观念的群体差异与共同特征并存

一方面，大学生择业观念存在显著的群体差异。调查显示，自然因素、家庭成长因素、教育因素等不同的大学生在择业时最看重的因素存在显著差异。例如，68.0%的低年龄段大学生将“兴趣爱好”作为自己择业时最看重的因素，而在高年龄段大学生中，这一比例为50.4%，二者相差17.6个百分点；62.0%的城镇大学生选择“自我价值”作为自己最看重的择业因素，高出农村大学生(58.7%)3.3个百分点；本科生、硕士生、博士生将“工作稳定”作为自己最看重的择业因素的比例分别为59.7%、57.5%、52.6%，呈现出学历层次越高，对工作稳定看重程度越低的特点。另一方面，不同群体大学生的择业观念有其共同特征。简言之，不同类型大学生对待多元择业因素均体现出既有“广泛关注”又有“特别关心”的取向。具体而言，大学生对调查所列出的“薪资福利”“发展空间”“兴趣爱好”“自我价值”“工作稳定”“工作环境”“工作强度”“专业对口”“社会地位”九项择业因素均予以普遍关注，各项因素被不同群体大学生选择的比例均在20%以上；同时，大学生格外关心的择业因素是“薪资福利”和“发展空间”，调查显示，按照大学生选择不同择业因素的比例排序，“薪资福利”和“发展空间”的被选比例稳定在不同群体大学生最看重择业因素的前两位。

3. 大学生面临群体性的就业焦虑心态

调查数据直观反映出，25.6%的大学生表示“就业形势严峻，非常焦虑”，56.6%的大学生表示“有一定的就业压力，较为担忧”，二者合计占受访大学生总体的八成以上，而明确表示对就业充满信心的大学生仅占6.9%。结合调查数据的集中趋势来看，大部分大学生的就业心态为“有一定的就业压力，较为担忧”。对不同群体大学生的就业心

态进行均值比较分析，按照满分为4分的标准对大学生就业心态进行赋值，不同群体大学生的就业心态平均分在2.00上下波动。这反映出当前大学生对未来就业发展的焦虑心态已成为一种群体性的社会心态。为准确把握和科学引导大学生的就业心态，我们需要进一步分析大学生就业心态的群体差异，明晰就业心态引导的重点对象。相较而言，中间年龄段大学生、农村大学生、非双亲家庭大学生、硕士生、人文科学类大学生、没有学生干部经历大学生、西南地区高校大学生的就业焦虑心态更为突出，以上群体在调查中表示“就业形势严峻，非常焦虑”的比例分别为28.6%、26.4%、27.1%、28.0%、27.7%、29.8%、29.6%，均高出受访大学生的平均比例。

4. 课堂教学对大学生学习与就业状况具有积极影响

分析发现，专业课程教学与大学生学习状态和就业心态均呈正相关关系，即专业课程教学对大学生学习与就业状况具有显著的积极影响。具体而言，大学生对专业课程教学效果的评价从“非常好”“比较好”“一般”“比较差”“非常差”，每提升一个层级，其学习状态的勤勉程度就随之提高0.096个单位，其就业心态的积极乐观程度则随之提高0.079个单位。思想政治理论课教学对大学生学习与就业状况的积极影响主要体现在学习状态上，分析发现，思想政治理论课教学与大学生学习状态呈正相关系。大学生对思想政治理论课教学效果的评价情况从“非常好”“比较好”“一般”“比较差”“非常差”，每提升一个层级，其学习状态的勤勉程度就随之提高0.095个单位；而思想政治理论课教学对大学生就业心态在回归分析中不存在显著性影响。这反映出当前思政课建设对大学生就业发展的促进作用尚未有效发挥，将大学生的勤勉学习状态转化为就业信心的育人长效机制有待建立。

5. 日常思想政治教育的就业育人作用有待更好发挥

回归分析发现，在“校风和学风建设”“创新创业教育”“社会实践活动”“校园文化活动”“网络思想政治教育”“心理健康教育与咨询工作”“职业规划与就业指导教育”“日常事务管理”“学校后勤服务”“学生资助工作”“基层党组织建设”“社团活动”“班级建设”“团组织建设”14项日常思想政治教育工作中，按照$P<0.05$的检验标准，仅“职业规划与就业指导教育”的评价情况与大学生就业心态的回归系数具有统计学意义，“职业规划与就业指导教育”的评价情况与大学生就业心态呈正相关关系，即职业规划与就业指导教育的效果越好，大学生的就业心态就越积极乐观。而其他13项日常思想政治教育工作的评价情况与大学生就业心态之间均不存在显著相关性关系，这反映出当前高校主要依托就业指导工作实现就业育人目标，日常思想政治教育的就业育人作用有待充分发挥。我们应当在日常思想政治教育中全过程、全方位融入就业育人要素，体现学生就业发展需求，实现各项工作协同育人的良好局面。

（二）对策与建议

针对当前大学生在学习与就业方面的现状和突出问题，我们需要聚焦主渠道和主阵地，抓好学风建设、价值引领和协同育人工作，使之同向发力，共同促进大学生学业进步和就业发展，成长为德智体美劳全面发展的社会主义建设者和接班人，成长为在社会主义现代化建设中可堪大用、能担重任的栋梁之才。

1. 聚焦重点群体，涵育勤学求真的优良学风

当今世界，正进入大科学时代，知识变革、技术变革和产业变革等对人才的知识结构、能力素质提出了更高要求。青年大学生唯有勤于学习、勇于求真，才能使自己成长为时代发展所需要的高素质人才。习近平总书记指出："知识是每个人成才的基石，在学习阶段一定要把基石打深、打牢。"①他期望广大学子"珍惜大好学习时光，求真学问，练真本领"。针对当前部分大学生勤学意识不足、学习状态不佳的状况，我们应当从两个方面着力解决。一方面，要做到重点群体精准引导，帮助部分学生优化调适学习状态。例如，针对非双亲家庭大学生，要加大关心关爱力度，做好学生资助工作，着力解决学业和生活困难学生群体的急难愁盼问题，使其对待学习心无旁骛，对待人生自信自强；针对没有学生干部经历大学生，要充分发挥朋辈群体的指导帮扶作用，做好选优树优工作，褒扬先进、鼓励后进，形成榜样群体的示范引领效应；针对有国(境)外学习经历大学生，要帮助他们认识到境内外学习的特点和差异，及时明晰所在高校教学管理工作的具体要求，认清自身知识体系的不足与差距，从而确立积极进取的学习态度。另一方面，要做到学风建设全面覆盖，发挥良好学风的成风化人作用。学风建设是高校落实立德树人根本任务的重要方面，不仅关系到学生个人的学业优良与否，还关系到大学生群体能否塑造并保持奋发进取的精神面貌、成长为堪当重任的时代新人。我们要通过学风建设促进大学生学习状态的系统优化和整体提升。教学管理工作应当提高规范化程度和科学化水平，以适应时代条件变化的要求推进学风建设，为锻造社会发展需要的新型人才提供制度保障。要开展科创比赛、学业辅导、研学实践等各类活动，建设有助于涵育优良学风的校园文化。后勤服务部门应适当延长各类场馆设施的服务时间，为大学生自主学习和研讨式学习提供便利条件。

2. 加强就业引导，弘扬爱国为民的价值导向

价值观对人才的成长发展具有重要的引领作用。要坚持育人与育才相统一，以育人为本，在就业育人工作中将大学生择业观念引导和就业心态培育与其人生观教育、价值观教育统一起来，引领大学生自觉弘扬爱国为民的价值导向，不断克服就业发展面前的焦虑心态。针对当前大学生在择业观念和就业心态方面存在的倾向和问题，我们要加强分析研判，进行学理阐释，探究其可能的诱因，从而做到因事而化。一方面，要以价值引导消解个体焦虑，避免大学生对时代和国家发展的"形势不明"。要聚焦大学生择业观念的突出特征，警惕价值多元化、功利化等倾向对主流价值观的解构，在思政课和就业指导课中进行择业观和就业观教育。要开展好形势与政策教育，帮助大学生正确认识我国当前发展形势、出台的就业政策以及未来的发展前景。在就业指导工作中，要使大学生认识到基层就业是大学生经受磨砺的重要途径，引导大学生树立为祖国和人民赤诚奉献的理想信念，到基层、到祖国需要的地方就业，以"大情怀"的厚植与树立消解"小目标"实现与否带来的个体焦虑。另一方面，要完善人才培养体系，优化调整大学生素

① 习近平. 在北京大学师生座谈会上的讲话[M]. 北京：人民出版社，2018：13.

质结构，应对大学生就业发展时的“本领不足”。要更好发挥课堂教学主渠道作用，着眼于培养造就中国式现代化建设所需要的栋梁之才加强课程建设。专业课教学应当紧跟时代前进步伐、站立科技创新前沿，围绕国家发展重大战略和关键核心技术攻关需求，为课堂注入时代内容，更好回应时代发展之需和人才成长之需；思想政治理论课教学要加强内容建设，在重视价值引领的同时合理关照大学生就业发展需求，以学理化内容科学阐释大学生人生发展面临的困惑和问题，使大学生感受到思政课不仅是一门“管用”的课，更是一门有价值的课。

3. 凝聚育人合力，彰显日常教育的协同效应

立德树人工作是一项系统工程，需要各个方面齐抓共管、形成育人合力。要坚持系统观念，运用并发挥好高校十大育人体系建设的积极成效，彰显日常教育的协同效应，共同做好大学生学习与就业促进工作。具体而言，就是要在就业育人、实践育人、心理育人中贯通融入大学生学业与就业发展目标，使之协同发挥作用，形成日常教育体系促进大学生学业进步与就业发展的长效机制。就业指导工作要解决好大学生在学习与就业时的认识不清和定位不准问题。所谓“认识不清”是指部分大学生虽然能够保持良好的学习状态，秉持正确的择业观念，但在就业发展时依然存在焦虑情绪；对于这类大学生应帮助其认识到自身优势，从内外两个方面廓清其认识误区，增进其发展信心。所谓“定位不准”是指部分大学生中存在发展期待过高，目标实现难度大，甚至好高骛远的现象，以至于在受到挫折后信心受损、斗志不足；对于这类大学生要帮助其明晰自身发展现状，合理确定就业发展目标，引导其做到怀抱梦想又脚踏实地，敢想敢为又善作善成。实践育人工作要解决好大学生能力素质的知行转化问题，要把实践教育作为大学生思想道德素质、科学文化素质、身心健康素质相互促进的环节，实现大学生各项能力素质的内化和外化。特别是要引导大学生树立正确的知行观，以学习促实践，以学业促就业，在教学实践、就业实习及各类社会实践活动中练就过硬本领，以奋发状态塑造乐观心态，不断将大学生的科学认知、勤学状态转化为实践能力和发展信心。心理育人工作要着力提升大学生在学业与就业发展时的心理韧性。无论是学习状态还是就业心态，都与心理状态紧密相关，理性平和、健康向上的心态，能够成为大学生学业进步、就业发展的催化剂。心理育人工作应加强对大学生学业与就业中可能出现的各类风险和问题的动态监测，建立防范化解机制；同时也要加大心理健康教育力度，帮助大学生提高应对变局和挑战的心理韧性，以良好心态为人生发展保驾护航。

第七章　思想政治理论课教学

党的十八大以来，在以习近平同志为核心的党中央的关心支持下，学校思想政治理论课在实践中不断改进，在创新中深化发展，取得了积极向好的发展态势。调查发现，当前大学生对思政课的整体评价和分项建设评价较高，学习思政课的获得感显著增强，对思政课定位的认识更加清晰准确。同时，大学生对思政课也表现出更高的期待，提出了更高的要求。思政课在教学内容、教学方法、师资水平等方面还存在进一步提升的空间。基于此次调查的数据和分析结果，课题组提出相关对策与建议，以期探讨继续完善思政课教学实效性的途径。

一、对思政课的整体评价

思政课是大学生成长成才的必修课，是学校落实“立德树人”根本任务的关键课程，具有丰富的思想性、政治性、科学性、理论性和实践性。大学生对思政课的整体评价在很大程度上反映了当前大学生对思政课的基本定位、功能、性质、目标的认知状况及认可程度。

1. 总体情况

调查显示，大多数学生对思政课的整体评价较高，有 87.1%的大学生对“思政课是立德树人的关键课程”表示“认同”①，其中，表示“非常认同”的大学生占 56.5%，表示“比较认同”的大学生占 30.6%，另有 10.2%的大学生对“思政课是立德树人的关键课程”持“一般”态度，仅有 1.8%、0.9%的大学生表示“不大认同”和“很不认同”(见图 7-1)。

2. 不同群体大学生对思政课整体评价的差异情况

交互分析发现，年龄、学历层次、学科门类、政治面貌，以及学校所属区域不同的大学生对思政课整体评价不同，存在显著的统计学差异。

就年龄而言，20 岁及以下的大学生、21～24 岁的大学生、25 岁及以上的大学生中对“思政课是立德树人的关键课程”表示“认同”的比例分别为 88.0%、86.3%、86.8%，对此表示“不认同”②的比例分别为 2.6%、2.7%、2.9%。比较而言，20 岁及以下的大学生对思政课的整体评价最好($\chi^2=71.933$，$P<0.001$)。

就学历层次而言，硕士生对思政课的整体评价最高，表示“认同”的比例为 87.4%；

① 含“非常认同”和“比较认同”，后同。

② 含“不太赞同”和“很不赞同”，后同。

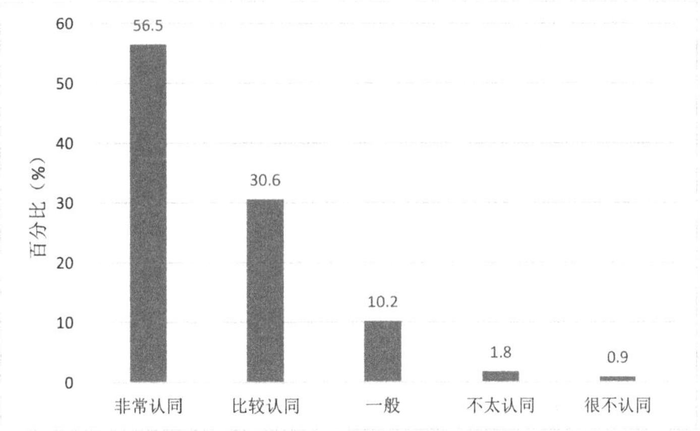

图 7-1　大学生对思政课的整体评价

其次是本科生，表示“认同”的比例为 87. 2%；再次是博士生，表示“认同”的比例为 83. 1%(χ^2=61. 312，P<0. 001)。

就学科门类而言，社会科学类大学生对思政课的整体评价最高，表示“认同”的比例为 88. 1%；其次是理工农医类大学生，表示“认同”的比例为 87. 2%；再次是人文科学类大学生，表示“认同”的比例为 86. 0%(χ^2=28. 558，P<0. 001)。

就政治面貌而言，党员大学生对“思政课是立德树人的关键课程”的认同度最高，为 89. 4%；其次是共青团员大学生，为 86. 8%；再次是群众大学生，为 83. 6%(χ^2=135. 392，P<0. 001)。

就学校所属区域而言，不同区域大学生对思政课的整体评价也存在显著差异(χ^2=331. 048，P<0. 001)。在对“思政课是立德树人的关键课程”的认同度上，华东高校大学生的认同度为 84. 6%，华南高校大学生的认同度为 88. 2%，华中高校大学生的认同度为 87. 3%，华北高校大学生的认同度为 88. 7%，西北高校大学生的认同度为 89. 3%，西南高校大学生的认同度为 86. 1%，东北高校大学生的认同度为 89. 9%(见图 7-2)。

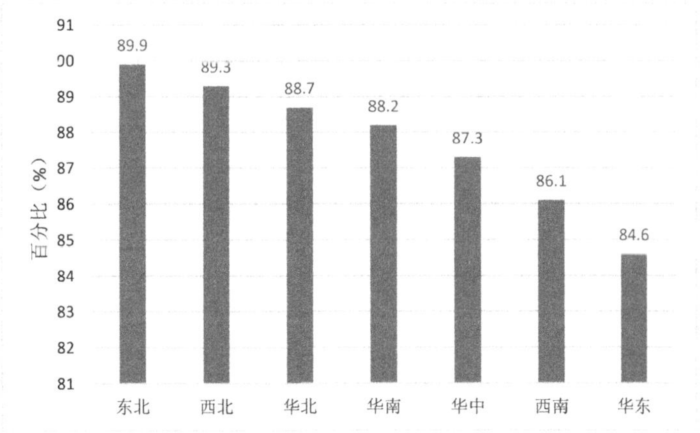

图 7-2　学校所属区域不同的大学生对思政课的整体认同度

二、对学习思政课的收获的评价

思政课的获得感是思政课带给大学生的一种积极体验，是大学生受益于思政课之后产生的一种精神上的满足感。它反映了大学生对思政课主动接受的程度，是衡量思政课成效和得失的重要标尺，也是思想政治理论课教学状况调查中应给予重点关注的指标。

（一）总体情况

多重响应分析结果显示，八成以上学生均表示在思政课上有所收获。具体而言，80.4%的大学生认为思政课学习“提高了思想认识”，69.2%的大学生表示思政课学习“夯实了理论基础”，68.2%的大学生认为思政课学习“坚定了理想信念”，66.3%的大学生表示思政课学习“提高了道德修养”，60.6%的大学生认为思政课学习“塑造了健康心态”，67.4%的大学生表示思政课学习“树立了正确价值观”（见图 7-3）。

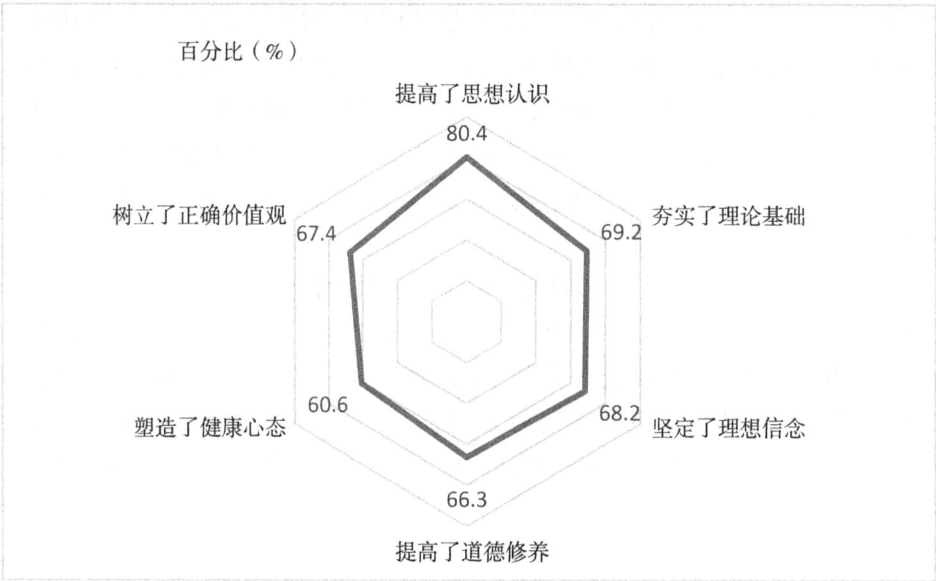

图 7-3　大学生学习思政课的收获

（二）不同群体大学生对学习思政课的收获的评价

交互分析发现，不同学历、年级、学科门类、政治面貌大学生对学习思政课的收获的评价存在显著差异。

从学历层次来看，本科生对学习思政课的收获的评价最高，硕士生次之，博士生对学习思政课收获的评价最低。调查结果显示，在思政课上“提高了思想认识”的本科生、硕士生和博士生的比例依次为 81.0%、79.0%、77.3%；分别有 70.8%、66.3%、

58.5%的本科生、硕士生和博士生在思政课上“夯实了理论基础”；在思政课上“坚定了理想信念”的本科生、硕士生和博士生的比例依次为70.1%、64.1%、57.9%；分别有68.9%、60.4%、53.8%的本科生、硕士生和博士生在思政课上“提高了道德修养”；在思政课上“塑造了健康心态”的本科生、硕士生和博士生的比例依次为63.3%、54.2%、49.2%；分别有69.7%、61.5%、60.1%的本科生、硕士生和博士生在思政课上“树立了正确价值观”。

从年级来看，低年级大学生对学习思政课的收获的评价整体好于高年级学生。调查结果显示，包含五年级在内的大学生中，认为思政课“提高了思想认识”的比例依次为83.2%、79.2%、78.6%和77.5%；认为思政课“夯实了理论基础”的比例依次为71.5%、67.8%、68.6%和66.9%；认为思政课“坚定了理想信念”的比例依次为71.5%、66.7%、66.8%和64.2%；认为思政课“提高了道德修养”的比例依次为70.3%、65.3%、63.6%和61.7%；认为思政课“塑造了健康心态”的比例依次为65.4%、59.4%、57.3%和55.1%；认为思政课“树立了正确价值观”的比例依次为71.5%、66.6%、64.7%和62.4%。

从学科门类来看，人文科学类大学生和社会科学类大学生对学习思政课的收获的评价总体好于理工农医类大学生。在思政课上“提高了思想认识”的人文科学类大学生、社会科学类大学生和理工农医类大学生的比例依次为80.7%、80.5%、80.3%；分别有71.0%、71.1%、67.6%的人文科学类大学生、社会科学类大学生和理工农医类大学生在思政课上“夯实了理论基础”；在思政课上“坚定了理想信念”的人文科学类大学生、社会科学类大学生和理工农医类大学生的比例依次为69.5%、69.5%、67.1%；分别有68.3%、66.4%、65.5%的人文科学类大学生、社会科学类大学生和理工农医类大学生在思政课上“提高了道德修养”；在思政课上“塑造了健康心态”的人文科学类大学生、社会科学类大学生和理工农医类大学生的比例依次为63.4%、60.6%、59.5%；分别有69.5%、66.7%、66.9%的人文科学类大学生、社会科学类大学生和理工农医类大学生表示在思政课上“树立了正确价值观”。

从政治面貌来看，在“提高思想认识”“夯实理论基础”“坚定理想信念”方面，中共党员大学生和共青团员大学生对学习思政课的收获的评价好于群众大学生。在“提高道德修养”“塑造健康心态”“树立正确价值观”方面，共青团员大学生和群众大学生对学习思政课收获的评价好于党员大学生。具体数据显示，中共党员大学生、共青团员大学生和群众大学生中，认为思政课“提高了思想认识”的比例依次为80.4%、80.7%、78.4%；认为思政课“夯实了理论基础”的比例依次为69.9%、69.6%、65.6%；认为思政课“坚定了理想信念”的比例依次为68.1%、68.6%、66.0%；认为思政课“提高了道德修养”的比例依次为63.1%、67.6%、66.3%；认为思政课“塑造了健康心态”的比例依次为56.7%、62.1%、61.2%；认为思政课“树立了正确价值观”的比例依次为64.7%、68.7%、67.0%。这表明，不同政治面貌的大学生通过思政课学习取得了不同的收获。

三、对思政课建设的分项评价

加强思政课建设是充分发挥课堂“主渠道”作用的主要途径，也是落实“立德树人”的根本任务，是巩固马克思主义在意识形态领域指导地位的重要举措。课题组从教学内容、教学方法、师资水平、教学设计四个维度的评价考察了思政课建设的实际效果。

（一）总体情况

整体而言，2022 年大学生对思政课分项建设的评价都很高。对上述四个维度，持肯定性评价（含“非常满意”“比较满意”“一般”）的比例由高到低依次是师资水平（97.6%）、教学内容（97.3%）、教学方法（96.8%）、教学设计（96.7%）。与 2021 年相比，大学生对思政课分项建设的满意度①均有明显提升，其平均满意度为 81.2%（2021 年为 72.1%）。其中，2022 年大学生对课程建设的四个维度的满意度分别为：师资水平 83.8%（2021 年为 75.4%）、教学内容 81.9%（2021 年为 72.6%）、教学设计 79.5%（2021 年为 72.1%）、教学方法 79.4%（2021 年为 70.0%）（见图 7-4）。

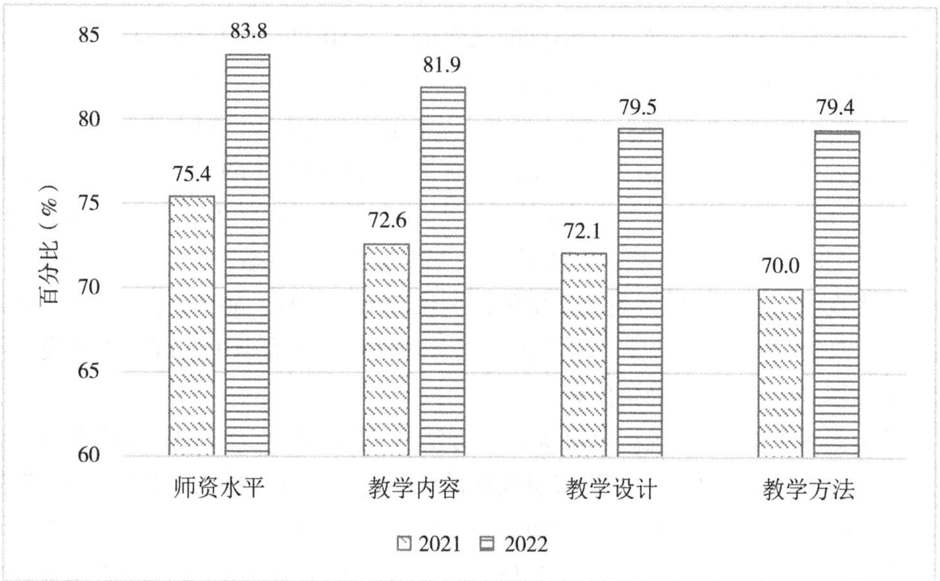

图 7-4　2021—2022 年大学生对思政课分项建设的满意度

具体来看，其一，就思政课师资水平而言，52.4%的大学生表示“非常满意”，31.4%的大学生表示“比较满意”，13.9%的大学生表示“一般”，仅有 2.3%的大学生表示“不太满意”或“很不满意”。其二，就思政课教学内容而言，50.2%的大学生表示“非

① 含“非常满意”和“比较满意”的比例，后同。

常满意”，31.7%的大学生表示“比较满意”，15.4%的大学生表示“一般”，仅有2.7%的大学生表示“不太满意”或“很不满意”。其三，就思政课教学方法而言，48.8%的大学生表示“非常满意”，30.6%的大学生表示“比较满意”，17.4%的大学生表示“一般”，仅有3.2%的大学生表示“不太满意”或“很不满意”。其四，就思政课教学设计而言，48.9%的大学生表示“非常满意”，30.6%的大学生表示“比较满意”，17.2%的大学生表示“一般”，仅有3.3%的大学生表示“不太满意”或“很不满意”(见图7-5)。

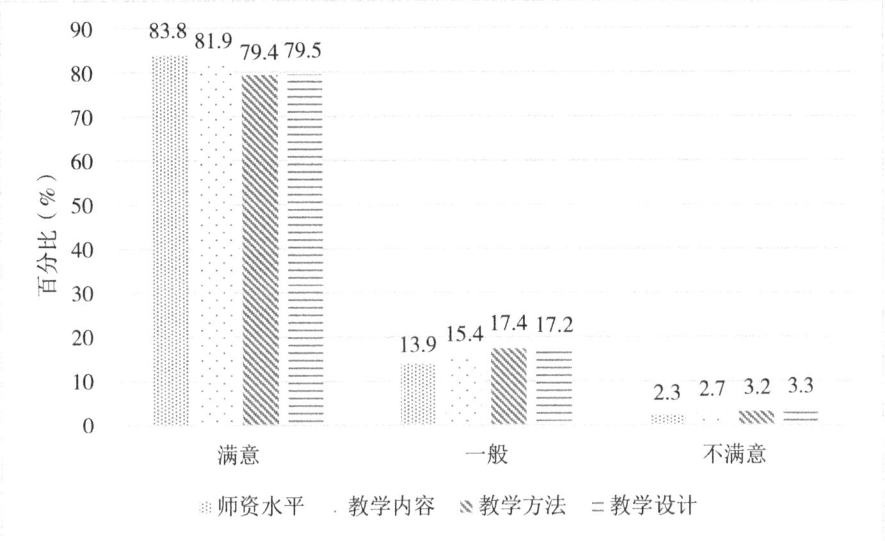

图7-5 大学生对思政课建设的分项评价

(二)不同群体大学生对思政课建设的分项评价

为了解不同群体大学生对教学内容、教学方法、师资水平、教学设计的具体看法，我们采用交互分析方法，结合人口学变量进一步分析不同群体大学生对上述四个维度的评价差异。

1. 不同群体大学生对教学内容的评价情况

分析发现，学历层次、年级、学科门类、政治面貌，以及学校所属区域不同的大学生对思政课教学内容的评价不同，存在着显著的统计学差异。

从学历层次来看，本科生对教学内容的评价最高，表示“满意”的学生比例为82.7%；硕士生对教学内容的评价次之，表示“满意”的学生比例为80.6%；博士生对教学内容的评价最低，表示“满意”的学生比例为75.2%。

从年级来看，大学一年级学生对教学内容的评价最高，表示“满意”的学生比例为85.6%；大学二年级学生对教学内容的评价次之，表示“满意”的学生比例为80.8%；再次是大学三年级学生，对教学内容表示“满意”的学生比例为79.3%，大学四、五年级学生对教学内容的评价最低，表示“满意”的学生比例为78.2%。

从学科门类来看，理工农医类大学生对教学内容的评价最高，表示“满意”的学生比例为 82.4%；社会科学类大学生对教学内容的评价次之，表示“满意”的学生比例为 82.0%；人文科学类大学生对教学内容的评价最低，表示“满意”的学生比例为 80.9%。

从政治面貌来看，党员大学生、共青团员大学生和群众大学生对教学内容的满意度分别为 82.0%、82.2%和 80.3%。

从学校所属区域来看，不同区域大学生在思政课教学内容的满意度上也存在显著差异。华东高校大学生的满意度为 79.3%，华南高校大学生的满意度为 81.7%，华中高校大学生的满意度为 82.5%，华北高校大学生的满意度为 84.0%，西北高校大学生的满意度为 86.5%，西南高校大学生的满意度为 79.9%，东北高校大学生的满意度为 86.3%(见表 7-1)。

表 7-1　教学内容的评价与人口学变量的交互分析

自变量		教学内容(%)			卡方检验	
		满意	一般	不满意	χ^2	P
学历层次	本科生	82.7	14.7	2.6	188.392	0.001
	硕士生	80.6	16.8	2.6		
	博士生	75.2	19.8	5.0		
年级	一年级	85.6	12.3	2.1	399.122	0.001
	二年级	80.8	16.4	2.8		
	三年级	79.3	17.2	3.5		
	四、五年级	78.2	18.5	3.3		
学科门类	人文科学类	80.9	16.3	2.8	22.058	0.01
	社会科学类	82.0	15.2	2.8		
	理工农医类	82.4	15.0	2.6		
政治面貌	党员	82.0	15.4	2.6	122.482	0.001
	共青团员	82.2	15.1	2.7		
	群众	80.3	16.6	3.1		
学校所属区域	华东地区	79.3	17.1	3.6	497.596	0.001
	华南地区	81.7	16.2	2.1		
	华中地区	82.5	15.1	2.4		
	华北地区	84.0	13.4	2.6		
	西北地区	86.5	11.6	1.9		
	西南地区	79.9	17.3	2.8		
	东北地区	86.3	11.3	2.4		

2. 不同群体大学生对教学方法的评价情况

分析发现，学历层次、年级、学科门类、政治面貌，以及学校所属区域不同的大学生对思政课教学方法的评价也不同，存在显著的统计学差异。

从学历层次来看，本科生对教学方法的评价最高，表示“满意”的学生比例为80.3%；硕士生对教学方法的评价次之，表示“满意”的学生比例为77.9%；博士生对教学方法的评价最低，表示“满意”的学生比例为72.7%。

从年级来看，大学一年级学生对教学方法的评价最高，表示“满意”的学生比例为83.5%；大学二年级学生对教学方法的评价次之，表示“满意”的学生比例为78.3%；再次是大学三年级学生，对教学方法表示“满意”的学生比例为76.3%；大学四、五年级学生对教学方法的评价最低，表示“满意”的学生比例为75.2%。

从学科门类来看，理工农医类大学生对教学方法的评价最高，表示“满意”的学生比例为80.0%；社会科学类大学生对教学方法的评价次之，表示“满意”的学生比例为79.2%；人文科学类大学生对教学方法的评价最低，表示“满意”的学生比例为78.6%。

从政治面貌来看，党员大学生、共青团员大学生和群众大学生对教学方法的满意度分别为78.6%、79.9%和79.0%。

从学校所属区域来看，不同区域大学生在思政课教学方法的满意度上也存在显著差异。华东高校大学生的满意度为76.6%，华南高校大学生的满意度为79.1%，华中高校大学生的满意度为79.6%，华北高校大学生的满意度为82.2%，西北高校大学生的满意度为82.5%，西南高校大学生的满意度为77.8%，东北高校大学生的满意度为83.9%(见表7-2)。

表7-2　教学方法的评价与人口学变量的交互分析

自变量		教学方法(%)			卡方检验	
		满意	一般	不满意	χ^2	P
学历层次	本科生	80.3	16.6	3.1	178.754	0.001
	硕士生	77.9	19.1	3.0		
	博士生	72.7	22.1	5.2		
年级	一年级	83.5	14.1	2.4	443.700	0.001
	二年级	78.3	18.3	3.4		
	三年级	76.3	19.8	3.9		
	四、五年级	75.2	20.8	3.9		
学科门类	人文科学类	78.6	18.0	3.4	22.531	0.01
	社会科学类	79.2	17.5	3.3		
	理工农医类	80.0	17.0	3.0		

续表

自变量		教学方法(%)			卡方检验	
		满意	一般	不满意	χ^2	P
政治面貌	党员	78.6	18.2	3.2	112.920	0.001
	共青团员	79.9	17.0	3.1		
	群众	79.0	17.3	3.7		
学校所属区域	华东地区	76.6	19.4	4.0	452.839	0.001
	华南地区	79.1	18.2	2.7		
	华中地区	79.6	17.6	2.8		
	华北地区	82.2	15.0	2.8		
	西北地区	82.5	15.1	2.4		
	西南地区	77.8	18.8	3.4		
	东北地区	83.9	13.2	2.9		

3. 不同群体大学生对师资水平的评价情况

分析发现，学历层次、年级、学科门类、政治面貌，以及学校所属区域不同的大学生对思政课师资水平的评价也不同，存在显著的统计学差异。

从学历层次来看，本科生对师资水平的评价最高，表示“满意”的学生比例为84.6%；硕士生对师资水平的评价次之，表示“满意”的学生比例为82.5%；博士生对师资水平的评价最低，表示“满意”的学生比例为78.0%。

从年级来看，大学一年级学生对师资水平的评价最高，表示“满意”的学生比例为87.1%；大学二年级学生对师资水平的评价次之，表示“满意”的学生比例为82.7%；再次是大学三年级学生，对师资水平表示“满意”的学生比例为81.4%；大学四、五年级学生对师资水平的评价最低，表示“满意”的学生比例为80.4%。

从学科门类来看，理工农医类大学生对师资水平的评价最高，表示“满意”的学生比例为84.1%；社会科学类大学生对师资水平的评价次之，表示“满意”的学生比例为83.9%；人文科学类大学生对师资水平的评价最低，表示“满意”的学生比例为83.1%。

从政治面貌来看，党员大学生、共青团员大学生和群众大学生对师资水平的满意度分别为84.0%、84.0%和82.1%。

从学校所属区域来看，不同区域大学生在思政课师资水平的满意度上也存在显著差异。华东高校大学生的满意度为81.4%，华南高校大学生的满意度为84.4%，华中高校大学生的满意度为84.2%，华北高校大学生的满意度为86.2%，西北高校大学生的满意度为87.6%，西南高校大学生的满意度为81.3%，东北高校大学生的满意度为87.5%(见表7-3)。

表 7-3　师资水平的评价与人口学变量的交互分析

自变量		师资水平(%)			卡方检验	
		满意	一般	不满意	χ^2	P
学历层次	本科生	84.6	13.2	2.2	187.581	0.001
	硕士生	82.5	15.3	2.2		
	博士生	78.0	17.8	4.2		
年级	一年级	87.1	11.2	1.7	462.799	0.001
	二年级	82.7	14.8	2.5		
	三年级	81.4	15.7	2.9		
	四、五年级	80.4	16.5	3.1		
学科门类	人文科学类	83.1	14.5	2.4	25.090	0.01
	社会科学类	83.9	13.7	2.4		
	理工农医类	84.1	13.6	2.3		
政治面貌	党员	84.0	13.6	2.4	158.032	0.001
	共青团员	84.0	13.7	2.3		
	群众	82.1	15.4	2.5		
学校所属区域	华东地区	81.4	15.6	3.0	489.553	0.001
	华南地区	84.4	13.8	1.8		
	华中地区	84.2	13.8	2.0		
	华北地区	86.2	11.6	2.2		
	西北地区	87.6	10.6	1.8		
	西南地区	81.3	16.1	2.6		
	东北地区	87.5	10.3	2.2		

4. 不同群体大学生对教学设计的评价情况

分析发现，学历层次、年级、学科门类、政治面貌，以及学校所属区域不同的大学生对思政课教学设计的评价也不同，存在显著的统计学差异。

从学历层次来看，本科生对教学设计的评价最高，表示“满意”的学生比例为80.4%；硕士生对教学设计的评价次之，表示“满意”的学生比例为78.1%；博士生对教学设计的评价最低，表示“满意”的学生比例为72.5%。

从年级来看，大学一年级学生对教学设计的评价最高，表示“满意”的学生比例为83.5%；大学二年级学生对教学设计的评价次之，表示“满意”的学生比例为78.3%；再次是大学三年级学生，对教学设计表示“满意”的学生比例为76.7%，大学四、五年级学生对教学设计的评价最低，表示“满意”的学生比例为75.5%。

从学科门类来看，理工农医类大学生对教学设计的评价最高，表示"满意"的学生比例为80.2%；社会科学类大学生对教学设计的评价次之，表示"满意"的学生比例为79.3%；人文科学类大学生对教学设计的评价最低，表示"满意"的学生比例为78.6%。

从政治面貌来看，党员大学生、共青团员大学生和群众大学生对教学设计的满意度分别为79.0%、79.9%和78.4%。

从学校所属区域来看，不同区域大学生在思政课教学设计的满意度上也存在显著差异。华东高校大学生的满意度为76.6%，华南高校大学生的满意度为78.9%，华中高校大学生的满意度为79.8%，华北高校大学生的满意度为82.7%，西北高校大学生的满意度为83.2%，西南高校大学生的满意度为77.4%，东北高校大学生的满意度为84.6%(见表7-4)。

表7-4　教学设计的评价与人口学变量的交互分析

自变量		教学设计(%)			卡方检验	
		满意	一般	不满意	χ^2	P
学历层次	本科生	80.4	16.5	3.1	178.574	0.001
	硕士生	78.1	18.7	3.2		
	博士生	72.5	22.2	5.3		
年级	一年级	83.5	14.0	2.5	434.320	0.001
	二年级	78.3	18.2	3.5		
	三年级	76.7	19.4	3.9		
	四、五年级	75.5	20.7	3.8		
学科门类	人文科学类	78.6	18.1	3.3	20.033	0.01
	社会科学类	79.3	17.4	3.3		
	理工农医类	80.2	16.7	3.1		
政治面貌	党员	79.0	17.9	3.1	134.412	0.001
	共青团员	79.9	16.8	3.3		
	群众	78.4	17.9	3.7		
学校所属区域	华东地区	76.6	19.2	4.2	497.202	0.001
	华南地区	78.9	18.1	3.0		
	华中地区	79.8	17.5	2.7		
	华北地区	82.7	14.5	2.7		
	西北地区	83.2	14.3	2.5		
	西南地区	77.4	19.0	3.6		
	东北地区	84.6	17.2	3.2		

四、对六门思政课的评价

“05 方案”实施以后，全国普通高校普遍开设了“思想道德与法治”“中国近现代史纲要”“毛泽东思想和中国特色社会主义理论体系概论”“马克思主义基本原理”和“形势与政策”课。近年来，全国各高校又陆续开设了“习近平新时代中国特色社会主义思想概论”课，思政课程体系不断健全优化。课题组调查了大学生对这六门思政课的评价情况。

（一）总体情况

大学生对六门思政课的评价得分都在 4 分以上（满分为 5 分），六门思政课程的平均得分为 4. 19 分。具体而言，“思想道德与法治”课评分为 4. 18 分；“中国近现代史纲要”课评分为 4. 21 分；“毛泽东思想和中国特色社会主义理论体系概论”课、“马克思主义基本原理”课和“习近平新时代中国特色社会主义思想概论”课评分都为 4. 19 分；“形势与政策”课评分为 4. 16 分。大学生对六门思政课的评分的详细情况见表 7-5。

表 7-5　大学生对不同思政课评分的详细情况（单位：%）

得分 思政课	1 分	2 分	3 分	4 分	5 分	参评人数
“思想道德与法治”课	4. 3	3. 6	14. 2	25. 3	52. 6	37732
“中国近现代史纲要”课	4. 3	3. 3	13. 7	24. 7	54. 0	35428
“毛泽东思想和中国特色社会主义理论体系概论”课	4. 4	3. 4	14. 1	24. 5	53. 6	33254
“马克思主义基本原理”课	4. 4	3. 4	14. 1	24. 8	53. 3	33506
“习近平新时代中国特色社会主义思想概论”课	4. 8	3. 4	13. 8	24. 3	53. 7	32750
“形势与政策”课	4. 6	3. 9	14. 5	24. 5	52. 5	36695

（二）不同群体大学生对思政课的评价状况

均值分析结果显示，年龄、学历层次、学科门类、政治面貌、学生干部经历、学校所属区域不同的大学生对思政课的评价存在显著的统计学差异。

1. 不同群体大学生对“思想道德与法治”课的评价情况

从年龄上看，20 岁及以下大学生对“思想道德与法治”课的评价均值高于 21 岁及以上大学生。数据显示，20 岁及以下、21~24 岁、25 岁及以上三组大学生的评价均值分别为 4. 27 分、4. 12 分、4. 08 分。

从学历层次上看，本科生和研究生对“思想道德与法治”课的评价存在显著差异。数据显示，本科生对“思想道德与法治”课的评价均值为 4. 22 分，硕士生和博士生对“思想道德与法治”课的评价均值分别为 4. 09 分和 4. 06 分。

从学科门类上看，人文科学类大学生对“思想道德与法治”课的评价均值低于社会科学类和理工农医类大学生。数据显示，人文科学类大学生对“思想道德与法治”课的评价均值为 4. 14 分，社会科学类和理工农医类大学生对“思想道德与法治”课的评价均值分别为 4. 19 分和 4. 20 分。

从政治面貌上看，共青团员大学生对“思想道德与法治”课的评价最高，评价均值为 4. 20 分。党员大学生和群众大学生对“思想道德与法治”课的评价均值分别为 4. 14 分和 4. 17 分。

从学生干部经历上看，担任过学生干部的大学生对“思想道德与法治”课的评价更高。数据显示，担任过学生干部的大学生对“思想道德与法治”课的评价均值为 4. 20 分，高于没有担任过学生干部的大学生的评价均值 4. 12 分。

从学校所属区域上看，不同区域大学生对“思想道德与法治”课的评价也存在显著差异。均值分析结果显示，西北、华北、东北高校大学生对“思想道德与法治”课的评价相对较高，评价均值分别为 4. 24 分、4. 28 分、4. 33 分。华中高校大学生对“思想道德与法治”课的评价相对居中，为 4. 18 分。华东、西南、华南高校大学生对“思想道德与法治”课的评价相对较低，评价均值分别为 4. 12 分、4. 13 分、4. 13 分。详见表 7-6。

表 7-6　不同群体大学生对“思想道德与法治”课的评价的均值比较

自变量		均值(分)	标准差	统计量(F)	显著性水平(P)
年龄	20 岁及以下	4. 27	1. 062	91. 925	0. 001
	21~24 岁	4. 12	1. 090		
	25 岁及以上	4. 08	1. 093		
学历层次	本科生	4. 22	1. 074	52. 914	0. 001
	硕士生	4. 09	1. 096		
	博士生	4. 06	1. 094		
学科门类	人文科学类	4. 14	1. 101	8. 208	0. 001
	社会科学类	4. 19	1. 067		
	理工农医类	4. 20	1. 076		
政治面貌	党员	4. 14	1. 075	10. 849	0. 001
	共青团员	4. 20	1. 075		
	群众	4. 17	1. 126		

续表

自变量		均值(分)	标准差	统计量(F)	显著性水平(P)
学生干部经历	有	4.20	1.071	29.692	0.001
	无	4.12	1.122		
学校所属区域	华东地区	4.12	1.105	30.349	0.001
	华南地区	4.13	1.068		
	华中地区	4.18	1.063		
	华北地区	4.28	1.069		
	西北地区	4.24	1.027		
	西南地区	4.13	1.089		
	东北地区	4.33	1.064		

2. 不同群体大学生对“中国近现代史纲要”课的评价情况

从年龄上看，不同年龄段的大学生对“中国近现代史纲要”课的评价存在显著差异。调查发现，随着年龄增长，大学生对“中国近现代史纲要”课的评价呈整体下降趋势。20 岁及以下、21~24 岁、25 岁及以上三组大学生对“中国近现代史纲要”课的评价均值分别为 4.28 分、4.16 分、4.14 分。

从学历层次上看，本科生和研究生对“中国近现代史纲要”课的评价存在显著差异。数据显示，本科生对“中国近现代史纲要”课的评价均值为 4.24 分，硕士生和博士生对“中国近现代史纲要”课的评价均值分别为 4.13 分和 4.10 分。

从学科门类上看，人文科学类和社会科学类大学生对“中国近现代史纲要”课的评价均值相对低于理工农医类大学生。数据显示，人文科学类和社会科学类大学生对“中国近现代史纲要”课的评价均值为 4.19 分和 4.20 分，理工农医类大学生对“中国近现代史纲要”课的评价均值为 4.22 分。

从政治面貌上看，共青团员大学生对“中国近现代史纲要”课的评价最高，评价均值为 4.23 分。党员大学生和群众大学生对“中国近现代史纲要”课的评价均值都为 4.18 分。

从学生干部经历上看，担任过学生干部的大学生对“中国近现代史纲要”课的评价更高。数据显示，担任过学生干部的大学生对“中国近现代史纲要”课的评价均值为 4.23 分，高于没有担任过学生干部的大学生的评价均值 4.13 分。

从学校所属区域上看，不同区域大学生对“中国近现代史纲要”课的评价也存在显著差异。均值分析结果显示，华北、西北、东北高校大学生对“中国近现代史纲要”课的评价相对较高，评价均值分别为 4.27 分、4.29 分、4.36 分。华东、西南、华中高校大学生对“中国近现代史纲要”课的评价相对居中，分别为 4.16 分、4.19 分、4.20 分。华南高校大学生对“中国近现代史纲要”课的评价相对较低，评价均值为 4.14 分，详见

表 7-7。

表 7-7　不同群体大学生对“中国近现代史纲要”课的评价的均值比较

自变量		均值(分)	标准差	统计量(F)	显著性水平(P)
年龄	20 岁及以下	4. 28	1. 069	57. 928	0. 001
	21~24 岁	4. 16	1. 072		
	25 岁及以上	4. 14	1. 074		
学历层次	本科生	4. 24	1. 068	38. 677	0. 001
	硕士生	4. 13	1. 080		
	博士生	4. 10	1. 081		
学科门类	人文科学类	4. 19	1. 086	2. 653	0. 001
	社会科学类	4. 20	1. 061		
	理工农医类	4. 22	1. 070		
政治面貌	党员	4. 18	1. 057	7. 224	0. 01
	共青团员	4. 23	1. 069		
	群众	4. 18	1. 133		
学生干部经历	有	4. 23	1. 061	40. 215	0. 001
	无	4. 13	1. 122		
学校所属区域	华东地区	4. 16	1. 081	20. 387	0. 001
	华南地区	4. 14	1. 063		
	华中地区	4. 20	1. 064		
	华北地区	4. 27	1. 089		
	西北地区	4. 29	1. 006		
	西南地区	4. 19	1. 066		
	东北地区	4. 36	1. 070		

3. 不同群体大学生对“毛泽东思想和中国特色社会主义理论体系概论”课的评价情况

从年龄上看，不同年龄段的大学生对“毛泽东思想和中国特色社会主义理论体系概论”课的评价存在显著差异。调查发现，随着年龄增长，大学生对“毛泽东思想和中国特色社会主义理论体系概论”课的评价也呈整体下降趋势。20 岁及以下、21~24 岁、25 岁及以上三组大学生对“毛泽东思想和中国特色社会主义理论体系概论”课的评价均值分别为 4. 25 分、4. 16 分、4. 14 分。

从学历层次上看，本科生和研究生对“毛泽东思想和中国特色社会主义理论体系概论”课的评价存在显著差异。数据显示，本科生对“毛泽东思想和中国特色社会主义理论体系概论”课的评价均值为 4. 22 分，硕士生和博士生对“毛泽东思想和中国特色社会主义理论体系概论”课的评价均值分别为 4. 15 分和 4. 11 分。

从学科门类上看，人文科学类大学生对“毛泽东思想和中国特色社会主义理论体系概论”课的评价低于社会科学类和理工农医类大学生对“毛泽东思想和中国特色社会主义理论体系概论”课的评价。分析结果显示，人文科学类大学生对“毛泽东思想和中国特色社会主义理论体系概论”课的评价均值为 4. 15 分，社会科学类和理工农医类大学生对“毛泽东思想和中国特色社会主义理论体系概论”课的评价均值都为 4. 21 分。

从政治面貌上看，党员大学生和共青团员大学生对“毛泽东思想和中国特色社会主义理论体系概论”课的评价均值显著高于群众大学生。数据显示，党员和共青团员大学生对“毛泽东思想和中国特色社会主义理论体系概论”课的评价均值都为 4. 20 分，群众大学生对“毛泽东思想和中国特色社会主义理论体系概论”课的评价均值为 4. 13 分。

从学生干部经历上看，担任过学生干部的大学生对“毛泽东思想和中国特色社会主义理论体系概论”课的评价更高。数据显示，担任过学生干部的大学生对“毛泽东思想和中国特色社会主义理论体系概论”课的评价均值为 4. 21 分，高于没有担任过学生干部的大学生的评价均值 4. 12 分。

从学校所属区域上看，不同区域大学生对“毛泽东思想和中国特色社会主义理论体系概论”课的评价存在显著差异。均值分析结果显示，东北高校大学生对“毛泽东思想和中国特色社会主义理论体系概论”课的评价相对较高，评价均值分别为 4. 37 分。西北、华北高校大学生对“毛泽东思想和中国特色社会主义理论体系概论”课的评价相对居中，为 4. 25 分、4. 26 分。华东、华南、西南、华中高校大学生对“毛泽东思想和中国特色社会主义理论体系概论”课的评价相对较低，评价均值分别为 4. 14 分、4. 14 分、4. 16 分、4. 19 分，详见表 7-8。

表 7-8　不同群体大学生对“毛泽东思想和中国特色社会主义理论体系概论”课的评价的均值比较

自变量		均值(分)	标准差	统计量(F)	显著性水平(P)
年龄	20 岁及以下	4. 25	1. 096	25. 249	0. 001
	21~24 岁	4. 16	1. 078		
	25 岁及以上	4. 14	1. 079		
学历层次	本科生	4. 22	1. 074	18. 647	0. 001
	硕士生	4. 15	1. 096		
	博士生	4. 11	1. 094		
学科门类	人文科学类	4. 15	1. 101	6. 418	0. 001
	社会科学类	4. 21	1. 067		
	理工农医类	4. 21	1. 076		

续表

自变量		均值(分)	标准差	统计量(F)	显著性水平(P)
政治面貌	党员	4.20	1.055	6.015	0.001
	共青团员	4.20	1.087		
	群众	4.13	1.155		
学生干部经历	有	4.21	1.075	30.347	0.001
	无	4.12	1.128		
学校所属区域	华东地区	4.14	1.105	22.676	0.001
	华南地区	4.14	1.068		
	华中地区	4.19	1.063		
	华北地区	4.25	1.069		
	西北地区	4.26	1.027		
	西南地区	4.16	1.089		
	东北地区	4.37	1.064		

4. 不同群体大学生对“马克思主义基本原理”课的评价情况

从年龄上看，20岁及以下大学生对“马克思主义基本原理”课的评价均值高于21岁及以上大学生。数据显示，20岁及以下、21~24岁、25岁及以上三组大学生的评价均值分别为4.24分、4.16分、4.13分。

从学历层次上看，本科生和研究生对“马克思主义基本原理”课的评价存在显著差异。数据显示，本科生对“马克思主义基本原理”课的评价均值为4.22分，硕士生和博士生对“马克思主义基本原理”课的评价均值分别为4.14分和4.09分。

从学科门类上看，人文科学类大学生对“马克思主义基本原理”课的评价低于社会科学类和理工农医类大学生对“马克思主义基本原理”课的评价。数据显示，人文科学类大学生对“马克思主义基本原理”课的评价均值为4.16分，社会科学类和理工农医类大学生对“马克思主义基本原理”课的评价均值都为4.20分。

从政治面貌上看，党员大学生和共青团员大学生对“马克思主义基本原理”课的评价均值显著高于群众大学生。数据显示，中共党员和共青团员大学生对“马克思主义基本原理”课的评价均值分别为4.19分和4.20分，群众大学生对“马克思主义基本原理”课的评价均值为4.13分。

从学生干部经历上看，担任过学生干部的大学生对“马克思主义基本原理”课的评价更高。数据显示，担任过学生干部的大学生对“马克思主义基本原理”课的评价均值为4.21分，高于没有担任过学生干部的大学生的评价均值4.12分。

从学校所属区域上看，不同区域大学生对“马克思主义基本原理”课的评价存在显著差异。均值分析结果显示，东北高校大学生对“马克思主义基本原理”课的评价相对较高，评价均值分别为4.35分。西北、华北高校大学生对“马克思主义基本原理”课的评价相对居中，为4.28分、4.25分。华东、华南、西南、华中高校大学生对“马克思主义基本原理”课的评价相对较低，评价均值分别为4.14分、4.15分、4.14分、4.18分，详见表7-9。

表7-9 不同群体大学生对“马克思主义基本原理”课的评价的均值比较

自变量		均值(分)	标准差	统计量(F)	显著性水平(P)
年龄	20岁及以下	4.24	1.094	25.387	0.001
	21~24岁	4.16	1.077		
	25岁及以上	4.13	1.078		
学历层次	本科生	4.22	1.085	23.797	0.001
	硕士生	4.14	1.080		
	博士生	4.09	1.082		
学科门类	人文科学类	4.16	1.101	4.802	0.01
	社会科学类	4.20	1.067		
	理工农医类	4.20	1.081		
政治面貌	党员	4.19	1.060	6.035	0.01
	共青团员	4.20	1.085		
	群众	4.13	1.147		
学生干部经历	有	4.21	1.074	35.600	0.001
	无	4.12	1.126		
学校所属区域	华东地区	4.14	1.097	20.906	0.001
	华南地区	4.15	1.065		
	华中地区	4.18	1.071		
	华北地区	4.25	1.096		
	西北地区	4.28	1.015		
	西南地区	4.14	1.088		
	东北地区	4.35	1.073		

5. 不同群体大学生对“习近平新时代中国特色社会主义思想概论”课的评价情况

从年龄上看，20岁及以下大学生对“习近平新时代中国特色社会主义思想概论”课的评价均值高于21岁及以上大学生。数据显示，20岁及以下、21~24岁、25岁及以上三组大学生的评价均值分别为4.24分、4.16分、4.14分。

从学历层次上看，相较于研究生，本科生对“习近平新时代中国特色社会主义思想概论”课的评价更好。数据显示，本科生对“习近平新时代中国特色社会主义思想概论”课的评价均值为4.21分，硕士生和博士生对“习近平新时代中国特色社会主义思想概论”课的评价均值分别为4.16分和4.09分。

从学科门类上看，人文科学类大学生对“习近平新时代中国特色社会主义思想概论”课的评价低于社会科学类和理工农医类大学生对“习近平新时代中国特色社会主义思想概论”课的评价。数据显示，人文科学类大学生对“习近平新时代中国特色社会主义思想概论”课的评价均值为4.15分，社会科学类和理工农医类大学生对“习近平新时代中国特色社会主义思想概论”课的评价均值分别为4.21分和4.20分。

从政治面貌上看，党员大学生和共青团员大学生对“习近平新时代中国特色社会主义思想概论”课的评价显著高于群众大学生对“习近平新时代中国特色社会主义思想概论”课的评价。数据显示，党员大学生和共青团员大学生对“习近平新时代中国特色社会主义思想概论”课的评价均值都为4.20分，群众大学生对“习近平新时代中国特色社会主义思想概论”课的评价均值为4.12分。

从学生干部经历上看，担任过学生干部的大学生对“习近平新时代中国特色社会主义思想概论”课的评价更高。数据显示，担任过学生干部的大学生对“习近平新时代中国特色社会主义思想概论”课的评价均值为4.21分，高于没有担任过学生干部的大学生的评价均值(4.11分)。

从学校所属区域上看，不同区域大学生对“习近平新时代中国特色社会主义思想概论”课的评价也存在显著差异。均值分析结果显示，东北高校大学生对“习近平新时代中国特色社会主义思想概论”课的评价相对较高，评价均值为4.36分。华北、西北高校大学生对“习近平新时代中国特色社会主义思想概论”课的评价相对居中，评价均值分别为4.26分、4.28分。华南、华东、西南、华中高校大学生对“习近平新时代中国特色社会主义思想概论”课的评价相对较低，评价均值分别为4.12分、4.13分、4.16分、4.18分，详见表7-10。

表7-10 不同群体大学生对“习近平新时代中国特色社会主义思想概论”课的评价的均值比较

自变量		均值(分)	标准差	统计量(F)	显著性水平(P)
年龄	20岁及以下	4.24	1.103	21.997	0.001
	21~24岁	4.16	1.093		
	25岁及以上	4.14	1.089		
学历层次	本科生	4.21	1.102	11.723	0.001
	硕士生	4.16	1.081		
	博士生	4.09	1.105		

续表

自变量		均值(分)	标准差	统计量(F)	显著性水平(P)
学科门类	人文科学类	4.15	1.115	5.552	0.01
	社会科学类	4.21	1.075		
	理工农医类	4.20	1.096		
政治面貌	党员	4.20	1.069	7.761	0.001
	共青团员	4.20	1.097		
	群众	4.12	1.172		
学生干部经历	有	4.21	1.086	36.846	0.001
	无	4.11	1.142		
学校所属区域	华东地区	4.13	1.128	24.057	0.001
	华南地区	4.12	1.080		
	华中地区	4.18	1.080		
	华北地区	4.26	1.105		
	西北地区	4.28	1.032		
	西南地区	4.16	1.088		
	东北地区	4.36	1.073		

6. 不同群体大学生对“形势与政策”课的评价情况

从年龄上看，20 岁及以下大学生对“形势与政策”课的评价均值高于 21 岁及以上大学生。数据显示，20 岁及以下、21~24 岁、25 岁及以上三组大学生的评价均值分别为 4.24 分、4.10 分、4.10 分。

从学历层次上看，本科生和研究生对“形势与政策”课的评价存在显著差异。数据显示，本科生对“形势与政策”课的评价均值为 4.19 分，硕士生和博士生对“形势与政策”课的评价均值分别为 4.10 分和 4.07 分。

从学科门类上看，人文科学类大学生对“形势与政策”课的评价低于社会科学类和理工农医类大学生对“形势与政策”课的评价。数据显示，人文科学类大学生对“形势与政策”课的评价均值为 4.13 分，社会科学类和理工农医类大学生对“形势与政策”课的评价均值分别为 4.17 分和 4.18 分。

从政治面貌上看，共青团员大学生对“形势与政策”课的评价最高，评价均值为 4.18 分。党员大学生和群众大学生对“形势与政策”课的评价均值分别为 4.12 分和 4.15 分。

从学生干部经历上看，有学生干部经历的大学生对“形势与政策”课的评价更高。数据显示，有学生干部经历的大学生对“形势与政策”课的评价均值为 4.18 分，高于没有担任过学生干部的大学生的评价均值 4.10 分。

从学校所属区域上看，不同区域大学生对“形势与政策”课的评价存在显著差异。均值分析结果显示，东北高校大学生对“形势与政策”课的评价相对较高，评价均值为4.32分。华北地区、西北地区的大学生对“形势与政策”课的评价相对居中，评价均值分别为4.24分、4.25分。华东地区、华南地区、西南地区、华中地区的大学生对“形势与政策”课的评价相对较低，评价均值分别为4.09分、4.10分、4.14分、4.16分，详见表7-11。

表7-11 不同群体大学生对“形势与政策”课评价的均值比较

自变量		均值(分)	标准差	统计量(F)	显著性水平(P)
年龄	20岁及以下	4.24	1.085	77.010	0.001
	21~24岁	4.10	1.118		
	25岁及以上	4.10	1.104		
学历层次	本科生	4.19	1.104	26.968	0.001
	硕士生	4.10	1.104		
	博士生	4.07	1.112		
学科门类	人文科学类	4.13	1.119	4.778	0.001
	社会科学类	4.17	1.089		
	理工农医类	4.18	1.103		
政治面貌	党员	4.12	1.100	9.619	0.001
	共青团员	4.18	1.101		
	群众	4.15	1.140		
学生干部经历	有	4.18	1.096	26.978	0.001
	无	4.10	1.144		
学校所属区域	华东地区	4.09	1.138	25.294	0.001
	华南地区	4.10	1.098		
	华中地区	4.16	1.083		
	华北地区	4.24	1.105		
	西北地区	4.25	1.025		
	西南地区	4.14	1.099		
	东北地区	4.32	1.083		

五、大学生思政课学习状况

作为思想政治教育活动中教育者实践作用的对象、思政课课堂的参与者、思想政治教育的接受主体，其学习状态如何呢？课题组对此也展开了调查，并追问了部分大学生不积极参与思政课的原因。

(一)总体情况

调查结果显示，32.9%的大学生认为在思政课课堂上"大部分同学认真听讲"，31.2%的大学生表示"半数同学抬头听课"，35.9%的大学生认为，在思政课课堂上"大部分同学埋头做自己的事"(见图 7-6)。认为"认真听讲""抬头听课"的大学生均未超过半数，说明大学生在思政课上的学习状态还有进一步提升的空间。

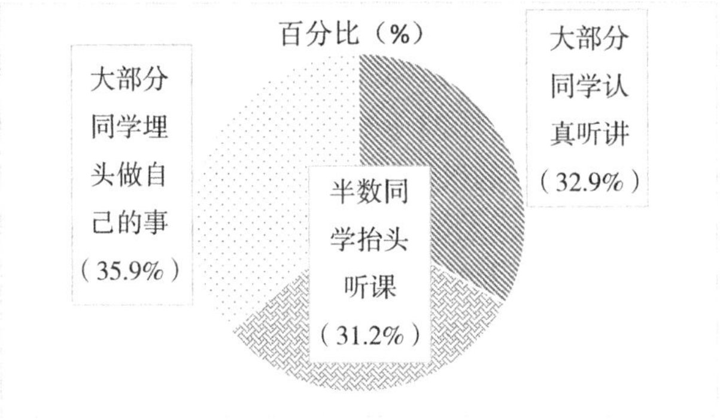

图 7-6　大学生思政课学习状况

多重响应分析发现，导致目前这种学习状态的原因有：67.3%的大学生觉得思政课"理论内容枯燥乏味"，30.3%的大学生认为"思政课用处不大"，27.1%的大学生表示思政课"只需考前突击背诵"，31.1%的大学生认为"课堂氛围松散，没有压力"，17.6%的大学生认为"老师授课一般"，45.1%的大学生认为"其他课程(高数、专业课)学习压力更大"，详见图 7-7。

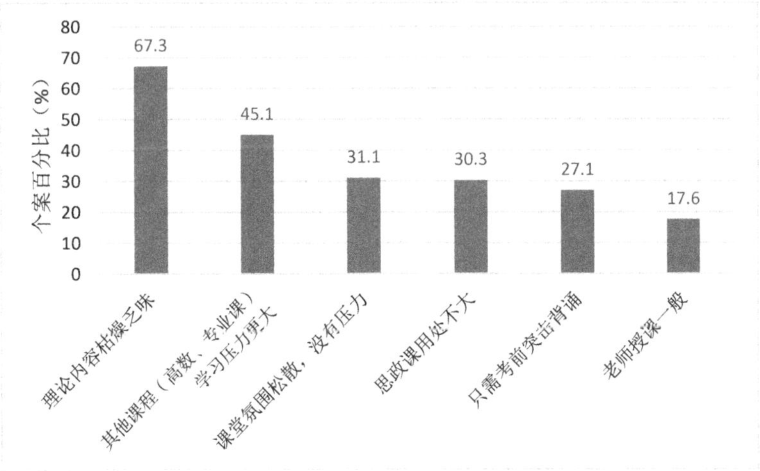

图 7-7　大学生不积极参与思政课的原因

（二）不同群体大学生的思政课学习状况

交互分析发现，不同学历层次、年级、学科门类、政治面貌、学校所属区域的大学生的思政课学习状况呈现出显著的统计学差异。

从学历层次上看，本科生思政课整体学习状态相对较好，硕士生次之，博士生相对较差（$\chi^2=57.385$，$P<0.001$）。数据显示，分别有33.8%的本科生、30.4%硕士生和30.1%的博士生认为思政课上“大部分同学认真听讲”，分别有35.0%的本科生、38.5%硕士生和38.7%的博士生认为思政课上“大部分同学埋头做自己的事”。不积极参与思政课的原因方面，认为“其他课程（高数、专业课）学习压力更大”的本科生、硕士生和博士生的比例依次是48.2%、37.5%和34.6%；认为思政课“只需考前突击背诵”的本科生、硕士生和博士生的比例依次是28.8%、23.6%和18.5%；认为思政课“老师授课一般”的本科生、硕士生和博士生的比例依次是16.9%、19.0%和22.2%。

从年级上看，随着年级增长，大学生思政课学习的积极性逐渐降低（$\chi^2=587.586$，$P<0.001$）。数据显示，一年级至五年级大学生中，认为思政课上“大部分同学认真听讲”的比例分别是39.7%、29.2%、28.6%和28.0%；认为思政课上“大部分同学埋头做自己的事”的比例分别是30.1%、38.7%、39.9%和40.3%。至于不积极参与思政课的原因方面，一年级至五年级大学生中，认为“理论内容枯燥乏味”的比例依次是64.8%、66.9%、69.6%和70.3%；认为“老师授课一般”的比例依次是15.0%、18.0%、19.5%和20.2%；认为“思政课用处不大”的比例依次是31.4%、30.7%、30.2%和27.3%。

从学科门类上看，人文科学类大学生思政课整体学习状态最好，社会科学类大学生次之，理工农医类大学生相对较差（$\chi^2=135.748$，$P<0.001$）。数据显示，分别有36.3%的人文科学类大学生、34.8%的社会科学类大学生和30.4%的理工农医类大学生认为思政课上“大部分同学认真听讲”；分别有32.4%的人文科学类大学生、34.8%社会科学类大学生和37.9%的理工农医类大学生认为思政课上“大部分同学埋头做自己的事”。至于不积极参与思政课的原因方面，人文科学类大学生、社会科学类大学生和理工农医类大学生中认为思政课“理论内容枯燥乏味”的比例依次是70.7%、68.8%和65.3%；认为“思政课用处不大”的比例依次是28.2%、29.0%和31.5%；认为思政课“老师授课一般”的比例依次是20.6%、18.5%和16.1%；认为“其他课程（高数、专业课）学习压力更大”的比例依次是39.7%、42.5%和48.3%。

从政治面貌上看，数据显示，分别有28.0%的党员大学生、33.5%的共青团员大学生和40.8%的群众大学生认为思政课上“大部分同学认真听讲”，分别有39.8%的党员大学生、35.3%的共青团员大学生和30.5%的群众大学生认为思政课上“大部分同学埋头做自己的事”。至于不积极参与思政课的原因方面，党员大学生、共青团员大学生和群众大学生中认为思政课“理论内容枯燥乏味”的比例依次是68.7%、67.1%和65.1%；认为思政课“用处不大”的比例依次是26.0%、31.7%和33.5%；认为思政课“老师授课一般”的比例依次是20.0%、17.1%和14.3%。

从学校所属区域上看，不同区域大学生思政课学习状态也存在显著差异（$\chi^2=$

569.157，$P<0.001$）。在华东高校大学生中，27.9%的大学生认为思政课上“大部分同学认真听讲”，40.1%的大学生认为思政课上“大部分同学埋头做自己的事”；不积极参与思政课的前三位原因分别是“理论内容枯燥乏味”（68.1%）、“其他课程（高数、专业课）学习压力更大”（46.4%）和“思政课用处不大”（33.6%）。在华南高校大学生中，28.5%的大学生认为思政课上“大部分同学认真听讲”，37.9%的大学生认为思政课上“大部分同学埋头做自己的事”；不积极参与思政课的前三位原因分别是“理论内容枯燥乏味”（69.3%）、“其他课程（高数、专业课）学习压力更大”（46.3%）和“课堂氛围松散，没有压力”（32.8%）。在华中高校大学生中，31.9%的大学生认为思政课上“大部分同学认真听讲”，36.2%的大学生认为思政课上“大部分同学埋头做自己的事”；不积极参与思政课的前三位原因分别是“理论内容枯燥乏味”（66.0%）、“其他课程（高数、专业课）学习压力更大”（46.2%）和“课堂氛围松散，没有压力”（32.4%）。在华北高校大学生中，38.8%的大学生认为思政课上“大部分同学认真听讲”，32.9%的大学生认为思政课上“大部分同学埋头做自己的事”；不积极参与思政课的前三位原因分别是“理论内容枯燥乏味”（65.8%）、“其他课程（高数、专业课）学习压力更大”（47.0%）和“思政课用处不大”（29.3%）。在西北高校大学生中，41.9%的大学生认为思政课上“大部分同学认真听讲”，27.8%的大学生认为思政课上“大部分同学埋头做自己的事”；不积极参与思政课的前三位原因分别是“理论内容枯燥乏味”（71.1%）、“其他课程（高数、专业课）学习压力更大”（42.7%）和“课堂氛围松散，没有压力”（34.6%）。在西南高校大学生中，30.7%的大学生认为思政课上“大部分同学认真听讲”，37.4%的大学生认为思政课上“大部分同学埋头做自己的事”；不积极参与思政课的前三位原因分别是“理论内容枯燥乏味”（67.8%）、“其他课程（高数、专业课）学习压力更大”（41.5%）和“课堂氛围松散，没有压力”（33.5%）。在东北高校大学生中，44.4%的大学生认为思政课上“大部分同学认真听讲”，27.3%的大学生认为思政课上“大部分同学埋头做自己的事”；不积极参与思政课的前三位原因分别是“理论内容枯燥乏味”（64.8%）、“其他课程（高数、专业课）学习压力更大”（41.8%）和“课堂氛围松散，没有压力”（29.1%）。

六、对思政课建设存在问题的看法

在此次调查中，大学生对思政课建设也提出了意见，表达了他们对进一步改进思政课的需求和期待。

（一）总体情况

课题组从教学内容、教学方法和师资水平三个方面收集了大学生对思政课建设存在问题的看法。

1. 对思政课教学内容存在问题的看法

多重响应分析结果显示，33.9%的大学生认为“教学案例过于陈旧”，48.2%的大学生认为“授课内容枯燥乏味”，26.8%的大学生认为“理论深度不足，不解渴”，28.2%

的大学生认为“语言不够通俗，很难懂”，32.2%的大学生认为“与高中政治内容重复，缺乏新意”，还有31.5%的大学生认为“没有联系实际，很空洞”(见图7-8)。

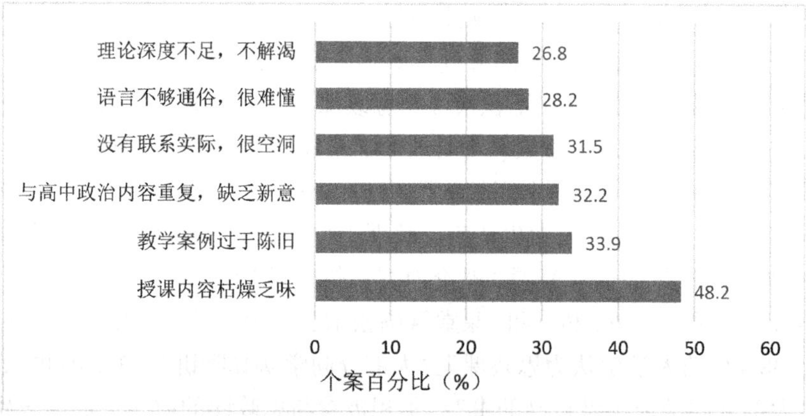

图7-8　大学生对思政课教学内容存在问题的看法

2. 对思政课教学方法存在问题的看法

多重响应分析结果显示，51.2%的大学生选择“理论说教过多”，42.4%的大学生认为“教学形式单一”，41.3%的大学生选择“缺乏实践教学”，32.4%的大学生认为“不注重课堂互动”，20.3%的大学生选择“不善于运用新媒体”，见图7-9。

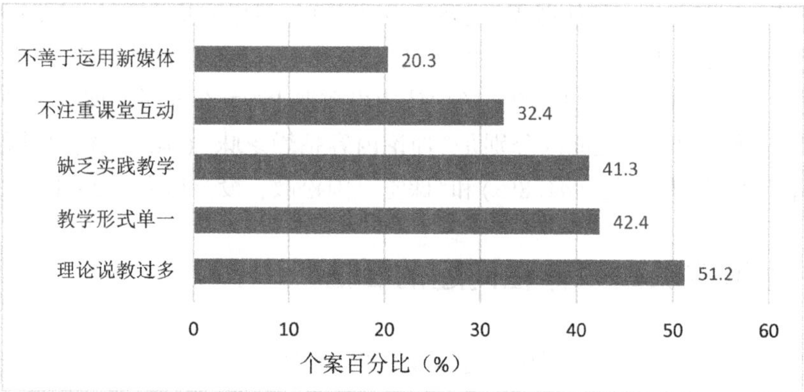

图7-9　大学生对思政课教学方法存在问题的看法

3. 对思政课师资水平存在问题的看法

多重响应分析结果显示，62.3%的大学生认为思政课教师“缺乏创新能力”，25.2%的大学生认为思政课教师“对学生关爱不够”，25.3%的大学生认为思政课教师“缺乏国际视野”，14.2%的大学生认为思政课教师“知识储备不足”，7.2%的大学生认为“个别教师师德失范”，6.9%的大学生认为“个别教师立场不坚定”，见图7-10。

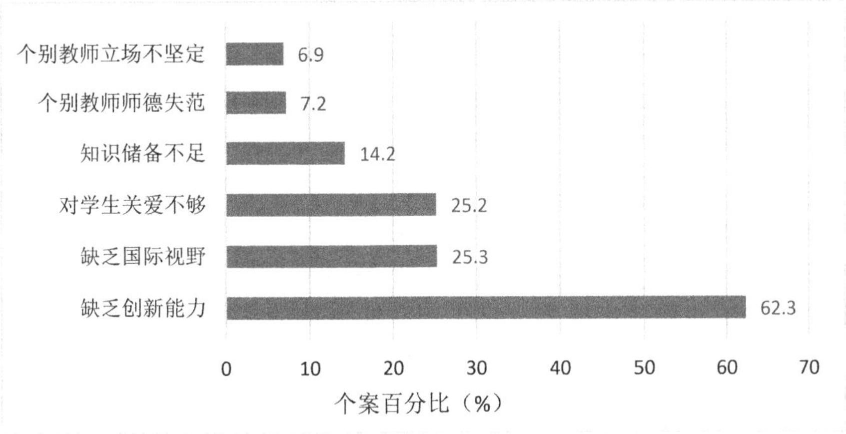

图 7-10 大学生对思政课师资水平存在问题的看法

(二)不同群体的交互分析

在思政课教学内容、教学方法和师资水平方面，当前大学生反映较多的问题有："授课内容枯燥乏味""理论说教过多、教学形式单一、缺乏实践教学""缺乏创新能力"等。课题组采用交互分析方法进一步分析不同群体大学生对思政课存在问题的看法的差异。

1. 不同群体大学生对思政课教学内容存在问题的看法

就年龄而言，20 岁及以下、21～24 岁和 25 岁及以上三个年龄段的大学生中，选择"与高中政治内容重复，缺乏新意"的比例依次降低，分别为 37.8%、28.9%和 23.0%；选择"没有联系实际，很空洞"的比例依次升高，分别为 28.8%、33.4%和 34.5%。比较而言，21～24 岁大学生中认为"教学案例过于陈旧""授课内容枯燥乏味""理论深度不足，不解渴""语言不够通俗，很难懂"的比例相对高于 20 岁及以下和 25 岁及以上大学生。分析结果显示，20 岁及以下、21～24 岁和 25 岁及以上三个年龄段的大学生中选择"教学案例过于陈旧"的比例依次是 30.8%、36.5%、34.8%；选择"授课内容枯燥乏味"的比例依次是 45.8%、50.8%、45.5%；选择"理论深度不足，不解渴"的比例依次是 25.2%、28.1%、27.7%；选择"语言不够通俗，很难懂"的比例依次是 26.6%、29.9%、27.0%。

就学历层次而言，本科生、硕士生和博士生中，选择"与高中政治内容重复，缺乏新意"的比例依次降低，分别为 34.9%、25.7%和 21.6%；选择"没有联系实际，很空洞"的比例依次升高，分别为 30.8%、32.8%和 37.3%；选择"教学案例过于陈旧"的比例依次升高，分别为 33.1%、35.6%和 37.2%；选择"理论深度不足，不解渴"的比例也依次升高，分别为 26.5%、27.6%和 27.9%。比较而言，硕士生中选择"授课内容枯燥乏味""语言不够通俗，很难懂"的比例相对高于本科生和博士生。分析结果显示，本科生、硕士生、博士生中选择“授课内容枯燥乏味”的比例依次是 48.1%、48.7%、45.5%，选择“语言不够通俗，很难懂”的比例依次是 28.1%、28.4%、28.0%。

就学科门类而言，在“理论深度不足，不解渴”和“语言不够通俗，很难懂”方面，理工农医类大学生中有此看法的比例最高，分别为 27.3%和 29.7%；其次是社会科学类大学生，比例分别为 26.7%和 27.3%；再次是人文科学类大学生，比例分别为 25.9%和 25.9%。而在“与高中政治内容重复，缺乏新意”方面，人文科学类大学生中有此看法的比例最高，为 40.6%，其次是社会科学类大学生，比例为 33.3%，再次是理工农医类大学生，比例为 28.0%。在“授课内容枯燥乏味”方面，人文科学类大学生、社会科学类大学生和理工农医类大学生中有此看法的比例依次为 49.5%、49.1%、47.1%。在“教学案例过于陈旧”方面，人文科学类大学生、社会科学类大学生和理工农医类大学生中有此看法的比例依次为 35.4%、33.3%、33.5%。

就政治面貌而言，党员大学生、共青团员大学生和群众大学生中选择“教学案例过于陈旧”的比例依次为 36.9%、33.0%和 32.0%，选择“授课内容枯燥乏味”的比例依次为 49.7%、48.3%和 43.6%，选择“理论深度不足，不解渴”的比例依次为 28.2%、26.3%和 26.5%，选择“语言不够通俗，很难懂”的比例依次为 30.5%、27.5%和 26.8%，选择“没有联系实际，很空洞”的比例依次为 34.1%、31.2%和 27.7%。

就学校所属区域而言，大学生中认为“授课内容枯燥乏味”的比例按其所属区域由高到低排列依次是西南地区(51.4%)、华南地区(49.5%)、华东地区(48.9%)、华中地区(48.5%)、西北地区(47.5%)、华北地区(45.3%)、东北地区(42.7%)。大学生中认为“理论深度不足，不解渴”的比例按其所属区域由高到低排列依次是西南地区(29.0%)、华东地区(27.5%)、华中地区(27.0%)、华南地区(26.2%)、华北地区(25.3%)、东北地区(24.7%)、西北地区(24.3%)。大学生中认为“教学案例过于陈旧”的比例按其所属区域由高到低排列依次是西南地区(36.7%)、华东地区(34.4%)、华中地区(34.4%)、华南地区(33.9%)、华北地区(32.2%)、西北地区(31.2%)、东北地区(29.8%)。大学生中认为“与高中政治内容重复，缺乏新意”的比例由高到低排列依次是西北地区(33.6%)、东北地区(33.4%)、华中地区(33.1%)、华东地区(32.6%)、西南地区(32.2%)、华南地区(31.7%)、华北地区(30.0%)。

2. 不同群体大学生对思政课教学方法存在问题的看法

就年龄而言，20 岁及以下、21~24 岁和 25 岁及以上三个年龄段的大学生中，选择“不注重课堂互动”和“缺乏实践教学”的比例分别为 27.0%、36.3%、38.3%和 40.1%、42.1%、42.5%。认为“教学形式单一”的 20 岁及以下大学生比例(42.7%)和 21~24 岁大学生比例(42.7%)高于 25 岁及以上大学生比例(39.2%)。比较而言，21~24 岁大学生中认为“不善于运用新媒体”“理论说教过多”的比例相对高于 20 岁及以下和 25 岁及以上大学生。分析结果显示，20 岁及以下、21~24 岁和 25 岁及以上三个年龄段的大学生中选择“不善于运用新媒体”的比例依次是 19.3%、21.4%、19.5%；选择“理论说教过多”的比例依次是 51.0%、52.5%、45.9%。

就学历层次而言，本科生中选择“不注重课堂互动”的比例(30.5%)低于硕士生

(37.7%)和博士生(37.5%)；本科生中选择“理论说教过多”的比例(52.2%)高于硕士生(48.9%)和博士生(47.5%)；本科生中选择“教学形式单一”的比例(43.1%)高于硕士生(40.3%)和博士生(40.7%)。硕士生中选择“缺乏实践教学”的比例(42.8%)高于本科生(40.8%)和博士生(40.7%)。另外，本科生和硕士生中选择“不善于运用新媒体”的比例均为20.4%，博士生中有此选择的比例为17.9%。

就学科门类而言，社会科学类大学生中选择“不注重课堂互动”和“缺乏实践教学”的比例(34.1%、43.2%)高于人文科学类大学生(32.5%、40.7%)和理工农医类大学生(31.7%、40.7%)。人文科学类大学生、社会科学类大学生、理工农医类大学生中选择“教学形式单一”的比例依次降低，分别为46.2%、43.0%、40.2%。人文科学类大学生、社会科学类大学生、理工农医类大学生中选择“理论说教过多”的比例也依次降低，分别为54.4%、51.0%、50.1%。

就政治面貌而言，党员大学生中选择“不注重课堂互动”“缺乏实践教学”的比例(39.0%、43.1%)均高于共青团员大学生(30.7%、40.8%)和群众大学生(26.9%、39.3%)。共青团员大学生中选择“理论说教过多”“教学形式单一”的比例(52.0%、42.8%)均高于党员大学生(50.9%、42.4%)和群众大学生(48.0%、39.9%)。

就学校所属区域而言，大学生中选择“不注重课堂互动”的比例按其所属区域由高到低排列依次是西北地区(36.2%)、西南地区(36.0%)、华南地区(33.3%)、华中地区(32.7%)、华东地区(31.7%)、东北地区(30.4%)、华北地区(29.0%)。大学生中选择“缺乏实践教学”的比例按其所属区域由高到低排列依次是华中地区(43.0%)、华南地区(42.6%)、西南地区(42.2%)、华东地区(40.8%)、西北地区(40.7%)、华北地区(40.1%)、东北地区(37.6%)。大学生中选择“不善于运用新媒体”的比例按其所属区域由高到低排列依次是西南地区(22.8%)、华南地区(20.9%)、华中地区(20.5%)、华北地区(19.7%)、华东地区(19.5%)、西北地区(18.5%)、东北地区(18.1%)。大学生中选择“理论说教过多”的比例由高到排列低依次是华东地区(53.5%)、华南地区(53.2%)、西北地区(52.4%)、华中地区(51.6%)、西南地区(51.4%)、华北地区(47.8%)、东北地区(47.7%)。大学生中选择“教学形式单一”的比例由高到低排列依次是华南地区(44.1%)、西南地区(43.7%)、华中地区(43.2%)、华东地区(43.1%)、西北地区(42.8%)、华北地区(39.6%)、东北地区(38.6%)。

3. 不同群体大学生对思政课师资水平存在问题的看法

就年龄而言，20岁及以下、21~24岁和25岁及以上三个年龄段的大学生中，认为教师“知识储备不足”的比例依次为11.3%、16.0%、18.4%；认为教师“对学生关爱不够”的比例依次为22.9%、26.9%、27.2%；认为教师“缺乏创新能力”的比例依次为61.8%、63.3%、59.5%；认为“个别教师师德失范”的比例依次为6.7%、7.9%、6.6%；认为“个别教师立场不坚定”的比例依次为6.4%、7.1%、7.4%；认为教师“缺乏国际视野”的比例依次为25.0%、24.8%、28.8%。

就学历层次而言，博士生中选择“知识储备不足”“个别教师立场不坚定”和“缺乏国际视野”的比例(19.4%、8.0%、29.4%)高于本科生(13.2%、6.8%、24.8%)和硕士生(16.4%、6.9%、25.8%)。硕士生中选择“对学生关爱不够”的比例(27.1%)高于本科生(24.5%)和博士生(26.7%)。本科生中选择“缺乏创新能力”和“个别教师师德失范”的比例(62.6%、7.5%)高于硕士生(62.3%、6.3%)和博士生(57.9%、6.7%)。

就学科门类而言,人文科学类大学生、社会科学类大学生和理工农医类大学生中,认为教师“对学生关爱不够”的比例分别为23.6%、24.6%和26.2%,认为教师“缺乏创新能力”的比例分别为65.5%、64.4%和59.9%,认为教师“缺乏国际视野”的比例分别为25.9%、25.7%和24.8%,认为教师“知识储备不足”的比例分别为13.6%、14.2%和14.4%。

就政治面貌而言,党员大学生、共青团员大学生、群众大学生中,认为教师“知识储备不足”的比例分别为16.6%、13.2%、14.1%,认为教师对“学生关爱不够”的比例分别为27.3%、24.7%、23.1%,认为教师“缺乏创新能力”的比例分别为64.6%、62.3%、57.0%,认为教师“缺乏国际视野”的比例分别为24.6%、25.2%、27.4%,认为“个别教师立场不坚定”的比例分别为6.9%、6.8%、7.2%,认为“个别教师师德失范”的比例分别为6.9%、7.3%、7.4%。

就学校所属区域而言,大学生中选择“知识储备不足”的比例按其所属区域由高到低排列依次是西南地区(16.8%)、华东地区(15.1%)、西北地区(13.8%)、华北地区(13.5%)、华南地区(13.1%)、华中地区(12.7%)、东北地区(12.5%)。大学生中选择“对学生关爱不够”的比例按其所属区域由高到低排列依次是西南地区(27.8%)、华中地区(26.3%)、华东地区(24.8%)、华南地区(24.6%)、东北地区(23.8%)、华北地区(23.5%)、西北地区(21.9%)。大学生中选择“缺乏创新能力”的比例按其所属区域由高到低排列依次是西北地区(65.8%)、华南地区(63.8%)、华中地区(63.0%)、华东地区(62.7%)、西南地区(62.1%)、东北地区(61.2%)、华北地区(59.8%)。大学生中选择“个别教师师德失范”的比例按其所属区域由高到低排列依次是西南地区(9.1%)、华中地区(7.2%)、华东地区(7.0%)、华南地区(7.0%)、东北地区(6.6%)、华北地区(6.2%)、西北地区(5.9%)。大学生中选择“个别教师立场不坚定”的比例按其所属区域由高到低排列依次是西南地区(9.3%)、华南地区(6.9%)、华东地区(6.8%)、华中地区(6.3%)、华北地区(6.0%)、西北地区(5.9%)、东北地区(5.3%)。大学生中选择教师“缺乏国际视野”的比例按其所属区域由高到低排列依次是西北地区(29.5%)、华北地区(27.3%)、华东地区(25.7%)、东北地区(24.9%)、华南地区(24.8%)、华中地区(24.1%)、西南地区(24.0%)。

七、本章小结

此次调研详细梳理了大学生学习思政课的实际状态与收获,较深入地分析了不同群体大学生对思政课及其建设状况的整体评价和具体意见,发现了一些值得关注的问题,并提出了相关对策与建议,以期为进一步深化高校思政课改革与创新,推动高校思政课建设内涵式发展提供有益参考。

（一）总体情况

1. 大学生普遍认同思政课“立德树人”的重要意义，对“关键课程”的定位有较为清晰的认识

准确认识和把握思政课的功能、性质、教育形式以及涉及的问题域是将思政课内容内化于心、外化于行的前提。调查显示，大多数大学生能够准确把握思政课的课程定位，有87.1%的大学生对“思政课是立德树人的关键课程”表示“认同”，其中，表示“非常认同”的大学生占56.5%，表示“比较认同”的大学生占30.6%。具体来看，在年龄上，20岁及以下的大学生、21~24岁的大学生、25岁及以上的大学生对思政课的认同度分别为88.0%、86.3%、86.8%；在学历层次上，本科生、硕士生、博士生对思政课的认同度分别为87.2%、87.4%、83.1%；在年级上，一年级，二年级，三年级，四、五年级大学生对思政课的认同度分别为89.1%、85.8%、85.8%和85.9%；在学科门类上，人文科学类大学生、社会科学类大学生、理工农医类大学生对思政课的认同度分别为86.0%、88.1%、87.2%；在学校所属区域上，华东地区、华南地区、华中地区、华北地区、西北地区、西南地区、东北地区高校大学生对思政课的认同度分别为84.6%、88.2%、87.3%、88.7%、89.3%、86.1%和89.9%。调查数据显示，不同类别的大学生群体对“思政课是立德树人的关键课程”的认同度均在80%以上。

2. 多数大学生在思政课上均有明显获得感，思政课教学目标在很大程度上得以实现

多数大学生在思政课上均有不同程度、不同方面的获得感。多重响应分析结果显示，认为思政课学习“提高了思想认识”的大学生占受访大学生的80.4%，认为思政课学习“夯实了理论基础”的大学生占受访大学生的69.2%，认为思政课学习“坚定了理想信念”的大学生占受访大学生的68.2%，认为思政课学习“提高了道德修养”的大学生占受访大学生的66.3%，认为思政课学习“塑造了健康心态”的大学生占受访大学生的60.6%，认为思政课学习“树立了正确价值观”的大学生占受访大学生的67.4%。从不同大学生群体来看，本科生在思政课上的获得感相对强于硕士生，一、二年级大学生在思政课上的获得感相对强于三年级，四、五年级大学生，人文科学类大学生和社会科学类大学生在思政课上的获得感相对强于理工农医类大学生。

3. 大学生对思政课建设的分项评价较高

大学生对思政课分项建设的肯定性评价和满意度较高，且在去年的基础上均有所提升。调查显示，受访大学生对思政课师资水平、教学内容、教学方法和教学设计持肯定性评价（含“非常满意”“比较满意”“一般”）的比例分别为97.6%、97.3%、96.8%、96.7%（2021年分别为93.5%、93.0%、92.4%、92.3%），对思政课师资水平、教学内容、教学方法和教学设计表示“满意”的比例分别为83.8%、81.9%、79.4%、79.5%（2021年分别为75.4%、72.6%、70.0%、72.1%）。具体而言，在思政课师资水平方面，83.8%的大学生表示“满意”，13.9%的大学生评价“一般”，仅有2.3%的大学生表

示“不满意”①。在思政课教学内容方面，81.9%的大学生表示“满意”，15.4%的大学生评价“一般”，仅有2.7%的大学生表示“不满意”。在思政课教学方法方面，表示“满意”的大学生比例为79.4%，评价“一般”的大学生比例为17.4%，表示“不满意”的大学生比例为3.2%。在思政课教学设计方面，表示“满意”的大学生比例为79.5%，评价“一般”的大学生比例为17.2%，表示“不满意”的大学生比例为3.3%。

4. 大学生对六门思政课均给予了较高评价

调查发现，大学生给六门思政课的评分均值都在4分以上(满分为5分)。具体而言，大学生给“中国近现代史纲要”课的评分为4.21分，给“毛泽东思想和中国特色社会主义理论体系概论”课的评分为4.19分，给“马克思主义基本原理”课的评分为4.19分，给“习近平新时代中国特色社会主义思想概论”课的评分为4.19分，给“思想道德与法治”课的评分为4.18分，给“形势与政策”课的评分为4.16；而给六门思政课程的评分均值为4.19分。

5. 大学生对思政课的理论需求、情感需求、实践需求在不断增强

思政课建设不仅深化大学生对思政课定位的认识，凸显思政课在全员全过程全方位育人过程中课堂教学的主渠道作用，同时进一步激发大学生对思政课的理论需求、情感需求、实践需求。在教学内容方面，认为思政课“理论深度不足，不解渴”的大学生占26.8%(2021年为25.3%)，认为“授课内容枯燥乏味”的大学生占48.2%(2021年为47.9%)，认为“教学案例过于陈旧”的大学生占33.9%(2021年为28.4%)，认为“与高中政治内容重复，缺乏新意”的大学生占32.2%(2021年为29.0%)，认为“没有联系实际，很空洞”的大学生占31.5%(2021年为27.0%)，认为“语言不够通俗，很难懂”的大学生占28.2%(2021年为27.4%)。

在教学方法方面，51.2%的大学生选择“理论说教过多”(2021年为48.5%)，42.4%的大学生认为“教学形式单一”(2021年为41.5%)，41.3%的大学生认为“缺乏实践教学”(2021年为40.0%)，32.4%的大学生认为“不注重课堂互动”(2021年为29.7%)，20.3%的大学生认为“不善于运用新媒体”(2021年为20.9%)。

在师资水平方面，认为思政课教师“缺乏创新能力”的大学生占62.3%(2021年为61.9%)，认为思政课教师“对学生关爱不够”的大学生占25.2%(2021年为26.4%)，认为思政课教师“缺乏国际视野”的大学生占25.3%(2021年为24.8%)，认为思政课教师“知识储备不足”的大学生占14.2%(2021年为12.1%)，认为“个别教师师德失范”的大学生占7.2%(2021年为6.3%)，认为“个别教师立场不坚定”的大学生占6.9%(2021年为6.2%)。

(二)值得关注的问题

在大学生学习思政课的态度、教学内容、教学方法、教学设计、教师能力等方面，此次调查也发现一些问题，值得我们进一步关注。

① 含“不太满意”和“很不满意”，下同。

1. 大学生学习思政课的状态还有进一步提升的空间

调查发现，虽然多数大学生对思政课定位有较为清晰的认识，但有部分大学生对思政课体认不深，将思政课学习摆在相对次要的位置。这部分大学生在思政课课堂上的表现并不尽如人意。总体上看，大学生学习思政课的状态和态度都还有进一步提升的空间。数据显示，认为“大部分同学认真听讲”的大学生只占 32. 9%，认为“半数同学抬头听课”的大学生只占 31. 2%，认为“大部分同学埋头做自己的事”的大学生占 35. 9%。究其原因，一是有 67. 3%的受访大学生认为思政课“理论内容枯燥乏味”，有 30. 3%的受访大学生认为“思政课用处不大”；二是有 27. 1%的受访大学生表示思政课“只需考前突击背诵”，有 31. 1%的受访大学生认为思政课“课堂氛围松散，没有压力”，有 45. 1%的受访大学生认为“其他课程(高数、专业课)学习压力更大”；三是有 17. 6%的受访大学生是由于“老师授课一般”而处于消极的学习状态。

2. 教学内容供给与大学生需求之间存在一定矛盾

思政课的教学内容是教育者向大学生传递的思想理论、价值观念、政治要求、道德规范等。数据显示，48. 2%的大学生认为“授课内容枯燥乏味”，33. 9%的大学生认为“教学案例过于陈旧”，32. 2%的大学生认为教学内容“与高中政治内容重复、缺乏新意”，31. 5%的大学生认为授课内容“没有联系实际，很空洞”，还有 28. 2%的大学生认为“语言不够通俗，很难懂”，26. 8%的大学生认为教学内容的“理论深度不够，不解渴”。其中，“授课内容枯燥乏味”也是不同类型大学生反映频次最高的共性问题。此外，不同学科门类的大学生对授课内容有不同的要求。比如，有 40. 6%的人文科学类大学生和 33. 3%的社会科学类大学生认为教学内容存在“与高中政治内容重复，缺乏新意”的问题，而持同样观点的理工农医类大学生占 28. 0%。另外，人文科学类、社会科学类和理工农医类大学生中，认为“教学案例过于陈旧”的比例分别为 35. 4%、33. 3%和 33. 5%。

3. 教学方法和教学设计是思政课建设相对薄弱的环节

教学方法、教学设计是教学过程的重要组成部分，也是联系教师和大学生的重要桥梁。教学方法、教学设计是否得当直接关系到教学内容能否被教育对象更加有效接受，进而关系到教学目标能否顺利实现，能否取得应有的教学效果。调查发现，在思政课建设各项指标的满意度中，相较于教学内容(81. 9%)和师资水平(83. 8%)，大学生对教学方法(79. 4%)和教学设计(79. 5%)的满意度偏低。在教学实践过程中，如何设计、选择最优的方式来“讲理”，也是困扰思政课教师的突出问题。调查发现，当前大学生对教学方法反映较多的问题有：51. 2%的大学生认为“理论说教过多”，42. 4%的大学生认为“教学形式单一”，41. 3%的大学生表示“缺乏实践教学”，32. 4%的大学生认为“不注重课堂互动”，20. 3%的大学生认为“不善于运用新媒体”。

4. 缺乏创新能力是制约教师发展的主要因素

“办好思想政治理论课关键在教师。”①师资水平是思想政治理论课建设中的核心要

① 习近平. 思政课是落实立德树人根本任务的关键课程[M]. 北京：人民出版社，2020：25.

素。调查显示，在大学生关于思政课师资水平存在问题的看法中，62.3%的大学生认为思政课教师“缺乏创新能力”，25.2%的大学生认为思政课教师“对学生关爱不够”，25.3%的大学生认为思政课教师“缺乏国际视野”，14.2%的大学生认为思政课教师“知识储备不足”，7.2%的大学生选择“个别教师师德失范”，6.9%的大学生认为“个别教师立场不坚定”。进一步分析发现，分别有62.6%本科生、62.3%硕士生、57.9%博士生和65.5%人文科学类大学生、64.4%社会科学类大学生、59.9%理工农医类的大学生认为“缺乏创新能力”是思政课教师存在的首要问题。

（三）对策与建议

基于上述现象和问题，我们尝试提出以下对策与建议，供参考和讨论。

1. 强化问题意识，突出目标导向

鲜明的问题意识和目标导向是中国共产党思想政治教育工作的优秀传统和显著特征。习近平总书记强调“学生的疑惑就是思政课要讲清楚的重点”，要“坚持问题导向和目标导向相结合，坚持守正和创新相统一，推动思政课建设内涵式发展”①。从一定意义上讲，真正的学习是从问题开始的，问题是思政课教学的逻辑起点。同时，问题也是深化思政课教学的重要推动力，思政课教学本身就是一个不断提出问题、分析问题、解决问题，帮助大学生厘清思想误区、不断深化认识的过程。当代大学生正处在“两个大局”的时代背景下，各种思想相互交织，多元价值相互碰撞，思想困惑与矛盾相互叠加、层出不穷。一系列思想和现实问题亟待思政课作出科学阐释和深刻回答。这就要求思政课教师既要围绕教学目标找准重大理论和现实问题，将问题意识贯穿思政课教学全过程，同时，还要着力构建这些问题与学生思想实际的关联，通过恰当的教学方法，实现思政课教学从教师教的问题意识向学生学的问题意识转化。“以‘答问’启‘发问’、引‘求解’向‘自解’”②，帮助学生厘清“思政课用处不大”“理论内容枯燥无味”“授课内容与自己无关”等认识误区。

2. 深耕教学内容，强化教学设计

提高思政课教学质量必须要解决好教学内容和教学设计及其之间的关系。思政课教师首先自己要吃透“教什么”。教材是教学内容的基础和来源，是教学实践活动的蓝本，是落实“立德树人”根本任务的重要载体。近年来，国家教育主管部门组织高校思想政治理论课教学指导委员会专家，编写了大学生思政课权威教材、专题教学指南、教材辅导用书和配套课件，并组织专家对每一次教材修订进行了详细解读。这些工作为思政课教师准确把握教材主线、精神实质、内在逻辑以及在教材使用等方面提供了具体、明确的指导。在此基础上，思政课教师还应就教学重难点问题、大学生关切的重大现实问题开展深入的理论研究，才能“以透彻的学理分析回应学生，以彻底的思想理论说服学

---

① 习近平. 思政课是落实立德树人根本任务的关键课程[M]. 北京：人民出版社，2020：15，27.

② 沈壮海. 学习习近平总书记关于思想政治理论课建设的重要论述[J]. 马克思主义研究，2022(6).

生，用真理的强大力量引导学生"①，才能真正实现从教材体系向教学体系，进而向大学生的认知体系、信仰体系的转化，充分彰显思政课的魅力。其次，思政课教师还要在"怎么教"上下功夫。这需要思政课教师根据特定的教育目标、结合大学生成长规律精心设计教学环节、选择恰当的教学方法，运用合适的教学手段，同时需要随着实践活动的开展不断对教育内容进行优化和整合，把抽象寓于具象之中，把枯燥寓于鲜活之中，把趣味和知识、现实与理论有机结合起来，让大学生对思政课"真心喜爱""回味无穷"。

3. 深化方法研究，借力数字技术

在教育主管部门各项政策措施的推动下，高校在思政课教学方法创新方面积极地探索，持续推进。面对当前大学生反映较为突出的"理论说教过多""教学形式单一""不注重课堂互动""不善于运用新媒体"等问题，一方面，教育主管部门要继续加大支持力度，以思政课建设项目的设立促进教学方法的创新，鼓励各高校及时、全面梳理和研究思政课建设取得的成功经验和规律性认识，为进一步丰富和完善思政课教学方法提供了重要借鉴。同时，高校要注重引导思政课教师对问题式、研究式、灌输式、启发式、参与式、网络式、专题式、情景式、案例式、提案式、菜单式、分众式等多种教学方法的深入理解和灵活运用，引导思政课教师对以往改革实践中所积累的有效方法进行优化和整合，从中提炼出有利于增强思想性、理论性和亲和力、针对性的教学理念，以作为今后深化思政课教学方法创新的引领。另一方面，在全媒体时代，思政课教学需要主动顺应、自觉融入媒体化、数字化发展趋势，教育部门要引导思政课教师关注数字技术应用于教学，积极搭建符合思政课教育教学规律、符合大学生接受规律的思政课数字平台，引导思政课教师充分利用诸如网络课堂、网络教学平台、社交软件、多媒体技术、虚拟现实、人工智能等现代信息技术开展教学活动和学习评价，让数字媒体技术为思政课赋能，让学生对思政课的教学内容有更加丰富、深刻的体验，让思政课教学不再局限于课堂，而是延伸到大学生学习生活的每个角落。

4. 打造教师队伍，培养创新能力

党中央高度重视思政课教师队伍建设，习近平总书记在学校思想政治理论课教师座谈会上明确提出："要配齐建强思政课专职教师队伍，建设专职为主、专兼结合、数量充足、素质优良的思政课教师队伍。"②并对思政课教师寄予"政治强""情怀深""思维新""视野广""自律严""人格正"的六点希望。为此，教育部门和学校要创新工作机制，加大思政课教师培养和激励工作力度，把各项政策保障落实到教育、学术、人才评价机制上，提高思政课教师这个岗位的吸引力。要着力改革思政课教师评价机制，提高评价中的教学和教学研究占比，引导思政课教师把主要精力放在教书育人上。面对此次调查中大学生反映的思政课老师"缺乏创新能力"的问题，思政课教师在教学实践中应积极培养创新思维，主动识变，积极应变，敢于突破常规意识的局限，"因事而化、因时而

① 习近平. 思政课是落实立德树人根本任务的关键课程[M]. 北京：人民出版社，2020：18.

② 习近平. 思政课是落实立德树人根本任务的关键课程[M]. 北京：人民出版社，2020：25.

进、因势而新”，以一种新颖独特的方式创新教学思路、教学内容、教学方法和教学手段。为此，思政课教师应科学把握思政课创新的重点，紧扣培养社会主义建设者和接班人这个根本使命，不断增强思政课教学的问题意识，通过提出问题、分析问题、追问问题、探究问题、求解问题、启发问题来推动思政课的教学创新和理论创新。

第八章 日常思想政治教育

高校思想政治工作关系着高校培养什么样的人、如何培养人以及为谁培养人的根本问题，思想政治理论课与日常思想政治教育作为高校思想政治工作的主渠道与主阵地，发挥着协同育人的重要作用，决定了高校立德树人的质与效。加强和改进新时代高校思想政治工作，既要高度重视思想政治理论课教学的成效提升，也必须充分发挥日常思想政治教育的育人功能，加强学校党团组织建设、校园文化建设、网络思想政治教育、心理健康教育、就业指导与规划、日常事务管理与服务，帮助学生解决思想问题与实际问题。本章聚焦上述日常思想政治教育的全过程与全方位，分析学生对不同主体开展协同育人工作的评价，力求为日常思想政治教育破解旧难题、应对新变化提供数据支撑与路径参考。

一、党团组织建设

党的基层组织是党的肌体的“神经末梢”，共青团是党的助手和后备军，在学校发挥思想政治引领主力军作用，始终肩负着教育青年、引领青年、关心青年、服务青年的重要责任，党团组织建设直接关系着时代新人的培育与锻造。课题组通过大学生对高校党组织建设和团组织建设的满意度评价，考察当前基层党团组织的功能发挥和建设成效。

（一）对基层党组织建设的满意度评价

习近平总书记在全国高校思想政治工作会议上强调：“办好我国高等教育，必须坚持党的领导，牢牢掌握党对高校工作的领导权，使高校成为坚持党的领导的坚强阵地。”①高校基层党组织是党在高校的“一线指挥部”，强化高校党组织建设是高校保持社会主义办学方向的必然要求，激发基层党组织生机活力，发挥战斗堡垒作用，才能有效地引领学校事业高质量发展。

1. 总体情况

为了解大学生对所在学校基层党组织建设情况的评价，课题组将“非常满意”“比较满意”“一般”“不大满意”“很不满意”分别赋值 5 分、4 分、3 分、2 分、1 分，均值得分越高，说明满意度越高。结果显示，大学生对所在高校基层党组织建设的满意度评价，均值得分为 4.36，介于“非常满意”与“比较满意”之间，说明大学生总体上充分肯

---

① 习近平. 把思想政治工作贯穿教育教学全过程 开创我国高等教育事业发展新局面[N]. 人民日报，2016-12-09.

定高校党建工作，积极评价基层党组织建设情况，具体数据如图 8-1 所示，表示“非常满意”的人数比例为 54.4%，表示“比较满意”的为 30.6%，可见 85.0%的受访者给予了满意性评价，这一数据较 2021 年(79.3%)提升了 5.7 个百分点。相反，不满意学校基层党组织建设工作的比例为 2.1%，较 2021 年(3.8%)下降了 1.7 个百分点。

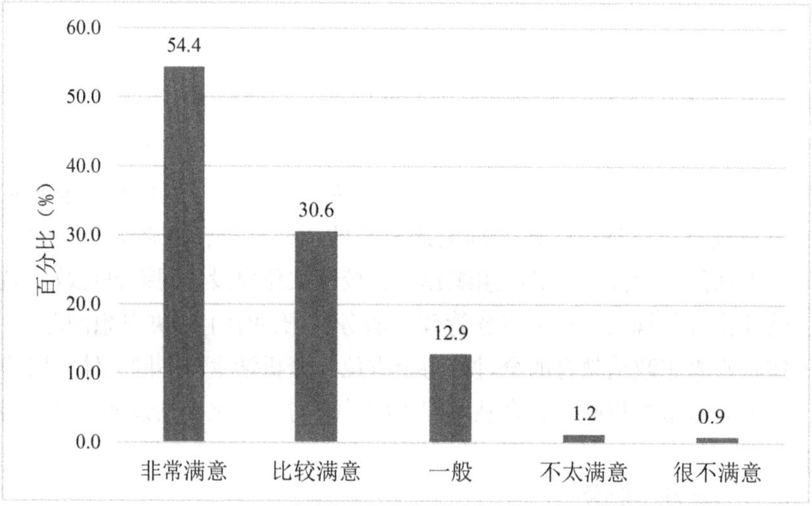

图 8-1　大学生对所在高校基层党组织建设的满意度评价

为进一步了解多年来高校基层党组织建设取得的实际工作成效，课题组对比了往年统计数据，发现高度肯定学校基层党组织建设工作的大学生比例总体呈波动上升趋势，如图 8-2 所示，2018—2021 年学生评价“非常满意”的统计数据分别为 45.2%(2018 年)、46.5%(2019 年)、49.4%(2020 年)、45.7%(2021 年)，2022 年此项数

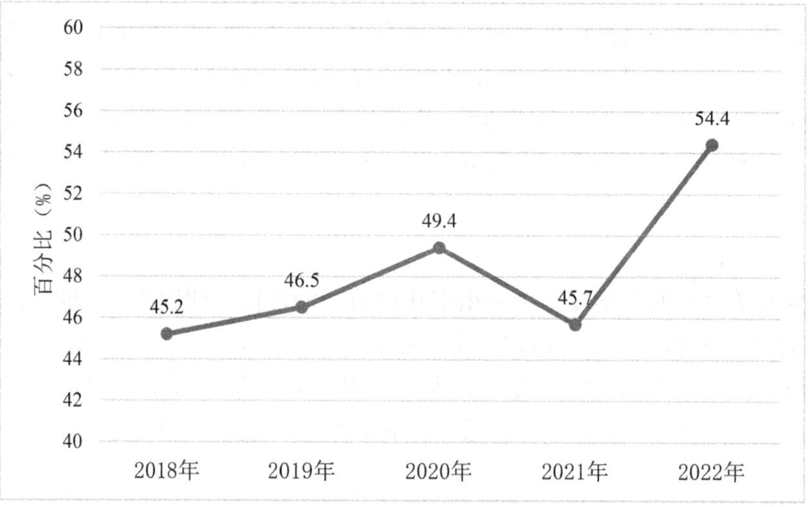

图 8-2　2018—2022 年大学生对所在高校基层党组织建设评价“非常满意”的情况

据出现大幅跃升，整体上相较2018年提升了9.2个百分点。数据充分印证了近年来学校全面加强党的领导和党的建设，不断激发党建引领学校事业发展的动力与活力，基层党组织建设更加规范化、制度化、科学化，有效增强了师生的凝聚力、创造力、战斗力。

2. 不同群体大学生对基层党组织建设满意度的差异

为进一步了解不同群体大学生对基层党组织建设工作的满意度评价，课题组对统计数据进行了交互分析，发现学历层次、政治面貌、学生干部经历、国(境)外学习经历、学校所属区域不同的受访大学生对学校此项工作的满意度有所差异，具体情况如下：

从学历层次来看，不同学历层次的受访大学生对所在学校基层党组织建设的评价不一。如表8-1所示，85.8%的硕士受访者评价“非常满意”和“比较满意”($\chi^2=50.213$, $P<0.001$)；本科生的统计数据次之，84.8%的本科生给予满意性评价。近年来博士研究生的此项统计数据分别为89.0%(2019年)、87.2%(2020年)、79.4%(2021年)、83.4%(2022年)，2022年的满意度虽较2021年有所提升，但整体呈下降趋势，该情况需要高校组织部门和学生工作部门予以重点关注研究，探索如何促进高校各院系博士生党支部建设，规范化、创造性开展博士生党建工作，将强化思想引领与提升专业能力、解决实际困难相结合，充分发挥博士生党员的模范作用。

从政治面貌来看，不同政治面貌的受访大学生群体对学校基层党组织建设的满意度存在显著差异。党员大学生中，88.1%的人积极评价学校此项工作($\chi^2=109.698$, $P<0.001$)；非党员学生群体的满意度为84.0%，较前者低4.1个百分点。由此可见，一方面，当前高校党建工作的高质量发展不断推进“时代新人铸魂工程”；另一方面，大部分党员大学生积极参与基层党组织建设，从中收获个人成长。

表8-1　不同群体大学生对所在高校基层党组织建设满意度的交互分析

		基层党组织建设(%)					卡方检验		
		非常满意	比较满意	一般	不太满意	很不满意	χ^2	df	P
学历层次	本科生	55.0	29.8	13.0	1.3	0.9	50.213	8	<0.001
	硕士生	53.0	32.8	12.4	1.1	0.7			
	博士生	51.3	32.1	13.4	1.5	1.7			
政治面貌	党员	55.4	32.7	10.2	1.1	0.6	109.698	4	<0.001
	非党员	54.1	29.9	13.8	1.3	0.9			
学生干部经历	有	55.4	30.6	12.1	1.1	0.8	142.466	4	<0.001
	无	50.1	30.6	16.3	1.7	1.3			
国(境)外学习经历	有	54.7	28.2	12.9	2.1	2.1	32.285	4	<0.001
	无	54.4	30.7	12.9	1.2	0.8			

续表

		基层党组织建设(%)					卡方检验		
		非常满意	比较满意	一般	不太满意	很不满意	χ^2	df	P
	华东	54.1	31.1	13.0	1.0	0.8			
	华南	50.1	34.9	13.4	1.0	0.6			
	华中	52.2	32.5	13.0	1.4	0.9			
学校所属区域	华北	59.2	27.2	11.4	1.2	1.0	428.755	24	<0.001
	西北	55.1	32.9	10.6	0.4	1.0			
	西南	50.1	31.1	16.0	1.8	1.0			
	东北	65.1	24.0	9.0	1.0	0.9			

从学生干部经历来看，学生干部经历对大学生评价基层党组织建设工作开展情况存在显著影响。曾担任过学生干部的受访大学生中，86.0%的人对所在高校基层党建工作表示满意，其中非常满意的比例达到55.4%（$\chi^2=142.466$，$P<0.001$），而没有学生干部经历的受访大学生的总体满意度刚超过80%，群体间的满意度差异较往年进一步拉大，2019—2022年两者在满意性评价方面的数据差分别为2.9、3.1、5.2、5.3个百分点。

从国(境)外学习经历来看，是否有过相关学习经历对大学生评价基层党组织建设工作存在显著影响。在参加过国(境)外学习交流活动的学生群体中，82.9%的受访大学生满意所在学校基层党组织建设，4.2%的人持不满意评价。而未有相关经历的群体中，上述两项统计的数值分别为85.1%和2.0%，均优于前者的调研结果。求学期间的国(境)外学习经历对大学生成长发展的二重影响急需高校重点关注，如何加强对该群体的凝聚、引领、教育，有效引导他们扣好人生的“扣子”，应是高校学生思想政治工作的一项重要课题。

从学校所属区域来看，不同区域的高校大学生对基层党组织建设工作的评价存在差异。数据显示，近九成东北地区高校大学生满意学校在基层党组织建设方面开展的系列工作，西北(88.0%)、华北(86.4%)地区高校大学生的满意度在全体受访者中也排在前列，其余区域的统计结果由高到低排列分别为华东(85.2%)、华南(85.0%)、华中(84.7%)、西南(81.2%)，而在不满意方面，西南地区高校的统计数据略高于其他区域，表示不大满意或很不满意的人数比例为2.8%（$\chi^2=428.755$，$P<0.001$）。

(二)对团组织建设的满意度评价

共青团是党的助手和后备军，始终承担着组织青年、吸引青年、凝聚青年、培养青年的历史使命，团组织建设“要坚持夯实基层的鲜明导向，不断扩大团组织的覆盖面，提升青年群众工作能力”①。能否有效开展对青年大学生的政治引领，及时回应思想和现实需求，有针对性地开展工作，直接影响大学生对高校共青团工作的满意度，检验着团组织建设的成效。

1. 总体情况

课题组将大学生对本校团组织建设工作的五个评价等级“非常满意”“比较满意”“一般”“不太满意”“很不满意”，分别赋值为 5 分、4 分、3 分、2 分、1 分，通过均值分析可得结果为 4. 35，位于“非常满意”和“比较满意”之间，可见当前大学生群体对学校团组织建设工作总体表示满意。具体统计数据如图 8-3 所示，分别有 54. 2%和 30. 2%的大学生在被问及如何评价所在学校的此项工作时给予了“非常满意”和“比较满意”的意见，意味着 84. 4%的受访大学生满意学校开展的共青团工作，这一比例比 2021 年(78. 9%)高 5. 5 个百分点；而在负向评价方面，仅 2. 5%的受访大学生表示不满意，较 2021 年(4. 2%)有所下降。由此可见，高校积极改革创新共青团工作，以学生为中心设计工作内容和形式，密切联系青年、服务青年，取得了一定的思想政治引领实效，但不可忽视的是，虽然团组织工作收获了青年的进一步认可，但学生满意度不及基层党组织建设。作为党的助手和后备军，高校共青团工作事关共青团履行为党育人政治职责，持续提升团组织“三力一度”建设，才能确保高校团组织为党输送政治骨干和青年人才的质量。

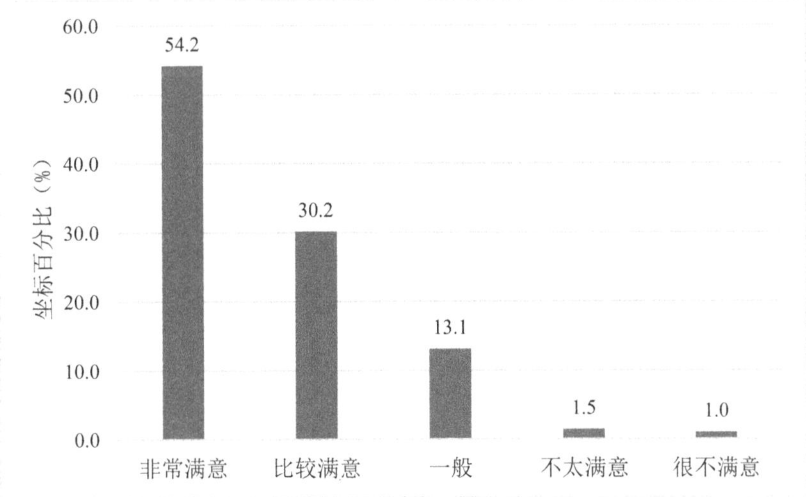

图 8-3　大学生对所在高校团组织建设的满意度评价

2. 不同群体大学生对团组织建设满意度的差异

为进一步了解不同群体大学生对团组织建设工作的满意度评价，课题组对统计数据进行了交互分析，发现学历层次、年级、学生干部经历、学校所属区域不同的受访大学

① 习近平. 切实肩负起新时代新征程党赋予的使命任务 充分激发广大青年在中国式现代化建设中挺膺担当[N]. 人民日报，2023-06-27.

生对学校此项工作的满意度有所差异，具体情况如下：

从学历层次来看，不同学历层次的大学生对学校团组织建设的满意度存在差异。如表 8-2 所示，本科生、硕士生、博士生中给予满意性评价（含“非常满意”和“比较满意”）的人数比例分别为 84.3%、85.1%、82.5%，硕士生中给出不满意评价的人数占比最少，仅为 2.1%（$\chi^2=90.330$，$P<0.001$），可见高校重视推进研究生团建工作，以党建带团建，较好地促进了研究生群体的成长。

从年级来看，不同年级的大学生对学校团组织建设的满意度存在差异，尤其在新生年级和毕业生年级之间体现最为明显。如图 8-4 所示，分别有 59.5%和 28.4%的一年级受访大学生表示“非常满意”和“比较满意”学校团组织建设工作；四、五年级大学生中表示“非常满意”和“比较满意”的占比分别为 48.9%和 31.6%（$\chi^2=369.225$，$P<0.001$），前者总体满意度达到 87.9%，后者为 80.5%，两者相差 7.4 个百分点。而在不满意性评价方面，一年级大学生中表示不满意的人数占比为 1.8%，四、五年级大学生中表示不满意的人数占 3.3%，数据充分说明高校共青团工作在新生和毕业生之间的实际吸引力与影响力存在差异，高校共青团如何全面构建“三全育人”格局，建立起完善的从一年级到高年级、从本科生到研究生的青年培养机制，提升团组织在高年级学生中的引领力与号召力是未来共青团干部应着力思考的课题。

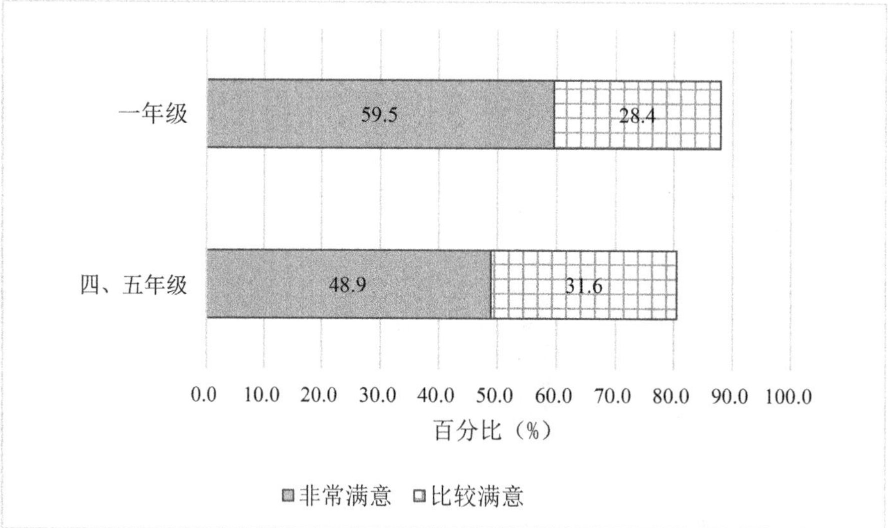

图 8-4 一年级和四、五年级的大学生对所在高校团组织建设评价“满意”的情况

从学生干部经历来看，是否担任过学生干部对受访大学生评价学校团组织建设存在影响。在拥有学生干部经历的大学生中，表示满意学校此项工作的人数占比达到 85.4%（$\chi^2=157.565$，$P<0.001$），其中给予“非常满意”评价的人数占比达到 55.2%，而未曾担任过学生干部的受访者的满意度不足 80%，可见学生干部经历有助于青年大学生亲身参与学校团组织建设工作，提升青年主人翁意识，并从实践锻炼中收获成长，

同时高校共青团应进一步加强对其他青年学生群体的凝聚与关怀。

从学校所属区域来看，不同区域高校大学生对团组织建设工作的评价有所差异。调研显示，在全体受访者中，东北、西北、华北地区高校大学生更为满意所在学校围绕团组织建设开展的系列工作，与往年情况保持一致，满意度分别为89.1%、87.9%、85.2%($\chi^2=419.499$，$P<0.001$)。在不满意评价方面，东北和西北地区占比均未超过2%。

表8-2　不同群体大学生对所在高校团组织建设满意度的交互分析

		团组织建设(%)					卡方检验		
		非常满意	比较满意	一般	不太满意	很不满意	χ^2	df	P
学历层次	本科生	55.2	29.1	13.2	1.5	1.0	90.330	8	<0.001
	硕士生	51.9	33.2	12.8	1.4	0.7			
	博士生	49.4	33.1	13.8	1.8	1.9			
年级	一年级	59.5	28.4	10.3	1.0	0.8	369.225	12	<0.001
	二年级	52.5	30.6	14.1	1.7	1.1			
	三年级	50.6	31.9	14.8	1.6	1.1			
	四、五年级	48.9	31.6	16.2	2.0	1.3			
学生干部经历	有	55.2	30.2	12.3	1.4	0.9	157.565	4	<0.001
	无	49.6	30.2	16.8	1.8	1.6			
学校所属区域	华东	53.6	30.9	13.3	1.3	0.9	419.499	24	<0.001
	华南	49.6	34.7	13.6	1.3	0.8			
	华中	52.3	31.4	13.8	1.6	0.9			
	华北	59.0	26.2	12.2	1.5	1.1			
	西北	55.9	32.0	10.6	0.4	1.1			
	西南	49.8	31.4	15.6	2.0	1.2			
	东北	65.1	24.0	9.0	1.1	0.8			

(三)班级建设

班级作为大学生学习成长的基础空间，具有教育新人、涵育文化、培育风气的重要功能，在日常思想政治教育中的作用越来越凸显。班级建设作为班级导师、辅导员开展思想政治工作的关键抓手，直接影响良好班风学风的塑造培育和大学生自我教育、自我管理、自我服务的能力养成。加强班集体全方位建设，探究落实班级在各项日常思想政治教育开展中的作用发挥，是高校思想政治工作者促进工作提质增效的努力方向。

1. 总体情况

为考察受访大学生对班级建设情况的总体评价，课题组将“非常满意”“比较满意”“一般”“不太满意”“很不满意”五个评价等级分别赋值5分、4分、3分、2分、1分，通过均值分析可得结果为4.33，位于“非常满意”和“比较满意”之间，说明大学生整体上对班级建设情况持肯定态度，认可学校围绕加强班级建设采取的系列举措。具体数据如图8-5所示，83.7%的受访大学生对此项工作表示满意，其中给予“比较满意”评价的人数占比为30.4%，表示“非常满意”的人数比例达到53.3%，较2021年(44.6%)提升8.7个百分点；而不满意班级建设现状的受访大学生占2.7%，较2021年(4.6%)下降了1.9个百分点。综上所述，高校加强班级建设取得成效，收获认可令人欣喜，高校应继续把握班级建设在高校“三全育人”工作中的独特作用，善用巧用班级建设这一渠道推进日常思想政治工作落细落实。

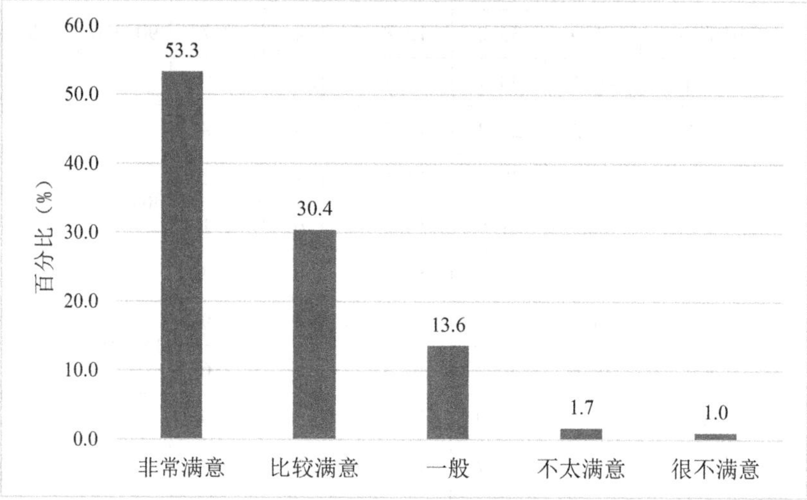

图8-5 大学生对所在高校班级建设的满意度评价

2. 不同群体大学生对班级建设满意度的差异

为进一步研究不同群体大学生对学校班级建设满意度的差异，课题组对统计数据进行了交互分析，发现不同成长背景和教育因素的大学生给予的评价也有所不同。

(1)基于成长背景的分析

统计发现，独生子女大学生与非独生子女大学生对所在高校班级建设的评价不一。如图8-6所示，独生子女大学生总体上更加满意学校开展的班级建设工作，分别有57.0%和28.2%的受访者给予了“非常满意”和“比较满意”的评价，满意度累计达85.2%($\chi^2=167.154$，$P<0.001$)。非独生子女大学生的整体满意度较前者低2.6个百分点，其中非常满意班级建设情况的人数占50.8%，比较满意的占31.8%。统计数据一方面说明非独生子女大学生可能对班级建设具有高期待和高标准，另一方面也要求高校开展班级建设工作应着力于落实对学生实际需求的解决，落细对各类学

生群体的关怀。

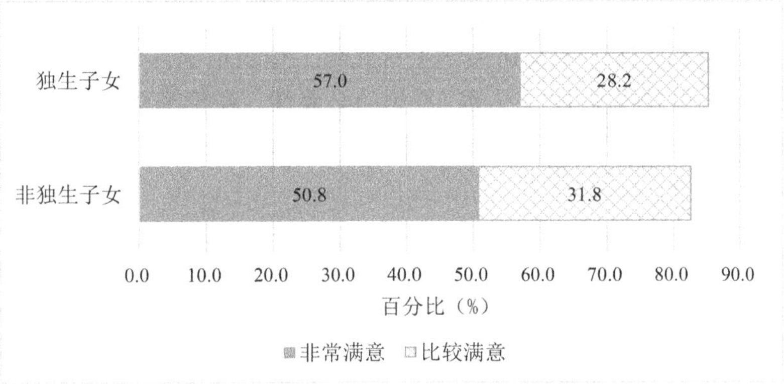

图 8-6 独生子女大学生与非独生子女大学生对所在高校班级建设评价"满意"的情况

(2)基于教育因素的分析

统计分析发现，学历层次、年级、学生干部经历对大学生评价学校班级建设工作存在显著影响，具体差异如下。

从学历层次来看，不同学历层次的大学生对班级建设情况的满意度有所差异。如表 8-3 所示，在所有受访大学生中，本科生、硕士生的评价反馈整体较好，前两者的满意度分别为 83.7%、84.1%($\chi^2=73.587$，$P<0.001$)，明显高于博士研究生的好评度。而在负向评价方面，博士生中表示不满意目前班级建设情况的人数比例为 4.2%，比本科生和硕士生分别高 1.5 和 2 个百分点，可见，博士阶段班级建设仍处于薄弱环节，校院应深入思考把握博士生对建设优良班级怀抱期许的表现，推进博士生们主动参与班级管理与集体事务，积极营造良好的班级氛围。

从年级来看，不同年级的大学生群体对班级建设工作的满意度存在差异，且呈现出随着年级增长满意度整体下降的趋势。在正向评价方面，一年级大学生高度肯定所在学校的班级建设情况，87.1%的受访大学生选择了"非常满意"或"比较满意"选项；而四、五年级受访大学生中的这一比例为 80.5%($\chi^2=373.809$，$P<0.001$)，较前者低 6.6 个百分点；二年级、三年级受访大学生中的这一比例均为 82.0%，也低于一年级 5.1 个百分点。在负向评价方面，选择"不太满意"或"很不满意"的人数比例按年级从低至高排列依次为 1.9%、2.9%、3.1%、3.5%。数据直观呈现出不同年级的班级建设情况在学生群体中的评价差异，突出体现在新生班级和毕业生班级之间，二者间的满意度差异相较 2021 年(5.5 个百分点)进一步加大。当前，学校院系普遍着力于新生班级的建设，易于忽视对高年级班级建设的投入和指导，班级凝聚力、团结力、战斗力下滑现象值得高校着重关注，班级建设作为高校"三全育人"工作开展的重要载体，要充分发挥全过程育人的应有价值。

从学生干部经历来看，是否拥有学生干部经历对受访大学生评价班级建设情况存在显著影响。数据显示，曾担任过学生干部的大学生在被问及如何评价学校开展的班级建设工作时，84.6%的受访大学生给予了满意性评价，其中表示“非常满意”的比例达到54.2%（$\chi^2=118.592$，$P<0.001$）。相反，可能由于对集体事务的疏于了解与班级管理的鲜有参与，未有相关经历的受访大学生对此项工作表示满意的人数占比不及80%，数据侧面反映出充分发挥学生“主人翁”意识的必要性，高校院系应该继续提升学生自我教育、自我服务、自我管理的能力，创造更多的机会和平台，激发大学生们积极投入实践、不断锤炼本领。

表8-3 不同教育因素的大学生对所在高校班级建设满意度的交互分析

		班级建设（%）					卡方检验		
		非常满意	比较满意	一般	不太满意	很不满意	χ^2	df	P
学历层次	本科生	54.2	29.5	13.6	1.7	1.0	73.587	8	<0.001
	硕士生	51.2	32.9	13.7	1.4	0.8			
	博士生	48.9	31.9	15.0	2.4	1.8			
年级	一年级	58.9	28.2	11.0	1.1	0.8	373.809	12	<0.001
	二年级	51.3	30.7	15.1	1.9	1.0			
	三年级	49.6	32.4	14.9	2.0	1.1			
	四、五年级	48.0	32.5	16.0	2.2	1.3			
学生干部经历	有	54.2	30.4	13.0	1.6	0.8	118.592	4	<0.001
	无	49.4	30.3	16.7	2.0	1.6			

二、校园文化活动

校园文化活动是传承和发扬校园文化的主要载体，在凝聚青年、教育青年、塑造青年等方面具有独特价值。作为高校开展日常思想政治工作的有效形式，各类主题向上、内容生动、形式多样、影响深刻的校园文化活动既有声有色地丰富了大学生们的第二课堂学习生活，又潜移默化地引导着青年们扣好人生的第一粒“扣子”。加强校园文化阵地建设，挖掘丰富的思想政治教育资源，以精彩的文化活动吸引人，以优秀的艺术作品感染人，以向上的竞技比赛激励人，以深度的社会实践锻炼人，才能充分发挥日常思想政治教育的强大能量，实现“入脑入心”。

（一）对校风和学风建设的满意度评价

校风是一所学校在长期发展过程中形成的文化氛围和风格气派，塑造着全校师生的价值特质和人文情怀；学风是高校教育教学质量与效果的缩影，是师生教与学互动中形成的习惯。作为校园文化的集中体现，好的校风和学风能够为学生学习成长营造好气候，创造好生态。大学生对校风和学风建设的满意度侧面反映出校园文化建设的整体情况，为开展校园文化活动提供方向指引。

1. 总体情况

总体而言，多数大学生对所在高校校风和学风建设情况表示满意，由图 8-7 可知，54.2%的受访大学生高度肯定学校此项工作，给予“非常满意”评价，32.0%的受访者评价“比较满意”，学生满意度累计达到86.2%，而在此项考察中选择“不太满意”和“很不满意”的人数仅占总人数的 2.0%。为多角度考察当前学校校风和学风建设的实际情况和在大学生群体中的整体评价，课题组将“非常满意”“比较满意”“一般”“不太满意”“很不满意”分别赋值 5 分、4 分、3 分、2 分、1 分，通过均值比较分析可得结果为 4.37，位于“非常满意”与“比较满意”之间，这一统计数据较 2021 年(4.19)有所提升，说明大学生对学校这项工作的意见更趋近于积极评价。

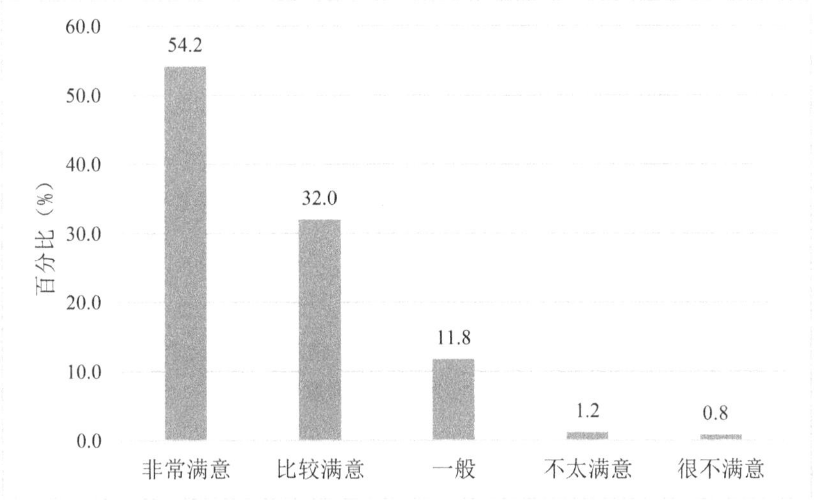

图 8-7　大学生对所在高校校风和学风建设的满意度评价

为进一步分析高校在校风和学风建设上的工作实效，课题组对比了近两年的统计数据，2021 年受访大学生中表示满意的人数比例为 80.1%，2022 年较之提升 6.1 个百分点，尤其是评价“非常满意”的比例从 45.1%大幅增加至 54.2%，不满意校风和学风建设的统计数据也从 4.0%下降为 2.0%。统计结果印证了近年来学校愈加重视校风和学风建设，尤其在课堂教学与网课学习、线下管理与线上教育相结合的混合模式下，高校未忽略抓实抓好相关工作，甚至更加积极主动地营造良好的校园风气，深刻把握校园文化与精神文明的育人价值，开展了一系列卓有成效的建设工作，学生们感同身受并给予充分认可。

2. 不同群体大学生对校风和学风建设满意度的差异

为进一步研究不同群体大学生在校风和学风建设评价上的差异，课题组对统计数据进行了交互分析，发现不同成长背景、教育因素的大学生有着不同评价。

（1）基于成长背景的分析

统计发现，小时候父母是否常年在外务工对受访大学生作出评价存在影响。如图8-8所示，“小时候父母常年在外务工”的受访大学生中，分别有48.6%和34.4%的人对学校校风和学风建设工作评价“非常满意”和“比较满意”，作出满意性评价的比例为83.0%（$\chi^2=185.767$，$P<0.001$）。而成长背景中没有相关经历的大学生对学校此项工作的总体满意度为87.1%，较前者高4.1个百分点，尤其持“非常满意”评价的人数占比为55.9%，持不满意态度的人数占比不及2%。

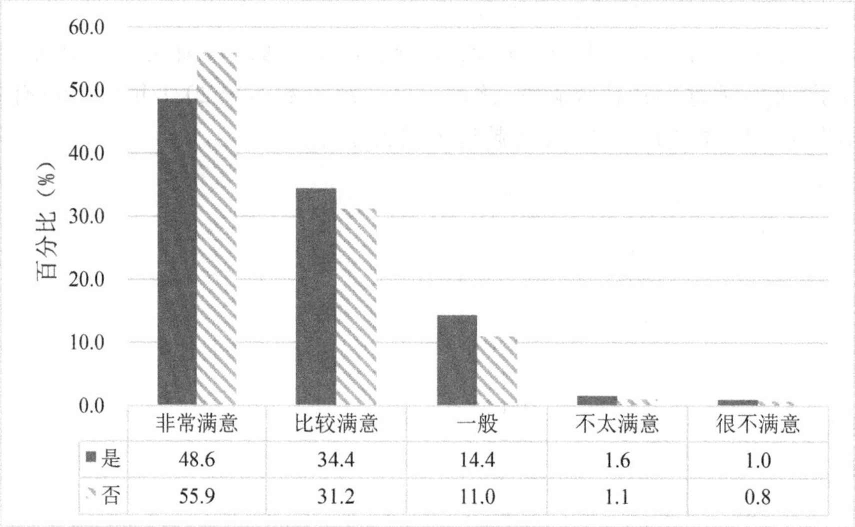

	非常满意	比较满意	一般	不太满意	很不满意
■是	48.6	34.4	14.4	1.6	1.0
否	55.9	31.2	11.0	1.1	0.8

图8-8 “小时候父母是否常年在外务工”情况不同的大学生对所在高校校风和学风建设的满意度评价

（2）基于教育因素的分析

统计分析发现，年级、政治面貌、学生干部经历对大学生评价学校校风和学生建设工作具有显著影响，具体差异如下。

从年级来看，不同年级的大学生对校风和学风建设的评价存在明显差异。数据显示，一年级大学生的满意度最高，接近九成受访大学生表示“非常满意”和“比较满意”，仅1.5%的受访者表示“不太满意”和“很不满意”。由表8-4可知，对学校此项工作的总体满意度随着年级升高逐渐降低，不满意性评价的选择比例却逐渐增加，二年级，三年级，四、五年级的受访大学生中持肯定意见的人数分别占84.9%、83.9%、82.9%（$\chi^2=424.923$，$P<0.001$），新生与毕业生相差6.6个百分点。综上所述，统计数据一方面说明刚步入新学段的大学生们对校园风貌和学习氛围感到舒适，从良好的校风学风环境中汲取成长养分，另一方面也提醒高校校风和学风建设工作是一项常抓不懈的工程，应将全程育人作为评价立德树人工作的重要考量，高年级学生尤其毕业生走出校园时仍称

道校风学风更显育人工作质效。

从学生干部经历来看，是否拥有学生干部经历对大学生评价校风和学风建设工作存在显著影响。统计结果显示，“有学生干部经历”的受访大学生总体上比没有相关经历的大学生更认可学校此项工作的建设情况。前者中持满意评价的人数比例为 87.0%（$\chi^2=133.711$，$P<0.001$），高出后者 4.9 个百分点，而未有学生干部经历的大学生群体中持不满意态度的比例为 2.8%。对于大学生而言，学生干部经历中的很大部分内容就是参与推进校风和学风持续向上向好发展，当自身成长与学校建设同向同行时，学生自然对学校工作给予好评。

表 8-4　不同教育因素的大学生对所在高校校风和学风建设满意度的交互分析

		校风和学风建设(%)					卡方检验		
		非常满意	比较满意	一般	不太满意	很不满意	χ^2	df	P
学历层次	一年级	60.0	29.5	9.0	0.8	0.7	424.923	12	<0.001
	二年级	52.0	32.9	12.8	1.5	0.8			
	三年级	50.2	33.7	13.8	1.3	1.0			
	四、五年级	48.4	34.5	14.5	1.5	1.1			
学生干部经历	有	55.0	32.0	11.1	1.1	0.8	133.711	4	<0.001
	无	50.2	31.9	15.1	1.6	1.2			

（二）对校园文化活动的满意度评价

作为高校“第二课堂”的组成部分，校园文化活动既是为大学生课余文化生活添彩的“调色盘”，又是洋溢着少年青春的“万花筒”。近年来，打造精品文化活动逐渐成为校园精神文明建设的重要举措，校园里涌现出一批符合大学生成长需求和现实意愿的文化活动品牌，活动空间从线下延伸至线上，吸引力、覆盖面、影响度提升，广获师生点赞。

1. 总体情况

课题组将大学生对所在高校开展校园文化活动的五个评价等级“非常满意”“比较满意”“一般”“不太满意”“很不满意”分别赋值 5 分、4 分、3 分、2 分、1 分，通过均值比较分析观察受访大学生的整体满意度，所得统计结果为 4.32，位于“非常满意”和“比较满意”之间，意味着当前校园文化活动开展情况较好，总体令大学生们满意。如图 8-9 所示，83.1%的满意评价数据同样印证这一结论，尤其 52.8%的受访大学生给予高度肯定，非常满意学校举办的各类校园文化活动。相反，持不满意态度的大学生占

3. 2%，其中 1. 1%的大学生认为“很不满意”。另有 13. 7%的大学生评价“一般”。

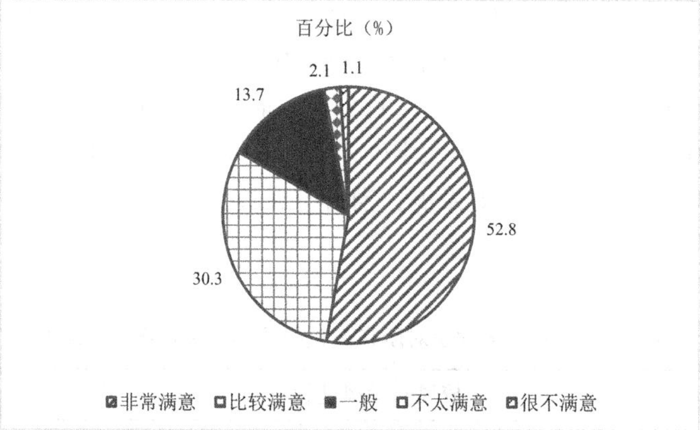

图 8-9　大学生对所在高校开展校园文化活动的满意度评价

为详细考察高校推进此项工作持续发展的情况，课题组回顾了近年来的统计数据，除 2017 年、2021 年大学生满意度略低外，其余年份的评价情况整体较好，2018 年大学生中表示满意的人数占比 87. 9%，达到近年峰值，此后逐年均略有下滑。2022 年大学生对校园文化活动的满意度有所回升，较 2021 年(78. 1%)增长了 5 个百分点。综上所述，高校精心设计的一系列校园文化活动在吸引学生参与、激发学生活力、促进学生成长方面有所成效，如何擦亮文化品牌，明确活动增长点，打造更有意思、更具意义、更显意味的优秀校园活动，进一步持续地收获各类学生群体认可，仍值得高校党团组织和学生工作部门思考研究。

2. 不同群体大学生对校园文化活动满意度的差异

为进一步研究不同群体大学生对校园文化活动开展情况的意见，课题组结合人口学变量对调研数据进行了均值比较分析，将满意度评价的五个等级“非常满意”“比较满意”“一般”“不太满意”“很不满意”分别赋值 5 分、4 分、3 分、2 分、1 分，得分越高说明大学生的满意度越高。经分析发现，成长背景和教育因素不同的大学生对该考察项的评价有所不同。

(1)基于成长背景的分析

统计分析发现，生源地性质、家庭类型、独生子女情况、小时候父母常年在外务工经历对大学生评价校园文化活动存在显著影响，具体如下。

从生源地性质来看，生源地性质为城镇的大学生群体对所在高校校园文化活动的满意度均值得分为 4. 35，生源地性质为农村的受访大学生相应统计结果为 4. 28 ($T=65.299$，$P<0.001$)，可见城镇生源大学生的评价总体上更趋积极，对目前学校开展的一系列文化活动更加满意。

从家庭类型来看，双亲家庭大学生与非双亲家庭大学生在校园文化活动满意度上有所差异。由表 8-5 可知，受访大学生中，双亲家庭大学生评价的均值得分为 4.32（T=17.298，$P<0.001$），非双亲家庭大学生评价的均值得分为 4.26，说明前者较认可所在高校开展的相关工作，整体满意度更高。

从独生子女情况来看，独生子女大学生与非独生子女大学生对学校开展的校园文化活动的评价具有差异。独生子女大学生在被问及如何评价意见时给予了更多肯定，评价的均值得分为 4.37（T=88.964，$P<0.001$）；非独生子女大学生评价的均值得分为 4.28（见表 8-5）。

从小时候父母常年在外务工的经历来看，不同经历的受访大学生持有不同的评价。有此经历的大学生对所在高校校园文化活动满意度的均值得分为 4.23（T=133.357，$P<0.001$），而无此经历的大学生对校园文化活动满意度的均值得分为 4.35，高于前者，意味着这部分受访大学生中更多学生表达了积极意见，因而满意评价趋向更高程度。

综上所述，成长背景中的这四项因素通常是高校思想政治工作者高度关注的内容，一定程度上农村生源、非双亲家庭、非独生子女、小时候父母常年在外务工的大学生是开展日常思想政治教育更应以心动人、以情感人、以爱育人的对象，校园文化活动恰好具备创造平台、引领成长、凝聚力量、激励向上的独特功能，针对群体性特点，提升各类校园文化活动的人文关怀和育人内涵，关照他们阳光健康成长，需要高校思想政治工作者积极作为，将育人工作入细入微。

表 8-5　不同成长背景的大学生对所在高校校园文化活动满意度的均值比较

		均值	标准差	统计量及显著性水平
生源地性质	农村	4.28	0.863	$T=65.299^{***}$
	城镇	4.35	0.862	
家庭类型	双亲家庭	4.32	0.858	$T=17.298^{***}$
	非双亲家庭	4.26	0.908	
独生子女	是	4.37	0.859	$T=88.964^{***}$
	否	4.28	0.865	
小时候父母是否常年在外务工	是	4.23	0.889	$T=133.357^{***}$
	否	4.35	0.853	

注：*** 表示 $P<0.001$。

（2）基于教育因素的分析

从年级来看，不同年级大学生对所在高校校园文化活动的满意度存在显著差异。大学生评价的均值得分按年级从低至高排列依次为：4.42、4.27、4.25、4.23（F=113.865，$P<0.001$），统计结果随年级升高呈下降趋势，且由前述可知，除一年级其余

均低于整体均值(4.32)。为考察每项评价的具体数据，课题组进行了交互分析，结果如图8-10所示，一年级大学生参与校园文化活动热情高、兴趣浓，58.3%的受访大学生给予“非常满意”的高度评价，28.3%的受访大学生表示“比较满意”，总体满意度累计达86.6%($\chi^2=363.202$，$P<0.001$)，而四、五年级大学生的这一数据为60%，较新生年级低6.6个百分点，二年级、三年级的满意度相当，分别为81.4%、81.2%，均低于一年级。由此可见，新生们进入校园展现出了蓬勃向上的朝气与乐于尝试的好奇，从多样的文体艺术活动中寻找到积极的力量，侧面反映出高校重视新生入学教育，倾力推进各式各样的“一年级工作方案”收获良效。但不可忽视的是，校园文化活动对高年级大学生的吸引力、驱动力、引领力是否有限，对他们的实际需求是否有真切关照，还有待思考。

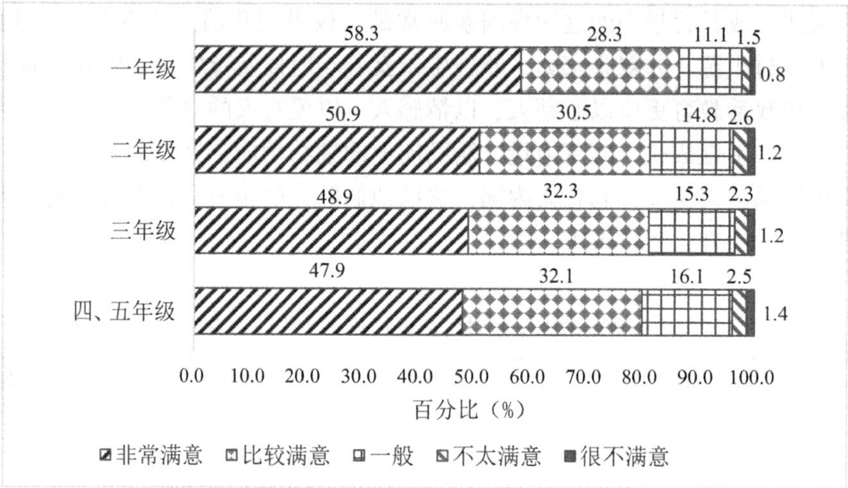

图8-10 不同年级大学生对所在高校开展校园文化活动的满意度评价

(三)对社会实践活动的满意度评价

社会实践是“第一课堂”与“第二课堂”的连接，它将“思政小课堂”与“社会大课堂”结合起来，“不论学习还是工作，都要面向实际、深入实践，实践出真知”①。近年来，高校积极响应“大思政课”建设要求，坚持守正创新，挖掘校内外社会实践资源中的思想政治教育价值，以实践育人为重要抓手推进立德树人工作。当前，越来越多的高校组织学生深入基层、下沉一线、服务社会，向实践学习、向生活学习、向人民学习，汲取养分，淬炼青春。

1. 总体情况

受访大学生对学校开展的社会实践活动的评价分为“非常满意”“比较满意”“一般”

① 习近平. 在北京大学师生座谈会上的讲话[M]. 北京：人民出版社，2018：14.

“不太满意”“很不满意”五个等级，课题组将上述评价等级分别赋值 5 分、4 分、3 分、2 分、1 分，通过均值比较分析得到结果为 4. 32，位于“非常满意”与“比较满意”之间。如图 8-11 所示，共计有 83. 3%的受访者对学校此项工作给予满意评价，这一数据既印证了均值比较结果，又说明大学生总体上较认可学校组织的各类主题实践，积极点赞实践育人工作，从活动中得到锻炼、有所收获。在评价满意的群体中，52. 5%的大学生非常满意学校社会实践活动，高度肯定实践工作开展情况，30. 8%的受访大学生也表达了“比较满意”的意见。而认为当前社会实践活动令人“不太满意”或“很不满意”的人数仅占 2. 5%，评价“一般”的比例为 14. 2%。

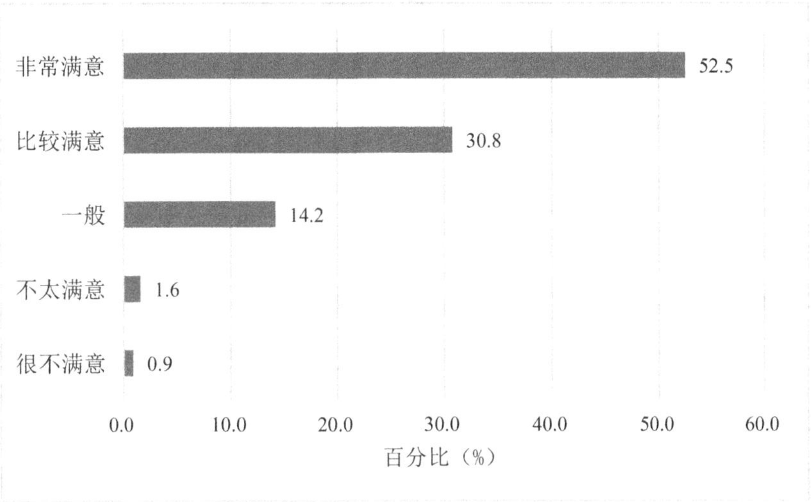

图 8-11　大学生对所在高校社会实践活动的满意度评价

为进一步考察高校社会实践活动开展情况及在大学生群体中的反馈，课题组回顾了 2016—2022 年的调研数据，大学生满意度如图 8-12 所示，2018、2019、2020、2022 年均超过 80%，其中 2018 年总体满意度最高，86. 3%的受访大学生给予了“非常满意”和“比较满意”评价，此后 3 年的此项统计结果分别为 84. 3%（2019 年）、83. 0%（2020 年）、77. 2%（2021 年）。2022 年度大学生好评情况相较 2021 年出现明显回升，总体满意度较 2021 年增长了 6. 1 个百分点。值得注意的是，大学生对学校社会实践活动评价“非常满意”的人数比例基本呈现波动上升趋势，尤其本年度数据首次超过 50%，52. 5%的受访者高度认可学校实践育人工作，相较于 2016 年大幅提升了 28. 5 个百分点。上述积极变化是十分可喜的，一方面有力地说明近年来高校主动作为，加大对实践资源的开发和育人工作的投入，精心设计社会实践方案，引导大学生将专业所学与社会需要紧密结合，深入一线听民声、献才智、解难题，实践育人取得了长足进步；另一方面反映出越来越多青年人涌现在脱贫攻坚战场、乡村振兴舞台、抗疫志愿一线、基层治理前沿，他们在各类实践活动中汲取营养、锤炼本领、修养品格、实现成长，因而主动点赞学校的育人工作。

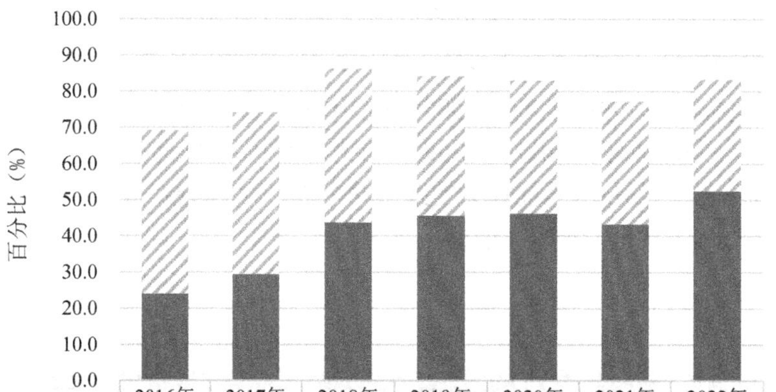

	2016年	2017年	2018年	2019年	2020年	2021年	2022年
比较满意	45.2	44.7	42.6	38.7	36.7	34.0	30.8
非常满意	24.0	29.4	43.7	45.6	46.3	43.2	52.5

图 8-12　2016—2022 年大学生对所在高校社会实践活动评价“非常满意”和“比较满意”的情况

2. 不同群体大学生对社会实践活动满意度的差异

为进一步考察实践育人工作在不同学生群体中的满意度是否存在差异，课题组结合人口学变量对数据进行了均值比较分析，将“非常满意”“比较满意”“一般”“不大满意”“很不满意”五个评价等级分别赋值 5 分、4 分、3 分、2 分、1 分，得分越高说明满意度越高。结果显示，成长背景、教育因素不同的受访大学生对社会实践活动的评价亦有不同。

(1)基于成长背景的分析

统计分析发现，生源地性质、小时候父母常年在外务工经历对大学生评价社会实践活动存在显著影响，具体如下。

从生源地性质来看，城镇生源与农村生源受访大学生对社会实践活动的满意度有所差异，生源地性质为农村的大学生满意度均值得分为 4. 28($T=87.826$，$P<0.001$)，城镇生源学生的统计数据为 4. 36，可见后者的满意度整体更高，应该进一步加强社会实践对学生群体的覆盖与影响辐射，及时跟进学生实践反馈，有针对性地提供高质量的社会实践活动。

从小时候父母常年在外务工的经历来看，是否有此经历对受访大学生评价社会实践活动具有影响。由表 8-6 可知，在受访大学生中，小时候父母常年在外务工的大学生在此项满意度考察上的均值得分为 4. 22($T=183.069$，$P<0.001$)，无此经历的受访大学生的均值得分为 4. 36，高于前者，该群体在评价学校工作时趋向于更加积极的态度，也提示高校学生工作相关部门要加强社会实践活动的育人功能，为更多学生创造良好的实践条件和锻炼平台，促进学生在实践中学习成长，丰富自我。

表 8-6　不同群体大学生对所在高校社会实践活动满意度的均值比较

		均值	标准差	统计量及显著性水平
生源地性质	农村	4.28	0.845	$T=87.826^{***}$
	城镇	4.36	0.837	
小时候父母是否常年在外务工	是	4.22	0.878	$T=183.069^{***}$
	否	4.36	0.827	
年级	一年级	4.42	0.790	$F=110.578^{***}$
	二年级	4.28	0.864	
	三年级	4.26	0.864	
	四、五年级	4.23	0.875	
学生干部经历	有	4.34	0.829	$T=94.878^{***}$
	无	4.24	0.896	

(2)基于教育因素的分析

统计分析发现，年级、学生干部经历对大学生评价社会实践活动存在显著影响，具体如下。

从年级来看，不同年级大学生对社会实践活动的满意度有所不同，随年级升高呈下降趋势(见表 8-6)。一年级受访大学生的满意度均值得分为 4.42($F=110.578$，$P<0.001$)，高于其他年级，二年级、三年级得分为 4.28、4.26，四、五年级的得分最低。由此可见，低年级大学生尤其是新生们参与社会实践普遍热情高涨、兴趣浓厚，乐于开展各类主题实践，这些活动较大程度地帮助一年级大学生尽快适应全新的学习阶段，培养问题意识和创新意识，因而学生满意度整体更高。同时，各高校院系应进一步加强对高年级大学生投身实习实践的有效引导，激励他们将课堂知识与社会实际密切联系，经世致用，在立足祖国广袤大地的实践中夯实专业本领，服务国家社会发展和基层人民群众。

从学生干部经历来看，是否担任过学生干部对受访大学生评价社会实践活动存在显著影响。拥有学生干部经历的大学生总体上更加肯定学校在此项工作上的行动，满意度均值得分为 4.34($T=94.878$，$P<0.001$)，高于无经历的受访大学生的均值得分(4.24)。可见，担任过学生干部的大学生参与社会实践的热情更高，高校应进一步精准谋划和创新设计，从机制上加强对各群体大学生投身实践的引导和激励。

(四)对社团活动的满意度评价

兴趣各异、风格多样、特色鲜明的学生社团是校园文化环境中一道靓丽的风景线，也成为大学生们张扬个性、培养志趣、充盈生活、结交挚友的广阔平台。当前各高校学生社团活跃，组织开展了众多贴近学生生活且广受学生欢迎的社团活动，为“第二课堂”建设注入活力。同时，高校愈加重视社团管理和指导，成立了社团指导中心、社团联合会等部门，加强正向引导，规范主题设置，维护健康发展，高校社团文化正蓬勃发展。

1. 总体情况

统计显示，当课题组将评价社团活动“非常满意”“比较满意”“不大满意”“很不满意”的五个等级分别赋值 5 分、4 分、3 分、2 分、1 分，对调研数据进行均值分析，所得结果为 4. 32，位于“非常满意”和“比较满意”之间，且高于 2021 年的均值分析结果（4. 15）。由图 8-11 可知，83. 0%的受访大学生对学校组织各类社团活动表示肯定，其中评价“非常满意”和“比较满意”的人数占比分别为 52. 9%和 30. 1%，认为“不太满意”或“很不满意”的受访大学生仅占 3. 2%。上述数据充分说明大学生群体积极评价高校社团指导工作，对社团开展的系列校园活动表示认可。

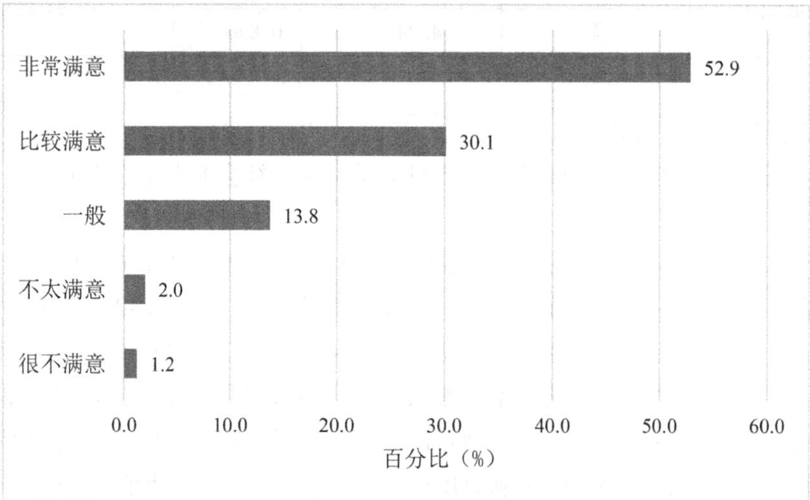

图 8-11　大学生对所在高校社团活动的满意度评价

为进一步了解近年来社团文化在高校的发展和学校对学生社团的指导管理情况，课题组回顾了 2015—2022 年的统计数据，对大学生的评价反馈进行考察。总体上大学生对社团活动的满意度呈向好趋势（见图 8-12），2022 年度大学生中评价满意的人数比例相较于 2015 年增长了 13. 6 个百分点，尤其在 2018 年出现大幅跃升，达到近年满意度峰值。同时，2018 年以来数据虽逐年略有下降，但整体平稳。近年数据一方面说明社团活动逐渐占据大学生群体课余生活的重要部分，也成为发现自我、锻炼自我、发展自我的宝贵平台，大学生参与社团活动的兴趣愈加浓厚，从各类活动中收获的成长愈加丰富；另一方面反映出高校注重加强对社团组织的管理指导，持续推进社团规范化建设和高质量发展。

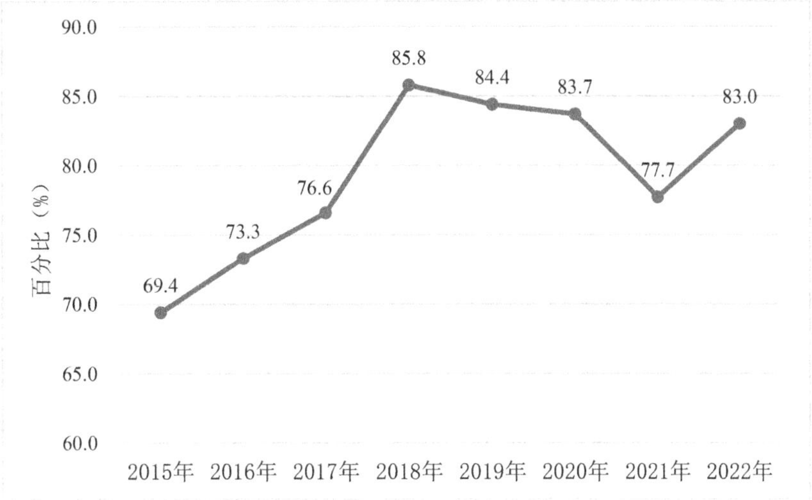

图 8-12 2015—2022 年大学生对所在高校社团活动评价“满意”的情况

2. 不同群体大学生对社团活动满意度的差异

为进一步研究不同群体大学生对学校社团活动的满意度，课题组对统计数据进行了交互分析，发现自然因素、成长背景、教育因素对大学生评价社团活动具有显著影响。

(1)基于自然因素的分析

统计发现，男、女大学生对社团活动开展现状的满意度有所不同。受访大学生中，81.3%的男大学生满意学校此项工作，女大学生的这一比例为 84.2%（$\chi^2=168.028$，$P<0.001$），比前者多 2.9 个百分点。而在负向评价方面，男、女大学生中持不满意评价的人数比例分别为 4.0%和 2.5%。

(2)基于成长背景的分析

统计显示，大学生的生源地性质以及是否拥有“小时候父母常年在外务工”经历对他们评价高校社团建设工作存在明显影响。

从生源地性质来看，农村生源大学生与城镇生源大学生在此项工作上的满意度有所不同。由表 8-7 可知，84.1%的城镇生源大学生积极评价学校推进的社团建设工作，对目前开展的社团活动表示满意；生源地性质为农村的受访大学生的这一比例为 81.7%（$\chi^2=138.863$，$P<0.001$），较城镇生源受访大学生低 2.4 个百分点，可见生源地性质为城镇的大学生总体上更加喜爱和认可现阶段学生社团活动。

从小时候父母常年在外务工的经历来看，是否有此经历对受访大学生的满意度评价具有影响。小时候父母常年在外务工的受访大学生中，选择“非常满意”或“比较满意”的人数比例累计未超过 80%，尤其是给予高度肯定的人数比例为 47.6%（$\chi^2=161.230$，$P<0.001$），相较于无此经历的大学生(54.6%)低 7 个百分点，无此经历的大学生的整体满意度达到 84.1%。给予不满意评价的人数占比同样存在差异，有此经历的受访大学生中给予不满意评价的比例为 3.8%。

综上所述，社团活动是课堂之外促进大学生全面成长的平台延展，更是拓宽视野边界、寻求志同道合、激发兴趣信心的重要途径。进一步增强高校社团文化的育人导向与育人功能，鼓励学生多尝试、多体验、多锻炼，在丰富多彩的社团活动中实现能力与信心的提升是党团组织和学生工作部门推进学生社团建设的重要方向。

表 8-7 不同群体大学生对所在高校社团活动满意度的交互分析

		社团活动(%)					卡方检验		
		非常满意	比较满意	一般	不太满意	很不满意	χ^2	df	P
性别	男	53.9	27.4	14.7	2.4	1.6	168.028	4	<0.001
	女	52.1	32.1	13.3	1.6	0.9			
生源地性质	农村	50.0	31.7	15.3	1.9	1.1	138.863	4	<0.001
	城镇	55.4	28.7	12.6	2.0	1.3			
学生干部经历	有	53.7	30.2	13.1	1.9	1.1	109.301	4	<0.001
	无	49.0	29.9	17.2	2.3	1.6			
小时候父母是否常年在外务工	是	47.6	32.2	16.4	2.4	1.4	161.230	4	<0.001
	否	54.6	29.5	13.0	1.8	1.1			

(3)基于教育因素的分析

统计显示，是否拥有学生干部经历对大学生评价社团活动存在影响。担任过学生干部的受访大学生中，“非常满意”和“比较满意”学校社团建设的比例分别为 53.7%和 30.2%(χ^2=109.301，P<0.001)，该群体的总体满意度为 83.9%，高于无此经历的大学生(78.9%)，尤其在高度认可的评价方面，二者相差 4.7 个百分点。拥有学生干部经历的学生多为举办社团活动的组织者或推进社团建设的学生工作者，对社团活动的参与热情更高、实际体验更丰富，因而积极为学校社团活动点赞。

三、网络思想政治教育

“人在哪儿，宣传思想工作的重点就在哪儿，网络空间已经成为人们生产生活的新空间，那就也应该成为我们党凝聚共识的新空间。”①作为高校大学生认识世界、聚合对话、走向社会的新平台，网络空间与青年们学习生活的关联日益紧密，交融逐渐深入。与网络发展一同成长的“Z 世代”，既要具备善于用网、科学用网、健康用网的网络素养，又必须学会在“信息浪潮”中保持理智，在“信息茧房”中保持清醒，因而开展以涵

① 习近平. 论党的宣传思想工作[M]. 北京：中央文献出版社，2020：355.

育健康向上的青年互联网文化和塑造优秀网络公民为导向的网络思想政治教育成为崭新的时代课题，于高校而言，善用新媒体、打好组合拳、形成强矩阵、构筑同心圆，推进日常思想政治教育主阵地建设与“互联网+”深度融合，应是新时代高校网络思想政治教育向新向实发展的行动方向。

（一）总体情况

如图 8-13 所示，当前，大学生整体上对网络思想政治教育工作评价良好，82.5%的受访大学生表示学校围绕网络空间开展的系列思想政治工作令人满意，较 2021 年度(76.2%)提升 6.3 个百分点。在评价满意的受访者中，52.0%的大学生明确表达了“非常满意”的态度，30.5%的大学生认为“比较满意”。而在不满意评价方面，分别有1.6%和 0.9%的大学生选择了“不太满意”和“很不满意”选项。此外，课题组将“非常满意”“比较满意”“一般”“不大满意”“很不满意”分别赋值 5 分、4 分、3 分、2 分、1 分，通过均值比较分析宏观考察了受访大学生整体评价趋向，统计结果为 4.31，位于“非常满意”和“比较满意”之间，再次说明当前网络思想政治教育开展较好，对青年大学生的学习生活和人生发展产生积极影响，同时各高校注重培养学生的网络素养，主动借助新媒体平台服务于立德树人工作，实现日常思想政治工作创新发展。

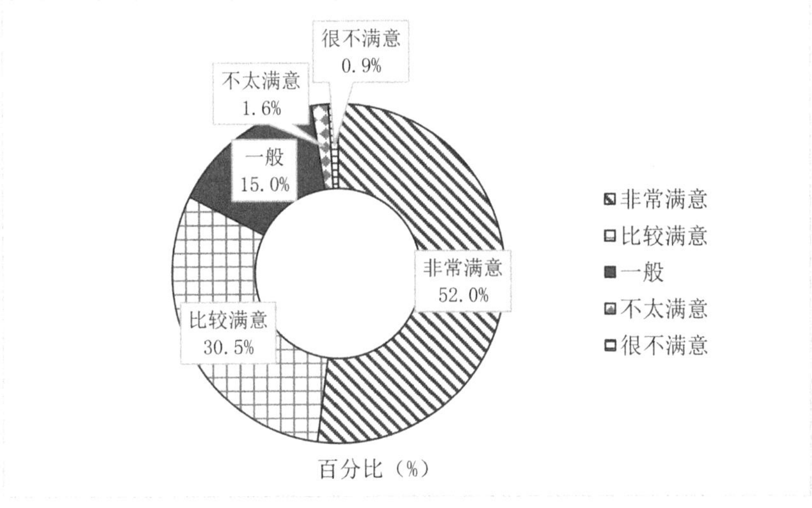

图 8-13　大学生对所在高校网络思想政治教育的满意度评价

为考察受访大学生对高校网络思想政治教育评价的实际变化情况，课题组回顾了近年统计数据，发现大学生的满意度(即评价“非常满意”和“比较满意”)总体呈波动上升趋势，从 48.5%大幅增长至 82.5%，尤其是 2019 年、2020 年、2022 年度数据均超过80%，可见近年来高校立足育人根本，直面互联网蓬勃发展趋势，在思想政治教育与网络的融合之间主动求变，抢占先机，推动网络技术服务于思想政治工作创新发展。可喜的是，如图 8-14 所示，在越来越多的满意性评价中，大学生中表示“非常满意”

的比例同样在持续增长，2022 年度首次突破五成，意味着超过半数的受访大学生都积极点赞学校在网络思想政治教育上的一系列工作，这一比例与 2016 年相比增长了 37. 5%，充分说明高校思想政治工作者们在网络思想政治教育上所下功夫之深，运用互联网开展教育工作的意识和技术愈发成熟，大学生的网络素养逐渐提升，好评度随之大幅跃升。

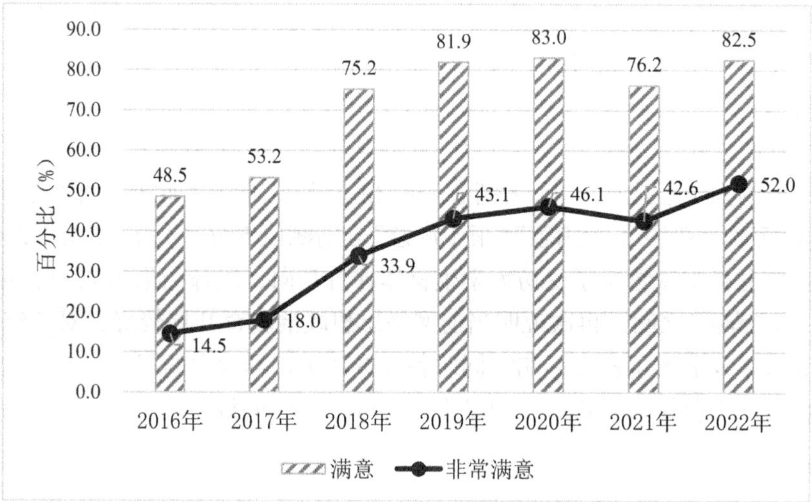

图 8-14　2016—2022 年大学生对所在高校网络思想政治教育评价“满意”和“非常满意”的情况

随着互联网技术的发展，一批思想政治教育新媒体平台在高校相继创建，与之相伴的还有新技术的融入和优秀网媒作品的涌现，思想政治教育与“互联网+”深度融合，形式与空间的壁垒逐渐打破，而思想政治工作者们也愈发意识到网络思想政治教育不仅应立足于形式变化创新，更需注重受众网络素养的提升，因而网络文明素养教育、网络行为规范引导、网络安全意识教育、网络意识形态教育等内容成为网络思想政治教育的“必修课”。

课题组着重考察了上述四项网络素养教育的开展情况，如图 8-15 所示，大学生群体的网络安全是高校思想政治工作的重点关注，84. 7%的受访大学生表示学校开展过网络安全意识教育。网络文明素养教育（79. 3%）、网络行为规范引导（79. 5%）、网络意识形态教育（79. 6%）的开展情况同样较好，均有近八成的受访大学生表示学校开展过相关教育工作。不可忽视的是，仍有一定比例的受访大学生对此选择了“未开展”或“不清楚”的选项，网络素养教育的重视程度和实际影响有所局限。综上所述，网络思想政治教育逐渐成为高校思想政治工作的核心内容和关键抓手，加强和改进高校思想政治工作必须善用网络技术和新媒体平台，也意味着要对大学生的网络文明素养、网络行为规范、网络安全观等进行塑造培养。调研结果展现出高校普遍重视这一课题并不断推进落实，接下来学校应进一步加强对大学生网络素养教育内容的探索，以丰富形式，扩大教育覆盖，以有效模式确保教育效果，让网络文明在大学生网络观念和日常网络行为中落地生根。

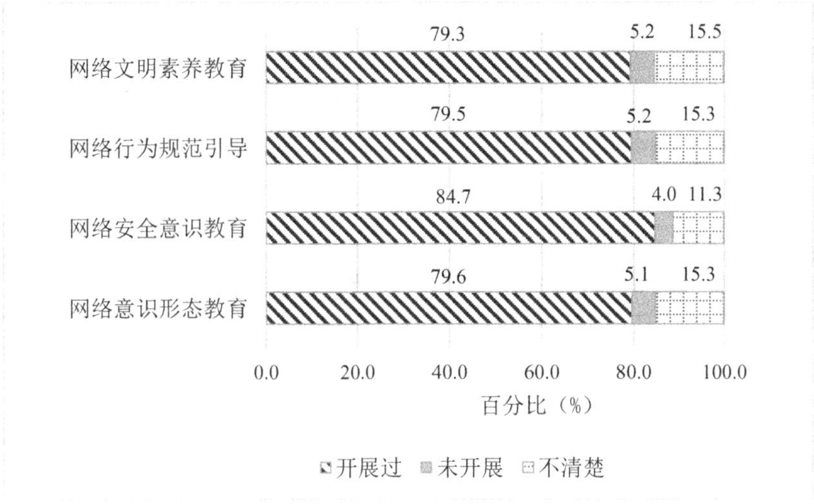

图 8-15　高校开展网络素养教育的情况

（二）不同群体大学生对网络思想政治教育满意度的差异

为进一步考察不同群体大学生评价学校开展网络思想政治教育情况的差异，课题组结合人口学变量对数据进行了均值比较分析，将"非常满意""比较满意""一般""不大满意""很不满意"五个评价等级分别赋值 5 分、4 分、3 分、2 分、1 分，得分越高说明满意度越高。结果显示，不同成长背景、教育因素的受访大学生对学生相关工作具有不同评价。

1. 基于成长背景的分析

从生源地性质来看，不同生源地性质的受访大学生对学校网络思想政治教育的满意度有所差异，农村生源大学生的满意度均值得分为 4.28（$T=58.383$，$P<0.001$），城镇生源大学生相应得分为 4.34，意味着高校学生工作队伍应立足教育实效，进一步拓展网络育人的内容设置和影响覆盖面。

2. 基于教育因素的分析

从年级来看，不同年级大学生对学校网络思想政治教育的满意度有所差异。如表 8-8 所示，一年级大学生的好评均值得分最高，即相较于其他年级，新生更加满意学校在网络思想政治教育上开展的系列工作。二年级，三年级，四、五年级的学生满意度均值得分分别为 4.27、4.24、4.21（$F=135.144$，$P<0.001$）。课题组结合年级情况对数据进行了交互分析，统计结果印证了上述均值得分结果，86.4%的一年级受访大学生表示"非常满意"和"比较满意"，相较四、五年级大学生高出 7.3 个百分点。综上所述，一方面数据反映出新生受网络思想政治教育影响较大，高校应进一步增强对大学生网络素养的引导；另一方面如何突破瓶颈，筑牢网络阵地，持续扩大思

政教育在网络场域的覆盖面和影响力值得深思。

从学生干部经历来看，这一经历对受访大学生评价学校网络思想政治教育开展情况存在显著影响。担任过学生干部的受访大学生对此项工作的满意度均值得分为4.33（$T=73.658$，$P<0.001$），高于没有学生干部经历的受访大学生，后者的满意度均值得分为4.23。综上，统计结果一方面说明学生干部经历有助于大学生自觉注重网络文明素养教育，主动融入学校网络育人工作；另一方面提出了新的课题，即如何借助网络及新媒体平台加强对全体大学生的价值引领，并有效提升大学生群体的网络素养。

表8-8　不同群体大学生对所在高校网络思想政治教育满意度的均值比较

		均值	标准差	统计量及显著性水平
生源地性质	农村	4.28	0.846	$T=58.383^{***}$
	城镇	4.34	0.850	
年级	一年级	4.42	0.791	$F=135.144^{***}$
	二年级	4.27	0.869	
	三年级	4.24	0.872	
	四、五年级	4.21	0.890	
学生干部经历	有	4.33	0.836	$T=73.658^{***}$
	无	4.23	0.898	

注：***表示$P<0.001$。

四、心理健康教育与咨询

习近平总书记在党的二十大报告中强调推进健康中国建设，明确指出要“重视心理健康和精神卫生”，大学生的心理健康离不开高校的教育引导、持续关切和科学预防。高校肩负立德树人根本任务，培育的是热爱生活、珍视生命、自尊自信、理性平和、乐观向上的时代新人，塑造的是青年大学生不懈奋斗、宠辱不惊、百折不挠的意志品质。当前，大学生心理健康、全面发展已成为学校高度关注的重要课题，对身心成长的教育引导不仅属于心理健康中心的职责，更融入“三全育人”的大格局。《全面加强和改进新时代学生心理健康工作专项行动计划（2023—2025年）》文件中提出要“以德育心、以智慧心、以体强心、以美润心、以劳健心”，为高校的心理健康工作指明方向和路径。了解大学生群体对学校心理健康教育与咨询工作的评价，有助于考察高校推进“五育”并举、促进学生心理健康的工作力度与实际效果。

(一)总体情况

调查显示，11.7%的受访大学生表示日常生活中经常有焦虑、烦躁、压抑等负面情绪，69.3%的受访大学生认为自己时常有或者偶尔有上述情绪，而在遇到负面情绪时，选择“积极面对，寻求帮助进行调节”的人数比例为63.9%，可见大部分大学生能够正确看待负面情绪，以健康的心态主动应对消极影响，既说明高校心理健康教育的开展为大学生普及了心理健康知识，营造了良好的心理健康环境，又对建设专业化、科学化、人性化的心理健康教育与咨询支持体系提出了更高期待。

总体而言，当前大学生对所在学校心理健康教育与咨询工作给予积极的正向评价，课题组将“非常满意”“比较满意”“一般”“不大满意”“很不满意”分别赋值5分、4分、3分、2分、1分，均值统计结果为4.34，位于“非常满意”和“比较满意”之间。如图8-15所示，84.1%的受访大学生满意学校开展的相关工作，尤其表示“非常满意”的人数比例达到53.8%，认为“不太满意”或“很不满意”的比例仅为2.4%，充分说明高校在培育学生积极心态、知识普及释惑、传递人文关怀、健康环境营造、危机识别干预等方面有措施、有方法、有实效，获得大学生的良好反馈。

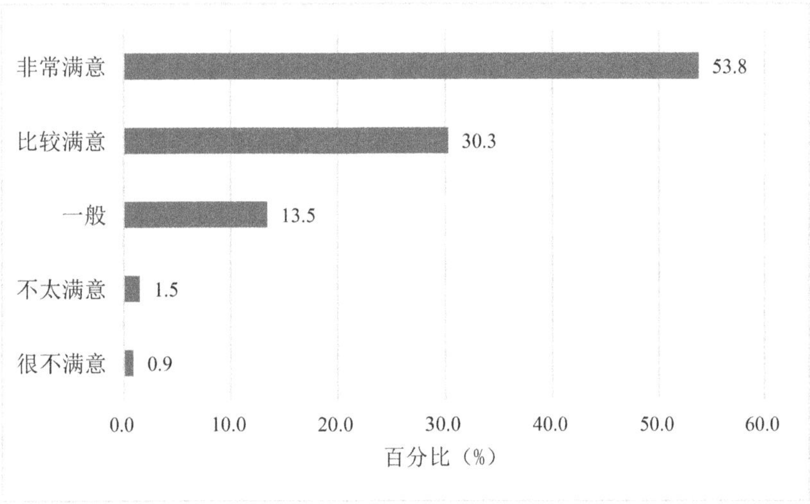

图8-15　大学生对所在高校心理健康教育与咨询工作的满意度评价

为整体呈现近年来大学生对学校心理健康与咨询工作的满意度，课题组回顾了2016年至今的统计数据，并着重考察了大学生的总体满意度以及其中给予“非常满意”评价的人数比例。如图8-16所示，大学生中表示“非常满意”和“比较满意”的人数比例基本呈逐年上升趋势，2022年度总体满意度数据较2016年增长了23.4个百分点，评价“非常满意”的比例同样实现了33.7个百分点的大幅跃升，尤其2022年度高度评价并充分点赞学校推进心理健康教育工作力度和举措的比例首次超过五成，反映出学校对大学生身心健康和全面发展的关心重视，抓实课堂加快教育普及，提升咨询科学专业水平，形成了一套符合学校育人需求和大学生心理发展规律的支持服务体系。

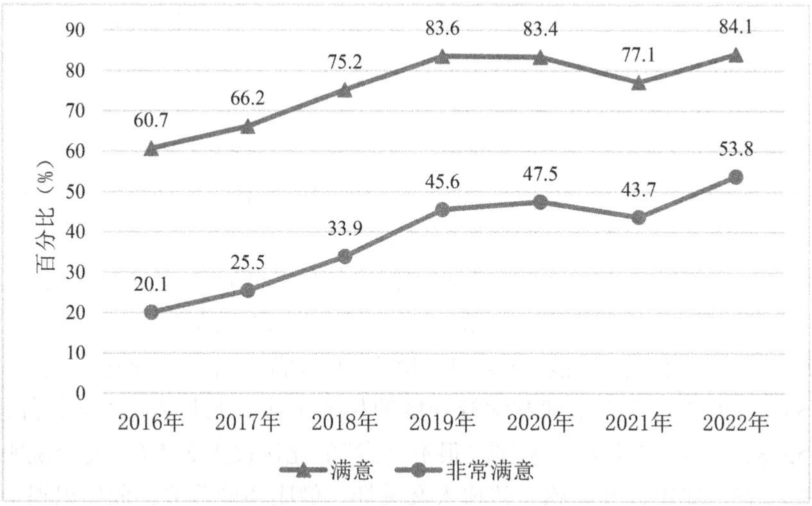

图 8-16　2016—2022 年大学生对所在高校心理健康教育与咨询工作评价“满意”和“非常满意”的情况

（二）不同群体大学生对心理健康教育与咨询工作满意度的差异

为进一步考察大学生对心理健康教育与咨询工作的评价差异，课题组结合自然因素、成长背景、教育因素所包含的人口学变量进行了一般线性回归分析，将满意度的五个等级“非常满意”“比较满意”“一般”“不大满意”“很不满意”分别赋值 5 分、4 分、3 分、2 分、1 分，得分越高说明该群体越满意心理健康教育与咨询工作，反之满意度越低。按照 0. 05 的检验标准，不同群体大学生对所在学校心理健康教育与咨询工作的满意度有所差异，其中回归系数具有统计学意义的社会人口学变量有学历层次、家庭类型、学生干部经历、独生子女、小时候父母常年在外务工经历等(见表 8-9)。

从学历层次来看，不同学历层次的大学生对心理健康教育与咨询工作的满意度存在差异。在受访大学生中，以博士生为参照项，本科生的满意度得分较之高 0. 098 个单位，硕士生的满意度得分较之高 0. 089 个单位，说明本科生、硕士生对学校此项工作的好评更多，同时如何确保心理育人在博士生群体中的功能发挥，调适该群体的学业科研和生活情感等方面压力，急需高校学生工作部门进一步促进和加强面向博士生群体的更具针对性的健康教育与心理关怀。

从家庭类型来看，不同家庭类型的大学生对学校开展的心理健康教育与咨询工作具有不同评价。由表 8-9 可知，以非双亲家庭为参照项，来自双亲家庭的受访大学生对学校此项工作的满意度得分高 0. 045 个单位。高校心理健康教育不仅要提供积极情绪引导与心理知识普及，更重要的是搭建起服务学生身心成长的关爱支持体系，因而加强对不同群体大学生性格特点和情绪习惯的研判是高校心理健康教育队伍的重点任务。

从学生干部经历来看，是否担任过学生干部对受访大学生评价心理健康教育与咨询工作存在显著影响。以无此经历为参照项，有学生干部经历的受访大学生对学校心理健康教育与咨询工作的满意度得分高 0. 103 个单位。当前，高校重视心理健康教育队伍建设，培养了一批优秀学生骨干协助开展心理教育、团体辅导、心理班会、谈心谈话等工作，有助于学生骨干们既学习掌握心理健康知识，又主动参与到服务他人、关心朋辈中来。

从独生子女情况来看，以非独生子女为参照项，独生子女大学生对学校心理健康教育与咨询工作的满意度得分较之高 0. 053 个单位。

从小时候父母常年在外务工经历来看，是否有此经历对受访大学生评价学校心理健康教育与咨询工作存在影响。小时候父母常年在外务工的大学生的满意度得分相较于参照项低 0. 092 个单位，意味着高校思想政治工作者应注重把握学生成长规律，关注学生个体差异，积极开展家校协同的心理育人工作。

表 8-9　不同群体大学生对心理健康教育与咨询工作满意度的一般线性回归

自变量		非标准化系数		标准系数	统计量	显著性水平
		B	*S. E*	*β*	*t*	*P*
常数项		4. 084	0. 030		138. 414	0. 000
性别-男生(参照项：女生)		−0. 016	0. 009	−0. 009	−1. 846	0. 065
民族汉族(参照项：少数民族)		0. 067	0. 014	0. 025	4. 891	0. 000
学历层次（参照项：博士生）	本科生	0. 098	0. 020	0. 052	4. 796	0. 000
	硕士生	0. 089	0. 022	0. 044	4. 100	0. 000
生源地-农村(参照项：城镇)		−0. 017	0. 010	−0. 010	−1. 712	0. 087
双亲家庭(参照项：非双亲家庭)		0. 045	0. 014	0. 016	3. 211	0. 001
有学生干部经历(参照项：没有学生干部经历)		0. 103	0. 011	0. 047	9. 400	0. 000
独生子女(参照项：非独生子女)		0. 053	0. 010	0. 031	5. 516	0. 000
小时候父母常年在外务工(参照项：小时候父母未常年在外务工)		−0. 092	0. 010	−0. 047	−8. 855	0. 000
$N=39729$　$R^2=0.9\%$　$F=39.302$						

五、学生资助

党的十八大以来，高校学生资助工作坚持落实立德树人根本任务，始终将育人作为学生资助的出发点和落脚点，不断推进资助形式从保障型向发展型转变，资助育人逐渐成为高校思想政治工作提质增效的重要环节。习近平总书记曾强调要保障贫困地区办学经费，健全家庭困难学生资助体系，充分指明资助工作的重要意义。高质量的资助工作不仅能帮助更多困难学生成长成才，共享实现梦想的广阔舞台，而且有助于推进励志教育、诚信教育、感恩教育在学生群体中的实际影响，形成"解困—育人—成才—回馈"的良性循环。近年来，高校坚持育人导向开展学生资助工作，形成了集国家、社会、学校资助于一体，涵盖基本助学保障、日常生活关爱、个人发展激励等项目的资助育人体系。本部分通过考察大学生对资助工作的评价意见，了解资助育人在学校"大思政"格局建设中的价值发挥情况和实际育人成效。

（一）总体情况

调查显示，当被问及如何评价所在学校学生资助工作时，85.0%的受访大学生给予了满意性评价，其中54.7%的受访大学生表示非常满意，30.3%的大学生表示比较满意。在负向评价方面，认为目前学生资助工作令人不太满意的比例为1.4%，很不满意的比例为1.0%，可见总体不满意度仅为2.4%，大学生群体积极评价学校推进资助育人开展的系列工作。为宏观了解受访大学生的评价情况，课题组将满意度的五个等级"非常满意""比较满意""一般""不大满意""很不满意"分别赋值5分、4分、3分、2分、1分，通过均值分析得到结果为4.36，位于"非常满意"和"比较满意"之间，印证了学生资助工作在大学生群体中的总体好评度较高，资助育人工作成效显著。

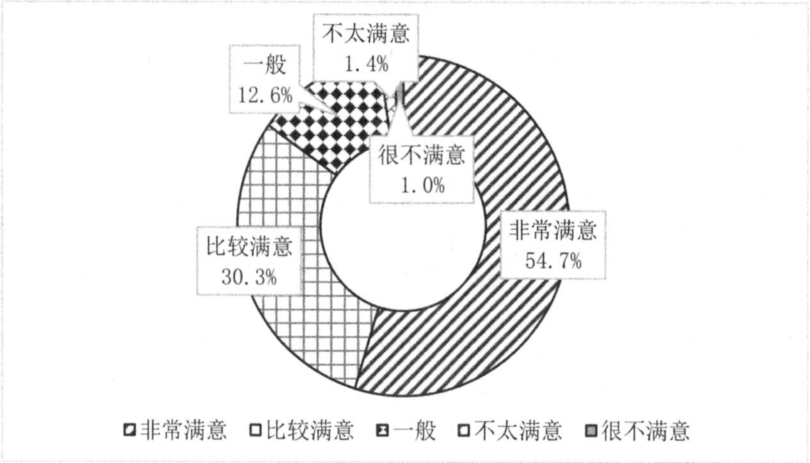

图 8-17 大学生对所在高校学生资助工作的满意度评价

课题组通过回顾近年评价数据进一步了解高校学生资助工作的发展情况，如图8-18所示，2015年大学生对此项工作的满意度为73.4%，2022年较之提升了11.6个百分点。同时，除2021年度数据，2018年以来学生的满意度整体平稳且均保持在85%以上，数据有效说明高校学生资助工作在不断优化中达到较高质量水平，能够帮助困难学生缓解急难愁盼问题，逐步建立起相对健全的学生资助体系，关爱支撑困难学生成长，有效发挥资助育人功能，收获了学生的普遍认可。在数据背后，值得高校相关部门深思的是，在实现向发展型资助的转变中，如何找准推动更高质量发展的突破口，充分运用数字化信息化手段完善资助管理体系，以求达到精准资助和资助育人之效。

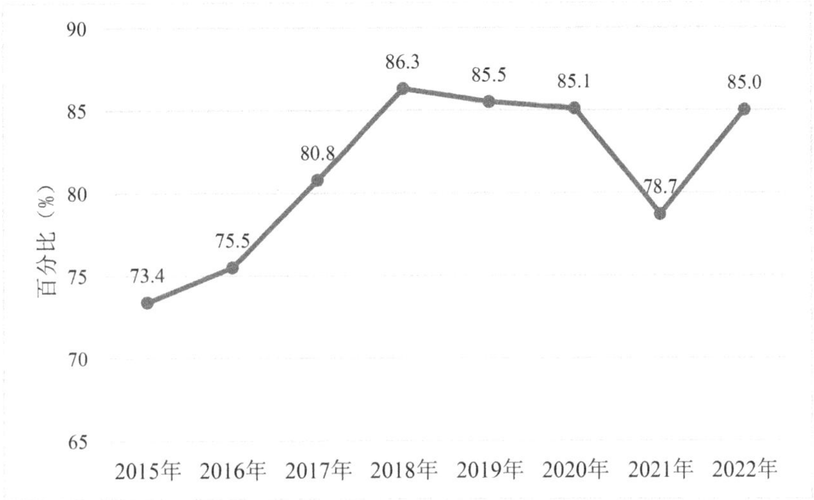

图 8-18　2015—2022 年大学生对所在高校学生资助工作评价“满意”的情况

（二）不同群体大学生对学生资助工作满意度的差异

为进一步考察不同群体大学生在评价资助育人工作上的态度差异，课题组结合人口学变量对数据进行了均值比较分析，将“非常满意”“比较满意”“一般”“不大满意”“很不满意”五个评价等级分别赋值 5 分、4 分、3 分、2 分、1 分，得分越高说明满意度越高。结果显示，不同成长背景、教育因素的受访大学生的满意度评价有所不同。

1. 基于成长背景的分析

从生源地性质来看，农村生源和城镇生源大学生对资助工作的评价有所不同，生源地性质为农村的受访大学生的满意度均值得分为 4.33（$T=73.071$，$P<0.001$），后者的相应得分为 4.40。

从独生子女情况来看，独生子女与非独生子女大学生对资助工作的评价有所差异，由表 8-10 可知，非独生子女大学生在评价此项工作时的满意度均值得分为 4.33（$T=93.270$，$P<0.001$），独生子女大学生的均值得分为 4.41，高于前者。

从小时候父母常年在外务工经历来看，经历不同的大学生群体有不同的满意度评价。有此经历的受访大学生的满意度均值得分为 4.27（$T=152.943$，$P<0.001$），低于无此经历的受访大学生（4.39）。

综上所述，农村生源、非独生子女家庭、父母常年在外务工多为高校评估经济困难时的重要指标，符合相关情况的大学生群体是思政工作者关注关心的重要对象，他们对学生资助工作的评价应予以高度重视。由统计结果可见，大学生群体对资助育人的满意度仍有提升空间，未来须进一步提升精准资助水平和育人工作质量，确保各类困难学生不会掉队。

2. 基于教育因素的分析

从学历层次来看，不同学历层次学生对学校资助工作的满意度有所差异。由表8-10可知，本科生群体的满意度最高，均值得分为4.38，高于硕士生和博士生的统计结果，后二者的均值得分分别为4.34、4.28。当前，面向本科生的资助体系相对完善，资助覆盖力度和资助育人水平普遍较好，对研究生资助的关注度和体系建设有待进一步提升，加强研究生群体尤其受助者对工作的评价反馈尤为重要。

表8-10　不同群体大学生对所在高校学生资助工作满意度的均值比较

		均值	标准差	统计量及显著性水平
学历层次	本科生	4.38	0.827	F=17.334***
	硕士生	4.34	0.811	
	博士生	4.28	0.891	
生源地性质	农村	4.33	0.836	T=73.071***
	城镇	4.40	0.816	
是否为独生子女	是	4.41	0.819	T=93.270***
	否	4.33	0.830	
小时候父母是否常年在外务工	是	4.27	0.867	T=152.943***
	否	4.39	0.811	

注：***表示 $P<0.001$。

六、就业指导

就业是最基本的民生，是青年走向社会的第一步，大学生能否顺利就业、择好业关乎高校人才培养质量和成效，也检验着就业创业指导教育开展情况和毕业生就业服务工作水平。2023年政府工作报告中提出，把促进青年特别是高校毕业生就业工作摆在更加突出的位置，切实保障好基本民生。习近平总书记强调，要进一步挖掘岗位资源，做实做细就业指导服务①，为高校就业教育指明了方向。同时，他也对青年创业寄予厚望，指出“青年人朝气蓬勃，是全社会最富有活力、最具有创造性的群体”②。当前，

① 千方百计帮助高校毕业生就业[N]. 人民日报(海外版)，2022-06-15.

② 习近平. 论坚持人民当家作主[M]. 北京：中央文献出版社，2021：160.

高校毕业生存在慢就业、不就业现象，归根结底是人才培养目标与就业能力同市场实际需求之间存在差异，这要求高校就业指导和教学管理部门持续优化就业指导与服务供给，精准推送就业创业指导、政策、岗位等资源，加强对就业困难学生的帮扶力度。本节通过调研学生对学校就业创业教育的评价，考察高校解决高校毕业生这一重点群体就业问题的能力质量。

(一)总体情况

课题组对高校就业指导工作的考察主要聚焦职业规划与就业指导教育和创新创业教育两方面，发现大学生群体对开展上述两项教育活动的满意度较高，积极评价学校就业指导工作。具体来看，如图 8-19 所示，分别有 51.7%和 30.4%的受访大学生对学校职业规划与就业指导教育开展情况给予"非常满意"和"比较满意"评价，大学生满意度达到 82.1%，选择不满意相关项的人数比例仅为 3.0%，14.9%的受访大学生表示"一般"。同样，大学生积极肯定高校推进创新创业教育，82.7%的受访大学生对所在学校相关工作评价满意，其中表示"非常满意"的比例为 52.0%，"比较满意"的占比为 30.7%，仅 2.5%的受访大学生反馈当前工作令人不满意。为进一步印证大学生对学校就业指导两项工作的总体态度，课题组采取了均值比较分析，将"非常满意""比较满意""一般""不大满意""很不满意"五个评价等级分别赋值 5 分、4 分、3 分、2 分、1 分，职业规划与就业指导教育和创新创业教育在学生群体中满意度的均值得分分别为 4.30 和 4.31，均位于"非常满意"和"比较满意"之间。综上所述，当前学校针对大学生就业指导开展了系列工作，为学生提供了有效的生涯规划指导、职业能力培训、创新创业实训等项目，施展的"教育组合拳"聚焦学生择业目标，惠及学生成长需要，因而学生对职业规划与就业指导教育和创新创业教育的好评度高。

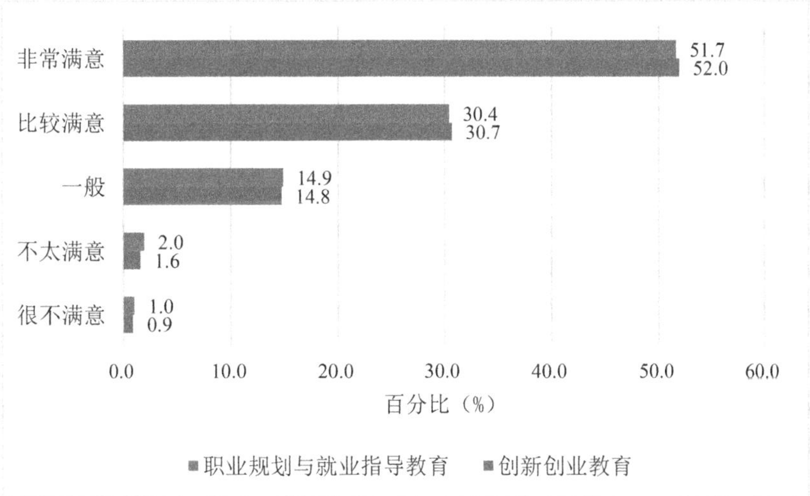

图 8-19　大学生对所在高校职业规划与就业指导教育和创新创业教育的满意度评价

近年来高校就业指导部门高度重视学生就业工作，将就业教育前置，持续推进学生就业同生涯规划和职业发展密切结合，加强以生涯引导、人才培养、职业规划、就业择业一体化建设，帮助学生顺利就业、尽早就业，学生的满意度持续升高。如图 8-20 所示，课题组回顾了近五年学生关于职业规划与就业指导教育的评价意见，发现总体满意度从 2018 年的 78.8%增加至 82.1%，提升 3.3 个百分点，既体现此项事务在学生工作中受重视程度不断提升，又说明学校围绕明晰生涯规划、拓展就业平台、完善信息服务、强化能力培训、精准就业帮扶等开展的系列工作收获良效，满意度的增加也意味着学生就业信心、能力、机会的增加。

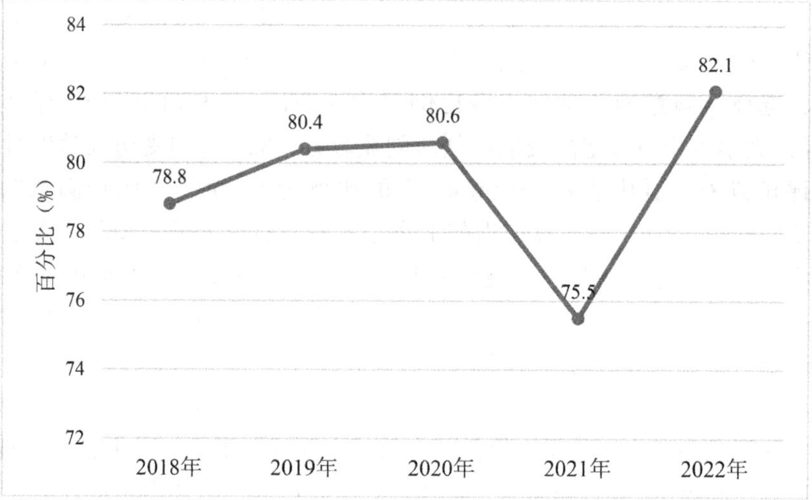

图 8-20　2018—2022 年大学生对职业规划与就业指导教育评价“满意”的情况

（二）不同群体大学生对职业规划与就业指导教育和创新创业教育满意度的差异

为进一步了解不同群体大学生对学校职业规划与就业指导教育和创新创业教育的评价情况，课题组将“非常满意”“比较满意”“一般”“不大满意”“很不满意”五个评价等级分别赋值 5 分、4 分、3 分、2 分、1 分，结合人口学变量对统计数据进行均值比较分析，得分越高说明总体满意度越高。结果显示，不同成长背景和教育因素的大学生群体对所在学校职业规划与就业指导教育和创新创业教育的评价有所差异。

1. 基于成长背景的分析

从生源所在地来看，城镇生源与农村生源受访大学生对学校两项工作的满意度有所不同。在职业规划与就业指导教育方面，二者的满意度均值得分分别为 4.33、4.26（$T=68.528$，$P<0.001$），在创新创业教育方面，受访大学生满意度评价的均值得分同样存在差异，城镇生源大学生的统计数据为 4.34（$T=58.967$，$P<0.001$），高于农村生源大学生（4.28），可见生源所在地为城镇的大学生整体上对学校就业指导工作好评度较

高，而农村生源大学生则相对更期待职业规划指导和双创教育质量进一步提升。

从独生子女情况来看，独生子女与非独生子女大学生对职业规划与就业指导教育的满意度均值得分分别为 4.35 和 4.26（$T=109.068$，$P<0.001$），受访大学生中独生子女大学生对学校开展的就业规划指导工作更为认可。同样，二者对创新创业教育的评价存在显著差异，独生子女大学生满意度均值得分为 4.36（$T=87.124$，$P<0.001$），非独生子女受访者的相应数据为 4.28，相较之下，独生子女大学生在评价学校就业创业工作时表达了更加积极的态度，整体好评度更高。

表 8-11　不同群体大学生对所在高校职业规划与就业指导教育和创新创业教育满意度的均值比较

<table>
<tr><td colspan="2" rowspan="2"></td><td colspan="3">职业规划与就业指导教育</td><td colspan="3">创新创业教育</td></tr>
<tr><td>均值</td><td>标准差</td><td>统计量及显著性水平</td><td>均值</td><td>标准差</td><td>统计量及显著性水平</td></tr>
<tr><td rowspan="2">生源地性质</td><td>农村</td><td>4.26</td><td>0.868</td><td rowspan="2">$T=68.528^{***}$</td><td>4.28</td><td>0.845</td><td rowspan="2">$T=58.967^{***}$</td></tr>
<tr><td>城镇</td><td>4.33</td><td>0.861</td><td>4.34</td><td>0.848</td></tr>
<tr><td rowspan="4">年级</td><td>一年级</td><td>4.41</td><td>0.805</td><td rowspan="4">$F=134.848^{***}$</td><td>4.41</td><td>0.792</td><td rowspan="4">$F=124.457^{***}$</td></tr>
<tr><td>二年级</td><td>4.25</td><td>0.881</td><td>4.28</td><td>0.866</td></tr>
<tr><td>三年级</td><td>4.22</td><td>0.893</td><td>4.24</td><td>0.874</td></tr>
<tr><td>四、五年级</td><td>4.20</td><td>0.913</td><td>4.21</td><td>0.883</td></tr>
<tr><td rowspan="2">是否有学生干部经历</td><td>有</td><td>4.31</td><td>0.853</td><td rowspan="2">$T=73.005^{***}$</td><td>4.33</td><td>0.836</td><td rowspan="2">$T=72.152^{***}$</td></tr>
<tr><td>无</td><td>4.22</td><td>0.914</td><td>4.23</td><td>0.894</td></tr>
<tr><td rowspan="2">是否为独生子女</td><td>是</td><td>4.35</td><td>0.937</td><td rowspan="2">$T=109.068^{***}$</td><td>4.36</td><td>0.844</td><td rowspan="2">$T=87.124^{***}$</td></tr>
<tr><td>否</td><td>4.26</td><td>0.946</td><td>4.28</td><td>0.848</td></tr>
</table>

注：*** 表示 $P<0.001$。

2. 基于教育因素的分析

从年级来看，不同年级大学生群体对学校职业规划与就业指导教育的满意度有所不同（$F=134.848$，$P<0.001$）。由表 8-11 可知，在职业规划与就业指导教育方面，一年级新生的满意度均值得分最高，二年级，三年级，四、五年级的均值统计数据分别 4.25、4.22、5.20。在创新创业教育方面，同样存在年级升高统计数据反而下降现象（$F=124.457$，$P<0.001$），四个年级的满意度均值得分分别为 4.41（一年级）、4.28（二年级）、4.24（三年级）、4.21（四、五年级）。综上，相较于毕业年级学生，新生给予的好评度明显更高，一方面说明各高校积极推进就业指导教育前置，融入新生入学教育环节，学生工作队伍通过专业启航教育、成长经验交流、就业发展介绍等形式为新生开启了求职生涯规划启蒙。另一方面，高年级学生尤其毕业年级学生对学校职业规划教育和创新创业教育的评价相对偏低，说明这一方面有待研究和改善，应真正

做到重视就业工作、分类精准指导、提供优质服务，让学生真正有获得感，迈好走向社会的第一步。

从学生干部经历来看，是否担任过学生干部对学生评价两项工作存在影响，拥有学生干部经历的受访者更充分认可学校在职业规划与就业指导教育和创新创业教育上所开展的工作，满意度均值得分分别为4.31($T=73.005$，$P<0.001$)和4.33($T=72.152$，$P<0.001$)，而没有相关经历的受访者的满意度均值得分为4.22和4.23，说明学生工作相关经历有助于学生积累求职技巧、创新意识、创业能力，获得较强的求职竞争力，更积极主动地从学校就业指导教育课程和实践中收获经验。不可忽视的是，与学生干部经历是顺利择业、择好业的积极因素相比，农村生源、多子女家庭、缺乏实践经历往往更需要就业指导部门着眼实际需求，提供精准帮扶，做到“一人一策”，在加强生涯规划的基础上着力培养面对就业市场的本领。

七、全员育人

《高校思想政治工作质量提升工程实施纲要》提出十大“育人”体系，清晰指明了课程、科研、实践、文化、网络、心理、管理、服务、资助、组织等工作所具备的育人属性，既是对高校坚持立德树人根本任务的呼应，也为高校思想政治工作真正落细落实、入脑入心提供了方法论的参考，即与学生成长成才和健康生活相关的所有工作应充分发挥独特的育人功能，所有主体均应肩负育人责任，日常思想政治教育应与思想政治理论课积极协同，为学生育德、育智、育心。其中，事务管理与后勤服务工作者就是两支重要的队伍，具有春风化雨、润物无声的独特教育优势，是打通思想政治工作最后一公里的关键所在。本部分聚焦大学生对日常事务管理和学校后勤服务的评价反馈，考察管理育人和服务育人是否真正发挥实效。

(一)管理育人

高校日常事务管理包括入学教育、毕业教育、评奖评优、学生安全、日常管理、军事训练、勤工助学等内容，与大学生的学习生活和切身权益息息相关，事务管理能力和工作质量对思想政治工作能否真正落细落实、入脑入心会产生一定影响。《高校思想政治工作质量提升工程实施纲要》中提出“管理育人”理念，要求日常事务管理具有丰富的育人资源、育人优势、育人功能，明确将管理育人纳入“三全育人”工作体系，不仅意味着高校党政管理与行政事务人员同样肩负育人使命，应有积极主动的育人意识，也要求高校优化事务管理工作应坚持育人导向，服务于培养时代新人重要目标。本节通过了解大学生对日常事务管理的评价意见，考察事务管理工作水平和管理育人的功能发挥情况。

1. 总体情况

为分析大学生群体对学校日常事务管理工作的满意度，课题组对调研数据进行了均值分析，将“非常满意”“比较满意”“一般”“不大满意”“很不满意”五个评价等级分别赋值 5 分、4 分、3 分、2 分、1 分，均值得分为 4. 28，位于“非常满意”与“比较满意”之间。具体数据如图 8-21 所示，81. 9%的受访者在评价日常事务管理水平时给予了满意性评价，其中高度认可此项工作的人数占比首次超过五成，达到 51. 5%，为近年来最高。而在负向评价方面，分别有 2. 3%和 1. 3%的受访者表示“不太满意”和“很不满意”，不满意度为 3. 6%。综上所述，当前大学生群体积极评价学校日常事务管理工作，对管理育人实效予以正向反馈，与往年相比，持非常满意态度的人数比例相较往年大幅提升，充分说明高校不断优化日常管理，坚持育人导向，尤其在疫情期间主动作为，让广大学生感受到科学、人性、温暖的管理服务。同时不可忽视的是，近年来学生对日常事务管理的不满意比例一直处于 3%～4%，此项工作始终存在亟待破解的重点难点，仍有促进管理育人提质增效的优化空间。

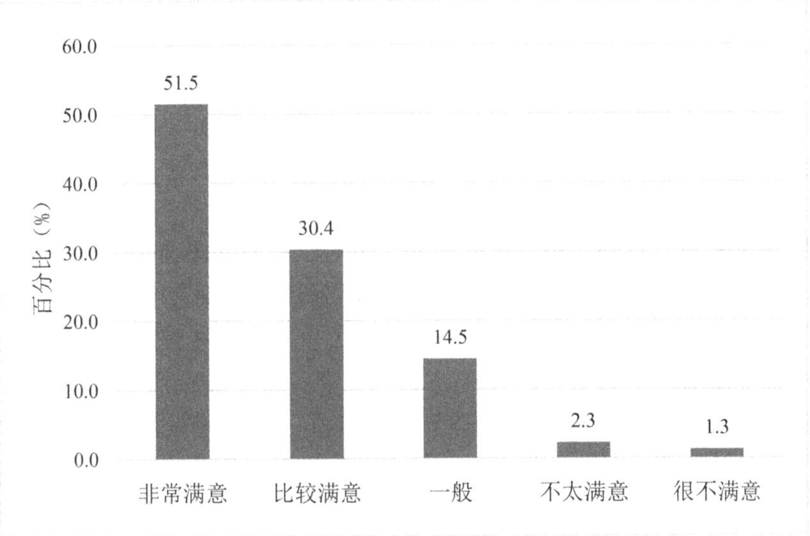

图 8-21　大学生对所在高校日常事务管理的满意度评价

2. 不同群体大学生对日常事务管理满意度的差异

为进一步了解不同群体大学生对高校日常事务管理工作的评价，课题组结合自然因素、成长背景、教育因素所包含的人口学变量进行了一般线性回归分析，将“非常满意”“比较满意”“一般”“不大满意”“很不满意”五个等级分别赋值 5 分、4 分、3 分、2 分、1 分，得分越高，说明该群体对日常事务管理工作的满意度越高，反之则越低。按照 0. 05 的检验标准，不同大学生群体的评价存在显著差异，其中回归系数具有统计学意义的社会人口学变量包括学历层次、学科门类、生源所在地、学生干部经历、独生子女情况等(见表 8-12)。

表 8-12　不同群体大学生对日常事务管理满意度的一般线性回归

自变量		非标准化系数		标准系数	统计量	显著性水平
		B	S. E	*β*	*t*	*P*
常数项		4. 113	0. 029		141. 372	0. 000
性别-男生(参照项：女生)		−0. 032	0. 010	−0. 018	−3. 368	0. 001
民族-汉族(参照项：少数民族)		0. 052	0. 015	0. 018	3. 598	0. 000
学历层次（参照项：博士生）	本科生	0. 099	0. 022	0. 049	4. 388	0. 000
	硕士生	0. 082	0. 023	0. 039	3. 532	0. 000
学科门类（参照项：理工农医类）	人文科学类	−0. 061	0. 012	−0. 028	−5. 056	0. 000
	社会科学类	−0. 040	0. 011	−0. 020	−3. 594	0. 000
政治面貌-党员(参照项：非党员)		0. 006	0. 011	0. 003	0. 555	0. 579
生源地-农村(参照项：城镇)		−0. 029	0. 010	−0. 016	−2. 946	0. 003
有学生干部经历(参照项：没有学生干部经历)		0. 070	0. 012	0. 030	5. 892	0. 000
独生子女(参照项：非独生子女)		0. 065	0. 010	0. 036	6. 423	0. 000
N = 39729　　R^2 = 0. 4%　　F = 18. 595						

从学历层次来看，不同学历层次受访大学生对学校日常事务管理的评价存在差异。以博士生为参照项，本科生、硕士生的满意度得分较之分别高 0. 099 和 0. 082 个百分点，高校管理部门应进一步加强对博士生群体相关事务的重视程度与管理优化。

从学科门类来看，不同学科门类受访大学生在评价学校此项工作时的态度有所不同。如表 8-12 所示，以理工农医类大学生为参照项，人文科学类和社会科学类大学生的整体满意度的均值得分较之分别低 0. 061 和 0. 040 个百分点。

从学生干部经历来看，是否担任过学生干部对受访者作出评价存在显著影响。与未有学生干部经历的受访者相比，担任过学生干部的大学生群体更加认可学校此项工作，满意度得分较参照项高 0. 070 个百分点。学生工作是大学生们参与学校日常事务管理的重要形式，他们在主题活动、日常教育、推优评优中既有参与的体验，又有成长的收获，因而总体反馈更加积极正向。

从生源地性质来看，城镇生源与农村生源受访大学生对学校日常事务管理的评价有所不同。以前者为参照项，生源地性质为农村的受访大学生的满意度得分低 0. 029 个百分点。

从独生子女情况来看，独生子女与非独生子女大学生在评价学校管理育人工作时的反馈存在差异。由表 8-12 可知，独生子女大学生的满意度得分相较参照项高 0. 065 个百分点。综上，结合生源地性质统计结果，农村生源和非独生子女家庭是资助工作关注的重要指标内容，相关群体可能在助学助困等方面与事务管理部门联系紧密，不同学生群体满意度背后的具体表现有待行政管理人员在工作中探寻并就问题做进一步改进，以高质量事务管理体系建设切实强化管理育人成效。

（二）服务育人

当前，各高校深入推进“三全育人”改革建设，以立德树人为根本任务，坚持育人导向，以学生为本，把解决学生思想问题和解决现实问题结合起来，高度重视服务育人，充分挖掘后勤服务岗位的思想政治教育资源，积极搭建育人平台，调动生活保障、宿舍管理、信息服务、安全保卫、医疗卫生、图书管理等岗位人员参与育人工作，真心真意关心学生，用心用情爱护学生。学校后勤服务作为直面学生实际需求、关系学生健康成长的重要工作，既具备良好的育人条件，又体现着高校服务育人能否真正急学生之所急，想学生之所想。本节立足学生对学校后勤服务工作质量的评价，考察高校推进服务育人工作走深走实的建设情况和发展方向。

1. 总体情况

调研显示，当前大学生群体积极评价学校后勤服务，整体满意度较高。课题组将“非常满意”“比较满意”“一般”“不大满意”“很不满意”五个评价等级分别赋值 5 分、4 分、3 分、2 分、1 分，采用均值分析方法宏观考察学生对后勤服务工作评价反馈，统计结果为 4. 26，位于“非常满意”和“比较满意”区间。具体来看，51. 2%的受访者在评价此项工作时表示“非常满意”，29. 7%的受访者评价“比较满意”，意味着学校后勤服务工作收获了超八成学生的认可，服务育人工作开展较好。由图 8-22 可知，课题组回顾了 2015—2022 年的调研数据，学生满意度从 56. 8%大幅提升至 80. 9%，高度认可的

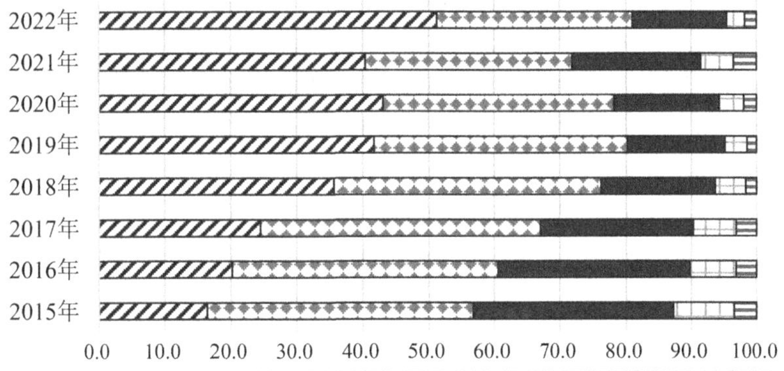

	2015年	2016年	2017年	2018年	2019年	2020年	2021年	2022年
非常满意	16.5	20.2	24.5	35.6	41.7	43.1	40.4	51.2
比较满意	40.3	40.4	42.5	40.7	38.5	35.1	31.5	29.7
一般	30.5	29.2	23.3	17.3	14.9	16.0	19.5	14.4
不太满意	9.2	7.0	6.5	4.7	3.4	3.8	5.0	2.8
很不满意	3.5	3.2	3.2	1.7	1.5	2.0	3.6	1.9

百分比（%）

图 8-22　2015—2022 年大学生对所在高校后勤服务的满意度评价

人数比例首次突破50%。在负向评价方面，选择“不太满意”和“很不满意”选项的人数比例分别为2.8%和1.9%，持不满意意见的群体占比4.7%，这一比例为近年来最低。综上所述，高校后勤服务工作正处于不断优化发展的新阶段，工作人员育人意识得到提升，通过围绕学生、关照学生、服务学生的一系列工作举措，以生为本、精准服务、保障有力的服务育人工作体系逐渐建立起来，学生群体感受育人意识与服务质量的进一步提升，他们的好评反映在逐步增长的满意度中。

2. 不同群体大学生对学校后勤服务满意度的差异

为进一步考察不同群体大学生对后勤服务开展情况的意见差异，课题组结合人口学变量，对数据进行了均值比较分析，将“非常满意”“比较满意”“一般”“不大满意”“很不满意”五个评价等级分别赋值5分、4分、3分、2分、1分，得分越高说明满意度越高。结果显示，成长背景、教育因素不同的受访大学生的满意度有所不同。

1. 基于成长背景的分析

从生源地性质来看，农村生源与城镇生源受访大学生对学校后勤服务工作的认可度不同，前者的满意度均值得分为4.22（$T=50.718$，$P<0.001$），后者统计数据为4.29，说明生源地性质为城镇的学生群体的评价反馈更为积极。

从独生子女情况来看，独生子女与非独生子女受访者在评价后勤各项服务工作时的意见有所不同。由表8-10可知，独生子女大学生给予评价的满意度均值得分为4.30（$T=61.136$，$P<0.001$），高于后者的统计数据(4.23)，即独生子女大学生的整体满意度更高。

2. 基于教育因素的分析

从学历层次来看，不同学段的受访大学生针对所在高校后勤服务质量水平的态度有所差异。本科生、硕士生、博士生的满意度均值得分分别为4.27、4.23、4.16（$F=14.797$，$P<0.001$），本科生相对更认可学校提供的后勤服务保障。于高校各服务育人主体而言，提升不同学段大学生的好评度，关键在于明确服务对象与目标，精准把握大学生的差异化需求，尤其是博士生学习生活的实际问题，提供更贴心、细心、暖心的服务。

从学生干部经历来看，是否有学生干部经历对受访大学生评价服务育人工作存在显著影响。相较于未担任过学生干部的群体，担任过学生干部的大学生的满意度均值得分为4.27（$T=33.181$，$P<0.001$），统计结果优于前者(4.20)。大学生群体参与学生工作的重要形式之一是在校园志愿服务型工作中锻炼成长，对学校服务育人工作怀有更多认可，也有更高期待。

表8-13　不同群体大学生对所在高校后勤服务满意度的均值比较

		均值	标准差	统计量及显著性水平
学历层次	本科生	4.27	0.926	$F=14.797^{***}$
	硕士生	4.23	0.929	
	博士生	4.16	1.034	

续表

		均值	标准差	统计量及显著性水平
生源地性质	农村	4.22	0.928	T=50.718***
	城镇	4.29	0.935	
独生子女	是	4.30	0.940	T=61.136***
	否	4.23	0.926	
学生干部经历	是	4.27	0.928	T=33.181***
	否	4.20	0.952	

注：*** 表示 $P<0.001$。

八、本章小结

本章聚焦高校日常思想政治教育这一主阵地，以基层组织建设、校园文化活动、网络思想政治教育、心理健康教育与咨询、学生资助、就业指导、全员育人等环节为切入点，考察了高校围绕上述方面开展相关工作的实际成效。调查显示，当前学校日常思想政治教育工作有成绩、有亮点、有特色，学生满意度进一步提升。高校不断夯实基层党组织建设，加强学生社会实践组织管理，积极引导学生学好有字之书，更习无字之书。高校学生工作相关部门在心理健康、就业指导、后勤服务等方面齐发力，为学生创造了良好的校园环境和成长条件。在看到高校日常思想政治教育有效开展的同时，相关工作对重点学生群体的辐射覆盖和实际价值、日常事务管理重难点的破解和优化、全员育人质量有待进一步提升等问题仍是高校需直面的重要理论和实践课题。高校应继续围绕基层组织建设、网络思想政治教育、“三全育人”等环节下苦功、建新功，以“大思政”工作格局构筑课堂内外和线上线下的同心圆。

（一）总体情况

第一，大学生群体对高校日常思想政治教育评价好，满意度进一步提升。课题组考察了大学生对学校开展日常思想政治教育工作效果的评价，调查结果显示，84.3%的受访者表示充分肯定，认为相关工作产生了非常好或者比较好的教育成效，数据较 2021 年提升了 3.4 个百分点。具体到日常思想政治教育所涵盖的各项事务工作，青年学生予以积极评价，满意度均超过 80%，较 2021 年出现大幅提升，增幅至少在 5%，最大增幅达到 9%，尤其 85.0%以上的受访者高度认可校风和学风建设、学生资助工作和基层党组织建设（见图 8-23）。对比数据充分说明高校日常思想政治教育整体处于不断优化发展中，各项事务工作齐头并进，育人导向鲜明，围绕学生成长成才各方面的教育成效显著，全员育人体系建设愈发成熟，工作收获广大学生的认可。

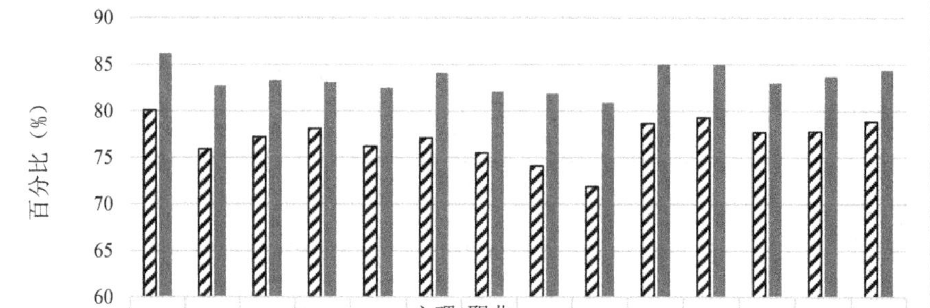

	校风和学风建设	创新创业教育	社会实践活动	校园文化活动	网络思想政治教育	心理健康教育与咨询工作	职业规划与就业指导教育	日常事务管理	学校后勤服务	学生资助工作	基层党组织建设	社团活动	班级建设	团组织建设
2021年	80.1	75.9	77.2	78.1	76.2	77.1	75.5	74.1	71.9	78.7	79.3	77.7	77.8	78.9
2022年	86.2	82.7	83.3	83.1	82.5	84.1	82.1	81.9	80.9	85.0	85.0	83.0	83.7	84.4

图 8-23　2021 年和 2022 年大学生对所在高校各项事务工作评价“满意”的情况

第二，基层党建和社会实践的引领力持续增强，育人成效显著。高校充分发挥党组织的领导核心作用，以组织力带动育人资源的统筹整合，以引领力筑牢青年大学生信仰之基。近年来，高校基层党组织把思想政治工作作为开展党建工作的重要抓手，党建与业务深度融合，不断推进制度化和规范化建设，基层党组织生机活力显著增强。调查显示，85. 0%的大学生充分肯定高校基层党组织，尤其是 54. 4%的受访者非常满意学校党建工作，较以往实现大幅跃升，党员大学生的总体满意度达到 88. 1%。此外，高校深化党建引领团建，以社会实践作为基层党建和团建工作的重要结合点，大力推进学生社会实践工作，号召大学生深入一线，切实发挥社会大课堂对青年学生的锤炼与塑造作用，广获学生好评，52. 5%的大学生给予非常满意的评价，比 2021 年提升了 9. 2 个百分点。以上数据充分说明，高校基层党建工作活力不断增强，以立德树人为根本任务，注重理论联系实际，引导学生知行合一，从有字之书中强思想，于无字之书中练本领。

第三，重视学生人文关怀和心理健康，强化就业指导落实民生工程。心理健康、就业择业、管理服务关乎着大学生成长成才和健康生活，高校围绕上述方面开展工作的质量与实效检验着高校是否坚持“以生为本”。调查显示，护身心的心理关爱、强信心的就业引导、暖人心的生活服务为大学生们的成长发展保驾护航，大学生对学校心理健康教育与咨询、职业规划与就业指导教育、后勤服务工作的满意度分别为 84. 1%、82. 1%、80. 9%，较 2018 年分别提升了 8. 9、3. 3、4. 6 个百分点，且学生给予“非常满意”评价的比例均首次突破五成，数据一方面充分说明高校越来越重视学生心理素质和职业能力的培养，注重人文关怀和心理疏导，一系列工作举措应运而生；另一方面展示出高校相关部门坚持育人导向优化服务供给，持续推进教育与服务质量提升，向科学化、精准性、有温度的工作目标发展，有效满足了学生的思想心理与实际生活需要，收获了学生的积极点赞和高度评价。

（二）值得关注的现象与问题

第一，日常事务管理水平有待进一步提升，学生资助工作的精准性与覆盖面仍需加强。调查显示，在所考察的日常思想政治教育各项工作中，日常事务管理在大学生群体中的好评度排序相对靠后，近年一直有3%～4%的受访大学生对高校开展日常事务管理工作表示不满意。在学生资助方面，2018年以来大学生满意度基本维持在85%左右，与其他工作的满意度呈增长态势相比较为平稳。上述两项工作的评价数据提示着相关工作在不断优化中仍存在突破瓶颈和重点难点，在满足学生需求和服务学生成长的关键内容上有待进一步提质增效。学生资助作为日常事务工作中的重要部分，资助育人与管理育人联系极为紧密，资助工作的对象也应是管理育人的重要关注点，调研中反映出农村生源大学生、非独生子女家庭大学生等群体对上述工作的满意度有显著提升空间。这要求高校思想政治工作者加强对工作精准性、科学性、有效性的探索，充分运用数字化信息化手段应用于质量优化，确保工作急困难学生之所急，想困难学生之所想，以更科学精细的管理与人性化服务为师生办好事、做实事、解难事。

第二，高校全程育人工作有待进一步推进，尤其加强对高年级学生的思想引领和博士生群体的需求关照。“三全育人”是高校落实立德树人根本任务的有效路径，全程育人是其中的关键环节和推进难点，要求思想政治工作者因事而化、因时而进、因势而新，引领不同年级、学段的大学生共同成长，呼应不同群体大学生的差异化发展需求和“急难愁盼”。调查显示，不同年级大学生群体对学校团组织建设、班级建设、校风和学风建设、校园文化活动、网络思想政治教育、职业规划与就业指导教育等方面的评价存在明显差异，低年级尤其新生年级的满意度显著高于毕业年级。例如，一年级大学生对团组织建设的满意度为87.9%，四、五年级大学生的这一数据为80.5%，相差7.4个百分点，二者对班级建设和校园文化活动的满意度均相差6.6个百分点。同样地，博士生群体在基层党组织建设、班级建设、心理健康教育与咨询、后勤服务等工作上的满意度低于本科生和硕士生。综上所述，不同大学生的成长发展需要既含普遍性，又有群体特殊性，愈发依靠思想政治工作者的持续性引导与个性化关怀，除了开好大学第一课，如何上好最后一课同样是重要的工作课题。基于对教育发展和学生成长规律的探索与遵循，立足差异化，制定更多贴近学生思想与现实需要的“毕业年级计划”与“博士生学生工作计划”，以高度重视推进特色创新，进而提升全程育人工作质量，实现立德树人的善始善终。

（三）对策与建议

第一，以党建引领为龙头提升基层组织建设新高度。坚持党对高校的全面领导，充分调动一切资源，有效落实立德树人根本任务，客观上要求加强高校基层党组织建设，发挥党建引领作用，推进“一融双高”建设，以高质量党建带动育人事业蓬勃发展。

一是扎实开展主题教育，提升基层党组织组织力。深入实施“时代新人铸魂工程”，持续推进学生党员、预备党员、入党积极分子学习贯彻习近平新时代中国特色社会主义思想走深走实。开展“头雁”训练营，抓住关键少数，筑牢思想之基，依托“创新工程”激发基层党建活力，打造一支部一品牌，擦亮更多以研读红色经典、创作红色历史剧微电影、开展行走的红色课堂实践、描绘红色地图、参与红色爱心志愿服务等为特色的“红色招牌”。夯实基层党组织规范化建设，完善党员发展流程，规范执行团员推优，为基层党组织持续输送优秀可靠的后备军，确保基层党组织的战斗力，提升工作科学化水平。进一步加强党员先锋在基层组织中的影响辐射，以优秀党员骨干和学生党员为示范，提升基层党组织在青年群体中的引领力、感召力、服务力。

二是以党建带团建，推进基层团组织“三力一度”再提升。共青团是党的助手和后备军，党旗所指是团旗所向，也是青年的奋斗方向。团组织建设应把牢新时代青年工作的主题，以青年需求为关键，面向青年学生开展大讨论大调查，以青年大学习和青春大舞台为依托，以一系列菜单式的优质成长项目为抓手，提供更多解决思想困惑和现实需求的理论学习套餐、科研创新套餐、校园文化活动套餐、实践发展套餐，为青年创造更多展示自我和锤炼本领的平台机会，不断增强青年向党的志气、向上的朝气、向前的勇气。

三是建强化育时代新人的最小单位。作为思想政治工作落实落细的最后一百米，班集体的凝聚力和战斗力对学生道德培育、气质养成、行为塑造具有重要且独特的意义，有效推进良好班风育人是越来越重要的工作课题。加强班集体建设应以夯实行为教育为基础，加强对班级成员的规范引导，促进优良班风，进而营造良好校风；应以实践育人和学生工作为方向，既积极培养学生主人翁意识，帮助其加强自我管理、自我教育、自我服务，又鼓励以班级为单位承办和开展特色项目实践，诸如班级红色寻访、心理班会、访企拓岗调研实践等，实现班级成员个人提升与集体建设双向促进；应以与青年教师队伍建设密切结合为特色，鼓励青年教师担任班主任和德育导师，以鲜活的话语、饱满的热情、贴近的经历为班级建设注入能量。

第二，以深度融合为依托推动“互联网+”模式新发展。青年学生在哪，高校思想政治工作就在哪。作为在互联网高速发展中成长起来的“Z 世代”，他们的活动空间由网络填充，价值判断受网络影响，行为习惯被网络塑造，思维困惑与网络相关，网络与当代大学生成长的密切交互意味着高校思想政治工作务必积极寻求与互联网的深度融合。

一是以直面网络为前提。投入网络是青年寻常且舒适的生活方式，他们在网络空间进行人际交往、学习培训、休闲娱乐、资讯获取，有关思想与现实的需求和困惑不可避免地反映于网络。思想政治教育工作者应主动面对，积极回应这些思考与关切，与每一位青年的成长及他们的表达深度融合，善于将弘扬主旋律与满足青年在网络空间的需求密切结合，及时回应呼声。调研显示，学校微博微信等新媒体对青年成长发展产生非常大或比较大影响的比例有 38.7%，提示高校应注重培养一批信念坚、技术硬、创新强的网络思政工作骨干队伍，鼓励以工作室、项目制、品牌化形式开展矩阵式建设，在信息化多媒体同思想政治教育深度融合领域持续深耕，培育优秀网络文化作品，以过硬的内容掌握学生，以鲜活的话语吸引学生。

二是以网络拓宽主渠道为基础。新时代意识形态前沿阵地不断向网络空间延伸，思想政治理论课作为大学生思想政治教育的主渠道，高校务必加强其对网络新阵地的占有，“加强数字化建设，充分运用现代信息技术建设各类学生所适应的教育资源呈现与运用方式，以及所喜爱的、体验性更强的教育场景”①。一方面，积极探索课程教学与理论传播同网络媒介的深度融合，加快推进信息化服务于主渠道优秀成果的繁荣发展，构建全方位、立体化的教学资源库，持续扩大思政课的音量、体量、能量。另一方面，要善于把握主旋律内核同网络媒介的深度融合，不是单一地将理论从现实迁移至网络，而是以网络平台为创作基点，以中华优秀传统文化和社会主义核心价值观等为核心，推出一批优秀的理论微课、网络金课、思政融课，打造一系列兼具交互性与启发性的移动课堂、沉浸式体验馆、网络衍生作品，激浊扬清，营造风清气正的网络育人环境等。

三是以网络创新主阵地为突破。高校思想政治工作者应充分意识到网络不仅是主旋律扬声的扩音器，更是工作提质增效的新引擎。高校应推动“互联网+”模式同学生管理与服务深度融合，当前不少高校深耕数字化服务平台，推出网络一卡通、网络一站式服务平台、学生网络社区等智能系统，依靠信息化解放日常事务工作的冗杂，形成各项日常思想政治工作的网络协同与信息共享，为便捷“三全育人”提供基础支撑。高校应加快推动大数据与思想政治工作深度融合，借助海量行为数据，分析“00后”“05后”学生的学习兴趣、生活习惯、消费偏好、用网目的，为每位思想政治工作对象精准画像，并以机器学习作技术依托，加强对群体特征的研判，为增强校园活动、心理健康咨询、就业创业指导、学生资助的针对性与有效性提供数据和样本支持，也为开展行为教育和网络思想政治教育明晰方向，真正实现信息化赋能思政工作精细化、精准化、精品化发展。

第三，以“三全育人”为导向赋能日常思政工作新生态。

《关于加强和改进新形势下高校思想政治工作的意见》中明确提出坚持全员全过程全方位育人，依靠高校各育人主体全员参与破解“孤岛效应”的难题，依靠全学段连接协同打破环节孤立的壁垒，依靠深层次宽领域广覆盖的育人路径改变单一渠道的局限，真正把思想引领贯穿教育教学全过程和各环节。

一是在育人队伍建设上持续发力。进一步坚定思想政治理论课教师“守好一段渠、种好责任田”的育人意识，站稳讲台，推进思想政治理论课守正创新，维护主渠道在学生思想引领、信念坚定、价值澄清、道德教化、行为塑造等环节上发挥独一无二的作用，将思想政治理论课打造成为呼应时代要求和青年需求的金课、为学生答疑释惑的好课。其他课程应充分挖掘思政元素，凝聚“专业+思政”价值，通过课程思政工作坊、研讨沙龙、实践调研等形式加强专业课教师与思政课教师的深度交流，实现思政课程与课程思政的协同增效。高校进一步树牢日常思想政治工作者的职业信念，加强辅导员践行“一线规则”的自觉和成效，使其努力成为学生想得到、找得到、学得到的优秀导师和知心朋友，凝聚心理健康教师、就业指导师、班级导师等育人合力，不断夯实他们开展

① 沈壮海．把准全面推进“大思政课”建设的关键点[J]．人民教育，2022(18)．

思想政治工作的本领。进一步促进事务管理、后勤服务、图书管理等岗位工作者参与培育时代新人工作，使其结合自身岗位探索开展更多贴近学生生活，满足学生需求，服务学生成长的靶向活动。通过努力塑造全员参与的有利局面，让育人主阵地建设更加扎实、可靠、常新。

二是在各年级学段齐头并进上持续推进。深入探究“00后”“05后”成长规律、心理特点与行为偏好，以入学教育为契机，结合专业启航、生涯规划、校史学习、国防教育、心理适应等主题精心设计“一年级计划”，帮助新生顺利度过相对迷茫的适应期。不断延伸计划落实的时间空间，结合学生思想需求和成长需要，升级更多“一年级计划2.0”“一年级计划3.0”和计划的毕业生版本，善始善终做细做实做好毕业生教育，帮助毕业生快速完成向新人生阶段迈进的身份转变。在学生成长的全学段，做好全程关注，重点引导，持续追踪，提供更具个性化的成长指南，努力实现对“一生一册”和“一生一策”的发展护航。

三是在全方位密切协同上持续建功。育人主体和对象的多样性为育人渠道载体的丰富多样提供更多可能，充分挖掘“十育人”体系中各育人渠道的思政资源，有效利用各教育载体，激活发展动能，探索内涵式发展新增长点，为高校思政工作新生态赋能是“大思政”格局下新的工作命题。强化心理育人，以团体辅导、心理剧、心理班会、游园会为载体，创新开展放松身心压力、调节情绪价值、破除心理困扰的体验式活动，在校园内积极营造良好社会心态。延展就业指导，打造“职业启蒙—生涯规划—就业指导—发展跟踪”一体化成长体系，鼓励更多“走出去”的访企拓岗和高校教师参与多行业体验，密切学生与市场的联系。创新资助育人，跳出处理资助事务的工作框架，转向服务学生无忧成长的工作理念，立足家庭困难学生在思想、心态、气质等方面的实际需求，开拓发展性资助项目，创造展示与表达的舞台，引导资助对象寻找精神财富。深化实践育人，加快学校与社会协同育人步伐，探索并构建深层次合作框架，引导社会资源参与高校铸魂育人工程，建立一批“大思政课”实践教学基地、青年创业孵化基地、学生实习实训基地，点亮“行走的课堂”实践品牌，构建充满蓬勃朝气、馥郁书卷气、氤氲烟火气的高校思想政治工作新生态。

第九章　对思想政治教育成效的评价

近年来，各地各高校思想政治工作战线着眼时代新人培育，高举旗帜、培根铸魂、建强体系、破解难题、改进创新，不断推动大学生思想政治教育工作高质量发展，有效推动思想政治教育取得系列新成效。高校思想政治教育的积极供给与大学生的成长发展需求是否耦合，从大学生对思想政治教育成效评价的视角，能够客观反映思想政治教育的结果效度。本章基于对武汉大学思政中心年度调查数据的深入分析，从大学生对专业课程教学、日常思想政治教育、思想政治理论课教学的评价，对全员、全过程、全方位育人工作的评价，对思想政治理论课、公共基础课、专业教育课程、实践类课程的德育作用的评价等方面，客观呈现高校思想政治教育的整体成效与分项成效，同时以问题和短板检视为导向，提出推动高校思想政治教育高质量发展的举措建议。

一、整体成效评价

大学生对思想政治教育主渠道与主阵地的满意度评价，是高校大学生思想政治教育成效评价的基本组成部分。大学生对思想政治理论课教学、专业课程教学和日常思想政治教育的好评度，能够直接反映高校思想政治教育的总体效果。

（一）总体评价

大学生对思想政治教育的整体满意度持续走高。从图 9-1 中可以看出，98.5%

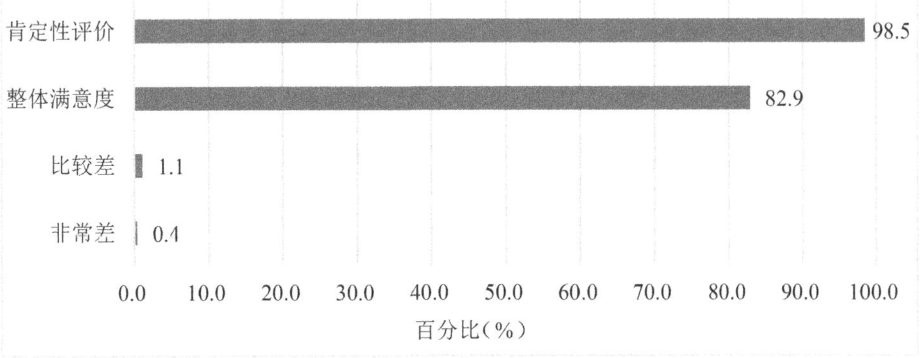

图 9-1　大学生对思想政治教育效果的评价情况

(2021 年为 99.2%)的大学生对思想政治教育开展状况持肯定性评价，大学生对思想政治教育效果的整体满意度为 82.9%(2021 年为 86.3%)。对思想政治教育效果持负面评价的大学生也占有一定比例，认为效果“比较差”或“非常差”的大学生比例为 1.5%(2021 年为 0.8%)。

对 2014—2022 年数据进行对比分析可以得出，大学生对思想政治教育效果的肯定性评价和整体满意度均呈先下降再上升后趋平稳的趋势，近 9 年中，2021 年大学生对思想政治教育效果的肯定性评价和整体满意度最高(见图 9-2)。虽然 2022 年大学生对思想政治教育效果的肯定性评价和整体满意度处于历年来的第二高水平，但是较 2021 年有所下滑，并且 2022 年的负面评价也较 2021 年有所增加。这说明，在大学生思想政治教育工作中仍然存在一些短板弱项和亟待解决的问题，应该及时关注大学生的思想动向，剖析大学生思想政治教育工作中可能存在的问题，坚持问题导向和目标导向，深化细致地增强思想政治教育的针对性和实效性，以此推动思想政治教育质量的进一步提高。

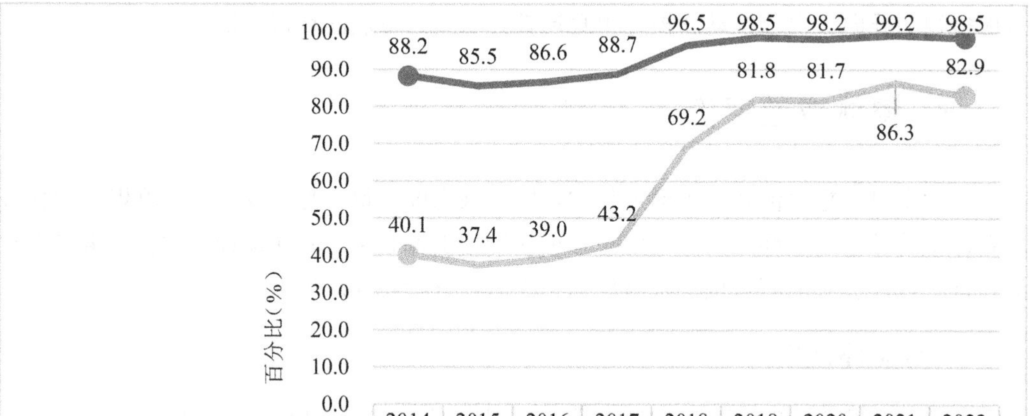

	2014 年	2015 年	2016 年	2017 年	2018 年	2019 年	2020 年	2021 年	2022 年
对思想政治教育效果的肯定性评价	88.2	85.5	86.6	88.7	96.5	98.5	98.2	99.2	98.5
对思想政治教育效果的整体满意度	40.1	37.4	39.0	43.2	69.2	81.8	81.7	86.3	82.9

图 9-2　2014—2022 年大学生对思想政治教育效果的评价情况趋势图

此外，对 2014—2022 年数据进行对比分析可以得出，大学生对思想政治理论课教学、专业课程教学的肯定性评价和整体满意度均呈上升趋势。近 9 年来，2022 年大学生对思想政治理论课教学、专业课程教学的肯定性评价和整体满意度均为最高值，如图 9-3、图 9-4 所示。并且，自 2018 年以来，大学生对思想政治理论课教学、专业课程教学的肯定性评价均达到 95%以上，表明不同教育渠道育德作用明显，思想政治理论课教学、专业课程教学对大学生思想品德发展的促进作用显著。

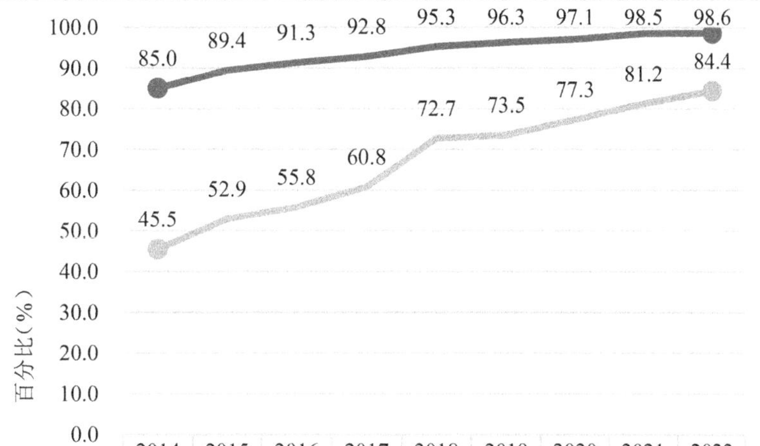

	2014年	2015年	2016年	2017年	2018年	2019年	2020年	2021年	2022年
对思想政治理论课教学的肯定性评价	85.0	89.4	91.3	92.8	95.3	96.3	97.1	98.5	98.6
对思想政治理论课教学的整体满意度	45.5	52.9	55.8	60.8	72.7	73.5	77.3	81.2	84.4

图 9-3　2014—2022 年大学生对思想政治理论课教学的评价情况趋势图

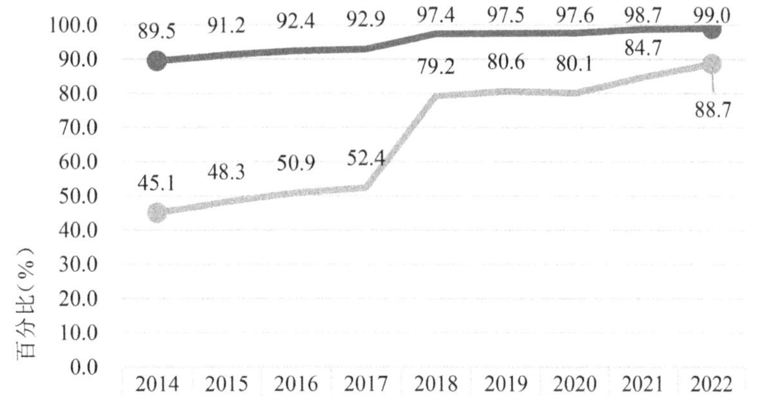

	2014年	2015年	2016年	2017年	2018年	2019年	2020年	2021年	2022年
对专业课程教学的肯定性评价	89.5	91.2	92.4	92.9	97.4	97.5	97.6	98.7	99.0
对专业课程教学的整体满意度	45.1	48.3	50.9	52.4	79.2	80.6	80.1	84.7	88.7

图 9-4　2014—2022 年大学生对专业课程教学的评价情况趋势图

（二）分项评价

大学生对专业课程教学的评价较好。从图 9-5 中可以看出，99.0%（2021 年为 98.7%）的大学生对专业课程教学开展状况持肯定性评价，大学生对专业课程教学效果的整体满意度为 88.7%（2021 年为 84.7%）。对专业课程教学效果持负面评价的大学生也占有一定比例，认为效果“比较差”或“非常差”的大学生比例为 1.0%（2021 年为 1.3%）。

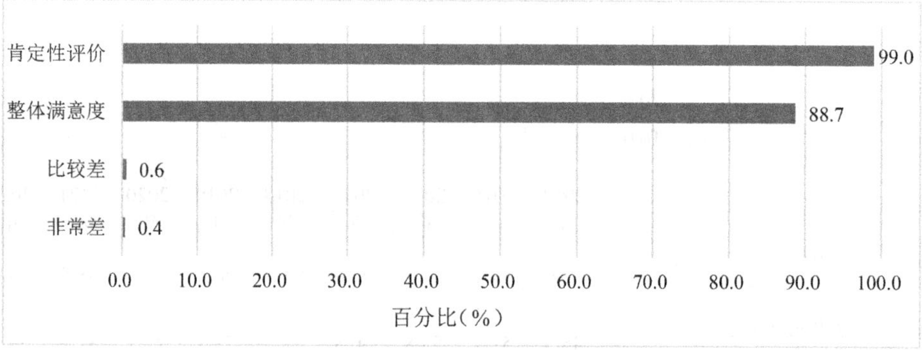

图 9-5　大学生对专业课程教学的评价情况

大学生对日常思想政治教育的评价较好。从图 9-6 中可以看出，98.6%（2021 年为 98.6%）的大学生对日常思想政治教育的开展状况持肯定性评价，大学生对日常思想政治教育效果的整体满意度为 84.3%（2021 年为 81.0%）。对日常思想政治教育效果持负面评价的大学生也占有一定比例，认为效果“比较差”或“非常差”的大学生比例为 1.4%（2021 年为 1.4%）。

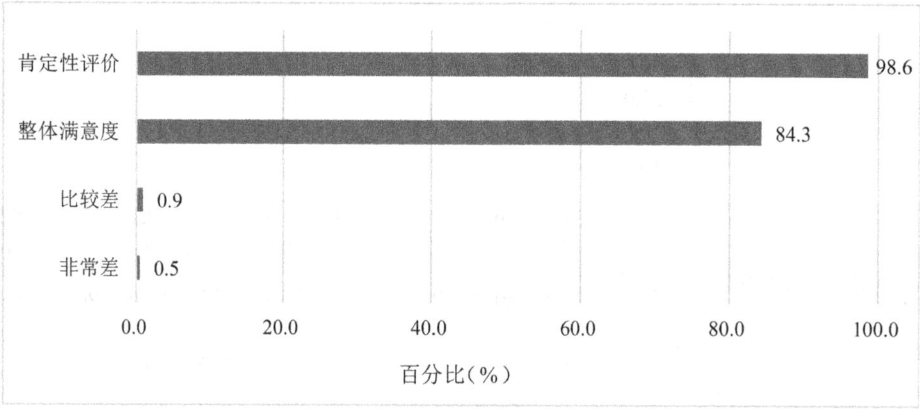

图 9-6　大学生对日常思想政治教育的评价情况

大学生对思想政治理论课教学的评价较好。从图 9-7 中可以看出，98.6%(2021 年为 98.5%)的大学生对思想政治理论课教学开展状况持肯定性评价，大学生对思想政治理论课教学效果的整体满意度为 84.4%(2021 年为 81.2%)。对思想政治理论课教学效果持负面评价的大学生也占有一定比例，认为效果“比较差”或“非常差”的大学生比例为 1.4%(2021 年为 1.5%)。

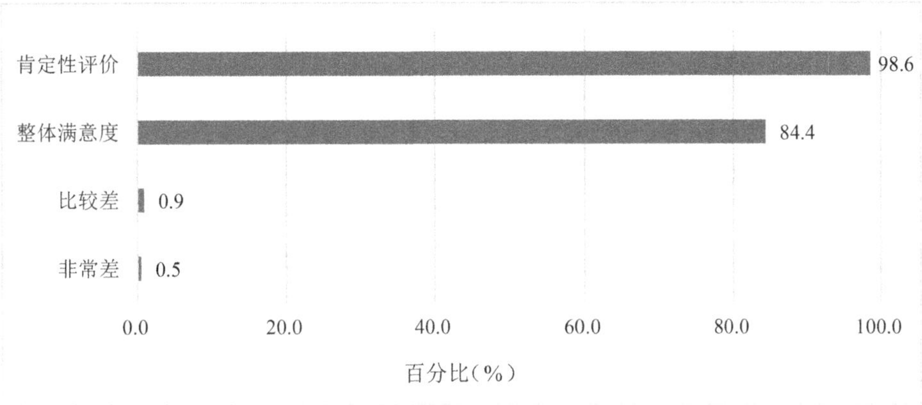

图 9-7　大学生对思想政治理论课教学的评价情况

(三)不同类型大学生对教育成效的评价

1. 基于自然因素的分析

不同性别的大学生对思想政治教育效果的评价存在显著差异($\chi^2=214.619$，$P<0.001$)。从表 9-1 中可以看出，98.9%的女大学生对思想政治教育开展状况持肯定性评价，女大学生对思想政治教育效果的整体满意度为 84.5%，女大学生的这两项数据均高于男大学生的数据。相较而言，97.9%的男大学生对思想政治教育开展状况持肯定性评价，男大学生对思想政治教育效果的整体满意度为 80.7%。

表 9-1　不同性别的大学生对思想政治教育效果的评价情况

性别	大学生对思想政治教育效果的评价(%)				
	非常好	比较好	一般	比较差	非常差
男	52.8	27.9	17.2	1.5	0.6
女	51.6	32.9	14.4	0.8	0.3

不同生源地的大学生对思想政治教育效果的评价存在显著差异($\chi^2=82.671$，$P<0.001$)。从表 9-2 中可以看出，生源地性质为城镇的大学生与生源地性质为农村的大学生对思想政治教育开展状况持肯定性评价的比例相同，均为 98.5%。但是生源地

性质为城镇的大学生对思想政治教育效果的整体满意度为 83.8%，生源地性质为农村的大学生的这一数据为 81.9%。

表 9-2　不同生源地性质的大学生对思想政治教育效果的评价情况

生源地性质	大学生对思想政治教育效果的评价(%)				
	非常好	比较好	一般	比较差	非常差
农村	49.9	32.0	16.6	1.1	0.4
城镇	54.2	29.6	14.7	1.2	0.3

独生子女和非独生子女大学生对思想政治教育效果的评价存在显著差异(χ^2 = 109.222，$P<0.001$)。从表 9-3 中可以看出，98.4%(2021 年为 99.1%)的独生子女大学生对思想政治教育开展状况持肯定性评价，独生子女大学生对思想政治教育效果的整体满意度为 84.0%(2021 年为 86.8%)。而非独生子女大学生对思想政治教育开展状况持肯定性评价的比例为 98.5%(2021 年为 99.3%)，非独生子女大学生对思想政治教育效果的整体满意度为 82.1%(2021 年为 86.0%)。

表 9-3　独生子女和非独生子女大学生对思想政治教育效果的评价情况

是否为独生子女	大学生对思想政治教育效果的评价(%)				
	非常好	比较好	一般	比较差	非常差
独生子女	55.2	28.8	14.4	1.1	0.5
非独生子女	50.0	32.1	16.4	1.1	0.4

家庭类型不同的大学生对思想政治教育效果的评价存在显著差异(χ^2 = 24.070，$P<0.001$)。从表 9-4 中可以看出，98.6%的双亲家庭大学生对思想政治教育开展状况持肯定性评价，双亲家庭大学生对思想政治教育效果的整体满意度为 83.0%，双亲家庭的大学生的这两项数据均高于非双亲家庭大学生的数据。相较而言，97.8%的非双亲家庭大学生对思想政治教育开展状况持肯定性评价，非双亲家庭大学生对思想政治教育效果的整体满意度为 81.9%。

表 9-4　家庭类型不同的大学生对思想政治教育效果的评价情况

家庭类型	大学生对思想政治教育效果的评价(%)				
	非常好	比较好	一般	比较差	非常差
双亲家庭	52.3	30.7	15.6	1.1	0.3
非双亲家庭	50.5	31.4	15.9	1.4	0.8

生源地所属区域不同的大学生对思想政治教育效果的评价存在显著差异(χ^2=555.469，P<0.001)。从表9-5中可以看出，98.7%的生源地所属区域为东北的大学生对思想政治教育开展状况持肯定性评价，生源地所属区域为东北的大学生对思想政治教育效果的整体满意度为87.2%，这两项数据均高于生源地所属区域为华东、华南、华中、华北、西北、西南的大学生的数据。

表9-5　生源地所属区域不同的大学生对思想政治教育效果的评价情况

生源地所属区域	大学生对思想政治教育效果的评价(%)				
	非常好	比较好	一般	比较差	非常差
华东	53.4	30.2	14.8	1.1	0.5
华南	42.4	36.2	19.6	1.3	0.5
华中	52.1	30.6	15.8	1.1	0.4
华北	55.8	28.9	13.5	1.4	0.4
西北	53.1	32.6	13.4	0.7	0.2
西南	46.4	33.6	18.6	1.2	0.2
东北	65.8	21.4	11.5	1.0	0.3

2. 基于教育因素的分析

学历层次不同的大学生对思想政治教育效果的评价存在显著差异(χ^2=101.908，P<0.001)。从表9-6中可以看出，本科生对思想政治教育效果的整体满意度为83.3%，高于硕士生(82.7%)、博士生(78.3%)的整体满意度。

表9-6　学历层次不同的大学生对思想政治教育效果的评价情况

学历层次	大学生对思想政治教育效果的评价(%)				
	非常好	比较好	一般	比较差	非常差
本科生	53.3	30.0	15.3	1.1	0.3
硕士生	49.6	33.1	16.0	1.0	0.3
博士生	46.8	31.5	18.6	2.1	1.0

学科门类不同的大学生对思想政治教育效果的评价存在显著差异(χ^2=29.577，P<0.001)。从表9-7中可以看出，社会科学类大学生对思想政治教育效果整体满意度为83.8%，高于人文科学类(82.4%)、理工农医类大学生(82.6%)的整体满意度。

表 9-7　学科门类不同的大学生对思想政治教育效果的评价情况

学科门类	大学生对思想政治教育效果的评价(%)				
	非常好	比较好	一般	比较差	非常差
人文科学类	52.0	30.4	16.4	0.9	0.3
社会科学类	51.6	32.2	14.8	1.1	0.3
理工农医类	52.4	30.2	15.7	1.2	0.5

学生干部经历不同的大学生对思想政治教育效果的评价存在显著差异(χ^2=123.730，$P<0.01$)。从表 9-8 中可以看出，有学生干部经历的大学生对思想政治教育效果的整体满意度为 83.7%，高于没有学生干部经历的大学生的整体满意度(78.9%)。而 18.9%没有学生干部经历的大学生对思想政治教育效果的评价为“一般”，高于有学生干部经历的大学生的 14.9%。

表 9-8　学生干部经历不同的大学生对思想政治教育效果的评价情况

是否有学生干部经历	大学生对思想政治教育效果的评价(%)				
	非常好	比较好	一般	比较差	非常差
是	52.9	30.8	14.9	1.1	0.3
否	48.4	30.5	18.9	1.5	0.7

(四)不同类型大学生对教育成效的分项评价

1. 不同群体大学生对专业课程教学效果的评价分析

从表 9-9 中可以看出，不同性别的大学生对专业课程教学效果评价存在显著差异。99.2%的女大学生对专业课程教学效果持肯定性评价，女大学生对专业课程教学效果的整体满意度为 89.7%，这两项数据均高于男大学生的比例。相比较来说，98.6%的男大学生对专业课程教学效果持肯定性评价，男大学生对专业课程教学效果的整体满意度为 87.3%。生源地不同的大学生对专业课程教学效果的评价存在显著差异。生源地性质为城镇的大学生对专业课程教学效果的整体满意度为 89.7%，高于生源地为农村的大学生的整体满意度(87.6%)，说明城镇大学生对专业课程教学效果评价更高。而 11.4%的生源地为农村的大学生对专业课程教学效果评价为“一般”，这一数据高于生源地性质为城镇的大学生的数据(9.3%)。家庭类型不同的大学生对专业课程教学效果的评价存在显著差异。双亲家庭的大学生对专业课程教学效果的整体满意度为 88.8%，高于非双亲家庭的大学生的整体满意度(87.8%)。学历层次不同的大学生对专业课程教学效果的评价存在显著差异。本科生对专业课程教学效果的整体满意度为 88.9%，高于硕士生、博士生的88.5%、86.9%。独生子女状况不同的大学生对专业课程教学效果的评价存在显著差异。独生子女大学生对专业课程教学效果的整体满意度为89.8%，高于非独生子女大学生的整体满意度(88.0%)。学生干部经历不同的大学生对专业课程教学效果的评价存在显著差异。有学生干部经历的大学生对专业课程教学效果的整体满意度为89.6%，高于没有学生干部经历的大学生的整体满意度(84.6%)。学校所属区域不同的大学生，对专业课程教学效果的评价存在显著差异。学校所属区域为东北的大学生对专业课程教学效果的整体满意度为92.5%，这一数据高于学校所属区域为西北、华北、华中、华东、华南、西南的大学生的数据(91.3%、89.9%、88.9%、88.1%、87.7%、86.4%)。

表9-9　不同群体大学生对专业课程教学效果评价的交互分析

群体类别 \ 问题及选项		您认为下列工作开展效果如何？专业课程教学(%)					卡方检验		
		非常好	比较好	一般	比较差	非常差	χ^2	df	P
性别	男	58.6	28.7	11.3	0.8	0.6	119.467	4	<0.001
	女	57.4	32.3	9.5	0.5	0.3			
生源地性质	农村	55.2	32.4	11.4	0.6	0.4	117.653	4	<0.001
	城镇	60.4	29.3	9.3	0.7	0.3			
家庭类型	双亲家庭	58.0	30.8	10.3	0.6	0.3	23.621	4	<0.001
	非双亲家庭	56.8	31.0	10.6	0.8	0.8			
学历层次	本科生	59.1	29.8	10.2	0.6	0.3	87.169	8	<0.001
	硕士生	55.1	33.4	10.5	0.7	0.3			
	博士生	53.5	33.4	11.3	0.8	1.0			
是否为独生子女	是	61.5	28.3	9.2	0.6	0.4	147.842	4	<0.001
	否	55.5	32.5	11.1	0.7	0.0			
是否有学生干部经历	是	58.9	30.7	9.5	0.6	0.3	171.126	4	<0.001
	否	53.4	31.2	13.9	0.9	0.7			
学校所属区域	华东	56.5	31.6	10.6	0.8	0.5	430.261	24	<0.001
	华南	51.6	36.1	11.5	0.7	0.1			
	华中	56.8	32.1	10.2	0.6	0.3			
	华北	62.5	27.4	9.3	0.5	0.4			
	西北	61.5	29.8	7.9	0.5	0.3			
	西南	54.5	31.9	12.5	0.7	0.4			
	东北	69.4	23.1	6.7	0.6	0.2			

2. 不同群体大学生对大学生日常思想政治教育的评价分析

从表9-10中可以看出，不同性别的大学生对大学生日常思想政治教育评价存在显著差异。99.2%的女大学生对大学生日常思想政治教育持肯定性评价，女大学生对大学生日常思想政治教育的整体满意度为85.9%，这两项比例均高于男大学生的比例。相比较来说，97.9%的男大学生对大学生日常思想政治教育持肯定性评价，男大学生对大学生日常思想政治教育的整体满意度为82.1%。生源地性质不同的大学生对大学生日常思想政治教育的评价存在显著差异。生源地性质为城镇的大学生对大学生日常思想政治教育的整体满意度为85.1%，高于生源地性质为农村的大学生的83.3%，说明城镇大学生对大学生日常思想政治教育评价更高。家庭类型不同的大学生对大学生日常思想政治教育的评价存在显著差异。双亲家庭的大学生对大学生日常思想政治教育的整体满意度为84.4%，高于非双亲家庭的大学生的整体满意度(83.1%)。学科门类不同的大学生对大学生日常思想政治教育评价存在显著差异。社会科学类大学生对大学生日常思想政治教育整体满意度为85.2%，高于人文科学类、理工农医类的整体满意度(83.8%、84.0%)。学历层次不同的大学生对大学生日常思想政治教育的评价存在显著差异。本科生对大学生日常思想政治教育的整体满意度为84.5%，高于硕士生、博士生的整体满意度(84.2%、80.6%)。独生子女状况不同的大学生对大学生日常思想政治教育的评价存在显著差异。独生子女大学生对大学生日常思想政治教育的整体满意度为85.4%，高于非独生子女大学生的整体满意度(83.5%)。学生干部经历不同的大学生对大学生日常思想政治教育的评价存在显著差异。有学生干部经历的大学生对大学生日常思想政治教育的整体满意度为85.2%，高于没有学生干部经历的大学生的整体满意度(80.2%)。学校所属区域不同的大学生对大学生日常思想政治教育的评价存在显著差异。学校所属区域为东北的大学生对大学生日常思想政治教育的整体满意度为88.7%，高于学校所属区域为西北、华北、华中、华东、华南、西南的大学生的整体满意度(88.1%、85.9%、84.4%、83.3%、82.8%、82.2%)。

表9-10 不同群体大学生对大学生日常思想政治教育评价的交互分析

问题及选项 / 群体类别		您认为下列工作开展效果如何？大学生日常思想政治教育(%)					卡方检验		
		非常好	比较好	一般	比较差	非常差	χ^2	df	P
性别	男	54.9	27.2	15.8	1.3	0.8	253.101	4	<0.001
	女	53.6	32.3	13.3	0.6	0.2			
生源地性质	农村	51.8	31.5	15.3	0.9	0.5	82.823	4	<0.001
	城镇	56.2	28.9	13.5	1.0	0.4			
家庭类型	双亲家庭	54.3	30.1	14.3	0.9	0.4	22.832	4	<0.001
	非双亲家庭	52.5	30.6	15.0	1.0	0.9			

续表

群体类别	问题及选项	您认为下列工作开展效果如何？大学生日常思想政治教育（%）					卡方检验		
		非常好	比较好	一般	比较差	非常差	χ^2	df	P
学科门类	人文科学类	53.9	29.9	15.1	0.7	0.4	30.388	8	<0.001
	社会科学类	53.6	31.6	13.5	0.9	0.4			
	理工农医类	54.4	29.6	14.5	1.0	0.5			
学历层次	本科生	55.2	29.3	14.1	0.9	0.5	96.817	8	<0.001
	硕士生	51.6	32.6	14.6	0.9	0.3			
	博士生	48.9	31.7	16.7	1.5	1.2			
是否为独生子女	是	57.3	28.1	13.1	1.0	0.5	122.809	4	<0.001
	否	51.9	31.6	15.2	0.9	0.4			
是否有学生干部经历	是	55.0	30.2	13.6	0.8	0.4	121.980	4	<0.001
	否	50.2	30.0	17.7	1.3	0.8			
学校所属区域	华东	52.7	30.6	15.1	1.0	0.6	421.676	24	<0.001
	华南	48.4	34.4	16.1	0.9	0.3			
	华中	52.5	31.9	14.5	0.8	0.3			
	华北	59.1	26.8	12.7	0.9	0.5			
	西北	54.6	33.5	11.2	0.4	0.3			
	西南	51.0	31.2	16.2	1.1	0.5			
	东北	65.6	23.1	10.0	0.8	0.5			

3. 不同群体大学生对思想政治理论课教学的评价分析

从表9-11中可以看出，不同性别的大学生对思想政治理论课教学评价存在显著差异。99.1%的女大学生对思想政治理论课教学持肯定性评价，女大学生对思想政治理论课教学的整体满意度为85.9%，这两项比例均高于男大学生的比例。相比较来说，97.9%的男大学生对思想政治理论课教学持肯定性评价，男大学生对思想政治理论课教学的整体满意度为82.6%。生源地性质不同的大学生对思想政治理论课教学的评价存在显著差异。生源地性质为城镇的大学生对思想政治理论课教学的整体满意度为85.1%，高于生源地性质为农村的大学生的83.7%，说明城镇大学生对思想政治理论课教学评价更高。家庭类型不同的大学生对思想政治理论课教学的评价存在显著差异。双亲家庭的大学生对思想政治理论课教学的整体满意度为84.5%，高于非双亲家庭的大学生的83.5%。学科门类不同的大学生对思想政治理论课教学评价存在显著差异。社会科学类大学生对思想政治理论课教学整体满意度为 85.1%，高于人文科学类、理工农医类的整体满意度(83.6%、84.5%)。学历层次不同的大学生对思想政治理论课教学的评价存在显著差异。本科生对思想政治理论课教学的整体满意度为 84.7%，高于硕士生、博士生的整体满意度(84.3%、80.6%)。独生子女状况不同的大学生对思想政治理论课教学的评价存在显著差异。独生子女大学生对思想政治理论课教学的整体满意度为 85.4%，高于非独生子女大学生的整体满意度(83.8%)。学生干部经历不同的大学生对思想政治理论课教学的评价存在显著差异。有学生干部经历的大学生对思想政治理论课教学的整体满意度为 85.3%，高于没有学生干部经历的大学生的整体满意度(80.7%)。学校所属区域不同的大学生对思想政治理论课教学的评价存在显著差异。学校所属区域为东北的大学生对思想政治理论课教学的整体满意度为 88.8%，高于学校所属区域为西北、华北、华中、华东、华南、西南的大学生的整体满意度(87.6%、86.3%、84.6%、83.2%、83.2%、82.4%)。

表 9-11　不同群体大学生对思想政治理论课教学评价的交互分析

群体类别 \ 问题及选项		您认为下列工作开展效果如何？思想政治理论课教学(%)					卡方检验		
		非常好	比较好	一般	比较差	非常差	χ^2	df	P
性别	男	55.3	27.3	15.3	1.3	0.8	218.965	4	<0.001
	女	53.9	32.0	13.2	0.6	0.3			
生源地性质	农村	52.3	31.4	14.9	0.9	0.5	73.008	4	<0.001
	城镇	56.5	28.6	13.5	0.9	0.5			
家庭类型	双亲家庭	54.6	29.9	14.1	0.9	0.5	22.600	4	<0.001
	非双亲家庭	53.0	30.5	14.4	1.1	1.0			
学科门类	人文科学类	54.1	29.5	15.2	0.8	0.4	23.793	8	<0.005
	社会科学类	54.0	31.1	13.5	0.8	0.4			
	理工农医类	54.9	29.6	14.0	1.0	0.5			
学历层次	本科生	55.7	29.0	13.9	0.9	0.5	108.321	8	<0.001
	硕士生	51.7	32.6	14.5	0.8	0.4			
	博士生	48.7	31.9	16.4	1.8	1.2			
是否为独生子女	是	57.5	27.9	13.1	0.9	0.6	104.242	4	<0.001
	否	52.4	31.4	14.8	0.9	0.5			
是否有学生干部经历	是	55.3	30.0	13.5	0.8	0.4	113.648	4	<0.001
	否	50.9	29.8	17.1	1.3	0.9			

续表

群体类别 \ 问题及选项		您认为下列工作开展效果如何？思想政治理论课教学(%)					卡方检验		
		非常好	比较好	一般	比较差	非常差	χ^2	df	P
学校所属区域	华东	52.9	30.3	15.1	1.1	0.6	420.308	24	<0.001
	华南	48.8	34.4	15.8	0.7	0.3			
	华中	52.8	31.8	14.2	0.8	0.4			
	华北	59.7	26.6	12.4	0.9	0.4			
	西北	55.7	31.9	11.7	0.4	0.3			
	西南	51.5	30.9	15.9	1.1	0.6			
	东北	65.7	23.1	9.8	0.8	0.6			

(五)相关分析

为进一步了解大学生对思想政治教育整体成效的评价，下面根据调查的有关情况进行相关分析。

通过相关分析发现，大学生对思想政治教育整体成效的评价(“非常好”=1，“比较好”=2，“一般”=3，“比较差”=4，“非常差”=5)和对专业课程教学的评价(“非常好”=1，“比较好”=2，“一般”=3，“比较差”=4，“非常差”=5，下同)、对大学生日常思想政治教育的评价、对思想政治理论课教学的评价、对所在学校全员育人工作的评价(“非常满意”=1，“比较满意”=2，“一般”=3，“不太满意”=4，“很不满意”=5，下同)、对所在学校全过程育人工作的评价、对所在学校全方位育人工作的评价之间存在正相关关系(P 值均小于0.001)。从表9-12可以看出，对相关方面的工作评价越积极的大学生，对思想政治教育整体成效的评价也越高。

表9-12 大学生对思想政治教育整体成效的评价相关关系情况

相关因素	相关分析	
	r	P
专业课程教学	0.886	<0.001
大学生日常思想政治教育	0.966	<0.001
思想政治理论课教学	0.958	<0.001
所在学校全员育人	0.847	<0.001
所在学校全过程育人	0.846	<0.001
所在学校全方位育人	0.846	<0.001
所在学校思想政治理论课	0.209	<0.001

续表

相关因素	相关分析	
	r	*P*
所在学校公共基础课程	0. 189	<0. 001
所在学校专业教育课程	0. 147	<0. 001
所在学校实践类课程	0. 147	<0. 001

二、对“三全育人”工作成效的评价

当前，高校“三全育人”综合改革不断向纵深推进，“三全育人”质量、效果是高校思政工作者普遍关注的课题。从不同群体的大学生对所在学校“三全育人”工作的满意度评价，能够发现“三全育人”综合改革中存在的薄弱环节和突出问题，从而提出更加务实的举措以加强“三全育人”工作改革创新，有利于推动构建“三全育人”新格局。

（一）总体情况

课题组分别对所在学校全员、全过程、全方位育人工作的评价进行了调查，得出大学生对这些工作看法的调查结果。大学生对所在学校全员、全过程、全方位育人工作的评价的整体满意度较好。

从图 9-8 中可以看出，2022 年大学生对所在学校全员育人工作的整体满意度和肯定性评价分别为 86. 5%、98. 8%，明显高于 2021 年的 82. 5%、98. 4%。并且 2022 年大学生中对所在学校全员育人工作“不太满意”或“很不满意”的比例为 1. 2%，较 2021 年的

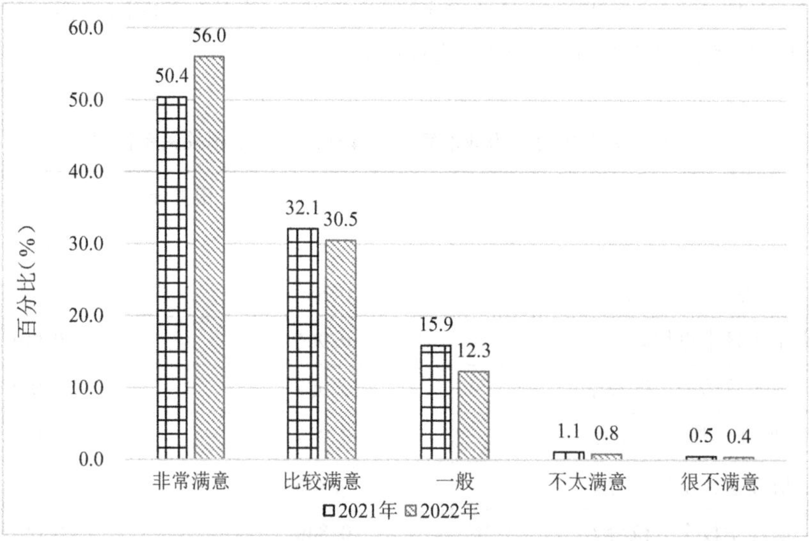

图 9-8　大学生对所在学校全员育人工作的评价

1.6%有所下降。

从图 9-9 中可以看出，2022 年大学生对所在学校全过程育人工作的整体满意度和肯定性评价分别为 85.9%、98.8%，明显高于 2021 年的 81.7%、98.3%。并且 2022 年大学生对所在学校全过程育人工作“不太满意”或“很不满意”的占比为 1.2%，较 2021 年的 1.7%有所下降。

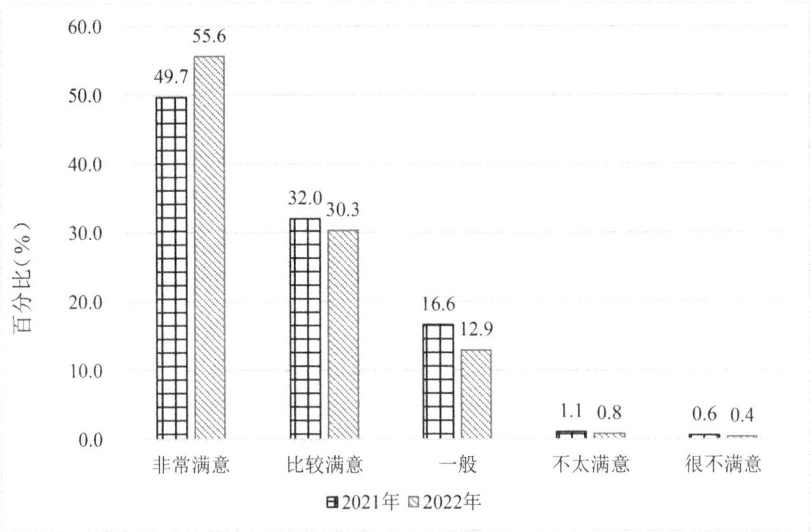

图 9-9　大学生对所在学校全过程育人工作的评价

从图 9-10 中可以看出，2022 年大学生对所在学校全方位育人工作的整体满意度

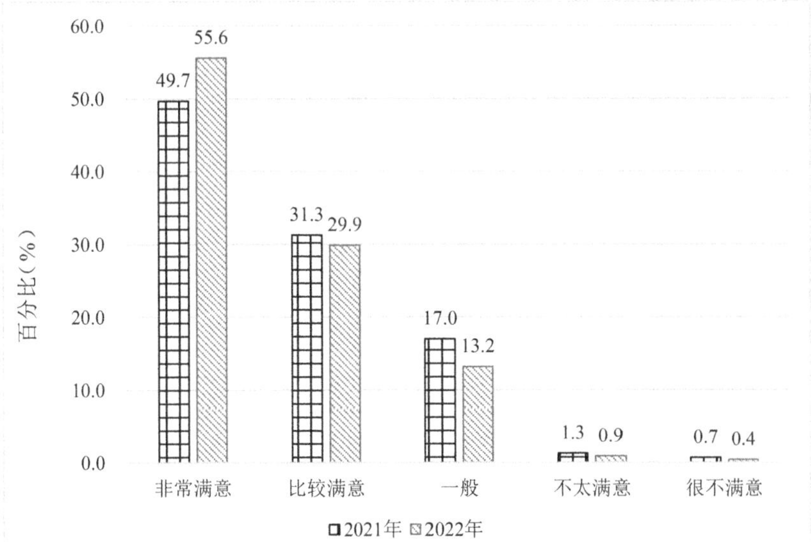

图 9-10　大学生对所在学校全方位育人工作的评价

和肯定性评价分别为85.5%、98.7%，明显高于2021年的81.0%、98.0%。并且2022年大学生对所在学校全方位育人工作“不太满意”或“很不满意”的占比为1.3%，较2021年的2.0%有所下降。这说明“三全育人”工作开展持续向好，满意度明显提升。

此外，此次调查中，还收集了大学生对所在学校校风和学风建设、创新创业教育、社会实践活动、校园文化活动、网络思想政治教育、心理健康教育与咨询工作、职业规划与就业指导教育、日常事务管理、学校后勤服务、学生资助工作、基层党组织建设、社团活动、班级建设、团组织建设的评价。从表9-13、图9-11可以看出，大学生对以上各项工作的整体满意度分别为86.1%、82.7%、83.3%、83.2%、82.5%、84.1%、82.1%、81.9%、80.9%、85.0%、85.0%、83.0%、83.7%、84.4%。由此可见，大学生对所在学校各项工作的满意度较高，均在80.0%以上。其中，满意度较高的前三项是校风和学风建设、基层党组织建设以及学生资助工作，满意度较低的三项是学校后勤服务、日常事务管理和职业规划与就业指导教育。

表9-13 大学生对本校各项工作的评价

本校各项工作	大学生对本校各项工作的评价(%)				
	非常满意	比较满意	一般	不太满意	很不满意
校风和学风建设	54.1	32.0	11.8	1.2	0.9
创新创业教育	52.0	30.7	14.8	1.7	0.8
社会实践活动	52.5	30.8	14.1	1.6	1.0
校园文化活动	52.9	30.3	13.7	2.1	1.0
网络思想政治教育	52.0	30.5	15.0	1.6	0.9
心理健康教育与咨询工作	53.8	30.3	13.5	1.5	0.9
职业规划与就业指导教育	51.7	30.4	14.9	2.0	1.0
日常事务管理	51.5	30.4	14.5	2.3	1.3
学校后勤服务	51.2	29.7	14.4	2.8	1.9
学生资助工作	54.7	30.3	12.6	1.4	1.0
基层党组织建设	54.4	30.6	12.9	1.2	0.9
社团活动	52.9	30.1	13.9	2.0	1.1
班级建设	53.3	30.4	13.7	1.7	0.9
团组织建设	54.2	30.2	13.1	1.5	1.0

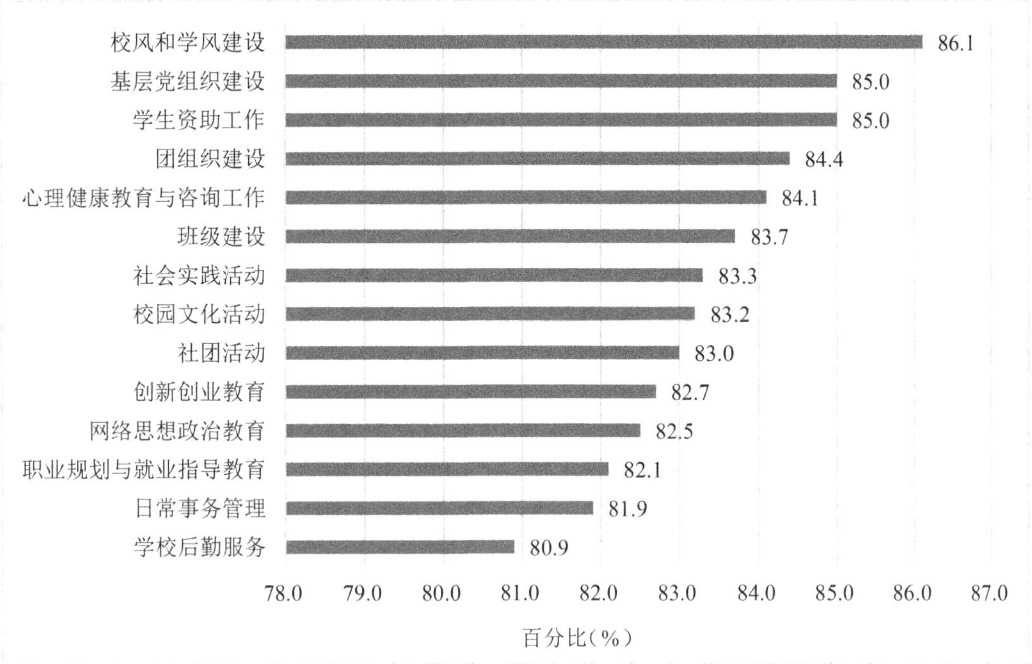

图 9-11　大学生对本校有关工作的满意度分布图

(二)不同群体大学生对所在学校育人工作开展情况的看法

1. 不同群体大学生对所在学校的全员育人工作的评价分析

从表 9-14 中可以看出，不同性别的大学生对所在学校的全员育人工作的评价存在显著差异。99.2%的女大学生对所在学校的全员育人工作持肯定性评价，女大学生对所在学校的全员育人工作的整体满意度为 87.9%。相较而言，98.4%的男大学生对所在学校的全员育人工作持肯定性评价，男大学生对所在学校的全员育人工作的整体满意度为 84.8%。生源地性质不同的大学生对所在学校的全员育人工作的评价存在显著差异。生源地性质为城镇的大学生对所在学校的全员育人工作的整体满意度为 87.7%，高于生源地性质为农村的大学生的整体满意度(85.2%)，说明生源地性质为城镇的大学生对所在学校的全员育人工作评价更高。家庭类型不同的大学生对所在学校的全员育人工作的评价存在显著差异。双亲家庭的大学生对所在学校的全员育人工作的整体满意度为 86.6%，高于非双亲家庭的大学生的 85.2%。学历层次不同的大学生对所在学校的全员育人工作的评价存在显著差异。本科生对所在学校的全员育人工作的整体满意度为 86.7%，高于硕士生、博士生的 86.4%、83.0%。独生子女状况不同的大学生对所在学校的全员育人工作的评价存在显著差异。独生子女大学生对所在学校的全员育人工作的整体满意度为 88.2%，高于非独生子女大学生的整体满意度(85.4%)。学生干部经历不同的大学生对所在学校的全员育人工作的评价存在显著差异。有学生干部经历的大学生对所在学校的全员育人工作的整体满意度为 87.5%，高于没有学生干部经历的大学生的整体满意度(82.0%)。学校所属区域不同的大学生对所在学校的全员育人工作的评价存在显著差异。学校所属区域为东北的大学生对所在学校的全员育人工作的整体满意度为90.7%，高于学校所属区域为西北、华北、华中、华东、华南、西南的大学生的整体满意度(89.1%、87.8%、86.5%、86.4%、85.4%、83.7%)。

表 9-14　不同群体大学生对所在学校的全员育人工作的评价的交互分析

群体类别 \ 问题及选项		您对所在学校全员育人工作的评价是(%)					卡方检验		
		非常满意	比较满意	一般	不太满意	很不满意	χ^2	*df*	*P*
性别	男	56.6	28.2	13.6	1.0	0.6	155.712	4	<0.001
	女	55.6	32.3	11.3	0.6	0.2			
生源地性质	农村	52.9	32.3	13.6	0.8	0.4	147.566	4	<0.001
	城镇	58.8	28.9	11.1	0.7	0.5			
家庭类型	双亲家庭	56.1	30.5	12.2	0.7	0.5	23.715	4	<0.001
	非双亲家庭	54.8	30.4	13.0	0.9	0.9			
学历层次	本科生	57.2	29.5	12.1	0.7	0.5	131.391	8	<0.001
	硕士生	53.3	33.1	12.5	0.7	0.4			
	博士生	49.4	33.6	14.0	1.6	1.4			
是否为独生子女	是	59.7	28.5	10.7	0.7	0.4	160.487	4	<0.001
	否	53.5	31.9	13.4	0.8	0.4			
是否有学生干部经历	是	57.0	30.5	11.4	0.7	0.4	171.512	4	<0.001
	否	51.4	30.6	16.4	0.8	0.8			
学校所属区域	华东	54.9	31.5	12.3	0.9	0.4	415.371	24	<0.001
	华南	51.3	34.1	13.8	0.6	0.2			
	华中	54.4	32.1	12.6	0.6	0.3			
	华北	60.3	27.5	10.9	0.8	0.5			
	西北	57.5	31.6	10.1	0.5	0.3			
	西南	52.0	31.7	14.8	0.9	0.6			
	东北	67.7	23.0	8.1	0.8	0.4			

2. 不同群体大学生对所在学校的全过程育人工作的评价分析

从表9-15中可以看出，不同性别的大学生对所在学校的全过程育人工作的评价存在显著差异。99.2%的女大学生对所在学校的全过程育人工作持肯定性评价，女大学生对所在学校的全过程育人工作的整体满意度为87.2%。相较而言，98.2%的男大学生对所在学校的全过程育人工作持肯定性评价，男大学生对所在学校的全过程育人工作的整体满意度为84.2%。生源地性质不同的大学生对所在学校的全过程育人工作的评价存在显著差异。生源地性质为城镇的大学生对所在学校的全过程育人工作的整体满意度为87.2%，高于生源地性质为农村的大学生的整体满意度(84.6%)，说明生源地性质为城镇的大学生对所在学校的全过程育人工作评价更高。家庭类型不同的大学生对所在学校的全过程育人工作的评价存在显著差异。双亲家庭的大学生对所在学校的全过程育人工作的整体满意度为86.0%，高于非双亲家庭的大学生的整体满意度(84.6%)。学历层次不同的大学生对所在学校的全过程育人工作的评价存在显著差异。本科生对所在学校的全过程育人工作的整体满意度为86.1%，高于硕士生、博士生的整体满意度(85.8%、83.3%)。独生子女状况不同的大学生对所在学校的全过程育人工作的评价存在显著差异。独生子女大学生对所在学校的全过程育人工作的整体满意度为87.4%，高于非独生子女大学生的整体满意度(84.8%)。学生干部经历不同的大学生对所在学校的全过程育人工作的评价存在显著差异。有学生干部经历的大学生对所在学校的全过程育人工作的整体满意度为86.8%，高于没有学生干部经历的大学生的整体满意度(81.8%)。学校所属区域不同的大学生对所在学校的全过程育人工作的评价存在显著差异。学校所属区域为东北的大学生对所在学校的全过程育人工作的整体满意度为90.5%，高于学校所属区域为西北、华北、华东、华中、西南、华南的大学生的整体满意度(89.2%、87.4%、85.6%、85.5%、84.5%、83.3%)。

表9-15　不同群体大学生对所在学校的全过程育人工作的评价的交互分析

群体类别 \ 问题及选项		您对所在学校全过程育人工作的评价是(%)					卡方检验		
		非常满意	比较满意	一般	不太满意	很不满意	χ^2	df	P
性别	男	56.1	28.1	14.0	1.1	0.7	146.089	4	<0.001
	女	55.3	31.9	12.0	0.6	0.2			
生源地性质	农村	52.7	31.9	14.2	0.9	0.3	141.918	4	<0.001
	城镇	58.4	28.8	11.7	0.7	0.4			
家庭类型	双亲家庭	55.8	30.2	12.80	0.8	0.4	27.865	4	<0.001
	非双亲家庭	54.1	30.5	13.6	0.9	0.9			
学历层次	本科生	56.8	29.3	12.7	0.8	0.4	108.623	8	<0.001
	硕士生	53.1	32.7	13.1	0.6	0.5			
	博士生	49.5	33.8	14.0	1.4	1.3			
是否为独生子女	是	59.3	28.1	11.4	0.7	0.5	155.578	4	<0.001
	否	53.1	31.7	13.9	0.8	0.5			

续表

群体类别 \ 问题及选项		您对所在学校全过程育人工作的评价是(%)					卡方检验		
		非常满意	比较满意	一般	不太满意	很不满意	χ^2	*df*	*P*
是否有学生干部经历	是	56.5	30.3	12.1	0.7	0.4	136.963	4	<0.001
	否	51.5	30.3	16.5	1.0	0.7			
学校所属区域	华东	54.6	31.0	13.1	0.8	0.5	400.616	24	<0.001
	华南	50.7	33.8	14.5	0.7	0.3			
	华中	53.9	31.6	13.5	0.7	0.3			
	华北	60.0	27.4	11.3	0.7	0.6			
	西北	57.4	31.8	9.9	0.7	0.2			
	西南	51.9	31.4	15.2	1.0	0.5			
	东北	67.1	23.4	8.3	0.8	0.4			

3. 不同群体大学生对所在学校的全方位育人工作的评价分析

从表9-16中可以看出，不同性别的大学生对所在学校的全方位育人工作的评价存在显著差异。99.0%的女大学生对所在学校的全方位育人工作持肯定性评价，女大学生对所在学校的全方位育人工作的整体满意度为86.6%。相较而言，98.1%的男大学生对所在学校的全方位育人工作持肯定性评价，男大学生对所在学校的全方位育人工作的整体满意度为83.8%。生源地性质不同的大学生对所在学校的全方位育人工作的评价存在显著差异。生源地性质为城镇的大学生对所在学校的全方位育人工作的整体满意度为86.5%，高于生源地性质为农村的大学生的整体满意度(84.3%)，说明生源地性质为城镇的大学生对所在学校的全方位育人工作评价更高。家庭类型不同的大学生对所在学校的全方位育人工作的评价存在显著差异。双亲家庭的大学生对所在学校的全方位育人工作的整体满意度为85.6%，高于非双亲家庭的大学生的整体满意度(84.1%)。学历层次不同的大学生对所在学校的全方位育人工作的评价存在显著差异。本科生对所在学校的全方位育人工作的整体满意度为85.6%，高于硕士生、博士生的整体满意度(85.4%、82.7%)。独生子女状况不同的大学生对所在学校的全方位育人工作的评价存在显著差异。独生子女大学生对所在学校的全方位育人工作的整体满意度为86.9%，高于非独生子女大学生的整体满意度(84.4%)。学生干部经历不同的大学生对所在学校的全方位育人工作的评价存在显著差异。有学生干部经历的大学生对所在学校的全方位育人工作的整体满意度为86.3%，高于没有学生干部经历的大学生的整体满意度(81.5%)。学校所属区域不同的大学生对所在学校的全方位育人工作的评价存在显著差异。学校所属区域为东北的大学生对所在学校的全方位育人工作的整体满意度为90.1%，高于学校所属区域为西北、华北、华东、华中、华南、西南的大学生的整体满意度(88.5%、86.8%、85.1%、84.7%、84.4%、83.0%)。

表 9-16　不同群体大学生对所在学校的全方位育人工作的评价的交互分析

群体类别 \ 问题及选项		您对所在学校全方位育人工作的评价是(%)					卡方检验		
		非常满意	比较满意	一般	不太满意	很不满意	χ^2	df	P
性别	男	56.0	27.8	14.3	1.2	0.7	135.059	4	<0.001
	女	55.2	31.4	12.4	0.7	0.3			
生源地性质	农村	52.6	31.7	14.4	0.9	0.4	138.936	4	<0.001
	城镇	58.3	28.2	12.1	0.9	0.5			
家庭类型	双亲家庭	55.7	29.9	13.1	0.9	0.4	29.075	4	<0.001
	非双亲家庭	54.4	29.7	13.8	1.2	0.9			
学历层次	本科生	56.8	28.8	13.0	1.0	0.4	120.072	8	<0.001
	硕士生	52.9	32.5	13.4	0.8	0.4			
	博士生	49.0	33.7	14.4	1.5	1.4			
是否为独生子女	是	59.1	27.8	11.7	0.9	0.5	152.095	4	<0.001
	否	53.1	31.3	14.2	1.0	0.4			
是否有学生干部经历	是	56.5	29.8	12.4	0.9	0.4	129.057	4	<0.001
	否	51.3	30.2	16.6	1.1	0.8			
学校所属区域	华东	54.4	30.7	13.2	1.1	0.6	397.240	24	<0.001
	华南	50.9	33.5	14.6	0.7	0.3			
	华中	53.7	31.0	14.0	0.9	0.4			
	华北	59.9	26.9	11.8	0.9	0.5			
	西北	57.7	30.8	10.5	0.8	0.2			
	西南	51.8	31.2	15.4	1.0	0.6			
	东北	67.1	23.0	8.6	0.9	0.4			

三、对课程德育作用的看法

任何课程的课堂都有相应的育人功能，承载着守好一段渠、种好责任田的育人要求。大学生对思想政治理论课、公共基础课、专业教育课程、实践类课程等课程德育作用的评价，既能够反映这些课程群建设的质量，也能直观反映出课程思政建设的成效。

（一）总体情况

课题组分别对所在学校思想政治理论课、公共基础课程、专业教育课程、实践类课程德育作用评价进行了调查，得出大学生对这些课程德育作用看法的调查结果。大学生对所在学校思想政治理论课、公共基础课程、专业教育课程、实践类课程德育作用的肯定性评价和整体满意度较好。如图 9-12、图 9-13、图 9-14、图 9-15 所示，大学生对所

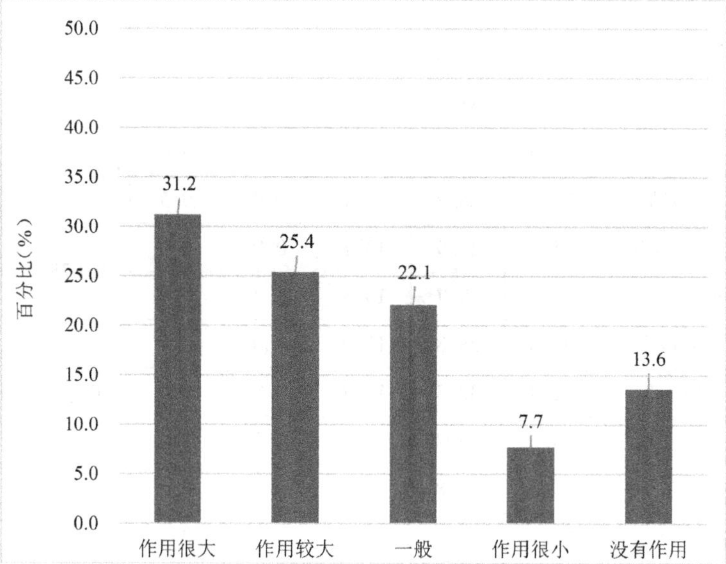

图 9-12　大学生对所在学校思想政治理论课德育作用的评价

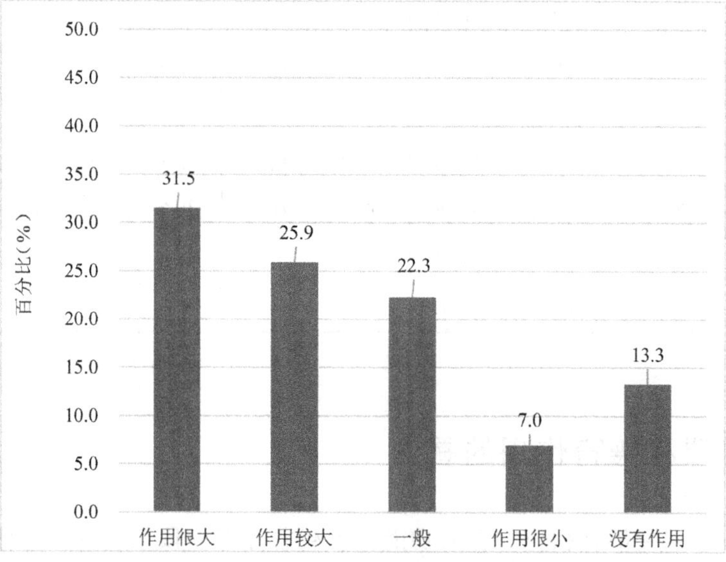

图 9-13　大学生对所在学校公共基础课程德育作用的评价

在学校思想政治理论课、公共基础课程、专业教育课程、实践类课程德育作用的整体满意度分别为 56.6%、57.4%、62.9%、62.7%，肯定性评价分别为 78.7%、79.7%、80.3%、80.3%。同时发现，分别占比为 21.3%、20.3%、19.7%、19.7%的大学生认为所在学校思想政治理论课、公共基础课程、专业教育课程、实践类课程德育作用“作用很小”或“没有作用”，这充分说明学校课程德育工作仍需要进步和加强，需要坚持问题导向和系统思维，以更严实的举措推动相关课程德育工作的高质量发展。

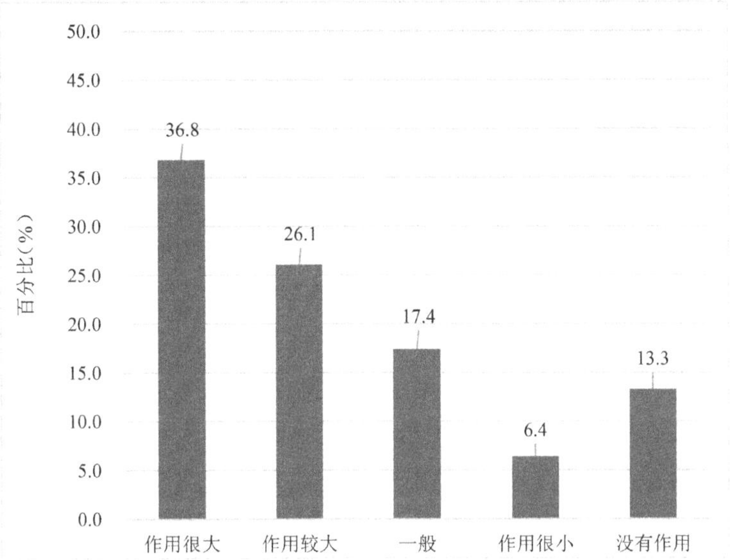

图 9-14　大学生对所在学校专业教育课程德育作用的评价

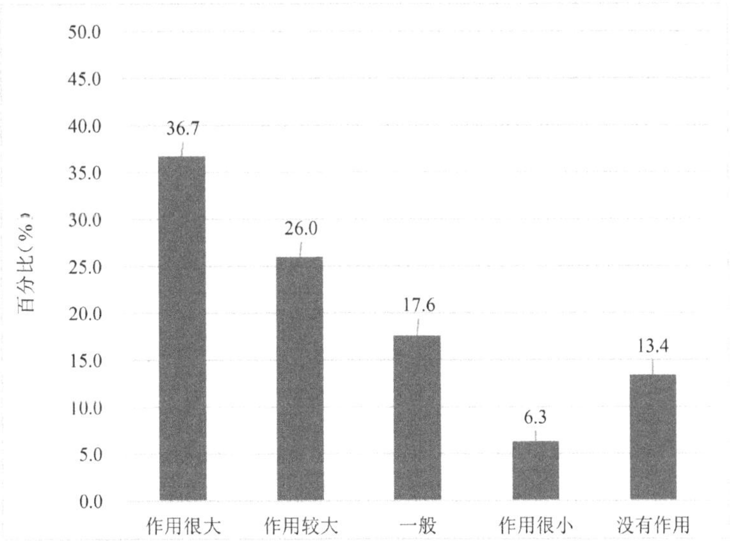

图 9-15　大学生对所在学校实践类课程德育作用的评价

（二）不同群体大学生对所在学校课程德育作用的看法

1. 不同群体大学生对所在学校思想政治理论课德育作用的评价分析

从表 9-17 中可以看出，不同性别的大学生对所在学校思想政治理论课德育作用的评价存在显著差异。81.8%的女大学生对所在学校思想政治理论课德育作用持肯定性评价，女大学生对所在学校思想政治理论课德育作用的整体满意度为 59.5%。相较而言，74.7%的男大学生对所在学校思想政治理论课德育作用持肯定性评价，男大学生对所在学校思想政治理论课德育作用的整体满意度为 52.8%。生源地性质不同的大学生对所在学校思想政治理论课德育作用的评价存在显著差异。生源地性质为城镇的大学生对所在学校思想政治理论课德育作用的整体满意度为 58.3%，高于生源地性质为农村的大学生的整体满意度(54.8%)，说明生源地性质为城镇的大学生对所在学校思想政治理论课德育作用的评价更高。学科门类不同的大学生对所在学校思想政治理论课德育作用的评价存在显著差异。社会科学类大学生对所在学校思想政治理论课德育作用的整体满意度为 59.2%，高于人文科学类、理工农医类大学生的整体满意度(56.0%、55.7%)。学历层次不同的大学生对所在学校思想政治理论课德育作用的评价存在显著差异。本科生对所在学校思想政治理论课德育作用的整体满意度为 57.1%，高于硕士生、博士生的整体满意度(55.6%、53.5%)。独生子女状况不同的大学生对所在学校思想政治理论课德育作用的评价存在显著差异。独生子女大学生对所在学校思想政治理论课德育作用的整体满意度为 58.1%，高于非独生子女大学生的整体满意度(55.6%)。学生干部经历不同的大学生对所在学校思想政治理论课德育作用的评价存在显著差异。有学生干部经历的大学生对所在学校思想政治理论课德育作用的整体满意度为 57.4%，高于没有学生干部经历的大学生的整体满意度(52.9%)。学校所属区域不同的大学生对所在学校思想政治理论课德育作用的评价存在显著差异。学校所属区域为东北的大学生对所在学校思想政治理论课德育作用的整体满意度为 64.0%，高于学校所属区域为西北、华北、华中、华南、华东、西南的大学生的整体满意度(61.2%、59.6%、56.7%、55.9%、54.0%、53.2%)。

表 9-17　不同群体大学生对所在学校思想政治理论课德育作用评价的交互分析

问题及选项 / 群体类别		您如何看待所在学校思想政治理论课的德育作用(%)					卡方检验		
		作用很大	作用较大	一般	作用很小	没有作用	χ^2	df	P
性别	男	30.7	22.1	21.9	8.6	16.7	388.185	4	<0.001
	女	31.7	27.8	22.3	7.0	11.2			

续表

群体类别 \ 问题及选项		您如何看待所在学校思想政治理论课的德育作用(%)					卡方检验		
		作用很大	作用较大	一般	作用很小	没有作用	χ^2	df	P
生源地性质	农村	28.9	25.9	23.0	8.1	14.1	95.942	4	<0.001
	城镇	33.4	24.9	21.3	7.3	13.1			
学科门类	人文科学类	30.5	25.5	23.9	7.7	12.4	81.897	8	<0.001
	社会科学类	32.1	27.1	21.1	7.4	12.3			
	理工农医类	31.2	24.5	21.9	7.8	14.6			
学历层次	本科生	32.4	24.7	21.8	7.4	13.7	88.419	8	<0.001
	硕士生	28.4	27.2	22.6	8.6	13.2			
	博士生	27.4	26.1	25.3	8.6	12.6			
是否为独生子女	是	34.2	23.9	21.1	7.1	13.7	127.331	4	<0.001
	否	29.2	26.4	22.9	8.1	13.4			
是否有学生干部经历	是	31.8	25.6	21.4	7.7	13.5	61.795	4	<0.001
	否	28.8	24.1	25.3	7.7	14.1			
学校所属区域	华东	29.9	24.1	23.7	8.2	14.1	509.240	24	<0.001
	华南	26.8	29.1	24.5	7.7	11.9			
	华中	29.8	26.9	23.1	7.5	12.7			
	华北	35.2	24.4	19.4	7.1	13.9			
	西北	32.1	29.1	17.8	6.8	14.2			
	西南	27.9	25.3	23.7	8.8	14.3			
	东北	42.5	21.5	16.1	5.8	14.1			

2. 不同群体大学生对所在学校公共基础课程德育作用的评价分析

从表9-18中可以看出，不同性别的大学生对所在学校公共基础课程德育作用的评价存在显著差异。82.6%的女大学生对所在学校公共基础课程德育作用持肯定性评价，女大学生对所在学校公共基础课程德育作用的整体满意度为60.0%。相较而言，75.9%的男大学生对所在学校公共基础课程德育作用持肯定性评价，男大学生对所在学校公共基础课程德育作用的整体满意度为54.1%。生源地性质不同的大学生对所在学校公共基础课程德育作用的评价存在显著差异。生源地性质为城镇的大学生对所在学校公共基础课程德育作用的整体满意度为59.6%，高于生源地性质为农村的大学生的整体满意度(55.1%)，说明生源地性质为城镇的大学生对所在学校公共基础课程德育作用的评价更高。学科门类不同的大学生对所在学校公共基础课程德育作用的评价存在显著差异。社会科学类大学生对所在学校公共基础课程德育作用整体满意度为59.4%，高于人文科学类、理工农医类大学生的整体满意度(56.7%、56.8%)。学历层次不同的大学生对所在学校公共基础课程德育作用的评价存在显著差异。本科生对所在学校公共基础课程德育作用的整体满意度为58.0%，高于硕士生、博士生的整体满意度(56.1%、55.7%)。独生子女状况不同的大学生对所在学校公共基础课程德育作用的评价存在显著差异。独生子女大学生对所在学校公共基础课程德育作用的整体满意度为59.6%，高于非独生子女大学生的整体满意度(56.0%)。学生干部经历不同的大学生对所在学校公共基础课程德育作用的评价存在显著差异。有学生干部经历的大学生对所在学校公共基础课程德育作用的整体满意度为58.2%，高于没有学生干部经历的大学生的整体满意度(54.2%)。学校所属区域不同的大学生对所在学校公共基础课程德育作用的评价存在显著差异。学校所属区域为东北的大学生对所在学校公共基础课程德育作用的整体满意度为64.5%，高于学校所属区域为华北、西北、华中、华东、华南、西南的大学生的整体满意度(60.4%、59.6%、57.1%、56.8%、55.5%、53.4%)。

表9-18 不同群体大学生对所在学校公共基础课程德育作用评价的交互分析

群体类别 \ 问题及选项		您如何看待所在学校公共基础课程的德育作用(%)					卡方检验		
		作用很大	作用较大	一般	作用很小	没有作用	χ^2	df	P
性别	男	31.2	22.9	21.8	8.0	16.1	345.835	4	<0.001
	女	31.8	28.2	22.6	6.3	11.1			
生源地性质	农村	28.8	26.3	23.1	7.9	13.9	146.511	4	<0.001
	城镇	34.0	25.6	21.5	6.2	12.7			
学科门类	人文科学类	30.6	26.1	24.3	6.9	12.1	89.197	8	<0.001
	社会科学类	31.6	27.8	21.9	6.6	12.1			
	理工农医类	31.9	24.9	21.6	7.3	14.3			
学历层次	本科生	32.6	25.4	22.0	6.6	13.4	79.353	8	<0.001
	硕士生	28.7	27.4	22.9	8.1	12.9			
	博士生	28.8	26.9	23.9	8.1	12.3			
是否为独生子女	是	34.8	24.8	21.0	6.1	13.3	156.936	4	<0.001
	否	29.3	26.7	23.1	7.6	13.3			

续表

群体类别 \ 问题及选项		您如何看待所在学校公共基础课程的德育作用(%)					卡方检验		
		作用很大	作用较大	一般	作用很小	没有作用	χ^2	df	P
是否有学生干部经历	是	32.1	26.1	21.7	6.9	13.2	46.794	4	<0.001
	否	29.1	25.1	24.8	7.5	13.5			
学校所属区域	华东	31.1	25.7	22.5	7.2	13.5	519.229	24	<0.001
	华南	26.3	29.2	25.8	7.1	11.6			
	华中	29.8	27.3	23.2	7.2	12.5			
	华北	35.8	24.6	19.5	6.5	13.6			
	西北	29.8	29.8	19.4	6.7	14.3			
	西南	28.1	25.3	24.3	8.2	14.1			
	东北	42.7	21.8	16.8	4.7	14.0			

3. 不同群体大学生对所在学校专业教育课程德育作用的评价分析

从表9-19中可以看出，不同性别的大学生对所在学校专业教育课程德育作用的评价存在显著差异。83.4%的女大学生对所在学校专业教育课程德育作用持肯定性评价，女大学生对所在学校专业教育课程德育作用的整体满意度为66.7%。相较而言，76.2%的男大学生对所在学校专业教育课程德育作用持肯定性评价，男大学生对所在学校专业教育课程德育作用的整体满意度为57.8%。生源地性质不同的大学生对所在学校专业教育课程德育作用的评价存在显著差异。生源地性质为城镇的大学生对所在学校专业教育课程德育作用的整体满意度为65.1%，高于生源地性质为农村的大学生的整体满意度(60.4%)，说明生源地为城镇的大学生对所在学校专业教育课程德育作用的评价更高。学科门类不同的大学生对所在学校专业教育课程德育作用的评价存在显著差异。社会科学类大学生对所在学校专业教育课程德育作用的整体满意度为65.6%，高于人文科学类、理工农医类大学生的整体满意度(65.3%、60.6%)。学历层次不同的大学生对所在学校专业教育课程德育作用的评价存在显著差异。本科生对所在学校专业教育课程德育作用的整体满意度为63.6%，高于硕士生、博士生的整体满意度(61.2%、59.8%)。独生子女状况不同的大学生对所在学校专业教育课程德育作用的评价存在显著差异。独生子女大学生对所在学校专业教育课程德育作用的整体满意度为64.8%，高于非独生子女大学生的整体满意度(61.6%)。学生干部经历不同的大学生对所在学校专业教育课程德育作用的评价存在显著差异。有学生干部经历的大学生对所在学校专业教育课程德育作用的整体满意度为63.7%，高于没有学生干部经历的大学生的整体满意度(59.1%)。学校所属区域不同的大学生对所在学校专业教育课程德育作用的评价存在显著差异。学校所属区域为东北的大学生对所在学校专业教育课程德育作用的整体满意度为69.3%，高于学校所属区域为西北、华北、华中、华南、华东、西南的大学生的整体满意度(66.0%、65.0%、62.6%、62.5%、61.2%、59.8%)。

表 9-19　不同群体大学生对所在学校专业教育课程德育作用评价的交互分析

群体类别 \ 问题及选项		您如何看待所在学校专业教育课程的德育作用(%)					卡方检验		
		作用很大	作用较大	一般	作用很小	没有作用	χ^2	df	P
性别	男	35.2	22.6	18.4	7.5	16.3	433.209	4	<0.001
	女	38.0	28.7	16.7	5.6	11.0			
生源地性质	农村	34.1	26.3	18.5	7.1	13.9	136.362	4	<0.001
	城镇	39.3	25.8	16.5	5.7	12.7			
学科门类	人文科学类	38.2	27.1	17.1	5.8	11.8	121.876	8	<0.001
	社会科学类	37.2	28.4	16.0	6.1	12.3			
	理工农医类	36.1	24.5	18.3	6.8	14.3			
学历层次	本科生	38.2	25.4	17.0	6.0	13.4	110.193	8	<0.001
	硕士生	33.4	27.8	18.4	7.4	13.0			
	博士生	32.2	27.6	19.8	7.9	12.3			
是否为独生子女	是	39.9	24.9	16.2	5.7	13.3	131.548	4	<0.001
	否	34.7	26.9	18.3	6.9	13.2			
是否有学生干部经历	是	37.6	26.1	16.7	6.4	13.2	90.263	4	<0.001
	否	33.2	25.9	20.9	6.6	13.4			
学校所属区域	华东	35.4	25.8	18.4	6.7	13.7	427.702	24	<0.001
	华南	32.3	30.2	19.7	6.3	11.5			
	华中	35.7	26.9	18.4	6.4	12.6			
	华北	40.6	24.4	15.2	6.1	13.7			
	西北	38.6	27.4	13.5	6.5	14.0			
	西南	33.7	26.1	18.8	7.5	13.9			
	东北	47.2	22.1	12.6	4.3	13.8			

4. 不同群体大学生对所在学校实践类课程德育作用的评价分析

从表9-20中可以看出，不同性别的大学生对所在学校实践类课程德育作用的评价存在显著差异。83.3%的女大学生对所在学校实践类课程德育作用持肯定性评价，女大学生对所在学校实践类课程德育作用的整体满意度为66.1%。相较而言，76.2%的男大学生对所在学校实践类课程德育作用持肯定性评价，男大学生对所在学校实践类课程德育作用的整体满意度为58.1%。生源地不同的大学生对所在学校实践类课程德育作用的评价存在显著差异。生源地性质为城镇的大学生对所在学校实践类课程德育作用的整体满意度为64.7%，高于生源地性质为农村的大学生的整体满意度(60.5%)，说明生源地性质为城镇大学生对所在学校实践类课程德育作用的评价更高。学科门类不同的大学生对所在学校实践类课程德育作用的评价存在显著差异。社会科学类大学生对所在学校实践类课程德育作用的整体满意度为65.1%，高于人文科学类、理工农医类大学生的整体满意度(63.6%、61.2%)。学历层次不同的大学生对所在学校实践类课程德育作用的评价存在显著差异。本科生对所在学校实践类课程德育作用的整体满意度为63.2%，高于硕士生、博士生的整体满意度(61.3%、60.2%)。独生子女状况不同的大学生对所在学校实践类课程德育作用的评价存在显著差异。独生子女大学生对所在学校实践类课程德育作用的整体满意度为64.4%，高于非独生子女大学生的整体满意度(61.6%)。学生干部经历不同的大学生对所在学校实践类课程德育作用的评价存在显著差异。有学生干部经历的大学生对所在学校实践类课程德育作用的整体满意度为63.6%，高于没有学生干部经历的大学生的整体满意度(58.4%)。学校所属区域不同的大学生对所在学校实践类课程德育作用的评价存在显著差异。学校所属区域为东北的大学生对所在学校实践类课程德育作用的整体满意度为68.7%，高于学校所属区域为西北、华北、华南、华中、华东、西南的大学生的整体满意度(64.8%、64.6%、62.9%、62.7%、61.3%、59.2%)。

表 9-20　不同群体大学生对所在学校实践类课程德育作用评价的交互分析

群体类别 \ 问题及选项		您如何看待所在学校实践类课程的德育作用(%)					卡方检验		
		作用很大	作用较大	一般	作用很小	没有作用	χ^2	df	P
性别	男	35.3	22.8	18.1	7.5	16.3	389.200	4	<0.001
	女	37.7	28.4	17.2	5.4	11.3			
生源地性质	农村	34.5	26.0	18.3	7.2	14.0	109.699	4	<0.001
	城镇	38.6	26.1	17.0	5.5	12.8			
学科门类	人文科学类	36.6	27.0	18.5	5.9	12.0	86.112	8	<0.001
	社会科学类	37.5	27.6	16.8	5.8	12.3			
	理工农医类	36.3	24.9	17.7	6.8	14.3			

续表

问题及选项 / 群体类别		您如何看待所在学校实践类课程的德育作用(%)					卡方检验		
		作用很大	作用较大	一般	作用很小	没有作用	χ^2	df	P
学历层次	本科生	37.7	25.5	17.4	5.9	13.5	77.005	8	<0.001
	硕士生	33.9	27.4	18.1	7.4	13.2			
	博士生	33.3	26.9	19.3	7.7	12.8			
是否为独生子女	是	39.3	25.1	16.8	5.5	13.3	101.247	4	<0.001
	否	34.9	26.7	18.2	6.9	13.3			
是否有学生干部经历	是	37.4	26.2	16.8	6.3	13.3	103.141	4	<0.001
	否	33.2	25.2	21.4	6.6	13.6			
学校所属区域	华东	35.9	25.4	18.5	6.5	13.7	437.663	24	<0.001
	华南	32.2	30.7	19.4	6.1	11.6			
	华中	35.7	27.0	18.5	6.2	12.6			
	华北	40.2	24.4	15.5	6.3	13.6			
	西北	37.2	27.6	14.7	6.1	14.4			
	西南	33.0	26.2	19.2	7.6	14.0			
	东北	47.0	21.7	12.7	4.2	14.4			

四、本章小结

(一)总体情况

高校思想政治教育效果持续向好。调查显示，分别有98.5%(2021年为99.2%)、82.9%(2021年为86.3%)的大学生对思想政治教育开展状况持肯定性评价、表示满意。虽然较2021年比例有所下降，但整体来看，大学生对思想政治教育开展状况评价持续向好，自2019年以来，大学生中对思想政治教育开展状况持肯定性评价的比例均在98%以上，整体满意度均在81%以上。在大学生看来，所在学校全员、全过程、全方位育人工作的整体满意度分别为86.5%(2021年为82.5%)、85.9%(2021年为81.7%)、85.4%(2021年为81.0%)。也就是说，大部分大学生认为所在学校的“三全育人”工作开展良好，并且满意度有明显提升。

大学生对所在学校思想政治理论课、公共基础课程、专业教育课程、实践类课程德育作用的肯定性评价和整体满意度较好。调查数据显示，大学生对所在学校思想政治理论课、公共基础课程、专业教育课程、实践类课程德育作用的整体满意度分别为56.6%、57.4%、62.9%、62.7%，肯定性评价分别为78.7%、79.7%、80.3%、80.3%。调研表明，21.3%、20.3%、19.7%、19.7%的大学生认为所在学校思想政治理论课、公共基础课程、专业教育课程、实践类课程德育作用“作用很小”或“没有作用”，这说明学校课程德育工作仍有较大进步和加强空间，需要以问题和需求侧思维为导向，加快推动相关课程德育工作的高质量发展。

（二）现象与问题

当前，高校思想政治教育的供给与大学生的成长发展需求和社会期望还有一定差距。第一，仍有少数大学生对思想政治教育效果持负面态度，并且较2021年来说，负面评价比例有所上升，学校思想政治教育工作仍有进一步发展的空间。调查结果显示，对思想政治教育效果持负面评价的大学生也占有一定比例，认为效果“比较差”或“非常差”的大学生比例为1.5%（2021年为0.8%）。第二，少数大学生对学校“三全育人”综合改革的成效持负面态度，分别有1.2%（2021年为1.6%）、1.2%（2021年为1.7%）、1.4%（2021年为2.0%）的大学生对所在学校全员育人、全过程育人、全方位育人工作表示不满意，虽然较2021年来说负面评价比例有所下降，但这也表明学校育人工作还需进一步完善。第三，有部分大学生对学校课程德育作用持负面评价态度，课程德育改革和创新工作仍需继续加强，距离学生的期盼还有一定差距。数据显示，仍有21.3%、20.3%、19.7%、19.7%的大学生认为所在学校思想政治理论课、公共基础课程、专业教育课程、实践类课程德育作用“作用很小”或“没有作用”，说明学校课程德育工作仍需要进步和加强，需要以问题为导向，推动相关课程德育工作的发展。

（三）建议与对策

一是全面提升课程教学质量。一方面，要全面提高思政课这一关键课程的教学质量。首先，坚持内容为王和创新为要，以“活”和“深”为着力点，增强教学内容的吸引力；以学生需求为导向，大力推进教学方法的改革创新。密切思政课与现实的联系，围绕理论讲授、教学形式、实践教学、课堂互动、授课语言风格等，及时有效地解答青年大学生的思想理论困惑。其次，要坚持队伍建设为先，让最优秀的思政课教师讲最精彩的育人故事，调研督导各地各校贯彻落实教育部等十部门《全面推进“大思政课”建设的工作方案》，下大力气推动建设高水平思政课教师队伍。最后，要坚持问题导向，破解思政课建设区域不平衡不充分的矛盾问题。健全全国区域范围内思政课教学经验交流互动的机制，充分发挥教学示范基地和教学名师的辐射作用，高质量建设融媒体思政公开课，高水平打造国家精品在线开放课程，定期举办全国性和区域性教学论坛，推动思政课教学共建共享，推进不同区域课程建设的优化平衡。另一方面，要切实提高专业课程教学质量。强化专业课程教学的育人导向，根据不同专业课程自身的特点，将为时代新人强基铸魂作为出发点，精准科学地做好专业课程教学设计，将“思想价值引领”深度融合到专业课程方案、标准、计划的制订过程及备课授课、教学质量评价等全过程各环节，充分挖掘专业课程中的思政元素及其承载的德育功能，坚持分类推进和重点突出相结合，将爱党爱国爱校教育、理想信仰信念教育、中华优秀传统文化与传统美德教育、人生价值与生命观教育等有机融入、贯通到专业课程教学中，将思想政治教育有效贯穿融入专业课程教学，使专业课程教学更有价值引领内涵和素养提升之效。

二是全面发挥课程育德作用。公共基础课程、实践类课程是课程思政教学体系的重要组成部分，其育人功能作用的有效发挥，对提升思想政治教育成效、提高人才培养质量具有重要意义。一方面，要全面构建高质量公共基础课程体系建设，将公共基础课育人资源凝聚起来，形成公共基础课程育人的合力。全面发挥公共基础课程的育德作用，将政治素质、道德水平、诚信意识、奋斗精神、心理素质、创新精神、法治素养、国家安全、国际视野等育人要素融入相应的公共基础课建设，在潜移默化中打动学生、引导学生、感染学生，着力提升公共基础课程的获得感和满意度，不断增强学生坚定初心跟党走的理想信念，厚植家国情怀，强化品格修养，提升综合素质。尤其是要针对学生“体”“美”“劳”发展的短板弱项，全面升级迭代体育、美育、劳育类课程，教育引导学生强健体魄、锤炼心志、陶冶情操、激发活力。另一方面，要着力建好实践大课堂。根据专业实验、创新创业、社会实践等不同实践类课程的建设目标要求，科学设计实践类课程思政教学方案和体系。充分利用“行走的课堂”，让学生充分了解国情民情社情，坚定投身中国式现代化新征程的信心。完善社会实践协同育人机制、常态化长效化机制、成果评价机制和组织保障机制。加快推进社会实践教育资源整合，打造家庭、学校、社会实践育人共同体，构建思政课教师、专业课教师、团委指导老师、辅导员等全员育人的社会实践指导体系，为青年大学生参加社会实践提供人文关怀和便利条件，不断提高实践育人工作的科学性和实效性。

三是全面提高“三全育人”质效。立足于构建高质量思想政治工作体系和时代新人培育“大格局”，强化“三全育人”育人成效。其一，不断增强“三全育人”综合改革的系统性、整体性、协同性。紧紧扭住思想政治工作体系特别是“三全育人”综合改革中存在的薄弱环节和突出问题，将“三全育人”工作的基本要求融入大学章程、教育教学要求与规范、人才培养方案、学校长期发展计划等制度体系之中，使“三全育人”成为高校落实立德树人根本任务的工作准则，让落实“三全育人”职责有据可循、有章可依。其二，建设结构合理、高度协同、素质过硬的“三全育人”队伍，梳理高校各单位、各岗位的育人工作职责，形成更加明确的育人职责，充分发挥高校全体教职工的积极性、主动性与创造性，全面提高“三全育人”队伍的整体育人意识与能力，有效降低全体教职工育人意识与育人实践的现实落差，真正给学生以更有温度、更有力度、更有效度的思想政治教育。其三，切实把“三全育人”综合改革不断引向深入。将“三全育人”倡导性理念、原则目标落实转化为可操作的机制办法，把高校办学的特色和优势有效转化为培养时代新人的能力。开展构建高校“三全育人”体系落实情况督查，推动有效经验固化转化。进一步明确建设要求和标准，扩大“三全育人”综合改革试点，及时开展“三全育人”综合改革试点省区市、高校、院(系)的考核评估。

四是全面增强大学生日常思想政治教育的有效性。首先，深入强化心理育人。针对心理问题学生等完善台账信息，对学生心理问题进行全面排查和有效疏导，广泛开展富有吸引力和趣味性的心理健康知识普及、团体辅导等活动，强化家校协同育人，健全朋辈帮扶力量，构建实时、有效的关心帮扶机制，培育积极向上、阳光自信的健康心态。其次，不断强化就业育人。全面了解毕业生思想动态、择业诉求和实际困难，结合毕业生和考研“二战”学生等的实际，加强就业动员、就业资源供给和就业能力培训，有效提升青年大学生就业率和就业质量。再次，着力强化文化育人。紧紧围绕青年大学生关心的“成长之问”“人生之问”开展高品质校园文化活动，引领形成积极健康向上的文化育人微环境。进一步优化和创新开学、毕业典礼的内容和形式，更好地将家国情怀、校史校情、师生故事、校园生活等校园文化元素融入其中，打造身临其境的参与感和体验感，着力提升高校典礼育人实效。提升学生社团文化活动的吸引力、服务力、影响力，打造更多优质精品特色的社团活动，扎实推动学生社团健康有序发展。最后，突出强化网络育人，以青年大学生的体验感和参与感为重要指向，以提升网络思想政治教育平台的趣味性和吸引力为目标，集聚网络思想政治教育的主体、资源、要素等，加快形成层次清晰、布局科学、支撑有效的思想政治教育平台体系，有针对性地提供色香味俱佳、学生乐于接受的网络思政大餐，增加高品质网络思政文化产品的内容供给，不断提升网络思想政治教育的有效性。

研究述评

2022年度大学生日常思想政治教育研究进展

2022年是党的二十大召开之年，是进入全面建设社会主义现代化国家的奋斗之年，是昂首阔步迈向实现第二个百年奋斗目标的重要之年。立足新时代，迈向新征程，学者们在继承和发扬原有成果的基础上，守正创新，不断拓宽大学生日常思想政治教育的研究视野，拓展工作格局，扎实推进大学生日常思想政治教育研究向纵深发展，努力提升大学生日常思想政治教育的实效性，并取得了一系列突破性的成果。

一、关于新时代青年思想特点和行为倾向的研究

2022年度，众学者从不同维度对新时代青年的思想特点和行为倾向进行了更为深入的研究。有学者以实证调查作为研究方法，以北京市某高校“思想道德与法治”课程为平台，通过课堂交流、小班讨论、课后作业、慕课学习、个人访谈等多种形式，对来自不同地域、38个院系的483名“00后”大学新生展开了调研分析，调查发现大学新生的人生目标是多样性与统一性并存，实践方式是坚韧品格与有效方法相结合，展现拒绝“佛系”、崇尚乐观向上的精神风貌，坚持个人价值与社会价值相统一的评价标准。① 有学者通过深度访谈，指出大学生的思想观念和价值取向有三个倾向值得关注：一是爱国主义和价值认同的浅层化与娱乐化的倾向；二是奋斗进取心态的弱化与价值观惰性的倾向；三是思想冗余、意见竞争与价值观摇摆的倾向。② 也有学者从“社会代”的视角出发，对不同世代人群的世界观和价值观进行了研究，并将Z世代作为研究的重点。有学者提出，Z世代与“80后”“90后”相比表现出极大不同，Z世代是具有鲜明代际特征和代际符码的一代。因其成长生活环境的独特性，Z世代呈现出与其他“世代”诸多不同的思想观念、生活方式、行为表现及其心理特征。Z世代的生活方式是网络化，Z世代的社会心态呈现矛盾化，Z世代的群体结构呈现扁平化。③ 也有学者提出网络社会与真实社会并存是Z世代大学生面临的基本环境，这使得Z世代大学生的社会心态呈现出多重矛盾性的特征，即在个人自我关系方面，呈现出“佛系躺平”与内卷并存；在与

---

① 肖巍，覃愿愿．“00后”大学新生人生价值观现状与培育方向——基于北京市某高校“思想道德与法治”课程调研的分析[J]．社会主义核心价值观研究，2022，8(1)．

② 铁铮，杨涛，李凌．高校网络思想政治教育的新形势、新特点、新任务[J]．中国高等教育，2022(Z1)．

③ 何绍辉．Z世代青年的形成背景与群体特征[J]．中国青年研究，2022(8)．

他人的关系方面，呈现出社交恐惧和“网络晒”并存；在与国家的关系方面，呈现出政治冷漠与政治热情高涨并存的现象。① 还有学者认为Z世代是网络社交文化的高度参与者，是新经济新业态的弄潮儿，是内卷化竞争压力下的“躺平”者，同时具有高度文化自信、国力自信和制度自信。② 对于Z世代所呈现出的思想特点和行为倾向的原因，有学者从宏观、中观、微观三个层面进行分析。就宏观层面而言，社会结构的剧烈变迁带来生存困境；就中观层面而言，家庭结构和高校教育带来社会化困境；就微观层面而言，个人人生经历带来成长困境。③ 也有学者认为对于Z世代而言，其形成的结构背景与社会条件主要是家庭结构的小型化与少子化、物质条件的充裕与社会的长期稳定、人际关系的个体化与自主性以及国家的稳定与发展。④ 此外，还有学者对“10后”群体即元世代进行研究，提出元世代人群有三个特点，一是重视网络集合行为中的话语表达，社交愿望强烈，追求社交认同；二是相对于物质满足更加追求精神感受；三是元世代人群更愿意为虚拟产品付费，整体具有更高的支付能力，对于互联网消费具有更高的认同感。⑤

从总体上看，新时代青年的思想主流继续保持积极健康向上的良好态势，但我们也要看到，少数青年面对纷繁复杂的社会生活时对人生产生了不同看法，在少数青年人生观中出现的精致的利己主义、“躺平”、娱乐化等现象值得注意。⑥ 这就需要我们要立足新时代青年的思想特点和行为倾向，切准青年关注的热点、难点问题，为青年释疑解惑，积极引导青年，着力培养“有理想、敢担当、能吃苦、肯奋斗”的时代新人。

二、关于科研育人的研究

科研育人是我国高校十大“育人”体系的重要组成部分。2017年12月，教育部颁布《高校思想政治工作质量提升纲要》，明确提出科研育人体系的构建。2020年4月，教育部等八部门联合印发的《关于加快构建高校思想政治工作体系的意见》，进一步强调高校要充分发挥科研育人功能。从总体上看，2022年度，学界坚持问题导向，重点围绕科研育人作用机理、科研育人现实困境、科研育人实现路径以及科研育人质量提升等方面进行了深入探讨。

（一）关于科研育人作用机理的研究

2022年度，学者们对科研育人进行纵深层次的理论研究，将科研育人作用机理作

① 黎娟娟，黎文华. Z世代大学生多重矛盾性社会心态解析[J]. 中国青年研究，2022(7).

② 李春玲. 社会经济变迁中的Z世代青年：构成、观念与行为[J]. 中国青年研究，2022(8).

③ 黎娟娟，黎文华. Z世代大学生多重矛盾性社会心态解析[J]. 中国青年研究，2022(7).

④ 何绍辉. Z世代青年的形成背景与群体特征[J]. 中国青年研究，2022(8).

⑤ 丁凯，李佩洁. “元宇宙”视阈下高校“三全育人”的话语创新[J]. 思想理论教育导刊，2022(10).

⑥ 李基礼. 当前青年人生观中的三种现象及其教育策略[J]. 思想理论教育导刊，2022(1).

为研究的重要主题。有学者认为，科研育人作为新时代高校思想政治工作的重要内容，其作用机理蕴含于高等教育的基本要求中。首先，科学研究与人才培养是高校的两项重要职能；其次，科研"为谁服务"与人才"为谁培养"是衡量高校科研育人的重要标尺。① 也有学者提出，高校科研育人的作用机理是教师及其团队在科研活动过程中，培养学生科学精神和科学道德的内生动力、外驱动力以及保障机制。科研活动的内在教育属性是科研育人的逻辑起点；大学生在科研过程中激发的求知欲是促使其不断向前发展的内生动力；科研环境和科研氛围是科研育人的外驱动力，它可以有力地支撑科研运行机制持续产生育人效果。② 也有学者以多学科的视野，重点从马克思主义中人的全面发展理论的价值意蕴、教学的教育性思想的内在规律、由科学而达至修养原则的运行机理中探寻大学科研育人的理论逻辑，并提出马克思主义人的全面发展理论、赫尔巴特教学的教育性思想等理论蕴含着大学科研必须育人、可以育人、何以育人的理论逻辑，彰显出大学科研育人的应然性、可能性、实然性。③

(二)关于高校科研育人现实困境的研究

尽管高校科研育人体系的理论构建和实践推行过程中取得了一定成效，但仍受到诸如体制机制的不完善以及系统结构运行中的不协调等因素的制约。有学者提出高校科研育人的现实困境可以归结为以下几个方面：一是科研活动与育人功能相互背离，导致科研育人工作失衡；二是教师的育人主体地位尚不明确，重科研轻育人问题凸显；三是学生科研参与度不够，不利于科研事业长远发展；四是科研育人评价体系不够健全，盲目追求量化成绩。④ 有学者从更为具体的层面进行概括，认为高校科研育人存在着重项目本身、轻育人功能，重结果不重过程，重科研轻教学等问题，科研项目的育人导向还不够鲜明，科教协同育人不够紧密，科研育人项目缺乏特色，产学研合作育人没有形成协同效应。⑤ 此外，还有学者认为高校横向科研项目的育人价值未能得到充分发挥，高校存在对横向科研项目的"歧视化"倾向。一方面，高校开展学科评估、申请重点科研平台、学位授权点等的时候，横向项目的权重明显比纵向项目小；另一方面，高校在教师职称评定或岗位聘任中，对横、纵向项目经费的认定也有很大的差别，对横向项目的金额和级别要求要大大高于纵向项目。造成这种现象的主要原因是大学科研评价片面强调研究项目的学术研究价值，而忽视了其重要的人才培养价值。⑥

---

① 李晓庆，汪力. 提升高校科研育人质量的若干审思[J]. 思想理论教育，2022(3).

② 龚强，李尉青. 提升高校科研育人质量的长效机制与路径分析[J]. 思想理论教育，2022(8).

③ 刘在洲，谢晨霞，赵映川. 大学科研育人的理论逻辑分析[J]. 现代教育管理，2022(10).

④ 唐青，李佑新. 高校科研育人的价值机理与完善路径[J]. 大学教育科学，2022(4).

⑤ 李雪梅，邹杉. "双一流"建设背景下的高校科研育人创新模式研究[J]. 高教学刊，2022(3).

⑥ 俞继仙，林承焰，李兆敏. 高校横向科研项目的育人价值——基于工程类专业学位研究生培养视角[J]. 学位与研究生教育，2022(3).

（三）关于高校科研育人路径的研究

高校科研育人是一项系统工程，要多方共同发力才能实现育人效果。对于高校科研育人路径的提升，有学者提出要强化使命担当，完善高校科研育人的体制机制；加强教育培训，增强教师科研育人责任意识；积极引导学生，提高学生主观能动性；健全评价体系，激活科研育人成效；优化育人环境，营造科研育人的氛围与文化。① 有学者提出要以学生为中心构建高校科研育人网络。学生为中心的科研育人思路的出发点是市场思维，充分激发与尊重学生这一主体的创造性和能动性，不再让教师根据现有资源去找学生，而是让学生主动规划设计研究项目，带着问题找资源、找教师，让教师和资源围着学生转，建立面向学生的分层，分类配置各类教育资源的机制，使得不同基础、不同阶段的学生能够各取所需、各有所得。这样一来，不仅资源配置更为高效，而且资源的边界也被大大拓展——高校将不再是科研育人的一座孤岛，而是形成以高校为中心的科研育人网络，资源在网络中遵从市场规律有序流动，促进了科研育人实效的提升。② 此外，还有学者基于工程类专业学位研究生培养视角，重点探讨高校横向科研项目的育人价值，提出高校横向科研项目研究能够促进校企合作动力向高层次跃迁，提高校企行动强度，在促进校企深度合作、联合培养专业学位研究生中发挥着极为重要的作用。③

（四）关于科研育人质量提升的研究

科研育人质量提升是学界关注的重点。有学者认为要提升科研育人质量，要从系统化设计、长效化推进，强化理想追求、弘扬科学精神、提升进取意识和推进科研作风等方面优化科研育人实践路径。④ 具体而言，可以从以下几个层面进行推进：一是以党建为引领，发挥党的思想政治优势、党管人才资源优势和组织管理优势，形成“党建引领科研育人”的新模式；二是围绕国家重大需求和国际科技前沿，以高水平科研项目为载体，探索“项目牵引+贯通应用”的科研育人新模式；三是充分发挥科研平台在产学研合作中的作用，搭建协同育人平台，打造“专业—行业—产业”相协同的科研育人新模式。⑤ 也有学者提出高校科研育人质量提升，不是自发自在的阶段性、瞬时性的短暂过程，而是自觉自为的全局性、长久性的持续过程；不是单因素、单向度的孤立行动，而是多层次、多联动的系统运行。为此，要从以下几方面进行切入：一是贯通科研育人过程，由外部助力转向内生动力；二是凝聚科研育人队伍，从单兵作战到同向同行；三是

① 唐青，李佑新．高校科研育人的价值机理与完善路径［J］．大学教育科学，2022(4)．

② 杜函芮．以学生为中心构建高校科研育人网络的研究［J］．高教探索，2022(6)．

③ 俞继仙，林承焰，李兆敏．高校横向科研项目的育人价值——基于工程类专业学位研究生培养视角［J］．学位与研究生教育，2022(3)．

④ 李晓庆，汪力．提升高校科研育人质量的若干审思［J］．思想理论教育，2022(3)．

⑤ 李雪梅，邹杉．“双一流”建设背景下的高校科研育人创新模式研究［J］．高教学刊，2022(3)．

增强科研育人实效，让科学研究回归育人本位。①

通过以上分析可以发现，2022 年度，学者们不仅对科研育人的机理进行了深入探讨，也对当前高校科研育人存在的问题与困境进行了客观分析，并着眼于科研育人质量提升的创新课题进行了较为深入的探究。但是，对高校科研育人的基本理论问题研究稍显薄弱，在未来的研究中，要不断强化理论研究，为高校科研育人高质量发展提供更多参考。

三、关于实践育人的研究

实践育人是高校开展思想政治教育工作的重要抓手，在新的时代背景下具有更加深刻的意义。习近平总书记高度重视实践育人的重要作用，通过讲话、回信等多种方式勉励青年在社会大课堂中学习、锻炼。2022 年 7 月，教育部等十部门印发的《全面推进“大思政课”建设的工作方案》明确了“社会大课堂”的重要作用和意义。2022 年度，学界在肯定实践育人价值基础上，坚持问题导向，积极推进“大思政课”视域下高校实践育人的理论和实践研究，并取得了一定的研究成果。

（一）关于高校实践育人的价值意蕴的研究

2022 年度，学者们更加强调实践育人的重要意义，并着力凸显了协同的重要性。有学者指出，实践育人是学校、用人单位、社会、政府、家庭协同联动的教育过程，它是全面深化高等教育综合改革的重要任务，对新形势下加强和改进大学生思想政治教育更发挥着不可替代的作用。② 在新的时代背景下，高校实践育人是高校人才培养提质转型、落实立德树人根本任务和提升当代学生政治认同的共同需要。③ 也有学者在“大思政课”的视域下，探讨实践育人的价值意蕴。有学者指出，实践育人作为新时代高校“大思政课”的题中之义，是落实立德树人根本任务的必然要求，是坚持深化教育改革创新的关键环节，是提升思想政治工作水平的重要途径。④

（二）关于高校实践育人面临困境的研究

2022 年度，无论是实践育人的理论研究还是实践推进都取得了不俗的成绩，与此同时也存在一些亟待解决的问题。学者们从不同视角对高校实践育人的现存问题进行研究。有学者从“三全育人”的视角提出高校实践育人存在的主要问题：实践育人重视程

---

① 龚强，李尉青. 提升高校科研育人质量的长效机制与路径分析[J]. 思想理论教育，2022(8).

② 郑传娟，洪晓畅. 高校实践育人共同体：背景、内涵与建构路径[J]. 思想政治教育研究，2022，38(2).

③ 彭立平. “三全育人”视域下高校实践育人工作路径探究[J]. 学校党建与思想教育，2022(22).

④ 张家玮. “大思政课”视域下高校实践育人的功能定位与优化路径[J]. 思想理论教育导刊，2022(6).

度不够；实践育人队伍建设不足；实践育人内容缺乏创新；实践育人机制运行不畅。① 有学者认为当前在育人类型多样化和育人主体多元化的背景下，高校实践育人过程中存在着组织目标差异、责任主体分离、联动机制缺乏等问题，导致实践育人难以突破“最后一公里”。② 还有学者从更具体的层面对实践育人存在的短板进行分析。实践育人是一项涉及教学、管理、科研等各部门的工作，所有教师都负有实践育人的重要责任，但现实中，“实践育人是学生工作部门的责任田”的观点普遍存在。学校虽出台相关制度文件，可不同职能部门之间总体设计和资源整合不够，如课堂教学、团学活动各自为政，既造成人力物力财力的浪费，也易造成师生的倦怠。再比如临时性、形式化的合作协议多，实践地点更是“打一枪换一个地方”，导致共建协议越签越多，活动开展却越来越少。在考核评价上，只注重选树正面典型，重点强调“应该怎样做”，而未明确“底线约束”，对未达要求的规范机制不足，“唯分数论”的导向仍占主导地位，未能形成规范化、常态化、可持续的实践育人模式。在覆盖面上，由于实践基地数量、承载量不足等，难以为高校提供足够的实践岗位，使得实践育人活动难以覆盖更广的范围，难以满足更多学生的需求。③

（三）关于高校实践育人路径的研究

针对实践育人过程中存在的具体问题，学者们从不同的视角进行思考，集中表现在以下两个方面：

其一，“大思政课”视域下的实践育人路径。有学者提出实践育人是“大思政课”的重要组成部分，因此要在“大思政课”视域下去思考如何提升实践育人的效果。要研究善用“大思政课”与触动学生心灵有机结合的实践育人模式，形成面向价值塑造的“青年榜样育人”模式、面向文化融通的“文化育人”模式、面向历史叙事的“四史育人”模式、面向情感交流的“时代精神育人”模式、面向场域建构的“情景体验育人”模式等，努力推进思想政治理论课实践内容、方法、载体等接地气、有温度、有厚度，触动学生心灵，实现铸魂育人。④ 有学者认为，优化“大思政课”视域下高校实践育人路径，需要不断完善总体设计、完善体制机制、创新育人品牌，以强化实践教学有关要求为重点，以创新实践育人方法途径为基础，以加强素质拓展基地建设为依托，以加大实践育人经费投入为保障，积极调动整合各方面资源，形成合力。具体而言，要实现校地整体联

① 彭立平．“三全育人”视域下高校实践育人工作路径探究[J]．学校党建与思想教育，2022(22)．

② 郑传娟，洪晓畅．高校实践育人共同体：背景、内涵与建构路径[J]．思想政治教育研究，2022，38(2)．

③ 张家玮．“大思政课”视域下高校实践育人的功能定位与优化路径[J]．思想理论教育导刊，2022(6)．

④ 李仙娥．“大思政课”视域下高校思政课实践育人模式的构建论析[J]．思想理论教育导刊，2022(1)．

动，搭建实践育人协同体系；优化系统设计，打造实践教学课程体系；打造发展引擎，落实"第二课堂成绩单"；深化内涵建设，打造实践育人特色项目。① 也有学者提出要通过构建实践育人共同体的方式优化实践育人路径。对于实践育人共同体，可以从宏观和微观两个层面进行思考。宏观实践育人共同体主要由三类要素构成，即政府、学校为其组织要素，学生、企业为其参与要素，社会和家庭为其环境要素。其中，教育行政部门是实践育人共同体的政策制定者和推动者，如何进行顶层设计、加强政策扶持是构建实践育人共同体的首要任务。微观实践育人共同体是学校各个职能部门与各院系、各岗位人员共同组成的育人共同体。其中党团组织是实践育人的主要责任主体，通过指导各类社团文体活动、志愿服务等社会实践活动以及各院系开展的实验、实训、实习等教学实践和各类文体活动，积极履行实践育人的职责，其人员构成包括党员干部、专任教师、辅导员、班主任等。②

其二，在实践活动中实现育人。实践育人离不开丰富多样的实践活动，2022 年度，学者强调要在劳动教育、志愿服务、社会实践等活动中实现育人。有学者指出劳动实践活动是高校劳动教育的重要环节，是大学生成长为担当民族复兴大任的时代新人的"必修课"。高校要抓好"实践育劳"这个重要环节，将劳动教育融入专业实践、职业活动、公益活动和创新创业等社会实践环节。③ 有学者提出要把开展志愿服务与实施劳动教育有机结合起来，让大学生在实践中得到锻炼、快速成长。大学生在社区义诊、植树劳动、社区关爱、环保宣传、乡村支教等种类丰富的志愿服务项目中，可以充分发挥自身的专业特长和优势，既提升能力，又锤炼品格。④ 也有学者提出要在社会实践中融入伟大建党精神，有效开展实践育人。社会实践是青年学生将理论应用于现实，将主观化情感升华并铸牢为稳定的价值观的催化剂。将伟大建党精神蕴含的红色基因和红色血脉有机融入社会实践全过程，充分彰显伟大建党精神强大的历史穿透力、文化感染力、精神感召力，有利于拓展教育实践活动的时空维度，增强实践教育过程的体验感、吸引力和感染力，有利于学生在实践中学真知、悟真谛。⑤

综上所述，2022 年度，学者们在"大思政课"的视域下，积极探讨提升实践育人的切实路径，并将"协同"作为贯穿其中的重要主线，努力提升实践育人质量。未来研究要继续深化对"大思政课"视域下实践育人的内在机理研究，破解实践育人困境，着力提升实践育人实效。

---

① 张家玮."大思政课"视域下高校实践育人的功能定位与优化路径[J].思想理论教育导刊，2022(6).

② 郑传娟，洪晓畅.高校实践育人共同体：背景、内涵与建构路径[J].思想政治教育研究，2022，38(2).

③ 吴泽强.打造高校劳动教育的全方位育人体系[J].中国高等教育，2022(18).

④ 徐原.新时代构建高校志愿服务体系的路径探索[J].人民论坛·学术前沿，2022(2).

⑤ 忻平，万金城.伟大建党精神的价值逻辑及其育人功能实现的关键点位[J].思想理论教育，2022(9).

四、关于文化育人的研究

2022年度，学者们以党的二十大精神为指引，充分肯定文化育人的重要价值，继续深挖文化的育人资源，强调将伟大建党精神融入大学生思想政治教育，积极探索红色文化育人、大学校园文化育人以及网络文化育人等研究主题。

（一）关于文化育人价值意蕴的研究

在新形势下，文化育人的作用日益凸显，学界从不同维度对文化育人价值意蕴进行研究。有学者从思想引领、实践探索、价值旨归三个维度，深入挖掘高校思想政治工作“以文化人”的学理思路和内在蕴意，提出新时代高校思想政治工作要提升思想政治教育的文化内涵，将繁荣兴盛的优秀文化内化为思想政治工作的思想基石，将务实有效的“化人”方式转化为思想政治工作的内生动力，将培养堪当民族复兴重任的时代新人固化为思想政治工作的核心要务。① 有学者从“五育”的角度探讨了文化育人的价值，提出在德育方面，校园文化表征为一类“综合文化形态”，借此对新时代大学生开展道德教育，不但符合道德教育基本规律，也有助于实现道德教育目标。在智育方面，借助校园文化有利于促使大学生形成正确的世界观、人生观，提升创造力和想象力，这对开展包括智育在内的高等教育来说，具有良好的辅助作用。在美育方面，以文化育人为契机，既可以培养大学生形成健全、独立的人格，塑造美好、高尚的人性，还有助于协调个人和他人、个人和社会之间的关系，始终保持正确的价值取向和积极的情感导向。② 还有学者关注到优秀地域文化融入高校思想政治教育的价值意蕴。从价值旨归的深度看，它是中国精神弘扬和培育的关键环节；从战略资源的高度看，它是中华文化继承和创新的主要途径；从发展蓝图的角度看，它是进军第二个百年奋斗目标的现实需要。③ 中华优秀传统文化、革命文化、社会主义先进文化中蕴涵着丰富的家国情怀价值元素，将其传授给大学生，使其内化于心、外化于行，正是教育者实施文化育人的显现，二者在目标、主体、内容、方法、过程上相契合。④

（二）关于伟大建党精神融入大学生思想政治教育的研究

习近平总书记在中国共产党建党100周年纪念大会的讲话中明确提出：一百年前，中国共产党的先驱们创建了中国共产党，形成了坚持真理、坚守理想，践行初心、担当

① 李丹. 新时代高校思想政治工作“以文化人”的理论蕴涵及实践探索[J]. 思想政治教育研究，2022，38(3).

② 谷照亮. 高校文化育人：价值意蕴与实现理路[N]. 中国社会科学报，2022-08-05.

③ 刘有升，陈丽静. 优秀地域文化融入高校思想政治教育研究[J]. 思想政治教育研究，2022，38(2).

④ 赵存东，樊志远，张二星. 文化育人视域下大学生家国情怀培育研究[J]. 教育理论与实践，2022，42(27).

使命，不怕牺牲、英勇斗争，对党忠诚、不负人民的伟大建党精神，这是中国共产党的精神之源。① 2022 年度，学界聚焦伟大建党精神融入大学生思想政治教育展开了一系列深入的研究，形成了诸多优秀理论成果，为提升大学生思想政治教育实效性提供了重要理论支撑。

其一，伟大建党精神融入大学生思想政治教育的价值意蕴。围绕这一论题，学者们进行深入探讨。有学者强调，高校肩负着学习研究、宣传阐释伟大建党精神并从中汲取强大育人动能，全面落实立德树人根本任务的历史使命。将伟大建党精神融入高校立德树人的全过程，全面发挥高校的育人功能，并将伟大建党精神有效转化为广大青年学生的爱国情、强国志、报国行，是走好新时代赶考之路、实现中华民族伟大复兴的历史使命、时代重任和实践要求。② 新时代，将党的伟大建党精神融入高校思想政治教育全过程，是办好中国特色社会主义高校的应有之义，关系高校人才培养能力，关系青年一代道路自信、理论自信、制度自信、文化自信的牢固树立。要通过大力开展以中国共产党坚持真理、坚守理想，践行初心、担当使命，不怕牺牲、英勇斗争，对党忠诚、不负人民等为重点内容的精神文化建设，营造健康向上的校风学风，有利于培养具有正确的价值观和积极进取精神的新时代大学生。这是做好高校立德树人工作，为新时代高等教育的发展提供强劲动力的应然选择。③ 也有学者提出伟大建党精神融入高校思想政治教育是推动习近平新时代中国特色社会主义思想“三进”、实现立德树人根本任务的必然要求，是大学生坚定理想信念、增强“四个自信”的客观需要，是大学生反对历史虚无主义、树立正确党史观的重要依托，是推动高校思想政治教育高质量发展的应然之举。④ 此外，还有学者提出，将中国共产党人的精神谱系融入大学生思想政治教育，有助于以理想信念塑造挺拔灵魂、以爱国主义情怀激荡青春力量、以品德修养筑牢价值基石、以奋斗担当铸就青春底色，对落实立德树人根本任务具有重要价值。⑤

其二，如何将伟大建党精神融入大学生思想政治教育。围绕这一论题，学界进行了深入的探究。有学者提出将伟大建党精神融入高校思想政治教育要坚持“四个融入”即融入高校思政课教学，增强课堂教学的针对性，形成引导力；融入高校校园文化，提升高校校园文化的先进性，催生渗透力；融入新兴媒介，利用网络空间的时代感，塑造传播力；融入大学生社会实践，增强外化于行的有效性，提高影响力。⑥ 伟大建党精神融

① 习近平. 在庆祝中国共产党成立 100 周年大会上的讲话[J]. 求是，2021(14).

② 忻平，万金城. 伟大建党精神的价值逻辑及其育人功能实现的关键点位[J]. 思想理论教育，2022(9).

③ 阳素云，郭国祥. 伟大建党精神融入高校思想政治教育的长效机制探索[J]. 学校党建与思想教育，2022(12).

④ 虞志坚. 伟大建党精神融入高校思想政治教育的价值意蕴和实践进路[J]. 湖北社会科学，2022(3).

⑤ 马杰. 将中国共产党人的精神谱系融入大学生思想政治教育[J]. 中国高等教育，2022(9).

⑥ 虞志坚. 伟大建党精神融入高校思想政治教育的价值意蕴和实践进路[J]. 湖北社会科学，2022(3).

入高校思想政治教育，重点要融入大学生理想信念教育、社会主义核心价值观教育、家国情怀教育、奋斗精神教育四个方面。新时代新形势下，要通过课程教育教学、大学文化培育、网络空间建设、队伍素质提升四条路径，确保伟大建党精神融入高校思想政治教育的实际效果。① 也有学者提出要把握伟大建党精神育人功能实现四个关键点位，即充分发挥伟大建党精神“主引擎”作用、教师队伍的“主力军”作用、课堂教学的“主渠道”作用和日常思想政治教育的“主阵地”作用。② 还有学者提出，要积极构建伟大建党精神融入高校思想政治教育的长效机制，高校要运用理论引领、课堂提质、实践助力、考核评价等方法，构建起伟大建党精神融入思想政治教育的长效机制。③

（三）关于红色文化育人的研究

红色文化具有重要价值。党的十九届六中全会审议通过的《中共中央关于党的百年奋斗重大成就和历史经验的决议》中明确要求，“教育引导青年党员永远以党的旗帜为旗帜、以党的方向为方向、以党的意志为意志，赓续党的红色血脉，弘扬党的优良传统，在斗争中经风雨、见世面、壮筋骨、长才干”。2022年度，学界围绕红色文化育人开展了一系列的理论和实践探究，主要集中在以下几个方面：

其一，红色文化育人的价值意蕴。有学者提出中国共产党革命文化育人功能具有重要的现实价值，具体表现为以下几个方面：第一，树立为人民服务的宗旨意识是中国共产党革命文化的价值溯源；第二，树立国家文化安全意识是革命文化在新时代的历史使命；第三，树立人类命运共同体意识是革命文化对世界的贡献与担当。④ 有学者专门探究红色文化资源对于大学生的重要意义，提出红色资源有助于帮助大学生建构正确的历史认知和培育健康的政治情感，有助于引导大学生明大德、守公德、严私德，是丰富大学生思想政治教育内容的必然选择。⑤ 也有学者探讨了红色文化对于培养医学生人文素养的重要意义。具体表现在以下几个方面：从本质上来说，红色文化育人是对文化的继承与发扬；红色文化契合高等医学院校思政教育的目标，并有助于丰富其内容与形式；红色文化充实丰富了医学院校思政教育的内容和形式。⑥

其二，红色文化育人面临挑战。学者们关注到随着多元社会思潮和历史虚无主义的影响，红色文化在传播弘扬的过程中出现了一些解构和扭曲，面临“轻红”“淡红”“拒

① 金国峰. 伟大建党精神融入高校思想政治教育研究[J]. 学校党建与思想教育，2022(5).

② 忻平，万金城. 伟大建党精神的价值逻辑及其育人功能实现的关键点位[J]. 思想理论教育，2022(9).

③ 阳素云，郭国祥. 伟大建党精神融入高校思想政治教育的长效机制探索[J]. 学校党建与思想教育，2022(12).

④ 李永春，饶赟. 中国共产党革命文化的育人功能研究[J]. 湖南大学学报(社会科学版)，2022，36(1).

⑤ 王子蕲. 论大学生思想政治教育中红色资源的运用[J]. 思想理论教育，2022(10).

⑥ 李常应，蒙兰蕊，何彦妮. 红色文化融入医学生人文素养培养的实践与思考[J]. 教育理论与实践，2022，42(3).

红”“去红”等问题和挑战。① 在具体实践中，大学生红色文化认同的现实境遇主要面临三重矛盾：一是社会价值多元化与大学生个体模糊认知的矛盾；二是信息渠道多样化与红色文化认同教育手段需要创新的矛盾；常态化、长效化要求与红色文化教育短时体验的矛盾。② 还有学者通过实证调研的方法发现，部分大学生对弘扬红色文化重要性认识不到位，在高校期间参与红色文化实践体验少，与本土红色文化结合不够充分等问题。③ 此外，也有学者提出当前高校思想政治教育过程中，运用红色资源的整体性与创新性理念有待深化；红色资源在大学生思想政治教育中的运用途径有待拓展；红色资源在大学生思想政治教育中的运用效能有待提升。④

其三，优化红色文化育人的路径。为了更好地应对红色文化育人面临的挑战，学者们从不同的维度积极探讨红色文化育人的优化路径。有学者提出大学生红色文化认同的形成是一个漫长且复杂的过程，应当进行整体规划，积极拓展教育资源与教学渠道，通过自育与他育的互促结合、学校和社会的合力滴灌以及拓展大学生的实践体验来使其红色文化认同得到提升。⑤ 也有学者提出应聚焦现实问题，明确整体性与创新性的理念，系统地将红色资源运用于实践育人、校园文化育人、网络育人等教育环节中，通过各要素间的协调配合着力推进红色文化育人。强化红色资源运用意识，丰富育人载体，深化实践育人；实现红色资源整合传播，鼓励师生原创，推动文化育人；综合运用红色资源，抢占宣传阵地，强化网络育人。⑥ 还有学者提出注重挖掘红色资源，注重讲好红色故事，注重强化红色教育，注重巩固红色阵地，注重维护红色形象，⑦ 以及注重加大革命文化资源的开发和利用，丰富育人内容；创新革命文化传播，拓宽育人方式；推进革命文化教育多元路径，构建育人体系。⑧

（四）关于大学校园文化育人的研究

校园文化是文化育人的重要载体。习近平总书记指出：“要更加注重以文化人以文育人，广泛开展文明校园创建，开展形式多样、健康向上、格调高雅的校园文化活动。”⑨

---

① 吕治国. 红色文化的思想政治教育功能与作用发挥[J]. 思想教育研究，2022(2).

② 闫金红，柴玲玲. 新时代大学生红色文化认同的现实境遇与提升策略[J]. 思想政治教育研究，2022(4).

③ 陈雪珍，金文奖，李丹. 红色文化融入高校思想政治教育的调查研究——以温州市为例[J]. 教育理论与实践，2022(3).

④ 王子薪. 论大学生思想政治教育中红色资源的运用[J]. 思想理论教育，2022(10).

⑤ 闫金红，柴玲玲. 新时代大学生红色文化认同的现实境遇与提升策略[J]. 思想政治教育研究，2022(4).

⑥ 王子薪. 论大学生思想政治教育中红色资源的运用[J]. 思想理论教育，2022(10).

⑦ 吕治国. 红色文化的思想政治教育功能与作用发挥[J]. 思想教育研究，2022(2).

⑧ 李永春，饶赟. 中国共产党革命文化的育人功能研究[J]. 湖南大学学报(社会科学版)，2022，36(1).

⑨ 习近平：把思想政治工作贯穿教育教学全过程 开创我国高等教育事业发展新局面[N]. 人民日报，2016-12-09.

2022年度，学者们在客观分析大学校园文化育人存在问题基础上，积极拓宽校园文化育人的研究范围，关注点不限于校园文化活动，更注重学校图书馆和档案的文化育人功能。

其一，图书馆文化育人功能。学者们普遍认为高校图书馆不能仅满足于服务育人的功能，更要强化图书馆的文化育人功能。有学者提出加强文化育人是高校图书馆立德树人的时代使命。站在新的历史起点上，新时代的高校图书馆要积极承担时代使命，着力加强文化育人，增强思想政治教育的文化蕴涵，丰富优秀的文化内容和载体形式，在方式上注重持续滋养和潜移默化，实现知识传授、能力培养、价值引领和精神塑造有机统一，不断提升立德树人的质量和效果。① 也有学者提出高校图书馆拥有丰富的馆藏资源，是校园的文化核心和精神家园。社会主义先进文化、革命文化、中华优秀传统文化相互交融汇聚，是高校图书馆文化育人的独有特色优势。② 也有学者通过归纳识别19所高校图书馆文化传承及育人的影响因素，以问卷形式对天津市高校图书馆馆员进行调查，采用因子分析法对数据进行处理，最终提取、归纳出4个影响高校图书馆文化传承及育人关键因素，分别命名为组织管理、体制机制、领导重视以及服务对象，并提出通过加强文化育人组织管理、创新文化育人体制机制、增强领导文化育人意识、实现文化育人精准服务等举措提升图书馆的文化育人功能。③

其二，档案文化育人功能。2022年度，学者不断深化高校档案的文化育人功能，认为目前高校档案育人存在薄弱环节：从育人理念层面看，缺乏深化与提升，育人功能边缘化；从育人方式层面看，缺乏创新与发展，育人方式单一化；从育人资源层面看，缺乏挖掘与提炼，育人资源单薄化；从育人机制层面看，缺乏保障与协调，育人机制分散化。④ 针对这些问题，有学者提出，要提升对档案育人的重要性，要将档案列入学校发展规划，以更高站位助推档案育人有序开展。同时，要注重发挥校史档案的育人作用。对于高校而言，校史档案肩负着“建档存史”和“档案育人”的双重使命，要将校史素材纳入校本教材，丰富思政教育资源，要构建联动机制，形成校史档案育人新格局。⑤ 也有学者提出要构建高校档案文化育人体系构建的基本框架，要围绕“知识传授+能力提升+价值塑造”三维度明确档案文化育人的价值取向；以“理论平台+实践平台+网络平台”三平台实现档案文化育人平台构建；从队伍建设、制度建设、信息化建设三个层面构建档案文化育人环境体系；从核心资源、特色资源、互联网资源三个层面

---

① 郑清文. 试析立德树人视域下高校图书馆以文化人的途径、方式与机制[J]. 大学图书馆学报，2022，40(3).

② 姜宏. 服务立德树人根本任务，塑造高校图书馆发展新动能[J]. 大学图书馆学报，2022，40(6).

③ 李沂濛，唐承秀，常红. 高校图书馆文化传承及育人影响因素研究——基于天津市高校图书馆调研的因子分析[J]. 图书馆工作与研究，2022(11).

④ 来金晶. 新时期高校档案文化育人体系构建研究[J]. 浙江档案，2022(1).

⑤ 沈洋，谷松岭，鲍中义，赵小敏. 挖掘校史档案思政元素 发挥档案育人重要功能[J]. 中国档案，2022(2).

构建档案文化育人资源体系。①

此外，也有学者运用比较研究视野，对国外高校文化育人的具体经验进行了深入探究。比如有学者对德国高校文化育人模式进行研究，提出多样化的文化实践活动、自组织化的社团管理方式、城校协同的文化生态构建是德国高校文化育人的主要模式。德国高校学生文化事务育人机制对我国高校文化育人的启示：一是推进文化学习与生活实践的良性互动，回归育人实践本质，拓展"柔性融入"的文化育人路径；二是激活学生社团自组织化管理的内在活力，强化主体成长意识，增添"主动成长"的文化育人动力；三是建立高校文化与城市文化的互融机制，引领文化创新发展，营造"城校协同"的文化育人生态。②

（五）关于高校网络文化育人的研究

2022 年度，学界主要是从网络文化育人的现状以及实现路径两个层面进行研究：

其一，高校网络文化育人的现状。学者们充分肯定高校网络文化育人取得的成效。有学者将其归纳为以下几个方面：一是高校网络文化覆盖边界稳步延伸；二是高校网络文化资源优势逐步显现；三是高校网络文化育人效果显著提升。③ 与此同时，学者们也清醒地意识到，尽管目前各大高校已经进行了许多实践探索，仍旧暴露出一些亟待解决的普遍问题。首先，高校网络文化育人平台目前还缺乏有效利用、科学管理和完善；其次，高校网络文化育人体系缺乏完备的舆情处理机制；最后，高校网络文化育人体系缺乏强有力的人力和经费保障。④ 还有学者提出高校网络文化育人存在的薄弱环节主要表现在以下几个方面：一是高校网络文化建设受到网络文化过度商业化的不良影响；二是高校网络文化建设的内容供给和形式表达有待优化；三是高校网络文化建设的专业队伍有待提升。⑤

其二，高校网络文化育人的实现路径。首先，要正确理解和科学把握高校网络文化育人的内容定位；其次，科学统筹和严格管理高校网络文化育人平台，建设完备有序的网络文化育人阵地；最后，建立完善高校网络文化育人基础保障机制，确保校园网络文化育人工作稳步推进。⑥ 也有学者提出新时代高校网络文化育人应着眼于以下几个方

---

① 来金晶. 新时期高校档案文化育人体系构建研究[J]. 浙江档案，2022(1).

② 周蕾，姜芳. 德国高校学生文化事务的育人模式、特征及启示[J]. 学校党建与思想教育，2022(2).

③ 刘瑞，蒋笃君. 略论高校网络文化建设的新形势及优化路径[J]. 思想理论教育导刊，2022(4).

④ 黄鹂，王雨秋，张彩虹. 互联网时代高校网络文化育人的困境与路径[N]. 中国文化报，2022-07-28.

⑤ 刘瑞，蒋笃君. 略论高校网络文化建设的新形势及优化路径[J]. 思想理论教育导刊，2022(4).

⑥ 黄鹂，王雨秋，张彩虹. 互联网时代高校网络文化育人的困境与路径[N]. 中国文化报，2022-07-28.

面：以立德树人为根本，建立健全合力机制；以平台建设为窗口，创新运作模式；以内容建设为导向，坚定文化自信；以队伍建设为抓手，提升运维能力；以阵地建设为保障，优化舆论空间。① 还有学者提出，为了应对“后真相”网络环境对高校思想政治教育带来的挑战，需要加强网络文化治理，加大主流文化的网络宣传力度，尤其要充分发挥网络信息技术及新兴媒体在思想文化传播上的优势，以数字化出版技术丰富主流文化的存在样态，以新媒体传播渠道来拓展主流文化的传播推广方式，以通俗化的表现方式来提升主流文化的大众接受程度，从而增强主流文化在网络空间的影响力，使主旋律和正能量在网络空间中得到广泛传播，推动互联网这个“最大变量”释放“最大正能量”，更好地构筑中国精神、中国价值、中国力量。②

由此可见，在新的时代背景下，文化育人具有更深层次的内涵和价值，也发挥着越来越大的作用。未来要继续拓展对文化育人相关机制的研究，不断拓展文化育人的资源空间，让中华优秀传统文化、革命文化和社会主义先进文化融入每个大学生的血脉，厚植大学生爱国主义情怀，“引导学生把爱国情、强国志、报国行自觉融入坚持和发展中国特色社会主义事业、建设社会主义现代化强国、实现中华民族伟大复兴的奋斗之中”③。

五、关于网络育人的研究

网络育人作为十大“育人”体系的重要组成部分，已成为新时代大学生思想政治教育的重要范式。2022 年度，学者们继续关注网络育人面临的深刻挑战，不断优化网络育人路径，同时将“元宇宙”作为网络育人研究的全新热点。

（一）关于高校网络育人面临挑战的研究

现代信息技术经历了一个组合进化的过程，形成了包括互联网、大数据、云计算、物联网、5G、人工智能、元宇宙乃至 ChatGPT 等现代信息技术的集合。④ 信息技术的迭代升级给高校思想政治教育注入了新的生机和活力，丰富教育内容，创新教育手段，拓宽教育平台，打破了教育主客体沟通的障碍，同时也为学生实现自我教育与自我引导提供了重要支撑。然而随着信息技术的发展，网络舆论呈现更快的传播速度、更庞大的信息量、更广泛的受众、更频繁的交互性、更难于控制等显著特点，这也促使高校思想政治教育环境变得日趋复杂，进而导致高校思想政治教育的实施面临诸多新挑战。有学

① 刘瑞，蒋笃君. 略论高校网络文化建设的新形势及优化路径[J]. 思想理论教育导刊，2022(4).

② 王星. “后真相”网络环境下大学生价值引导力的提升策略[J]. 思想理论教育导刊，2022(9).

③ 中共中央 国务院印发《新时代爱国主义教育实施纲要》[EB/OL]. [2019-11-12]. https://www.gov.cn/zhengce/2019-11/12/content_5451352.htm.

④ 卢岚. 从互联网到 ChatGPT：思想政治教育的技术重塑与建构逻辑[J]. 探索，2023(2).

者从网络传播主体、传播内容和传播话语三个层面进行分析，提出网络传播主体的大众化、多元化，弱化了高校思想政治教育的主导性；网络传播内容的庞杂性、碎片化，削弱了高校思想政治教育的导向性；网络传播话语的创造性、通俗性，降低了高校思想政治教育话语权的影响力。① 有学者从青年对主流意识形态认同的视角来进行分析，提出泛娱乐化转移青年对主流意识形态认同的注意力，提出碎片化稀释青年对主流意识形态认同的话语力，提出圈群化解构青年对主流意识形态认同的凝聚力。② 还有学者关注到以抖音、快手、bilibili 为代表的短视频平台对于思想政治教育的影响。网络短视频具有资源丰富、传播方式快捷、操作过程简单、更新速度较快与评价过程开放等优势，是高校网络育人不可忽视的新阵地。网络短视频凭借其个性化、多元性的表达，即时化、广泛性的传播，简单化、便捷化的操作等特点成为高校网络育人的重要场域。但网络短视频目前存在内容泛娱乐化冲击主流价值观、呈现方式碎片化阻碍认知连贯性、引导教育力量分散化瓦解育人合力、育人场景虚拟化消解育人实效等诸多现实问题。③ 尤其是网络"泛娱乐化"对青年价值观会产生负面影响。网络"泛娱乐化"通过冲击价值观教育方法论和贩卖现实焦虑、制造审美误区等方式，裂解青年已有的正确价值认知；通过充当错误思潮的温床夸大离奇个例、生产奇异话题，解构青年在整体认知基础上形成的价值观；通过分化网络议题下的观点制造对立阵营、在封闭圈子里极化群体意识，撕裂青年的原生价值观；通过用娱乐驱逐严肃和生产低俗文化的手段巩固青年的错误价值认识。④ 由此可见，"后真相"网络环境对大学生的价值观形成带来一定影响和新的挑战，是大学生网络思想政治教育工作中需要高度重视的新课题。⑤ 思想政治教育活动的整体性被一块屏幕所分隔，造就了"线上"与"线下"两种不尽相同的学习体验；学习者被动"观影"，缺乏对教育文本所承载思想的具身体验；教育者掌握的数据资源愈发庞大，投射在个体价值上的人文关怀却愈发渺小。⑥

(二)关于高校网络育人实现路径的研究

针对新媒体时代所提出的新挑战、新问题、新要求，如何提升网络育人实效成为高校思想政治教育要解决的重要问题。有学者提出要推动现实空间与虚拟空间的教育协同，构建全方位的网络思政育人环境，要强化因势利导与造势引导的联动，完善网络思政育人的过程机制，从而有效推动高校思政工作优势同信息技术的有效对

① 任昊，傅秋野. 高校网络思想政治教育创新研究[J]. 现代教育管理，2022(2).

② 李艳艳. 增强网络空间青年对主流意识形态的认同：现实挑战与实践路径[J]. 思想理论教育，2022(12).

③ 徐刚，邹泽沛. 新时代网络短视频育人的现实问题及其应对策略[J]. 思想理论教育导刊，2022(12).

④ 王少. 网络"泛娱乐化"对青年价值观的危害及应对[J]. 中国电化教育，2022(9).

⑤ 王星. "后真相"网络环境下大学生价值引导力的提升策略[J]. 思想理论教育导刊，2022(9).

⑥ 石磊，张笑然. 元宇宙：思想政治教育的未来场域[J]. 思想教育研究，2022(3).

接和有机整合。① 也有学者提出要优化网络思想政治教育内容，增强网络思想政治教育的导向性，要构建时代所需网络话语体系，增强网络思想政治教育的影响力。② 值得关注的是，学界从大学生自身的视角出发，对提升网络育人实效进行研究。有学者提出要在主体间性的理论视域下分析数字化时代高校思政育人的价值属性，要坚持个体与共同体的主体性并重，提升网络思政育人的主体资质。③ 还有学者认为要彰显大学生的主体性，增强高校网络思想政治教育的针对性。④ 为此，要对大学生网络思想政治教育话语表达特点进行全面把握。有学者提出相较于传统的思想政治教育话语表达，大学生网络思想政治教育话语表达具有主客体关系平等、内容方式灵活、时间内容碎片化、传播环境共享四个方面的独特性。大学生网络思想政治教育话语表达的独特性既有利于思想政治教育的创新发展，也会产生消解话语主体权威、冲击话语表达范式、削弱话语表达效果、挑战话语表达监管等负面效应。提升大学生网络思想政治教育话语表达效力，必须努力做到壮大话语表达主体队伍、规范话语表达内容方式、提升话语表达系统性、净化话语表达网络环境。⑤ 此外，还有学者认为要提升大学生网络素养，重点从打造培育大学生网络素养的专属课程、建构规范大学生网络素养的制度准则和汇聚培育大学生网络素养的育人合力三个方面入手。⑥

（三）关于元宇宙在高校思想政治教育领域应用的研究

2021 年元宇宙热潮爆发，这一年也被称为“元宇宙元年”。众学者立足新时代，分析了元宇宙赋能高校思想政治教育的内在机理，并对元宇宙给大学生思想政治教育带来的机遇和挑战进行总结，为探究元宇宙在思想政治教育领域中的应用奠定了基础。

其一，元宇宙赋能高校思想政治教育的内在机理。有学者以元宇宙的八大技术特性，即有沉浸感、低延迟、泛在性、多样性、身份、朋友、经济和文明为依托，提出元宇宙赋能我国高校思想政治教育工作的内在机理包括强烈的“具身性”能加强学生的学习效果，跨时空的“沉浸感”能提高学生的学习意愿，真实的“具象化”能增强学生的学习获得感。⑦ 也有学者认为元宇宙凭借大数据、云计算、人工智能等新兴技术重塑高校思想政治教育的感知环境、信息环境、文化环境与空间环境等，为高校思想政治教育开

---

① 时影，舒刚. 数字化时代高校网络思政育人的价值生成与实践路径：基于主体间性视角的考察[J]. 国家教育行学院学报，2022(9).

② 任昊，傅秋野. 高校网络思想政治教育创新研究[J]. 现代教育管理，2022(2).

③ 时影，舒刚. 数字化时代高校网络思政育人的价值生成与实践路径：基于主体间性视角的考察[J]. 国家教育行政学院学报，2022(9).

④ 任昊，傅秋野. 高校网络思想政治教育创新研究[J]. 现代教育管理，2022(2).

⑤ 曹洪军，曹世娇. 论大学生网络思想政治教育话语表达的独特性及效力提升[J]. 理论导刊，2022(3).

⑥ 侯玉莹，梁惠娥. 当代大学生网络素养培育路径探索[J]. 中国高等教育，2022(19).

⑦ 胡乐乐. 元宇宙赋能我国高校思想政治教育工作：技术特性、内在机理、风险挑战[J]. 南昌大学学报(人文社会科学版)，2022，53(6).

辟新业态、赋予新动能。元宇宙赋能高校思想政治教育，推动高校思想政治教育从传统教育方式到以交互技术提升沉浸体验，从原有的教育教学直观场景到立体场景增强在场感，从第三人称的听、看思维到第一人称的全身沉浸思维，充分彰显了元宇宙与高校思想政治教育的耦合性。①

其二，元宇宙为高校思想政治教育带来的机遇。有学者指出元宇宙作为数字技术聚合构建的新型社会时空结构，为思想政治教育研究与实践开启无限的想象空间，元宇宙为思想政治教育带来的不仅是工具和技术的进步，它跳出物理世界传统课堂的窠臼，为思想政治教育研究与实践开启无限的想象空间。同时，思想政治教育场域的边界有所拓展，思想政治教育场域的位置有所变化，思想政治教育场域的叙事有所升级。② 有学者提出作为新技术元宇宙不仅推动了信息化、数字化的迭代升级，而且将人类从个人电脑、智能手机时代带入全息平台时代，创构了一个虚实共生的全息数字世界。元宇宙新技术的应用，彻底改变了 Web2.0 技术的应用局限，并深刻重塑着网络思想政治教育的感知环境、信息环境、文化环境等。③ 还有学者提出元宇宙利用虚拟与现实深度融合、交互技术集合、线上线下一体化等优势，从教育环境、教育内容、教育评价等方面为新时代的思想政治教育工作赋能。

其三，元宇宙对高校思想政治教育的挑战。在肯定元宇宙的积极作用的同时，学界也关注到元宇宙可能引发的各种风险挑战。有学者指出元宇宙应用于思想政治教育存在一定的伦理风险，如影响国家安全、侵犯个人隐私、数字主体危机、陷入“技术成瘾”等。④ 也有学者从个人、社会、国家等层面进行审思，提出元宇宙可能给网络思想政治工作带来三重挑战。一是元宇宙通过认知外包和虚拟分身深刻影响人的思想和行为方式，难以规避的技术异化症候从个体发展方面为网络思想政治工作带来阻力；二是在元宇宙中得到强化的信息茧房和社交圈群，进一步加大了网络思想政治工作解决社会价值构建的难度系数；三是元宇宙中的“数字殖民”与文明陷阱也会催生网络意识形态风险，进而危及我国的主流意识形态安全。⑤ 也有学者提出元宇宙可能引发四类挑战，即意识形态风险挑战、国家安全风险挑战、网络成瘾风险挑战和数据隐私风险挑战。⑥

其四，如何运用元宇宙提高育人实效。有学者从育人环境、育人实践和教育评价三个层面出发，提出元宇宙要打破单向输出的育人模式，创设虚实结合的交互学习环境、提供智能精准画像的技术支撑，丰富育人的探究性实践活动、立足多维度全周期的映射

---

① 董旖旎. 元宇宙赋能高校思想政治教育的价值意蕴与实践路径[J]. 思想理论教育，2022(7).

② 石磊，张笑然. 元宇宙：思想政治教育的未来场域[J]. 思想教育研究，2022(3).

③ 赵建超. 元宇宙重塑网络思想政治教育论析[J]. 思想理论教育，2022(2).

④ 董扣艳. 元宇宙在思想政治教育中的应用：前景探测、伦理风险及其规避[J]. 思想理论教育，2022(4).

⑤ 冯刚，陈倩. 解构与重构：元宇宙对网络思想政治教育的挑战及其应对[J]. 探索，2022(3).

⑥ 胡乐乐. 元宇宙赋能我国高校思想政治教育工作：技术特性、内在机理、风险挑战[J]. 南昌大学学报(人文社会科学版)，2022，53(6).

表征，优化思想政治教育评价体系。① 也有学者从风险规避的视角出发，提出在国家层面，要加快推进元宇宙应用于思想政治教育的顶层制度建设；在社会层面，要引导社会各领域各行业确立“科技向善”的治理原则；在个人层面，要提升运用元宇宙技术的核心素养，促进个体自身发展。② 也有学者提出，网络思想政治工作应坚持技术理性和价值理性相统一，推动自身传统优势与元宇宙深度融合，在充分发挥元宇宙对需求侧、供给侧及供需互动的正效应中实现高质量发展。要通过认证生态与数字创造，激发教育对象内生动力；要通过人机共育与智慧评价，实现教育队伍优质供给；要通过静脉施教与具身受教，增强教育过程实际效果。③

综上所述，信息技术的飞速发展给大学生思想政治教育带来机遇的同时也带来了深刻的挑战。如何顺应时代的发展，做好应对工作是高校思想政治教育工作者需要重点关注的课题。

六、关于心理育人的研究

2017 年 12 月，教育部发布《高校思想政治工作质量提升工程实施纲要》，将“心理育人”纳入高校思想政治工作育人体系。2018 年 7 月，中共教育部党组印发《高等学校学生心理健康教育指导纲要》，2021 年 7 月，教育部办公厅发布了《关于加强学生心理健康管理工作的通知》，再次强调心理健康教育的重要作用，着力提升学生心理健康素养。2022 年度，学界着眼于心理育人理念的研究，对后疫情时代大学生心理健康状况进行更详尽的分析，总结高校心理健康教育面临的现实挑战，并提出应对策略。

（一）关于心理育人理念的研究

关于心理育人的理念，有学者从我国高校心理健康教育政策发展的历程出发，认为其展现出一种由心理健康教育走向心理健康服务的“大心理健康教育观”。④ 还有学者立足数字时代的发展变化，将高校心理健康教育评价机制作为着力点，提出高校心理健康教育评价理念从“目标达成”向“长效发展”转变；评价内容从“形式化”向“实效化”发展；评价方法从“经验化”向“科学化”拓展。⑤ 还有学者提出受新冠疫情的影响，高校需要因校制宜，根据自身情况制定精准的以心育人策略，为党和国家培育优秀人才，落实立德树人根本任务。一方面，高校要整合校内外资源，形成以心育人合力；另一方

① 董旖旎. 元宇宙赋能高校思想政治教育的价值意蕴与实践路径[J]. 思想理论教育，2022(7).

② 董扣艳. 元宇宙在思想政治教育中的应用：前景探测、伦理风险及其规避[J]. 思想理论教育，2022(4).

③ 冯刚，陈倩. 解构与重构：元宇宙对网络思想政治教育的挑战及其应对[J]. 探索，2022(3).

④ 俞国良，陈雨濛. 四十年来我国高校心理健康教育政策分析：定性与定量的视角[J]. 复旦教育论坛，2022(4).

⑤ 陶进，马建青，欧阳胜权. 大数据时代高校心理健康教育评价的变革方向和风险规避[J]. 学校党建与思想教育，2022(9).

面，高校要对大学生心理健康实施动态监测，进行精准干预。此外，还有学者提出要实现德育与心育融合。“两育融合”是发挥资源协同优势与特色、打造思想政治工作品牌的有效途径；是落实“以学生为中心”理念，构建心理育人工作新格局的重要抓手；是加强阵地建设、打赢意识形态主动战的制胜法宝；是贯彻“人人出彩”理念、创新资助育人模式的具体实践。①

（二）关于后疫情时代大学生心理健康状况的研究

2019年以来的新冠疫情，对大学生心理健康带来了深刻影响。有学者直言，与新冠疫情本身相比，疫情给人们带来的巨大心理冲击更需引起关注。② 2022年度，众学者通过定量与定性分析相结合的方式，对后疫情时代大学生心理健康状况进行分析。有学者提出，对于大学生群体而言，在疫情防控常态化背景下，尽管大部分大学生已经复学复课，但疫情不断反复给大学生的学习方式、生活形态、人际交往等方面都带来了巨大影响，增加了大学生的压力。此外，大学生心理发展尚未成熟，压力应对资源缺乏，应对策略尚不够完善。因此，大学生更容易出现情绪困扰、动机消减、人际矛盾、悲观绝望等心理健康问题。③ 还有学者通过实证调查方式对当代大学生心理健康状况进行分析。有学者采用大学生心理健康筛查量表对505名大学生进行调查，运用大数据技术对心理测量数据及其关联信息数据进行分析。结果表明，当代大学生的心理健康水平不容乐观，并在性别方面存在显著差异，网络成瘾、自卑、抑郁、就业压力、学业压力是影响大学生心理健康水平的主要因素。④ 此外，还有学者运用问卷调查方式，对2200余名大学生进行了调查，发现88%的学生存在一定的焦虑问题，11.7%的学生焦虑程度偏高，仅有0.3%的学生对疫情没有任何焦虑。⑤

（三）关于高校心理健康教育存在问题的研究

学者们充分肯定了我国高校心理健康教育取得的成就，指出我国向来高度重视高校学生心理健康保障，相关研究与实践涉及高校心理健康教育、心理咨询中心建设标准、学生心理健康多级预警防控体系建设、心理宣传联络员培养、心理健康教材建设等，有效提升了我国高校学生心理健康保障水平。⑥ 与此同时，学者们也充分认识到我国高校

---

① 曾万里，易希平．德育与心育融合的逻辑基点、精神意蕴及实践路径——基于职业院校思想政治教育的思考[J]．当代教育论坛，2022(5)．

② 游旭群．高校以心育人的精准策略[J]．中国高等教育，2022(10)．

③ 游旭群．高校以心育人的精准策略[J]．中国高等教育，2022(10)．

④ 曹松林，周�，陈慧．疫情常态化背景下大学生心理防疫机制研究[J]．当代教育论坛，2022(5)．

⑤ 孙爱花，王小兰，刘思佳，李倩玉，车洪莹．后疫情时代大学生心理健康教育研究[J]．教育教学论坛，2022(24)．

⑥ 冯磊．英国如何保障高校学生心理健康：校外支持、校内策略及数字化探索[J]．中国高教研究，2022(7)．

心理健康教育存在的问题。从总体上看，我国高校学生心理健康保障在学校外部支持的系统性、学校内部策略的科学性以及方法的前沿性等方面均存在一定不足，从而难以充分应对高等教育普及化时代以及数字化时代复杂的学生心理健康形势。① 具体而言，存在的问题包括发展的相对不均衡，心理育人的价值认识尚有差距，校内咨询服务的便利性和质量需进一步提高，课程及教材建设有待加强，队伍建设亟待强化，危机干预工作效果尚需提高，经费场地保障存在缺口等。② 还有学者从心理育人队伍建设角度出发，提出高校心理育人共同体中各支队伍的育德和育心意识仍参差不齐，在不同场域中尚未形成有效合力，对有心理问题的学生仍不能全面、及时识别和初步干预，特别是在利用大数据等技术手段、依托数字赋能心理问题发现机制方面还有待创新。③

（四）关于高校心理育人实现路径的研究

围绕这一论题，学者们进行了深入的思考。有学者从“三全育人”视域出发，提出学校应遵循思想政治工作和大学生心理发展规律，在全员全程全方位上下功夫。一是要建设数量充足、质量过硬的心理健康教师队伍，需要学校切实提高政治站位，强化“大思政”理念，绘制“同心圆”格局，构建一体化心理育人体系，将心理健康教育纳入学校改革发展整体规划，纳入人才培养体系、思想政治工作体系和督导评估指标体系；二是心理育人队伍各类成员的工作内容侧重点不同，工作方法也存在差异，要通过专兼联合、校院联动、校社连通形成心理育人“连心轴”，辐射带动全程育人工作开展；三是构建全方位育人阵地，需要学校凝聚心理育人合力，切实关注学生发展诉求，同频对接学生成长期待，构建心理健康知识教育、宣传活动、咨询辅导、预防干预等全方位育人阵地，做到对学生心理状况感知更精准、心理诉求满足更充分、心理问题解决更有力、心理危机干预更及时，促进学生心理健康素养全面提升。④ 也有学者提到要科学制定心理健康教育方案，多方联动育人；构建“家庭—学校—医院”三级联动机制，多方协同育人；探索实践育人活动机制，多方增强学生心理韧性。⑤ 还有学者提出要构建中国特色高校心理健康教育体系。具体路径为：一是从宏观和微观层面深化对心理育人价值导向的认识，要搞懂弄通心理健康教育的对象和目的是什么，心理健康教育的价值应如何认识；二是着力推进心理健康教育相关政策落地落实；三是以评促建，量化先行，推动硬指标达标；四是不断建设完善心理健康教育体制机制。加强顶层设计和系统布局，强化示范引领和研究推动，促进高校心理健康教育工作持续规范有序发展。⑥ 也有学者提

① 冯磊. 英国如何保障高校学生心理健康：校外支持、校内策略及数字化探索[J]. 中国高教研究，2022(7).

② 王卫权. 高校心理健康教育系统性建设的问题与对策[J]. 中国高等教育，2022(10).

③ 许继亮. 高校建立健全心理育人机制论析[J]. 思想理论教育，2022(12).

④ 马喜亭，冯蓉. 建强高校心理育人队伍扎实推进“三全育人”[J]. 中国高等教育，2022(10).

⑤ 孙爱花，王小兰，刘思佳，李倩玉，车洪莹. 后疫情时代大学生心理健康教育研究[J]. 教育教学论坛，2022(24).

⑥ 王卫权. 高校心理健康教育系统性建设的问题与对策[J]. 中国高等教育，2022(10).

出构建中国特色高校心理健康教育体系，要从健全“政府—学校—家庭—社会”四位一体协同心理育人机制、打造“一高四型”心理健康教育专业队伍、深化中国特色社会主义文化与心理健康教育有机融合和完善高校心理健康教育管理和评价体系四个方面着力。① 还有学者提出要构筑高校心理问题常态化发现机制。重点从以下四方面入手：一是完善常态化的心理健康普查筛查机制；二是夯实基层心理育人队伍培训体系；三是构建一体化心理问题发现与甄别网络；四是探索数字赋能在高校心理育人机制中的运用。②

此外，学者们加强高校心理健康教育的比较研究。有学者对英国高校学生心理健康支持体系进行了较为系统的研究。英国已基本形成校外支持、校内策略及数字化探索的高校学生心理健康保障体系。校外支持体系主要由政府部门、高校监管机构、卫生系统和专业组织组成。英国政府的首要职责是为高校学生心理健康提供立法和司法保障，高校监管机构主要负责项目资助与政策监督，卫生系统主要提供专业服务，专业组织提供发展行动指南。校内保障主要体现在将学生作为设计高校心理健康保障战略的核心，将高校整体打造为心理健康社区，将同伴支持作为学生心理健康保障的战略手段，将心理健康教育嵌入学生专业课程学习中。与此同时，英国高校积极进行学生心理健康保障的数字化探索，在夯实学生心理健康数据基础、助力学生心理健康问题早期预警、提升学生心理疾病诊疗服务水平、优化学生心理健康知识和高校保障经验传播方面加快探索。③

2022 年度，学者们加强对高校心理育人的研究，重点对后疫情时代大学生心理特征及其应对策略进行了研究，积极探求“培育学生积极心理品质”的实践路径。然而，目前的研究仍然存在着一定的不足，如何更好构建高校心理健康教育工作体系，更好地实现育人功能将成为学界继续研究和探讨的重点。

七、关于管理育人的研究

2022 年度，学界在已有研究的基础上，对高校管理育人的基本问题进行了探讨，重点加强对高校“一站式”学生社区的管理育人的探究。

（一）关于高校管理育人基本问题的研究

2022 年度，学界对高校管理育人的基本问题进行探究。研究主要集中在以下两个方面，一是高校管理育人的意义。有学者提出日常教育管理是高校立德树人的主阵地，要用好主题教育、党团建设、校园文化活动、社会实践活动等，针对大学生思想、心理

① 袁红梅. 构建中国特色高校心理健康教育体系[J]. 中国高等教育，2022(24).

② 许继亮. 高校建立健全心理育人机制论析[J]. 思想理论教育，2022(12).

③ 冯磊. 英国如何保障高校学生心理健康：校外支持、校内策略及数字化探索[J]. 中国高教研究，2022(7).

状况变化和涌现的各类文化现象，主动作为、主动发力。① 二是高校管理育人存在的问题。有学者提出管理育人接受过程是知情意行的辩证统一过程。割裂大学生知情意行统一性的现象主要表现在以下五个方面：一是有的管理者管多育少，刚性有余而柔性不足，导致一些大学生行而不知、行而无情；二是有的管理者育多管少，柔性有余而刚性不足，导致一些大学生知而不行、行而不坚；三是有的管理者育人内容有误或不能契合学生需要，育人方法枯燥、陈旧，导致一些大学生对思想品德要求认知缺位、错位和不到位；四是有的管理者以身示范效果差，导致一些大学生对管理育人产生逆反心理；五是有的管理者与其他育人主体在促进大学生知情意行方面缺乏配合，导致一些大学生知情意行难以协同发展。②

（二）关于高校“一站式”学生社区建设的研究

2022年度，学界主要从高校“一站式”学生社区建设的价值意蕴、面临挑战和优化路径三个方面进行探究。

其一，高校“一站式”学生社区建设的价值意蕴。有学者从“一站式”学生社区的内生价值进行总结，提出“一站式”学生社区是高校加强学生党建工作的重要抓手；“一站式”学生社区是对“三全育人”的深化探索；“一站式”学生社区是对“以学生为中心”理念的创新践行。③ 有学者提出学生社区作为育人阵地的重要性日益凸显。具体表现在以下三个方面：一是“一站式”学生社区是加强党建引领的重要载体；二是“一站式”学生社区是落实立德树人根本任务的重要平台；三是“一站式”学生社区是构建“三全育人”格局的重要抓手。④ 也有学者提出要建构高校“一站式”学生社区空间，可以缩短育人的空间距离，增强思想政治教育的亲和力；促进资源的空间整合，提升管理服务的科学性；推动“五育”的空间延伸，加强第一课堂和第二课堂的协同性；建构多主体的空间联动，提高“三全育人”的实效性。⑤ 也有学者提出，“一站式”学生社区的发展是应对班级教育管理功能弱化的现实要求、高校学生社区自身建设和发展的客观需求、培养德智体美劳全面发展的社会主义建设者和接班人的内在诉求。⑥

其二，高校“一站式”学生社区建设面临的挑战。有学者从理念、行动和供需矛盾三个方面进行分析：从理念共识看，“一站式”学生社区的育人理念有待深化

---

① 温小平，陈日风．“三全育人”综合改革的文化意蕴及其育人理路[J]．思想教育研究，2022(5)．

② 林伯海，张善喜．新时代高校管理育人知情意行协同探析[J]．思想教育研究，2022(10)．

③ 王军华．高校“一站式”学生社区建设的内生价值、现实挑战与突破进路[J]．思想理论教育，2022(10)．

④ 王懿．高校“一站式”学生社区建设的价值意蕴、现实问题与实践理路[J]．思想理论教育，2022(2)．

⑤ 周远，张振．高校“一站式”学生社区的空间建构逻辑与路向[J]．思想理论教育，2022(7)．

⑥ 白晓东，孟祥栋．新时代学生社区空间育人的内在逻辑、现实问题与优化路径[J]．思想理论教育，2022(6)．

共识；从行动逻辑看，“一站式”学生社区的育人主体有待汇聚合力；从供需矛盾看，“一站式”学生社区的服务功能亟待优化升级。① 有学者提出学生社区空间育人在推进过程中，面临着社区空间育人理念尚未完全深入人心、多元主体之间协同不够、社区空间育人功能还有待挖掘，社区治理中学生自治意识和自治能力不足等方面的问题。②

其三，高校“一站式”学生社区建设优化路径。学者们围绕这一论题进行了较为系统的探讨。有学者提出高校“一站式”学生社区建设可以从以下几个方面进行推进：一是通过宣传引导与成效展示，构建深化共识机制；二是通过创新制度机制建设，构建育人力量、资源等的下沉机制；三是通过优化空间设计改造，构建物理空间和社会空间的耦合机制。③ 还有学者明确提出，学生社区承载着重要的育人功能，高校应牢牢把握学生社区发展方向，大力加强学生社区综合治理，推动学生社区向“一站式”转型发展。实践理路上，应综合运用战略思维、系统思维、共治思维、平台思维、互联网思维等深化体制机制改革，驱动学生社区功能多向拓展、育人机制创新、多元主体协同、服务供需匹配、治理效能提升。④ 还有学者提出要实现高校学生社区治理逻辑的情感转向，通过物质基础的生产与配置，创设开放包容、功能集聚的物理空间；通过互动机制的重塑与协调，构建起联结紧密、平等参与的社会空间；通过精神意向的凝练与培植，打造意蕴深厚、高度认同的文化空间，进而促成学校治理结构的转型与育人格局的重塑，最终培植和谐稳定的校园情感共同体。⑤

通过以上分析可以发现，高校管理育人与实践育人、服务育人、文化育人等其他育人体系有了更多的交集，“协同”日益成为贯穿其中的主线。面对新形势，如何更好地在“协同”之中提升高校管理育人实效，将是未来研究的重要方向。

八、关于服务育人的研究

服务育人与教书育人、管理育人共同构成高校三大基本活动。进入新时代，服务育人更应该顺应时代发展，更好地服务于学生成长成才，更好地服务于高校立德树人的根

① 王军华. 高校“一站式”学生社区建设的内生价值、现实挑战与突破进路[J]. 思想理论教育，2022(10).

② 白晓东，孟祥栋. 新时代学生社区空间育人的内在逻辑、现实问题与优化路径[J]. 思想理论教育，2022(6).

③ 王军华. 高校“一站式”学生社区建设的内生价值、现实挑战与突破进路[J]. 思想理论教育，2022(10).

④ 王懿. 高校“一站式”学生社区建设的价值意蕴、现实问题与实践理路[J]. 思想理论教育，2022(2).

⑤ 文军，王云龙. 空间视域下高校学生社区情感治理的实践探索——以广东省 D 校“知行学院”为例[J]. 国家教育行政学院学报，2022(8).

本任务。2022 年度，学界对服务育人理念创新及实现路径进行了探索。

（一）关于高校服务育人理念的研究

2022 年度，学者们对服务育人理念进行创新。具体表现为以下两个方面：一是注重服务与思想政治教育的融合。有学者认为，在服务引导中加强大学生思想政治教育是适应大学生群体特征和接受特点的现实需要，是思想政治工作体系贯穿人才培养体系的题中之义，是新时代思想政治工作改革创新的必然要求。① 二是注重高校管理育人与服务育人的融合。比较典型的是对高校“一站式”学生社区建设的研究。高校学生社区通过线下和线上的空间建构，推进管理、服务等资源下沉，形成协同协作、破解发展难题的育人合力。一方面，学生社区运用整体性和系统性思维，将全校公共事务空间资源进行“一站式”的整合，分类别、分层次、分区域组织利用，服务于学生社区的育人工作需要，使全校公共事务空间的使用效率提高、育人功能深化，形成各方协同、相互支持的高校育人格局。另一方面，院系或部门单位通过组织重构、流程优化，加强育人资源和力量在学生身边的汇聚和整合利用，为学校育人共同体建设奠定了基础。学生社区依托分众化的功能室，推动管理服务力量进驻社区，形成管理服务与学生工作的协同育人机制，打造个性化的交流、分享、指导空间，为学生提供具有支持性、互动性、功能性的优良社区环境。②

（二）关于高校服务育人实现路径的研究

在理念创新的基础上，学界对高校服务育人实现路径进行了多方面的研究探讨。有学者提出应完善构建、共同推进大学生思想政治工作的大格局，搭建招生、培养、就业全过程全方位的服务平台，推动思想政治教育融入学生管理服务规章制度中，打造既能讲道理又能办实事的思想政治工作队伍，推动思想政治教育在服务引导中加强。③ 也有学者对高校服务育人主体应具备的素养进行研究，指出高校服务育人主体应当在明确政治信念、责任意识、底线意识、服务本领等工作要求的基础上，彰显明道与信道、爱心与技术、责任与纪律的价值意蕴，在“做什么样的服务育人者”的追问中坚定自身的政治信念，在“怎样做好服务育人工作”的探索中履行服务育人的功能与职责，在“增强服务育人工作本领”的实践中践行服务育人的政治责任。④

综上所述，2022 年度，学界对于服务育人的研究更注重理论层面的探究，不断实现理念创新，以期更好地服务于高校立德树人的根本任务。未来应更多地思考如何将创

---

① 叶定剑，林立涛. 在服务引导中加强大学生思想政治教育的意义、原则与路径[J]. 思想教育研究，2023(3).

② 周远，张振. 高校“一站式”学生社区的空间建构逻辑与路向[J]. 思想理论教育，2022(7).

③ 叶定剑，林立涛. 在服务引导中加强大学生思想政治教育的意义、原则与路径[J]. 思想教育研究，2023(3).

④ 李振锋，赵晨璇. 论新时代高校服务育人主体“政治要强”[J]. 学校党建与思想教育，2022(22).

新理念更好地在实践中推进和落实，切实提高高校服务育人的实效。

九、关于资助育人的研究

2017 年，中共教育部党组颁布的《高校思想政治工作质量提升工程实施纲要》将“资助育人”作为十大“育人”体系中的重要内容，它也日益成为构建“大思政”格局的重要环节，发挥着自身独特的作用和价值。2022 年度，学界不断创新发展高校思政工作的理念，为实现资助育人高质量发展奠定了重要基础。

（一）关于高校资助育人理念的研究

有学者提出了高校资助治理现代化的理念。高校学生资助治理现代化，是以保障新时代具有中国特色的学生资助工作现代化发展，促进家庭经济困难学生能上学、上好学和实现全面可持续发展、实现高校学生资助工作“立德树人”为根本目标。新资助治理体系现代化是由传统的资助工作体系转变为符合新时代发展特征的现代化体系。这种转变主要包括五个方面：一是资助工作主体的分散化向协同化转变；二是资助工作手段的粗放化向精准化转变；三是资助工作过程的简单化向人文化转变；四是资助工作制度的零散化向制度化转变；五是资助工作效能的基本化向效益化转变。① 与此相对应，学生资助制度从“粗放”向“精准”转变，资助成效日益彰显；学生资助方式从“单一”向“多样”转变，资助力度持续加大；学生资助理念从“保障型”向“发展型”转变，促进学生全面发展。②

（二）关于高校资助育人视角的研究

2022 年度，学者们从更加广阔的视角对资助育人的理论和实践进行探究。一是从“三全育人”的视角。有学者提出“三全育人”有利于推动教学与“大思政”紧密结合，构建全员共同参与的资助育人责任体系；“三全育人”有利于加强细致的人文关怀，形成资助育人的整体协同效应；“三全育人”有利于发挥育人场域融合互补优势，拓展资助育人深度，要努力构建“四位一体”的全员协同机制，建立健全符合新时代人才培养要求的资助机制，实现德智体美劳“五育”并举的全面覆盖。③ 二是从共同富裕视角进行分析。在共同富裕目标导向下，资助育人成效评价通过需求识别、模式创新和角色转变，促进资助育人政策转型，助力资助育人困境突破，构建资助育人长效机制。共同富裕时代语境下，资助育人工作内容、实现机制、成效标准与共同富裕战略任务、实现途

① 张永. 治理现代化视域下高校资助育人高质量发展路径探索[J]. 思想理论教育导刊，2022(11).

② 肖丽，肖蓉. 新时代立德树人视域下高校学生资助育人工作创新路径研究[J]. 湖南社会科学，2022(5).

③ 肖丽，肖蓉. 新时代立德树人视域下高校学生资助育人工作创新路径研究[J]. 湖南社会科学，2022(5).

径、成果体现内在统一，成为资助育人成效评价的逻辑依据。共同富裕愿景下，高校要从运行机制、帮扶举措、政策体验、育人效果等方面设计资助育人成效评价指标框架。共同富裕价值理念下，高校要从顶层设计、体系构建、手段运用、结果审视等方面提出资助育人成效评价实施策略。①

（三）关于高校资助育人实现路径的研究

学者们对高校资助育人存在的困难和问题进行了分析，强调高校资助育人主要面临以下几方面的挑战：一是育人体系发展不平衡，表现为"区域不平衡""领域不平衡"和"群体不平衡"；二是育人队伍建设不完善，表现为队伍人员数量不足、队伍结构不合理和队伍发展保障不够；三是体制机制保障不充分，表现为"动力转换不充分""潜力释放不充分""机制创新不充分"。② 针对高校资助育人面临的挑战，有学者提出应健全多元共治的学生资助治理体系，坚持以信息化赋能学生资助，树立以人为本的学生资助治理理念，优化高校学生资助制度设计，构建学生资助评估督导机制。③ 也有学者提出要将劳动教育融入资助育人。劳动教育是国民教育体系的重要组成部分，是学生健康成长的必要途径，具有树德、增智和强体的综合育人价值，要以劳动教育为抓手，发挥资助育人的价值引领作用，以劳动育人为目标，拓宽资助工作的实践平台，以劳动教育为载体，提升资助育人的实践成效。④ 还有学者提出应打造区域性、全国性资助育人共同体，不断推动育人队伍专业化发展，完善育人长效机制建设，并聚焦精准资助育人，提升高校资助育人实效。⑤

从总体上看，2022年度，学界对高校资助育人的研究聚焦理论进行创新，从更全面、系统视角审视高校资助育人面临的困难和挑战，积极探索育人模式创新，并取得了一定的成效。这些都对资助育人工作的深入推进具有重要参考价值。然而，我们也应该清醒地认识到做好资助育人是一项复杂的系统工程，需要从理论和实践层面推进高校资助育人的纵深发展。

十、关于组织育人的研究

组织育人是新时代加强和改进高校思想政治工作的新探索，也是十大"育人"体系

① 焦中宁. 共同富裕下高校资助育人成效评价的价值向度与路径选择[J]. 高校辅导员，2022(6).

② 王娜. 新时代高校资助育人的核心意涵、现实问题和实践进路[J]. 高校辅导员学刊，2022，14(3).

③ 张永. 治理现代化视域下高校资助育人高质量发展路径探索[J]. 思想理论教育导刊，2022(11).

④ 邓军彪. 新时代高校劳动教育融入资助育人工作的路径探索[J]. 高校辅导员学刊，2022，14(3).

⑤ 王娜. 新时代高校资助育人的核心意涵、现实问题和实践进路[J]. 高校辅导员学刊，2022，14(3).

的重要组成部分。2022 年度，学者们围绕着高校组织育人基本内涵进行研究，重点对高校党支部育人和学生社团育人进行了探索，对高校组织育人实现路径进行了系统思考。

（一）关于高校组织育人基本内涵的研究

学者们从不同维度对高校组织育人的具体内涵进行了分析。有学者提出新时代高校组织育人，就是要坚持社会主义性质，坚持党的领导，回答“为谁培养人”的问题，就是要“把思想政治教育贯穿各项工作和活动”，将“组织建设与教育引领结合起来”，以落实高校立德树人根本任务。① 也有学者从高校组织育人的结构主体出发，根据各组织的作用和功能进行了分析，将其划分为显性育人组织、隐性育人组织和自治性育人组织。其中，显性育人组织包含党务部门、行政组织、院系组织、基层党组织；隐性育人组织包含工会组织、共青团组织、班级组织；自治性育人组织包含学生会、社团等学生自治组织。②

（二）关于高校党支部育人的研究

组织育人是高校党支部的重要政治功能。2022 年度，学者们重点考察高校党支部育人现状以及高校党支部育人实现路径两个层面的问题。

其一，高校党支部育人现状。高校基层党支部建设取得了一些成绩，也面临一些亟待解决的问题。首先，在思想理论学习方面，当前学校基层党支部的活力激发不足。一方面，学校基层党支部的理论学习内容政治性和理论性相对较强。对于党龄较短、政治理论素养不高的高校学生党员来说较为困难；另一方面，学校基层党支部理论学习的方式较为单一，以灌输性学习方式为主，学生党员的学习效果不佳。其次，学校基层党组织的服务能力有待进一步提高。学生党支部在开展组织活动方面，重宣传轻服务，没有深层次思考群众的要求。最后，学校基层党组织的组织功能有待进一步深化。③

其二，高校党支部育人实现路径。2022 年度，学界重点关注高校党支部组织育人研究。针对当前基层党组织建设存在的问题，需要找准学生党支部作用发挥的着力点，积极探索实践地方本科院校学生党支部“三联三转”育人模式。“三联”即学生党员联系班级、联系青年学生、联系寝室，“三转”即“干部转作风、教师转教风、学生转学风”，营造“比、学、赶、帮、超”的浓厚氛围。“三联三转”目的是搭建起学生党支部和学生党员发挥作用的平台，从而充分发挥学生党员在思想、学习、工作、生活上的先锋模范作用，致力于把学生党支部建设成为坚强的战斗堡垒。在“三联三转”育人模式的基础

---

① 王娇，王仕民. 新时代高校组织育人刍议[J]. 学校党建与思想教育，2022(17).

② 朱爱胜. 论高校组织育人工作体系的建构[J]. 学校党建与思想教育，2022(4).

③ 米蓉蓉. 以“三联三转”育人模式强化高校学生党支部建设[N]. 中国社会科学报，2022-11-17.

上，创建学习型、服务型、创优型、标准化“三型一化”学生党支部。① 大学生样板党支部建设是“三全育人”理念在组织育人中的生动体现。突出目标管理，实现育人目标的全面协同，强化支部系统化建设。突出制度保障，实现育人环节的全程通，强化支部规范化建设。突出队伍建设，实现育人力量的全线参与，强化支部专业化建设。② 有学者以清华大学为例对功能型党支部的育人进行研究。作为创新形式的基层学生党组织，在领导体制、运行机制、工作开展方式等方面与普通学生党支部存在许多不同，为此，要从以下几方面着力：巩固和加强政治性，确保功能型党支部在社团发挥政治核心作用；强化党建育人功能，服务立德树人中心任务；因地制宜，创新思路，结合社团特色把支部工作与社团发展有机融合；推动功能型党支部工作品牌化、规范化、体系化。③

（三）关于高校学生社团育人的研究

高校学生社团发挥着重要的育人功能。2020 年 1 月，中共教育部党组、共青团中央颁布的《高校学生社团建设管理办法》指出：“高校学生社团是落实立德树人根本任务、推进素质教育的重要载体，是高校学生根据成长成才需要，结合自身兴趣特长，在高校党委的领导和团委的指导下开展活动的群众性学生团体。”2022 年度，学界切准高校学生社团组织育人存在的薄弱环节，积极发挥高校学生社团组织育人效用。有学者指出，高校学生社团组织育人的实现路径包括强化学生社团的思想引领，健全学生社团的育人机制，拓宽学生社团的育人平台，培育学生社团的文化品牌。④ 也有学者提出高校应进一步重视思想政治教育要素组织能力建设，坚持统筹引导，抓好高校学生社团及其组织思想政治教育引导。高校应设立社团文化建设管理指导教师，专人专职做好高校社团管理工作。同时应加强大学生社团管理制度的制订和落实，扫除社团管理中存在的盲区，确保社团管理指导教师全过程跟踪落实，确保社团活动的正确发展方向，掌控学生自组织发展。⑤ 还有学者提出将思政元素有机融入高校学生体育社团的日常管理和活动内容之中，既能够为高校思想政治教育工作开展提供新的疏通路径，又可以激发教育过程中主客体的良性互动，多维度塑造高校学生的世界观、人生观和价值观。在日常社团活动和校内外的各种体育比赛中，学生能够在接受体育运动知识的基础上磨炼意志精神，激发体育运动的信念感，进而融入爱国主义教育和中华民族精神，在培养坚定理想

---

① 米蓉蓉. 以“三联三转”育人模式强化高校学生党支部建设[N]. 中国社会科学报，2022-11-17.

② 吴珊. “三全育人”视域下大学生样板党支部建设的实践与创新[J]. 学校党建与思想教育，2022(14).

③ 耿睿，周嘉婧. 高校学生社团功能型党支部建设初探——以清华大学为例[J]. 教育理论与实践，2022，42(12).

④ 陈飞，郭兴华. 高校学生社团组织育人功能研究[J]. 学校党建与思想教育，2022(8).

⑤ 曹海燕. 组织视域下新时代高校思想政治教育路径优化[J]. 江苏高教，2022(2).

信念的同时，拓宽全局视野、塑造优质人格。①

此外，还有学者关注到班级组织在大学生思想政治教育中的重要作用。班级是大学生的基本组织形式，是强化大学生思想理论教育和价值引领的重要组织载体，在班级中开展丰富多彩的主题班会活动，能够发挥团结、组织、教育、管理、服务学生的作用。主题班会要以理想信念教育为核心，善用叙事性的呈现方法，坚持理论指导与实践探索相统一。② 还有学者强调高校党政组织要通过对各项实践活动的政治、思想引领，充分发挥领导核心作用。高校各类群团组织要借助开展各种文化活动实现组织的育人功能，发挥桥梁纽带作用。高校学生自治组织要通过开展服务与管理，发挥组织行为规范的功能和团结凝聚作用。③

综上所述，2022 年度，学者们根据《高校思想政治工作质量提升工程实施纲要》精神，全力探讨如何更有效地“把组织建设与教育引领结合起来，强化高校各类组织的育人功能”④，着眼细处、小处、实处，不断探索高校组织育人的优化路径，提升育人实效。

十一、关于队伍建设的研究

高校思想政治工作的七大体系，实际上可分为三大板块，即由理论武装体系、学科教学体系、日常教育体系、管理服务体系、安全稳定体系构成的高校思想政治工作本身的“工作体系”板块，队伍建设体系板块和以评估督导为重点的制度保障体系板块。⑤ 2022 年度，学界围绕大学生日常思想政治教育队伍建设开展了较为全面、深入的探究，将高校辅导员队伍建设作为研究重点，将师德师风建设作为高校教师队伍建设的重要主题，并取得了较为丰富的研究成果。这些成果对于提升高校思想政治教育质量，构建完善的思想政治教育体系，提升大学生思想政治教育的实效性具有重要理论价值和实践意义。

（一）关于高校辅导员队伍建设的研究

辅导员是开展大学生思想政治教育的骨干力量，是高校学生日常思想政治教育和管理工作的组织者、实施者、指导者，肩负着立德树人的重要责任。进入新时代，“以新思想为引领落实立德树人根本任务的紧迫性，新时代育人对象的显著差异化，网络时代下思想政治教育育人形式载体的延展性”⑥，对高校辅导员队伍建设提出更高的要求。2022 年度，学界继续将辅导员队伍建设作为关注的重点，对新形势下辅导员队伍建设

① 梁大为. 高校学生体育社团“三全育人”的路径及对策[J]. 体育学刊，2022，29(4).

② 李玲，彭贤杰. 优化大学生思想政治教育主题班会的路径探究[J]. 思想理论教育，2022(8).

③ 王娇，王仕民. 新时代高校组织育人刍议[J]. 学校党建与思想教育，2022(17).

④ 中共教育部党组关于印发《高校思想政治工作质量提升工程实施纲要》的通知[EB/OL]. [2017-12-06]. http://www.moe.gov.cn/srcsite/A12/s7060/201712/t20171206_320698.html.

⑤ 骆郁廷，周耀杭. 构建高校思想政治工作体系重在协同育人[J]. 思想教育研究，2022(6).

⑥ 王振华，朱蓉蓉. 论新时代高校辅导员队伍建设的优化[J]. 学校党建与思想教育，2022(2).

进行了深入探究，研究成果主要集中在以下方面：

其一，高校辅导员队伍建设现状。众学者肯定了我国辅导员队伍建设取得显著成效，提出“辅导员队伍向政治性与科学化结合的趋势更加显著；辅导员队伍保障力度逐步提高；辅导员队伍保障力度逐步提高；辅导员队伍协同发展力度更加坚实；辅导员队伍资源整合能力显著提升”①。与此同时，学者们也从多个维度对当前高校辅导员队伍建设中存在的薄弱环节进行较为深入的探析。有学者从政策文本入手，对我国高校辅导员队伍建设政策的文本内容进行系统梳理和内容分析，构建“政策工具—政策要素—时间序列”分析框架，对改革开放以来中央层面的148份高校辅导员队伍建设政策文本进行内容计量分析。通过分析，发现我国高校辅导员政策具有以下特征：政策工具选择日渐多元化，但使用结构不合理；政策要素覆盖趋于全面性，但工具分布不均衡；政策工具与政策要素匹配性不足，关联互嵌不适切。② 也有学者将当前高校辅导员队伍建设中存在的现实问题归结为四类矛盾：一是学缘结构的多元化与职业素养专业化要求的矛盾；二是工作边界的模糊性与思想政治教育专家化要求的矛盾；三是身份定位的边缘化与“双线”晋升实际要求的矛盾；四是薪酬待遇的差异性与工作投入要求的矛盾。③ 还有学者从更具体层面对高校辅导员队伍建设面临的具体问题进行探究，提出辅导员职数配备不达标，结构组成不合理；辅导员职责边界不明，角色定位不清；晋升渠道不畅，考核机制不全是当前存在的主要问题。④ 此外，也有学者通过实证调研对高校辅导员专业化职业化发展中面临的困境进行研究，提出高校辅导员专业化职业化发展中面临的困境主要是：职业认同存在模糊现象，导致自我效能感降低；专业素养存在薄弱环节，致使职业发展不顺畅；职业能力存在与实际需求不相适应的倾向，造成自我本领恐慌；身份认定存在多元化现象，造成工作积极性消减等。⑤

其二，高校辅导员能力素养。围绕这一主题，学界从多维视角进行研究。有学者在“三全育人”的视域下，构建高校辅导员核心素养系统。高校辅导员构成要素包括政治素养、道德素养、理论素养、管理素养、合作素养和媒介素养等。对于高校辅导员核心素养系统来说，要形成围绕“知识、能力、思想”三个层面的三级指标体系。知识层为基础层。它包含马克思主义理论、现代思想政治教育学的理论和方法、其他相关学科的理论与方法。中间层是能力层。根据高校辅导员职业能力标准可分为初级、中级、高级三个等级。最上层为思想层。它包括价值观、政治品格、职业素养、认知与修养等要素。⑥ 也有学者

---

① 左辉，王涛. 新时代辅导员队伍建设的发展路径研究[J]. 学校党建与思想教育，2022(20).

② 张伟岳，洪熊坚. 政策工具视角下我国高校辅导员队伍建设政策文本研究[J]. 黑龙江高教研究，2022，40(6).

③ 王振华，朱蓉蓉. 论新时代高校辅导员队伍建设的优化[J]. 学校党建与思想教育，2022(2).

④ 左辉，王涛. 新时代辅导员队伍建设的发展路径研究[J]. 学校党建与思想教育，2022(20).

⑤ 谈传生，胡景谱，刘文成. 高校辅导员专业化职业化发展的现实困境及破解路径——基于中部某省51所高校3176名辅导员的实证调查[J]. 思想教育研究，2022(1).

⑥ 曹海燕，王汉卿，蒋丽怡. “三全育人”视域下高校辅导员核心素养体系培育的现实进路[J]. 东南大学学报(哲学社会科学版)，2022(24).

总结了高校辅导员育人的三重向度，提出政治强、情怀深是辅导员铸魂育人的根本，讲政治是马克思主义政党的根本要求，辅导员始终要把坚定正确的政治方向放在第一位；有情怀是辅导员铸魂育人的力量源泉，辅导员既要秉持深厚的家国情怀，更要兼具人道主义情怀，把热爱植根于内心。视野广、思维新是辅导员铸魂育人的底色，视野广是辅导员铸魂育人的厚实基础，辅导员要注重理论与实践、历史与现实的有机统一；思维新是辅导员铸魂育人的基本遵循，要把创新思维作为自身的工作动力。自律严、人格正是辅导员铸魂育人的标尺，自律包括理想信念坚定，道德自律，学习自主等，而人格健全是心理健康的重要标准，辅导员在理想信念与道德教育、学风建设、心理教育过程中要始终坚持显性教育与隐形教育的有机结合。① 有学者从辅导员能胜任理论宣讲的重要责任入手，分析辅导员应具备的能力要素。理论宣讲能力是对理论宣讲活动组织的实施力和有效力的统称，主要包括对为什么要开展理论宣讲的思维能力、对理论宣讲讲什么的领悟能力、对如何讲清讲好理论问题的讲授能力、对如何提升理论宣讲价值的引导能力等，这四个方面的能力要素相辅相成，共同构成辅导员理论宣讲能力的基本结构。② 此外，还有学者对核心素养的生成逻辑进行研究。核心素养是推动高校辅导员职业化发展的关键因素。高校辅导员核心素养需要在一定的内外条件下，经过职业认同、需要产生、教育介入、内化提升和素养形成五个阶段的发展过程，才能真正形成。在价值要素、能力要素、知识要素、多元要素等的驱动下，高校辅导员通过不断优化自身结构，提升学生工作质量，发挥核心素养的育人功能。③

其三，高校辅导员队伍建设路径。学界针对高校辅导员队伍建设中存在的重点问题进行了回应，积极推进高校辅导员队伍的建设。有学者提出要提高对辅导员队伍建设重要性的认识，给予政策保障；要准确定位和明晰辅导员的角色与岗位职责，确保队伍稳定；要着力加强辅导员队伍的培训培养，提升综合素质。④ 有学者提出要遵照辅导员队伍建设重点，调整政策工具结构，优化政策工具的组合配置；结合辅导员职业发展路向，聚焦关键要素指标，均衡政策要素的工具供给；改进政策工具与政策要素的二维关联，健全完善辅导员制度政策体系。⑤ 也有学者提出要优化以明晰岗位职责为依据的辅导员选聘制度，革新辅导员理念意识和能力素质双提升的培育机制，完善辅导员“双线”晋升制度的可操作化总体设计，改进以科学考核为基础的待遇保障制度。⑥ 针对辅导员角色冲突的问题，有学者提出应当自觉提高政治站位，在教育活动中确立反思性思维模式，确立公平育人的教育理念，构建公平育人的教育环境，追求突破常规的

① 刘硕，张耀灿. 高校辅导员铸魂育人的三重向度[J]. 学校党建与思想教育，2022(9).

② 刘宏达，李祥栋. 高校辅导员理论宣讲能力的要素结构与提升策略[J]. 思想理论教育，2022(4).

③ 沙军. 论高校辅导员核心素养的生成逻辑[J]. 中国高等教育，2022(21).

④ 左辉，王涛. 新时代辅导员队伍建设的发展路径研究[J]. 学校党建与思想教育，2022(20).

⑤ 张伟岳，洪熊坚. 政策工具视角下我国高校辅导员队伍建设政策文本研究[J]. 黑龙江高教研究，2022，40(6).

⑥ 王振华，朱蓉蓉. 论新时代高校辅导员队伍建设的优化[J]. 学校党建与思想教育，2022(2).

育人实践。① 还有学者提出要把思想建设作为辅导员队伍建设的首要任务，需要高校党委层面和辅导员自身层面积极性的协调一致。高校党委要不断提升把思想政治建设摆在辅导员队伍建设首位的认识，辅导员是大学生的人生导师，"管住"学生的行为是必要的；帮助学生择业、解决学生日常生活等问题也是应当的。但是更为重要的是"管住"学生的心，要以理服人，以情感人，使学生悦纳辅导员的教育，进而牢牢把握习近平新时代中国特色社会主义思想这一当代中国马克思主义。②，此外，还有学者重点探讨高校在执行辅导员专业化队伍建设中存在的动力和阻力，提出高校作为政策执行的责任主体，要设法把各方动力聚拢起来并转化为领导者的决策动力，强化辅导员的育人主责，给辅导员减负，在心理咨询和疏导的基础上逐步把咨询服务范围拓展到生涯规划、学业指导、生活与交往辅导、思想引导、就业创业指导等专业领域，通过专业咨询服务大学生成长和发展。这应该成为推进高校辅导员队伍专业化建设最直接、最稳定、最持恒的动力。③

（二）关于高校师德师风建设的研究

师德师风是思想政治教育队伍建设的重要元素。有学者提出要坚持把教师思想政治和师德师风作为首要要求和第一标准，这是由教育的根本问题决定的，是由教师的特殊身份决定的，也是由素质的内在结构决定的，要将教师思想政治与师德师风建设整体统筹、整体推进；将教师思想政治与师德师风建设融入业务、贯穿管理；在教师思想政治与师德师风建设中充分激发教师的内生动力。④

进入新时代，要不断推进高校师德师风建设，构建常态化长效化机制。一要不断提高教师的政治领悟力。二要发挥基层党组织的战斗堡垒作用。三要注重经验的总结、传递与转化。四要积极推进教师法修订完善，将师德师风建设要求纳入法律之中。⑤ 也有学者指出，要发挥红色校史在师德师风建设中的重要作用。红色校史是中国共产党人办学兴教、育才造士、贡献国家、服务社会的真实记录，是落实立德树人根本任务的"传家宝"、加强师德师风建设的"教科书"和培养"大先生"的"营养剂"，蕴含着丰富的教育元素和思政元素。红校史中的理想信念、扎实学识、人民立场和革命精神等教育资源，是培育新时代"大先生"红色师魂之大品性、大学问、大情怀、大担当的"源头活水"与精神养料。红校史育"大先生"必须抓好顶层设计，确立红色师魂"三为"递进育人目标，建立学校小课堂与社会大课堂、思政课程与课程思政、第一课堂与第二课堂、线下课堂与线上课堂协同育人机制，创新方式方法，构建观、学、游、研、演、创"六位

---

① 江世鑫，曲建武. 新教育公平观视域下辅导员角色冲突的应对[J]. 思想政治教育研究，2022，38(2).

② 曲建武，陈曦. 把思想政治建设摆在辅导员队伍建设首位[J]. 中国高等教育，2022(2).

③ 朱平，李永山. 高校辅导员专业化的动阻力分析与推进策略——基于高校政策执行视角的分析[J]. 思想理论教育，2022(5).

④ 沈壮海. 教师思想政治与师德师风关系综论[J]. 教育研究，2022，43(10).

⑤ 梁德东. 构建高校师德师风建设常态化长效化机制[J]. 人民论坛，2022(4).

一体”的涵养模式。①

与此同时，学者们也关注到师德师风建设过程中存在的重点和难点。有学者从高校师德师风考核维度进行分析，指出当前师德师风建设存在的重点和难点主要有以下三个方面：一是师德师风内涵的界定一直存在广义和狭义之分，政策性指导内容难以具体体现在考核量化标准中，对于各高校如何制定指标也难以形成明确的规定。二是道德层面的要求无法直接细化为行为性要求，因此，在评价中通常是以师德师风失范行为所指向内容为红线、底线，依据负面清单定结论。此外，不同学校和不同对象的考核指标存在差异，对师德师风问题性质界定、程度区分、适用边界等存在模糊空间，目前大部分高校师德师风考核仍以综合评述为主，主观印象评价多，较少辅以对照多维度细化指标反映具体问题。三是高校不同类别人员的岗位性质和要求存在差异，在师德师风考核时缺乏细分，难以真实反映不同教师岗位队伍建设的重点发展导向。四是师德师风评价考核专业评定团队建设仍在探索阶段。②

（三）关于育人队伍协同的研究

2022 年度，众学者从更为广阔的视角对协同育人主体进行了研究。有学者提出高校思想政治工作的开展需要专业化的专门力量作为引领、示范、带动，同时也需要其他力量与专业力量同向同行，形成协同效应。没有专业思想政治工作主体的作用，思想政治工作难以深入开展和有效实现，没有其他力量的同向同行，形成合力，思想政治工作也是有限的、局限的，思想政治工作需要各方面共同努力才能实现。③ 也有学者提出要构建大思政课协同育人格局，要广泛调动校内校外育人主体、挖掘整合校内校外育人资源，普遍确立大思政课协同育人机制。④ 有学者强调要加强学校教育与朋辈教育、家庭教育联动导向，在高质量推进学校教育、高标准推进时代新人培育的同时，必须高度重视朋辈教育，家庭教育与学校教育的协同联动、同频共振。在朋辈教育方面，既要充分发挥“最美大学生”、党员标兵、“自强之星”“励志之星”等先进典型的引领示范作用，也要激发师生理论宣讲组织的能动作用，推动党的创新理论“飞入寻常百姓家”，进一步增强青年坚定跟党走的信念和信心。在家庭教育方面，要让良好的家风、家教、家训发挥潜移默化的育人功能，充分运用家访、网上家长学校以及新媒体新技术，实现学校教育与家庭教育对学生成长发展信息的共建共享，家校联动培养学生自尊自信、理性平和、阳光向上的积极心态，助益学生成长成才。⑤ 有学者提出，要在“三全育人”理念

① 罗成翼. 红校史育“大先生”：新时代红色师魂培育的创新实践[J]. 思想理论教育导刊，2022(11).

② 周宏武，余宙. 做好新时代高校师德师风考核的策略探析[J]. 中国高等教育，2022(2).

③ 佘双好，马桂馨. 新时代高校思想政治工作的主要成就、基本经验与发展趋势[J]. 思想理论教育，2022(2).

④ 蓝波涛，覃杨杨. 构建大思政课协同育人格局：价值、问题与对策[J]. 教学与研究，2022(2).

⑤ 司文超. 高校思想政治教育成效及其影响因素的调查分析[J]. 思想理论教育，2022(1).

的指引下，聚焦领导干部、学科带头人、思想政治理论课教师、辅导员、班主任等强化队伍建设，培育一批以德立学、以德修身的“四有”好老师，并以“帮教学、帮科研、帮育人、帮困难、帮心理、帮发展”等为抓手，使各主体自觉发挥育人效应，实现“要我育人”向“我要育人”的转变。① 还有学者认为需从以下几方面加强大学生日常思想政治教育队伍建设：一是以党政干部为主要力量的“党政型”思政队伍，应充分发挥其“关键少数”作用，通过制定实施行之有效的体制机制，对学校思政工作进行顶层设计和全局推动。二是以专业教师为主要力量的“专家型”思政队伍，应不断厚植其专业理论功底，形成科学的教学路径，以显隐结合的方式把政治认同、家国情怀、文化自信与专业知识、技能的传授有机融合，为学生提供专业化的思政教育。三是以辅导员为主要力量的“教辅型”思政队伍，应充分发挥辅导员与大学生群体独特的距离优势、情感优势和沟通优势，以学生为中心开展好日常德育工作，解决好思政教育的“最后一公里”问题。四是以共青团干为主要力量的“成长型”思政队伍，应结合学生成长成才规律，在传递党的关怀中联系和服务广大学生，在共同成长中同大学生打成一片，把大学生团结凝聚在中国特色社会主义伟大旗帜下。高校全体教职工是德育共同体，四支队伍互通联动可最大限度地实现职能边界上的优势互补，在坚持正确导向中画好同心圆，树立起与党和人民同心同向的理想信念和价值追求，做到“授业解惑”与“弘道树人”并重，共同助力大学生成长为德优品正、知行合一的时代新人。②

综上所述，2022 年度，学界围绕着高校队伍建设，尤其是辅导员队伍建设进行了较为全面的探索。这些研究为提升育人主体的能力素养，提高育人队伍质量，实现育人成效夯实了理论基础。

十二、简要述评

2022 年度，面对新的发展趋势，学者们从理论和实践，从古到今，从立足国内到放眼世界，将“大思政课”贯穿到大学生日常思想政治工作推进的始终，坚持问题导向，不断拓展研究视角，推进理论研究向纵深发展，积极加快构建高校思想政治工作体系，力求使大学生日常思想政治教育研究更加理论化、系统化、体系化，不断提升大学生日常思想政治研究的理论水平和实践成效。

（一）2022 年度大学生日常思想政治教育研究的总结

通过对 2022 年度大学生日常思想政治教育的梳理，可以发现学者们在以往研究成果的基础上，坚持问题导向，切准大学生日常思想政治教育中的真问题，守正创新，形成了一系列高水平的研究成果。概括起来，主要表现在以下三个方面。一是理论研究向

① 温小平，陈日风．“三全育人”综合改革的文化意蕴及其育人理路［J］．思想教育研究，2022（5）．

② 陈静，杨昌锐．高校开展大学生思想政治教育的着力点［N］．中国社会科学报，2022-12-22．

纵深发展。2022 年度，学者们更注重基础理论研究，将高校育人的内在机理作为研究增长点，着力进行理论建构，为更好地服务于高校立德树人的根本任务奠定了坚实基础。二是以问题为导向的研究趋势更为明显。问题是创新的起点，也是创新的动力源。① 2022 年度，学界积极回应大学生日常思想政治教育中出现的新问题并进行理论和实践探讨。比如对于元宇宙及其相关问题进行了深入的探究，为大学生日常思想政治教育的推进提供了重要参考。三是比较研究得到进一步发展。2022 年度，学者们拓宽研究视野，在立足中国国情的基础上，积极加强对德国、英国等发达国家育人经验的研究。这些研究为我国大学生日常思想政治教育的创新发展提供了重要参考。尽管目前研究已经取得了很大进展，但仍存在改进和提升的空间。一是研究着力点分布不均。通过对现有研究成果的梳理发现，对于十大“育人”体系的研究力度存在差异。相比于网络育人，涉及服务育人和管理育人的研究相对较少，体系性也不强。二是实证研究有待进一步加强。现有研究虽然是实证研究，但无论是从实证研究理论、研究方法还是数据分析等方面都需要进一步完善。

（二）大学生日常思想政治教育研究的展望

日常思想政治教育是“立足和结合日常的学习、生活、工作、交往开展的思想政治教育，是思想政治教育的日常形态”②，对于落实立德树人的根本任务，培养担当民族复兴大任的时代新人发挥着重要作用。“当前，我国处于近代以来最好的发展时期，世界处于百年未有之大变局，两者同步交织、相互激荡。”③如何在新的时代背景下，更好地发挥大学生日常思想政治教育的作用是未来研究的重要方向。具体而言，应着眼于以下三个方面。一是继续加强实证研究。实证研究能为精准把握大学生思想特点和行为方式提供有力支撑，并为理论的进一步深化奠定扎实基础。为此，要不断完善实证研究，逐步建立并完善调查数据共享平台，为研究者提供更丰富、更可靠、更可信的数据信息。二是将“协同”作为研究重要方向。通过对现有研究成果的梳理和分析，我们发现十大“育人”体系之间的关系越来越密切，呈现“你中有我，我中有你”的格局，这也是推进“大思政课”建设的必然要求，是“三全育人”理念的具体表现。在未来的研究中，“协同”将日益成为大学生日常思想政治教育的关键词，助力大学生日常思想政治教育质量提升。三是建立健全评价体系。未来研究要将大学生日常思想政治教育评价体系作为重要方向，并从宏观、中观和微观层次逐步建立和完善评价体系，使其更好地服务于育人质量的提升。

---

① 习近平. 在哲学社会科学工作座谈会上的讲话[EB/OL]. [2016-05-17]. http://politics.people.com.cn/n1/2016/0519/c1024-28361447.html.

② 骆郁廷，赵方. 论日常思想政治教育的作用机理[J]. 江海学刊，2021(3).

③ 习近平. 习近平谈治国理政(第三卷)[M]. 北京：外文出版社，2020：428.

2022 年度大学生思想政治理论课程研究进展

以习近平总书记“3·18”讲话为标志，我国高校思想政治课理论课建设进入高质量发展新阶段。随着思政课改革创新的稳步推进，学界关于思政课建设的研究成果不断丰富，涉及课程建设创新发展、课程建设核心议题、“大思政课”和大中小学思政课一体化、教学内容、教学方法、实践教学、话语体系、师资队伍等多个方面，为新时代高校思政课建设提出了诸多宝贵建议。本文以中国知网 2022 年度收录的高校思政课索引数据为基础，全面梳理、总结现有研究成果，全面、客观研判研究态势，以期助益加强和改进思政课建设的理论研究和教学实践。2022 年度大学生思政课建设研究成果主要归纳为以下几个方面：

一、关于课程建设与改革创新研究

2022 年度，学界围绕习近平总书记关于思政课建设的一系列重要论述，就思政课建设新挑战、思政课改革创新与高质量发展等问题展开了较深入的研究。

首先，关于课程建设新挑战的研究。随着数智化时代的到来，高校思政课课程建设面临一系列新挑战，学界敏锐地捕捉到了时代发展带来的新课题，并展开了细致分析。一是场景化传播背景下的新挑战。有学者重点分析了场景化传播背景下的新挑战，如价值内核被沉浸式场景遮蔽、场景信息被大学生误读、场景内爆过程中的迷失自我、教学评价工具化等；从场景化出发，在坚持教学场景中的主流价值主导权、提升教育者场景素养、营造场景学习氛围等方面发力。① 二是人工智能带来的新挑战。面对人工智能给高校思政课带来的新挑战，学者们纷纷提出应对之策。有学者提到，思政课教师要在提升智能素养水平的同时挖掘“人机协同”教学潜力，构建双师行动者关系网络以落实“人机协同”。② 有学者提出构建“人工智能+思政课”的新模式，要从提升师资水平、尊重学生实际、改革课堂教学和铸魂育人的着力支点出发，将思政课教学模式创新在思想、制度、技术和行动四个层面予以实现。③ 还有学者则指出，有必要把握变革机遇，促进

---

① 黄冬霞. 场景化传播背景下高校思政课建设面临的挑战与对策[J]. 思想教育研究，2022(1).

② 陶磊，朱唯星，李貌. 人工智能时代高校思政课发展转向、痛点及实践策略[J]. 江苏高教，2022(1).

③ 颜佳华，李睿昊. 人工智能驱动的高校思政课教学模式创新论纲[J]. 湘潭大学学报(哲学社会科学版)，2022(3).

5G 技术与思政课深度融合；坚持发展理念，优化思政课建设新环境；发挥技术优势，挖掘思政课教育教学新资源。① 三是社会思潮等带来的新挑战。有学者专门分析了历史虚无主义带来的新挑战，指出历史虚无主义作为一种错误思潮借助网络平台在高校传播，呈现出传播主体隐匿化、传播内容杂糅化、传播方式诱导化等隐蔽渗透特点。② 有学者提到，西方主流媒体和政客炮制的一系列涉华疫情负面舆论的根本意图在于孤立遏制中国发展、策动对华“颜色革命”。③ 有学者专门分析了部分高校思政课泛娱乐化现象，指出存在教学内容“媚俗化”、教学方式“综艺化”、教学语言“网络化”和价值取向“娱乐化”等倾向，在一定程度上背离了思政课教学的基本规律和初衷。④ 还有学者专门探讨了部分高校思政课“课堂沉默”问题，指出“课堂沉默”的根源是舆论环境受到外部意识形态及错误思潮的渗透与冲击，进而削弱大学生的主流意识形态认同，而构建课堂“主流意见气候”则是应对“沉默螺旋”的学界共识；鉴于“课堂沉默”导致师生教学关系转向“观演关系”的结构性变迁，正确把握教育双方“主体间性”交流互动所需条件理应成为探究“课堂沉默”有效应对之道的认识前提。⑤

其次，关于思政课改革创新与高质量发展研究。学者们探讨了融媒体时代高校思政课教学改革的具体问题，有学者建议借鉴“供给侧结构性改革”的思维模式，通过分析思政课教学“供给侧”和“需求侧”关系的多重矛盾，进而以优化主体配置、把脉情感定向、构建话语体系为着力点进行高校思政课教学的供给侧结构性改革；⑥ 另有学者提出，新媒体环境下，高校应转变教师教学观念、加强学生自主学习能力培养、营造自主学习环境，从而提升思政课自主学习能力与实效。⑦ 有学者提出，课程内容特色化、课程主体协作化、课程资源共享化、课程技术多元化，是高校思政课克服新媒介环境导致的大学生兴趣泛化、精神空虚问题，从而更好地发挥课程作用的应对之策。⑧ 还有学者从平台化转型视角出发探讨主流媒体讲好“大思政课”的破局与重构，认为主流媒体引领青少年的关键是在平台化思维转型中做好平台调适和内容培育。⑨ 为克服大数据时代思政课教学的技术理性问题，有学者提倡从教学认识论走向教学诠释学，以关系性、主

---

① 安静. 5G 技术背景下高校思政课改革的机遇、挑战与路径[J]. 思想理论教育导刊，2022(4).

② 李紫娟，王琼. 历史虚无主义对高校思政课教学的影响及其应对[J]. 学校党建与思想教育，2022(23).

③ 刘水静，胡欣欣. 深入剖解海外涉华疫情负面舆论 讲好疫情防控“大思政课”[J]. 学校党建与思想教育，2022(9).

④ 王懂礼. 试析泛娱乐化对高校思政课的影响[J]. 学校党建与思想教育，2022(4).

⑤ 吕焰. 何种沉默？如何应对？——高校思政课“课堂沉默”的认识论转向[J]. 江苏高教，2022(3).

⑥ 欧晓彦，胡少萍. 融媒体时代高校思政课供给侧结构性改革研究[J]. 学校党建与思想教育，2022(20).

⑦ 杨帆，赵蔚. 新媒体时代高校思政课自主学习的实施路径[J]. 人民论坛，2022(9).

⑧ 吴其玥，赵光好. 新媒体时代高校思政课课程建设刍议[J]. 学校党建与思想教育，2022(9).

⑨ 陆峰. 平台化转型：主流媒体讲好“大思政课”的破局与重构[J]. 传媒观察，2022(3).

体性、开放性、历史性思维更新思政课的教学理念与教学方式。①

二、关于思政课核心议题研究

2022年度，学界在阐释习近平总书记关于高校思政课教学重要论述方面取得重大进展，一方面是在“思政课的本质在于讲道理”等重要论断方面研究成果颇丰，另一方面是进一步细化了对习近平总书记关于高校思政课教学重要论述的研究。

（一）关于“思政课的本质在于讲道理”重要论断研究

（1）关于“思政课的本质是讲道理”的理论剖析。学者们从不同视角出发，对“思政课的本质是讲道理”进行了多维度理论剖析。比如，有学者充分论证了“思政课的本质是讲道理”科学论断的内在依据，即思政课的特殊定位、基本属性以及马克思主义理论的科学性②；有学者提出，思政课的道理兼具政治性、科学性与价值性，讲道理的实质在于讲出政治的高度、理论的深度、价值的温度。③ 还有学者针对目前高校思政课在说“理”上还面临着政治之理引导力尚未到位、学术之理阐释力彰显不足、事实之理辨析力有待提升等难题，深入剖析了思政课讲道理的“三理关系”，提出要用政治之理引导学术之理和事实之理、用学术之理阐释政治之理和事实之理、用事实之理支撑政治之理和学术之理，进而增强政治引领力、提高理论阐释力、提升现实解答力。④

（2）关于“思政课的本质是讲道理”的价值意义。有学者指出，“思政课的本质是讲道理”是习近平关于思政课建设重要论述的丰富和发展，体现了从个别到特殊、再从特殊到普遍的辩证逻辑，揭示了思政课的特殊矛盾和本质规定，创造性地继承和发展了中国德育传统，蕴含着切实讲好思政课道理的文化智慧。⑤ 也有学者指出，“思政课的本质是讲道理”是对思政课科学性的重申，是对思政课肩负使命的再强调，也是对学生成长成才规律的再认识、再把握。⑥

（3）关于“思政课的本质是讲道理”的本质要求。有学者从思政课是学习马克思主义理论、塑造信仰的课程性质出发，提出把马克思主义理论讲深、讲透、讲活的关键在于教师深入阐释马克思主义的理论逻辑，让学生真正领略到马克思主义的真理力量和道义情怀。⑦ 还有学者提出，思政课“讲道理”的本质要求是做到“三个统一”，一要做到知

---

① 毕四通，金林南．大数据时代思政课教学技术理性的反思与超越[J]．江苏高教，2022(8)．

② 赵冶，余一凡．“思政课的本质是讲道理”科学论断的内在依据和实践要求[J]．思想教育研究，2022(9)．

③ 杨晓慧．思政课的本质在于讲道理[J]．马克思主义理论学科研究，2022(6)．

④ 苏玉波，张胜军．高校思政课以理服人面临的难题与提升路径[J]．思想教育研究，2022(3)．

⑤ 任志锋．“思政课的本质是讲道理”：内涵实质、创新意义、文化智慧[J]．社会主义核心价值观研究，2022(4)．

⑥ 李合亮．思政课的本质是讲道理[J]．思想教育研究，2022(8)．

⑦ 高国希．讲深、讲透、讲活思政课的道理[J]．思想理论教育，2022(10)．

识与价值相融通，遵循“情”“理”交融、“事”“理”互通、“道”“理”相成的要义；二要做到内容与形式相契合，紧扣内容为王、形式为要、文质俱美的要旨；三要做到传道与解惑相统一，依循引惑听道、释惑信道、祛惑行道的逻辑理路。① 也有学者提出了更为丰富的“五个统一”说，认为思政课要把道理讲深、讲透、讲活，需做到“五个统一”，即“道”和“理”相统一、“学”和“术”相统一、“讲”和“授”相统一、“教”与“学”相统一、“知”和“行”相统一。②

(4)关于“思政课的本质是讲道理”的方法路径。思政课教学过程的本质是讲道理，思政课讲道理的方法与路径就是把道理“讲深”“讲透”“讲活”。围绕如何将思政课的道理“讲深”“讲透”“讲活”，学者们尝试给出了不同见解。有学者专门对“讲深”“讲透”“讲活”进行了理论探索，认为把道理“讲深”旨在强化思政课教学的“学理性”，把道理“讲透”旨在强化思政课教学的“彻底性”，把道理“讲活”旨在加强思政课教学的“鲜活性”。③ 在教学实践层面，学者们也纷纷给出了把道理“讲深”“讲透”“讲活”的教学实践方案。比如，有学者提出，思政课讲道理要自始至终贯穿“与时俱进、守正创新”的理论品性，以深刻理解、学深悟透把道理“讲深”，以讲授清楚、讲解明白把道理“讲透”，以学以致用、知行合一把道理“讲活”。④ 还有学者从“用好看家本领，把道理讲深”“突出问题导向，把道理讲透”和“善用‘大思政课’，把道理讲活”三个方面提炼了“思政课的本质是讲道理”在方法层面的实践要求。⑤ 另有学者从协同视角出发，认为思政课建设实践中“外延”大于或游离于“内涵”的现象弱化了思政课讲道理的效能，为此要构建“三协同”模式以推动思政课建设内涵式发展，即道理讲深、讲透、讲活相协同，思政课建设与马克思主义理论学科建设相协同，以及教师主导性和学生主体性相协同。⑥

(5)关于“思政课的本质是讲道理”的实践方略。立足新时代站位，学者们就“思政课的本质在于讲道理”提出了多元化的实践方略。有学者从历史思维和国际视野出发，强调了建构民族复兴新叙事、讲清党的百年奋斗深刻影响了世界历史进程、讲好马克思主义中国化理论成果的创新性贡献三个着力点。⑦ 有学者从党对思政课建设的“领导力”、思政课教师的“讲授力”、思政课的“承载力”、不同学段的“衔接力”四个方面探索出思政课讲道理的“四力”推进路径。⑧ 也有学者从精耕教材体系、厚实学理研究、

① 林洁. 把握思政课“讲道理”的本质要求[J]. 思想理论教育导刊，2022(10).

② 韩喜平，蒋磊. 思政课讲道理要在“五个统一”上下功夫[J]. 思想理论教育，2022(9).

③ 苏咏喜. 思政课把道理讲深讲透讲活略探[J]. 学校党建与思想教育，2022(23).

④ 石海君，黄蓉生. “思政课的本质是讲道理”的深刻蕴涵与实现路径[J]. 思想理论教育，2022(8).

⑤ 赵冶，余一凡. “思政课的本质是讲道理”科学论断的内在依据和实践要求[J]. 思想教育研究，2022(9).

⑥ 杜玉华，李劲湘. 以讲道理推动思政课建设内涵式发展[J]. 思想理论教育，2022(8).

⑦ 杨凤城. 强化新时代站位，搞好思政课教学与研究[J]. 思想教育研究，2022(6).

⑧ 燕连福，李瑛. 论“思政课的本质是讲道理”的价值旨归、丰富内涵和推进路径[J]. 民族教育研究，2022(6).

融汇社会实践、创新方式方法四个方面探索出把思政课道理讲准、讲深、讲透、讲活的思维推进路径。① 另外，学者们还提出了一系列具体可操作的实践路径。比如，把思政课堂与社会课堂结合起来，推动思政课"情"与"理"有机融合，向思政课改革创新要活力；② 通过育人主体的协同配合、育人场域的多元整合、育人资源的有效融通，推动思想政治教育资源要素的合理配置与统筹协调。③ 此外，还有学者以新媒体为例，探讨了思政课讲道理的本质及其实践逻辑，就是通过寓"道"于"理"的空间层次和时序关系在教学设计中的重塑，实现新媒体的"伸展台""素材库""练兵场"功能。④

（二）关于其他重要论断研究

（1）关于"重不重视""适不适应""做得好不好"重要论断。有学者从整体视野探讨了高校思政课建设"重不重视、适不适应、好不好"的问题，也有学者单独就"适不适应"问题进行了深度思考。比如，有学者运用唯物辩证法对这三个环节及其内部的辩证关系进行厘清，指出"重不重视""适不适应""做得好不好"三个环节相互区别又相互联系，它们分别扮演着出发点、着力点、落脚点的角色，却又共同作用于高校思政课建设。在具体实践上，处理好重不重视的问题需从主体、内容、方法三个层面着力，处理好适不适应的问题需从国家、学校、学生三个层面着力，处理好有效性的问题需从时间、空间、标准三个维度着力。⑤ 有学者提出，"适不适应"强调了思政课教育教学动因适应、内容适应、实施主体适应、方式方法适应等多重维度。⑥ 但也有学者认为，"适不适应"实际上提出了思政课的社会适应性问题，以及为达成社会适应而进行的自我调适问题。解决思政课的社会适应性问题，要从三个方面着手，即适应世界形势变化、适应国内发展需要、适应学生接受特点。思政课的社会适应性问题能否解决，关键还在于思政课建设特别是教育教学能否及时进行自我调适。⑦

（2）关于"学生的疑惑就是思政课要讲清楚的重点"重要论断。有学者提出，思政课教师不仅要有自觉的问题意识，更重要的是有化"意识"为"方法"、化"自发"为"自觉"的能力，能够切实有效地为学生解疑释惑，如此才能更好地引导学生的问题意识及求解问题能力从"自发"走向"自觉"。⑧

---

① 张智．"思政课的本质是讲道理"的意蕴[J]．教学与研究，2022(11)．

② 李合亮．思政课的本质是讲道理[J]．思想教育研究，2022(8)．

③ 王楠．善用"大思政课"把道理讲深讲透讲活[J]．思想理论教育，2022(11)．

④ 张静，武侠．"屏"以载道何以可能：思政课以新媒体讲道理的实践阐释[J]．学校党建与思想教育，2022(17)．

⑤ 黄岭峻，沈晓娜．重视、适应与有效：高校思政课建设三个环节的辩证关系[J]．思想理论教育导刊，2022(10)．

⑥ 黄蓉生，杨瑞．高校思政课增强适应性的几个关键问题——学习习近平总书记在中国人民大学考察时的重要讲话精神[J]．思想理论教育导刊，2022(7)．

⑦ 刘建军，朱倩．论思政课的社会适应与自我调适[J]．思想理论教育，2022(7)．

⑧ 沈壮海．学习习近平总书记关于思政课建设的重要论述[J]．马克思主义研究，2022(6)．

(3)关于“一刻不能没有理论思维”重要论断。有学者从基础工程、关键所在、根本任务三重视角对“一刻不能没有理论思维”重要论断进行了理论剖析，提出新时代思政课铸魂育人需要遵循特定逻辑，即从培养理论思维到培养形成对正确思想指引的认同、拥护和践行再到构筑信仰体系的铸魂逻辑。①

(4)关于“价值性和知识性相统一”重要论断。有学者指出，价值性与知识性共同揭示了思政课的性质和特点，二者的辩证统一贯穿于把握课程定位、提升教师素养、优化教学效果、构建联动机制之中。②

(5)关于“思政课教学是一项非常有创造性的工作”重要论断。有学者提出，推进思政课创造性工作，关键在于增强教师的创造意识和能力，根本在于改革创新教学体制以调动教师积极性主动性创造性，总体在于全方位激发思政课的创造性。③

三、关于“大思政课”和大中小学思政课一体化研究

“大思政课”和大中小学思政课一体化是 2022 年度高校思政课教学实践研究最凸显的两个话题，相关研究成果呈井喷之势。

(一)关于“大思政课”研究

(1)关于“大思政课”的认知飞跃。关于“大思政课”的学理认知，学界目前已经达成一些共识，比如，关于善用“大思政课”，要立足大视野、大系统、大教改、大课堂、大平台和大师资等多维要素，实践推进要关涉研究视野、教育系统、教学改革、空间场域、资源整合、队伍建设等诸多方面。经过一年多的研究，学界对“大思政课”的学理认知已经达到了新高度，跳出课程甚至跳出课程改革的视野，从变革与革命的视野审视“大思政课”。有学者指出，“大思政课”理念的提出既是对以往教学实践的一次反思，也为考量思政课教学与社会生活的关系提供了新的视角。④ 有学者认为，“大思政课”并不等于“大思政”，旨在推动一场思政课的质量革命。⑤ 有学者进一步指出，“大思政课”是讲授马克思主义之大道的“理论大课”，是在社会生活中“做奋斗者”的“实践大课”，是启大智明大理育大德立大志担大任的“人生大课”。⑥ 还有学者指出，“大思政课”是新时代思想政治教育工作的守正创新，有其特有的中国特色社会主义意识形态属性。⑦

---

① 李忠军. 论思政课的铸魂逻辑[J]. 马克思主义理论学科研究，2022(3).

② 张苗苗. 论思政课价值性和知识性的统一[J]. 思想教育研究，2022(2).

③ 刘向军，李昂. 思政课要做好创造性工作[J]. 中国高校社会科学，2022(5).

④ 许瑞芳，纪晨毓. “大思政课”视域下思政课教学的社会生活省思[J]. 思想教育研究，2022(4).

⑤ 李蕉. “大思政课”的历史方位与理论定位[J]. 思想理论教育导刊，2022(9).

⑥ 向云发，杜仕菊. 善用“大思政课”的基本问题论要[J]. 思想理论教育，2022(3).

⑦ 刘明生，张天学. 论新时代“大思政课”建构的基本原则与根本遵循[J]. 中国矿业大学学报(社会科学版)，2022(2).

(2)关于“大思政课”的善用之道。有学者提出了以精准“六个结合”展现“大思政课”的善用之道，一是在育人模式方面强调教学内容的严肃性与教学方法的鲜活性相结合，二是在育人队伍方面强调知识结构的合理性与学有专攻的特殊性相结合，三是在育人实效方面强调教材体系的原则性与课堂把握的灵活性相结合，四是在育人媒介方面强调教育技术的先进性与教学手段的传统性相结合，五是在育人模式方面强调理论知识的系统性、实践素材的生动性与网络多样性相结合，六是在育人思想方面强调教学方法的散在性与教学理念的统一性相结合。①

(3)关于善用“大思政课”的枢纽环节。对教育资源的开发、转化与利用是善用“大思政课”的枢纽环节。有学者提出，利用“大思政课”的教育资源需要明确其方法论，重点包括“大思政课”教育资源转化的整体布局和具体编排、教育资源的同质解读和异构表现、教育资源的周期性和长期性、教育者的集中阐释和受教育者的自觉“发现”等。②另有学者提到，“大思政课”教育资源转化的核心是促进“以理论知识为基础”的教育资源转化，关键是促进“以社会问题为导向”的教育资源转化，根本是促进“以学生为主体”的教育资源转化。③

(4)关于“大思政课”的形态学考察。有学者从形态学对“大思政课”进行了全面考察，指出“大思政课”不仅“大”在时空维度上的拓展延伸状态，而且“大”在结构方式的充实优化状态，更“大”在功能的充分实现状态。④ 还有学者从实施主体、空间场景、互动形式等维度综合考察了“大思政课”的基础形态、拓展形态、泛在形态，指出三种形态有机联结、逻辑递进、融合共生，共同铸就了善用“大思政课”的理路遵循。⑤

(5)关于“大思政课”的“内外循环系统”和保障链条。有学者建议，应坚持整体性、协同性、保障性原则，统筹推进学校、家庭、社会各子系统以及教育主体、教育介体、教育客体诸要素间的有序循环，构建“大思政课”的“内外循环系统”。⑥ 还有学者提出，高校应从搭建常态化运行架构、实施精细化教学管理和强化制度化实践能力培养三个方面着力打造“大思政课”的保障链条。⑦

(二)关于大中小学思政课一体化研究

关于大中小学思政课一体化建设的主要问题。有学者提出首先要厘清大中小学思政

---

① 王岩，郭凤龙. 在着力“六个结合”中展现“大思政课”的善用之道[J]. 马克思主义与现实，2022(5).

② 李敏. “大思政课”教育资源转化的方法论思考[J]. 思想理论教育，2022(10).

③ 董雅华. 善用“大思政课”促进教育资源转化：意涵、问题与进路[J]. 思想理论教育，2022(4).

④ 杨威，田祥茂. “大思政课”的形态学考察[J]. 思想理论教育，2022(4).

⑤ 李济沅，代玉启. 基于社会运行视角的“大思政课”形态优化[J]. 学校党建与思想教育，2022(7).

⑥ 韩锐，纪梦然，刘畅. 构建新时代“大思政课”内外循环系统[J]. 中国高等教育，2022(11).

⑦ 李大健. 高校善用“大思政课”铸魂育人的三大保障[J]. 思想教育研究，2022(9).

课一体化的价值问题、内容问题和方法问题，即“为何化”的问题需要深化价值认识，“化什么”的问题需要转变教学理念以及教学目标、教学内容、教学方式和教学评价，“如何化”的问题需要构建起“一体三链”的方法路径。① 还有学者指出，一体化建设大中小学思政课首先要解决好几个关键问题，一是教学总目标和学段性目标、学科分目标的统分整合问题，二是教学方法与教学目标、内容梯度、学生年龄的多维匹配问题，三是课程设置、教材使用、教育主题等的纵向衔接问题，四是工作机制、管理体系、队伍建设等教学组织的横向协同问题。② 有学者剖析了当前大中小学思政课教材一体化建设存在的问题，包括课程标准尚未一体化、教材内容部分低效重复、断层倒置以及教材建设的分工合作不足等。③ 还有学者指出，大中小学思政课课程内容一体化建设中存在诸多问题，如课程内容的价值取向未能充分体现、覆盖范围不够全面、上下贯通体系不够健全、组织形式比较缺乏系统性等。④ 另有学者基于马克思社会实践时空观着重分析了大中小学思政课一体化建设问题，指出大中小学思政课一体化建设的时空二维融合主要是“占有充足的社会自由时间”和“多元主体之间良性互动”两个核心问题。⑤

关于大中小学思政课一体化建设的实践路径。有学者提出，推进新时代大中小学思政课一体化建设需处理好三重关系，即教材内容特色与有机衔接之间的关系、教师教研独创性与协同性之间的关系、课堂教学与社会实践之间的关系。⑥ 有学者建议，大中小学思政课一体化建设需要在四个层面精准发力，即育人目标一体化、学段一体化、课程一体化、实践一体化，着力实现各学段思政课教学逻辑层次的跃迁和知识内容的螺旋上升。⑦ 还有学者探索出“U-G-S”三位一体的教师教育联动培养模式，并建议进一步细化“U-G-S”共同体责任目标，强化“U-G-S”合作任务驱动，优化“U-G-S”运行管理机制，深化“U-G-S”试验区基地建设，以切实改善大中小学思政课一体化建设。⑧

关于大中小学思政课一体化建设研究的多元视角。一是课程观视角。有学者基于课程观视角探讨大中小学思政课一体化建设，系统回答了一体化“是什么”“为什么”“怎么做”等基本问题，并从课程属性、课程体系、课程与教学论的理念创新和方法论创新三

---

① 曾令辉. 论大中小学思政课一体化建设的三个基本问题[J]. 思想教育研究，2022(8).

② 马福运，张迪. 大中小学思政课一体化建设的几个关键问题[J]. 课程·教材·教法，2022(12).

③ 许家烨. 大中小学思政课教材一体化建设：逻辑、问题与对策[J]. 思想教育研究，2022(2).

④ 丁帅，陈旻. 大中小学思政课课程内容一体化面临的问题及破解路径[J]. 思想教育研究，2022(10).

⑤ 王升臻. 试论大中小学思政课一体化建设的时空二维融合——基于马克思社会实践时空观[J]. 湖北社会科学，2022(3).

⑥ 贾丽民，宋小芳. 新时代大中小学思政课一体化建设应正确处理的几对关系[J]. 思想理论教育导刊，2022(1).

⑦ 王晓宇. 新时代大中小学思政课一体化建设的几个着力点[J]. 思想理论教育导刊，2022(12).

⑧ 刘智，张超然. 大中小学思政课一体化建设：价值意蕴与实践路径——基于“U-G-S”教师教育模式的视角[J]. 现代教育管理，2022(1).

个方面提出了建设路径。① 二是认知能力视角。有学者从认知能力视角探讨大中小学思政课一体化建设，指出要科学分析和准确把握学生认知阶段性特征，根据学段特征选取相应的教学方式，并兼顾各学段教学方式的渐进性和上升性，从而提高认知图式的水平、增强思想政治教育内化效果。② 三是学段规律视角。有学者立足于不同学段之间的纵向衔接视角，提出“段间规律”是解决“学段失联”的关键症结，大中小学思政课一体化建设应遵循“段间规律”主要包括教育对象的认知跃迁、循序渐进规律，教师队伍的沟通协作、联动共建规律，教材内容的整体布局、逻辑递进规律，以及教学方法的有机串联、能力进阶规律。③ 四是教育评价视角。有学者从教育评价的“指挥棒”功能出发理性审思当前大中小学思政课质量评价问题，建议在顶层设计层面锚定“一体化”构建衔接贯通的评价导向、在评价主体层面打造评价共同体、在评价内容层面建立综合评价体系、在评价方式层面创新多维度评价路径。④

四、关于教学内容研究

思政课教学需以内容为王，作为一门实践性、时代性很强的课程，必须紧跟现实社会的实践创新，紧跟党的理论创新，适时吸收党的实践智慧和理论结晶进课堂，因时而进、因势而新地设计教学内容，逐步完善思政课的内容体系。2022 年度，党的精神、历史观、优秀文化等已成为思政课教学的热点内容。

首先，党的精神彰显着思政课铸魂育人的价值逻辑，学界继续关注了以伟大建党精神、中国共产党人的精神谱系、党的会议精神等指导思政课的教学内容。要实现伟大建党精神与高校思政课有机融合，有学者认为必须坚持理论与实践相结合、现实与虚拟相结合以及内容与形式相结合，确保伟大建党精神在高校大学生中内化于心、外化于行。⑤ 而关于把中国共产党的精神谱系融入思政课，有学者认为重在解决中国共产党人精神谱系与思政课之间的“互融”问题，这就要通过优化课程内容、抓住关键要点、创新输出路径等，实现中国共产党精神谱系与思政课的深度融合。⑥ 党的会议精神具有教育功能与政治功能的统一性，尤其是发挥好新时代党的会议精神的教育功能是加强思政课教学内容建设的时代要求。例如，有学者要深入推进党的十九届六中全会精神的学理

---

① 吴晓云，李珍琦. 论大中小学思政课一体化建设的课程观创新[J]. 中国教育学刊，2022(12).

② 徐秦法，赖远妮. 认知能力视角下大中小学思政课一体化教学方式建设研究[J]. 思想教育研究，2022(3).

③ 陈磊，徐秦法. 大中小学思政课一体化建设的“段间规律”探寻[J]. 中国大学教学，2022(6).

④ 徐秦法，张肖. 破立并举：大中小学思政课一体化评价的理性审思[J]. 江苏高教，2022(9).

⑤ 吴少伟. 伟大建党精神融入高校思政课的价值意蕴和实践路径[J]. 学校党建与思想教育，2022(2).

⑥ 崔龙燕，崔楠. 中国共产党精神谱系融入思政课的三重追问[J]. 中南民族大学学报(人文社会科学版)，2022(7).

化、教学化，形成适合教学需要的逻辑体系和知识点，深化和完善思政课教材，使党的十九届六中全会精神进教材、进课堂、进头脑的要求扎实落地。①

其次，学界深入研究了发挥好思政课的历史观教育功能，主要从“大历史观”和“大思政课”理念角度进行了历史研究。思政课凝聚着党的百年奋斗“历史意义”和“历史经验”，是思政课必然的教学内容。一方面，加强大历史观与高校思政课教学内容的有机衔接。思政课教学要在增强青年学生的历史自信上下功夫，构建历史认知、坚定历史自信、筑牢历史记忆。② 有学者提出，从“大历史观”视野看待高校思政课教学，要分别从纵向长视角、横向宽视野、整体史的脉络讲清“中国共产党为什么能”、讲深“马克思主义为什么行”、讲活“中国特色社会主义为什么好”。③ 另一方面，构建“大思政课”工作格局，将党史学习教育融入思政课。把党史、新中国史、改革开放史、社会主义发展史教育融入思政课教学，是当前和今后一个时期高校思政课教学改革的重要任务。④ 有学者认为，高校思政课讲好党的百年成就经验要善用“历史变焦镜”，一方面要用“长焦镜头”，避免简化叙史，引导学生透过现象认清本质；另一方面要用“广角镜头”，注重整体叙史，引导学生把握历史与现实的联系。⑤

最后，学界注意到思政课内容中的文化意义，对包括社会主义文化、优秀传统文化和人类文化的传承具有重要意义。第一，思政课的文化底色是红色，应发挥红色文化的立德树人功能。用红色文化丰富思政课的内容，在思政课中讲深、讲透、讲活红色文化。⑥ 有学者认为运用数字化新技术，可使数字化红色文化资源赋能高校思政课，应加快开发各具特色的数字化创意产品，搭建红色文化资源数字共享平台，探索分享思想政治教育新模式。⑦ 第二，思政课植根于中华民族的优秀传统文化，需以马克思主义的方法展现其时代意蕴。例如，有学者认为中华优秀传统文化资源融入高校思政课，需要严格对标立德树人育人目标、把准中华优秀传统文化与马克思主义的关系、正确理解中华优秀传统文化与中国式现代化的相融性，需要做好中华优秀传统文化资源的系统性融入、中华优秀传统文化内容的活态化融入、中华优秀传统文化元素的多样化融入，需要把中华优秀传统文化资源融入思政课程体系和专业课程体系，主动充当思政课程组与其他类课程组的连接纽带，形成课程育人合力。⑧ 第三，思政课内容具有开放性、包容

① 张磊. 发挥好思政课关键课程的关键作用——关于深入贯彻落实党的十九届六中全会精神的思考[J]. 社会主义核心价值观研究，2022(2).

② 齐卫平. 思政课教学发挥好党的十九届六中全会《决议》教育功能的思考[J]. 思想理论教育导刊，2022(1).

③ 王海威. 大历史观融入高校思政课教学探析[J]. 思想理论教育导刊，2022(5).

④ 李寒梅. 四史教育融入高校思政课教学的逻辑理路[J]. 马克思主义与现实，2022(4).

⑤ 吴炜生. 高校思政课讲好党的百年成就经验的价值意蕴、问题研判和可行路径[J]. 思想教育研究，2022(4).

⑥ 安治民，杜朝举. 红色文化融入思政课的三个维度[J]. 学校党建与思想教育，2022(13).

⑦ 田珊. 数字化红色文化资源赋能高校思政课的价值及路径探析[J]. 思想理论教育导刊，2022(7).

⑧ 潘昱州，龚珍旭. 中华优秀传统文化资源融入高校思政课的三重向度[J]. 学校党建与思想教育，2022(14).

性，需吸收人类优秀文化推动中华民族现代文明的发展。文化是文明的精神支撑，建设中华民族现代文明应当也必须把马克思主义基本原理同人类优秀传统文化相结合，造就有机统一的新的文化生命体。

此外，学界关于思政课教学内容的研究中还涉及脱贫攻坚精神、法治意识等时代内容。对于脱贫攻坚精神的教学融入问题，有学者提出，把脱贫攻坚精神融入思政课教学要从政治高度、历史厚度、理论深度、实践力度、情怀温度、世界维度“六个维度”做到“六个讲清楚”。① 而法治意识教育是思政课教学的组成部分，在以民法典实施促进全面依法治国的当下，回答民法典如何贯穿、怎样融入思政课是个紧迫的时代课题。有学者认为民法典贯穿融入思政课教学，需廓清民法典贯穿融入的迫切与必要、弄清民法典贯穿融入的原则与重点、厘清民法典贯穿融入的进路与方法等关键问题。② 另有学者认为，将习近平法治思想融入高校思政课教学要在知识传授、价值引领、思维启迪和实践养成中达成教学目的，要坚持系统布局、夯实理论功底、结合课程特点，从而达到预期融入效果。③

五、关于教学方法研究

从根本上说，思想政治教育是做人的工作的，关系到培养什么人、怎样培养人以及为谁培养人这个根本问题。人不是器物，做人的思想工作必须讲究方式方法，要顺应人的发展特点和认知规律。思政课作为思想政治教育的主阵地、主渠道，教学方法得当与否直接关系到思想政治教育成效，也是落实落细思政课内容要求的关键所在。目前学界关于教学方法的探讨主要集中在沉浸体验式教学、问题辨析教学、智慧课堂教学、专题教学和叙事教学等方面。

在沉浸体验式教学方面，体验式教学和沉浸式教学都十分注重教育对象的真听真感受。一是在体验式教学上，主要通过获得各种精神体验来完成教学内容。有学者依托红色精神开展红色体验式教学，在课堂中通过打造实境、创设情境，再回归生活的方式形成沉浸式、全时空和开放式的体验，将红色精神转化为感性认知，逐渐引起情感认同和践行能力。④ 二是在沉浸式教学上，这种教学方法有利于融洽教育交往关系，促进二元主体的交往互动。有学者认为高校思政课沉浸式教学需要树立起沉浸式教学的教学理念，创设沉浸式教学场域，建立健全沉浸式教学评价标准，从而为高校思政课教学应对

① 滕翠华. 脱贫攻坚精神融入高校思政课教学略探[J]. 学校党建与思想教育，2022(16).

② 李瑞奇，丁欣烨. 民法典贯穿融入思政课教学的基本理路探析[J]. 社会主义核心价值观研究，2022(4).

③ 邓斌. 习近平法治思想融入高校思政课教学的价值意蕴、内容体系与实践方略[J]. 思想理论教育导刊，2022(11).

④ 唐慧玲，王梦梦. 红色体验式教学在高校思政课教学中的运用[J]. 学校党建与思想教育，2022(1).

挑战提供新的选择。① 另有学者把“大思政课”与沉浸式教学相结合，将课堂“沉浸”于社会生活，引导学生“沉浸”于教学过程，这成为践行“大思政课”观念的有效形式。这种新型的沉浸式教学具有在场性、具身性、交互性、愉悦性等特征。当前，从教学要素的角度出发，应从议题选择、场景营造、话题引导、意见反馈等方面推进沉浸式教学的建构。②

在问题辨析教学方面，将“问题辨析”贯穿思政课教学始终，易于将思政课的道理讲清讲透。有学者认为，这一教学方式强调将课堂教学“讲好道理”与解决学生“思想困惑”相结合，通过立足以教师为主导的课堂教学环节和引入以学生为主体的合作探究环节，既注重讲道理的学理性、思想性和针对性，也促使学生真听、真想和真参与，自觉确立正确的立场、观点和方法。③ 但在这种教学实践中，必须处理好教学过程中的形式创新与内容为王的关系、一元主导与多元共存的关系，有建设性地进行批判与建构。

在智慧课堂教学方面，学界主要关注了随着大数据和数字技术的发展而引起的教学变革。一是转变传统教学理念，构建智慧课堂教学模式。有学者认为，构建高校思政课智慧课堂要坚持线上和线下相统一、技术与理念相统一、手段与目标相统一等三个原则，从课前预习、课中互动和课后评价对智慧教学平台的使用来实现智慧教学。④ 二是紧跟时代潮流，推动虚拟技术发展造成的教学变革。虚拟现实技术越来越多地介入人们的社会生活，逐渐开启了时空重组的进程，不得不审视“虚拟社会”与教学实践的价值衔接。有学者根据虚拟现实技术的本质属性和运作机理，推动基于虚拟现实技术的教学变革，主张以高校思想政治理论体系建构为中心，以特色化的思政课教学基地建设为基础，以多样化的思政课教学机制建设为关键，以培育思政课主体间性的涵养为落点，全面形塑高校思政课教学模式。⑤

在专题教学方面，学界主要研究了以问题为导向的专题教学和“大思政”理念下的专题教学。有学者主张专题教学要以问题为导向，以教材为依据，以说理为手段，以认同为目标，在思政课专题教学中，必须解决好科学研究和专题教学的关系、专题教学方法和专题教学内容的关系、专题教学评价和专题教学过程的关系、教师和专题教学的关系、专题教学管理保障机制和专题教学实效性提升的关系、专题教学规律和社会期待的关系。⑥ “大思政”既是理念也是方法。有学者将“大思政”理念应用到专题教学中，根据习近平新时代中国特色社会主义思想“三进”要求，通过树立“大思政”理念，借助互联网技术优势，整合教学资源，构建协同育人体系，创新考核评价方式，以促进专题式教学有效、深入开展。同时，通过开展专题式教学，增强高校思政课的实效性和实用

① 蔡文璞，祝小宁. 沉浸式教学助力高校思政课改革[J]. 学校党建与思想教育，2022(8).

② 洪岩. “大思政课”视野中的沉浸式教学探析[J]. 思想理论教育导刊，2022(9).

③ 李江静. 问题辨析是思政课讲道理的重要方式[J]. 思想理论教育导刊，2022(8).

④ 贾恒欣. 构建高校思政课智慧课堂教学模式的四重维度[J]. 学校党建与思想教育，2022(22).

⑤ 王志刚，李晓乐. 基于虚拟现实技术的高校思政课教学模式创新[J]. 江苏高教，2022(2).

⑥ 张有奎，彭元清. 高校思政课专题教学的若干关系探析[J]. 思想理论教育，2022(1).

性，切实提升立德树人的实际效果。①

在叙事教学方面，学界主要关注亲和叙事、榜样叙事、“中国风”叙事等类型。在亲和叙事上，有学者认为要通过宏大叙事与微观叙事相结合、抽象叙事与日常叙事相结合、价值叙事与理论叙事相结合、灌输叙事与启发叙事相结合的综合策略来更好地提升思政课叙事教学的亲和力。② 在榜样叙事上，有学者认为思政课要讲好道德榜样故事，须遵循价值性和生本性相统一、建设性与批判性相统一、先进性与融合性相统一、协同性与体验性相统一，才能共同促进新时代的思政课讲好道德榜样故事。③ 在“中国风”叙事上，有学者认为新时代“中国风”高校思政课是以中华优秀传统文化为基点，运用历史唯物主义的观点立场，以中国哲学的思辨思维方式深入展开的具有中国特色、中国风格、中国气派的思政课教学模式。推进新时代“中国风”高校思政课的实施，要以中国哲学的思辨思维方式深入展开思政课教学内容的专题性讲授，构建“中国风”高校思政课教学话语体系与教学情境。④

此外，还有对话教学模式、导航式教学、“三因融合型”教学、思政课形象教学等比较新颖的教学方式方法，为思政课教学探索提供了新思路与新途径，值得接下来做进一步的深入探讨。

六、关于实践教学研究

实践教学是高校思政课理论教学的重要补充，也是推动理论知识向实践活动转变的重要方式，是促使大学生化理论为行为、化认知为信仰的重要途径。2022 年度，学界关于思政课实践教学的研究成果丰富，除了关于思政课实践教学问题、成因、对策的相关论述外，还提出了关于思政课实践教学的新视角、新思路、新模式、新思考、新视域、新方案。

有学者针对部分思政课实践教学中长期存在的教学理念重“理论”轻“实践”、教学设计重“教案”轻“学生”、教学组织重“主导”轻“主体”、教学形式重“参观”轻“参与”、教学评价重“结果”轻“过程”等多重失衡问题进行了深度剖析，并从教学理念的实践性失落、保障机制的合力低效、可持续性资源供应不足和评价方式传统单一四个方面进行了原因解读，同时还给出了解决对策，建议从完善高校顶层设计、创设理论与实践的互

---

① 孙巍．新时代高校思政课专题式教学的基本遵循及实施策略[J]．学校党建与思想教育，2022(10)．

② 尹禹文，牛涛．叙事教学提升高校思政课亲和力的逻辑和策略[J]．学校党建与思想教育，2022(15)．

③ 米丽艳，陈红．思政课讲好道德榜样故事的四个基本导向[J]．学校党建与思想教育，2022(1)．

④ 李娟，王艳华．新时代“中国风”高校思政课的价值意蕴、原则遵循与实践路径[J]．广西社会科学，2022(7)．

动空间、实施教师的引培并举、聚焦增值评价等多种途径进行全方位矫正。① 有学者从主体、内容、过程、评价四个方面探索出思政课实践教学"四维"策略，其中，主体维度要关切学生需求体验，内容维度要坚持问题导向，过程维度要致力，评价维度要重视实践教学成果转化。② 还有学者从组织、机制、方式、实习实训、教学能力、社会生活等多方面提出了提升思政课实践教学成效的具体对策，如规范实践教学组织、建立实践教学协同机制、丰富实践教学方式、结合大学生实习实训、提升教师实践教学能力、融入大学生假期社会生活中，等等。③

关于思政课实践教学的新视角解读，一是形态研究新视角。有学者强调要整体把握思政课实践教学的多元形态，并充分挖掘每一种形态的具体表现形式和运行状态，从而把握思政课实践教学的规律，实现思政课不同实践教学形态的系统协同。④ 二是触动学生心灵新思路。有学者探讨了"大思政课"视域下高校思政课实践育人模式的构建，提出了大思政课与触动学生心灵有机结合的实践育人模式，即形成青年榜样育人、文化育人、四史育人、时代精神育人、情景体验育人的综合育人模式，真正达到实践铸魂育人的思政课教学目标。⑤ 三是微电影实践教学新模式。有学者提出，微电影实践教学模式遵循了思想政治教育规律、教书育人规律、学生成长规律，能够将教师主导与学生主体相统一，是新时代思政课实践教学的一种有益方式。⑥ 四是实践协同新思考。有学者提出，应着力构建高校与社会元素共同参与的思政课实践教学协同机制，强化顶层设计、优化协同链条、充实教学内容，以期推进高校思政课实践教学提质增效。⑦ 五是"大思政课"新视域。有学者尝试理清新时代"大思政课"视域下高校实践育人的定位，并提出多重优化路径，即强化实践教学有关要求、创新实践育人方法途径、加强素质拓展基地建设、加大实践育人经费投入等。⑧ 六是课程化建设新方案。有学者提出了高校思政课实践教学课程化建设话题，实践教学从一种教学方式演变为一门独立课程。⑨

---

① 夏海燕. 思政课实践教学的取径之误与取向之思[J]. 江苏高教，2022(3).

② 罗亮. 高校思政课实践教学改革创新探究[J]. 学校党建与思想教育，2022(5).

③ 王江涛，李心记. 新时代高校思政课实践教学的经验探索与创新路径[J]. 中国高等教育，2022(24).

④ 车车. 高校思政课实践教学的形态学分析[J]. 思想理论教育，2022(2).

⑤ 李仙娥. "大思政课"视域下高校思政课实践育人模式的构建论析[J]. 思想理论教育导刊，2022(1).

⑥ 田鹏颖. 高校思政课实践教学新探索——关于"微电影"教学模式的若干思考[J] 河北大学学报(哲学社会科学版)，2022(5).

⑦ 曹桢，喻一珺，王钰菡. "大思政课"视域下高校思政课实践教学社会协同机制探讨[J]. 北京交通大学学报(社会科学版)，2022(5).

⑧ 张家玮. "大思政课"视域下高校实践育人的功能定位与优化路径[J]. 思想理论教育导刊，2022(6).

⑨ 王国桢. 新时代高校思政课实践教学课程化建设研究[J]. 学校党建与思想教育，2022(15).

七、关于教学话语体系构建研究

话语自信是新时代高校思政课建设内涵式发展的内在要求，推动思政课话语创新、话语优化、话语体系重构势在必行。2022 年度，学界针对思政课话语创新、优化与重构进行了问题剖析和对策探寻，同时对教学话语的艺术性构建进行了三维探索。

(1)关于高校思政课话语创新、优化与重构。针对当前高校思政课话语创新与重构所面临的一系列问题，学者们纷纷从不同视角进行了问题剖析和对策探寻。有学者剖析了“教材内容处理失当导致的话语体系解释力不够、针对性不足”和“教学语言使用不当导致的话语体系渗透力不强、应用度不广”两个问题，并在此基础上建议引导型说理性思政课程话语创新要符合思想说服、实践逻辑和语义逻辑，网络语言创新要聚焦话语内容、话语风格和教学转型三个维度。① 有学者围绕当前高校思政课教学话语阐释性、中介性、塑造性功能偏弱的问题，建议充分运用生活实例，重视大学生需求，坚持“两个统一”，协调好教师、大学生、教材之间的关系，以提升教学话语的功能需要。② 还有学者面对思政课教学理论阐释话语空泛化、话语意义传导留级化、话语影响式微化等问题，尝试探寻红色叙事融入思政课教学话语的内在逻辑和应用策略，以期升华思政课教学话语内涵、凝塑思政课教学话语认同、提振思政课教学话语自信。③ 有学者探讨了融媒体时代高校思政课话语体系重构问题，指出高校思政课需要化解当前偏重工具理性话语、侧重静态性话语、着重理论性教材话语等困境，实现工具理性与价值理性相结合、静态性与动态性相结合、理论性与实践性相结合、意识形态话语和学术话语相统一的话语体系重构。④ 另有学者从逻辑起点、问题导向、实践旨趣三个方面，全方位探讨了网络空间中高校思政课话语体系创新的问题。⑤

(2)关于高校思政课教学话语的艺术性构建。有学者建议思政课教师从作品构建、叙事构建与情境构建三个维度展开探索，作品构建旨在掌握塑造感性形象的艺术技巧从而促进教材语言向教学语言的转化，叙事构建旨在确定叙事基调并打磨叙事形式，情境构建旨在做好场景铺垫、主题设计，重视节奏把控等。⑥

此外，还有学者以讲好中国共产党故事为例，提出新时代思政课要坚持“宏微互补”“新旧结合”“中外互通”的叙事原则，从增强话语定力、坚定话语自信、提升话语艺

---

① 宋溧俊. 新时代高校思政课话语创新与话语权培育理路[J]. 江苏高教，2022(5).

② 周智年，阎玉茹. 高校思政课教学话语优化研究[J]. 学校党建与思想教育，2022(15).

③ 杨赫姣，刘伟. 红色叙事融入思政课教学话语的内在逻辑及应用策略[J]. 学校党建与思想教育，2022(15).

④ 季海群. 融媒体时代高校思政课话语体系的重构[J]. 江苏高教，2022(7).

⑤ 马俊峰. 网络空间中高校思政课话语体系创新研究[J]. 思想理论教育导刊，2022(7).

⑥ 谭绍江. 论思政课教学话语的艺术性构建[J]. 湖北社会科学，2022(7).

术等方面进行教学审思，进而为推进高校思政课教学改革提供实践指导。①

八、关于队伍建设研究

习近平总书记曾提出，办好高校"关键课程"，关键在教师。思政课教师肩负立德树人的根本任务，必须政治要强、情怀要深、思维要新、视野要广、自律要严、人格要正。建设一支高素质的思政课教师队伍是理直气壮开好思政课的人才保障。2022年度，学界围绕思政课教师队伍建设问题展开了较为深入的研究。

(1)关于党建设思政课教师队伍的理论研究。学者们普遍认为要坚持党对思政课教师队伍建设的领导，主要从总结党的经验、引入领导干部参与和贯彻习近平总书记的教育论述为研究切入点。一是汲取党的经验，结合时代发展建设思政课教师队伍。有学者总结了党建设思政课教师队伍"五个坚持"的经验，即坚持党的领导、坚持问题与目标导向相结合、坚持师德师能相结合、坚持增量提质相结合、坚持严管与关怀相结合，形成了全面推进思政课教师队伍建设的经验，并在汲取以往经验的基础上探索新时代高校思政课教师队伍建设要立足时代定位、聚焦核心素养、强化学科支撑、完善制度建设。② 二是着力发挥领导干部讲思政课的关键作用。例如，有学者把领导干部纳入思政课教师队伍，研究了习近平总书记关于领导干部讲思政课的重要论述，其内容以把握新时代的新变化为逻辑起点，以青少年和领导干部为逻辑重心，以清晰阐释思政课为逻辑主线，以提升领导干部在思政课上的引导力为逻辑归宿，为推进领导干部讲思政课常态化提供理论指引。③ 要精准把握学情，坚持问题导向，充分发挥领导干部的政治优势，彰显教学特色，通过示范引领不断汇聚思政合力。④ 三是将党的相关创新理论融入思政课教师队伍建设始终。学者们立足习近平总书记的重要论述，分别探讨了思政课教师"视野要广"⑤、"思维要新"⑥的理论蕴涵与实践路径，建议通过"深度融合"的知识结构、"兼容并包"的文化理解、"问题导向"的理论思维来提升思政课教师视野的科学性、发展性和时代性。

(2)关于提升思政课教师的具体能力的研究。学界通过多方面探究了该如何提升和

① 修晓辉，杜玉华. 新时代高校思政课教师讲好中国共产党故事的价值意蕴、叙事原则和实践遵循[J]. 思想教育研究，2022(9).

② 梅萍，韩静文. 建党百年来高校思政课教师队伍建设的历程、经验与启示[J]. 大学教育科学，2022(4).

③ 张振芝. 习近平关于领导干部讲思政课重要论述的逻辑理路[J]. 湖北社会科学，2022(2).

④ 郑崇玲. 新时代领导干部上讲台讲思政课制度的由来及实践提升[J]. 中国高等教育，2022(5).

⑤ 徐川，胡玉宁. 思政课教师"视野要广"的理论蕴涵与实践逻辑[J]. 学校党建与思想教育，2022(13).

⑥ 王磊. 新时代高校思政课教师"思维要新"的价值意蕴和实践路径[J]. 学校党建与思想教育，2022(13).

增强思政课教师的个人能力，主要表现在提升思政课教师胜任力、教学能力和话语能力等方面。在胜任力方面，有学者从提升高校思政课教师胜任力入手，架构起“一体两翼三级四联动”的高校思政课教师胜任力提升体系，亦即以提升高校思政课教师胜任力为“一体”之核心目标，驱动校内、校外的“两翼”力量，助推高校思政课教师自主生成胜任力的“三级”指标即基准性、鉴别性、核心性，调动教师、高校、社会、政府“四联动”的协同参与，进而实现一个融合互动、统筹高效、协同共进的良性生态系统，助力提升高校思政课教师胜任力。① 在教学能力方面，有学者主张在教学内容上用学术讲政治、在教学方法上善挖掘巧引导、在教学认知上宽视野多渠道，讲深“是什么”、讲透“为什么”、讲活“怎么看”，增强思政课教师的感召力、吸引力，让学生听得进、记得住、用得好、传得开。② 在话语能力方面，新时代高校思政课教师的话语身份建构，有赖于知识传播与价值导向、资源调控与启发教育、行为规范和伦理评价等功能的集体发力，也需要借助“排头兵”式预设策略、“放大镜”式凸显策略、“圈内人”式移情策略、“显微镜”式评价策略的支持。③ 有学者从话语身份角度探究思政课教师的队伍建设，分别从意识形态话语的主导力、学术话语的支撑力、教师个性话语的影响力等方面进行话语的“供给侧改革”。④ 此外，还有学者认为新时代高校思政课教师该做“经师”和“人师”的统一者，思政课教师需要强化守正创新意识和资政意识，把握正确的政治方向和学术导向，要在建构中国特色哲学社会科学“三大体系”上下功夫，要吸收借鉴中华优秀传统文化和国外哲学社会科学的积极成果。⑤ 要成为思政课的“好老师”“大先生”，教师就必须是“经师”和“人师”的有机统一者。⑥

(3)关于优化思政课教师队伍建设的制度研究。学界主要是从考核、培训、管理等制度层面来保障思政课教师队伍的高质量发展。一是优化考评机制对思政课教师队伍建设的指挥棒作用。有学者重视考核评价对思政课教师队伍的建设作用，主张全面优化资源供给，创造有力的制度环境，充分发挥考核评价的引导作用，支撑思政课教师队伍的可持续发展。⑦ 二是改善培训体系，助力思政课教师持续成长。有学者聚焦新时代思政课教师培养体制改革创新问题，建议改革要从确立科学培养理念、构建一体化培养机制、探索新培养体制、建构科学一体化的培养评价体系与评价标准四个方面着力。⑧ 有

---

① 王晓红. 提升高校思政课教师胜任力研究[J]. 学校党建与思想教育，2022(3).

② 董佳. 讲深讲透讲活：提升新时代高校思政课教师教学能力[J]. 教学与研究，2022(5).

③ 李云峰. 新时代高校思政课教师的话语身份[J]. 吉首大学学报(社会科学版)，2022(4).

④ 陈媛. 高校思政课教师话语能力提升的三重向度[J]. 学校党建与思想教育，2022(22).

⑤ 肖贵清. 做无愧于新时代思政课的“大先生”——学习习近平总书记在中国人民大学考察时的重要讲话精神[J]. 河北大学学报(哲学社会科学版)，2022(5).

⑥ 齐鹏飞. 思政课教师应努力成为“经师”与“人师”相统一的“好老师”“大先生”[J]. 中国高等教育，2022(9).

⑦ 董兆伟. 建设新时代思政课教师队伍[J]. 红旗文稿，2022(3).

⑧ 何玉海. 新时代思政课教师培养体制改革创新的思考[J]. 东北师大学报(哲学社会科学版)，2022(6).

学者认为提升高校思政课教师的培训质量，既要优化国家、省(市区)、高校三级培训体系的整体结构，也要在每一层级协调具体培训的功能要素，在明确高校思政课教师的培训需求后，促使培训主体协同共生、培训要素协调推进、培训时间前后连贯、培训空间上下联动，才能协同好三级培训体系产生 1+1>2 的效应。① 有学者采用实证研究方法构建了新时代高校思政课教师培训体系协同度测量体系和协同度模型，测量结果显示，不同级培训体系、不同级培训体系子系统及不同地域培训体系的协同存在差异，高校培训体系是影响培训体系协同的关键，资源配置和培训目标是制约同一级培训体系协同的主要因素。② 三是勠力破解青年思政课教师队伍建设的管理问题。近年来，青年思政课教师队伍不断壮大，但受到资源竞争、分流淘汰、目标替代以及量化考核等因素影响，青年思政课教师队伍确实面临着发展难题。破解建设的现实困境，需要推进发展资源倾斜、优化分流淘汰制度、强化教书育人理念和变革评价激励机制。③

(4)关于综合强化思政课教师队伍建设的路径研究。学界对强化思政课教师队伍建设的研究也有采取综合治理的观点，不局限于单一的举措，而是以问题为导向综合治理、协同发力，主要是从思政课教师的内外部建设和多维度出发。一是针对制约教师发展的外部问题综合施策。当前，思政课教师发展面临观念共识欠缺、内生动力不足、组织建设不健全、治理结构失衡等方面的问题，有学者提出需从营造文化氛围以改变观念、拓展平台空间以激发动机、创设组织机构以提供行动支持、创新治理机制以提供外部驱动等方面着手，推动新时代高校思政课教学的高质量发展。④ 二是针对提高教师个人的综合素养，内外相结合地全面推动教师素养发展。有学者从个人素养角度，要求高校思政课教师政治过硬才能站定讲台，情怀高尚才能站稳讲台，教学扎实才能站好讲台，科研深厚才能站实讲台，在共助这些核心素养的提升实践中，通过强化顶层制度设计以营造优良从教环境，优化协同培训体系以助力教师持续成长，聚化成长内驱动力以提升教师素养魅力。⑤ 三是多维度地审视思政课教师队伍建设。有学者认为，加强新时代高校思政课教师队伍建设，要从价值维度、主体维度、实践维度三重维度着手，以党的价值理想厚植队伍建设的价值取向，坚持新时代高素质思政课教师队伍建设标准，确保在实践中提升思政课教师队伍质量。⑥

当然，学界关于思政课教师队伍建设并不仅限于以上路径，有些新兴研究视角开始引起关注，例如，从文化浸润、教学境界、历史思维等角度来审视思政课教师发展。有学者关注思政课教师队伍建设的文化研究，从文化浸润视角出发，讨论思政课教师的素

---

① 贺光明，姚利民. 新时代高校思政课教师培训体系协同探讨[J]. 大学教育科学，2022(1).

② 贺光明，姚利民. 新时代高校思政课教师培训体系协同度的实证研究[J]. 江苏高教，2022(5).

③ 米华全，徐岩. 青年思政课教师队伍建设的现实困境与应对策略[J]. 学校党建与思想教育，2022(12).

④ 陶磊，汪萍平. 思政课教师教学学术能力论析[J]. 思想理论教育，2022(11).

⑤ 熊晓琳，孙希芳. 高校思政课教师的核心素养及提升路径[J]. 思想理论教育导刊，2022(7).

⑥ 张文剑. 加强新时代高校思政课教师队伍建设的三重维度[J]. 思想理论教育导刊，2022(8).

养修为问题，提倡在红色文化浸润中健康成长起来的思政课教师要不断提高素养修为，其根本性、方向性的问题就是要信仰坚定，此外还要做专家学者型的教师、做学生的良师益友，要提升解读现实课题的本领。① 还有学者基于不同教学境界的要求，认为应该以爱教、善教、乐教三重境界引领高校思政课教师教学工作，有助于推动高校思政课教师队伍的高质量发展。② 另有学者认为高校思政课教师要增强历史思维，需坚持尊重史实和把握规律、看待历史和评价历史、总结经验和汲取智慧相统一的基本原则。同时，还要在备课和反思中、培训与研修中、对标榜样和要求中增强历史思维。③

九、其他

除了以上研究话题之外，还有学者就高校思政课的其他相关问题进行了分析和探索。

几位学者聚焦了“思政课教学精准化”问题。有学者认为，把精准教学引入思政课是一种全新的思路和方法，建议在思政课精准教学中，应用语料库技术对教学行为、教学设计以及教学效果进行测量和评价。④ 有学者指出要构建集精准挖掘、精准决策、精准教学反馈于一体的动态高效的精准教学模式，以提升思政课教学的精准化程度。⑤ 基于人工智能的优势，有学者提出，以人工智能多模态分析、人工智能算法、人工智能场景、人工智能人机协同等为思政课进行精准画像、精准供给、精准引领以及精准评价赋能。⑥ 还有学者进一步提出，通过构建全天候、全渠道、全覆盖、全过程的大数据收集与整合机制，建立健全精准教学保障机制，建立一体化的精准教学技术支持系统，全面提升教师精准教学素养等，实现人工智能驱动的高校思政课精准教学。⑦

几位学者聚焦了“高校思政课获得感”问题。有学者指出，高校思政课获得感具有起始、高阶和顶层三阶目标，即作为直接性目标的学生获得感、作为实践性目标的社会获得感和作为全局性目标的国家获得感，三者分别从受益主体、目标追求和过程方法共同塑造了高校思政课获得感的结构功能。⑧ 有学者提出高校思政课获得感最显著的力量依托是学生获得感和教师获得感的相互依赖，应从激发高层次学习需求、强化内驱力培

① 张澍军. 漫谈思政课教师发展中的文化浸润和素养修为[J]. 思想理论教育导刊，2022(2).

② 汤艳春. 爱教、善教、乐教：高校思政课教师教学三重境界[J]. 中国高等教育，2022(22).

③ 王雪，刘世华. 高校思政课教师增强历史思维的进路探究[J]. 学校党建与思想教育，2022(17).

④ 李梁. 精准教学与思政课教学测量及评价探究[J]. 思想理论教育，2022(1).

⑤ 李慧. 思政课精准教学的核心要义与实践要求[J]. 思想理论教育，2022(5).

⑥ 操菊华. 人工智能赋能思政课教学精准化的理论逻辑与实践图景[J]. 思想理论教育导刊，2022(4).

⑦ 万力勇，易新涛. 人工智能驱动的高校思政课精准教学：实施框架与实现路径[J]. 思想教育研究，2022(4).

⑧ 阎国华，闫晨. 高校思政课获得感的结构功能与内涵透视[J]. 思想教育研究，2022(5).

育举措、保障主动性创新探索、构建深层次互动体系和拓展师生间交往场域五个方面加以整体推进高校思政课获得感的师生互促。① 还有学者分析了影响大学生思政课获得感生成的重要因素，包括大学生对思政课的“期望获得”、大学生在思政课教学中的“实际获得”、师生关系，并针对现存问题，提出通过把握与转变大学生主体需要，增强思政课的吸引力、说服力和感染力，构建“师生学习共同体”这三个路径来提升大学生思政课获得感。②

关于高校思政课图像化教学。有学者指出，当前高校思政课图像化教学仍存在诸多问题，比如图像符号反制教学文本、图像“泛娱乐化”倾向裹挟课程“强政治性”属性、图像滥用遮蔽学生主体性等异化现象；回归图像化教学育人初衷，需要坚持图像化教学“意趣盎然”的基本思路，加强图像元素的“教学性”建设，注重图文之间的精准匹配，构建学生有效参与教学的平台。③

关于课程沿革和教材编辑、使用。有学者梳理了高校思政课体系中的“历史与理论相结合”类课程的历史沿革，指出虽然课程的具体形式不断变化，但其史论结合、以史寓理、论从史出的基本特征是一以贯之的。④ 有学者提出，贯彻“用教材教”的教学理念是讲好思政课的关键因素，“用教材教”的基本前提是“吃透”教材、实现方式是“活化”教学，教学实践的重心则是用问题逻辑转化教材的知识点和以教学逻辑重组教材的知识体系。⑤ 此外，还有学者提到，思政课教材编辑应当强化政治意识、精品意识、服务意识、创新意识。⑥

十、简要评论

综上，2022 年度高校思政课研究取得了丰硕成果，研究视野有所拓展，研究内容涉及广泛，研究方法有新突破。总体来看，研究内容主要涉及课程建设创新发展、课程建设核心议题、“大思政课”、大中小学思政课一体化、教学内容、教学方法、实践教学、话语体系、师资队伍等多个方面。其中，课程建设核心议题、“大思政课”、大中小学思政课一体化属于近些年新的理论增长点，课程建设创新发展、教学内容、教学方法、实践教学、话语体系、师资队伍属于常规话题研究。以上研究成果均从不同视角解答了高校思政课建设的时代之问，为推动高校思政课建设的高质量发展提供了深刻的理论思考和可行的实践方略。

第一，注重研究视野的拓宽与比较。高校思政课的研究视野需要进一步拓宽，一是

① 阎国华，闫晨. 高校思政课获得感的师生互促视角探究[J]. 思想理论教育导刊，2022(6).

② 何珊. 新时代大学生思政课获得感的生成与提升[J]. 社会科学家，2022(9).

③ 陈小花，徐喜春. 高校思政课图像化教学的异化及其回归[J]. 高教探索，2022(2).

④ 周家彬. 新中国成立以来高校“历史与理论相结合”类思政课的历史沿革[J]. 思想教育研究，2022(6).

⑤ 胡晓红. 高校思政课“用教材教”的教学理念与实践探析[J]. 思想理论教育导刊，2022(6).

⑥ 杨晓娟. 新时代高校思政课教材编辑应强化四种意识[J]. 中国编辑，2022(8).

拓宽国际视野，充分进行课程比较研究等；二是拓宽学科视野，充分运用交叉研究方法；三是拓宽研究视角，呈现全方位研究样态。关于国际视野拓宽的问题，首先对高校思政课的认识不能窄化，国外虽然没有完全一样的课程设置，但是类似的价值观教育课程都是可以进行比较研究的。关于学科视野拓宽的问题，在交叉学科如此兴盛的态势下，更要充分运用交叉研究完善高校思政课研究，比如“互联网+思想政治教育”“大数据+思想政治教育”“人工智能+思想政治教育”等都应成为新时代高校思政课建设研究的热点。关于研究视角拓宽的问题，同样话题的研究如何不重复、如何创新、如何出新成果，都有赖于开创新的研究视角，对既有话题进行全新的审视和思考。

第二，注重研究内容的梳理与总结。梳理发现，2022 年度学界关于高校思政课建设的研究内容十分丰富，涉及主题十分广泛，但仍然存在部分主题内容研究缺失或者研究不足的情况。为此，学界对研究内容的梳理与总结至关重要。一是热点话题研究过多，基础性话题研究不足。本年度学者们在几个热点话题上的研究成果呈现井喷之势，但是关于思政课教材建设、几门具体思政课课程建设、思政课教学评价等方面却鲜有涉及，造成了研究内容的全面性不足、整体性不足等问题。即便是关于热点问题的研究，也存在重复研究的现象，比如关于“思政课的本质是讲道理”重要论断的研究多数浮于表面。二是同质研究和创新研究受到忽略。或许由于研究时限的影响，有些热点问题的集中研究导致大量同质研究被忽略。而一些创新研究同样没有被及时关注，无法在学界引起持续性研究，最终以零散态势被海量文献淹没。

第三，注重研究方法的拓新与反馈。在研究方法方面，本年度学者们关于高校思政课建设的研究取得了很大突破，案例研究法、实证研究方法陆续被运用。比如，关于案例研究，有学者专门探讨了新时代民族地区高校思政课改革创新的五重维度，① 以及贵州民族地区的高校思政课“四堂联动”②等。有学者以河北传媒学院为例分析运用新媒体讲活高校思政课的策略③，还有中国人民大学的红色校史资源与“大思政课”建设④、在清华大学“思想道德与法治”课程教学实践中的混合式教学模式⑤、南开大学的十年苏区实践“大思政课”⑥、北京体育大学“六位一体”的“大思政课”建设模式⑦等。关于实证研究，有学者通过对 31 个省份 698 名高校思政课教师的实证调查探讨现代信息技

---

① 孙秀玲. 新时代民族地区高校思政课改革创新的五重维度[J]. 思想教育研究，2022(6).

② 贾红霞，范建刚. 贵州民族地区高校思政课“四堂联动”红色育人研究[J]. 贵州民族研究，2022(2).

③ 梁晓，高峰. 运用新媒体讲活高校思政课的策略探索——以河北传媒学院为例[J]. 传媒，2022(4).

④ 耿化敏. 红色校史资源与中国人民大学“大思政课”建设[J]. 教学与研究，2022(1).

⑤ 张瑜，贾经铭. 基于信息技术的思政课精准施教模式探析——以清华大学“思想道德与法治”课程为例[J]. 中国青年社会科学，2022(1).

⑥ 刘一博，张登彬. 善用“大思政课”讲道理：南开大学十年苏区实践的探索与经验[J]. 思想教育研究，2022(10).

⑦ 陈世阳，王殿玺，吴国斌. “六位一体”的“大思政课”建设模式探索——以北京体育大学为例[J]. 思想教育研究，2022(10).

术赋能高校思政课教师教学的成效、困境及路径优化问题;① 有学者运用 NVivo 12 Plus 质性分析软件对新时代 10 年党和政府颁布的高校思政课教师队伍建设政策文本进行梳理、总结、分析;② 有学者通过 CiteSpace 软件，以统计、共现与聚类等方式对党的十八大以来的 2493 篇 CSSCI 期刊论文展开可视化分析③等。但是，以上研究方法的运用仍是少数现象，方法运用情况还有待进一步改善。此外，访谈法、教育叙事研究等方法非常适合涉及价值观等方面的研究，今后可以尝试将其用于高校思政课建设研究。

① 唐晓勇，李颖. 现代信息技术赋能高校思政课教师教学的成效、困境及路径优化[J]. 思想教育研究，2022(11).

② 李芳，戴汶奇. 新时代十年高校思政课教师队伍建设政策文本的研究分析[J]. 思想理论教育导刊，2022(12).

③ 王仕民，黄云妍. 党的十八大以来思政课研究热点与趋势探赜——基于 2493 篇 CSSCI 论文的可视化分析[J]. 国家教育行政学院学报，2022(12).

事记与文献

2022 年度大学生思想政治教育大事记

1 月

1 月 1 日

2022 年第 1 期《求是》杂志发表中共中央总书记、国家主席、中央军委主席习近平在党的十九届六中全会第二次全体会议上的重要讲话《以史为鉴、开创未来，埋头苦干、勇毅前行》。

1 月 4 日

据中国网信网报道，国家互联网信息办公室、国家发展和改革委员会、工业和信息化部、公安部、国家安全部、财政部、商务部、中国人民银行、国家市场监督管理总局、国家广播电视总局、中国证券监督管理委员会、国家保密局、国家密码管理局等十三部门联合修订发布《网络安全审查办法》，自 2022 年 2 月 15 日起施行。

△据中国网信网报道，国家互联网信息办公室、工业和信息化部、公安部和国家市场监督管理总局联合公布《互联网信息服务算法推荐管理规定》，自 2022 年 3 月 1 日起施行。

1 月 6 日

据中国文明网报道，全国文明办主任会议在京召开。

△教育部举行 2021—2025 年高校思想政治理论课教学指导委员会成立大会暨工作会议。

△教育部党组书记、部长怀进鹏出席会议并讲话。怀进鹏要求，要突出重心，自信自强，守正创新推动高校思政课高质量发展，坚持问题导向、目标导向和效果导向相结合，强队伍、建机制、聚合力。一是全面加强党的领导。党委重视要持之以恒，提高统筹领导能力，提升马院建设水平。二是完善铸魂育人长效机制。健全课程体系，完善教

材建设机制，深化教学改革，强化学科支撑。三是加快构建“大思政课”格局。大力推进“一大系统、两大支撑、五大实验区”建设，善用社会大课堂，打造网络云课堂，深化课程思政全课堂。四是实施教师能力提升工程。建立高质量择优配备体系，建设高质量培养培训体系，形成科学合理的评价体系。会上，教指委专家代表顾海良、靳诺、姜辉、颜晓峰、沈壮海发言。

1月7日

据教育部网站，近日，教育部、国家乡村振兴局、国家语委联合印发《国家通用语言文字普及提升工程和推普助力乡村振兴计划实施方案》。

1月11日

省部级主要领导干部学习贯彻党的十九届六中全会精神专题研讨班在中央党校(国家行政学院)开班。中共中央总书记、国家主席、中央军委主席习近平在开班仪式上发表重要讲话，强调继续把党史总结学习教育宣传引向深入，更好把握和运用党的百年奋斗历史经验。

1月12日

据教育部网站，教育部办公厅等四部门印发《高等学校国际学生勤工助学管理办法》。

1月14日

据教育部网站，教育部发布《关于推进师范生免试认定中小学教师资格改革的通知》。

1月15日

据新华社报道，中共中央总书记、国家主席、中央军委主席习近平对政法工作作出重要指示强调，切实履行好维护国家安全社会安定人民安宁的重大责任，让人民群众切实感受到公平正义就在身边。

1月16—17日

据教育部网站，2022年全国教育工作会议在京召开。

1月17日

据新华社报道，国家主席习近平在北京出席2022年世界经济论坛视频会议并发表题为《坚定信心 勇毅前行 共创后疫情时代美好世界》的演讲。

1月18—20日

据新华社报道，中国共产党第十九届中央纪律检查委员会第六次全体会议在京召开。中共中央总书记、国家主席、中央军委主席习近平在会上发表重要讲话，强调坚持严的主基调不动摇，坚持不懈把全面从严治党向纵深推进。

20 日，全会通过《中国共产党第十九届中央纪律检查委员会第六次全体会议公报》。

1 月 19 日

据教育部网站，教育部办公厅发出通知，部署 2022 年实施高校思想政治工作骨干在职攻读博士学位专项计划有关事项。2022 年高校思想政治工作骨干在职攻读博士学位专项计划总额为 300 人，其中马克思主义理论学科 214 人、党史党建学科 20 人。

1 月 21 日

据新华社报道，全国党的建设研究会第七次全员代表大会在京召开。中共中央总书记、国家主席、中央军委主席习近平作出重要指示，向大会表示祝贺，向全国广大党建研究工作者致以诚挚的问候。

1 月 23 日

据新华社报道，近日，中共中央办公厅印发了《事业单位领导人员管理规定》，并发出通知，要求各地区各部门认真遵照执行。

△据新华社报道，经党中央批准，由中共中央宣传部组织编写的《中国共产党宣传工作简史》一书，已由人民出版社出版，即日起在全国发行。该书分上下卷，共 11 章、83 节，约 49 万字。

1 月 24 日

据新华社报道，中共中央政治局召开会议，审议《中央政治局常委会听取和研究全国人大常委会、国务院、全国政协、最高人民法院、最高人民检察院党组工作汇报和中央书记处工作报告的综合情况报告》《信访工作条例》。中共中央总书记习近平主持会议。

△据新华社报道，全国民委主任会议在京以视频会议形式召开。会议强调，要以习近平新时代中国特色社会主义思想为指导，全面贯彻党的十九大和十九届历次全会精神，弘扬伟大建党精神，深入学习贯彻习近平总书记关于加强和改进民族工作的重要思想，认真落实中央民族工作会议决策部署，坚持稳字当头、稳中求进，以铸牢中华民族共同体意识为主线，全面推进中华民族共有精神家园建设，推动各民族共同走向社会主义现代化，促进各民族交往交流交融，提升民族事务治理体系和治理能力现代化水平，推进新时代党的民族工作高质量发展，以实际行动迎接党的二十大胜利召开。

1 月 26 日

据教育部网站，《中华经典诵写讲大赛配套制度文件汇编（试行）》已于日前在中华经典诵写讲大赛官方网站、中华经典诵读工程微信公众号正式发布。

1 月 27 日

据教育部网站，教育部公布第七届中国国际“互联网+”大学生创新创业大赛获奖名单。

1 月 28 日

据教育部网站，教育部发布《关于做好 2022 年普通高校招生工作的通知》。

△据教育部网站，教育部公布第二批全国高校黄大年式教师团队。

1 月 29 日

据教育部网站，教育部、财政部、国家发展改革委发布《关于深入推进世界一流大学和一流学科建设的若干意见》。

2 月

2 月 1 日

2022 年第 3 期《求是》杂志发表中共中央总书记、国家主席、中央军委主席习近平的重要文章《努力成为可堪大用能担重任的栋梁之才》。文章强调，年轻干部生逢伟大时代，是党和国家事业发展的生力军，要信念坚定、对党忠诚，要注重实际、实事求是，要勇于担当、善于作为，要坚持原则、敢于斗争，要严守规矩、不逾底线，要勤学苦练、增强本领，努力成为可堪大用、能担重任的栋梁之才，为实现第二个百年奋斗目标而努力工作，不辜负党和人民期望和重托。

2 月 8 日

教育部官网发布《教育部 2022 年工作要点》。

2 月 11 日

据教育部网站，教育部、财政部、国家发展改革委公布《第二轮“双一流”建设高校及建设学科名单》。中国人民大学、武汉大学、东北师范大学、复旦大学、新疆大学等高校的马克思主义理论学科入选第二轮“双一流”建设学科名单。北京大学、清华大学自主确定建设学科。

△据教育部网站，教育部、中央网信办、工业和信息化部、公安部和市场监管总局五部门联合发布《关于加强普通高等学校在线开放课程教学管理的若干意见》。

△据教育部网站，教育部办公厅发布《关于实施师范教育协同提质计划的通知》。

2月14日

据教育部网站，国家教材委员会办公室发布《关于马克思、恩格斯、列宁关于哲学社会科学及各学科重要论述摘编入选名单的通知》。

△据教育部网站，教育部思想政治工作司公布《高校思想政治工作创新发展中心(高职学校、民办高校)建设名单》。

2月15日

据教育部官网，教育部办公厅公布《首批虚拟教研室建设试点名单》。中国人民大学和武汉大学的马克思主义理论专业入选专业建设类虚拟教研室，北京大学和南开大学的马克思主义基本原理、中国人民大学的资本论、中央民族大学的中华民族共同体历史教育研究、复旦大学和西安交通大学的思想道德与法治、江西师范大学的习近平新时代中国特色社会主义思想概论和新疆师范大学的思想政治理论课等入选课程(群)教学类虚拟教研室。

2月16日

2022年第4期《求是》杂志发表中共中央总书记、国家主席、中央军委主席习近平的重要文章《坚持走中国特色社会主义法治道路，更好推进中国特色社会主义法治体系建设》。文章强调，法治兴则民族兴，法治强则国家强。当前，我国正处在实现中华民族伟大复兴的关键时期，世界百年未有之大变局加速演进，改革发展稳定任务艰巨繁重，对外开放深入推进，需要更好发挥法治固根本、稳预期、利长远的作用。建设中国特色社会主义法治体系，要顺应事业发展需要，坚持系统观念，全面加以推进。

△据新华社报道，中共中央党史和文献研究院编辑的《习近平书信选集》第一卷，近日由中央文献出版社出版，在全国发行。这部书信选集，选入习近平同志2013年5月至2021年12月期间的书信共239封。其中部分书信是首次公开发表。

2月20日

据新华社报道，中共中央宣传部、文化和旅游部、国家文物局近日印发《关于学习贯彻习近平总书记重要讲话精神 全面加强历史文化遗产保护的通知》，要求认真学习贯彻习近平总书记重要讲话精神，做好当前和今后一个时期历史文化遗产保护工作。

2月22日

据教育部网站，教育部印发《新时代马克思主义理论研究和建设工程教育部重点教材建设推进方案》，并发出通知，要求各地遵照执行。方案强调，要整体推进不同学段、不同类型高校哲学社会科学相关学科专业教材建设，用5年时间，重点建设200种精品教材，形成以马克思主义为指导、体现中国特色的高校哲学社会科学教材系列。

△教育部思想政治工作司、中央网信办网络社会工作局公布《第五届全国大学生网络文化节和全国高校网络教育优秀作品推选展示活动入选名单》。

3月

3月1日

2022年第5期《求是》杂志发表中共中央总书记、国家主席、中央军委主席习近平的重要文章《在中央人大工作会议上的讲话》。

3月2日

据新华社报道，采访实录《习近平在上海》一书近日由中共中央党校出版社出版，在全国发行。该书通过对当时上海市委和市政府领导同志、市直部门和区县领导干部、专家学者和记者等的访谈，对习近平担任上海市委书记期间的主要工作和展现的丰富政治智慧、高超领导才能、勤勉工作精神、真挚人民情怀，作了生动翔实的呈现。

3月3日

据教育部网站，2022年度高校思想政治工作视频会召开。会议总结了2021年高校思想政治工作进展和取得的经验，分析了当前所面临的形势与任务，对2022年的具体工作进行了部署。会议强调要坚持以习近平新时代中国特色社会主义思想为指导，攻坚克难、善作善成，以实际行动迎接党的二十大胜利召开。

△据教育部网站，教育部发布《教育部思想政治工作司2022年工作要点》。

3月4—10日

据新华社报道，中国人民政治协商会议第十三届全国委员会第五次会议在京召开。

3月4—13日

北京2022年冬残奥会在我国举办。中共中央总书记、国家主席、中央军委主席习近平出席开闭幕式。

据新华社报道，4月8日，中共中央、国务院发布《关于表彰北京冬奥会、冬残奥会突出贡献集体和突出贡献个人的决定》，对一批突出贡献集体和个人进行表彰。

3 月 5—11 日

据新华社报道，第十三届全国人民代表大会第五次会议在京召开。

3 月 7 日

据教育部网站，教育部办公厅印发《高校“形势与政策”课教学要点(2022 年上辑)》。

△据教育部网站，教育部社会科学司印发《教育部社会科学司 2022 年工作要点》。

3 月 8 日

据教育部网站，教育部办公厅印发《“青春献礼二十大，强国有我新征程”迎接学习宣传党的二十大主题宣传教育活动工作方案》。

3 月 10 日

据教育部网站，教育部、中央网信办、工业和信息化部、公安部和市场监管总局等五部门发布《关于加强普通高等学校在线开放课程教学管理的若干意见》。

△据教育部官网信息，教育部办公厅公布第三批全国党建工作示范高校、标杆院系、样板支部培育创建单位名单，包括 11 个全国党建工作示范高校、100 个全国党建工作标杆院系、1000 个全国党建工作样板支部培育创建单位。

3 月 17 日

据新华社报道，中共中央政治局常务委员会召开会议，分析新冠疫情形势，部署从严抓好疫情防控工作，中共中央总书记习近平主持会议并发表重要讲话。

3 月 19 日

据武汉大学马克思主义学院官网，武汉大学以线上线下相结合的方式，举行第二届高校思想政治理论课教学论坛研讨会，论坛主题为“善用新时代大思政课”。

3 月 21 日

据新华社报道，近日，中共中央办公厅印发了《关于推动党史学习教育常态化长效化的意见》，并发出通知，要求各地区各部门结合实际认真贯彻落实。

3 月 22 日

据新华社报道，中共中央办公厅、国务院办公厅、中央军委办公厅日前印发《关于加强新时代烈士褒扬工作的意见》。

3 月 30 日

据中国网信网报道，近日，国家互联网信息办公室、国家税务总局、国家市场监督管理总局联合印发《关于进一步规范网络直播营利行为促进行业健康发展的意见》，着力构建跨部门协同监管长效机制，加强网络直播营利行为规范性引导，鼓励支持网络直播依法合规经营，促进网络直播行业发展中规范，规范中发展。

4 月

4 月 1 日

据教育部网站，2022 年第 7 期《求是》杂志发表中共中央总书记、国家主席、中央军委主席习近平的重要文章《坚持把解决好“三农”问题作为全党工作重中之重，举全党全社会之力推动乡村振兴》。

4 月 13 日

据教育部网站，教育部、财政部、国家发展改革委联合召开新一轮“双一流”建设推进会。

4 月 15 日

据中国网信网报道，中央网信办发出通知，开展“清朗 · 整治网络直播、短视频领域乱象”专项行动，以营造良好的行业、网络环境。

4 月 15 日—5 月 16 日

根据习近平总书记重要指示精神，党的二十大相关工作网络征求意见活动在人民日报社、新华社、中央广播电视总台所属官网、新闻客户端以及“学习强国”学习平台分别开设专栏，听取全社会意见建议。活动得到广大人民群众广泛关注和参与，累计收到网民建言超过 854. 2 万条，为党的二十大相关工作提供了有益参考。

6 月 26 日，据新华社报道，中共中央总书记、国家主席、中央军委主席习近平近日就研究吸收网民对党的二十大相关工作意见建议作出重要指示强调，要总结这次活动的成功做法，走好新形势下的群众路线，善于通过互联网等各种渠道，问需于民问计于民，更好倾听民声、尊重民意、顺应民心，把党和国家各项工作做得更好。

4 月 16 日

2022 年第 8 期《求是》杂志发表中共中央总书记、国家主席、中央军委主席习近平的重要文章《促进我国社会保障事业高质量发展、可持续发展》。

4 月 21 日

据新华社报道，中共中央总书记、国家主席、中央军委主席习近平给北京科技大学的老教授回信强调，发扬严谨治学、甘为人梯精神，培养更多具有为国奉献钢筋铁骨的高素质人才。

4 月 19 日

据教育部网站，教育部召开学习贯彻习近平总书记考察清华大学时重要讲话精神一周年座谈会。

4 月 23 日

据新华社报道，首届全民阅读大会在京开幕。大会由中央宣传部(国家新闻出版署)、北京市委、北京市政府指导，中宣部出版局、北京市委宣传部主办，主题为"阅读新时代 奋进新征程"，包括系列论坛、展览展示、发布和主题活动等环节。中共中央总书记、国家主席、中央军委主席习近平致信祝贺强调，希望全社会都参与阅读，形成爱读书读好书善读书的浓厚氛围。

△据新华社报道，2021 年度"中国好书"日前揭晓，共有 42 种图书入选。其中，年度荣誉图书 2 种，主题出版类 9 种，人文社科类 8 种，文学艺术类 14 种，科普生活类 4 种，少儿类 5 种。

4 月 24 日

据北京大学官网，第九届全国高校马克思主义学院院长论坛在北京大学召开。

4 月 25 日

据新华社报道，中共中央总书记、国家主席、中央军委主席习近平来到中国人民大学考察调研。习近平强调，"为谁培养人、培养什么人、怎样培养人"始终是教育的根本问题。要坚持党的领导，坚持马克思主义指导地位，坚持为党和人民事业服务，落实立德树人根本任务，传承红色基因，扎根中国大地办大学，走出一条建设中国特色、世界一流大学的新路。广大青年要做社会主义核心价值观的坚定信仰者、积极传播者、模范践行者，向英雄学习、向前辈学习、向榜样学习，争做堪当民族复兴重任的时代新人，在实现中华民族伟大复兴的时代洪流中踔厉奋发、勇毅前进。

4 月 27 日

中央教育工作领导小组秘书组、教育部党组印发《关于教育系统深入学习贯彻习近平总书记在中国人民大学考察时重要讲话精神的通知》，就做好学习宣传贯彻落实有关工作作出部署。

4月28日

据中国网信网报道，中央网信办发布《新时代 新征程 新青年 2022“好评中国”网络评论大赛征集公告》。为切实推进网络评论高质量发展，大力弘扬时代主旋律、传播网络正能量，更加凝聚起团结奋进的磅礴力量。

5月

5月1日

2022年第9期《求是》杂志发表中共中央总书记、国家主席、中央军委主席习近平的重要文章《加快建设科技强国，实现高水平科技自立自强》。文章强调，科技事业在党和人民事业中始终具有十分重要的战略地位、发挥了十分重要的战略作用。

5月5日

据新华社报道，中共中央政治局常务委员会召开会议，分析当前新冠疫情防控形势，研究部署抓紧抓实疫情防控重点工作，中共中央总书记习近平主持会议并发表重要讲话。

△据国务院官网，国务院办公厅发出通知，要求进一步做好高校毕业生等青年就业创业工作。

△据教育部网站，教育部办公厅发布《教育部办公厅关于开展习近平新时代中国特色社会主义思想大学习领航计划主题教育活动的通知》。

5月6日

据中国网信网报道，《中国网信》杂志发表《习近平总书记指引清朗网络空间建设纪实》。

5月8日

《思想教育研究》编辑部在线上主办“新时代思政课改革创新专题研讨会”。

5月9日

由《思想教育研究》编辑部主办的“新时代思政课改革创新专题研讨会”在线上召开，全国20余所高校马克思主义学院的负责人和思政课教师与会，集中讨论了思政课改革创新的路径方法和实践探索。

5月10日

据新华社报道，庆祝中国共产主义青年团成立100周年大会在北京人民大会堂隆重举行。中共中央总书记、国家主席、中央军委主席习近平出席大会并发表重要讲话。他对共青团提出四点希望：坚持为党育人，始终成为引领中国青年思想进步的政治学校；自觉担当尽责，始终成为组织中国青年永久奋斗的先锋力量；心系广大青年，始终成为党联系青年最牢固的桥梁纽带；勇于自我革命，始终成为紧跟党走在时代前列的先进组织。

5月12日，中央教育工作领导小组秘书组、教育部党组印发《关于教育系统认真学习贯彻习近平总书记在庆祝中国共产主义青年团成立100周年大会上的重要讲话精神的通知》，就做好学习宣传贯彻落实有关工作作出部署。

5月11日

据新华社报道，中共中央党史和文献研究院编辑的《习近平外交演讲集》第一卷、第二卷，由中央文献出版社出版，在全国发行。

△据新华社报道，中央宣传部理论局组织撰写的2022年通俗理论读物《百年大党面对面》一书，目前已由学习出版社、人民出版社联合出版。

5月14日

据北方民族大学官网，第八届民族(地区)高校马克思主义理论学科研究生论坛在北方民族大学举行，论坛主题是“新时代马克思主义理论学科担当与民族地区高质量发展”。

5月16日

2022年第10期《求是》杂志发表中共中央总书记、国家主席、中央军委主席习近平的重要文章《正确认识和把握我国发展重大理论和实践问题》。文章强调，进入新发展阶段，我国发展内外环境发生深刻变化，面临许多新的重大问题，需要正确认识和把握。

△据新华社报道，全国普通高等学校毕业生就业创业工作电视电话会议在京召开。会议强调，要切实加强对毕业生的就业服务，发挥好公共就业服务机构的示范带头作用，充分调动市场化就业服务机构的积极性，着力提升就业服务的精准性有效性便利性。要组织开展更多针对性的技能培训，扩大就业见习规模，支持毕业生灵活就业和自主创业。要强化对未就业毕业生的实名帮扶，做好困难毕业生的就业托底保障，帮助往届未就业毕业生尽快融入就业市场。要有效规范就业市场秩序，保障毕业生合法权益。

5月18日

据新华社报道，中共中央总书记、国家主席、中央军委主席习近平回信勉励南京大学留学归国青年学者，在坚持立德树人推动科技自立自强上再创佳绩，在坚定文化自信讲好中国故事上争做表率。

△据新华社报道，中共中央党史和文献研究院翻译的《习近平关于尊重和保障人权论述摘编》英汉对照版，由中央编译出版社出版发行。

5月23日

据教育部网站，近日，教育部、国家新闻出版署、中央网信办、文化和旅游部、市场监管总局联合印发了《关于教材工作责任追究的指导意见》。该指导意见针对大中小学教材编写、审核、出版、印制发行、选用使用等各环节存在的主要责任问题，明确追责情形和处理方式，实行全覆盖、全链条、规范化责任管理。

5月24日

据教育部网站，教育部办公厅印发《国家智慧教育平台数字教育资源内容审核规范（试行）》，并发出通知，要求各地遵照执行。

5月27日

据新华社报道，中共中央政治局就深化中华文明探源工程进行第三十九次集体学习。中共中央总书记习近平在主持学习时强调，中华文明源远流长、博大精深，是中华民族独特的精神标识，是当代中国文化的根基，是维系全世界华人的精神纽带，也是中国文化创新的宝藏。

△据新华社报道，近日，中共中央宣传部、教育部联合印发了《面向2035高校哲学社会科学高质量发展行动计划》。

5月28日

据光明网，第七届“立马万言”全国研究生学术论坛暨第十一届“导航杯”（中南联盟）实践教育活动通过“线上+线下”相结合的形式顺利举行。

5月31日

据新华社报道，中国宋庆龄基金会成立40周年纪念大会在京举行。习近平致信祝贺中国宋庆龄基金会成立40周年时强调，秉承宋庆龄先生“永远和党在一起”的信念，为促进海内外中华儿女大团结作出新的更大的贡献。

6 月

6 月 1 日

2022 年第 11 期《求是》杂志发表中共中央总书记、国家主席、中央军委主席习近平的重要文章《努力建设人与自然和谐共生的现代化》。

6 月 6 日

据新华社报道，中共中央党史和文献研究院编辑的习近平同志《论“三农”工作》一书，近日由中央文献出版社出版，在全国发行。这部专题文集，收入习近平同志关于“三农”工作的重要文稿 61 篇。其中部分文稿是首次公开发表。

6 月 7 日

据教育部网站，《教育部办公厅关于公布第二批新时代高校党建示范创建和质量创优工作和首批高校“双带头人”教师党支部书记工作室建设单位验收通过名单的通知》发布，9 个高校党委、98 个院系党组织、990 个党支部、99 个“双带头人”工作室建设单位通过验收。

6 月 10 日

据教育部网站，“牢记嘱托 勇毅前进”2022 年高校党组织示范微党课正式上线。

6 月 14 日

据中国网信网报道，国家互联网信息办公室发布新修订的《移动互联网应用程序信息服务管理规定》。新规定自 2022 年 8 月 1 日起施行。修订发布新规定旨在进一步依法监管移动互联网应用程序，促进应用程序信息服务健康有序发展。

6 月 15 日

2022 年第 12 期《求是》杂志发表中共中央总书记、国家主席、中央军委主席习近平的重要文章《坚定不移走中国人权发展道路 更好推动我国人权事业发展》。

6 月 16 日

据国家民委官网，全国民族团结进步创建工作经验交流视频会议在京召开。会议提出，深入贯彻落实习近平总书记关于加强和改进民族工作的重要思想和中央民族工作会议精神，以铸牢中华民族共同体意识为主线，持续深化民族团结进步创建工作，推动新时代党的民族工作高质量发展，以实际行动迎接党的二十大胜利召开。

6月21日

据新华社报道，中共中央党史和文献研究院编辑的习近平同志《论党的青年工作》，近日由中央文献出版社出版，在全国发行。这部专题文集，收入习近平同志关于党的青年工作的重要文稿60篇，其中部分文稿是首次公开发表。

6月27日

据中国网信网报道，中央网信办在京召开全国网络文明建设工作推进会。

△据中国网信网报道，国家互联网信息办公室发布《互联网用户账号信息管理规定》，自2022年8月1日起施行。该规定旨在加强对互联网用户账号信息的管理，弘扬社会主义核心价值观，维护国家安全和社会公共利益，保护公民、法人和其他组织的合法权益，促进互联网信息服务健康发展。

6月28日

据新华社报道，中共中央总书记、国家主席、中央军委主席习近平在湖北省武汉市考察时强调，科技自立自强是国家强盛之基、安全之要。我们必须完整、准确、全面贯彻新发展理念，深入实施创新驱动发展战略，把科技的命脉牢牢掌握在自己手中，在科技自立自强上取得更大进展，不断提升我国发展独立性、自主性、安全性，催生更多新技术新产业，开辟经济发展的新领域新赛道，形成国际竞争新优势。

△据教育部网站，教育部办公厅发布《关于开展2022年高校思想政治理论课教师研修工作的通知》。

6月29日

据新华社报道，在中国共产党成立101周年之际，经党中央批准，中央党史和文献研究院编写的《中国共产党的一百年》一书，由中共党史出版社出版，在全国发行。全书分为“新民主主义革命时期”“社会主义革命和建设时期”“改革开放和社会主义现代化建设新时期”“中国特色社会主义新时代”四卷，共86万字，图片455幅。

7月

7月1日

据国家民委官网，《中央民族工作会议精神学习辅导读本》已由民族出版社出版发行。

7月2日

据央视网报道，中央宣传部(国务院新闻办公室)会同中央党史和文献研究院、中国外文局编辑的《习近平谈治国理政》(第四卷)，由外文出版社以中英文版出版，面向海内外发行。《习近平谈治国理政》(第四卷)收入了习近平总书记在2020年2月3日至2022年5月10日期间的讲话、谈话、演讲、致辞、指示、贺信等109篇，分为21个专题。该书还收入习近平总书记2020年1月以来的图片45幅。

据新华社7月11日报道，近日，中共中央办公厅转发了《中央宣传部、中央组织部关于认真组织学习〈习近平谈治国理政〉第四卷的通知》，并发出通知，要求各地区各部门结合实际认真贯彻落实。

据人民网报道，9月1日，《习近平谈治国理政》(第四卷)出版座谈会在京召开，中共中央政治局常委、中央书记处书记王沪宁出席会议并讲话。他表示，《习近平谈治国理政》(第四卷)为党和人民在新时代新征程上守正创新、团结奋斗、勇毅前行提供了最新教材，要深刻领悟“两个确立”的决定性意义，增强“四个意识”、坚定“四个自信”、做到“两个维护”，把学习宣传贯彻习近平新时代中国特色社会主义思想不断引向深入，激励广大干部群众更好奋进新征程、建功新时代。

△由北京交通大学马克思主义学院、首都大学生思想政治教育研究基地、《思想教育研究》编辑部、《北京教育(德育)》编辑部联合主办的“新时代思想政治教育理论与实践创新”学术研讨会，以线上和线下相结合的方式在北京交通大学举行。

7月6日

教育部官网发布《2022年“推普助力乡村振兴”全国大中专学生暑期社会实践志愿服务活动入选团队名单》。经教育部语言文字应用管理司组织专家评审，确定958支团队入选。

△据教育部官网，教育部已开通全国高校毕业生毕业去向登记与网上签约平台(http://wq.ncss.cn)。

7月7日

据中国网信网报道，国家互联网信息办公室公布《数据出境安全评估办法》，自2022年9月1日起施行。

7月11日

据新华社报道，中共中央总书记习近平给参加海峡青年论坛的台湾青年回信，勉励两岸青年为实现中华民族伟大复兴中国梦携手打拼。

7 月 12—15 日

据新华社报道，中共中央总书记、国家主席、中央军委主席习近平在新疆考察调研，看望慰问各族干部群众。习近平强调，要坚决贯彻党中央决策部署，完整准确贯彻新时代党的治疆方略，牢牢扭住社会稳定和长治久安总目标，坚持稳中求进工作总基调，推动事关长治久安的根本性、基础性、长远性工作。要铸牢中华民族共同体意识，促进各民族交往交流交融。要提升宗教事务治理能力，实现宗教健康发展。要以增强认同为目标，深入开展文化润疆。要深刻认识发展和稳定、发展和民生、发展和人心的紧密联系，推动发展成果惠及民生、凝聚人心。要坚持全面从严治党，切实抓好高素质干部队伍建设。

7 月 14 日

据教育部网站，教育部办公厅发出通知，公布 2022 年通过普通高等学校师范类专业认证专业名单及通过中期审核专业名单。通知显示，经高校申请、教育评估机构组织专家考查、普通高等学校师范类专业认证专家委员会审定，天津师范大学、哈尔滨师范大学等 20 所高校的思想政治教育专业通过第二级专业认证，认证结论有效期六年，自 2022 年 7 月起至 2028 年 6 月止。东北师范大学等 5 所高校的思想政治教育专业通过了师范类专业认证中期审核，继续保持原认证有效期至 2025 年 7 月。

7 月 16 日

第 14 期《求是》杂志发表中共中央总书记、国家主席、中央军委主席习近平的重要文章《把中国文明历史研究引向深入，增强历史自觉坚定文化自信》。文章强调，中华文明源远流长、博大精深，是中华民族独特的精神标识，是当代中国文化的根基，是维系全世界华人的精神纽带，也是中国文化创新的宝藏。在漫长的历史进程中，中华民族以自强不息的决心和意志，筚路蓝缕，跋山涉水，走过了不同于世界其他文明体的发展历程。要深入了解中华文明五千多年发展史，推动把中国文明历史研究引向深入，推动全党全社会增强历史自觉、坚定文化自信，坚定不移走中国特色社会主义道路。

△据教育部网站，2022 年香港爱国主义教育高峰论坛暨爱国教育支援中心揭幕仪式在香港特别行政区举行。

7 月 19 日

据中山大学官网，“郑永廷先生学术思想研讨会暨仙逝一周年追思会”在中山大学召开。追思会由中国高等教育学会高校思想政治教育分会学术委员会、广东省高等学校思想政治教育研究会、中山大学马克思主义学院联合主办。

7 月 21 日

据新华社报道，世界青年发展论坛在京开幕，主题为“促进青年发展、塑造共同未来”，由中华全国青年联合会主办。国家主席习近平向世界青年发展论坛致贺信。习近平指出，青年代表希望，青年创造明天。中国始终把青年看作推动社会发展的有生力量，鼓励青年在参与推动构建人类命运共同体的实践中展现青春活力。希望世界青年发展论坛成为世界青年助力全球发展、全球共促青年发展的重要平台，为世界人民团结发出青年之声，为全球发展进步注入青春之力。

△据教育部网站，“庆祝香港回归祖国25周年”霍英东教育基金会第18届高等院校青年科学奖及教育教学奖颁奖活动在北京和香港连线举行。霍英东教育基金会成立于1986年，以“扶植新秀，奖掖群贤”为宗旨，资助和奖励在科学研究和教育教学中做出优异成绩的高校教师。经严格评审，共118所高校的172名教师获得第18届高等院校青年科学奖和教育教学奖，其中一等奖10人，二等奖162人。

7月25日

据教育部网站，为深入贯彻落实习近平总书记关于思政课建设的重要论述、关于“大思政课”的重要指示和在中国人民大学考察时的重要讲话精神，全面推动思政课改革创新，推动思想政治教育创新发展，教育部、中共中央宣传部、中共中央网络安全和信息化委员会办公室、科学技术部、工业和信息化部、生态环境部、国家卫生健康委、国家文物局、国家乡村振兴局、中国关心下一代工作委员会等十部门制定并印发《全面推进“大思政课”建设的工作方案》。

7月26—27日

省部级主要领导干部“学习习近平总书记重要讲话精神，迎接党的二十大”专题研讨班在京举行。

7月28日

据新华社报道，中共中央对外联络部以视频方式举办中国共产党与世界马克思主义政党论坛。中共中央总书记、国家主席习近平向论坛致贺信。来自70多个国家100多个马克思主义政党、左翼政党和政治组织的代表300多人线上参会。

△据教育部网站，教育部办公厅印发《国家智慧教育公共服务平台接入管理规范（试行）》。

7月29—30日

据新华社报道，中央统战工作会议在北京召开，中共中央总书记、国家主席、中央军委主席习近平出席会议并发表重要讲话，强调今年是我们党明确提出统一战线政策100周年。

8月

8月2日

据中国网信网报道，国家互联网信息办公室发布《数字中国发展报告(2021年)》。该报告总结了党的十九大以来数字中国建设取得的显著成就和2021年的重要进展成效，评估了2021年各地区数字化发展水平，并对2022年数字中国建设进行了展望。

8月8日

据新华社报道，由中共中央党史和文献研究院、中央档案馆合作编辑的《中国共产党重要文献汇编》首批文献集，近日由人民出版社出版发行。首批文献集主要包括1921—1927年党的重要文献，共12卷，430余万字。

8月13日

据教育部网站，第八届“互联网+教育”创新周在北京中关村互联网教育创新中心开幕。

8月15日

据教育部网站，教育部召开学习贯彻习近平总书记给“青年红色筑梦之旅”活动大学生重要回信精神五周年座谈会。

8月16日

第16期《求是》杂志发表习近平总书记重要文章《全党必须完整、准确、全面贯彻新发展理念》，文章强调，新发展理念是一个系统的理论体系，回答了关于发展的目的、动力、方式、路径等一系列理论和实践问题，阐明了我们党关于发展的政治立场、价值导向、发展模式、发展道路等重大政治问题，全党必须完整、准确、全面贯彻新发展理念。

△据新华社报道，近日，中共中央办公厅、国务院办公厅印发了《“十四五”文化发展规划》，并发出通知，要求各地区各部门结合实际认真贯彻落实。

8月17日

据教育部网站，教育部印发《教育部关于推进新时代普通高等学校学历继续教育改革的实施意见》，以“全面规范、提高质量”为主线，对普通高校举办的学历继续教育改革作出全面部署，推动形成办学结构合理、质量标准完善、办学行为规范、监管措施有效、保障机制健全的新格局。

8 月 18 日

据教育部网站，教育部办公厅等八部门公布《“大思政课”实践教学基地名单》，共有 453 家“大思政课”实践教学基地入选。此次公布的“大思政课”实践教学基地，由教育部分别会同有关部门以现有基地(场馆)为基础分专题设立。其中，会同科技部联合设立科学精神专题实践教学基地，会同工业和信息化部联合设立工业文化专题实践教学基地，会同生态环境部联合设立美丽中国专题实践教学基地，会同国家卫生健康委联合设立抗击疫情专题实践教学基地，会同国家文物局联合设立中华优秀传统文化、革命文化、社会主义先进文化专题实践教学基地，会同国家乡村振兴局联合设立脱贫攻坚、乡村振兴专题实践教学基地，会同中国关心下一代工作委员会联合设立党史新中国史教育专题实践教学基地。

8 月 29 日

据教育部网站，教育部印发《关于加强高校有组织科研 推动高水平自立自强的若干意见》，就推动高校充分发挥新型举国体制优势，加强有组织科研，全面加强创新体系建设，着力提升自主创新能力，更高质量、更大贡献服务国家战略需求作出部署。

8 月 30 日

据教育部网站，教育部决定与中央宣传部共同组织开展 2022 年“最美高校辅导员”推选展示活动。

9 月

9 月 1 日

第 17 期《求是》杂志发表中共中央总书记、国家主席、中央军委主席习近平在党的十九届五中全会第二次全体会议上的重要讲话《新发展阶段贯彻新发展理念必然要求构建新发展格局》。

△据教育部网站，国家智慧教育平台推出“树人课堂”专题和虚拟仿真实验板块。“树人课堂”专题内容以视频为主，共设“开学第一课”“走进思政课”“社会大课堂”“课后三点半”“毕业大讲堂”5 个子栏目，聚合了各类资源 2000 余条。“树人课堂”将进一步结合各学段学生的特点，结合重要节日节点，持续丰富和更新推荐内容，满足学生个性化学习需求。此外，专题将不断加强数字技术应用，拓展新的应用场景，增加“沉浸式”“体验式”功能，持续提升专题的吸引力、引导力、影响力。

9 月 4 日

据新华社报道，中共中央办公厅、国务院办公厅印发《关于新时代进一步加强科学技术普及工作的意见》。

9月5日

据国家民委官网，国家民委以视频方式召开直属高校“三全育人”工作交流会。会议强调，落实立德树人根本任务，必须持续深化“三全育人”综合改革。一要坚持以铸牢中华民族共同体意识为主线，把铸牢中华民族共同体意识融入办学治校、教书育人全过程，编写一本权威教材，打造一门精品课程，建强一支专业队伍，推出一批优秀成果。二要坚持以教书育人为中心工作，践行为党育人为国育才初心使命，思想上力量上评价上都要聚焦中心。三要坚持以学生为根本，润物无声引领学生思想，因材施教指导学生学业，用心用情关爱学生成长，千方百计帮助学生成才。四要坚持以教师为主体，健全教师全员育人责任机制，明确班主任职责定位，明晰班主任和辅导员关系，强化班主任考核评价。五要坚持以本科为基础，建设一流专业，培育一流教师，打造一流课程，培养一流学生。六要坚持以校园为阵地，在有形有感有效上下功夫，树立和突出中华民族文化符号和形象，强化“融”的导向，打造嵌入式校园环境和网络融合空间。

9月7日

据新华社报道，中共中央总书记、国家主席、中央军委主席习近平回信勉励北京师范大学“优师计划”师范生，到祖国和人民最需要的地方去，努力成为党和人民满意的“四有”好老师，并向全国广大教师致以节日的祝福。

9月9日

据中国网信网报道，近日，国家互联网信息办公室、工业和信息化部、国家市场监督管理总局联合发布《互联网弹窗信息推送服务管理规定》，自2022年9月30日起施行。该规定旨在加强对弹窗信息推送服务的规范管理，维护国家安全和社会公共利益，保护公民、法人和其他组织的合法权益，促进互联网信息服务健康有序发展。

9月13日

据教育部网站，国务院学位委员会、教育部印发《研究生教育学科专业目录(2022年)》《研究生教育学科专业目录管理办法》。

9月23日

中国高等教育学会辅导员工作研究分会换届大会以视频会议方式召开。会议选举产生了第三届理事会，山东大学党委书记郭新立当选为理事长。高校辅导员队伍能力提升大数据赋能平台在此次会议上正式启动上线。

9月26日

据教育部网站，教育部办公厅发布《关于进一步做好“优师计划”师范生培养工作的通知》，要求各地、各部门在师范生培养共性要求基础上，切实做好“优师计划”师范生培养工作，为国家和人民最需要的地方造就一批“四有”好老师。

9 月 26—27 日

据新华社 26 日报道，中共中央总书记、国家主席、中央军委主席习近平近日为即将出版发行的《复兴文库》作题为《在复兴之路上坚定前行》的序言。

27 日，《复兴文库》大型历史文献丛书正式上架。丛书为金冲及总主编、中华书局承担编辑出版的大型历史文献丛书，全五编包含 60 多卷、300 多册、1.1 亿多字。丛书以中华民族伟大复兴为主题，以思想史为基本线索，精选 1840 年鸦片战争以来同中华民族伟大复兴相关的重要文献，全景式记述了以中国共产党人为代表的中华优秀儿女为实现国家富强、民族振兴、人民幸福而不懈追求、百折不挠的历史足迹，集中展现了影响中国发展进程、引领时代进步、推动民族复兴的思想成果，深刻揭示了中华民族走向伟大复兴的历史逻辑、思想源流和文化脉络。

9 月 27 日

据新华社报道，在党的二十大即将召开之际，中共中央总书记、国家主席、中央军委主席习近平 27 日前往北京展览馆，参观“奋进新时代”主题成就展。他强调，要广泛宣传 10 年来的战略性举措、变革性实践、突破性进展、标志性成果，宣传 10 年来的伟大变革在党史、新中国史、改革开放史、社会主义发展史、中华民族发展史上具有的里程碑意义，激励全党全国各族人民坚定历史自信、增强历史主动，踔厉奋发、勇毅前行、团结奋斗，谱写全面建设社会主义现代化国家新篇章，夺取中国特色社会主义新胜利。

9 月 29 日

据教育部网站，教育部召开哲学社会科学知识体系建构和高校咨政服务能力提升工程推进会，对工程实施作出全面部署，动员和凝聚高校社科界以新时代新担当新作为，加快建构中国自主知识体系，以实际行动迎接党的二十大胜利召开。

9 月 30 日

据新华社报道，30 日上午，烈士纪念日向人民英雄敬献花篮仪式在北京天安门广场隆重举行。党和国家领导人习近平等，同各界代表一起出席仪式。

10 月

10 月 1 日

第 19 期《求是》杂志发表中共中央总书记、国家主席、中央军委主席习近平的重要文章《新时代中国共产党的历史使命》。文章强调，实现中华民族伟大复兴是近代以来中华民族最伟大的梦想。中国共产党一经成立，就把实现共产主义作为党的最高理想和最终目标，义无反顾肩负起实现中华民族伟大复兴的历史使命，团结带领人民进行了艰苦卓绝的斗争，谱写了气吞山河的壮丽史诗。文章指出，伟大斗争，伟大工程，伟大事业，伟大梦想，紧密联系、相互贯通、相互作用，其中起决定性作用的是党的建设新的伟大工程。推进伟大工程，要结合伟大斗争、伟大事业、伟大梦想的实践来进行，确保党在世界形势深刻变化的历史进程中始终走在时代前列，在应对国内外各种风险和考验的历史进程中始终成为全国人民的主心骨，在坚持和发展中国特色社会主义的历史进程中始终成为坚强领导核心，凝聚起同心共筑中国梦的磅礴力量！

10月7日

据新华社报道，中共中央办公厅、国务院办公厅印发《关于加强新时代高技能人才队伍建设的意见》。

△据新华社报道，中共中央党史和文献研究院编辑的《习近平关于依规治党论述摘编》一书，近日由中央文献出版社出版，在全国发行。该书分10个专题，共计400段论述，摘自习近平同志2012年11月15日至2022年6月17日期间的报告、讲话、文章、指示、批示等180多篇重要文献。

10月9日

据新华社报道，教育部组织北京外国语大学翻译的《习近平总书记教育重要论述讲义》英文版，已由外语教学与研究出版社、高等教育出版社出版发行。《习近平总书记教育重要论述讲义》中文版于2020年7月出版，由导言和九讲构成，全面系统深入地阐述了习近平总书记关于教育的重要论述。

10月9—12日

据新华社报道，中国共产党第十九届中央委员会第七次全体会议在京召开。出席全会的有中央委员199人，候补中央委员159人。中央纪律检查委员会委员和有关负责同志列席会议。全会由中央政治局主持。中央委员会总书记习近平作了重要讲话。全会决定，中国共产党第二十次全国代表大会于2022年10月16日在北京召开。

10月12日，新华社受权发布《中国共产党第十九届中央委员会第七次全体会议公报》。

10月16日

2022年第20期《求是》杂志发表中共中央总书记、国家主席、中央军委主席习近平的重要文章《坚持人民至上》。文章强调，中国共产党根基在人民、血脉在人民。文章指出，我们党没有自己特殊的利益，党在任何时候都把群众利益放在第一位。这是我们党作为马克思主义政党区别于其他政党的显著标志。文章强调，人民是我们党执政的最大底气。我国社会主义民主是维护人民根本利益的最广泛、最真实、最管用的民主。文章强调，我们推动经济社会发展，归根到底是为了不断满足人民群众对美好生活的需要。文章指出，我们党要做到长期执政，就必须永远保持同人民群众的血肉联系，始终同人民群众想在一起、干在一起、风雨同舟、同甘共苦。

10 月 16—22 日

中国共产党第二十次全国代表大会在京召开。

中国共产党第二十次全国代表大会是在全党全国各族人民迈上全面建设社会主义现代化国家新征程、向第二个百年奋斗目标进军的关键时刻召开的一次十分重要的大会。大会主题是：高举中国特色社会主义伟大旗帜，全面贯彻新时代中国特色社会主义思想，弘扬伟大建党精神，自信自强、守正创新，踔厉奋发、勇毅前行，为全面建设社会主义现代化国家、全面推进中华民族伟大复兴而团结奋斗。

16 日上午 10 时，中国共产党第二十次全国代表大会在北京人民大会堂开幕，习近平代表第十九届中央委员会向大会作了题为《高举中国特色社会主义伟大旗帜　为全面建设社会主义现代化国家而团结奋斗》的报告。报告共分 15 个部分：(1)过去五年的工作和新时代十年的伟大变革；(2)开辟马克思主义中国化时代化新境界；(3)新时代新征程中国共产党的使命任务；(4)加快构建新发展格局，着力推动高质量发展；(5)实施科教兴国战略，强化现代化建设人才支撑；(6)发展全过程人民民主，保障人民当家作主；(7)坚持全面依法治国，推进法治中国建设；(8)推进文化自信自强，铸就社会主义文化新辉煌；(9)增进民生福祉，提高人民生活品质；(10)推动绿色发展，促进人与自然和谐共生；(11)推进国家安全体系和能力现代化，坚决维护国家安全和社会稳定；(12)实现建军一百年奋斗目标，开创国防和军队现代化新局面；(13)坚持和完善“一国两制”，推进祖国统一；(14)促进世界和平与发展，推动构建人类命运共同体；(15)坚定不移全面从严治党，深入推进新时代党的建设新的伟大工程。

18 日下午，中国共产党第二十次全国代表大会主席团在人民大会堂举行第二次会议。习近平同志主持会议。会议通过了将关于十九届中央委员会报告的决议(草案)、关于十九届中央纪律检查委员会工作报告的决议(草案)、关于《中国共产党章程(修正案)》的决议(草案)提交各代表团讨论。

21 日上午，中国共产党第二十次全国代表大会主席团在人民大会堂举行第三次会议，通过二十届中央委员会委员、候补委员和中央纪律检查委员会委员候选人名单(草案)，提交各代表团酝酿。根据大会选举办法规定和日程安排，10 月 21 日下午，大会举行各代表团分组会议，酝酿主席团第三次会议通过的中央委员、候补中央委员、中央纪委委员候选人名单。

22 日，中国共产党第二十次全国代表大会通过了关于十九届中央委员会报告的决议、关于十九届中央纪律检查委员会工作报告的决议，关于《中国共产党章程（修正案）》的决议，中国共产党第二十次全国代表大会胜利闭幕。

24 日，新华社发布《领航新时代新征程新辉煌的坚强领导集体——党的新一届中央领导机构产生纪实》长篇通讯。

26 日，新华社发布《推动中华民族伟大复兴号巨轮乘风破浪、扬帆远航——党的二十大报告诞生记》《让党旗在新征程上高高飘扬——〈中国共产党章程（修正案）〉诞生记》长篇通讯。

10 月 20 日

据新华社报道，习近平主席《论坚持人民当家作主》以及《习近平讲党史故事》《习近平关于注重家庭家教家风建设论述摘编》《习近平关于尊重和保障人权论述摘编》四部著作繁体版由紫荆文化集团旗下联合出版集团出版。

10 月 23 日

据新华社报道，23 日上午 12 时，二十届中共中央政治局常委同中外记者见面会在人民大会堂金色大厅举行。在中国共产党第二十届中央委员会第一次全体会议上当选的中共中央总书记习近平和中共中央政治局常委李强、赵乐际、王沪宁、蔡奇、丁薛祥、李希，在人民大会堂同采访中共二十大的中外记者见面。习近平发表重要讲话，强调全面建设社会主义现代化国家新征程上，我们要始终保持昂扬奋进的精神状态，要始终坚持一切为了人民、一切依靠人民，要始终推进党的自我革命，要始终弘扬全人类共同价值，以中国式现代化全面推进中华民族伟大复兴。

10 月 24 日

据教育部网站，教育部召开党组会，传达学习党的二十大精神，全面研究部署教育系统学习宣传贯彻工作。教育部党组书记、部长怀进鹏强调，要加快推进教育现代化、建设教育强国、办好人民满意的教育，为全面建设社会主义现代化国家、全面推进中华民族伟大复兴作出新的更大贡献。

10 月 26 日

据新华社报道，中国共产党第二十次全国代表大会审议通过的《中国共产党章程》单行本，已由人民出版社出版，即日起在全国新华书店发行。

△据国家民委官网，《中华民族共同体概论》教材编写工作研讨会在京召开。

10 月 27 日

据新华社报道，中共中央总书记、国家主席、中央军委主席习近平带领新当选的二十届中共中央政治局常委瞻仰延安革命纪念地。习近平总书记发表重要讲话强调，要弘扬伟大建党精神，弘扬延安精神，坚定历史自信，增强历史主动，发扬斗争精神，为实现党的二十大提出的目标任务而团结奋斗。

10月29日

据新华社报道，中共中央发出《关于认真学习宣传贯彻党的二十大精神的决定》。

10月31日

据教育部网站，教育部印发《绿色低碳发展国民教育体系建设实施方案》。

△据教育部网站，中央教育工作领导小组秘书组、教育部党组根据中央统一部署，结合教育系统实际，印发《关于教育系统深入学习宣传贯彻党的二十大精神的通知》，就做好学习宣传贯彻党的二十大精神有关工作作出部署。

11月

11月2日

据中国网信网报道，中央网信办印发《关于切实加强网络暴力治理的通知》。

11月4日

据教育部网站，教育部召开"学习贯彻党的二十大精神 统筹推进教育、科技、人才工作"座谈会。

△据中国网信网，国家市场监督管理总局、国家互联网信息办公室发布公告，决定实施个人信息保护认证，并公布《个人信息保护认证实施规则》。

11月5日

据中国社会科学网，第九届习近平新时代中国特色社会主义思想论坛暨学习党的二十大精神理论研讨会在北京昆明两地召开。

11月6日

据中国社会科学网，"2022年全国马克思主义基本原理论坛"学术研讨会在南京航空航天大学召开。

11月8日

据教育部网站，教育部发布《关于进一步加强新时代中小学思政课建设的意见》。

该意见指出，思政课是落实立德树人根本任务的关键课程，事关社会主义办学方向，事关亿万学生健康成长。近年来，各地各校认真推进中小学思政课改革创新，思政课质量不断提高，广大中小学生精神面貌积极向上，育人作用得到有效发挥。但是，当前中小学思政课建设还存在一些亟待解决的问题，有的地方和学校对思政课重要性认识还不够到位，中小学思政课教学资源还不够丰富鲜活，教师队伍整体素质需要进一步提升，课堂教学和实践育人效果有待增强。为认真贯彻落实党的二十大精神，按照党中央、国务院关于新时代加强和改进思想政治工作的重要部署，就进一步加强新时代中小学思政课建设，提出了一些建设性意见。

11月9日

据中国社会科学网，“研究阐释党的二十大精神”暨第五届当代中国马克思主义高峰论坛在山东师范大学举行。论坛采取线上线下相结合的方式，围绕党的二十大报告阐明的新时代重大理论和实践问题，开展系统化研讨交流和学理化阐释。

11月9日至10日

据新华社报道，2022年世界互联网大会乌镇峰会在浙江省桐乡市乌镇举办。此次峰会主题为“共建网络世界 共创数字未来——携手构建网络空间命运共同体”，由世界互联网大会主办，浙江省人民政府承办。国家主席习近平向2022年世界互联网大会乌镇峰会致贺信。习近平指出，当今时代，数字技术作为世界科技革命和产业变革的先导力量，日益融入经济社会发展各领域全过程，深刻改变着生产方式、生活方式和社会治理方式。面对数字化带来的机遇和挑战，国际社会应加强对话交流、深化务实合作，携手构建更加公平合理、开放包容、安全稳定、富有生机活力的网络空间。

11月9日

乌镇峰会发布《中国互联网发展报告2022》和《世界互联网发展报告2022》蓝皮书。

11月10日

据教育部网站，教育部办公厅公布第六届全国高校“礼敬中华优秀传统文化”系列活动示范项目和特色展示项目名单。10项示范项目、30项特色展示项目入选。

11月14日

据教育部网站，教育部长怀进鹏调研中国教育科学研究院时强调，要深入贯彻党的二十大精神，纵深推进教育数字化。

11月16日

据教育部网站，教育部长怀进鹏主持召开加快建设教育强国研讨会，就贯彻落实党的二十大精神，有力有效推动新时代教育工作，加快建设教育强国听取意见建议。中央教育工作领导小组秘书组秘书局、教育部有关司局和直属单位负责同志参加会议。

△据国家民族事务委员会网站，国家民委、国家乡村振兴局、国家发展改革委、教育部、财政部、交通运输部、农业农村部、文化和旅游部、国家卫生健康委九部门联合印发《关于铸牢中华民族共同体意识 扎实推进民族地区巩固拓展脱贫攻坚成果同乡村振兴有效衔接的意见》。该意见聚焦学习贯彻习近平总书记关于加强和改进民族工作的重要思想和中央民族工作会议、中央农村工作会议精神，坚持“管肚子”和“管脑子”并重，强调赋予民族地区乡村振兴各项政策举措以彰显中华民族共同体意识的意义，维护统一、反对分裂的意义，改善民生、凝聚人心的意义，引导各民族牢固树立休戚与共、荣辱与共、生死与共、命运与共的共同体理念，为全面建设社会主义现代化国家共同奋斗。该意见着眼于促进各族群众在实现乡村振兴进程中不断铸牢中华民族共同体意识，提出五个方面的具体举措。一是坚持一个民族不能少，巩固拓展脱贫攻坚成果。二是坚持产业驱动，增强发展内生动力。三是坚持改善民生，推进民族地区乡村建设。四是坚持共同发展，推动各民族广泛交往交流交融。五是坚持凝心铸魂，构筑中华民族共有精神家园。

△据中国网信网报道，近日，国家互联网信息办公室发布新修订的《互联网跟帖评论服务管理规定》(以下简称新《规定》)。新《规定》自2022年12月15日起施行。新《规定》旨在加强对互联网跟帖评论服务的规范管理，维护国家安全和公共利益，保护公民、法人和其他组织的合法权益，促进互联网跟帖评论服务健康发展。

11月18日

据教育部网站，中央教育工作领导小组秘书组、教育部在京召开深化新时代教育评价改革工作推进会，深入学习贯彻党的二十大精神，贯彻落实习近平总书记关于教育评价改革的重要指示，加快推进《深化新时代教育评价改革总体方案》落实落地。

11月21日

据教育部网站，教育部召开党组会，深入学习贯彻习近平总书记关于疫情防控重要指示精神，听取近期教育系统疫情防控工作情况汇报，就进一步科学精准扎实推进疫情防控工作作出部署。

△据教育部网站，国家语言文字工作委员印发《国家语言文字推广基地管理办法》，并发出通知，要求各地遵照执行。

11月22日

据新华社报道，中共中央宣传部决定，授予陆军工程大学“星火”理论宣讲服务政治教员群体“时代楷模”称号。陆军工程大学“星火”理论宣讲服务政治教员群体，长期奋斗在军队政治理论教学和理论宣讲服务一线，认真贯彻新时代军事教育方针，坚持不懈用习近平新时代中国特色社会主义思想武装官兵，学习宣传习近平强军思想，善用“大思政课”，学风教风过硬，教学成果丰硕。他们持续开展理论服务走基层活动，成立多个宣讲小分队，深入高原海岛、边关哨所，将理论火种播撒在基层军营，让听党话、跟党走的信念成为广大官兵的自觉追求。党的二十大召开后，他们分赴驻地部队、城乡社区、中小学校开展宣讲，推动党的二十大精神走进官兵、走进群众。教员群体中12人次获评全军优秀教师、军队院校育才奖，4人次荣立二等功。

11月23日

据教育部网站，教育部、国家语委发布《关于加强高等学校服务国家通用语言文字高质量推广普及的若干意见》。该意见指出，以习近平新时代中国特色社会主义思想为指导，深入贯彻落实党的二十大精神，全面落实习近平总书记关于教育的重要论述和关于语言文化的重要指示批示精神，立足服务铸牢中华民族共同体意识，坚持服务国家发展大局和人民群众需求、坚持立德树人根本任务、坚持特色示范引领、坚持数字化赋能和创新驱动，聚焦高质量推广普及国家通用语言文字，将语言文字工作与高校人才培养、科学研究、社会服务、文化传承创新和国际交流合作等有机融合，更好地服务教育和语言文字事业高质量发展，为教育强国和文化强国建设贡献力量。

11月25日

据中国网信网，由中央网信办联合教育部、人民日报社、共青团中央、福建省委网信委、中国载人航天工程新闻宣传办公室主办的2022“把青春华章写在祖国大地上”大思政课网络主题宣传和互动引导活动在厦门大学举行。

△据教育部网站，教育部党组召开“学习宣传贯彻党的二十大精神 推动习近平新时代中国特色社会主义思想‘三进’”座谈会。教育部党组书记、部长怀进鹏出席并讲话指出，新时代的伟大实践充分证明，“两个确立”是党的十八大以来党的建设最重大的政治成果，是党应对一切不确定性的最大确定性、最大底气、最大保证。学懂弄通做实党的二十大精神，最紧要的就是要深刻领悟“两个确立”的决定性意义，着力聚焦到习近平总书记是党中央的核心、全党的核心，习近平新时代中国特色社会主义思想是我们党必须长期坚持的指导思想。

12月

12月2日

据教育部网站，教育部发布《智慧教育平台 基本功能要求》和《智慧教育平台 数字教育资源技术要求》智慧教育平台系列两项教育行业标准，自发布之日起施行。

△据教育部网站，教育部发布《数字教育资源基础分类代码》《数字教育资源基础分类代码》《教育基础数据》《教育系统人员基础数据》《中小学校基础数据》等教育行业标准，自发布之日起施行。

12月3日

据中国社会科学网，第十四届全国马克思主义院长论坛在线上召开。论坛由中国社会科学院马克思主义研究院和吉林大学联合主办，中国社会科学院大学马克思主义学院和吉林大学马克思主义学院共同承办，《马克思主义研究》和《世界社会主义研究》杂志社协办，主题为"学习贯彻党的二十大精神，开辟马克思主义中国化时代化新境界"。

12月5日

据教育部网站，由中华人民共和国教育部、中国联合国教科文组织全国委员会与联合国教科文组织共同主办的2022国际人工智能与教育会议以线上方式举行。此次会议主题为"引导人工智能赋能教师 引领教学智能升级"。中国教育部部长怀进鹏出席会议并讲话。中国教育部副部长孙尧在全体会议作主旨发言。中国教育部副部长、中国联合国教科文组织全委会主任田学军主持开幕式。联合国教科文组织大会主席穆朗、教育助理总干事贾尼尼在线致辞。包括南非、印度尼西亚、西班牙等17国部长、副部长在内的50余个国家的代表、有关国际机构代表、专家学者和私营部门代表、国内地方教育行政机构和高校代表共500余人在线出席会议。

12月8日

据新华社报道，中共中央总书记、国家主席、中央军委主席习近平致信祝贺国史学会成立30周年强调，坚定历史自信增强历史主动，更好地凝聚团结奋斗的精神力量。

12月8—9日

据教育部网站，2022世界慕课与在线教育大会在线上召开，大会以"教育数字化引领未来"为主题，由世界慕课与在线教育联盟和联合国教科文组织教育信息技术研究所联合主办。会上，中国教育部介绍了中国慕课与在线教育发展成就。慕课发展十年来，中国在线教育日新月异，中国慕课数量已经达到6.19万门，注册用户超过3.7亿人。教育部提出了四点中国倡议，一是加快资源开放共享，推进教育公平；二是深化技术应用，重塑高等教育形态；三是完善标准规范，推动在线教育创新健康发展；四是扩大开放合作，构建全球教育共同体。

大会向全球发布了《无限的可能——世界高等教育数字化发展报告》。该发展报告由教育部牵头和指导，策划编写历时近1年，统筹国内外72所高校、机构、国际组织及政府的200余位专家学者共同参与。报告共分为"全球在行动""变革与挑战""共同向未来"三个部分，全面汇聚了世界各国和国际组织高等教育数字化行动举措，凝练了九大行动共识、三大趋势和四大变革、六大挑战，面向未来，提出了六大倡议。

12 月 9 日

据清华大学网站，教育部人文社会科学重点研究基地清华大学高校德育研究中心、清华大学国家教材建设重点研究基地在线上举办“第十二届全国思想政治教育高端论坛暨贯彻党的二十大精神，推进高校思想政治教育高质量发展”学术研讨会。

12 月 11 日

据中国网信网报道，国家互联网信息办公室、工业和信息化部、公安部联合发布《互联网信息服务深度合成管理规定》，自 2023 年 1 月 10 日起施行。该规定旨在加强互联网信息服务深度合成管理，弘扬社会主义核心价值观，维护国家安全和社会公共利益，保护公民、法人和其他组织的合法权益。

12 月 16 日

《求是》杂志发表习近平总书记的重要文章《继承和发扬党的优良革命传统和作风，弘扬延安精神》。文章强调，党的七大在党的历史上具有重要里程碑意义，标志着我们党在政治上思想上组织上走向了成熟，为党后来不断从胜利走向胜利指明了正确方向、开辟了正确道路。

12 月 18 日

据北京邮电大学官网，第六届全国行业特色型大学马克思主义学院建设与学科发展研讨会暨第五届联盟大会在北京邮电大学召开。

12 月 20 日

据新华社，由中国外文局和中国浦东干部学院主办的中国共产党国际形象传播创新论坛(2022)在线上举办，论坛主题为“讲好中国共产党奋进新征程的故事”。

12 月 21 日

据教育部网站，第四届全国高校党委教师工作部部长工作研讨会召开。会议以“新时代高校教师思想政治工作和师德师风建设实践与创新”为主题，98 所高校校领导和党委教师工作部部长以视频会议参会。会议由教育部教师工作司、思想政治工作司指导，电子科技大学主办。

12 月 23 日

据教育部网站，教育部发布《直播类在线教学平台安全保障要求》教育行业标准。

12 月 24 日

据中国人民大学网站，由中国人民大学马克思主义学院主办的“党的二十大精神与马克思主义中国化时代化”——第五届全国高校马克思主义理论及相关学科研究生学术论坛在线上举行。

12 月 27 日

据人民网，以“新时代 · 新征程加快建设高质量高等教育体系”为主题的人民网 2022 大学校长论坛在吉林长春举行。论坛发布了《2022 年高校思政课改革创新情况分析报告》。

12 月 29 日

据教育部网站，教育部办公厅发布《关于开展大中小学思政课一体化共同体建设的通知》。通知指出，要充分调动各地积极性，因地制宜，因势利导，在省级层面打造一批理论与实践相结合的创新性研究型工作平台，努力形成一套工作机制、孵化一批品牌活动、打造一批示范“金课”、产出一批优质课程资源、形成一批高水平教学研究成果、提供一批高质量智库咨政报告、培养一支优秀师资队伍，为深入推动全国大中小学开展思政课一体化理论研究和实践探索，提供工作平台、实践经验、理论支撑和决策咨询。

2022 年（综合）

国家统计局发布的《中华人民共和国 2022 年国民经济和社会发展统计公报》显示：经初步核算，2022 全年国内生产总值 1210207 亿元，比上年增长 3.0%。其中，第一产业增加值 88345 亿元，比上年增长 4.1%；第二产业增加值 483164 亿元，增长 3.8%；第三产业增加值 638698 亿元，增长 2.3%。第一产业增加值占国内生产总值比重为 7.3%，第二产业增加值比重为 39.9%，第三产业增加值比重为 52.8%。全年最终消费支出拉动国内生产总值增长 1.0 个百分点，资本形成总额拉动国内生产总值增长 1.5 个百分点，货物和服务净出口拉动国内生产总值增长 0.5 个百分点。全年人均国内生产总值 85698 元，比上年增长 3.0%。国民总收入 1197215 亿元，比上年增长 2.8%。全员劳动生产率为 152977 元/人，比上年提高 4.2%。年末全国人口 141175 万人，比上年末减少 85 万人，其中城镇常住人口 92071 万人。全年出生人口 956 万人，出生率为 6.77‰；死亡人口 1041 万人，死亡率为 7.37‰；自然增长率为−0.60‰。年末全国就业人员 73351 万人，其中城镇就业人员 45931 万人，占全国就业人员比重为 62.6%。全年城镇新增就业 1206 万人，比上年少增 63 万人。全年全国城镇调查失业率平均值为 5.6%。年末全国城镇调查失业率为 5.5%。全国农民工总量 29562 万人，比上年增长 1.1%。全年居民消费价格比上年上涨 2.0%。工业生产者出厂价格上涨 4.1%。工业生产者购进价格上涨 6.1%。农产品生产者价格上涨 0.4%。12 月份，70 个大中城市中，新建商品住宅销售价格同比上涨的城市个数为 16 个，持平的为 1 个，下降的为 53 个；二手住宅销售价格同比上涨的城市个数为 6 个，下降的为 64 个。其中，外出农民工 17190 万人，增长 0.1%；本地农民工 12372 万人，增长 2.4%。年末国家外汇储备 31277 亿美元，比上年末减少1225亿美元。全年人民币平均汇率为1美元兑6.7261元人民币，比上年贬值4.1%。《公报》指出，新产业新业态新模式较快成长。全年规模以上工业中，高技术制造业增加值比上年增长7.4%，占规模以上工业增加值的比重为15.5%；装备制造业增加值增长5.6%，占规模以上工业增加值的比重为31.8%。全年规模以上服务业中，战略性新兴服务业企业营业收入比上年增长4.8%。全年高技术产业投资比上年增长18.9%。全年新能源汽车产量700.3万辆，比上年增长90.5%；太阳能电池(光伏电池)产量3.4亿千瓦，增长46.8%。全年电子商务交易额438299亿元，按可比口径计算，比上年增长3.5%。全年网上零售额137853亿元，按可比口径计算，比上年增长4.0%。全年新登记市场主体2908万户，日均新登记企业2.4万户，年末市场主体总数近1.7亿户。城乡区域协调发展稳步推进。年末全国常住人口城镇化率为65.22%，比上年末提高0.50个百分点。分区域看，全年东部地区生产总值622018亿元，比上年增长2.5%；中部地区生产总值266513亿元，增长4.0%；西部地区生产总值256985亿元，增长3.2%；东北地区生产总值57946亿元，增长1.3%。全年京津冀地区生产总值100293亿元，比上年增长2.0%；长江经济带地区生产总值559766亿元，增长3.0%；长江三角洲地区生产总值290289亿元，增长2.5%。粤港澳大湾区建设、黄河流域生态保护和高质量发展等区域重大战略扎实推进。绿色转型发展迈出新步伐。全年全国万元国内生产总值能耗比上年下降0.1%。全年水电、核电、风电、太阳能发电等清洁能源发电量29599亿千瓦时，比上年增长8.5%。在监测的339个地级及以上城市中，全年空气质量达标的城市占62.8%，未达标的城市占37.2%；细颗粒物(PM2.5)年平均浓度29微克/立方米，比上年下降3.3%。3641个国家地表水考核断面中，全年水质优良(Ⅰ~Ⅲ类)断面比例为87.9%，Ⅳ类断面比例为9.7%，Ⅴ类断面比例为1.7%，劣Ⅴ类断面比例为0.7%。全年货物进出口总额420678亿元，比上年增长7.7%。其中，出口239654亿元，增长10.5%；进口181024亿元，增长4.3%。货物进出口顺差58630亿元，比上年增加15330亿元。对“一带一路”相关国家进出口总额138339亿元，比上年增长19.4%。其中，出口78877亿元，增长20.0%；进口59461亿元，增长18.7%。对《区域全面经济伙伴关系协定》(RCEP)其他成员国进出口额129499亿元，比上年增长7.5%。全年全国一般公共预算收入203703亿元，比上年增长0.6%；其中税收收入166614亿元，下降3.5%。全国一般公共预算支出260609亿元，比上年增长6.1%。全年新增减税降费及退税缓税缓费超4.2万亿元，其中累计退到纳税人账户的增值税留抵退税款2.46万亿元，新增减税降费超1万亿元，办理缓税缓费超7500亿元。全年全国居民人均可支配收入36883元，比上年增长5.0%，扣除价格因素，实际增长2.9%。全国居民人均可支配收入中位数31370元，增长4.7%。按常住地分，城镇居民人均可支配收入49283元，比上年增长3.9%，扣除价格因素，实际增长1.9%。城镇居民人均可支配收入中位数45123元，增长3.7%。农村居民人均可支配收入20133元，比上年增长6.3%，扣除价格因素，实际增长4.2%。农村居民人均可支配收入中位数17734元，增长4.9%。城乡居民人均可支配收入比值为2.45，比上年缩小0.05。

△教育部官网发布的《全国高等学校名单》显示，截至 2022 年 5 月 31 日，全国高等学校共计 3013 所，其中：普通高等学校 2759 所，含本科院校 1270 所、高职(专科)院校 1489 所；成人高等学校 254 所。名单未包含港澳台地区高等学校。

△2022 年 1 月 27 日，教育部公布第七届中国国际“互联网+”大学生创新创业大赛获奖名单。各赛道最终获奖结果如下：高教主赛道，省市优秀组织奖 10 个，高校集体奖 20 个，国际项目优秀组织奖 10 个，冠军 1 名、亚军 1 名、季军 4 名，单项奖项目 7 个，金奖项目 215 个、银奖项目 471 个、铜奖项目 1419 个，入围总决赛项目 130 个；“青年红色筑梦之旅”赛道，省市优秀组织奖 8 个，高校集体奖 20 个，单项奖项目 3 个，金奖项目 54 个、银奖项目 103 个、铜奖项目 342 个；职教赛道，单项奖项目 1 个，金奖项目 54 个、银奖项目 105 个、铜奖项目 349 个，入围总决赛项目 39 个；萌芽赛道，单项奖项目 1 个，创新潜力奖项目 20 个，入围总决赛项目 208 个；产业命题赛道，优秀企业组织奖 5 个，金奖项目 15 个、银奖项目 35 个、铜奖项目 50 个，入围总决赛项目 200 个。

△2022 年 3 月 1 日，教育部官网发布《2021 年全国教育事业统计主要结果》。2021 年教育事业统计数据结果显示，全国共有各级各类学校 52. 93 万所，在校生 2. 91 亿人，专任教师 1844. 37 万人，劳动年龄人口平均受教育年限 10. 9 年。2021 年，全国共有高等学校 3012 所，其中，普通本科学校 1238 所；本科层次职业学校 32 所；高职(专科)学校 1486 所；成人高等学校 256 所。各种形式的高等教育在学总规模 4430 万人，高等教育毛入学率 57. 8%。全国普通、职业本专科共招生 1001. 32 万人，其中，普通本科招生 444. 60 万人；职业本科招生 4. 14 万人；高职(专科)招生 552. 58 万人。全国普通、职业本专科共有在校生 3496. 13 万人，其中，普通本科在校生 1893. 10 万人；职业本科在校生 12. 93 万人；高职(专科)在校生 1590. 10 万人。全国共招收研究生 117. 65 万人。其中，招收博士生 12. 58 万人，硕士生 105. 07 万人。在学研究生 333. 24 万人。其中，在学博士生 50. 95 万人，在学硕士生 282. 29 万人。全国共招收成人本专科 378. 53 万人，在校生 832. 65 万人。招收网络本专科 283. 92 万人，在校生 873. 90 万人。全国共有高等教育专任教师 188. 52 万人，其中，普通本科学校 126. 97 万人；本科层次职业学校 2. 56 万人；高职(专科)学校 57. 02 万人；成人高校 1. 97 万人。

△2022 年 12 月 29 日，教育部、国家统计局、财政部发布《关于 2021 年全国教育经费执行情况统计公告》。2021 年，全国教育经费总投入为 57873. 67 亿元，比上年增长 9. 13%。其中，国家财政性教育经费(主要包括一般公共预算安排的教育经费，政府性基金预算安排的教育经费，国有及国有控股企业办学中的企业拨款，校办产业和社会服务收入用于教育的经费等)为 45835. 31 亿元，比上年增长 6. 82%。2021 年全国按在校学生人数平均的一般公共预算教育经费为 15356. 59 元，同口径比上年增长 2. 35%。其中普通高等学校增长情况为：全国普通高等学校为 22586. 42 元，同口径比上年增长

1.65%。增长最快的是青海省(28.88%)。2021年全国普通高等学校生均一般公共预算教育事业费支出为20990.88元，比上年增长0.34%。增长最快的是北京市(16.00%)。2021年全国普通高等学校生均一般公共预算公用经费支出为8440.47元，比上年增长3.95%。增长最快的是贵州省(39.32%)。2021年全国国内生产总值初步核算数为1143670亿元，国家财政性教育经费占国内生产总值比例为4.01%。

△2022年3月17日，教育部召开新闻发布会，介绍三年来贯彻落实学校思想政治理论课教师座谈会精神工作进展成效。数据显示，截至2021年年底：全国高校马克思主义学院由2012年的100余家发展到2021年的1440余家，中宣部、教育部重点建设37家全国重点马院，教育部支持建设200余个优秀教学科研团队。2016年至2021年，全国马克思主义理论一级博士学位授权点由39个增至104个、一级硕士学位授权点由129个增至279个，学位点数量位居各学科前列。高校思政课专兼职教师超过12.7万人，较2012年增加7.4万人，比2018年增加5万多人，队伍配备总体达到师生比1:350的要求；专职思政课教师年轻化成为队伍发展新态势，49岁以下教师占77.7%，具有高级职称的占35%；组织41个全国高校思政课教师研修(学)基地、32个“手拉手”集体备课中心，开展常态化培训研修，每年培训教师近6000人；2019年起设立马克思主义理论本科专业，将马克思主义理论学科列入“国家关键领域紧缺高层次人才培养专项招生计划”，目前高校马克思主义理论学科专业本硕博在校生达6.2万人。国家社科基金、教育部“繁荣计划”设立思政课研究专项，3年累计立项近1000项，支持经费近3亿元。每两年举办一次全国高校思政课教学展示活动，网络直播观看量超过34万次。升级全国高校思政课教师网络集体备课平台，建成教指委专家值班答疑、听课记录、教师研修管理等7个子平台，累计访问量500万人次；制作《习近平新时代中国特色社会主义思想三十讲》课件，点击下载量已累计近3000万次；建设网络集体备课平台、教师培训研修系统、大学生自主学习“青梨派”等为一体的全国高校思政课教研系统；创设“周末理论大讲堂”，累计举办76期，收看量超过280万次；与中央网信办共同打造“云上大思政课”主题宣传活动；以“抗疫”“四史”“奥运会”为主题，开展多期全国大学生“同上一堂思政大课”，观看量超过1.5亿次。

△2022年5月至2022年11月，“习近平新时代中国特色社会主义思想大学习领航计划主题教育活动”在全国各大高校同步进行，主题教育活动内容包括：“青春献礼二十大·强国有我新征程”——第六届全国高校大学生讲思政课公开课展示活动，由教育部高校思政课教学指导委员会主办，南开大学马克思主义学院承办；“我心中的思政课”——第六届全国高校大学生微电影展示活动，由教育部高校思政课教学指导委员会主办，武汉大学马克思主义学院承办；“思政课学习之星”——第六届全国高校大学生马克思主义理论学习夏令营活动，由教育部高校思政课教学指导委员会主办，吉林大学马克思主义学院承办。

△中国互联网络信息中心(CNNIC)在京发布的第51次《中国互联网络发展状况统计报告》显示，截至2022年12月，我国网民规模达10.67亿，较2021年12月增长3549万，互联网普及率达75.6%。其中，手机网民规模达10.65亿，较2021年12月增长3636万，网民使用手机上网的比例为99.8%；农村网民规模达3.08亿，占网民整体的28.9%；城镇网民规模达7.59亿，占网民整体的71.1%；网民使用手机上网的比例达99.8%；使用电视上网的比例为25.9%；使用台式电脑、笔记本电脑、平板电脑上网的比例分别为34.2%、32.8%和28.5%。即时通信用户规模达10.38亿，较2021年12月增长3141万，占网民整体的97.2%。网络视频(含短视频)用户规模达10.31亿，较2021年12月增长5586万，占网民整体的96.5%；其中，短视频用户规模达10.12亿，较2021年12月增长7770万，占网民整体的94.8%。网络支付用户规模达9.11亿，较2021年12月增长781万，占网民整体的85.4%。网络购物用户规模达8.45亿，较2021年12月增长319万，占网民整体的79.2%。网络新闻用户规模达7.83亿，较2021年12月增长1216万，占网民整体的73.4%。网络直播用户规模达7.51亿，较2021年12月增长4728万，占网民整体的70.3%。线上办公用户规模达5.40亿，较2021年12月增长7078万，占网民整体的50.6%。在线旅行预订用户规模达4.23亿，较2021年12月增加2561万，占网民整体的39.6%。互联网医疗用户规模达3.63亿，较2021年12月增长6466万，占网民整体的34.0%。

2022年度大学生思想政治教育重要文献选编

教育部关于印发《新时代马克思主义理论研究和建设工程教育部重点教材建设推进方案》的通知

教材〔2022〕1号

各省、自治区、直辖市教育厅(教委),新疆生产建设兵团教育局,部属各高等学校、部省合建各高等学校:

现将《新时代马克思主义理论研究和建设工程教育部重点教材建设推进方案》印发给你们,请认真贯彻执行。有关落实情况请及时报我部。

教育部

2022年2月19日

新时代马克思主义理论研究和建设工程教育部重点教材建设推进方案

为深入贯彻落实习近平新时代中国特色社会主义思想,巩固马克思主义在高校意识形态领域的指导地位,推动马克思主义理论研究和建设工程(以下简称马工程)教育部重点教材建设在已有成就基础上取得更大进展,打造培根铸魂、启智增慧的精品教材,整体提升高校哲学社会科学教材质量,培养担当民族复兴大任的时代新人,根据《全国大中小学教材建设规划(2019—2022年)》,制定本方案。

一、重大意义

马工程重点教材是党的思想理论建设的基础工程,是为党育人、为国育才的铸魂工程,是高校哲学社会科学教材建设的示范工程。大力加强马工程重点教材建设,编写充分反映马克思主义中国化最新理论成果的哲学社会科学系列教材,对于坚持党对教材工作的全面领导、落实教材建设国家事权,对于坚持以马克思主义为指导、加快构建中国特色哲学社会科学教材体系,对于坚持立德树人、培养德智体美劳全面发展的社会主义建设者和接班人,具有重要的战略意义和深远的历史意义。

党中央高度重视马工程重点教材建设。自实施以来,教育部马工程重点教材建设始终高扬中国特色社会主义伟大旗帜,贯穿马克思主义立场观点方法,坚持和发展中国特色社会主义理论自信；已规划教材编写工作基本完成，出版近八十种质量上乘的教材在高校广泛使用，引领和带动高校哲学社会科学教材建设，推动哲学社会科学学科体系、话语体系、评价体系建设不断创新；团结和凝聚广大哲学社会科学专家学者，培养了一大批领军人物和中青年优秀人才，进一步壮大了高校马克思主义理论教学研究队伍，有力地推动了党的理论创新最新成果进教材进课堂进头脑，开创了高校马克思主义理论教育新局面。

新时代对教育部马工程重点教材建设提出了新使命新要求。当前，中国已站在新的历史起点、进入新发展阶段，处于开启全面建设社会主义现代化国家新征程、向第二个百年奋斗目标进军的历史阶段。同时，我国经济社会形势正在发生新的重大变化，教育迈向新的高质量发展阶段，世界大变局加速演变的特征更趋明显，意识形态领域的斗争更加激烈。如何加快构建以马克思主义为指导的中国特色高校哲学社会科学教材体系，更好地坚持和发展马克思主义在意识形态领域指导地位的根本制度，更好地坚持和发展中国特色社会主义；如何推动教材与课程同向同行，充分发挥教材的铸魂育人功能，是必须认真研究解决的重大而紧迫的课题。

面对前所未有的大好机遇和前所未有的严峻挑战，教育部马工程重点教材建设还存在一些薄弱环节。一些地方和高校对教材工作重视不够，教材建设管理要求有待进一步落地落实；整体推进不够，教材体系建设滞后，教材覆盖的学科专业课程面较窄，辐射带动作用有待进一步释放；教材的针对性适宜性不强，还不能充分满足不同学段、不同类型人才培养要求；工作方式单一，体制机制创新不够，还没有充分调动学者、学校和出版机构的积极性主动性。当前，迫切需要结合新的时代特征，适应新时代人才培养要求，总结经验，进一步加强和改进教育部马工程重点教材建设工作。

二、基本要求

（一）建设原则。坚持正确方向，坚持以习近平新时代中国特色社会主义思想为指导，坚定中国特色社会主义道路自信、理论自信、制度自信、文化自信，充分体现中国共产党为什么能、中国特色社会主义为什么好、马克思主义为什么行。体现中国特色，扎根中国大地，推进党的理论创新最新成果进教材，吸收借鉴人类优秀文明成果，反映学科研究最新进展，充分体现中国立场、中国智慧、中国价值。增强针对性，遵循教育教学规律、人才培养规律和教材建设规律，注重理论联系实际，编写适应不同学段、不同类型学生的教材，丰富呈现形式，增强教材适宜性实效性。注重创新性，在坚持国家统编统审基础上，推进工作理念和方式方法变革，创新教材编写审核出版机制，推动学者、学校、出版机构等联合行动，形成教材建设合力。强化统筹性，注重整体设计，明确责任主体，强化国家层面统筹指导、审核把关，把好领导权和主导权，落实地方、高校管理职责，对不同学段、不同类型、不同学科专业课程教材实施分类管理。

（二）建设目标。在原有基础上，补充、拓展建设现有教育部马工程重点教材课程覆盖面不足、亟需加强的学科专业课程教材，整体推进不同学段、不同类型高校哲学社会科学相关学科专业课程教材建设。用 5 年时间，重点建设 200 种左右意识形态属性强、价值引领作用明显、文化传承意义大的精品教材，形成以马克思主义为指导、体现中国学科发展要求的高校哲学社会科学教材系列。

——体系结构合理。建立健全覆盖专科本科研究生各学段、普通高等教育和高等职业教育协同推进的高校哲学社会科学教材体系，进一步涵盖相关学科专业基础课程和核心课程，兼顾公共课程教材，品种齐全、结构合理。

——质量全面提升。编写导向正确、质量一流、适宜性强的精品教材，彰显中国特色，体现原创性示范性。马工程重点教材的引领辐射带动作用进一步凸显，高校哲学社会科学教材整体水平大幅提升，教材育人效果更加显著。

——机制健全完备。国家、地方、高校分级管理体制基本定型，高校内部工作机制完备，学者、学校和科研出版机构等有序参与，教材建设、研究、使用、监测等专业化支撑体系基本健全，各方职责分明形成合力，工作体系运转高效。

——队伍齐整精良。教材编写、审核、使用、管理、研究和编辑出版等工作队伍人员精干、结构合理、配合有力。一支由教材编审专家、中青年骨干和一线教师构成的高素质、专业化教材建设队伍基本形成。高校教材建设和管理人才培养培训体系健全，后备力量不断充实，队伍不断壮大。

三、重点任务

（一）深入推进习近平新时代中国特色社会主义思想进教材。配合推进高校思政课教材建设，及时修订已出版教育部马工程重点教材，充分体现习近平新时代中国特色社会主义思想。深入实施《习近平新时代中国特色社会主义思想进课程教材指南》，有机融入哲学社会科学各学科专业课程教材，进一步推进理论体系向教材体系转化。编写马克思主义经典作家关于哲学社会科学的重要论述摘编，研制哲学社会科学相关教材编写指南，指导教材建设。

（二）系统推进马克思主义理论学科专业课程教材建设。适应新时代马克思主义理论学科建设需要，完善优化马克思主义理论学科专业课程教材结构，健全教材体系。本科阶段围绕马克思主义理论、科学社会主义、中国共产党历史、思想政治教育等专业，系统建设各专业基础课程、核心课程教材。研究生阶段围绕马克思主义基本原理、马克思主义发展史、马克思主义中国化、思想政治教育、中国近现代史、党的建设等学科，推进系列专题研究教材建设。

（三）着力建设适应新时代新要求、体现中国特色的高水平原创性教材。立足新时代，适应人才培养新要求和高等教育发展新趋势，围绕经济、法治、政治等领域，开展重大理论和实践问题集中攻关，修订、新编中国经济学、中国法学、中国新闻学等系列教材，更好地用中国理论解读中国实践，用中国实践丰富中国理论，用中国话语阐述中国发展。

（四）启动建设一批意识形态属性强的高等职业学校专科教材。依据《高等职业学校专业教学标准》，立足于加快构建中国特色高等职业学校专科教材体系，着力推进语文、职业素养等公共基础课程教材建设，重点推进财经商贸、文化艺术、新闻传播、教育、公安与司法等专业大类的基础史论教材建设，体现职业教育特色，增强教材的针对性、适宜性。

（五）加快完善对哲学社会科学具有支撑作用的本科相关学科专业课程教材。依据《普通高等学校本科专业类教学质量国家标准》，适应课程建设需要，重点围绕哲学、历史学、经济学、政治学、法学、新闻学、社会学、文学、艺术学、教育学等学科，及时修订已出版教材，补充完善一批意识形态属性较强的学科专业课程教材。充分发挥马工程重点教材引领作用，整体提升高校哲学社会科学教材质量。

（六）探索建设一批指导性、示范性强的研究生核心课程教材。依据《研究生核心课程指南》，结合研究生教育特点，立足国际学术前沿，编写、遴选一批哲学社会科学学科专业基础理论类、专题研究类、研究方法类、经典研读类、学科发展史类课程教材，突出思想性、学术性、探究性，示范带动研究生哲学社会科学教材建设。

（七）重点建设一批体现价值引领作用的公共课程教材。适应通识教育需要，重点推进国情教育、历史文化教育、国家安全教育等公共课程教材建设，加强党史、新中国史、改革开放史、社会主义发展史教材建设，加强中华优秀传统文化、革命文化、社会主义先进文化教材建设，加强心理健康教育、职业素养教育类教材建设。

四、建设方式

（一）教材编写审核。坚持国家统编统审，具体采取直接编写、申报编写与组织修订相结合的方式。直接编写，由国务院教育行政部门直接组建团队编写。申报编写，由高校等有关单位组建团队申报编写。组织修订，对已有多个版本的教材组织遴选、修订。严把审核政治关、学术关，凡纳入教育部马工程重点教材建设的，须经国家教材委员会审核认定。

（二）教材出版。直接编写的教材，由国务院教育行政部门选定出版机构。申报编写的教材，原则上由编写单位遴选确定出版机构。组织修订的教材，原则上由原出版机构承担。出版机构主要负责教材编辑出版发行等工作。制定教育部马工程重点教材出版准入标准，实行出版机构备案制，凡是出版教育部马工程重点教材的出版机构须在国务院教育行政部门备案。国务院教育行政部门定期组织评估，对不符合出版条件和要求的出版机构将责成相关高校或单位，按有关规定作出处理，及时中止出版资格。

（三）教材使用。坚持统一使用，马工程重点教材对应课程必须使用马工程重点教材。健全马工程重点教材使用目录，对不同编写组编写的同一种教育部马工程重点教材，各高校可结合本校特色和人才培养目标从中选用。切实推进教材内容进人才培养方案、进教学大纲和教案、进考试内容。健全任课教师三级培训体系，定期举办国家级示范培训，做实省级全员培训和高校集体备课。完善教材使用情况年报制度，开展教材使用情况调研，加强跟踪分析。

五、实施安排

整体规划、分类推进、分批实施，统筹专科、本科、研究生不同学段、不同专业类教材，兼顾直接编写、申报编写、组织修订三种编写方式，总体按照学科类别纵向分两批实施，共 200 种左右，用 5 年时间完成。分批发布教材建设目录。

第一批重点建设现有教育部马工程重点教材课程覆盖面不足、亟需加强的学科专业课程教材，共 110 种左右。计划于 2022 年启动。

第二批重点建设现有教育部马工程重点教材已有一定数量、根据课程调整需要进一步加强的学科专业课程教材，共 90 种左右。计划于 2023 年启动。

六、保障措施

（一）加强队伍建设。全面加强教材队伍政治建设，不断提高马克思主义理论素养，把师德师风作为教材编审人员基本要求。健全教育部马工程重点教材专家库，在国家教材委员会高校哲学社会科学（马工程）专家委员会下，设立学科专家组，加强对各学科专业课程教材建设的具体指导，强化对高校哲学社会科学（马工程）专家委员会的工作支撑。建立通报表扬制度，对作出突出贡献的编审专家予以表扬。建立健全教材建设和管理工作队伍培训制度，重点对省级教育部门和高校分管负责同志及相关职能部门负责人，对编审人员、任课教师、相关出版机构负责人和编辑分类定期开展培训。

（二）推进教材研究。加强国家教材建设重点研究基地建设，设立教育部马工程重点教材研究项目，开展教材内容和建设规律基础研究、重大理论和实践问题研究，服务教材建设重大战略、重要任务、重点工作。推进教材研究专业性期刊建设，鼓励支持现有期刊开设专栏，刊发高水平教材研究成果。组织教材建设情况调研和国情调研。分学科召开教材建设研讨会，适时开展教育部马工程重点教材“精彩一课”展示交流活动，推进教材体系向教学体系转化。

（三）促进资源建设。研究梳理马克思主义经典作家相关重要论述，建立文献数据库。鼓励支持高校组织研制优秀教案、课件、案例、慕课等教学资源，促进优质资源共享共用。创新教材呈现形式，充分运用数字化技术，增强互动性可读性，逐步建设教育部马工程重点教材试题库、资源库、案例库，构建新形态教材体系。

（四）完善投入机制。中央财政继续通过现有资金渠道支持教育部马工程重点教材建设。各地按规定将教材建设相关经费纳入预算。高校等有关单位应加大经费投入，保障教材管理、编写、审核、研究和队伍建设等工作，开展教材使用培训、研讨、交流等活动。出版机构要加大对教材编写研究、使用培训等方面的经费投入。

七、组织领导

（一）加强组织领导。在国家教材委员会领导下，国务院教育行政部门组织实施，负责统筹协调和指导，组织开展相关工作。省级教育部门和高校要进一步夯实领导责任和主体责任，具体落实相关工作。

（二）强化政策落实。省级教育部门和高校要把教育部马工程重点教材建设纳入事业发展整体规划重点推进，切实落实高校教材管理有关规定，健全领导体制和工作机制，完善工作体系。要落实相关激励保障措施，把编写教材计入工作量考核，享受相应政策待遇。牵头建设的高校等有关单位要签署任务书，夯实主体责任，严格落实各项要求，确保教材建设和管理各项工作有效开展。

（三）严格督导考核。强化综合考评，国务院教育行政部门把马工程重点教材建设情况作为高校“双一流”建设、学位授权点合格评估、本科教学评估、高职学校“双高”建设的重要内容。省级教育部门和高校，要把参与马工程重点教材建设、教材使用情况作为衡量和评价高校加强党的思想理论建设、落实意识形态工作责任制的重要内容，定期督促检查，对主体责任不落实、未能按期高质量完成教材编写任务、未做好教材统一使用等有关单位，及时问责追责，切实把马工程重点教材建优用好。

教育部等十部门关于印发《全面推进“大思政课”建设的工作方案》的通知

教社科〔2022〕3 号

现将《全面推进“大思政课”建设的工作方案》印发给你们，请认真贯彻执行。

教育部 中共中央宣传部 中共中央网络安全和信息化委员会办公室
科学技术部 工业和信息化部 生态环境部
国家卫生健康委 国家文物局
国家乡村振兴局 中国关心下一代工作委员会
2022 年 7 月 25 日

全面推进“大思政课”建设的工作方案

为深入贯彻落实习近平总书记关于“大思政课”的重要指示批示和在中国人民大学考察时的重要讲话精神，贯彻落实中共中央、国务院《关于新时代加强和改进思想政治工作的意见》，中共中央办公厅、国务院办公厅印发的《关于深化新时代学校思想政治理论课改革创新的若干意见》和中共中央办公厅《关于加强新时代马克思主义学院建设的意见》精神，坚持不懈用习近平新时代中国特色社会主义思想铸魂育人，制定本工作方案。

一、总体要求

党的十八大以来，特别是习近平总书记亲自主持召开学校思想政治理论课教师座谈会以来，思政课在党中央治国理政战略全局中的地位日益凸显，发展环境和整体生态发生根本性转变，习近平新时代中国特色社会主义思想铸魂育人成效明显，思政课建设、日常思想政治工作、课程思政全面推进。同时，一些地方和学校对“大思政课”建设的重视程度不够，开门办思政课、调动各种社会资源的意识和能力还不够强，课程教材体系还需要进一步完善，有的学校教师数量不足、质量不高，对实践教学重视不够，有的课堂教学与现实结合不紧密，大中小学思政课一体化建设亟需深化，有的学校第二课堂重活动轻引领，课程思政存在“硬融入”“表面化”等现象。

全面推进“大思政课”建设，要坚持以习近平新时代中国特色社会主义思想为指导，聚焦立德树人根本任务，推动用党的创新理论铸魂育人，不断增强针对性、提高有效性，实现入脑入心。坚持开门办思政课，强化问题意识、突出实践导向，充分调动全社会力量和资源，建设“大课堂”、搭建“大平台”、建好“大师资”，建设全国高校思政课教研系统，设立一批实践教学基地，推出一批优质教学资源，做优一批品牌示范活动，支持建设综合改革试验区，推动思政小课堂与社会大课堂相结合，推动各类课程与思政课同向同行，教育引导学生坚定“四个自信”，成为堪当民族复兴重任的时代新人。

二、改革创新主渠道教学

1. 建构党的创新理论研究阐释和教育教学的自主知识体系。各高校全面开设“习近平新时代中国特色社会主义思想概论”课。中央宣传部、教育部编写习近平新时代中国特色社会主义思想概论课教材。教育部实施习近平新时代中国特色社会主义思想研究重大专项，加强习近平新时代中国特色社会主义思想系统化学理化和分领域分专题研究，将习近平新时代中国特色社会主义思想有机融入全面贯穿哲学社会科学各学科知识体系。

2. 建强思政课课程群。各地各校加强以习近平新时代中国特色社会主义思想为核心内容的课程群建设，形成必修课加选修课的课程体系。高校要统筹全校力量，结合自身实际，重点围绕习近平经济思想、习近平法治思想、习近平生态文明思想、习近平强军思想、习近平外交思想以及“四史”、宪法法律、中华优秀传统文化等设定课程模块，开设选择性必修课程。

3. 优化思政课教材体系。落实系列重大主题教育指南和纲要，深入推进习近平总书记在地方工作期间的重大实践、视察地方和学校重要论述进课程教材。及时修订思政课统编教材，将党的创新理论最新成果有机融入各门思政课。编写马克思、恩格斯、列宁关于哲学社会科学及各学科重要论述摘编。持续推进新时代马克思主义理论研究和建设工程重点教材建设。

4. 拓展课堂教学内容。教育部组织制作“思政课导学”课件、讲义、专题片等，帮助教师讲深讲透讲活学好思政课的重要意义。各地各校围绕新时代的伟大实践，充分挖掘地方红色文化、校史资源，将伟大建党精神和抗疫精神、科学家精神、载人航天精神等伟大精神，生动鲜活的实践成就，以及英雄模范的先进事迹等引入课堂，推动党的创新理论和历史融入各学段各门思政课。

5. 创新课堂教学方法。各校加强对学生思想、心理及关心的热点难点问题研究，制定针对性的教学方案。善于采用多样化的教学方法，注重发挥学生主体性作用，积极运用小组研学、情景展示、课题研讨、课堂辩论等方式组织课堂实践。有条件的高校要为思政课配备助教，协助开展教学组织、课后答疑等工作。

6. 优化教学评价体系。高校要建立校领导、教学督导、马克思主义学院班子成员、思政课教师和学生参加的多维度综合教学评价工作体系，重视教学过程评价，增加教学研究和教学成果在评价体系中的权重。用好思政课教学评价结果，作为马克思主义学院和班子成员考核的重要指标，作为思政课教师绩效考核、职称晋升、评奖评优等的基本依据。充分发挥教学指导委员会等专家组织作用，开展教学调研指导。鼓励有条件的高校聘请思政课退休教师担任教学督导员、青年教师的成长导师。

三、善用社会大课堂

7. 构建实践教学工作体系。高校要普遍建立党委统一领导，马克思主义学院积极协调，教务处、宣传部、学工部、团委等职能部门密切配合的思政课实践教学工作体系，在马克思主义学院指定专人负责，建立健全安全保障机制，积极整合思政课教师和辅导员队伍，共同参与组织指导思政课实践教学。将思政课教师、辅导员指导学生开展实践活动、指导学生理论社团等纳入教学工作量。参照学生专业实训(实习)标准设立思政课实践教学专项经费。

8. 落实思政课实践教学学时学分。高校要严格落实本科 2 个学分、专科 1 个学分用于思政课实践教学的要求，中小学校要安排一定比例的课时用于学生社会实践体验活动。精心设计实践教学大纲，坚决避免实践教学娱乐化、形式化、表面化。鼓励有条件的高校开设专门的实践教学课。

9. 组织开展多样化的实践教学。教育部持续组织开展中国国际“互联网+”大学生创新创业大赛青年红色筑梦之旅、习近平新时代中国特色社会主义思想大学习领航计划、“小我融入大我，青春献给祖国”主题社会实践、“技能成才，强国有我”主题教育等活动。高校要紧扣思政课实践教学目标和要求，利用志愿服务、理论宣讲、社会调研等实践活动，开展实践教学。注重总结实践教学成果，把优秀成果作为课堂教学的有效补充，支持出版高校思政课实践教学成果，推动实践教学规范化。

10. 建好用好实践教学基地。教育部会同有关部门，利用现有基地(场馆)，分专题设立一批“大思政课”实践教学基地。发挥好教育部高校思政课教师研学基地的实践教学功能。各地教育部门要结合实际，积极建设“大思政课”实践教学基地。大中小学要主动对接各级各类实践教学基地，开发现场教学专题，开展实践教学。有条件的学校可与有关基地建立长效合作机制，加强研究和资源开发。各基地要积极创造条件，与各地教育部门、学校建立有效工作机制，协同完成好实践教学任务。

专栏　建好用好“大思政课”实践教学基地

1. 教育部、科技部联合设立科学精神专题实践教学基地。
2. 教育部、工业和信息化部联合设立工业文化专题实践教学基地。
3. 教育部、生态环境部联合设立美丽中国专题实践教学基地。
4. 教育部、国家卫生健康委联合设立抗击疫情专题实践教学基地。
5. 教育部、国家文物局联合设立中华优秀传统文化、革命文化、社会主义先进文化专题实践教学基地。
6. 教育部、国家乡村振兴局联合设立脱贫攻坚、乡村振兴专题实践教学基地。
7. 教育部、中国关心下一代工作委员会联合设立党史新中国史教育专题实践教学基地。

四、搭建大资源平台

11. 建设全国高校思政课教研系统。教育部建设“全国高校思政课教师网络集体备课平台”网络支持系统、“青梨派”大学生自主学习系统、高校思政课教学创新中心资源开发系统、高校思政课教学指导委员会指导审核评估系统、高校思政课教师基础数据系统、高校思政课教师研修培训系统等为一体，共建共享、系统集成、全面覆盖的全国高校思政课教研系统。

12. 推进国家智慧教育平台建设使用。教育部把“大思政课”摆在教育信息化的突出位置，加强国家智慧教育平台思政教育资源建设。通过项目支持的方式，推动教学资源建设常态化机制化。组织开发和推荐一批科学权威实用的课件、讲义，推动一线教师统一使用。加强思政课教学资源库建设，实施中小学思政课精品课程建设计划，推出一批思政“金课”。加大优质资源推广使用力度，指导各地各校用好国家智慧教育平台。

专栏　思政课教学资源库

1. 建设教学案例库。组织征集和开发高质量、多形式的教学案例，特别是聚焦习近平新时代中国特色社会主义思想在中华大地的生动实践，开发一批党的创新理论主题案例。

2. 打造教学重难点问题库。建立思政课教学重难点问题征集机制，动态收集学生关注的问题和思想理论困惑，统一组织研究回答，形成教学问题库。

3. 建设教学素材库。建立完善采集、审核、共享机制，充分调动一线思政课教师积极性创造性，持续推出一大批优秀思政课课件、讲义、重难点解析、重要参考文献、教学配图、微视频、融媒体公开课等优质教学素材。

4. 开发在线示范课程库。以国家统编教材为基本遵循，整合全国优秀思政课教师和哲学社会科学专家力量，组织开发高水平在线示范课程。

13. 打造网络教育宣传云平台。教育部会同中央网信办等，组织开展“大思政课”网络主题宣传活动，鼓励师生围绕思政课教学内容创作微电影、动漫、音乐、短视频等，建设资源共享、在线互动、网络宣传等为一体的“云上大思政课”平台。加强高校思想政治工作网、大学生在线、易班等网络平台建设。积极研发成本适宜的虚拟仿真教学资源。组织开展“同上一堂思政大课”活动。各地各校用好“学习强国”等平台，鼓励思政课教师积极参加中央和地方主流媒体的政论、时政节目，广泛传播党的创新理论。

五、构建大师资体系

14. 建设专兼结合的师资队伍。各地各校严格按照要求配备建强高校专职思政课教师、辅导员队伍，提高中小学专职思政课教师比例，实行思政课特聘教授、兼职教师制度，积极聘请党政领导、科学家、老同志、先进模范等担任思政课兼职教师。深入实施马克思主义学院院长(书记)培养工程，通过集中培养培训、委托重大项目、加强实践锻炼、开展国际国内访学等方式，培养一批青年马克思主义理论家。

专栏　建立思政课特聘教授、兼职教师制度

高校要通过建立健全思政课特聘教授制度，选聘优秀地方党政领导干部、企事业单位管理专家、社科理论界专家、各行业先进模范以及高校党委书记校长、院(系)党政负责人、名师大家和专业课骨干教师、日常思想政治教育骨干等加入思政课教师队伍，讲授思政课；通过建立健全兼职教师制度，形成英雄人物、劳动模范、大国工匠等先进代表，以及革命博物馆、纪念馆、党史馆、烈士陵园等红色基地讲解员、志愿者经常性进高校参与思政课教学的长效机制。

15. 搭建队伍研究平台。充分发挥国家社科基金规划项目、教育部人文社科研究项目思政课教师研究专项作用，设立马克思主义理论研究和建设工程后期资助项目，组织教师加强马克思主义理论和思政课教学研究。重点支持开展“大思政课”建设规律、思政课教学难点及对策、大中小学思政课一体化、课程思政等研究。举办习近平新时代中国特色社会主义思想进教材进课堂进头脑系列研讨会。建设辅导员工作室、资助开展课题研究、推广优秀工作案例。

16. 提升队伍综合能力。完善国家、地方、学校三级培训体系，实现思政课教师培训全覆盖。教育部完善“手拉手”集体备课机制，定期组织开展教学研讨活动。开展中小学思政课教师示范培训、教学基本功展示交流活动。建设辅导员网上资源库、开发虚拟仿真实训平台，组织支持开展国情考察。各地教育部门要建立中小学思政课教师轮训制度，依托各级党校和高校马克思主义学院每 3 年对中小学思政课教师至少进行一次不少于 5 日的集中脱产培训。中小学校新进专职思政课教师须取得思政课教师资格。小学兼职思政课教师在上岗前应完成一定学时的专业培训，并考核合格。各地各高校建立专门制度，常态化支持思政课骨干教师到各级宣传、教育等党政机关或基层挂职锻炼、蹲点调研，相关经历纳入评奖评优、干部选聘体系，相关成果作为职称评聘参考。严格落实生均经费用于思政课教师的学术交流、实践研修等，并逐步加大支持力度。

专栏　加强思政课教师培养培训

1. 加强“高校思政课教师信息库”建设。
2. 打造“全国高校思政课教师网络集体备课平台”升级版。
3. 实施“高校思政课教师队伍后备人才培养专项支持计划”。
4. 实施“高校思政课教师在职攻读马克思主义理论博士学位专项支持计划”。
5. 举办“高校思政课骨干教师研修班”和“高校哲学社会科学骨干研修班”。
6. 举办“周末理论大讲堂”。
7. 依托全国高校思政课教师研修(学)基地，组织思政课教师开展分课程、分专题研修活动。

8. “高校思想政治理论课‘手拉手’集体备课中心”和“高校思想政治理论课名师工作室”，举办跨地区、跨学段、跨学校等多形式的集体备课、教学研讨活动。

9. 举办“全国高校思政课教学展示活动”。

10. 开展“高校优秀思政课教师和马克思主义理论学科学生奖励基金”遴选。

11. 开展中小学思政课教师示范培训。

12. 开展中小学思政课教师基本功展示交流活动。

六、拓展工作格局

17. 分层分类开展“大思政课”综合改革试点。教育部围绕实践教学、教师队伍建设、大中小学思政课一体化、问题式专题化团队教学和均衡发展等思政课改革创新重大问题，在北京、天津、上海、江西、陕西等地设立综合改革试验区。地方党政负责同志坚持联系高校并讲思政课。坚持教材编写、师资培养、理论阐释、教学研究相结合，统筹推进习近平新时代中国特色社会主义思想研究中心（院）、国家教材建设重点研究基地、人文社科重点研究基地、师资培训中心、马克思主义学院等建设，开展“联学联讲联研”综合改革试点。深入推进“三全育人”综合改革，持续扩大高校“一站式”学生社区综合管理模式建设试点。

18. 深入推进大中小学思政课一体化建设。教育部加强大中小学思政课一体化建设指导委员会建设，支持各地建设一批一体化基地，鼓励高校积极开展与中小学思政课共建。各地教育部门加强引导和协调，建立大中小学师资培育、听课评课、教研交流、集体备课等常态化工作机制。

19. 全面推进课程思政高质量建设。教育部组建高等学校课程思政教学指导委员会，研制普通本科专业类课程思政教学指南，组织开展高校教师课程思政教学能力培训，建设一批课程思政系列共享资源库。建成一批课程思政示范高校，推出一批课程思政示范课程，选树一批课程思政教学名师和团队，建设一批高校课程思政教学研究示范中心。加强中小学学科德育建设。

20. 扎实开展日常思政教育活动。学校党委书记、校长要在开学、毕业典礼等重要场合，讲授“思政大课”。学校要以重大纪念日、重大历史事件为契机，通过“学习新思想，做好接班人”主题教育、职教学生读党报、新时代先进人物进校园、论坛讲坛、讲座报告会等，组织专题“思政大课”。教育部打造并集中展示一批校园文化原创精品，建设一批文化传承基地。办好“全国大学生网络文化节”和“全国高校网络教育优秀作品推选展示活动”。

七、加强组织领导

21. 强化统筹协调。教育部、中央宣传部做好“大思政课”建设的总体谋划。中央网信办指导做好“大思政课”全媒体宣传。科技部、工业和信息化部、生态环境部、国家卫生健康委、国家文物局、国家乡村振兴局、中国关心下一代工作委员会等部门，加强对基地的指导和建设，切实发挥好基地的育人功能。

22. 积极推进落实。各地要把“大思政课”建设作为“十四五”时期推动思政课高质量发展的重要抓手，在基地资源、经费投入、队伍建设、条件保障等方面采取有效措施。将中外合作办学院校纳入“大思政课”建设整体布局。各地各校要及时总结宣传“大思政课”建设的好经验好做法，营造良好舆论氛围。

教育部办公厅关于开展大中小学思政课一体化共同体建设的通知

教社科厅函〔2022〕49 号

各省、自治区、直辖市教育厅(教委)，新疆生产建设兵团教育局，部属各高等学校、部省合建各高等学校：

为统筹推进大中小学思政课一体化建设，切实发挥思政课立德树人关键课程作用，全面增强思政育人效果，现就开展大中小学思政课一体化共同体建设通知如下。

一、指导思想

以习近平新时代中国特色社会主义思想为指导，深入学习宣传贯彻党的二十大精神，贯彻习近平总书记关于思政课建设的重要论述，全面贯彻党的教育方针，落实立德树人根本任务，坚持问题导向、目标导向和效果导向相结合，以点带面、分层分类，完善工作机制，加强协同合作，注重资源整合，深入推进大中小学思政课一体化建设，切实增强思政课的针对性、有效性，更好地用党的创新理论铸魂育人。

二、工作目标

充分调动各地积极性，因地制宜，因势利导，在省级层面打造一批理论与实践相结合的创新性研究型工作平台，努力形成一套工作机制、孵化一批品牌活动、打造一批示范“金课”、产出一批优质课程资源、形成一批高水平教学研究成果、提供一批高质量智库咨政报告、培养一支优秀师资队伍，为深入推动全国大中小学开展思政课一体化理论研究和实践探索，提供工作平台、实践经验、理论支撑和决策咨询。

三、工作要求

(一)共同体自 2022 年起每两年为一个周期。各地教育部门要围绕工作目标，按照所报工作方案，认真履行指导责任，强化项目化、制度化精细管理，用好教育部等八部门设立的“大思政课”实践教学基地，确保常态化推进、做深做实、落地见效。

(二)教育部将根据各共同体工作情况，每年给予专项经费支持。各地教育部门和共同体牵头高校可给予配套经费支持，并制定专项经费管理办法。各牵头高校统筹专项经费的具体使用，确保专款专用，符合有关规定。

(三)各地教育部门要每半年开展一次工作成效评估，总结工作进展，完善工作路径，切实将指导责任落实落细。教育部将以解决突出问题、产生实际效果、经得起实践检验作为根本标准，通过多种渠道和方式，对共同体工作进行不定期考核，并根据考核结果动态调整、拨付经费。

（四）各地教育部门要注重总结提升，及时收集大中小学思政课一体化共同体建设的好经验好做法，将有效的工作举措、宝贵的工作经验转化为可借鉴、可推广的工作模式和制度机制，并形成总结材料报教育部（社会科学司）。总结材料包括但不限于优质教学案例、教案、课件、讲义，示范"金课"、短视频，高质量学术文章、教研成果、实践教学成果、咨政报告等。

附件：大中小学思政课一体化共同体组建情况

教育部办公厅

2022 年 12 月 27 日

附件

大中小学思政课一体化共同体组建情况

序号	地方教育部门	牵头高校	成员单位
1	北京市	中国人民大学	北京市学校思想政治工作研究中心、海淀区教委、中国传媒大学、北京工业大学、首都师范大学、中关村三小、海淀民族小学、101 中学、八一学校、北京学校
2	天津市	天津科技大学	天津大学、天津师范大学、天津外国语大学、天津市教育科学研究院、天津现代职业技术学院、和平区教育局、河西区教育局、津南区教育局、蓟州区教育局、天津市第一中学、南开中学、天津实验小学
3	河北省	河北师范大学	河北工业大学、邢台学院、河北科技师范学院、石家庄市第一中学、石家庄市第二中学、石家庄市第四十中学、河北师范大学附属小学、秦皇岛市青云里小学、唐山市路北区西山路小学、石家庄市神兴小学、石家庄市东风西路小学、石家庄市教育局、唐山市教育局、河北省教育科学研究院
4	山西省	山西师范大学	太原理工大学、太原师范学院、山西省教育科学研究院、襄汾县教育局、吕梁市教育局、晋城市教育局、平定县教育科技局、成成中学、太原第十五中学、太原第十八中学、临汾市第三中学、山西榆社中学、寿阳第一中学、迎泽区桃园小学、山西师大附属小学
5	内蒙古自治区	内蒙古师范大学	内蒙古民族幼儿师范高等专科学校、内蒙古民族大学、包头师范学院、鄂尔多斯市教体局、包头市教育局、兴安盟教育局、赤峰二中国际实验学校（九年一贯制）、呼和浩特市第一中学（初高中）、呼和浩特市第 30 中学（九年一贯制）

续表

序号	地方教育部门	牵头高校	成员单位
6	辽宁省	大连理工大学 东北大学 辽宁大学	沈阳市教育局(沈阳市教育研究院)、大连市教育局(大连市教育事业发展中心)、抚顺市教育局(雷锋小学、雷锋中学)、锦州市教师进修学院、东北育才学校、辽宁师范大学(附属中学、附属实验学校)、沈阳市皇姑区教育局、辽宁中医药大学(附属光明中学、附属宁山路小学)、渤海大学(附属高级中学)、辽宁教育学院(辽宁省实验中学、辽宁省实验学校)
7	吉林省	东北师范大学	吉林大学、长春师范大学、东北电力大学、吉林省教育科学院、长春市教育局、辉南县教育局、东北师范大学附属中学、吉林毓文中学、辉南县实验小学、东北师范大学附属小学、长春市二道区英俊中学
8	黑龙江省	哈尔滨工程大学	牡丹江市教育局、绥化市教育局、齐齐哈尔市教育教学研究院、哈尔滨商业大学、绥化学院、哈尔滨师范大学附属中学、黑龙江省实验中学、哈尔滨市第十七中学、哈尔滨市第六十九中学、哈尔滨市铁岭小学
9	上海市	华东师范大学	上海交通大学、上海市学生德育发展中心、上海市教师教育学院、闵行区教育局、普陀区教育局、虹口区教育局、上海师范大学、上海中学、复旦大学附属中学
10	江苏省	中国矿业大学	南京市教育局、南通市教育局、南京大学、南京航空航天大学、南京理工大学、南京师范大学、常州大学、扬州大学、无锡职业技术学院、南京高等职业技术学校、徐州高级中学、苏州大学第二实验学校、淮阴中学、江苏省教育科学研究院
11	浙江省	浙江理工大学	浙江大学、浙江师范大学、杭州市临安区教育局、杭州市临平区教育局、杭州市临平区教育发展研究学院、杭州市钱塘区教育局、浙江省临安中学、杭州市临平区临平第一中学、杭州市临安区实验初级中学、杭州市临安区晨曦小学东校区、杭州市临安区晨曦小学西校区、杭州市临平区崇贤一小、杭州市下沙中学、杭州市基础教育研究室附属学校
12	安徽省	安徽财经大学	安徽师范大学、安徽省大中小学一体化思政课教材建设重点研究基地、安徽省智慧思政课教学平台、蚌埠市教育局、宿州市教育局、合肥市教育科学研究院、芜湖市教育科学研究所、阜阳市教育科学研究所、蚌埠学院、蚌埠二中、蚌埠第一实验学校
13	福建省	福建师范大学	福州市委教育工委市教育局、厦门市委教育工委市教育局、厦门大学、闽南师范大学、泉州师范学院、宁德师范学院、闽江师范高等专科学校、福州八中、厦门实验小学、漳州实验小学、泉州第五中学、南平市高级中学、福建省普通教育教学研究室、厦门市教育教学研究院

续表

序号	地方教育部门	牵头高校	成员单位
14	江西省	景德镇陶瓷大学	江西师范大学、赣南师范大学、上饶师范学院、景德镇市第十六中学、鹰潭市第一中学、兴国县第三中学(含高中、初中、小学)、景德镇市教体局、南昌市教育局、赣州市教育局、江西省教研室、吉安市教研室、宜春市教研室、鹰潭市教研室
15	山东省	山东师范大学	山东财经大学、齐鲁师范学院、山东省实验中学、山东师范大学附属中学、济南德润中学、济南燕山学校、山东师范大学附属小学、济南市历下实验小学、济南市教育局、济南市教育教学研究院
16	河南省	郑州大学	河南省基础教育课程与教学发展中心、郑州市教育局、洛阳市教育局、南阳市教育局、河南师范大学、河南职业技术学院、河南省实验中学、河南省第二实验中学、河南省实验小学、漯河市高级中学、巩义市建设路小学、郑州市科技工业学校
17	湖北省	华中师范大学	武汉大学、华中科技大学、中国地质大学(武汉)、湖北师范大学、武汉职业技术学院、武汉市第一商业学校、宜昌市教育局、武汉市教育科学研究院、襄阳市第一中学(普通高中)、红安县第一中学(普通高中)、荆州市实验中学(初中)、随县炎帝学校(幼儿园、九年一贯制)、黄石市广场路小学
18	湖南省	湖南师范大学	湖南工业大学、湖南第一师范学院、长沙民政职业技术学院、湖南交通职业技术学院、长沙县职业中专学校、湖南师范大学附属中学、湘潭市韶山市韶山学校、郴州市汝城县文明瑶族乡中心小学、湘西自治州花垣县双龙镇排碧九年一贯制学校、长沙市教育局、湖南省教育科学研究院
19	广东省	华南师范大学 中山大学	广东省教育研究院、广州市教育局、广州番禺职业技术学院、广州市天河区教育局、广东实验中学、华南师范大学附属中学、广州市第二中学、广州市番禺区象贤中学、华南师范大学附属小学、广州市天河区华阳小学、广州市越秀区东山培正小学
20	广西壮族自治区	南宁师范大学	柳州市教育局、梧州市教育局、广西科技大学、梧州学院、南宁市教育科学研究所、柳州市教育科学研究所、南宁市第二中学、柳州市铁一中学、南宁市第三十七中学、梧州市第一中学、南宁市秀田小学、柳州市雀儿山路小学
21	海南省	海南师范大学	海南大学、海南热带海洋学院、琼台师范学院、海口市教育局、三亚市教育局、定安县教育局、海南省教育培训研究院、海南中学、海南华侨中学、海口市滨海第九小学、海口市港湾小学

续表

序号	地方教育部门	牵头高校	成员单位
22	重庆市	西南大学	重庆师范大学、重庆城市管理职业学院、重庆市教育科学研究院、渝中区教委、沙坪坝区教委、北碚区教委、西南大学附属中学、重庆市第一中学、重庆市南开中学、重庆市立信职业教育中心、西南大学附属小学、重庆市人民小学
23	四川省	西南交通大学	四川师范大学、西华师范大学、成都市金牛区教育局、甘孜州教体局、绵阳市涪城区教体局、四川省教育科学研究院德育与心理健康教育研究所、成都七中八一学校、南充高级中学、四川省巴中中学、凉山州民族中学、成都市洞子口职业高级中学、成都市实验小学、乐山师范学院附属小学、阿坝州马尔康第四小学校
24	贵州省	贵州师范学院	黔南民族师范学院、六盘水师范学院、贵州师范大学、遵义市教育局、毕节市教育局、黔西南州教育局、铜仁幼儿师范高等专科学校、贵阳一中、普定县第六小学、锦屏县教育和科技局
25	云南省	云南师范大学	昆明市教育体育局、大理州教育体育局、昆明市盘龙区教育体育局、云南大学、云南农业大学、大理大学、云南大学附属中学、云南师范大学附属中学、云南师范大学实验中学、云南师范大学附属小学
26	西藏自治区	西藏大学	西藏民族大学、西藏农牧学院、西藏自治区教育科学研究院、拉萨中学、日喀则市教育局、拉萨市城关区教育局、拉萨市实验小学、拉萨市第一中学、日喀则市上海实验学校（十二年一贯制）、林芝市八一中学、山南市错那县麻麻乡小学
27	陕西省	陕西师范大学	延安大学、陕西理工大学、西安市高新一中、西安市育才中学、陕西师范大学附属小学、西安市兴华小学、西安市教育局、宝鸡市教育局、汉中市教育局、陕西省教育科学研究所、陕西教师发展研究院
28	甘肃省	西北师范大学	兰州大学、兰州理工大学、天水师范学院、甘肃民族师范学院、甘肃财贸职业学院、西北师范大学附属中学、兰州资源环境职业技术大学、兰化一中（兰州市第六十一中学）、兰州市教育科学研究所、兰州市八中、甘肃省兰州实验小学、甘南州教育局、天水市教育局、金昌市教育局
29	青海省	青海师范大学	西宁市教育局、玉树州教育局、青海省中小学教研与教师发展中心、西宁市教育科学研究院、青海交通职业技术学院、青海湟川中学（高中）、西宁市二中（初高中）、青海师范大学附属实验中学（小学、初中、高中）、西宁市十四中（高中）、青海省三江源民族中学（初高中）、西宁市海湖中学（初高中）、格尔木第二中学、海东市互助县彩虹学校（小学、初中）

续表

序号	地方教育部门	牵头高校	成员单位
30	宁夏回族自治区	宁夏大学	宁夏职业技术学院、银川市教育局、石嘴山教育局、宁夏教育厅教学研究室、银川市二十一小学、宁夏大学附属中学、银川市西夏区第九小学、银川市第五中学、银川市第九中学
31	新疆维吾尔自治区	新疆大学	喀什大学、新疆轻工职业技术学院、喀什职业技术学院、喀什地区教育局、喀什地区教学研究室、喀什市第二十八中学、喀什第二中学、巴楚县第二中学、泽普县第二小学、新疆大学附属中学
32	新疆生产建设兵团	石河子大学	塔里木大学、新疆政法学院、兵团教育科学研究院、兵团第二师铁门关市教育局、兵团第二师华山中学、兵团第八师石河子市教育局、新疆石河子职业技术学院、石河子第一中学、石河子第八中学、石河子第二小学

后　记

《中国大学生思想政治教育发展报告》是教育部高校思想政治工作创新发展中心（武汉大学）和武汉大学中国大学生思想政治教育发展研究中心联合推出的年度研究报告，受武汉大学社会科学数智创新研究项目团队资助。《中国大学生思想政治教育发展报告（2023）》是在大学生思想政治状况调查研究协作体高校的大力支持下完成的。支持2023年度调查的协作体高校包括：北京交通大学、北京航空航天大学、北京化工大学、中国传媒大学、对外经济贸易大学、山西大学、内蒙古大学、大连理工大学、吉林大学、东北师范大学、哈尔滨师范大学、同济大学、上海交通大学、华东理工大学、东华大学、河海大学、南京农业大学、江苏师范大学、浙江大学、浙江传媒学院、合肥工业大学、安徽农业大学、安徽师范大学、江西师范大学、山东大学、中国石油大学（华东）、华北水利水电大学、郑州大学、武汉大学、华中科技大学、华中农业大学、华中师范大学、中南民族大学、湖北大学、湘潭大学、湖南大学、湖南中医药大学、暨南大学、华南师范大学、桂林电子科技大学、桂林理工大学、广西师范大学、海南大学、海南师范大学、重庆大学、西南交通大学、四川师范大学、西南财经大学、贵州大学、贵州师范大学、云南师范大学、陕西师范大学、西北师范大学（根据教育部公布的《全国高等学校名单》排序）。

本书的撰写工作由来自多所高校的作者共同完成。在"研究报告"部分，绪论由武汉大学刘晓亮撰写，第一章由西南交通大学王迎迎撰写，第二章由西南大学王绍霞撰写，第三章由湖北大学王丹撰写，第四章由武汉大学陶孝芳撰写，第五章由武汉大学侯凯升、苏嘉烨撰写，第六章由武汉大学李健民撰写，第七章由武汉商学院肖洋撰写，第八章由武汉大学胡栩健撰写，第九章由武汉大学司文超撰写。在"研究述评"部分，《2022年度大学生日常思想政治教育研究进展》由武汉大学卢丽珠撰写，《2022年度大学生思想政治理论课程研究进展》由王迎迎撰写。在"事记与文献"部分，"2022年大学生思想政治教育大事记"由中南民族大学朱磊整理，"2022年大学生思想政治教育重要文献选编"部分由刘晓亮、清华大学洪志劭整理。刘晓亮、司文超对全书进行整体统筹，承担了调查研究的大量组织协调工作及相应的编务工作。

由于时间与水平有限，书中错讹之处，请学界同仁及各位读者批评指正。

编者

2023年6月1日